〔明文 中國正史 大系〕

原文 譯註

後漢書(八)

(南朝)宋 范　曄 著

唐　李　賢 註

陶硯　陳起煥 譯註

明文堂

王允(왕윤, 137-192년)
본서 66권, 〈陳王列傳〉 참고.

文章紀安代豪、
燕賣長虹座
上客常滿
樽中酒
不空
逢兒人

孔融(공융, 153-208년)
본서 70권, 〈鄭孔荀列傳〉 참고.

荀彧(순욱, 163-212년)
본서 70권, 〈鄭孔荀列傳〉 참고.

董卓(동탁, 138-192년)
본서 72권, 〈董卓列傳〉 참고.

綠釉九連陶燈臺(녹유구련도등대)
河北省 출토.

銅雁魚燈(동안어등)
높이 51cm

〖明文 中國正史 大系〗

原文 譯註

後漢書(八)

(南朝)宋 范　曄 著

唐　李　賢 註

陶硯　陳起煥 譯註

明文堂

[차례]

원문 역주

후한서 (八)

62 荀韓鐘陳列傳
〔순,한,종,진열전〕

❶ 荀淑

原文

荀淑字季和, 潁川潁陰人, 荀卿十一世孫也. 少有高行, 博學而不好章句, 多爲俗儒所非, 而州里稱其知人. 安帝時, 徵拜郎中, 後再遷當塗長. 去職還鄉里. 當世名賢李固,李膺等皆師宗之. 及梁太后臨朝, 有日食地震之變, 詔公卿擧賢良方正, 光祿勳杜喬,少府房植擧淑對策, 譏刺貴幸, 爲大將軍梁冀所忌, 出補朗陵侯相. 莅事明理, 稱爲神君. 頃之, 弃官歸, 閒居養志. 産業每增, 輒以贍宗族知友. 年六十七, 建和三年卒. 李膺時爲尙書, 自表師喪. 二縣皆爲立祠. 有子八人, 儉,緄,靖,燾,汪,爽,肅,專, 並有名稱, 時人謂之'八龍.'

子. 名은 況, 趙 邯鄲人. 楚의 蘭陵令을 역임. 卿은 존칭. 漢 宣帝를 諱하여
荀을 孫으로 대체, 孫卿으로도 표기. 저서 22篇. 韓非, 李斯 등이 그 門人.
○ 當塗(당도) – 九江郡의 현명. 今 安徽省 중동부 馬鞍山市 관할 當塗縣(당
도현). ○ 自表師喪 – 心喪 三年을 복상하였다.

[國譯]

　荀淑(순숙)의 字는 季和인데, 穎川郡 穎陰縣 사람으로 荀卿(순경,
荀子)의 11세손이다. 젊어서도 행실이 매우 고상했고 博學하며 章句
의 학문을 좋아하지 않아 俗儒의 비난을 받았지만 향리에서는 그가
사람을 잘 볼 줄 안다고 칭송했다. 安帝 때 조정의 부름을 받아 郎中
이 되었고 뒷날 두 번 승진하여 (九江郡) 當塗(당도) 縣長이 되었다.
관직을 버리고 향리로 돌아왔다. 當世의 名賢인 李固(이고)와 李膺
(이응) 등이 모두 스승으로 받들었다. 梁太后가 임조하면서 日食과
地震의 변고가 자주 일어나자 조서로 각 공경들이 賢良方正한 인재
를 천거하게 했는데, 光祿勳인 杜喬(두교), 少府인 房植(방식) 등이 순
숙을 천거하여 對策을 올렸는데 당시 貴戚(귀척)과 총애 받는 사람
을 비평하자 大將軍 梁冀(양기)가 싫어하여 朗陵侯의 相으로 임명되
었다. 순숙은 일처리가 정확하여 神君이라는 칭송을 들었다.

　얼마 뒤 관직을 버리고 돌아와 閒居하며 養志하였다. 해마다 자
산이 늘었는데 그때마다 一族과 知友에게 나눠주었다. 나이 67세인
(桓帝) 建和 3년(서기 149)에 죽었다. 그때 李膺(이응)은 尙書였는데
스승의 喪을 당했다고 表文을 올렸다. 當塗(당도) 縣 등 2현에서 순
숙을 위한 사당을 세웠다. 아들 8명이 있었으니 荀儉(순검), 緄(곤),

靖(정), 燾(도), 汪(왕), 爽(상), 肅(숙), 專(전) 등 모두가 유명하였는데 당시 사람들이 '八龍' 이라고 불렀다.

■原文

初, 荀氏舊里名西豪, 潁陰令勃海苑康以爲昔高陽氏有才子八人, 今荀氏亦有八子, 故改其里曰高陽里. 靖有至行, 不仕, 年五十而終, 號曰玄行先生.

淑兄子昱字伯條, 曇字符智. 昱爲沛相, 曇爲廣陵太守. 兄弟皆正身疾惡, 志除閹宦. 其支黨賓客有在二郡者, 纖罪必誅. 昱後共大將軍竇武謀誅中官, 與李膺俱死. 曇亦禁錮終身.

|註釋| ○高陽氏有才子八人 – 高陽氏는 五帝의 한 사람인 顓頊(전욱). 처음에 高陽(今 河南省 杞縣)에 봉해졌기에 高陽氏라고 부른다. 黃帝 사후에 20살에 즉위하였다는 전설 속의 인물. ○荀昱(순욱) – 한글로 표기하면 荀彧(순욱)과 혼동. 昱은 빛날 욱. 彧은 문채 욱. '빛난다' 는 뜻도 있다.

[國譯]

그전에 荀氏의 舊里 이름은 西豪(서호)였는데, 潁陰 현령인 勃海郡 사람 苑康(원강)은 옛날 高陽氏에 才子가 8인이었는데, 지금 荀氏 또한 아들이 8명이라면서 그 마을 이름을 高陽里로 바꾸었다. 荀靖(순정)은 품행이 아주 훌륭했는데 출사하지 않았고, 나이 50에 죽었는데 玄行先生이라 불렸다.

荀淑 兄의 아들 荀昱(순욱)의 字는 伯條(백조)이고, 荀曇(순담)의 字는 符智(부지)였다. 순욱은 沛國의 相이 되었고, 荀曇(순담)은 廣陵太守가 되었다. 형제가 모두 바른 행실에 惡行을 미워하였고, 환관 세력을 혁파하고자 했다. 환관의 일파나 빈객으로 沛와 廣陵郡에 있는 자는 조그만 죄에도 기어이 주살하였다. 荀昱(순욱)은 뒤에 大將軍 竇武(두무)와 함께 환관을 제거하려다가 李膺(이응)과 함께 주살되었다. 순담은 終身토록 禁錮에 처해졌다.

❷ 荀爽

原文

爽字慈明, 一名諝. 幼而好學, 年十二, 能通《春秋》,《論語》. 太尉杜喬見而稱之, 曰, "可爲人師." 爽遂耽思經書, 慶吊不行, 徵命不應. 潁川爲之語曰, '荀氏八龍, 慈明無雙.' 延熹九年, 太常趙典擧爽至孝, 拜郎中. 對策陳便宜曰,

| 註釋 | ○荀爽, 一名諝 – 荀淑(순숙)의 아들. 爽은 시원할 상. 諝는 슬기서. 총명하다. ○杜喬(두교) – 63권, 〈李杜列傳〉에 立傳.

[國譯]

荀爽(순상)의 字는 慈明(자명)인데, 一名은 諝(서)이다. 어려서부터 好學하여 나이 12세에《春秋》와《論語》에 능통하였다. 太尉 杜喬(두교)가 만나보고서는 '가히 남의 스승이 될 만하다.'고 칭찬하였다.

순상은 경서를 깊이 연구하면서 다른 사람의 경조사에도 다니지 않았고 조정의 부름에도 응하지 않았다. 潁川郡에서는 순상을 두고서 '荀氏의 八龍 중에 慈明만한 사람이 없다.'고 하였다. (桓帝) 延熹 9년(서기 166)에 太常인 趙典(조전)이 순상을 至孝의 인재로 천거하여 낭중이 되었다. 순상은 대책을 올려 정사에 관한 의견을 개진하였다.

原文

「臣聞之於師曰,'漢爲火德, 火生於木, 木盛於火, 故其德爲孝, 其像在《周易》之〈離〉.'夫在地爲火, 在天爲日. 在天者用其精, 在地者用其形. 夏則火王, 其精在天, 溫暖之氣, 養生百木, 是其孝也. 冬時則廢, 其形在地, 酷烈之氣, 焚燒山林, 是其不孝也. 故漢制使天下誦《孝經》, 選吏擧孝廉. 夫喪親自盡, 孝之終也. 今之公卿及二千石, 三年之喪, 不得卽去, 殆非所以增崇孝道而克稱火德者也. 往者孝文勞謙, 行過乎儉, 故有遺詔以日易月. 此當時之宜, 不可貫之萬世. 古今之制雖有損益, 而諒闇之禮未嘗改移, 以示天下莫遺其親. 今公卿群寮皆政教所瞻, 而父母之喪不得奔赴. 夫仁義之行, 自上而始, 敦厚之俗, 以應乎下.

傳曰, '喪祭之禮闕, 則人臣之恩薄, 背死忘生者衆矣.'曾子曰, "人未有自致者, 必也親喪乎!"《春秋傳》曰, '上之所

爲, 民之歸也.' 夫上所不爲而民或爲之, 故加刑罰, 若上之
所爲, 民亦爲之, 又何誅焉? 昔丞相翟方進, 以自備宰相, 而
不敢蹠制. 至遭母憂, 三十六日而除. 夫失禮之源, 自上而
始. 古者大喪三年不呼其門, 所以崇國厚俗篤化之道也. 事
失宜正. 過勿憚改. 天下通喪, 可如舊禮.」

| 註釋 | ○故其德爲孝 – 火는 木의 子이고, 夏은 火의 正位이다. 木은
여름에 盛하니, 孝이다. ○《周易》之〈離〉–〈離卦〉는 離(☲ ☲)爲火. 태양
을 상징. ○誦《孝經》–《孝經》을 읽다. 誦은 외울 송. 암송. 옛날 사람이
'論語를 읽었다' 라고 말했다면, 그 사람은 《논어》를 외우고 있다는 뜻이
다. 《孝經》은 孔子와 曾子의 문답을 통해 孝道와 孝治의 뜻을 설명한 책.
立身行道와 德敎治化를 강조하였다. ○夫喪親自盡 – 自盡은 盡其哀戚의
뜻. 끝까지 애통해야 한다는 뜻. ○以日易月 – 孝文帝는 유조를 통해 자
신이 죽은 뒤에 36일만 복상하라고 하였다. 이는 3년상(실제로는 25개월,
3년의 통상 36月)을 36일로 바꿨다. ○諒闇之禮 – 諒闇(양암)은 복상하다.
임금이 복상 기간에 머무는 곳. 闇은 닫힌 문 암, 어둘 암. ○莫遺其親 –
遺는 잊다(忘也). ○群寮 – 여러 신하. 寮는 벼슬아치 료. 집. ○奔赴(분
부) – 달려가다. 奔喪(분상)하다. 부모의 상에 급히 집으로 가다. ○人未有
自致者~ –「曾子曰, "吾聞諸夫子, 人未有自致者也, 必也親喪乎!"《論語 子
張》. ○翟方進(적방진, ?-前7년) – 成帝 때 어사대부, 승상 역임. ○不呼其
門 – 효자의 효심을 빼앗을 수 없다는 뜻. ○過勿憚改 – 過勿 憚은 꺼릴
탄. 어려워하다. 「子曰, "君子不重, 則不威, 學則不固. 主忠信. 無友不如己
者. 過則勿憚改."《論語 學而》. ○天下通喪 –《禮記》, 「三年之喪, 天下之
通喪也.」

[國譯]

　「臣이 사부에게서 '漢은 火德이며 火는 木에서 나오고, 木은 火에 의해 극성기에 그 德은 孝가 되며 그 형상은 《周易》의 〈離卦〉이다.' 라고 들었습니다. 땅에 있으면 火이고, 在天하면 日입니다. 在天할 때는 火의 精靈이며 땅에 있다면 火의 形體입니다. 여름에는 火가 왕성하며 온난의 기운으로 百木을 養生하니, 이것이 孝입니다. 그러나 겨울에는 바로 닫히며 그 형상은 땅에 있기에 때로는 酷烈(혹열)한 기운으로 산림을 불태우니, 이는 불효입니다. 그래서 漢制에 천하 백성으로 하여금 《孝經》을 읽게 하고 관리도 孝廉(효렴)으로 천거하였습니다. 대체로 부모가 돌아가시면 자식으로서 끝까지 애통해야 하며 그것은 효행의 종료를 뜻합니다. 그러나 지금 公卿이나 二千石(太守)의 三年喪은 마지못해 관직을 떠나는데, 이는 효도의 정신을 드높이고 火德을 실천하는 참 모습이라고 볼 수가 없을 정도입니다. 옛날 孝文帝께서는 애써 겸양하시면서 검약한 생활을 하셨기에 복상을 36일로 짧게 하라고 하셨습니다. 이는 그 당시의 형편에 따른 것이지, 그것이 萬世의 법이 될 수는 없는 것입니다. 古今의 제도에 다소간 損益(가감)이 있었지만, 服喪의 禮가 바뀌지 않은 것은 천하에 양친의 은혜를 잊지 말라는 뜻입니다. 지금 公卿과 여러 臣僚들은 모두 정교의 모범이 되어야 하는데도 父母의 喪에 마지못해서 복상하고 있습니다. 대체의 仁義의 실천은 위에서부터 시작되어야 돈후한 풍속에 아래에서도 호응하는 것입니다.

　경전에서도 '喪禮와 祭禮에서 禮가 없다면 人臣의 은혜가 없는 것이니 死者와 生者의 은덕을 잊은 사람이 많다.' 고 하였습니다. 曾子도 "(다른 일에) 정성을 다하지 않는 사람이 있지만 친상에는 누구나 정성을 다한다."고 하였습니다. 《左氏傳》에서는 '위에서 하는 일은 백성이 그대로 따른다.'고 하였습니다. 대체로 위에서 하지 않는 일을 백성이 혹 범할 경우에는 형벌을 내리는데, 만약 위에서 하는 일을 백성도 따라 한다면 무슨 벌을 내리겠습니까? 옛날 승상 翟方進(적방진)은 자신이 재상이기에 법도를 지키지 않을 수 없다고 하였습니다. 그래서 모친 상을 당하여 36일을 복상하고 탈상하였습니다. 이처럼 예를 지키지 않는 근원은 위에서 시작됩니다. 옛날에도 부모상 3년 동안에는 그 사람을 불러내지 않는 것은 풍속을 온후하게 하고 인륜을 돈독하려는 뜻이었습니다. 그러나 지금은 바른 뜻을 잃었으니 잘못을 고치는 일을 주저해서는 안 됩니다. 천하의 모든 喪禮는 옛 제도(三年喪)를 따라야 합니다.」

原文

「臣聞有夫婦然後有父子, 有父子然後有君臣, 有君臣然後有上下, 有上下然後有禮義. 禮義備, 則人知所厝矣. 夫婦人倫之始, 王化之端, 故文王作《易》, 上經首〈乾〉,〈坤〉, 下經首〈咸〉,〈恒〉. 孔子曰, '天尊地卑, 乾坤定矣.'夫婦之道, 所謂順也.

〈堯典〉曰, '釐降二女於嬀汭, 嬪於虞.'降者下也, 嬪者婦也. 言雖帝堯之女, 下嫁於虞, 猶屈體降下, 勤修婦道. 《易》曰, '帝乙歸妹, 以祉元吉.'婦人謂嫁曰歸, 言湯以娶禮歸其妹於諸侯也. 《春秋》之義, 王姬嫁齊, 使魯主之, 不以

天子之尊加於諸侯也. 今漢承秦法, 設尙主之儀, 以妻制夫,
以卑臨尊, 違乾坤之道, 失陽唱之義.

　孔子曰, '昔聖人之作《易》也, 仰則觀象於天, 俯則察法於
地, 觀鳥獸之文, 與地之宜. 近取諸身, 遠取諸物, 以通神明
之德, 以類萬物之情.' 今觀法於天, 則北極至尊, 四星妃后.
察法於地, 則崐山象夫, 卑澤象妻. 觀鳥獸之文, 鳥則雄者
鳴鴝, 雌能順服, 獸則牡爲唱導, 牝乃相從. 近取諸身, 則乾
爲人首, 坤爲人腹. 遠取諸物, 則木實屬天, 根荄屬地. 陽尊
陰卑, 蓋乃天性.

　且《詩》初篇實首〈關雎〉,《禮》始〈冠〉,〈婚〉, 先正夫婦.
天地《六經》, 其旨一揆. 宜改尙主之制, 以稱乾坤之性. 遵
法堯, 湯, 式是周, 孔. 合之天地而不謬, 質之鬼神而不疑. 人
事如此, 則嘉瑞降天, 吉符出地, 五韙咸備, 各以其敍矣.」

| 註釋 |　○~人知所厝矣 -《易 序卦傳》의 글.　○下經首〈咸〉,〈恒〉-
《易》64괘를 설명한 本經은 文王이 지었다고 하는데,〈乾卦〉와〈坤卦〉로
시작하여〈離卦〉(離爲火, ☲ ☲)까지 30개 괘를 上經이라 하고,〈咸卦(함
괘)〉(澤☱山☶咸)와〈恒卦〉(雷☳風☴恒)에서〈未濟卦〉(火☲水☵未濟)
괘의 34괘를 下經으로 구분하다. 이 64괘의 뜻을 여러 각도에서 해설하고
의의를 보충한 부분을〈十翼〉이라 하는데, 대체로 孔子가 지은 것이라고
알려졌다.　○天尊地卑, 乾坤定矣 -《易 繫辭傳》(上)의 첫 구절.　○釐降二
女於嬀汭, 嬪於虞 - (堯의) 두 딸을 嬀水(규수)로 보내어. 釐降(이강)은 임금
의 딸을 신하에게 시집보내는 일. 嬀는 姓 규. 물 이름. 汭는 물굽이 예. 嬪
於虞의 嬪은 아내 빈. 아내로 삼게 하다(婦也). 虞는 舜.　○《易》曰, '帝乙

歸妹, 以祉元吉.'-《易 泰卦》六五의 爻辭(효사). 泰卦는 地☷天☰泰. 婦
人이 출가하는 것을 歸라 한다. 帝乙은 商 湯王.《史記》에는 紂(주)의 부친.
祉는 복을 받다. 元吉은 大吉. ○王姬嫁齊 － 王姬는 周室. 姬는 周의 國姓.
齊는 國命. ○孔子曰, ~以類萬物之情 －《易 繫辭傳》의 글. ○四星妃后 －
北極은 北辰(북극성). 軒轅(헌원)의 四星은 女主의 象. ○~ 坤爲人腹 －《易
說卦傳》의 글. ○根荄屬地 － 荄는 풀뿌리 해. ○式是周,孔 － 式은 법(法).
본받다. ○五韙 － 다섯 가지의 시의적절함. 韙는 바를 위(是也).

[國譯]

「臣이 알기로는, 夫婦가 있은 뒤에 父子가 있고, 父子가 있은 뒤
에 君臣이 있으며, 君臣 다음에 上下가 있고, 상하가 있어야 禮義가
있습니다. 禮義가 갖춰져야만 사람이 취할 바를 알게 됩니다. 夫婦
는 人倫의 시작이며 帝王 敎化의 출발점이기에 文王께서《易》을 지
으시면서 上經은 〈乾卦〉와 〈坤卦〉로 시작하고, 下經은 〈咸卦〉와 〈恒
卦〉로 시작하였습니다. 孔子는 '하늘은 높고 땅은 낮으니 乾卦과
坤卦가 정해졌다.'고 하였으며, 夫婦之道는 '順' 입니다.

《尙書》〈堯典〉에서는 '(堯의) 두 딸을 嬀水(규수)로 보내어 虞(순)
의 아내로 삼게 했다.'고 하였습니다. 降(내릴 강)이란 내려 주는 것
입니다. 이는 비록 帝堯의 딸이지만 虞(舜)에게 下嫁한 것이니 몸을
(신분을) 낮춰 아래로 보내어 婦道를 따르게 하였습니다.《易 泰卦》
에서는 '帝乙이 여동생을 시집보내니 하늘의 복을 받아 大吉하다.'
고 하였습니다. 婦人의 결혼을 歸라 하는데, 이는 湯王이 예를 갖춰
그 여동생을 제후에게 시집보낸 것입니다.《春秋》의 大義에 王姬
(周室)에서 齊로 출가시키면서 魯國에서 주관케 하였는데, 이는 天
子의 존엄을 가지고 諸侯를 凌壓(능압)할 수 없었기 때문입니다. 지

금 漢에서는 秦나라의 法을 그대로 이어받아 공주를 맞이하는 예법을 만들어 妻(漢室의 公主)가 夫家(공주를 맞이한 家)를 제압하는데 이는 卑位가 尊位에 오른 것이라서 乾坤之道를 어긴 것이며 陽이 先唱하는 夫唱婦隨의 대의를 상실한 것입니다.

孔子께서는 '옛날이 聖人이《易》을 지으시면서 하늘의 天象을 우러러 보고, 아래로 땅을 굽어보아 새나 짐승의 자취와 지상 만물의 규율을 살펴 법으로 삼았다. 가깝게는 몸에서, 멀게는 사물에서 취하여 神明의 德에 두루 상통하였고 만물의 實情을 표현하였다.'고 말했습니다. 지금 天象을 살펴 법으로 삼는다면 北極은 至尊이고 四星은 妃后입니다. 땅을 살펴 법으로 삼는다면 崐山(곤산, 崑崙山)은 지아비를 상징하고 낮은 水澤은 妻를 상징합니다. 새나 짐승의 무늬를 본다면 鳥는 수컷의 소리 내어 따르게 하고, 암컷은 순순히 복종하며, 짐승을 살펴본다면 수컷(牡, 수컷 모)은 唱導하고, 암컷(牝, 암컷 빈)은 相從하는 것입니다. 우리 몸에서 취한다면 乾은 사람의 머리이고, 坤(곤)은 사람의 腹部(복부)에 해당합니다. 멀리 사물에서 취한다면 나무 열매는 天에 속하고 뿌리는 땅에 속합니다. 이처럼 陽尊과 陰卑는 모두가 바로 天性입니다.

또《詩經》첫 편의 첫 首는 〈關雎(관저)〉이고,《禮記》의 시작은 〈士冠禮〉와 〈士婚禮〉로 시작하여 먼저 부부 관계를 바로 세웠습니다. 이처럼 天地《六經》의 그 뜻은 하나의 법으로 완전 일치하니, 지금 (漢室의) 공주를 맞이하는 제도(尚主之制)를 고쳐서 乾坤의 本性과 일치시켜야 합니다. 堯帝와 湯王의 법도를 준수하고 周公과 孔子의 법도를 본받아 합니다. 천지와 본성에 일치시켜 어긋나지 않고 귀신의 면전에서도 의심하지 않아야 합니다. 人事가 이와 같다면 상서로

운 복이 하늘에서 내릴 것이며 대길의 길조도 땅에서 솟아나서 溫,
暖, 風, 雲, 雨 다섯 가지가 모두 조화를 이루고 화합할 것입니다.」

「昔者聖人建天地之中而謂之禮, 禮者, 所以興福祥之本,
而止禍亂之源也. 人能枉欲從禮者, 則福歸之, 順情廢禮者,
則禍歸之. 推禍福之所應, 知興廢之所由來也. 衆禮之中,
婚禮爲首.

故天子娶十二, 天之數也, 諸侯以下各有等差, 事之降也.
陽性純而能施, 陰體順而能化, 以禮濟樂, 節宣其氣. 故能
豐子孫之祥, 致老壽之福. 及三代之季, 淫而無節. 瑤臺, 傾
宮, 陳妾數百. 陽竭於上, 陰隔於下. 故周公之戒曰, '不知
稼穡之艱難, 不聞小人之勞, 惟耽樂之從, 時亦罔或克壽.'
是其明戒. 後世之人, 好福不務其本, 惡禍不易其軌. 傳曰,
截趾適履, 孰云其愚? 何與斯人, 追欲喪軀? 誠可痛也.

臣竊聞後宮采女五六千人, 從官侍使復在其外. 冬夏衣
服, 朝夕稟糧, 耗費繒帛, 空竭府藏, 徵調增倍, 十而稅一,
空賦不辜之民, 以供無用之女, 百姓窮困於外, 陰陽隔塞於
內. 故感動和氣, 災異屢臻. 臣愚以爲諸非禮聘未曾幸御者,
一皆遣出, 使成妃合.

一曰通怨曠, 和陰陽. 二曰省財用, 實府藏. 三曰修禮制,

綏眉壽. 四曰配陽施, 祈螽斯. 五曰寬役賦, 安黎民. 此誠國家之弘利, 天人之大福也.」

| 註釋 | ○天之數也 – 하늘의 수, 12달을 본받은 수. 제후는 9명의 부인을 둘 수 있었다. ○節宣其氣 – 여색을 폐하라는 뜻이 아니고 조절, 곧 적당한 조화를 이루어야 한다는 뜻. ○瑤臺,傾宮 – 瑤臺는 夏의 桀王이, 傾宮은 紂王이 지었다. ○~ 時亦罔或克壽 –《尙書 周書 無逸》편의 글. 문장을 약간 변형하였음. ○截趾適履 – 截은 끊을 절. 자르다. 趾는 발 지. 발가락. 適은 맞추다. 履는 신발 리. 몸을 망치는 어리석음이 발가락을 자르는 것보다도 더 심하다는 뜻. ○螽斯(종사) – 螽斯(종사)는 여치과(메뚜기과)의 곤충. 방아깨비. 암컷은 99개의 알을 낳는다고 한다. 곧 부부의 화합과 후손의 번창을 의미. 螽은 메뚜기 종. 여치.《詩 周南》의 篇名.

[國譯]

「고대의 聖人이 天地의 중간에 건립한 것이 禮이니, 禮란 복과 吉祥(길상)을 받을 수 있는 근본이고, 禍亂을 막을 수 있는 본원입니다. 인간이 욕망을 꺾고 禮를 따른다면 福이 들어오고, 정욕을 따라 禮를 폐한다면 禍를 당하게 될 것입니다. 이렇듯 禍福의 副應을 추론한다면 흥성과 패망이 어디서 유래하는지를 알 수 있습니다. 모든 儀禮 중 혼례가 첫째입니다.

그래서 天子는 12명의 아내를 거느릴 수 있는데, 이는 하늘의 수이며 제후 이하는 각 등급에 따른 차이가 있으니 위에서 아래로 내려가며 줄어든 것입니다. 본래 陽性은 純粹하고 베풀어야 하며, 陰性은 따르고 또 닮아야 하는 것이라서 禮로 쾌락을 조율하고 節度로 氣를 고루 펴야 합니다. 그렇게 해야만 자손을 많이 둘 수 있고 늙도록 건강한 복을 누릴 수 있습니다. 三代 末에 이르러 음란하여 절제가 없었습니다. 瑤臺(요대)나 傾宮(경궁)에 수백의 妻妾을 거느렸습니다. 陽氣가 위에서 고갈되었고 음기는 아래에서 막혀버렸습니다. 그래서 周公이 이를 훈계하여 말했습니다. '농사의 어려움을 알지 못하고, 백성이 애쓰는 줄도 모르면서 오로지 쾌락만을 따른다면 長壽의 복을 누리지 못할 것입니다.' 이는 확실한 훈계입니다. 後世 사람들이 좋은 복은 얻으려 하면서도 근본에 힘쓰지 아니하고 화란을 싫어하면서도 그 행실을 바꾸지 않습니다. 그래서 경전에서도 말했습니다. '발을 잘라 신발에 맞추려 하니 누가 어리석다 아니하겠는가? 어찌하여 이 사람들은 성욕을 쫓아 몸을 망치려 하는가? 참으로 마음이 아프도다!

臣은 後宮에 采女가 5, 6천 명이나 있으며, 從官이나 侍女는 포함되지 않은 숫자라고 들었습니다. 여름이나 겨울의 의복을 공급해야 하고 조석으로 식량을 공급하며 각종 비단을 소모하니, 나라의 창고가 텅 비고 물자 징발이 두 배로 늘었으며, 10분의 1稅를 걷어야 한다니 공연히 무고한 백성에게 부과하여 쓸모없는 여인에게 공급해야 하니, 밖으로는 백성이 곤궁에 허덕이고 안으로는 음양의 기운이 막히게 됩니다. 그래서 和氣가 감응하지 못해 달아나고 災異는 자주 발생합니다. 臣의 어리석은 생각이지만 공식 빙례를 거치지도 않고 가까이 하지 않은 모든 여인을 다 내보내 그녀들로 하여금 짝을 찾아 살게 해야 한다고 생각합니다.

그렇게 한다면 첫째, 여인이나 홀아비가 짝을 찾아 음양이 조화를 이루게 됩니다. 둘째, 재물을 절약하고 나라 창고가 충실해집니다. 셋째, 예를 실천하고 長壽의 복을 받게 됩니다. 넷째, 양기를 조절 분배하여 많은 후손을 기대할 수 있습니다. 다섯째로 부역을 가볍게 하여 백성 생활이 안정됩니다. 이는 진실로 나라에도 큰 이득이며 하늘과 백성에게 큰 복이 될 것입니다.」

「夫寒熱晦明, 所以爲歲, 尊卑奢儉, 所以爲禮. 故以晦明寒暑之氣, 尊卑侈約之禮爲其節也. 《易》曰, '天地節而四時成.' 《春秋傳》曰, '唯器與名不可以假人.' 《孝經》曰, '安上治民, 莫善於禮.' 禮者, 尊卑之差, 上下之制也.

昔季氏八佾舞於庭, 非有傷害困於人物, 而孔子猶曰 '是可忍也, 孰不可忍.' 〈洪範〉曰, '惟辟作威, 惟辟作福, 惟辟玉食.' 凡此三者, 君所獨行而臣不得同也. 今臣僭君服, 下食上珍, 所謂害於而家, 凶於而國者也. 宜略依古禮尊卑之差, 及董仲舒制度之別, 嚴督有司, 必行其命. 此則禁亂善俗足用之要.」

奏聞, 卽弃官去.

| 註釋 |　〇天地節而四時成 - 〈節卦〉(水☵澤☱節)의 象辭(단사) 구절. 〇唯器與名不可以假人 - 器는 車服, 名은 爵號. 假는 빌리다. 빌려주다. 〇八佾舞(팔일무) - 孔子謂季氏, "八佾舞於庭, 是可忍也, 孰不可忍也?"《論語 八佾》. 佾은 춤추는 줄 일. 1줄에 8명의 무용수를 배치한다. 八佾(팔일)은 8人×8列 = 64名. 이는 天子의 禮樂. 제후 6佾, 대부 4佾이 禮. 魯 대부

季孫氏의 참람한 행위. ○惟辟作威~-辟은 임금 벽. 주군만이 관리 임명, 작록 수여, 최고의 식사를 즐길 권력이 있다는 뜻. ○董仲舒制度之別－王者만이 적정한 法度를 지켜 상하의 질서를 세우고 백성의 욕망을 통제할 수 있다는 뜻.

[國譯]

「한랭과 온열, 陰雲과 淸明으로 세월이 되고, 尊位와 비위, 그리고 사치와 검소가 바로 禮입니다. 그래서 陰雲과 寒暑의 기운과 尊卑와 사치 검소에 대한 禮制가 適正을 조절합니다. 《易》에서는 '天地에 節氣가 있어 사계절이 생긴다.'고 하였습니다. 《春秋傳》에서는 '수레와 의복, 그리고 작호는 남에게 빌려주는 것이 아니다.'라고 했습니다. 《孝經》에서는 '治民이 최고의 치안이면 禮度가 최고의 善行'이라고 했습니다. 禮란 尊卑의 차이이며 상하 간의 질서입니다.

옛날 魯의 季氏(계씨)가 뜰에서 八佾舞(팔일무)를 추게 하였는데, 이는 백성이나 사물에 아무런 (물질적) 해악을 끼치지 않았지만 孔子께서는 그래도 '이를 (참람을) 참아야 한다면 무엇을 참지 못하겠는가?'라고 말했습니다. 《尙書》〈洪範〉에서는 '오직 主君만이 위엄과 복록을 행사하고 美食할 수 있다.'고 하였습니다. 무릇 이 3가지(作威, 作福, 玉食)는 主君만이 獨行할 수 있고 臣은 같이 누릴 수 없습니다. 지금 신하가 황세처럼 좋은 옷을 입고 진미의 식사를 한다면 이는 가문에도 해를 끼치고 나라에도 흉악한 일입니다. 응당 古禮와 같이 尊卑의 차이를 두고 董仲舒(동중서)의 예규를 참고하여 엄격한 감독으로 명령에 따르게 해야 합니다. 이는 혼란을 방지하고 선량을 풍속을 유지하며 財用을 넉넉하게 할 수 있는 요체입니다.」

상주가 보고되자, 즉시 관직을 버리고 떠나갔다.

原文

後遭黨錮, 隱於海上, 又南遁漢濱, 積十餘年, 以著述爲
事, 遂稱爲碩儒. 黨禁解, 五府並辟, 司空袁逢擧有道, 不
應. 及逢卒, 爽制服三年, 當世往往化以爲俗. 時人多不行
妻服, 雖在親憂猶有弔問喪疾者, 又私謚其君父及諸名士,
爽皆引據大義, 正之經典, 雖不悉變, 亦頗有改.

| 註釋 | ○黨錮 – 1차 黨錮의 禍는 桓帝인 말기인 延熹 9년(서기 166),
2차는 靈帝 초년인 서기 168년에 일어났다. 당시 黨人으로 지목된 사람의
門生, 故吏, 父子, 兄弟는 現職에서 배제하고(免官) 신규 임용도 불가한 禁
錮(금고)에 처했다. 67권, 〈黨錮列傳〉 참고.

[國譯]

(荀爽은) 뒷날 '黨錮의 禍'가 일어나자, 섬에 은거하다가 다시 서
남쪽으로 내려가 漢水 부근에 숨어살았는데 10여 년간 저술에 전념
하였기에 碩儒(석유)의 명성을 얻었다. 당인에 대한 금고가 풀리자,
五府에서 모두 순상을 초빙하였고 司空인 袁逢(원봉)도 有道한 인재
로 천거하였으나 응하지 않았다. 원봉이 죽었다는 소식에 순상은 3
년 心喪을 치렀으며 당시 주변 사람들 세속에 영향을 주었다. 그때
사람들은 아내를 위한 상복을 입지 않았고, 친상 중에도 다른 사람

의 喪事에 조문하거나 문병하는 일도 있었고 또 민간에서는 자신이 존경하는 長者나 名士에게 개인적 시호를 올리는 사례가 있었는데, 순상은 大義에 의거하거나 경전의 뜻으로 바로잡아주었는데 당시 풍속을 다 변화시키지는 못했지만 제법 영향을 끼쳤다.

原文

後公車徵爲大將軍何進從事中郞. 進恐其不至, 迎薦爲侍中, 及進敗而詔命中絶. 獻帝卽立, 董卓輔政, 復徵之. 爽欲遁命, 吏持之急, 不得去, 因復就拜平原相. 行至宛陵, 復追爲光祿勳. 視事三日, 進拜司空. 爽自被徵命及登台司, 九十五日. 因從遷都長安. 爽見董卓忍暴滋甚, 必危社稷, 其所辟擧皆取才略之士, 將共圖之, 亦與司徒王允及卓長史何顒等爲內謀. 會病薨, 年六十三.

著《禮傳》,《易傳》,《詩傳》,《尙書正經》,《春秋條例》, 又集漢事成敗可爲鑒戒者, 謂之《漢語》. 又作《公羊問》及《辯讖》, 並它所論敍, 題爲《新書》. 凡百餘篇, 今多所亡缺.

兄子悅, 或並知名. 或自有傳.

| 註釋 | ○公車 – 公車는 관직명. 公車司馬令의 간칭. 공거는 궁전의 公車司馬門의 출입자를 단속 관장한다. 황제에게 上書할 사람이나 황제의 부름에 응하는 사람들이 대기하며 公車司馬令(약칭 公車令, 衛尉의 속관, 질록 6百石)의 지시를 받는다. ○何進(하진, ?-189) – 南陽 宛縣 출신, 본래 가

축을 잡는 屠戶(도호) 출신, 이복 여동생이 입궁하여 靈帝의 황후가 되었다. 大將軍으로 錄尙書事 겸임. 환관 세력을 꺾겠다고 董卓(동탁)을 불러들인 장본인. 十常侍에게 피살. 69권, 〈竇何列傳〉에 입전. ㅇ何顒(하옹) − 67권, 〈黨錮列傳〉에 立傳. ㅇ或自有傳 − 순욱은 70권, 〈鄭孔荀列傳〉에 立傳.

[國譯]

　뒷날 公車令의 부름을 받아 大將軍 何進의 從事中郞이 되었다. 하진은 순상이 오지 않을까 걱정하여 맞이하면서 다시 侍中에 천거하였는데 하진이 패망하면서 조서로 임용을 중지시켰다. 獻帝가 즉위한 뒤 董卓(동탁)이 집권하자 다시 순상을 불렀다. 순상은 피해 숨으려 하였지만 사자가 심하게 재촉하여 부득이 나아가 다시 平原國 相이 되었다. 평원국에 부임하며 宛陵縣(완릉현)에 갔을 때 다시 부름을 받아 光祿勳이 되었다. 업무 시작 3일에 다시 올라 司空이 되었다. 순상이 부름을 받고 사공의 지위에 오르기까지 겨우 95일이었다. 동탁의 강요에 의거 장안 천도에 수행하였다. 순상은 동탁이 너무 잔인 포악한 것을 보고 틀림없이 사직을 위태롭게 할 것이라 생각하여 자신이 천거하여 등용하는 무예와 지략이 있는 인사들과 함께 동탁을 제거하여 하였는데 司徒인 王允과 동탁의 長史인 何顒(하옹) 등과 함께 은밀히 모의하였다. 그러나 마침 병으로 죽으니, 나이 63세였다.

　순상은 《禮傳》, 《易傳》, 《詩傳》, 《尙書正經》, 《春秋條例》를 저술하였으며, 또 귀감이 될 漢의 사적과 성패를 모아 저술하여 《漢語》라 하였다. 또《公羊問》 및 《辯讖(변참)》을 지었으며 기타 여러 論敍를 모아 《新書》라 이름 지었다. 총 1백여 편의 저술이 있었지만 지금은 많이 망실되었다.

순상 형의 아들 荀悅(순열)과 荀彧(순욱)이 모두 유명했다. 荀彧(순욱)은 따로 입전했다.

論曰, 荀爽, 鄭玄, 申屠蟠俱以儒行爲處士, 累徵並謝病不詣. 及董卓當朝, 復備禮召之. 蟠, 玄竟不屈以全其高. 爽已黃髮矣, 獨至焉, 未十旬而取卿相. 意者疑其乖趣舍, 余竊商其情, 以爲出處君子之大致也, 平運則弘道以求志, 陵夷則濡跡以匡時. 荀公之急急自勵, 其濡跡乎? 不然, 何爲違貞吉而履虎尾焉? 觀其遜言遷都之議, 以救楊, 黃之禍. 及後潛圖董氏, 幾振國命, 所謂 '大直若屈', 道固逶迤也.

| 註釋 | ○鄭玄(정현) − 後漢 말기 난세에 오로지 학문의 등불을 밝히려 애를 썼던 사람이다. 그의 명성은 그가 벼슬길을 기웃거리지 않았고 학문의 길만을 걸었기에 얻은 명성이니, 그의 경력 자체가 당시로서는 특이하고 또 어려운 일이었다. 35권, 〈張曹鄭列傳〉에 立傳. ○申屠蟠(신도반) − 靈帝 때 환관이 발호하고, 何進(하진), 董卓(동탁)이 설쳐대는 그 시기에 은거한 것은 참으로 명철한 보신책이었다. 53권, 〈周黃徐姜申屠列傳〉에 立傳. ○陵夷則濡跡以匡時 − 陵夷(능이)는 산이 무너지다. 혼란 상황. 濡跡은 발을 담그다. 濡는 젖을 유. 적시다. ○履虎尾焉 −《易》天(☰)澤(☱)履, 〈履卦〉「履虎尾, 不咥人亨.」 '호랑이 꼬리를 밟다'는 위험한 상황에 처하다. ○以救楊, 黃之禍 − 楊彪(양표)와 黃琬(황완)이 당한 환난. 楊彪(양표)는

董卓(동탁)과 李催(이각)이 설쳐대는 그 당시에 국정의 중책을 맡고 있었다. 양표의 아들이 계륵의 뜻을 풀이했던 楊脩(양수)였다. 54권, 〈楊震列傳〉에 立傳. 黃瓊(황경)의 孫子인 黃琬(황완)은 조숙했으나 바른 말로 禁錮를 당해 뜻을 이룰 수 없고 董卓에게 굽히지 않았다. 61권, 〈左周黃列傳〉 立傳. ○ 大直若屈 ─「大成若缺, 其用不弊. 大盈若沖, 其用不窮. 大直若屈, 大巧若拙, 大辯若訥. ~」《老子道德經》45章. 逶迤(위이)는 曲也.

[國譯]

范曄(범엽)의 史論 : 荀爽(순상)과 鄭玄(정현), 申屠蟠(신도반)은 모두 儒學을 한 處士였는데 여러 번 조정의 부름에도 병을 핑계로 응하지 않았다. 동탁이 정권을 장악하고 다시 예를 갖춰 이들을 불렀다. 신도반과 정현은 끝내 응하지 않고 자신의 고매한 명성을 지켰다. 순상은 이미 백발이었지만 혼자 부름에 응했고 1백일도 되지 않아 卿相이 되었다. 이를 두고 많은 사람들은 평소의 지향과 다르다고 하지만 내가 그 실상을 생각할 때, 어디에 출입하느냐가 군자 인격의 큰 관건이나 정상적 상황에서는 弘道하여 뜻을 실현하지만 이미 무너진 상황에서는 직접 발을 담가야만 바로잡을 수 있을 것이다. 순상이 출사하며 급속한 승진을 받아들인 것은 발을 담그려는 뜻이었다. 그렇지 않고서야 어찌 정도와 안정을 버리면서 호랑이 꼬리를 밟았겠는가? 그가 겸손한 뜻으로 遷都의 논의를 수용하면서 楊彪(양표)와 黃琬(황완)의 禍를 구제하려 했다. 그래서 뒷날 동탁 제거를 도모하여 국난을 건지려 했으니 '大直은 굽은 것처럼 보인다.' 라는 말처럼, 사실 大道는 굽이굽이 이어진다.

❸ 荀悅

原文

悅字仲豫, 儉之子也. 儉早卒. 悅年十二, 能說《春秋》. 家貧無書, 每之人閒, 所見篇牘, 一覽多能誦記. 性沉靜, 美姿容, 尤好著述. 靈帝時閹官用權, 士多退身窮處, 悅乃託疾隱居, 時人莫之識, 雖從弟或特稱敬焉. 初辟鎭東將軍曹操府, 遷黃門侍郎. 獻帝頗好文學, 悅與或及少府孔融侍講禁中, 旦夕談論. 累遷秘書監, 侍中.

時政移曹氏, 天子恭己而已. 悅志在獻替, 而謀無所用, 乃作《申鑒》五篇. 其所論辯, 通見政體, 旣成而奏之. 其大略曰,

| 註釋 | ○曹操(조조, 155-220년) - 字 孟德, 小名 吉利, 小字 阿瞞, 沛國譙縣(今 安徽省 亳州市) 출신. 曹操는《三國演義》에서 사실상의 主人公이다. 劉備나 諸葛亮, 孫權의 행적은 거의 曹操와 관련이 있다고 볼 수 있다. 小說에서 뿐만 아니라 歷史에서도 曹操는 劉備나 孫權보다 훨씬 큰 비중을 차지한다. 政治, 軍事的으로 중요한 인물일 뿐만 아니라 뛰어난 詩人이었기에 中國文學史에도 등장한다. 曹操 직위는 漢 丞相, 작위는 魏王, 사후 시호는 武王. 曹丕(조비)가 稱帝 후 武皇帝, 廟號 太祖로 추존. 조조는 身長 七尺에 細眼長髥인데,《삼국연의》에 처음 등장할 때는 騎都尉였다. 당시 橋玄(교현)은 영제 때 삼공과 태위를 역임한 사람(51권, 〈李陳龐陳橋列傳〉에 立傳)인데 조조에게 "天下가 크게 어지러울 텐데 命世之才가 아니면 不能濟인데 천하를 안정시킬 사람은 바로 당신이요."라고 말했다. ○黃門侍

郎 - 給事黃門侍郎. 황제 측근의 시종. 질록 6백석.

[國譯]

荀悅(순열)의 字는 仲豫(중예)로, 荀儉(순검)의 아들이다. 순검은 일찍 죽었다. 순열은 나이 12세에 《春秋》에 통달했다. 家貧하여 책이 없어 매번 남에 집에 가서 책을 읽었는데 한 번 보면 외울 수 있었다. 천성이 침착, 조용하며 잘생긴 외모에 저술을 특별히 좋아하였다. 靈帝 때 환관이 권력을 장악했고 문사들은 은거하며 보신하였는데, 순열도 병을 핑계로 은거했기에, 당신 사람들에게 알려지지 않았으나 從弟인 荀彧(순욱)만은 특별히 칭송하며 공경하였다. 처음에 鎭東將軍 曹操의 관부에서 불렀는데, 순열은 黃門侍郎이 되었다. 헌제는 文學을 좋아하여 순열, 순욱, 그리고 少府인 孔融(공융)과 함께 궁궐에서 헌제에게 시강하였고 아침저녁으로 함께 담론하였다. 순열은 계속 승진하여 秘書監과 侍中이 되었다.

그때 정치는 조조가 장악했고 天子는 팔짱이나 끼고 앉아만 있었다. 순열은 황제의 권한 강화에 뜻이 있었지만 방책을 쓸 방도가 없어 《申鑒》5편을 저술하였다. 순열의 이런 글은 대체로 정사의 요체를 잘 파악하였고 나중에 이를 상주하였다. 그 대략은 다음과 같다.

* 〈申鑒〉 - 荀悅(순열)

原文

「夫道之本, 仁義而已矣. 五典以經之, 群籍以緯之, 詠之歌之, 弦之舞之, 前監既明, 後復申之. 故古之聖王, 其於仁義也, 申重而已.

致政之術, 先屛四患, 乃崇五政. 一曰僞, 二曰私, 三曰放, 四曰奢. 僞亂俗, 私壞法, 放越軌, 奢敗制. 四者不除, 則政末由行矣. 夫俗亂則道荒, 雖天地不得保其性矣. 法壞則世傾, 雖人主不得守其度矣. 軌越則禮亡, 雖聖人不得全其道矣. 制敗則欲肆, 雖四表不得充其求矣. 是謂四患.」

| 註釋 | ㅇ仁義而已矣 - 仁義는 立人之道이다. ㅇ四表 - 四方의 끝.

[國譯]

「대체로 政道의 근본은 仁義일 뿐이다. 五經은 이런 대의를 밝혔고 百家의 저술이 보충 설명했으며, 노래로 찬양하고 가무로 표현하며 先賢이 증명했고 後人이 또 설명하였다. 그래서 고대 聖王도 仁義에 대해서는 반복 강조하였다.

국정을 이끄는 기본 방책으로는 먼저 四患을 막고 五政을 唱導해야 한다. 4患이란, 첫째 僞(僞惡), 둘째 私(私益), 셋째 放(放恣), 넷째 奢(驕奢)이다. 거짓은 세속을 어지럽히고 私行은 법치를 파괴하며, 방자는 정상을 흔들고 驕奢는 제도를 무너트린다. 이런 4환을 제거하지 않으면 국정을 펼 수가 없다. 세속이 혼란하면 正道가 황폐해져서 天地 간에 그 性命을 보전할 수가 없다. 법치가 무너지면 사회가 혼란해져서 비록 人主라도 法度를 세울 수가 없다. 正常이 흔들리면 예의가 없어져서 聖人일지라도 正道를 지킬 수가 없다. 제도가 무너지면 邪慾을 쫓아 四方의 끝 어디에서도 그 욕구를 채울 수 없다. 이를 四患이라 한다.」

「興農桑以養其生, 審好惡以正其俗, 宣文敎以章其化, 立武備以秉以其威, 明賞罰以統其法. 是謂五政.

人不畏死, 不可懼以罪. 人不樂生, 不可勸以善. 雖使契布五敎, 皋陶作士, 政不行焉. 故在上者先豐人財以定其志, 帝耕籍田, 后桑蠶宮, 國無遊人, 野無荒業, 財不貿用, 力不妄加, 以周人事. 是謂養生.」

| 註釋 | ○使契布五敎, 皋陶作士 − 舜은 契(설)을 司徒에 임명하여 五敎를 널리 펴게 하였고. 皋陶(고요)를 士에 임명하여 五刑을 시행케 하였다. ○財不貿用 − 貿는 교환하다.

[國譯]

「農桑을 진흥하여 生民을 長養하고, 好惡(호오)를 살펴 풍속을 교정하며, 文敎를 선양하여 교화를 이루고, 武備를 확립하여 국위를 확실히 세우며, 賞罰을 분명히 하여 국법질서를 다스려야 한다. 이것이 五政이다.

죽음이 두렵지 않은 사람이라면 사형으로 겁박할 수 없다. 즐거운 삶을 원하지 않는다면 行善을 권유할 수 없다. 그렇다면 비록 契(설)을 시켜 人倫五敎를 널리 펴고 皋陶(고요)를 재판관으로 삼더라도 政教가 이뤄질 수 없다. 그래서 높은 자리에서는 백성의 財用을 풍족히 하여 백성의 뜻을 고정시켜야 했으니, 황제도 籍田을 親耕하고, 황후는 누에를 쳐서 나라에 놀고 먹는 사람이 없었고, 황야로 버려진 땅이 없어 재물을 교환할 필요가 없었으며, 백성에게 부역을 멋대로 부과하지 않아도 수요가 충족되었다. 이를 養生이라 하였다.」

原文

「君子之所以動天地, 應神明, 正萬物而成王化者, 必乎眞定而已. 故在上者審定好醜焉. 善惡要乎功罪, 毁譽效於準驗. 聽言責事, 擧名察實, 無惑詐僞, 以蕩衆心. 故事無不覈, 物無不切, 善無不顯, 惡無不章, 俗無姦怪, 民無淫風. 百姓上下覩利害之存乎己也, 故肅恭其心, 愼修其行, 內不回惑, 外無異望, 則民志平矣. 是謂正俗.

君子以情用, 小人以刑用. 榮辱者, 賞罰之精華也. 故禮敎榮辱, 以加君子, 化其情也. 桎梏鞭撲, 以加小人, 化其刑也. 君子不犯辱, 況於刑乎! 小人不忌刑, 況於辱乎! 若敎化之廢, 推中人而墜於小人之域. 敎化之行, 引中人而納於君子之塗. 是謂章化.」

| 註釋 | ○章化 – 章은 밝을 장, 밝힐 장. 명백하게 나타내다(明也).

「君子가 天地를 감동시키고 神明에 감응하며 만물을 단정히 하고
교화를 이루려 한다면 必히 백성을 안정시켜야 한다. 그래서 在上者
는 好醜(호추, 善惡)를 잘 살펴 정해야 한다. 善惡의 요체는 功過에 있
으며, 毀譽(훼예)는 확실한 근거에 바탕을 두어야 한다. 사실을 청취
하여 판정하고 실질을 살펴 명분을 확실히 하며 거짓에 현혹되어 衆
心을 동요시켜서는 안 된다. 그래서 규명하지 않은 사실이 없고 절
실하지 않은 일이 없으며, 드러나지 않은 선악도 없어야 하고 간사
괴이한 풍속도 없어야만 백성에게 음란한 습속이 생기지 않는다. 百
姓은 上下로 이해관계를 따져 자기의 것을 소유하기에 우선 자신의
마음을 정숙하고 바르게 가져야 하며, 그 행실을 삼가고 수양하여
안으로 현혹됨이 없고 밖으로는 분수 외의 것을 바라지 않는다면 민
심은 저절로 평온해진다. 그래서 이를 正俗이라 한다.

君子에게는 恩情으로 小人에게는 형벌을 적용해야 한다. 榮辱은
賞罰의 精華이다. 그래서 禮教와 榮辱을 군자에게 베풀어 군자의 심
정을 변화시키고 질곡과 매질을 소인에게 가하여 형벌로 교화하여
야 한다. 君子는 치욕을 견딜 수 없는데, 하물며 형벌을 가할 수 있
겠는가! 小人은 형벌도 꺼리지 않는데 치욕을 준다 하며 변하겠는
가! 만약 교화를 시행하지 않는다면 그 중간에 속하는 백성을 소인
의 범주에 밀어 넣는 것이다. 교화가 성공적으로 이뤄지면 中人을
君子의 길을 걷도록 끌어올리는 것이다. 이것을 章化(教化의 彰明)
라 한다.」

「小人之情, 緩則驕, 驕則恣, 恣則怨, 怨則叛, 危則謀亂,
安則思欲, 非威强無以懲之. 故在上者, 必有武備, 以戒不虞,
以遏寇虐. 安居則寄之內政, 有事則用之軍旅. 是謂秉威.

賞罰, 政之柄也. 明賞必罰, 審信愼令, 賞以勸善, 罰以懲
惡. 人主不妄賞, 非徒愛其財也, 賞妄行則善不勸矣. 不妄
罰, 非矜其人也, 罰妄行則惡不懲矣. 賞不勸謂之止善, 罰
不懲謂之縱惡. 在上者能不止下爲善, 不縱下爲惡, 則國法
立矣. 是謂統法.

四患旣蠲, 五政又立, 行之以誠, 守之以固, 簡而不怠, 疏
而不失, 無爲爲之, 使自施之, 無事事之, 使自交之. 不肅而
成, 不嚴而化, 垂拱揖讓, 而海內平矣. 是謂爲政之方.」

| 註釋 |　○秉威(병위) – 군사력 유지. ○政之柄也 – 柄은 자루. 權柄. 형
벌을 집행하고 은덕을 베풀 권력. ○四患旣蠲 – 蠲은 밝을 견. 제거하다.
○無爲爲之 –「爲無爲, 事無事, 味無味. ~.」《老子道德經》63장.

[國譯]

「小人의 감정은 좀 풀어주면 교만해지고, 교만하면 방자해지며,
방자하면 원한을 품고, 원한을 품었다면 반역의 뜻을 가지고서 나라
가 혼란하면 반란을 도모하고, 안정된 사회라면 탐욕을 부리니 위압
과 강제가 아니면 징치할 수가 없다. 그래서 통치자는 반드시 武備
를 갖춰서 노략질이나 잔악한 짓을 막고 예방해야 한다. 나라가 안

정되었다면 國政에 이익이 되고 유사 시에는 군사적으로 쓸 수 있다. 이를 秉威(병위)라고 한다.

賞罰은 정치권력이다. 信賞必罰하고 신의를 지키며 명령에 신중해야 한다. 상을 내려 勸善하고 형벌로 악을 懲治(징치)해야 한다. 人主가 함부로 상을 베풀어서는 안 되는데, 단지 재물을 아끼려는 뜻이 아니라 함부로 상을 내리면 선행을 권장할 수 없다. 함부로 형벌을 가할 수 없는 것은 단지 백성이 불쌍해서가 아니라 함부로 형벌을 가하면 정작 악행을 징벌하지 못하기 때문이다. 賞으로 권선하지 못하는 것이 止善(지선)이고, 형벌로 징치하지 못한다면 縱惡(종악, 악행을 방종함)이라 한다. 통치자는 백성의 선행을 못하게 할 수 없고 백성의 악행을 방임할 수도 없기에 국법은 확립되어야 한다. 이를 統法(法治)라고 한다.

四患이 완전 제거되고, 또 五政이 확립되면 성심으로 이를 실천하며 굳게 지켜야 하며, 간결하더라도 태만하지 않고 소략하더라도 잃어서는 안 되며, 無爲의 治를 실천하여 스스로 자치가 이뤄져야 하며, 無事하면서도 성과를 거두어 스스로 一體가 되어야 한다. 엄숙하지 않아도 성취되고, 엄하지 않아도 교화가 되면 人君은 안일하게 겸양의 道를 지킬 수 있고 海內가 평온할 것이니, 이것이 爲政의 方略이다.」

原文

「又言, 尙主之制非古. 釐降二女, 陶唐之典. 歸妹元吉, 帝乙之訓. 王姬歸齊, 宗周之禮. 以陰乘陽違天, 以婦陵夫

違人. 違天不祥, 違人不義. 又古者天子諸侯有事, 必告於
廟. 朝有二史, 左史記言, 右史書事. 事爲《春秋》, 言爲《尙
書》. 君擧必記, 善惡成敗, 無不存焉. 下及士庶, 苟有茂異,
咸在載籍. 或欲顯而不得, 或欲隱而名章. 得失一朝, 而榮
辱千載. 善人勸焉, 淫人懼焉. 宜於今者備置史官, 掌其典
文, 紀其行事. 每於歲盡, 擧之尙書. 以助賞罰, 以弘法敎.」

| 註釋 |　○尙主 - 공주를 아내로 맞이하다. 尙은 공주에게 장가들 상
(娶天子女). ○釐降(이강) - 천자의 딸을 신하에게 시집보내는 일. 위 荀爽
(순상)의 기록 참고.

[國譯]
　또 언급하기를 「尙主의 제도는 古禮가 아니다. 두 딸을 신하에게
준 것은 陶唐(堯)의 전례였다. 여동생을 시집보내 복을 받은 것은
帝乙(湯王)의 訓示였다. 周의 공주를 齊에 시집보낸 것은 宗周(西
周)의 禮法이었다. 陰이 乘陽하는 것은 違天이고, 婦가 陵夫한다면
人倫에 위배된다. 違天은 상서롭지 못하고 違人은 不義이다.
　또 옛날 天子나 諸侯에게 有事하면 필히 宗廟에 고하였다. 조정
에 좌우 史官이 있어 左史는 記言하고 右史는 書事하였다. 書事한
것은 《春秋》이고, 記言한 것은 《尙書》이다. 君主의 거동을 반드시
기록되었고 善惡과 成敗도 누락되지 않았다. 아래로 士庶에 이르기
까지 뛰어나거나 특별한 인재도 모두 기록되었다. 간혹 출세하고 싶
어도 날리지 못하고, 혹 은거하고자 하여도 명성이 드러났다. 한때
의 득실은 천년의 영욕으로 남았다. 善人은 이로써 勸勉되었고 악인

은 이를 두려워했다. 응당 지금 시대에도 史官을 두고 조정의 전례와 문장을 관리하게 하고 조정의 행사를 기록해야 한다. 그리하여 매년 연말에는 이를 尙書에게 통보하게 한다. 이를 근거로 상벌을 시행하여 법치와 교화를 弘揚해야 한다.」

帝覽而善之.

帝好典籍, 常以班固《漢書》文繁難省, 乃令悅依《左氏傳》體以爲《漢紀》三十篇, 詔尙書給筆札. 辭約事詳, 論辨多美. 其序之曰,

「昔在上聖, 惟建皇極, 經緯天地, 觀象立法, 乃作書契, 以通宇宙, 揚於王庭, 厥用大焉. 先王光演大業, 肆於時夏. 亦惟厥後, 永世作典. 夫立典有五志焉, 一曰達道義, 二曰章法式, 三曰通古今, 四曰著功勳, 五曰表賢能. 於是天人之際, 事物之宜, 粲然顯著, 罔不備矣. 世濟其軌, 不隕其業. 損益盈虛, 與時消息. 臧否不同, 其揆一也. 漢四百有六載, 撥亂反正, 統武興文, 永惟祖宗之洪業, 思光啓乎萬嗣. 聖上穆然, 惟文之恤, 瞻前顧後, 是紹是繼, 闡崇大猷, 命立國典. 於是綴敍舊書, 以述《漢紀》. 中興以前, 明主賢臣得失之軌, 亦足以觀矣.」

又著《崇德》,《正論》及諸論數十篇. 年六十二, 建安十四

年卒.

| 註釋 | ○肆於時夏 – 肆는 진열하다. 전개하다. 夏는 華夏. 중국 본토. ○世濟其軌, 不隕其業 – 濟는 제도나 법식을 따라가다. 隕은 떨어질 운. 損傷되다. ○臧否不同 – 臧否는 善惡. 臧은 착할 장.

[國譯]

　獻帝가 읽고서는 荀悅(순열)을 칭찬하였다.

　헌제는 典籍을 좋아하였는데, 늘 班固의 《漢書》는 내용이 많아 명백한 요약이 어렵다며 순열에게 《左氏傳》 체제대로 《漢紀》 30편으로 편찬하라고 명령했고, 尙書는 필묵을 제공하라고 지시하였다. 이에 순열은 (《漢書》의) 언사를 간략히 줄이고 사건은 상세히 서술하였는데 그 변론 문장이 매우 우수하였다. 서문에서 순열이 말했다.

　「옛날 聖明한 제왕은 皇極에 오르시어 經天緯地하며, 觀象하여 立法하였고. 문자를 제작하여 우주의 변화에 상통하였으며, 인간의 常情을 王廷에서 펴셨으니 그 功業은 참으로 위대하였다. 先王은 대업을 크게 성취하였고 華夏에 문명을 발휘하셨다. 그 이후로 계속 여러 제도가 마련되었다. 그리하여 여러 제도를 5방면에서 성취하셨으니 첫째, 道義의 실천, 둘째, 法式 마련, 셋째, 古今 相通, 넷째, 공훈 기록, 다섯째, 賢能 인재 등용이었다. 이에 上天과 인간의 관계에서 사물이 제자리를 찾았고 찬연하게 빛났으며 모든 제도가 완비되었다. 후대에 계속 이어 발전하며 찬란한 공적은 결코 손상되지 않았다. 加減과 차고(盈) 비움(虛)은 시대마다 조금씩 달랐다. 善惡이 상이했지만 요체는 언제나 하나였다. 漢 건국 406년에 혼란을 수습하고 正으로 되돌아갔으며, 무력으로 위엄을 보였고 문치를 진흥하였으니 祖宗의 대업을 영원히 추모하며 만대를 이어갈 후손에게 길을 열어 주었다. 지금 聖上께서 삼가고 조심하며, 문치로 백성을 돌보며 전대와 후대를 생각하고 계승하며, 국가의 큰 방략을 높이 천명하고 국가 大典을 확립할 것이다. 이에 옛 史書를 다시 편찬하여 《漢紀》로 엮었도다. 中興(後漢建國) 이전, 明主와 賢臣의 得失에 따른 자취는 충분히 읽을 만하다.」

순열은 또 《崇德》과 《正論》을 저술하였으며 여러 논저 수십 편이 있었다. 나이 62세, 建安 14년(서기 209)에 죽었다.

❹ 韓韶

原文

韓韶字仲黃, 潁川舞陽人也. 少仕郡, 辟司徒府. 時太山賊公孫擧僞號歷年, 守令不能破散, 多爲坐法. 尙書選三府掾能理劇者, 乃以韶爲嬴長. 賊聞其賢, 相戒不入嬴境. 餘縣多被寇盜, 廢耕桑, 其流入縣界求索衣糧者甚衆. 韶愍其饑困, 乃開倉賑之, 所稟贍萬餘戶. 主者爭謂不可. 韶曰, "長活溝壑之人, 而以此伏罪, 含笑入地矣."

太守素知韶名德, 竟無所坐. 以病卒官. 同郡李膺, 陳寔, 杜密, 荀淑等爲立碑頌焉.

子融, 字符長. 少能辯理而不爲章句學. 聲名甚盛, 五府並辟. 獻帝初, 至太僕. 年七十卒.

| 註釋 | ○舞陽縣 – 今 河南省 중부의 漯河市(탑하시) 관할의 舞陽縣. ○嬴(蠃, 영) – 泰山郡의 현명. 今 山東省 중부 泰山 동쪽 萊蕪市. ○太僕(태복) – 황세의 御駕와 나라의 馬政을 관할, 9卿의 하나. 질록 中二千石. 屬官으로 大廐令, 未央令, 家馬令을 두었고 그 아래 각각 5丞과 1尉를 두었다. 龍馬監 등 5監 이외에 다수의 속관을 거느림. 中太僕은 皇太后 수레와 거마를 관장, 비 상설직.

[國譯]

韓韶(한소)의 字는 仲黃(중황)으로, 潁川郡 舞陽縣 사람이다. 젊어 郡에 出仕했는데, 司徒府의 부름을 받았다. 당시 太山(태산)의 도적인 公孫擧(공손거)는 오랫동안 稱王했는데도 수령이 격파 해산하지 못해 여러 사람이 처벌되었다. 尙書는 三府의 掾吏(연리) 중 능히 난제를 해결할 사람을 구하여 한소를 泰山郡 嬴縣(영현) 縣長으로 임명했다. 도적 무리는 한소의 소문을 듣고 서로 영현의 경내에는 들어가지 말라며 조심하였다. 다른 현이 많은 노략질을 당하여 농사를 짓지 못하자, 그 유민들이 영현으로 들어와 옷과 식량을 구하는 자가 매우 많았다. 한소는 굶주리는 그들을 불쌍히 여겨 창고를 열어 진휼하였는데 1만여 호의 백성을 살렸다. 주무 관리는 이를 불가하다고 반대하였다. 그러나 한소는 "구덩이에 빠진 사람을 구해낼 수 있는데 그런 죄로 형벌을 받는다면 웃으면서 땅속에 들어가겠다."고 말했다. 태산군 태수도 평소에 한소의 명성과 덕망을 알고 있어 끝내 고발하지 않았다. 한소는 관직에 있으면서 병사했다. 같은 영천군의 李膺(이응), 陳寔(진식), 杜密(두밀), 荀淑(순숙) 등이 비석을 세워 그 덕행을 칭송하였다.

아들 韓融(한융)의 字는 符長(부장)이다. 젊어 변리에 능했으며, 章句만을 캐는 학문을 하지 않았다. 칭송과 명성이 매우 높았다. 獻帝초에 太僕이 되었다. 나이 70에 죽었다.

❺ 鐘皓

原文

鐘皓字季明, 潁川長社人也. 爲郡著姓, 世善刑律. 皓少以篤行稱, 公府連辟, 爲二兄未仕, 避隱密山, 以詩律敎授門徒千餘人. 同郡陳寔, 年不及皓, 皓引與爲友. 皓爲郡功曹, 會辟司徒府, 臨辭, 太守問, "誰可代卿者?" 皓曰, "明府欲必得其人, 西門亭長陳寔可." 寔聞之, 曰, "鐘君似不察人, 不知何獨識我?" 皓頃之自劾去. 前後九辟公府, 徵爲廷尉正, 博士, 林慮長, 皆不就. 時皓及荀淑並爲士大夫所歸慕. 李膺常歎曰, "荀君淸識難尙, 鐘君至德可師."

| 註釋 | ○長社縣 – 현명. 今 河南省 중부 許昌市 관할 長葛縣 동북. ○密山 – 密縣(今 河南省 중부 鄭州市 관할 新密市)의 山.

  鐘皓(종호)의 字는 季明(계명)인데 潁川郡 長社縣 사람이다. 郡內
의 유명한 성씨였는데 대대로 刑律에 밝았다. 종호는 젊어서도 篤行
(독행)으로 칭송을 들었고 삼공부에서 연이어 초빙했으나 그 두 형
이 출사하지 않았다면 密縣의 산속에 은거하면서 詩와 法律로 제자
를 가르쳤는데 門徒가 1천여 명이나 되었다. 同郡의 陳寔(진식)은 종
호보다 많이 어렸지만 종호가 불러 벗으로 삼았다. 종호는 郡의 功
曹가 되었는데, 그때 司徒府의 부름을 받고 떠나려 인사하자 태수가
물었다.

  "누가 卿을 대신할 수 있는가?" 그러자 종호가 말했다.

  "明府께서 꼭 적임자를 얻고자 하신다면 西門 亭長인 陳寔(진식)
이 좋습니다."

  진식이 이를 듣고서 말했다.

  "鐘君은 사람을 보는데 관심이 없었는데, 왜 나를 잘못 보았을
까?"

  종호는 얼마 있다가 스스로 잘못했다며 관직을 버리고 돌아왔다.
전후 9차례나 부름을 받으면서 廷尉正, 博士, 林廬(임려)의 縣長이
될 수 있었지만 모두 응하지 않았다. 그때 종호와 荀淑(순숙)을 많은
사대부들이 흠모하였다. 이에 李膺(이응)은 늘 탄식하며 말했다.

  "荀선생의 淸識은 따라갈 수 없고, 鐘선생의 至德은 가히 師表가
될 만하다."

皓兄子瑾母, 膺之姑也. 瑾好學慕古, 有退讓風, 與膺同
年, 俱有聲名. 膺祖太尉修, 常言, "瑾似我家性, 邦有道不
廢, 邦無道免於刑戮." 復以膺妹妻之.

瑾辟州府, 未嘗屈志. 膺謂之曰, "孟子以爲 '人無是非之
心, 非人也.' 弟何期不與孟軻同邪?" 瑾常以膺言白皓. 皓
曰, "昔國武子好昭人過, 以致怨本. 卒保身全家, 爾道爲
貴." 其體訓所安, 多此類也.

年六十九, 終於家. 諸儒頌之曰, "林慮懿德, 非禮不處.
悅此詩書, 弦琴樂古. 五就州招, 九應台輔. 逡巡王命, 卒歲
容與."

皓孫繇, 建安中爲司隸校尉.

| 註釋 | ○邦有道不廢 ~ - 「子謂南容, "邦有道, 不廢, 邦無道, 免於刑
戮." 以其兄之子妻之.」《論語 公冶長》참고. ○孟子以爲 ~ - 「孟子曰, "人
無惻隱之心, 非人也. 無羞惡之心, 非人也. 無辭讓之心, 非人也. 無是非之
心, 非人也."》《孟子, 公孫丑章句 上》. ○國武子 - 齊의 大夫. ○林慮懿德
- 林慮(임려)의 縣長으로 부름을 받았지만 응하지 않았다. 그러나 죽은 사
람이기에 그런 관직으로 호칭했다.

[國譯]

鍾皓(종호) 형의 아들 鍾瑾(종근)의 모친(종호의 형수)은 李膺(이
웅)의 고모였다. 종근은 好學하며 고인을 흠모하였으며, 退讓의 풍

모에 이응과는 동갑으로 모두 명성을 누리고 있었다. 이응의 祖父는 太尉인 李脩(이수)였는데, 늘 "종근은 우리 집안의 품성을 닮았으니 나라가 有道하면 나라가 등용할 것이나 나라가 無道하더라도 형벌을 받지 않을 것이다."라고 말하면서 이응의 여동생을 종근의 아내로 주었다.

종근은 자사의 부름을 받았지만 뜻을 굽히지 않았다. 이응이 종근을 두고 말했다.

"孟子가 '사람이 是非之心이 없다면 사람이 아니라.'고 하였는데, 매제는 어찌하여 孟軻(맹가, 孟子)처럼 시비를 논하지 않는가?"

그러자 종근은 이응의 말을 종호에게 여러 번 말했다. 그러자 종호가 말했다.

"옛날에 國武子란 사람은 남의 잘못을 정확하게 지적하였는데 이 때문에 원한을 샀었다. 끝까지 保身하고 가문을 지키려면 너의 주장이 옳을 것이다."

종호의 전체를 살펴 훈계하는 것이 대개 이런 식이었다. 종호는 나이 69세에 집에서 죽었다. 여러 유생들이 종호를 칭송하였다.

"林慮(임려) 縣長(鍾皓)의 훌륭한 덕은 禮가 아니면 居하지 않았다. 詩書를 좋아하였고 弦琴하며 樂古하였다. 자사가 다섯 번이나 초빙했고 삼공이 9번이나 불렀다. 왕명에도 응하지 않으면서 조용히 일생을 마쳤도다."

鍾皓의 손자인 鍾繇(종요)는 (獻帝) 建安 연간에 司隷校尉를 역임했다.

❻ 陳寔

陳寔字仲弓, 潁川許人也. 出於單微. 自爲兒童, 雖在戲弄, 爲等類所歸. 少作縣吏, 常給事廝役, 後爲都亭佐. 而有志好學, 坐立誦讀. 縣令鄧邵試與語, 奇之, 聽受業太學. 後令復召爲吏, 乃避隱陽城山中. 時有殺人者, 同縣楊吏以疑寔, 縣遂逮繫, 考掠無實, 而後得出. 及爲督郵, 乃密托許令, 禮召楊吏. 遠近聞者, 咸歎服之.

家貧, 復爲郡西門亭長, 尋轉功曹. 時中常侍侯覽托太守高倫用吏, 倫教署爲文學掾. 寔知非其人, 懷檄請見. 言曰, "此人不宜用, 而侯常侍不可違. 寔乞從外署, 不足以塵明德." 倫從之. 於是鄉論怪其非舉, 寔終無所言. 倫後被徵爲尚書, 郡中士大夫送至輪氏傳舍.

倫謂衆人言曰, "吾前爲侯常侍用吏, 陳君密持教還, 而於外白署. 比聞議者以此少之, 此咎由故人畏憚强禦, 陳君可謂善則稱君, 過則稱己者也." 寔固自引愆, 聞者方歎息, 由是天下服其德.

| 註釋 | ○陳寔(진식, 서기 104-186) - 寔은 진실로 식. 밤손님(도둑)을 '梁上君子'라고 불러준 사람. ○潁川許人 - 許縣은 今 河南省 許昌市. ○中常侍 侯覽(후람) - (靈帝 建寧) 2년(서기 169)에 黨錮의 禍를 불러일으킨 장본인. 78권, 〈宦者列傳〉에 입전. ○輪氏(綸氏) - 潁川郡의 縣名. 今 河南省 鄭

州市 관할 登封市 서남.

陳寔(진식)의 字는 仲弓(중궁), 潁川郡 許縣 사람이다. 외롭고 미천한 집안 출신이었다. 어린아이로 놀이를 할 때도 또래들은 진식의 말을 따랐다. 젊어 縣吏가 되었고 늘 어렵고 힘든 일을 감내하였으며, 뒷날 都亭의 보조원이 되었다. 큰 뜻을 품고 호학하였으니 앉으나 서나 책을 읽었다. 縣令 鄧邵(등소)가 진식과 이야기를 나누고서 특별히 여겨 太學에서 학업을 받도록 허락하였다. 뒤에 다시 불려가서 관리가 되었는데 나중에 陽城山 속에 은거하였다. 그때 어떤 살인자가 있었는데, 縣吏인 楊氏는 진식이라고 의심하여 현에 잡아가두고 고문하였으나 근거가 없어 나중에 풀려났다. 진식이 군의 督郵(독우)가 되었을 때 은밀히 許縣의 현령에 부탁하여 향리 양씨를 예우하게 하였다. 주변에서 이를 알게 된 사람들은 모두 탄복하였다.

진식은 집이 가난하여 다시 郡 西門亭의 정장이 되었다가 다시 功曹가 되었다. 그때 中常侍 侯覽(후람)이 潁川太守 高倫(고륜)에게 부탁하였고, 고륜은 부탁받은 사람을 郡의 文學掾(문학연)으로 채용하였다. 진식은 적임자가 아닌 것을 알기에 (태수의) 지시 공문을 가지고 알현을 요청하였다. 그리고 진식이 말했다.

"이 사람을 등용해서는 안 되지만 그렇다고 侯(후) 常侍의 부탁을 거절할 수도 없습니다. 제가 저의 명의로 그 사람을 천거하는 형식을 갖춰야 明府에게 누가 되지 않을 것입니다." 그러자 고륜은 승낙하였다. 이에 鄕論에서는 진식이 어찌하여 추천할 수 없는 사람을 천거하였는지 의아하게 여겼으나 진식은 끝내 아무 말도 하지 않았다. 뒷날 고륜은 조정의 부름을 받아 尙書에 임명되었고, 영천군의 士大夫들은 고륜은 輪氏縣(윤씨현)의 傳舍까지 가서 전송하였다. 이에 고륜이 여러 사람에게 말했다.

"나는 전에 侯(후) 常侍의 부탁으로 관리를 채용하였는데, 진식은 몰래 지시 공문을 가지고 와서(다른 사람에게 보여주지 않았다는 뜻) 외부인의 천거 형식으로 채용케 하였습니다. 이 때문에 진식은 좋지 않은 평을 받아야만 했는데, 그런 허물은 내가 알고 지내는 사람이 외압을 받지 않은 것으로 만들려는 진식의 배려였습니다. 진식은 좋은 일은 상사의 공덕으로 돌리고 나쁜 일은 자신의 탓으로 돌렸습니다."

그러나 진식은 여전히 자신의 잘못이라고 말했다. 이를 안 모든 사람이 탄식하였고 이로부터 천하가 진식의 덕행에 탄복하였다.

原文

司空黃瓊辟選理劇, 補聞喜長, 旬月, 以疢喪去官. 復再遷除太丘長. 修德清靜, 百姓以安. 鄰縣人戶歸附者, 寔輒訓導譬解, 發遣各令還本司官行部. 吏慮有訟者, 白欲禁之. 寔曰, "訟以求直, 禁之理將何申? 其勿有所拘." 司官聞而歎息曰, "陳君所言若是, 豈有怨於人乎?" 亦竟無訟者. 以沛相賦斂違法, 及解印綬去, 吏人追思之.

及後逮捕黨人, 事亦連寔. 餘人多逃避求免, 寔曰, "吾不就獄, 衆無所恃." 乃請囚焉. 遇赦得出.

靈帝初, 大將軍寶武辟以爲掾屬. 時中常侍張讓權傾天下. 讓父死, 歸葬潁川, 雖一郡畢至, 而名士無往者, 讓甚恥之, 寔乃獨吊焉. 乃後復誅黨人, 讓感寔, 故多所全宥.

| 註釋 | ○司空 黃瓊(황경) − 61권, 〈左周黃列傳〉에 立傳. ○理劇 − 어려운 일을 해결하다. 劇은 어려울 극, 심할 극. ○聞喜 − 河東郡의 읍(현)명. 今 山西省 運城市 관할 聞喜縣. ○太丘 − 沛國의 현명. 今 河南省 직할 永城市. 河南省 동쪽 끝, 安徽省과 접경. ○中常侍 張讓(장양) − 十常侍의 한 사람. 靈帝는 '張常侍(張讓)는 나의 爸爸(파파, 아버지)이고, 趙常侍(趙忠)는 나의 媽媽(마마, 어머니)'라고 말할 정도로 환관을 존중, 총애하였다. 《三國演義》에 등장하는 '十常侍'는 張讓, 段珪, 趙忠, 封諝, 曹節, 侯覽, 蹇碩(건석), 程曠, 夏惲(하운), 郭勝이다. 78권, 〈宦者列傳〉에 입전.

[國譯]

司空 黃瓊(황경)이 난제를 해결할 사람으로 진식을 불러 선임하여 聞喜 縣長이 되었으나 반 달 뒤에 朞年喪(기년상) 때문에 관직을 사임하였다. 복직하여 다시 太丘(태구) 縣長이 되었다. 진식은 修德하고 淸靜하였고 百姓은 안정되었다. 이웃 현에서 태구현으로 이주하는 백성이 많았는데, 진식은 그때마다 그들을 깨우쳐 본래 군현 담당자에게 돌려보냈다. 현리는 이런 일 때문에 소송을 당할까 걱정하면서 진식에게 그만두라고 건의하였다. 이에 진식이 말했다. "소송이란 바로잡으려는 뜻인데, 그들을 돌려보낸다 하여 무엇을 바로잡을 수 있나? 그들을 구태여 잡아두어야 하는가?" 司官이 이를 듣고서는 탄식하며 말했다. "陳君의 말이 이와 같으니 어찌 다른 사람의

원성을 듣겠는가?" 그러면서 아무런 소송도 없었다.

沛國 相이 백성의 賦稅를 징수하면서 법을 어기자, 진식이 인수를 풀어놓고 스스로 귀향하자 관리들은 진식을 추모하였다.

뒤에 黨人을 체포할 때 진식도 사안에 연루되었다. 다른 사람들은 도망쳐서 면책 받으려 하였지만, 진식은 "내가 옥에 가지 않는다면 여러 사람 일이 해결될 수 없다."고 말했다. 그리고서는 옥에 갇히기를 자청하였다. 진식은 사면을 받아 출옥하였다. 靈帝 초에 大將軍 寶武(두무)가 진식을 불러 掾屬에 임명하였다. 그때 中常侍 張讓(장양)의 권세가 천하를 흔들 때였다. 장양의 부친이 죽어 영천군으로 가서 장례를 치르는데 군내 사람들이 모두 왔지만 조문을 온 명사가 없었고, 이를 장양은 몹시 부끄럽게 생각하였는데 진식은 홀로 가서 문상하였다. 뒷날 다시 黨人을 죽일 때 장양은 진식에게 감사하고 있었기에 진식과 다른 많은 사람들이 덕을 보았다.

原文

寔在鄕閭, 平心率物. 其有爭訟, 輒求判正, 曉譬曲直, 退無怨者. 至乃歎曰, "寧爲刑罰所加, 不爲陳君所短."

時歲荒民儉, 有盜夜入其室, 止於梁上. 寔陰見, 乃起自整拂, 呼命子孫, 正色訓之曰, "夫人不可不自勉. 不善之人未必本惡, 習以性成, 遂至於此. 梁上君子者是矣!"

盜大驚, 自投於地, 稽顙歸罪. 寔徐譬之曰, "視君狀貌, 不似惡人, 宜深克己反善. 然此當由貧困." 令遺絹二匹. 自是一縣無復盜竊.

|註釋| ○寧爲~ 不爲~ – 차라리 ~하나니 ~을 아니 하겠다. ○止於梁
上 – 梁은 대들보 양. 樑과 同.

[國譯]

　陳寔(진식)은 마을에 살면서 平心으로 교제하고 일을 처리하였다.
혹 소송을 다툴 일이 있어 진식에게 의견을 물으면, 진식은 是非曲
直을 깨우쳐 주었기에 물러나 원망하는 사람이 없었다.

　그래서 사람들이 감탄하며 말했다. "차라리 옥에서 형벌을 받을
지언정 陳君에게 욕을 먹지 않겠다."

　그 무렵 흉년이 들어 백성 살림이 매우 어려웠는데, 어떤 도적이
밤에 진식의 방에 들어와 대들보 위에 숨어 있었다. 진식이 흘깃 보
고서는 일어나 자리를 정돈한 뒤에 아들과 손자들을 불러 정색을 하
고 훈계하였다.

　"사람은 스스로 힘써 노력하지 않으면 안 된다. 착하지 않은 사람
이 꼭 처음부터 악한 것은 절대 아니며 습관이 점차 그렇게 굳어버
린 것이다. 바로 저 대들보 위에 있는 군자가 바로 그런 사람이다!"

　도적이 크게 놀라 바닥으로 내려와 머리를 숙이고 용서를 빌었
다. 진식은 천천히 깨우쳐주며 말했다.

　"내가 당신 얼굴을 보니 악인 같지 않으니 응당 깊이 뉘우치고 善
人이 되시오. 이 모두가 아마 가난 때문일 것이요."

　그러면서 비단 두 필을 내주었다. 이후로 현에서는 절도가 없어
졌다.

太尉楊賜,司徒陳耽, 每拜公卿, 群僚畢賀, 賜等常歎寔大
位未登, 愧於先之. 及黨禁始解, 大將軍何進,司徒袁隗遣人
敦寔, 欲特表以不次之位. 寔乃謝使者曰, "寔久絶人事, 飾
巾待終而已." 時三公每缺, 議者歸之, 累見徵命, 遂不起,
閉門懸車, 棲遲養老.

中平四年, 年八十四, 卒於家. 何進遣使弔祭, 海內赴者
三萬餘人, 制衰麻者以百數. 共刊石立碑, 謚爲文範先生.

有六子, 紀,諶最賢.

| 註釋 | ○太尉楊賜 – 楊賜(양사)는 다섯 번 三公의 자리에 올라 환난을
극복하고 나라의 안녕을 지켰다. 54권, 〈楊震列傳〉立傳. ○司徒 袁隗(원
외) – 袁隗 妻 馬氏는 84권, 〈列女傳〉에 立傳. ○敦 – 권하다(勸也).

[國譯]

太尉 楊賜(양사)와 司徒 陳耽(진탐)은 매번 公卿을 제수 받을 때마
다 여러 신하들의 축하를 받았지만 양사 등은 늘 陳寔(진식)이 높은
자리에 오르지 않았는데 먼저 오른 것을 부끄럽게 생각하였다. 黨錮
의 금령이 풀리자 大將軍 何進과 司徒 袁隗(원외)는 사람을 보내 진
식에 권유하면서 특별히 표문을 올려 順次(經歷)를 뛰어넘는 직위
에 천거하려고 하였다. 이에 진식은 使者에게 사례하며 말했다.

"寔은 人事나 왕래를 끊은 지 오래며 그저 巾이나 쓰고 마지막을
기다릴 뿐입니다."

三公이 공석일 때마다 論者들은 진식을 거론하였고, 진식은 여러 번 부름을 받았지만 끝내 나서지 않았으며 폐문하고 수레도 멈추고 집에서 老軀를 지켰다.

(靈帝) 中平 4년(서기 187)에 나이 84세로 집에서 죽었다. 하진은 사자를 보내 조문하고 제사를 올렸고, 각지에서 조문하러 온 자가 3만여 명이었으며 상복을 입은 자가 1백여 명이나 되었다. 여러 사람이 비석을 세웠고, 시호는 文範先生이었다.

아들이 6명이었는데, 陳紀(진기)와 陳諶(진심)이 가장 현명했다.

❼ 陳紀

┃原文┃

紀字符方, 亦以至德稱. 兄弟孝養, 閨門雍和, 後進之士皆推慕其風. 及遭黨錮, 發憤著書數萬言, 號曰《陳子》. 黨禁解, 四府並命, 無所屈就. 遭父憂, 每哀至, 輒歐血絶氣, 雖衰服已除, 而積毀消瘠, 殆將滅性. 豫州刺史嘉其至行, 表上尙書, 圖像百城, 以厲風俗. 董卓入洛陽, 乃使就家拜五官中郎將, 不得已, 到京師, 遷侍中. 出爲平原相, 往謁卓, 時欲徙都長安. 乃謂紀曰, "三輔平敞, 四面險固, 土地肥美, 號爲陸海. 今關東兵起, 恐洛陽不可久居. 長安猶有宮室, 今欲西遷何如?"

紀曰, "天下有道, 守在四夷. 宜修德政, 以懷不附. 遷移

至尊, 誠計之末者. 愚以公宜事委公卿, 專精外任. 其有違
命, 則威之以武. 今關東兵起, 民不堪命. 若謙遠朝政, 率師
討伐, 則塗炭之民, 庶幾可全. 若欲徙萬乘以自安, 將有累
卵之危, 崢嶸之險也."

卓意甚忤, 而敬紀名行, 無所復言. 時議欲以爲司徒, 紀
見禍亂方作, 不復辨嚴, 實時之郡. 璽書追拜太僕, 又徵爲
尙書令. 建安初, 袁紹爲太尉, 讓於紀, 紀不受, 拜大鴻臚.
年七十一, 卒於官.

子群, 爲魏司空. 天下以爲公慙卿, 卿慙長.

弟諶, 字季方. 與紀齊德同行, 父子並著高名, 時號 '三
君.' 每宰府辟召, 常同時旌命, 羔鴈成群, 當世者靡不榮之.
諶早終.

| 註釋 | ○閨門雝和 － 閨門은 가정 안. 부녀자. 雝은 화락할 옹. ○遭父
憂 － 父親喪을 당하다. ○號爲陸海 － 전한 武帝 때 東方朔(동방삭)은 關中
땅을 '天府陸海之地' 라고 표현하였다. ○關東兵起 － 서기 190년, 崤山(효
산) 동쪽(山東, 關東) 지역에서 동탁을 토벌하려는 의병이 크게 일어났다.
關東 反董卓軍의 중심이 袁紹(원소)와 袁術(원술)이었다. ○崢嶸之險也 －
崢嶸은 산이 높고 가파른 모양. 崢은 가파를 쟁. 嶸은 가파를 영. ○不復辨
嚴 － 辨裝. 旅裝을 재촉하다. 嚴은 명제의 이름인 莊을 피하여 嚴으로 바
꿔 썼다. 裝은 같은 글자는 아니나 音이 같아 嚴으로 바꿔 썼다.

[國譯]

陳紀(진기)의 字는 符方(부방)으로 부친과 마찬가지로 훌륭한 덕행

으로 칭송을 들었다. 兄弟가 孝養하고 閨門(규문)이 화락하여 후배 사대부들이 모두 그 가풍을 흠모하였다. 黨錮(당고)의 화를 당하여 진기는 발분하여 수만 자의 저서를 남겼고, 이를 《陳子》라고 이름 지었다. 黨錮에서 풀려나자 四府에서 진기를 불렀지만 지조를 지켜 부임하지 않았다. 부친상을 당하여 매번 통곡을 할 때마다 피를 토하며 기절하였고 복상이 끝났지만 몸이 수척하고 허약하여 사람의 몰골이 아니었다. 豫州(예주)자사가 지극한 효행을 表文으로 尙書에 보고하였고 그런 형상을 그림으로 그려 여러 성에 붙여 풍속을 교화하였다.

董卓(동탁)이 洛陽에 입성하며 사자를 진기의 집에 보내 바로 五官 中郞將을 제수하였기에 부득이 낙양에 부임하였고 侍中으로 승진하였다. 다시 平原國 相으로 전근되자, 진기가 동탁을 알현하였는데 그때 동탁은 長安으로 천도할 계획이었다. 동탁이 진기에게 물었다.

"三輔 지역은 지대가 광활하고 사방은 험한 지형이며, 토지는 비옥하여 예로부터 陸海라고 불려왔습니다. 지금 관동에서 大兵이 일어나 아마도 洛陽에서는 오래 살 수가 없을 것 같소. 長安에서 궁궐이 남아있으니 이제 장안으로 천도하려는데 어떻겠습니까?"

이에 진기가 대답하였다. "天下가 有道하니 지킨다면 멀리 있는 四夷를 막아야 합니다. 응당 인덕을 베풀어 다스리면서 따르지 않는 자를 품어주어야 합니다. 폐하가 옮겨가는 것은 제일 하등의 방책입니다. 어리석은 생각이지만, 장군께서는 정치는 조정의 여러 公卿에게 맡겨두고 전적으로 外任에만 전념하셔야 합니다. 만약 황제 명을 따르지 않는 자가 있다면 무력으로 위엄을 보이면 됩니다. 지금 관동에서 군사가 일어났다지만 백성은 조정의 명을 거역하지는 못할 것입니다. 만약 장군께서 겸허한 마음으로 조정에서 멀리 떠나 군사를 거느리고 토벌에 나선다면 도탄에 빠진 백성을 거의 구할 수 있습니다. 그러나 萬乘 天子를 다른 곳으로 모셔 평안해질 것이라는 생각은 앞으로 累卵(누란)의 위기나 벼랑에 임한 것처럼 위험할 것입니다."

동탁은 진기를 매우 못마땅하게 생각하였지만, 진기의 명성과 덕행을 존경하였기에 다시 더 말하지 않았다. 그때 진기를 司徒에 임명해야 한다는 의논도 있었지만 진기는 화란이 곧 일어날 것 같아 뒤돌아보지도 않고 떠날 행장을 챙겨 곧 平原國으로 출발하였다. 조정에서는 璽書(새서)를 내려 진기를 太僕으로 추가 제수하였고 다시 尙書令으로 불렀다. (獻帝) 建安 初에, 袁紹(원소)는 太尉가 되었는데 직위를 진기에게 양보하였지만 진기가 받지 않자 다시 大鴻臚를 제수하였다. 진기는 나이 71세에 관직을 갖고 있으면서 죽었다.

(陳紀의) 아들 陳群(진군, 字 長文)은 魏(曹魏)의 司空이 되었다. 天下에서는 三公의 지위에 오른 것은 (陳氏 三代가) 卿이 된 것만 못하고, 卿이 된 것은 (진씨가) 郡長이 된 것만 못하다고 생각하였다.

(陳紀의) 아우 陳諶(진심)의 字는 季方이다. (兄인) 陳紀와 덕행이 같았는데 부자가 모두 유명하여 당시 사람들이 三君이라고 불렀다. 여러 번 재상부에서 徵召하였는데 어떤 때는 세 사람이 같은 날에 임명을 받았고, 예물로 가져온 羊과 기러기가 무리를 이룰 정도로 많았으니 당시에 영광으로 여기지 않는 사람이 없었다. 진심은 일찍 죽었다.

原文

　論曰, 漢自中世以下, 閹豎擅恣, 故俗遂以遁身矯絜放言
爲高. 士有不談此者, 則芸夫牧豎已叫呼之矣. 故時政彌惛,
而其風愈往.

　唯陳先生進退之節, 必可度也. 據於德故物不犯, 安於仁
故不離群, 行成乎身而道訓天下, 故凶邪不能以權奪, 王公
不能以貴驕, 所以聲敎廢於上, 而風俗淸乎下也.

| 註釋 | ○閹豎擅恣 −閹豎(엄수)는 환관. 閹은 내시 엄. 豎는 더벅머리
수. 擅은 멋대로 할 천. 恣는 방자할 자. ○矯絜放言 − 矯絜(교결)은 뜻이
초연한 모양. 矯는 바로잡을 교. 絜은 깨끗할 결. 헤아릴 혈. 放言은 거리
낌 없이 하는 말. 세상을 달관한 듯 큰소리치는 말. 세상에 구애받지 않고
하는 말. 「謂虞仲夷逸, 隱居放言, 身中淸, 廢中權.」《論語 微子》. ○芸夫牧
豎已叫呼之矣 − 芸夫는 김을 매는 농부. 牧豎(목수)는 목동. 芸은 김맬 운,
향초 이름 운. 叫呼(규호)는 비웃다(譏笑之).

[國譯]

　范曄(범엽)의 史論 : 漢代 中世 이후로는 환관이 정권을 휘둘렀기
에 세속에서는 은거와 고결한 처신과 放言을 높이 알아주었다. 독서
인으로서 이런 말을 하지 않는 자에 대해서는 농부나 목동도 비웃을
정도였다. 당시 정치가 더욱 암담해지고 세상 풍조는 갈수록 放誕
(방탄)하였다.

　그러나 陳寔(진식)이나 陳紀(진기)는 그 進退에 지조를 틀림없이
예측하고 본받을 만하였다. 자신의 덕행과 수양에 의거하였기에 外

物이 그를 범할 수 없었고, 仁義에 안주하였기에 속세의 群居를 떠나지 않았으며, 몸소 실천하는 행실은 온 나라 사람들에게 교훈이 되었기에 흉악한 자라도 권력으로 그 뜻을 빼앗을 수 없었고, 王公일지라도 그 지위를 뽐낼 수 없었으며, 비록 상층부에서 聲敎가 무너졌더라도 아래에서는 깨끗한 풍속이 지켜질 수 있었다.

原文

贊曰, 二李師淑, 陳君友皓. 韓韶就吏, 嬴寇懷道. 太丘奧廣, 模我彝倫. 曾是淵軌, 薄夫以淳. 慶基旣啓, 有蔚潁濱, 二方承則, 八慈繼塵.

|註釋| ○二李 - 李固(이고)와 李膺(이응). 陳君은 陳寔(진식). ○模我彝倫 - 彝倫은 인간이 지켜야 할 떳떳한 윤리. 彝는 떳떳할 이. ○有蔚潁濱 - 潁水의 주변 땅. 潁川郡. ○二方承則 - 二方은 元方(陳紀의 字)과 季方(陳諶의 字), 八慈는 荀淑의 아들 荀爽 등 8명. 모두의 字에 慈字를 썼다.(荀氏八龍, 慈明無雙.)

[國譯]

贊曰,
李固, 李膺은 荀淑에게 師事했고, 陳寔(진식)은 鍾皓와 벗했다.
韓韶가 縣長이 되자 嬴縣(영현) 도적도 감화되었다.
太丘縣이 벽지이나 陳寔은 윤리의 모범이 되었다.
전임자의 숭고한 도덕의 자취에 세속도 순화되었다.

모범적 바탕이 갖춰지니 潁川郡이 크게 융성하였다.

유훈을 계승한 陳紀,陳諶(진심)에, 荀氏 八龍도 가풍을 이었다.

63 李杜列傳
〔이,두열전〕

❶ 李固

原文

李固字子堅, 漢中南鄭人, 司徒郃之子也. 郃在〈方術傳〉.
固貌狀有奇表, 鼎角匿犀, 足履龜文. 少好學, 常步行尋師,
不遠千里. 遂究覽墳籍, 結交英賢. 四方有志之士, 多慕其風
而來學. 京師咸歎曰, "是復爲李公矣." 司隷,益州並命郡擧
孝廉, 辟司空掾, 皆不就.

| 註釋 | ○李固(이고, 서기 93 - 147년) - 외척 梁冀(양기)의 무고를 받아 피
살. ○漢中南鄭 - 漢中郡 치소는 南鄭縣, 今 陝西省 서남부 漢中市. ○〈方
術傳〉 - 82권, 〈方術列傳〉(上)에 立傳. ○鼎角匿犀 - 鼎角(정각)은 정수리
의 두개골이 鼎足처럼 솟아났다는 뜻. 匿犀(익서)는 伏犀(복서)이니, 이마와

머리카락 나는 곳이 약간 솟아났다는 뜻. ㅇ足履龜文 - 相書에 발바닥이
거북 등판 같은 무늬가 있다면 太守는 된다고 하였다.

[國譯]

　　李固(이고)의 字는 子堅(자견)으로, 漢中郡 南鄭縣 사람으로 司徒
李郃(이합)의 아들이다. 이합은 〈方術列傳〉에 입전했다. 이고의 생
김새는 매우 기이였으니, 머리 꼭대기에 鼎足(정족)처럼 3개의 돌기
가 있고 이마에도 약간 솟은 줄이 있었으며 발바닥에는 거북무늬가
있었다. 젊어 好學하였고 스승을 찾아 늘 걸어 다니면서도 천리 길
을 멀다 하지 않았다. 그리하여 산처럼 많은 책을 읽었고, 영웅 현인
과 널리 교제하였다. 사방의 有志들이 이고의 풍모를 사모하며 찾아
와 배웠는데, 京師에서도 많은 사람들이 "부친의 풍모를 닮았다."고
칭송하였다. 사예교위나 익주자사가 郡에 지시하여 이고를 효렴으
로 천거하였고, 司空府의 掾吏가 되었지만 出仕하지 않았다.

原文

　　陽嘉二年, 有地動, 山崩, 火災之異, 公卿擧固對策, 詔又特
問當世之敝, 爲政所宜. 固對曰,

　　「臣聞王者父天母地, 寶有山川. 王道得則陰陽和穆, 政化
乖則崩震爲災. 斯皆關之天心, 效於成事者也. 夫化以職成,
官由能理. 古之進者, 有德有命, 今之進者, 唯財與力. 伏聞
詔書務求寬博, 疾惡嚴暴. 而今長吏多殺伐致聲名者, 必加

遷賞, 其存寬和無黨援者, 輒見斥逐. 是以淳厚之風不宣,
雕薄之俗未革. 雖繁刑重禁, 何能有益?

　前孝安皇帝變亂舊典, 封爵阿母, 因造妖孽, 使樊豐之徒
乘權放恣, 侵奪主威, 改亂嫡嗣, 至令聖躬狼狽, 親遇其艱.
旣拔自困殆, 龍興卽位, 天下喁喁, 屬望風政. 積敝之後, 易
致中興, 誠當沛然思惟善道. 而論者猶云, 方今之事, 復同
於前. 臣伏從山草, 痛心傷臆.

　實以漢興以來, 三百餘年, 賢聖相繼, 十有八主. 豈無阿
乳之恩? 豈忘貴爵之寵? 然上畏天威, 俯案經典, 知義不可,
故不封也. 今宋阿母雖有大功勤謹之德, 但加賞賜, 足以酬
其勞苦, 至於裂土開國, 實乖舊典. 聞阿母體性謙虛, 必有
遜讓, 陛下宜許其辭國之高, 使成萬安之福.」

│註釋│ ○有德有命 – 命은 작위를 내리는 명을 받다. ○封爵阿母 – 阿
母(乳母) 王聖(왕성)을 野王君으로 봉했다. ○因造妖孽 – 妖孽(요얼)은 요
상한 일. 孽은 서자 얼. 요괴. ○改亂嫡嗣 – 順帝가 太子의 자리에서 쫓겨
나 濟陰王으로 강등되었다. ○拔自困殆 – 困殆(곤태)는 곤궁과 위험. 殆는
위태할 태(危也). ○天下喁喁 – 喁喁(옹옹)은 윗사람의 덕을 기리고 우러러
따르는 모양, 입을 위로 쳐들고 몹시 바라는 모양. 喁은 숨 쉴 옹. 우러러 따
르다. ○沛然(패연) – 널리. 광대하고 넓은 모양. ○宋阿母 – 宋娥(송아).

[國譯]

　(順帝) 陽嘉 2년(서기 133), 지진과 산의 붕괴, 화재 등 이변이 일어

나자 공경들이 李固(이고)를 천거하여 대책을 올리게 하자 조서로 특별히 當世의 폐단과 정치의 요체를 물었다. 이에 이고가 대답하였다.

「臣이 알기로, 王者는 天地를 부모로 생각하고 山川을 보배로 여긴다고 하였습니다. 王道가 제대로 지켜지면 陰陽이 조화를 이루고, 교화가 어긋나면 무너지고 흔들리는 재해가 닥친다고 하였습니다. 이는 모두 天心에 관련된 것이며 지나간 사실로 증명된 것입니다. 교화는 관부에서 시작되고 통치의 성과는 관리의 능력에 따른 것입니다. 옛날에 등용된 자는 德에 따른 작위를 받았지만 지금 등용되는 자는 재물과 권력을 갖게 됩니다. 臣이 알기로, 조서를 내려 寬厚와 박식한 인재를 등용하고 嚴酷(엄혹) 포악한 자를 증오하였습니다. 그러나 지금 長吏들은 많이 죽이고 징벌하는 것으로 명성을 얻고 또 상을 받지만, 관후 온화하고 黨人이 끌어주지 않는 자는 바로 배척당하고 있습니다. 이러하기에 淳厚(순후)한 기풍이 널리 선양되지 못하고 엄격 각박한 병폐는 고쳐지지 않고 있습니다. 번잡하고 무거운 형벌이 어디에 유익하겠습니까?

전에 安帝께서는 옛 법제를 바꿔 혼란을 일으키면서 乳母에게 작위를 내렸는데, 이 때문에 요상한 일이 일어났고 樊豐(번풍)과 같은 무리들이 권력을 잡고 방자하여 군주의 권위를 침탈하였고, 적서의 자리를 어지럽혀서 폐하께서는 낭패를 당하는 어려움을 몸소 겪어야만 했습니다. 이제 그런 난관을 이겨내시고 皇位의 보좌에 등극하시자 천하 백성은 폐하를 따르며 새로운 정치의 출현을 기대하였습니다. 그런 積敝(적폐) 뒤에 쉽게 中興을 이룩하시었으니 응당 선정을 이룰 수 있는 방법을 널리 구해야 했습니다. 그렇지만 論者들은 여전히 지금의 정사가 옛날과 같다고 말하고 있습니다. 臣은 초야에 묻힌 사람이지만 참으로 마음이 아플 뿐입니다.

사실 漢이 건국된 이후 3백여 년에 賢聖하신 18대의 황제가 계승하셨습니다. 그렇다면 어찌 그런 유모의 은덕이 없었겠습니까? 어찌 높은 작위를 내려 총애를 베풀 줄을 몰랐겠습니까? 그렇지만 위로는 天威를 두려워했고 나라의 經典을 내려 보고서는 大義로 불가하다는 것을 알았기에 不封했던 것입니다. 지금 유모 宋氏가 비록 부지런히 애써 은덕을 베푼 큰 공이 있지만 거기에 상을 내려 그 노고를 보답하면 되며, 땅을 나눠 封國을 세우는 것은 옛 법도에 어긋날 뿐입니다. 臣이 듣기는 宋 阿母는 본성이 겸허하기에 겸양할 것이라 하니, 폐하께서는 응당 겸양의 뜻을 수용하시어 만방이 편안할 수 있는 복을 누리셔야 합니다.」

原文

「夫妃后之家所以少完全者, 豈天性當然? 但以爵位尊顯, 專總權柄, 天道惡盈, 不知自損, 故至顚仆. 先帝寵遇閻氏, 位號太疾, 故其受禍, 曾不旋時. 老子曰, '其進銳, 其退速也.' 今梁氏戚爲椒房, 禮所不臣, 尊以高爵, 尙可然也. 而子弟群從, 榮顯兼加, 永平,建初故事, 殆不如此. 宜令步兵校尉冀及諸侍中還居黃門之官, 使權去外戚, 政歸國家, 豈不休乎!」

| 註釋 | ○顚仆 – 顚覆(전복). 顚은 엎어질 전. 仆는 엎드릴 부. 뒤집어지

다. ○寵遇閻氏 - 安思閻皇后. 安帝(재위 107 - 125)의 황후, 황후 재임 115
- 125년. ○其進銳, 其退速也 -《老子道德經》에 나오지 않고《孟子 盡心
章句 上》에 나오는 말이다. ○椒房(초방) - 皇后의 거처. 후춧가루를 벽에
발라 온기를 증대시킨다.

[國譯]

　「대체로 后妃의 가문으로 오재 지속된 경우가 없는 것이 어찌 천
성이 본래 그렇기 때문이겠습니까? 다만 작위가 아주 높고 총애 속
에 권력을 잡았으며, 天道는 가득 차 넘치는 것을 싫어하는데도 스스
로 減損할 줄을 몰랐기에 전복될 뿐입니다. 先帝께서는 閻氏(염씨)를
총애하였는데 位號가 급작스레 높아졌고 그만큼 빨리 화를 당했습
니다. 老子는 '빨리 나아가면 퇴장도 빠르다.'고 하였습니다. 지금
梁氏 일족은 황후의 친정이지만 황후의 부친은 예의상 신하 반열에
서지 않는데 높은 작위를 받고도 그런 대우를 받고 있습니다. 그 자
제들도 따라서 높은 지위를 차지하고 있는데, 永平(明帝)이나 建初
(章帝)의 전례에 비춰보면 전혀 그렇지 않았습니다. 의당 步兵校尉
梁冀(양기)나 여러 侍中(시중)들은 모두 본직으로 되돌려 보내고 외척
의 권한을 조정에 귀속시킨다면 어찌 아름답지 않겠습니까!」

原文

　「又詔書所以禁侍中尙書中臣子弟不得爲吏察孝廉者, 以
其秉威權, 容請托故也. 而中常侍日月之側, 聲勢振天下,
子弟祿仕, 曾無限極. 雖外托謙默, 不干州郡, 而諂僞之徒,

望風進擧. 今可爲設常禁, 同之中臣.

　昔館陶公主爲子求郞, 明帝不許, 賜錢千萬. 所以輕厚賜, 重薄位者, 爲官人失才, 害及百姓也. 竊聞長水司馬武宣, 開陽城門候羊迪等, 無它功德, 初拜便眞. 此雖小失, 而漸壞舊章. 先聖法度, 所宜堅守, 政敎一跌, 百年不復.《詩》云, '上帝板板, 下民卒癉.' 刺周王變祖法度, 故使下民將盡病也.」

| 註釋 |　〇中臣 － 宮中의 관리. 환관.　〇察孝廉 － 효렴으로 천거되다. 察은 察擧, 살펴 천거하다.　〇館陶公主 － 光武帝의 第三女.　〇長水司馬 － 長水校尉 1인, 질록 比二千石, 그 아래 司馬 1인은 질록이 1千石인데 宿衛를 담당한다.　〇城門候 － 성문교위의 副官, 질록 6백석.　〇初拜便眞 － 漢代의 관리는 최초 임용의 경우 대리직(임시직)으로 1년을 근무한 뒤에(先守一歲) 정식 직위에 보임(補眞)되었다.　〇《詩》云 －《詩經 大雅 板》.　〇上帝板板, 下民卒癉 － 板은 뒤집어지다(反也). 卒은 다하다(盡也). 癉은 앓을 단. 고생하다. 周 厲王(여왕)이 先王之道를 뒤집어 없애자 백성들이 병든 것처럼 고생한다는 뜻.

[國譯]

　「또 詔書로 侍中, 尙書, 中臣의 子弟를 관리나 孝廉으로 추천된자를 사찰하는 직위에 임명할 수 없게 한 것은 그런 자리가 큰 권한을 가지고 있어 청탁을 받을 수 있기 때문입니다. 그리고 중상시는 언제나 황제의 측근이기에 그 聲勢가 온 나라에 미치게 되고 자제가 관직에 있으면 그 끝이 어떨지 알 수가 없습니다. 비록 외부 청탁에 침묵하고 州郡의 행정에 간여하지 않는다 하여도 아첨하는 위선자

들은 눈치나 기색을 살펴 바치기 때문입니다. 따라서 지금 中臣의
자제처럼 (황후 본가의 관직을) 常禁하는 명령을 내려야 합니다.

　　예전에 館陶公主(관도공주)가 아들의 낭관 임명을 청탁하자, 明帝
는 不許하며 그 대신 금전 千萬을 하사하였습니다. 그 까닭은 후한
下賜는 오히려 가볍고 낮은 관직이 더 중하기 때문이었으니 관리가
잘못한다면 그 폐해가 백성에 미치기 때문입니다. 臣이 알기로, 長
水校尉의 司馬인 武宣(무선), 開陽城門의 門候인 羊迪(양적) 등은 특
별한 공적도 없이 처음부터 정식 관리가 되었습니다. 이는 비록 작
은 흠결이지만 점차로 옛 법제를 붕괴시킬 것입니다. 先聖의 법도는
응당 굳게 지켜야 하며 政教가 한 번 무너지면 백 년 안에는 회복되
지 않습니다.《詩 大雅》에서도 '上帝가 뒤집어지면 백성은 병들어
고생하네.' 라고 하여 周王이 조상의 법도를 바꾸자 백성이 모두 병
들어 고생하였습니다.」

原文

「今陛下之有尙書, 猶天之有北斗也. 斗爲天喉舌, 尙書亦
爲陛下喉舌. 斗斟酌元氣, 運平四時. 尙書出納王命, 賦政
四海, 權尊勢重, 責之所歸. 若不平心, 災眚必至. 誠宜審擇
其人, 以毗聖政. 今與陛下共理天下者, 外則公卿尙書, 內
則常侍黃門, 譬猶一門之內, 一家之事, 安則共其福慶, 危則
通其禍敗. 刺史, 二千石, 外統職事, 內受法則. 夫表曲者景
必邪, 源淸者流必絜, 猶叩樹本, 百枝皆動也. 〈周頌〉曰,

‘薄言振之, 莫不震疊.’ 此言動之於內, 而應於外者也. 由
此言之, 本朝號令, 豈可蹉跌? 閒隙一開, 則邪人動心, 利競
暫啓, 則仁義道塞. 刑罰不能復禁, 化導以之寖壞. 此天下
之紀綱, 當今之急務.

　陛下宜開石室, 陳圖書, 招會群儒, 引問失得, 指摘變象,
以求天意. 其言有中理, 實時施行, 顯拔其人, 以表能者. 則
聖聽日有所聞, 忠臣盡其所知. 又宜罷退宦官, 去其權重,
裁置常侍二人, 方直有德者, 省事左右. 小黃門五人, 才智
閑雅者, 給事殿中. 如此, 則論者厭塞, 昇平可致也. 臣所以
敢陳愚瞽, 冒昧自聞者, 儻或皇天欲令微臣覺悟陛下. 陛下
宜熟察臣言, 憐赦臣死.」

| 註釋 |　○賦政四海 - 賦는 반포하다(布也).　○災眚必至 - 災는 열병
진. 재해. 眚은 재앙 생. 눈에 백태가 끼다.　○以毗聖政 - 毗는 도울 비. 힘
을 보태다.　○〈周頌〉曰 -《詩經 周頌 時邁》.　○薄言振之, 莫不震疊 - 薄
은 여기서는 어조사로 쓰였다. 發語辭. 振은 흔들다. 떨치다(奮也). 莫은
無也. 震은 흔들리다(動也). 疊은 겹칠 첩. 응하다(應也). 成王이 바른 文武
의 道를 펴 실천하자 천하가 모두 움직여 政敎를 따라 실천했다는 뜻.　○蹉
跌(차질) - 蹉는 넘어질 차. 跌은 넘어질 질.　○儻或 - 만약. 만일. 儻은 만
일, 혹시. 빼어날 당.

[國譯]
　「지금 폐하께서는 尙書를 거느리시는데, 이는 하늘의 北斗와 같
습니다. 북두가 하늘의 목구멍이며 혀(喉舌)인 것처럼, 尙書 역시 폐

하의 喉舌(후설)입니다. 북두는 元氣를 조절하여 四時를 고르게 운행합니다. 尙書는 王命을 출납하고 천하에 政令을 반포하니 그 권한이 막중하며 책임이 무거운 자리입니다. 만약 尙書의 마음가짐이 바르지 않다면 틀림없이 재해가 나타납니다. 따라서 상서를 잘 간택하여 聖政을 보필케 해야 합니다. 지금 폐하의 천하 통치 보좌는 밖으로는 公卿과 尙書이고 안으로는 常侍와 黃門이니, 비유하자면 한 집안 일이 무사평안하면 그 복과 기쁨을 같이하고 위기에서는 화란을 같이 겪어야 하는 것과 같습니다. 刺史나 二千石은 밖으로는 담당직무를 수행하며 안으로는 법도를 지켜나가야 합니다. 대체로 겉(表)이 굽었다면 그림자도 바르지 못하고, 근원이 맑다면 흐름도 틀림없이 깨끗하니, 비유하자면 나무줄기를 흔들면 모든 가지(百枝)도 같이 움직이는 것과 같습니다. 〈周頌〉에서도, '말 한마디가 반포되자 따라 응하지 않는 것이 없다.'고 하였으니, 이는 조정에서 반포된 政令이 지방에서 그대로 시행된다는 뜻입니다. 이렇게 본다면 本朝의 號令이 어찌 蹉跌(차질)이 있을 수 있겠습니까? 한번 틈(間隙, 간극)이 벌어지면 사악한 욕심이 발동하며, 이득이 있다고 생각되면 仁義의 길은 막히게 됩니다. 그렇게 되면 刑罰로도 다시 금할 수 없고 교화는 무너지게 됩니다. 이는 천하의 紀綱(기강)에 관한 것이기에 지금 당장 실천할 急務입니다.

폐하께서는 石室을 열어 보관한 도서를 열람하시고 여러 유생을 불러 정사의 득실을 논하시며 그 變相을 찾아내고 天意를 파악하셔야 합니다. 유생의 건의 중 합리적 의견은 시행하고 그런 사람을 뽑고 능력자를 표창하여야 합니다. 그렇게 되면 聖聽은 날로 널리 퍼지고 忠臣은 그 성심을 다할 것입니다. 또 응당 환관을 파면 퇴출하고 권한을 박탈하되 常侍 2인만을 두고 方正正直한 有德者가 좌우에서 일을 처리하면 됩니다. 小黃門으로 才智가 청명한 자 5인을 골라 大殿에서 업무연락을 담당하면 됩니다. 이렇게 한다면 여론의 불만은 가라앉을 것이고 昇平시대를 맞이할 것입니다. 臣이 감히 우매한 말씀을 늘어놓고 죽음을 무릅쓰고 상서하는 것은 혹시라도 皇天이 미약한 저를 통하여 폐하를 깨우치려는 뜻이라 생각했기 때문입니다. 폐하께서는 살펴 읽어주시고 불쌍히 여겨 죽음을 사면해 주시기 바랍니다.」

原文

順帝覽其對, 多所納用, 實時出阿母還弟舍, 諸常侍悉叩頭謝罪, 朝廷肅然. 以固爲議郎. 而阿母宦者疾固言直, 因詐飛章以陷其罪, 事從中下. 大司農黃尙等請之於大將軍梁商, 又僕射黃瓊救明固事, 久乃得拜議郎.

註釋

○梁商(양상) – 梁統(양통)의 증손. 양상은 선량하고 검소한 도덕군자였지만 그 아들 梁冀(양기)는 악독포악한데다가 권력까지 휘둘렀으니 그 폐해는 이루 다 말할 수 없었다. 34권, 〈梁統列傳〉에 立傳. ○黃瓊(황경) – 61권, 〈左周黃列傳〉에 立傳.

國譯

順帝는 李固(이고)의 對策을 읽고 많이 수용하였는데 즉시 宋阿母를 본 거처로 내보냈고, 모든 常侍가 고개를 숙여 사죄하자 조정이

肅然(숙연)하였다. 그리고 이고를 議郎으로 삼았다. 그러나 阿母와 환관들은 이고의 바른 직언을 질시하여 거짓 투서로 이고를 모함하였고 사안은 환관에서 시작되었다. 大司農인 黃尙(황상)이 이를 梁商(양상)에게 부탁했고, 또 상서복야인 黃瓊(황경)은 이고의 사안을 변호하여 얼마 뒤에 이고는 다시 의랑이 되었다.

原文

出爲廣漢雒令, 至白水關, 解印綬, 還漢中, 杜門不交人事. 歲中, 梁商請爲從事中郞. 商以后父輔政, 而柔和自守, 不能有所整裁, 疢異數見, 下權日重. 固欲令商先正風化, 退辭高滿, 乃奏記曰,

「《春秋》襃儀父以開義路, 貶無駭以閉利門. 夫義路閉則利門開, 利門開則義路閉也. 前孝安皇帝內任伯榮,樊豐之屬, 外委周廣,謝惲之徒, 開門受賂, 署用非次, 天下紛然, 怨聲滿道. 朝廷初立, 頗存淸靜, 未能數年, 稍復墮損. 左右黨進者, 日有遷拜, 守死善道者, 滯涸窮路, 而未有改敝立德之方. 又卽位以來, 十有餘年, 聖嗣未立, 群下繼望. 可令中宮博簡嬪媵, 兼采微賤宜子之人, 進御至尊, 順助天意. 若有皇子, 母自乳養, 無委保妾醫巫, 以致飛燕之禍. 明將軍望尊位顯, 當以天下爲憂, 崇尙謙省, 垂則萬方. 而新營祠堂, 費功億計, 非以昭明令德, 崇示淸儉. 自數年以來, 疢怪

屢見, 比無雨潤, 而沉陰鬱怏. 宮省之內, 容有陰謀.

孔子曰, '智者見變思刑, 愚者覩怪諱名.' 天道無親, 可爲祗畏. 加近者月食旣於<u>端門</u>之側. 月者, 大臣之體也. 夫窮高則危, 大滿則溢, 月盈則缺, 日中則移. 凡此四者, 自然之數也. 天地之心, 福謙忌盛, 是以賢達功遂身退, 全名養壽, 無有恍迫之憂. 誠令王綱一整, 道行忠立, 明公躔伯成之高, 全不朽之譽, 豈與此外戚凡輩耽榮好位者同日而論哉! <u>固</u>狂夫下愚, 不達大體, 竊感古人一飯之報, 況受顧遇而容不盡乎!」

<u>商</u>不能用.

| 註釋 | ○廣漢雒令 – 廣漢郡 雒縣은 당시 益州刺史部의 治所. 今 四川省 德陽市 관할의 廣漢市. ○白水關 – 天水郡(漢陽郡) 西縣의 관문. 今 四川省 동북 廣元市 북쪽, 嘉陵江 東岸. ○義父以開義路 – (魯) 隱公 元年에 邾儀父(주의보)가 道義를 襃揚하기로 맹약했다. ○貶無駭以閉利門 – 貶은 폄하하다. 無駭는 展無駭(전무해), 人名. ○伯榮(백영) – 安帝의 유모 王聖의 딸. ○守死善道 – 「子曰, "篤信好學, 守死善道." 《論語 泰伯》. ○滯涸窮路 – 고인 물이 말라가고, 길도 막혔다. 물고기의 처지에 비유했다. ○趙飛燕(조비연) – 成帝의 皇后. 그 여동생도 성제의 총애를 받았다. 다른 후궁이 낳은 성제의 아들을 죽여 성제는 후사가 없이 붕어했다. ○沉陰鬱怏 – 鬱怏(울앙)은 구름이 일어나는 모양. 鬱은 막힐 울. 怏은 끝없을 앙. 구름이 피는 모양. ○可爲祗畏 – 祗는 공경할 지(敬也). ○旣於端門之側 – 旣는 끝나다. 완료하다(盡也). 端門(단문)은 하늘 太微宮의 南門. 지상에서는 皇宮의 남문. ○大臣之體也 – 月者는 衆陰之長으로 妃后, 大臣, 諸侯之象

이라고 했다. ○日中則移－《易》의 雷(☳)火(☲)豐, 〈豐卦〉에 「日中則昃, 月盈則食, 天地盈虛, 與時消息.」이라 하였다. ○功遂身退－「功成名遂身退, 天之道也.」《老子道德經》9장. ○無有怵迫之憂－怵은 두려워할 출. ○伯成之高－伯成子高의 高明함. 伯成子高는 唐虞(堯)의 諸侯. 禹가 건국 즉위하자 물러나 농사를 짓고 살았다.

[國譯]

李固(이고)는 廣漢郡 雒縣(낙현) 縣令으로 발령이 나자, (漢陽郡) 白水關에 와서는 인수를 풀어놓고 고향 漢中郡으로 돌아와 문을 닫고 다른 사람과 왕래하지 않았다. 그 해에 梁商(양상)은 이고를 從事中郎으로 불렀다. 양상은 황후의 부친으로 정사를 보필하였는데 온유, 유화하여 자기 분수는 지켰지만 개혁이나 결단하지 못했으며, 재이가 자주 출현하였고 권위는 날마다 떨어졌다. 이고는 우선 교화의 풍조를 정비하기 위해 양상이 갖고 있는 고위 관직을 사양해야 한다고 생각하여 서신으로 자신의 뜻을 양상에게 알렸다.

「《春秋》에서는 邾儀父(주의보)가 도의를 포양하기로 한 뜻을 칭송하고 展無駭(전무해)가 求利의 門을 막은 것을 폄하하여 기록했습니다. 義路가 닫히면 利門이 열리고, 利門이 열리면 義路는 막힙니다. 앞서 孝安皇帝는 안으로 伯榮(백영)과 樊豐(번풍) 같은 자들을 신임하였고, 밖으로는 周廣(주광)과 謝惲(사운) 같은 무리에게 정사를 맡겨 受賂(수뢰)의 문을 열어놓았으며, 순차를 무시하고 등용하여 천하가 소란하였으며 길에는 원성이 가득 찼었습니다. 지금 皇上이 처음 즉위해서는 제법 淸靜한 기품이 있었지만 불과 몇 년이 지나지 않아 점점 추락하였습니다. 황제 측근의 黨人으로 출세하는 자는 날마다 승진하였지만 죽도록 善道를 지키는 자는 막다른 처지에서 폐단을 개혁하며 덕행을 베풀 방도도 없었습니다. 또 즉위 이래로 10여 년이 지났지만 아직 후사가 정해지지 않았고 모든 사람들이 후사를 기대하고 있습니다. 中宮으로 하여금 널리 후궁을 간택하게 하고 아울러 미천하더라도 적당한 여인을 찾아 폐하 곁에 보내 天意를 따라야 합니다. 만약 皇子를 낳는다면 친모가 젖을 먹여 기르면서 保姆나 女醫나 巫女에게 맡겨 양육하지 않아야만 (成帝) 趙飛燕(조비연) 자매가 皇子를 죽였던 그런 화를 막을 수 있습니다. 將軍께서는 명망도 높으시고 지위도 顯赫(현혁)하시니 응당 천하를 걱정하시며 淸淨과 겸양을 숭상하여 萬邦에 모범을 보여야 합니다. 지금 새로운 사당을 짓는다고 億萬의 비용을 들인다고 하나 이로써는 청명한 덕을 포상하고 節儉을 보일 수는 없습니다. 최근 몇 년 동안에 재이와 괴변이 자주 나타나고 비가 오랫동안 내리지 않으며 음침한 기운만 가득 찼습니다. 또 궁중이나 조정에 어떤 음모가 있을지도 모릅니다.

공자께서도 '智者는 變異가 있으면 형벌을 생각하고 愚者는 怪異를 보면 그 이름을 꺼린다.'고 하였습니다. 天道는 결코 親疎(친소)가 없으니 공경하고 두려워해야 합니다. 더군다나 근자에 月食이 端門(단문) 가까이서 일어났습니다. 달이란 大臣을 상징합니다. 홀로 높이 솟았다면 위험하고, 가득 차면 넘치고, 달도 차면 이지러지고, 해도 한낮이 지나면 지는 것입니다. 이 4가지는 자연의 당연한 이치입니다. 天地는 겸양한 사람에게 복을 주고 극성을 싫어하기에 賢達하고, 공을 이루었다면 은퇴하여 명예를 보전하고 몸을 보양하면서 장수를 누려야만 뒷날 후회가 없을 것입니다. 지금 제왕의 기강이 정비되어 正道가 행해지고 충신이 제자리에 설 수 있도록 明公께서는 옛 현인 伯成子高(백성자고)의 자취를 따라야 不朽의 명예를 지킬 수 있을 것이니, 이렇게 한다면 다른 外戚이나 보통 사람으로 영광과 지위를 탐하는 자들과 어찌 같이 비교할 수 있겠습니까! 저는 진실로 狂夫이며 下愚로 大體를 알지도 못하면서 밥 한 끼의 은혜에도 고인은 꼭 보답했다는 뜻을 모방하여 올리는 글이오나 그간 입은 은덕에 어찌 보답이 되겠습니까!」

그러나 梁商은 받아들이지 못했다.

原文

永和中, 荊州盜賊起, 彌年不定, 乃以固爲荊州刺史. 固到, 遣吏勞問境內, 赦寇盜前釁, 與之更始. 於是賊帥夏密等斂其魁黨六百餘人, 自縛歸首. 固皆原之, 遣還, 使自相招集, 開示威法. 半歲閒, 餘類悉降, 州內淸平.

上奏南陽太守高賜等臧穢. 賜等懼罪, 遂共重賂大將軍梁冀, 冀爲千里移檄, 而固持之愈急. 冀遂令徙固爲太山太守.

時太山盜賊屯聚歷年, 郡兵常千人, 追討不能制. 固到, 悉罷遣歸農, 但選留任戰者百餘人, 以恩信招誘之. 未滿歲, 賊皆弭散.

| 註釋 | ○永和 – 順帝의 연호, 서기 136 – 141년. ○皆原之 – 原은 용서하다. 놓아주다. 근원 원. ○千里移檄 – 1일에 1천 리를 가는 문서를 급히 보내다. ○弭散 – 弭는 중지하다. 활고자 미. 활시위를 거는 곳.

  (順帝) 永和 연간에, 荊州(형주) 지역에 도적떼가 일어나 몇 년간 평정되지 않고 있었는데 李固(이고)는 荊州자사가 되었다. 이고는 부임하여 관리를 보내 관할 지역의 백성을 위로하고 도적들의 전과를 사면하면서 새로 출발하게 하였다. 이에 우두머리인 夏密(하밀) 등이 그 괴수와 무리 6백여 명을 데리고 스스로 포박하고 자수해왔다. 이고가 모두 사면하여 돌려보내고 그들로 하여금 서로 만나 법의 위엄을 알게 하였다. 반년 만에 나머지 무리도 모두 해산하자 관할 지역이 평온해졌다.

  이고는 南陽太守 高賜(고사) 등의 착복과 불법을 고발하였다. 고사 등은 형벌이 두려워 함께 大將軍 梁冀(양기)에게 큰 뇌물을 바쳤고, 양기는 1일 천리를 달리는 급한 문서를 이고에게 보냈지만, 이고는 죄인을 더욱 철저히 조사하였다. 이에 양기는 이고를 太山(泰山) 태수로 전출시켰다.

  그때 태산군에는 도적들이 몇 년 동안 웅거하고 있었는데 태산군 병사가 늘 1천여 명이나 있었지만 적을 제압하지 못하고 있었다. 이고는 부임하면서 군사를 모두 해산하여 농사를 짓게 하고 다만 100여 명만 남겨두고 신의로 도적을 회유하였다. 1년이 되지 않아 도적들은 모두 흩어졌다.

  遷將作大匠. 上疏陳事曰,

  「臣聞氣之淸者爲神, 人之淸者爲賢. 養身者以練神爲寶,安國者以積賢爲道. 昔秦欲謀楚, 王孫圉設壇西門, 陳列名臣, 秦使懼然, 遂爲寢兵. 魏文侯師卜子夏, 友田子方, 軾段干木, 故群俊競至, 名過齊桓, 秦人不敢窺兵於西河, 斯蓋積賢人之符也. 陛下撥亂龍飛, 初登大位, 聘南陽樊英, 江夏黃瓊, 廣漢楊厚, 會稽賀純, 策書嗟歎, 待以大夫之位. 是以巖穴幽人, 智術之士, 彈冠振衣, 樂欲爲用, 四海欣然, 歸服聖德. 厚等在職, 雖無奇卓, 然夕惕孳孳, 志在憂國.

臣前在荊州, 聞厚, 純等以病免歸, 誠以悵然, 爲時惜之. 一日朝會, 見諸侍中並皆年少, 無一宿儒大人可顧問者, 誠可歎息. 宜徵還厚等, 以副群望. 瓊久處議郎, 已且十年, 衆人皆怪始隆崇, 今更滯也. 光祿大夫周擧, 才謨高正, 宜在常伯, 訪以言議. 侍中杜喬, 學深行直, 當世良臣, 久托疾病, 可勅令起.」

又薦陳留楊倫, 河南尹存, 東平王惲, 陳國何臨, 清河房植等. 是日有詔徵用倫, 厚等, 而遷瓊, 擧, 以固爲大司農.

| 註釋 | ○遂爲寢兵 – 寢은 잠잘 침. 멈추다. 잠을 자다의 뜻으로는 관용적으로 寢을 쓴다. ○子夏 – 孔門十哲의 한 사람(文學), 만년의 공자가 '汝爲君子儒, 無爲小人儒' 라고 당부했던 수제자. 魏國 西河(今 陝西省 渭南市)에서 학당을 열고 제자 3백여 명을 양성. 魏 文侯의 사부. 李克, 吳起, 西門豹 등이 그의 제자. ○軾段干木 – 軾은 수레 앞에 타는 사람이 손으로 잡는 막대. 이를 잡고 허리를 굽혀 예를 표한다. 段干木(단간목)은 전국 초기의 인물. 段干은 복성. 田子方 등 《史記 魏世家》 참고. ○不敢窺兵於西

河 – 西河는 黃河 상류의 한 부분. 今 寧夏回族自治區 銀川市 일대와 내몽고 지역에서 南에서 北으로 흐르는 황하를 지칭하나, 여기서는 내몽고 지역에서 陝西省과 山西省의 경계를 이루면서 거의 직선으로 북에서 남으로 흐르는 황하를 지칭. 郡名 西河郡의 치소는 平定縣, 今 內蒙古 鄂爾多斯市 동쪽의 準格爾旗 서남. ○會稽 賀純(하순) – 會稽 山陰縣人. 뒷날 江夏太守 역임. ○夕惕孶孶 – 惕은 걱정할 척. 孶孶는 부지런히 힘써 일하는 모양. 孜孜(자자)와 同. 孶는 부지런할 자, 낳을 자. ○光祿大夫 周擧 – 61권, 〈左周黃列傳〉에 立傳. ○陳留楊倫 – 楊倫은 〈儒林傳〉(上)에 입전.

[國譯]

이고는 將作大匠으로 승진하였다. 이고는 상소하여 國事를 진술하였다.

「臣은 氣가 맑아지면 神靈하며, 氣가 맑은 사람은 똑똑하다고 들었습니다. 養身하는 사람은 정신 수련을 중요한 일로 생각하고, 나라를 안정시킬 자는 賢才를 불러 모으는 일을 要道로 생각합니다. 옛날 秦나라가 楚를 정벌하려 할 때, (楚의) 王孫圉(왕손어)는 西門에 壇을 만든 다음에 여러 名臣을 서있게 하였는데 秦의 사자가 놀라 군사 침략을 그만두었습니다. 魏 文侯가 卜子夏(복자하)한테 경전을 배우고 田子方(전자방)을 벗으로 삼았으며, 段干木(단간목)에게 예를 표하자, 많은 준걸들이 경쟁적으로 모여들어 그 명성이 齊 桓公(환공)보다도 높아지자 秦人은 西河에서 魏를 넘보지 못했는데, 이는 현인이 많은 효과라고 볼 수 있습니다. 폐하께서는 어려움을 이겨내시고 제위에 오르신 뒤에 南陽郡의 樊英(번영), 江夏郡의 黃瓊(황경), 廣漢郡의 楊厚(양후), 會稽郡의 賀純(하순) 등을 초빙하였고 조서로 그들의 능력을 칭송하며 大夫의 지위로 대우하셨습니다. 그러자 嚴

穴(암혈)에 은거하던 智術에 뛰어난 인재들이 出仕를 기대하고 등용을 기뻐하였고 천하가 혼연히 폐하의 성덕에 감복하였습니다. 양후 등이 재직하며 비록 특별히 뛰어난 능력을 보이지는 못했지만 아침저녁으로 걱정하며 부지런히 일했고 그 뜻은 憂國에 있었습니다.

臣은 앞서 荊州에 재직하며 양후와 하순 등이 병으로 사직하고 돌아갔다는 말을 듣고 참으로 슬퍼하며 그들을 애석히 여겼습니다. 어느 날 조회에서 여러 侍中이 모두 젊은 사람이며 고문에 응해줄 수 있는 宿儒大人이 없는 것을 보고 크게 탄식하였습니다. 응당 양후 등을 다시 불러 여러 사람의 기대에 부응하여야 합니다. 황경은 오랫동안 議郎으로 이미 10년 가까이 재직하여 많은 사람들이 이상히 여기면서 존중하지만 여전히 승진을 못하고 있습니다. 光祿大夫 周擧(주거)는 재능과 책략이 뛰어나 응당 公卿의 반열에 오를 수 있으니 자주 불러 방책을 들으시기 바랍니다. 侍中인 杜喬(두교)는 학문이 깊고 행실이 바르니, 이 시대의 良臣이나 오랫동안 병을 칭하지만 칙령으로 초빙해야 할 것입니다.」

이고는 또 陳留郡의 楊倫(양륜), 河南의 尹存(윤존), 東平國의 王惲(왕운), 陳國의 何臨(하림), 淸河郡의 房植(방식) 등을 천거하였다. 그날 조서를 내려 양륜과 양후 등을 불렀고 황경과 주거를 승진시켰으며, 이고는 大司農이 되었다.

原文

先是周擧等八使案察天下, 多所劾奏, 其中並是宦者親屬, 輒爲請乞, 詔遂令勿考. 又舊任三府選令史, 光祿試尙

書郞, 時皆特拜, 不復選試. 固乃與廷尉吳雄上疏, 以爲八
使所糾, 宜急誅罰, 選擧署置, 可歸有司. 帝感其言, 乃更下
免八使所擧刺史, 二千石, 自是稀復特拜, 切責三公, 明加考
察, 朝廷稱善.

乃復與光祿勳劉宣上言, "自頃選擧牧守, 多非其人, 至行
無道, 侵害百姓. 又宜止盤遊, 專心庶政." 帝納其言, 於是
下詔諸州劾奏守令以下, 政有乖枉, 遇人無惠者, 免所居官,
其姦穢重罪, 收付詔獄.

| 註釋 | ○八使 − 61권, 〈左周黃列傳〉의 〈周擧傳〉 참고.

[國譯]

이보다 앞서 周擧(주거) 등 八使가 천하를 순찰하면서 적발하여
상주한 많은 탄핵 사안에 환관의 親屬이 포함되어 있었는데, 환관들
이 목숨을 애걸하면 추궁하지 말라는 조서가 내려오기도 하였다. 또
전에 삼공부에서 뽑아 등용한 令史나 光祿勳部에서 임명한 尙書郞
등을 전부 황제가 특별히 관직을 제수하여 이들이 다시 다른 부서에
임용되지 않게 했었다. 그래서 이고는 정위인 吳雄(오웅)과 함께 상
소하여 八使에 의해 지적 규탄된 관리의 형벌을 빨리 집행하고 그
결원 자리를 충원하여 담당 부서에 보내주어야 한다고 상서하였다.
이에 순제가 동의하면서 八使가 고발한 刺史나 二千石을 다시 특별
임용케 한다면 三公을 질책하고 다시 엄격히 사찰하라고 지시하자
조정에서 이고 등을 칭송하였다.

이에 다시 光祿勳 劉宣(유선)과 함께 상소하여 말했다,

「근래에 자사나 태수를 뽑아 임용하면서 적임자가 아니라서 그 행실이 무도하여 백성을 침해하고 있습니다. 또 오락성 유람을 금지시키고 庶政에 전념하도록 지도해야 합니다.」

황제가 건의를 받아들여 각 주에서는 태수나 현령으로 치적이 좋지 않거나 부정이나 악행이 많고 백성에 베푼 은덕이 없는 자는 그 직무를 정지케 하고 부정과 간악한 범죄를 저지른 자는 체포하여 옥에 가두라는 조서를 내렸다.

原文

及沖帝卽位, 以固爲太尉, 與梁冀參錄尙書事. 明年帝崩, 梁太后以楊,徐盜賊盛强, 恐驚擾致亂, 使中常侍詔固等, 欲須所徵諸王侯到乃發喪.

固對曰, "帝雖幼少, 猶天下之父. 今日崩亡, 人神感動, 豈有臣子反共掩匿乎? 昔秦皇亡於沙丘, 胡亥,趙高隱而不發, 卒害扶蘇, 以至亡國. 近北鄕侯薨, 閻后兄弟及江京等亦共掩秘, 遂有孫程手刃之事. 此天下大忌, 不可之甚者也."

太后從之, 卽暮發喪.

| 註釋 | ○沖帝 – 孝沖皇帝(효충황제)의 諱(휘)는 炳(병, 밝을 병)으로 順帝의 아들. 모친은 虞(우) 貴人. 建康 원년(서기 144) 황태자로 책립되었다가 그해 8월 황제로 즉위, 나이는 2세. 다음 해(永嘉 元年) 정월에 죽었다.

(梁) 皇后를 皇太后로 높였고, 太后가 臨朝 聽政. 大司農 李固(이고)가 太尉가 되어 尙書의 업무를 감독. ○參錄尙書事 - 錄尙書事(尙書의 일을 감독, 前漢에서는 領尙書事)에도 참여하다. ○沙丘(사구) - 前 210년, 秦始皇이 沙丘宮(今 河北省 남부 邢台市 관할 廣宗縣 소재)에서 죽자, 趙高(조고)와 李斯(이사)는 公子 扶蘇(부소)를 죽이고 막내아들 胡亥(호해)를 秦 二世로 즉위시켰는데, 이를 沙丘之變이라 한다. ○手刃之事 - 安帝의 閻황후와 江京(강경)과 劉安(유안) 등이 北鄕侯 劉懿(유의, 少帝)를 옹립하였으나(서기 125년) 유의가 8개월 만에 죽자, 孫程(손정)과 王康(왕강) 등이 강경, 유안 등을 죽이고 濟陰王을 옹립하니, 이가 順帝이다.

[國譯]

沖帝(충제)가 즉위하고 李固는 太尉가 되어 梁冀(양기)와 함께 尙書事(國政) 업무를 감독하였다. 그 다음 해, 충제가 붕어하자, 梁太后는 楊州와 徐州 일대에 도적이 강성한데다가 (어린 황제의 붕어 소식에) 놀라 반란으로 이어질까 걱정하여 中常侍를 보내 李固 등을 불러 여러 제후왕을 경사로 불러들인 뒤 發喪하겠다고 말했다. 이에 이고가 말했다.

"황제가 비록 어렸지만 그래도 천하 백성의 부친과 같았습니다. 금일 붕어하였으니, 백성과 神靈이 모두 슬퍼해야 하거늘 어찌 臣子로서 이를 함께 숨길 수 있겠습니까? 옛날 秦始皇이 沙丘(사구)에서 죽었을 때 趙高는 이를 숨기고 발표하지 않으면서 (長子) 扶蘇(부소)를 죽였으며 결국 나라를 멸망케 하였습니다. 가깝게는 北鄕侯(少帝)가 죽자(서기 125년), 閻后(염후) 형제와 江京(강경) 등이 함께 숨겨 비밀로 하였으나 결국 孫程(손정) 등이 강경 등을 죽이는 사건이 있었습니다. 이는 천하의 大忌이니 이보다 더 나쁜 일은 없을 것입니다."

태후는 이고의 말에 따라 그날 저녁에 국상을 알렸다.

原文

固以淸河王蒜年長有德, 欲立之, 謂梁冀曰, "今當立帝, 宜擇長年高明有德, 任親政事者, 願將軍審詳大計, 察周,霍之立文,宣, 戒鄧,閻之利幼弱." 冀不從, 乃立樂安王子纘, 年八歲, 是爲質帝. 時沖帝將北卜山陵, 固乃議曰, "今處處寇賊, 軍興用費加倍, 新創憲陵, 賦發非一. 帝尙幼小, 可起陵於憲陵塋內, 依康陵制度, 其於役費三分減一." 乃從固議.

時太后以比遭不造, 委任宰輔, 固所匡正. 每輒從用, 其黃門宦者一皆斥遣, 天下咸望遂平, 而梁冀猜專, 每相忌疾.

| 註釋 | ○周,霍之立文,宣 – 周勃(주발)은 文帝를 옹립하였고, 霍光(곽광)은 宣帝를 옹립하였다. ○戒鄧,閻之利幼弱 – 鄧太后는 和帝가 죽자, 당시 태어난 지 100일 밖에 안 된 殤帝(상제)를 옹립했지만 다음 해에 죽었고, 다시 安帝를 옹립했지만 겨우 10살이었다. (순제의) 閻(염)太后는 北鄕侯(劉懿)를 옹립했지만 그 해에 죽었다. ○軍興用費加倍 – 軍興(군흥)은 軍에서 필요한 인력이나 물자를 징발하거나 조달하는 것. 加倍는 2배가 되다. ○憲陵塋內 – 憲陵은 順帝의 능. 塋은 무덤 영. ○依康陵制度 – 康陵은 殤帝(상제)의 능.

李固는 淸河王 劉蒜(유산)이 年長者이고 有德하여 옹립하고자 梁
冀(양기)에게 말했다.

"지금 꼭 제위를 세워야 하니, 응당 長年에 高明하고 有德하여 親
政할 수 있는 분을 세워야 하니 장군께서는 大計를 깊이 생각하시
되, 周勃(주발)이 文帝를, 霍光(곽광)은 宣帝를 옹립한 예를 생각하고,
鄧(등)태후와 閻(염)태후가 私心으로 유약한 황제를 세운 전례를 鑑
戒(감계)해야 합니다."

그러나 양기는 이고의 건의를 따르지 않고 樂安王의 아들 劉纘(유
찬)을 옹립하니, 나이 8세였고 이가 質帝이다. 그때 沖帝를 북쪽 산
에 장례하려고 묘지를 고르는데 이고가 건의하였다.

"지금 각처에서 도적떼가 일어나 군수물자 조달이나 비용이 배가
하였으며 얼마 전에 憲陵(順帝의 능)을 지었으니 부세나 인력 동원
이 한두 번이 아닙니다. 돌아가신 황제가 어리니 憲陵의 塋內(영내)
에 분묘를 만들어 康陵(殤帝의 능)의 제도를 모방한다면 그 비용이
나 동원이 3분의 1로 줄어들 것입니다."

이에 이고의 건의를 따라주었다. 그때 梁태후는 연이은 불행한
사고에 재상에게 정사를 일임하였고, 이고는 여러 제도를 바로잡으
려 했다. 이고는 매번 건의를 올릴 때마다 환관들을 일체 배척하자,
천하 백성 모두가 나라의 평온을 기대하였으나 시기와 전횡을 일삼
는 양기는 이고를 늘 심하게 질시하였다.

初, 順帝時諸所除官, 多不以次, 及固在事, 奏免百餘人.
此等旣怨, 又希望冀旨, 遂共作飛章虛誣固罪曰,

「臣聞君不稽古, 無以承天, 臣不述舊, 無以奉君. 昔堯殂
之後, 舜仰慕三年, 坐則見堯於牆, 食則覩堯於羹. 斯所謂
聿追來孝, 不失臣子之節者.

太尉李固, 因公假私, 依正行邪, 離間近戚, 自隆支黨. 至
於表舉薦達, 例皆門徒, 及所辟召, 靡非先舊. 或富室財賂,
或子壻婚屬, 其列在官牒者凡四十九人. 又廣選賈豎, 以補
令史, 募求好馬, 臨窗呈試. 出入踹侈, 輜軿曜日. 大行在殯,
路人掩涕, 固獨胡粉飾貌, 搔頭弄姿, 盤旋偃仰, 從容冶步,
曾無慘怛. 山陵未成, 違矯舊政, 善則稱己, 過則歸君, 斥逐
近臣, 不得侍送, 作威作福, 莫固之甚.

臣聞台輔之位, 實和陰陽, 璇機不平, 寇賊姦軌, 則責在太
尉. 固受任之後, 東南跋扈, 兩州數郡, 千里蕭條, 兆人傷損,
大化陵遲, 而詆疵先主, 苟肆狂狷. 存無廷爭之忠, 沒有誹
謗之說. 夫子罪莫大於累父, 臣惡莫深於毀君. 固之過釁,
事合誅辟.」

事奏, 冀以白太后, 使下其事. 太后不聽, 得免.

| 註釋 | ○飛章虛誣固罪曰 - 飛章은 익명의 투서. 虛誣(허무)는 근거도
없이 무고하다. 64권, 〈吳延史盧趙列傳〉의 〈吳祐傳〉에 의하면, 이 익명의

무고는 馬融(마융)이 초안을 잡아주었다고 말했다. ○君不稽古 - 稽는 同也. 古는 天也. ○斯所謂聿追來孝 - 聿은 붓 율. 쓰다. 서술하다. ○依正行邪 - 正은 도덕적으로 옳은 것. 邪는 그 반대, 邪道. ○大行在殯 - 大行은 죽은 황제. 大行은 돌아오지 않는다는 뜻. 죽은 뒤 시호를 올리기 전의 황제. 殯은 염할 빈. 빈소. ○璇機不平 - 璇機(선기)는 천문 관측기구. 곧 七政을 바로잡아 잘 운행토록 하는 사람이 바로 王者이다. 璇은 옥 선(美玉也). 機는 저울(衡也). ○寇賊姦軌 - 寇(도적 구)는 떼를 지어 노략질하다. 賊(도적 적)은 살인자. 姦은 외부의 적. 軌(길 궤)는 내부에서 발생한 患難. 宄(도둑 귀)의 뜻. ○則責在太尉 - 太尉는 四方 兵事의 功課를 평정하여 그 결과를 상주하고 상벌을 시행한다고 하였다.

[國譯]

그전에 順帝 때 관직에 등용된 자들은 경력에 의한 자가 적었는데, 李固가 태위로 재직하며 1백여 명을 상주한 뒤에 파면하였다. 이들이 원한을 품고 또 梁冀(양기)의 의도를 살펴서 결국 함께 익명의 투서를 만들어 이고를 誣告(무고)하였다.

「臣이 알기로, 군주가 하늘과 같이 생각하지 않으면 천명을 받을 수 없고, 신하가 옛 제도를 따르지 않으면 군주를 받들 수 없다고 하였습니다. 옛날에 堯가 죽은 뒤에 舜은 3년을 추앙하였으니, 앉아있으면 담에 堯의 모습이 떠오르고, 식사를 하면 국그릇에 堯가 보였다고 하였습니다. 이것이 바로 지난 일을 서술하여 孝를 그리면서 신하의 節操를 잃지 않는 것입니다.

太尉 李固는 공무를 위한다며 사익을 챙기고, 正道를 따른다며 邪道를 행하였으며, 친척을 이간시키고 자기 당파를 융성케 하였습니다. 인재나 능력자를 천거한다면서 자신의 제자를 끼워 넣었고,

초빙한 자들은 선임자들이 아니었습니다. 혹은 부자의 뇌물을 받았고 혹은 아들이나 사위나 인척으로 관직을 받은 자가 모두 49명이나 되었습니다. 또 장사치들을 많이 뽑아 슈史의 결원을 보충하였고, 좋은 말을 널리 구하여 창문에서 살펴보았습니다. 이고의 출입은 더욱 사치하니 호화스런 거마에 눈이 부셨습니다. 大行이 아직 빈소에 있어 行人도 눈물을 흘리는데도 이고만은 홀로 胡粉을 얼굴에 바르고 머리를 빗어 넘겨 멋을 내며 허리를 흔들고 거만하게 머리를 들고 의젓하게 걸어 다니니, 그 모습에 슬프고 참담한 마음을 볼 수 없었습니다. 山陵(陵墓)이 완성되지도 않았는데 舊政을 바로잡는다면서 좋은 일은 자신이 했다 하고, 잘못은 군주 탓이라 하며, 近臣을 방축하여 장례를 모시지 못하게 했으며, 위세를 부리고 베푸는 것이 이고처럼 심한 사람이 없었습니다.

臣이 알기로, 台輔(태보, 三公)의 자리는 음양을 조화하고, 천체운행을 바로잡으며 내외의 도적을 막아야 하는데, 이런 일의 책임은 太尉에게 있습니다. 그러나 이고가 직임을 받은 이후로 도적떼가 東南에서 발호하여 荊州와 揚州 여러 郡에 걸쳐 천리 땅이 황폐해졌고, 많은 백성이 죽거나 다쳤으며 教化는 사라졌고 先主에 대한 비방만이 미친 듯 날뛰고 있습니다. 태위는 조정에서 업무상 논쟁을 벌이는 충성도 없었으며 황제 붕어 후에는 비방과 공격만을 자행하였습니다. 대체로 아들의 죄는 부친까지 연루되는 죄보다 더 큰 것이 없으며 신하의 죄는 주군을 毁滅(훼멸)하는 것보다 더 큰 죄가 없습니다. 이고의 죄악은 응당 주살되어야 합니다.」

비방의 투서가 들어가자 양기는 이를 담당자에게 내려 조사해야 한다고 태후에게 말했다. 그러나 태후가 수락하지 않아 이고는 죄를 면했다.

原文

冀忌帝聰慧, 恐爲後患, 遂令左右進鴆. 帝苦煩甚, 使促
召固. 固入, 前問, "陛下得患所由?" 帝尙能言, 曰, "食煮
餠, 今腹中悶, 得水尙可活." 時冀亦在側, 曰, "恐吐, 不可
飮水." 語未絶而崩. 固伏屍號哭, 推擧侍醫. 冀慮其事洩,
大惡之.

│註釋│ ○進鴆 – 짐독을 먹이다. 鴆은 짐새 짐. 중국 남방에 사는 올빼
미 비슷한 毒鳥로 살무사(蝮)를 잡아먹는 새. 짐새의 깃털을 술에 넣고 저
으면 毒酒가 된다.

[國譯]

梁冀(양기)는 質帝가 총명하여 후환이 걱정되어 측근을 시켜 짐독
(鴆)이 든 음식을 먹였다. 질제는 고통이 심하자, 사자를 보내 급히
이고를 불렀다. 이고가 들어가 앞에 나 물었다. "폐하께서는 왜 병
이 난 것 같습니까?" 질제는 그때는 말을 할 수 있었다.

"구운 떡을 먹었다. 지금 배가 몹시 아픈데 물을 마시면 괜찮을
까?"

그때 양기도 옆에 있다가 말했다.

"아마 토할 것이니 물을 마실 수 없습니다."

양기의 말이 끝나기 전에 질제는 붕어했다. 이고는 시신에 엎드

려 통곡했고 시의의 책임을 추궁하였다. 양기는 일이 발각될까 이고를 심하게 증오했다.

因議立嗣, 固引司徒胡廣, 司空趙戒, 先與冀書曰,

「天下不幸, 仍遭大憂. 皇太后聖德當朝, 攝統萬機, 明將軍體履忠孝, 憂存社稷, 而頻年之間, 國祚三絶. 今當立帝, 天下重器, 誠知太后垂心, 將軍勞慮, 詳擇其人, 務存聖明. 然愚情眷眷, 竊獨有懷. 遠尋先世廢立舊儀, 近見國家踐祚前事, 未嘗不詢訪公卿, 廣求群議, 令上應天心, 下合衆望. 且永初以來, 政事多謬, 地震宮廟, 彗星竟天, 誠是將軍用情之日.

傳曰, '以天下與人易, 爲天下得人難.' 昔昌邑之立, 昏亂日滋, 霍光憂愧發憤, 悔之折骨. 自非博陸忠勇, 延年奮發, 大漢之祀, 幾將傾矣. 至憂至重, 可不熟慮! 悠悠萬事, 唯此爲大. 國之興衰, 在此一擧.」

冀得書, 乃召三公, 中二千石, 列侯大議所立. 固, 廣, 戒及大鴻臚杜喬皆以爲淸河王蒜明德著聞, 又屬最尊親, 宜立爲嗣. 先是蠡吾侯志當取冀妹, 時在京師, 冀欲立之. 衆論旣異, 憤憤不得意, 而未有以相奪. 中常侍曹騰等聞而夜往說冀曰, "將軍累世有椒房之親, 秉攝萬機, 賓客縱橫, 多有過

差. 淸河王嚴明, 若果立, 則將軍受禍不久矣. 不如立蠡吾
侯, 富貴可長保也."

冀然其言. 明日重會公卿, 冀意氣凶凶, 而言辭激切. 自
胡廣,趙戒以下, 莫不懾憚之. 皆曰, "惟大將軍令." 而固獨
與杜喬堅守本議. 冀厲聲曰, "罷會."

固意旣不從, 猶望衆心可立, 復以書勸冀. 冀愈激怒, 乃
說太后先策免固, 竟立蠡吾侯, 是爲桓帝.

| 註釋 | ○趙戒(조계) - 字 志伯, 蜀郡 成都人. (順帝) 永和 6년(서기
141)에 司空이 되었다. ○國祚三絶 - 順帝 붕어 후에 沖帝는 재위 1년에
붕어했고 質帝도 一年 남짓 재위했다. ○昔昌邑之立 - 昌邑王 劉賀(유하)
는, 武帝의 손자인 昌邑國 哀王의 아들이었다. 昭帝가 붕어한 뒤 霍光(곽
광)에 의해 옹립되었지만, 재위 27일 만에 폐위되고, 宣帝가 즉위하였다.
○霍光(곽광) - 博陸侯. 제후명은 지명을 따르나 '博은 大의 뜻이고, 陸은
平平하다.' 는 뜻을 취했으니 지명이 아니었다. 곽광의 봉지는 北海郡과 河
東郡에 흩어져 있었다. ○延年 - 大司農 田延年은 폐립을 논하는 자리에
서 칼을 뽑아들고 결단을 촉구했었다. ○悠悠萬事 - 悠悠(유유)는 걱정하
는 모양, 매우 한가한 모양. ○蠡吾侯 - 蠡吾(여오)는 中山國의 현명, 侯國
名. 今 河北省 保定市 관할 博野縣.

[國譯]
　　이어 후사를 세우는 논의를 하였는데, 이고는 司徒인 胡廣(호광),
司空인 趙戒(조계) 등과 함께 먼저 양기에게 서신을 보냈다.
　　「천하가 불행하여 연이어 큰 우환을 당하였습니다. 皇太后께서

聖德으로 聽政하시며 萬機를 統攝(통섭)하시고, 명철한 장군도 충효를 지키며 사직을 걱정하지만 최근 몇 년에 나라의 大統이 세 번이나 단절되었습니다. 지금 황제를 옹립하는데, 제위는 천하의 重器이니 참으로 太后께서 걱정하시고, 장군도 노심초사하지만 적임자를 상세히 살펴 聖明하신 분을 모셔야 할 것입니다. 그러나 어리석은 마음에 여러 가지가 걱정됩니다. 멀리는 선대의 폐립에 관한 전례를 살펴야 하고, 가깝게는 本朝에서 제위에 오른 전례를 살펴야 하니 꼭 공경의 자문을 받고 여러 논의를 널리 받아들여 위로는 天心에 따르고, 아래로는 백성의 소망에 부응하여야 할 것입니다. 또 (安帝의) 永初(서기107년) 이후로 政事에 많은 착오가 있었고, 지진으로 궁궐이 무너지기도 했으며 彗星(혜성)이 하늘을 가로지르기도 하였으니, 지금이야말로 장군이 잘 살펴야 할 때입니다.

경전에서도 '天下를 남에게 넘기기는 쉽지만 천하를 위한 得人은 어렵다.'고 하였습니다. 옛날 昌邑王의 옹립으로 혼란이 날로 심해지자, 霍光(곽광)은 근심과 부끄러움에 발분하였지만 회한이 뼈에 사무쳤습니다. 博陸侯(霍光)의 忠勇과 田延年(전연년)의 분발이 아니었으면 大漢의 사직은 거의 기울어질 뻔했습니다. 매우 걱정되고 중대한 일이니 깊이 생각하지 않을 수 있겠습니까! 萬事를 걱정하고 또 걱정하지만 이는 정말 중대한 일입니다. 나라의 흥망과 쇠퇴가 이번 결정에 달렸습니다.」

양기는 서신을 받고, 곧 三公과 中二千石(卿), 列侯를 소집하여 옹립을 논의하였다. 이고와 胡廣(호광), 趙戒(조계) 및 大鴻臚인 杜喬(두교) 등은 모두 淸河王 劉蒜(유산)이 현명하고 덕행이 있으며, 잘 알려졌으며 가장 존중받는 종친이기에 후사가 되어야 한다고 생각하였다. 이보다 앞서 蠡吾侯(여오후) 劉志(유지)는 양기 여동생과의 결혼 때문에 경사에 머물고 있었는데 양기는 유지를 옹립하려 했다. 그러나 衆論이 다르기에 화를 내면서도 그렇다고 강제할 수도 없었다. 中常侍 曹騰(조등) 등은 이를 알고 밤에 양기를 찾아가 말했다.

"將軍은 여러 대에 걸쳐 황후의 至親으로 萬機를 장악했으며, 또 빈객이 여러 곳에 많이 있어 실수나 착오도 많았습니다. 淸河王은 엄격하고도 명석하니 만약 옹립된다면 장군은 머지않아 화를 당할 것입니다. 여오후를 옹립하여 부귀를 오래 누리는 것만 못할 것입니다."

양기는 그 말을 옳다고 생각하였다. 다음 날 다시 公卿의 회의를 소집하였고 양기의 기세는 흉흉하였고 언사는 격렬하였다. 이에 호광이나 조계 이하 모두가 두려워 떨지 않는 자가 없었다. 그러면서 "大將軍의 슈을 따르겠습니다."라고 말했다. 오직 이고와 杜喬(두교)만이 굳게 본래의 의견을 내세웠다. 이에 양기가 큰소리로 "회의를 끝내겠다."라고 말했다.

이고는 양기의 의견을 따르지 않고 여전히 여러 사람의 의견으로 옹립할 수 있다고 생각하여 다시 양기에게 서신을 보냈다. 이에 양기는 더 격노하면서 양태후에게 먼저 책서를 내려 이고를 파직하라고 말하면서 결국 여오후를 옹립하니, 이가 桓帝(환제)이다.

原文

後歲餘, 甘陵劉文,魏郡劉鮪各謀立蒜爲天子, 梁冀因此誣固與文,鮪共爲妖言, 下獄. 門生勃海王調貫械上書, 證固之枉, 河內趙承等數十人亦要鈇鑕詣闕通訴, 太后明之, 乃

赦焉. 及出獄, 京師市里皆稱萬歲. 冀聞之大驚, 畏固名德終爲己害, 乃更據奏前事, 遂誅之, 時年五十四.

| 註釋 | ○甘陵 – 淸河國을 桓帝 建和 2년에 감릉국으로 개명. 치소는 甘陵縣, 今 山東省 직할 臨淸市(河北省과 접경) 동북. 前漢 淸河郡.현명. ○鈇鑕(부질) – 도끼와 도끼 받침(모루). 斧鑕(부질). 鈇는 도끼 부(斧). 鑕은 모루 질.

[國譯]

1년 뒤에도, 甘陵國의 劉文(유문)과 魏郡의 劉鮪(유유)는 각각 劉蒜(유산)을 천자로 옹립할 모의를 하였는데, 양기는 이 때문에 이고와 유문, 유유를 요언을 지어낸다고 하옥하였다. 그러자 이고의 門生인 勃海郡(발해군)의 王調(왕조)는 목에 채우는 형구를 쓰고 상경하여 이고의 억울함을 입증하였고, 河內郡의 趙承(조승) 등 수십 명은 마찬가지로 도끼와 모루를 들고 궁궐에 와서 호소하였는데 양태후는 현명하였기에 모두 사면하였다.

이고 등이 출옥하자 낙양의 저잣거리에서는 모두가 만세를 불렀다. 양기는 이를 알고서 크게 놀라 이고의 명성이 끝내 자신을 해칠 것이라 생각하여 곧 다시 전에 상주한 일을 트집 잡아 죽이니, 이고의 나이 54세였다.

原文

臨命, 與胡廣,趙戒書曰,

「固受國厚恩, 是以竭其股肱, 不顧死亡, 志欲扶持王室, 比隆文,宣. 何圖一朝梁氏迷謬, 公等曲從, 以吉爲凶, 成事爲敗乎? 漢家衰微, 從此始矣. 公等受主厚祿, 顚而不扶, 傾覆大事, 後之良史, 豈有所私? 固身已矣, 於義得矣, 夫復何言!」

廣,戒得書悲慙, 皆長歎流涕.

| 註釋 |　○臨命 − 臨終. 終命.

[國譯]

終命하기 전에 李固는 胡廣(호광)과 趙戒(조계)에게 서신을 보냈다.

「나는 나라의 후한 은덕을 입었기에 노고를 다 했으며, 죽음을 겁내지 않고 황실을 도와 文帝와 宣帝와 같은 융성을 이루려 했습니다. 어느 하루, 梁氏의 잘못에 당신들이 뜻을 굽혀 따랐기에 길한 일이 흉사로 바뀌고, 성공한 일이 패망하게 될 줄 어찌 생각했겠습니까? 漢室의 쇠퇴와 멸망은 여기서부터 시작될 것입니다. 당신들은 후한 녹봉을 받겠지만 나라가 엎어져도 부축하지 않았고, 국가 대사를 망쳤으니 뒷날의 훌륭한 史官이 어찌 판단을 잘못하겠습니까? 나의 몸은 죽더라도 나는 대의를 얻었으니 무슨 말을 더 하겠습니까!」

호광과 조계는 서신을 받고서 슬프고도 부끄러워, 두 사람은 장탄식에 눈물을 흘렸다.

州郡收固二子基,茲於酈城, 皆死獄中. 小子燮得脫亡命. 冀乃封廣, 戒而露固屍於四衢, 令有敢臨者加其罪. 固弟子汝南郭亮, 年始成童, 遊學洛陽, 乃左提章鉞, 右秉鈇鑕 詣闕上書, 乞收固屍. 不許, 因往臨哭, 陳辭於前, 遂守喪不去. 夏門亭長呵之曰, "李,杜二公爲大臣, 不能安上納忠, 而興造無端. 卿曹何等腐生, 公犯詔書, 干試有司乎?" 亮曰, "亮含陰陽以生, 戴乾履坤. 義之所動, 豈知性命, 何爲以死相懼?" 亭長歎曰, "居非命之世, 天高不敢不局, 地厚不敢不蹐. 耳目適宜視聽,口不可以妄言也."

太后聞而不誅. 南陽人董班亦往哭固, 而殉屍不肯去. 太后憐之, 乃聽得襚斂歸葬. 二人由此顯名, 三公並辟. 班遂隱身, 莫知所歸.

固所著章,表,奏,議,教令,對策,記,銘凡十一篇. 弟子趙承等悲歎不已, 乃共論固言多, 以爲《德行》一篇.

| 註釋 | ○四衢 – 네거리. 衢는 네거리 구(交通四出者也). ○成童 – 나이 15세. ○腐生 – 腐儒. ○非命 – 혼란한 시대(衰亂之時) ○地厚不敢不蹐 – 蹐은 살금살금 걸을 척(累足). 발소리를 죽여 걷다. 하늘이 높아도 천둥과 벼락이 있고 땅이 두터워도 함정이 있으니, 곧 도처에 위험이 있으니 조심하며 살지 않을 수 없다는 뜻. ○殉屍不肯去 – 殉은 따라죽은 순. 구하다. 지키다(巡也). ○襚斂歸葬 – 襚는 수의 수. 斂은 거둘 염(殮). ○《德行》一篇 – 李固의 제자인 潁川의 杜訪(두방), 汝南의 鄭遼(정수), 河內의 趙

承(조승) 등 72인이 함께 편찬하였다.

[國譯]

州郡에서는 李固(이고)의 두 아들 李基(이기)와 李茲(이자)를 郾城(언성) 縣에 가두었고 둘 다 옥사했다. 막내아들 李燮(이섭)은 도망쳐 숨었다. 양기는 곧 胡廣(호광)과 趙戒(조계)를 제후로 봉했고, 이고의 시신은 사거리에 방치하면서 감히 가까이 하는 자는 벌하겠다고 명령하였다. 李固의 제자인 汝南郡의 郭亮(곽량)은 나이가 막 15세가 되어 낙양에 유학중이었는데, 왼손에 상소하는 글과 도끼를 들고 오른손에는 도끼 모루를 들고 궁궐에 와서 글을 올려 이고의 시신을 수습하겠다고 말했다. 불허하자, 이고의 시신 앞에 와서 통곡하고 弔喪하며 시신을 지키며 떠나지 않았다.

(洛陽 北面) 夏門亭의 亭長이 郭亮(곽량)을 비난하였다. "李固와 杜喬 두 분은 大臣이었어도 충성을 바치지 못하고 벌을 받았소. 그런데 당신 같은 腐儒들이 공개적으로 조서를 무시하면서 관가의 권위와 맞서려는가?"

이에 곽량이 말했다. "이 몸이 음양의 기를 받아 세상에 태어나서 하늘을 이고 땅을 밟고 살고 있습니다. 대의가 없어지려는데 性命을 안다면 어찌 죽음을 두려워하겠습니까?"

그러자 정장이 탄식하였다. "혼란한 세상에 살면서 하늘이 높지만 굽히지 않을 수 없고 땅이 두터워도 조심하며 걷지 않을 수 없도다. 耳目으로 옳은 것만 보고 들어야 하며 입으로는 망언을 할 수 없도다."

양태후는 이를 알고서도 처형하지 않았다. 南陽郡 사람 董班(동반)은 이고의 시신 앞에 나가 통곡하며 시신을 두고 떠나지 않겠다고 하였다. 양태후가 불쌍히 여겨 시신을 거두어 고향에 묻도록 허락하였다. 郭亮(곽량)과 董班(동반) 두 사람은 이 때문에 이름이 알려졌고 삼공부에서 벼슬로 초빙하였다. 그러나 동반은 몸을 숨겨 어디로 갔는지 알지 못했다.

이고가 지은 文章, 表, 奏, 議, 敎令, 對策, 記, 銘 등 모두 11편이 있었다. 弟子인 趙承(조승) 등은 오랜 기간 비탄에 잠겼고 이고에 대한 많은 글과 언행을 모아《德行》一篇을 함께 편찬하였다.

❷ 李燮

原文

燮字德公. 初, 固旣策罷, 知不免禍, 乃遣三子歸鄕里. 時燮年十三. 姊文姬爲同郡趙伯英妻, 賢而有智, 見二兄歸, 具知事本, 默然獨悲曰, "李氏滅矣! 自太公已來, 積德累仁, 何以遇此?" 密與二兄謀豫藏匿燮, 託言還京師, 人咸信之. 有頃難作, 下郡收固三子.

二兄受害, 文姬乃告父門生王成曰, "君執義先公, 有古人之節. 今委君以六尺之孤, 李氏存滅, 其在君矣." 成感其義, 乃將燮乘江東下, 入徐州界內, 令燮名姓爲酒家傭, 而成賣卜於市. 各爲異人, 陰相往來.

| **註釋** | ○自太公已來 – 太公은 할아버지와 부친의 합칭. ○六尺之孤 – 六尺은 나이 15살 이하를 지칭. 孤는 고아. 無父曰孤.

[國譯]

李燮(이섭)의 字는 德公(덕공)이다. 그전에 李固가 策書로 파직되자 화를 면할 수 없다는 것을 알고 세 아들을 고향에 돌려보냈다. 그때 막내아들 이섭은 나이 13살이었다. 누나인 文姬(문희)는 같은 郡 사람 趙伯英(조백영)의 妻였는데, 현명하고 지혜로워 고향에 돌아온 두 오빠를 보고 사건을 알고 말없이 홀로 비통해 하였다.

"李氏가 말했구나! 할아버지 이후 오랫동안 仁德을 쌓고 베풀었는데 어찌 이런 일을 당하는가?"

문희는 몰래 두 오빠와 함께 이섭을 미리 숨기기로 약정하고 낙양으로 돌아갔다고 둘러대어 다른 사람들을 믿게 하였다. 얼마 뒤이고는 환난을 당했고, 郡에서는 세 아들을 체포하라고 지시하였다.

오빠 둘이 죽자, 문희는 부친의 문생인 王成(왕성)을 찾아가 말했다.

"선생께서는 제 부친에 대한 의리를 지키시며 고인의 풍모를 갖고 계십니다. 지금 선생에게 어린 동생을 부탁하려 합니다만 李氏가 존속하느냐 없어지는가는 선생에게 달렸습니다."

왕성은 그 의기에 감동하여 이섭을 데리고 배를 타고 강동으로 내려가 徐州 지역에 숨어서 성명을 바꾸고 酒家의 傭人(용인)이 되었으며, 왕성은 저자에서 점을 치면서 살았다. 서로 모르는 사람인 척 지내며 몰래 왕래하였다.

變從受學, 酒家異之, 意非恒人, 以女妻變. 變專精經學. 十餘年閒, 梁冀旣誅而灾眚屢見. 明年, 史官上言宜有赦令, 又當存錄大臣冤死者子孫, 於是大赦天下, 並求固後嗣. 變乃以本末告酒家, 酒家具車重厚遣之, 皆不受, 遂還鄉里, 追服. 姊弟相見, 悲感傍人. 旣而戒變曰,

"先公正直, 爲漢忠臣, 而遇朝廷傾亂, 梁冀肆虐, 令吾宗祀血食將絶. 今弟幸而得濟, 豈非天邪! 宜杜絶衆人, 勿妄往來, 愼無一言加於梁氏. 加梁氏則連主上, 禍重至矣. 唯引咎而已."

變謹從其誨. 後王成卒, 變以禮葬之, 感傷舊恩, 每四節爲設上賓之位而祠焉.

州郡禮命, 四府並辟, 皆無所就, 後徵拜議郎. 及其在位, 廉方自守, 所交皆舍短取長, 好成人之美. 時潁川荀爽,賈彪, 雖俱知名而不相能, 變並交二子, 情無適莫, 世稱其平正.

| 註釋 | ○好成人之美 −「子曰, "君子成人之美, 不成人之惡. 小人反是."」《論語 顏淵》. ○荀爽(순상) − 62권, 〈荀韓鐘陳列傳〉에 立傳. ○賈彪 (가표) − 67권, 〈黨錮列傳〉에 立傳. ○情無適莫 −「子曰, "君子之於天下也, 無適也, 無莫也, 義之與比."」《論語 里仁》.

[國譯]

李變(이섭)이 다른 사람을 따라 학문을 하자, 酒家에서는 특이하게 여겼고 그 뜻이 보통 사람과 다르다며 딸을 이섭의 아내로 삼게 하였다. 이섭은 경학에 전념하였다. 10여 년이 지나면서 梁冀는 주살 당했고 재해가 자주 발생했다. 그 다음 해에, 史官이 응당 사면령을 내리고 또 원통하게 죽은 大臣의 후손을 찾아 명단을 만들어야 한다고 건의하자 천하에 대 사면령을 내리고 李固의 후손을 찾게 하였다. 이섭은 본말을 酒家에 말했고, 주가에서는 수레와 후한 예물을 보냈지만 이섭은 하나도 받지 않았으며, 마침내 향리로 돌아와서 늦게야 복상하였다. 누나와 동생이 만나자 곁에 사람도 슬퍼하였다. 이에 누나가 이섭에게 당부하였다.

"선친께서는 正直으로 漢室의 忠臣이었지만 조정이 기울어지면서 양기가 방자하고 잔학하여 우리 집안의 제사마저 끊어지게 하였다. 이제 동생이 다행히도 살아남았으니 이 어찌 하늘 뜻이 아니겠는가! 응당 여러 사람과의 교제를 끊고 함부로 왕래하지 말 것이며, 양씨에 대하여는 말 한마디라도 나오지 않도록 조심하여라. 양씨에 대한 말을 하게 되면 主上과도 연결이 되니 화가 다시 닥칠 수도 있다. 화만 불러올 뿐이다."

이섭은 삼가며 가르침을 따랐다. 뒷날 王成(왕성)이 죽자, 이섭은 예를 갖춰 장례를 치렀고 옛 은덕에 감사하며 매 계절에 맞춰 上賓으로 제사를 모시었다.

州郡으로는 예를 갖춰 초빙하였고 四府에서도 이섭을 초빙하려 했지만, 이섭은 응하지 않다가 나중에 부름을 받아 議郎이 되었다. 이섭은 재직하며 염치와 바른 행실로 自守하며 누구와 교제하더라도 그 사람의 단점을 버리고 장점만을 취하였으나 남의 좋은 점을 살려주었다. 그때 潁川郡(영천군)의 荀爽(순상)과 賈彪(가표)는 모두 유명하였지만 서로 친하게 지내지는 못했는데, 이섭은 그 두 사람과 함께 지내면서 그 交情에서 어느 쪽에도 치우치지 않았기에 세상에서 公正, 公平하다는 칭송을 들었다.

原文

靈帝時拜安平相. 先是安平王續爲張角賊所略, 國家贖王得還, 朝廷議復其國. 燮上奏曰, "續在國無政, 爲妖賊所虜, 守藩不稱, 損辱聖朝, 不宜復國." 時議者不同, 而續竟歸藩. 燮以謗毀宗室, 輸作左校. 未滿歲, 王果坐不道被誅, 乃拜燮爲議郞. 京師語曰, "父不肯立帝, 子不肯立王."

| 註釋 | ○安平國 - 治所 信都縣, 今 河北省 衡水市 관할 冀州市. 前漢 信都郡(國) - 信都郡(후한 23 - 72년) - 樂成國(72 - 122년) - 安平國(122 -)으로 명칭이 바뀜. ○爲張角賊所略 - (靈帝) 中平 원년(서기 184), 鉅鹿郡(거록군)의 張角(장각)은 '黃天'이라 자칭하며 그 무리 36방을 거느렸는데, 모두 黃巾을 머리에 쓰고 같은 날에 반란을 일으켰다. 安平國과 甘陵國 사람들은 각각 그 왕을 잡고 장각에 호응하였다. 爲~所는 피동형. 略은 약탈당하다. ○輸作左校 - 종묘와 궁궐 건축, 陵園의 토목공사를 주관하는 將作大匠(장작대장, 질록 이천석)의 속관으로 左,右校令(질록 6백석)을 두었다. 輸는 보내다. 作은 노동일. 장작대장 관할의 工徒(工匠)나 죄수 노동자를 감독 지휘.

[國譯]

(李燮은) 靈帝 때 安平國 相이 되었다. 이보다 앞서 安平王 劉續(유속)은 (黃巾賊) 張角(장각)의 무리에게 사로잡혔는데, 나라에서는 왕의 몸값을 주고 풀려나게 했는데 조정에서 다시 안평국을 회복시키기로 결정하였다. 이에 이섭이 상주하였다.

"劉續(유속)은 안평국 왕으로 제대로 다스리지 못하여 妖賊에게 포로가 되었으며 제후로서 소임을 다하지 못하고 신성한 조정에 욕이 되었으니 復國해서는 안 됩니다."

논자들의 의견이 분분하였지만 유속은 마침내 안평국에 복귀하였다. 이섭은 종실을 비방하고 헐뜯었다는 죄로 (將作大匠의) 左校令에게 보내져 노역에 봉사하였다. 1년에 채 되지 않아 안평왕은 不道罪를 지어 처형되자, 이섭은 다시 議郞이 되었다. 이에 경사에서는 "父는 皇帝(桓帝)를 세우려 하지 않았고, 子는 王을 세우려 하지 않았다."고 말했다.

原文

擢遷河南尹. 時旣以貨賂爲官, 詔書復橫發錢三億, 以實西園. 燮上書陳諫, 辭義深切, 帝乃止. 先是潁川甄邵諂附梁冀, 爲鄴令. 有同歲生得罪於冀, 亡奔邵, 邵僞納而陰以告冀, 冀卽捕殺之. 邵當遷爲郡守, 會母亡, 邵且埋屍於馬屋, 先受封, 然後發喪. 邵還至洛陽, 燮行塗遇之, 使卒投車於溝中, 笞捶亂下, 大署帛於其背曰'諂貴賣友, 貪官埋

母.' 乃具表其狀. <u>邵</u>遂廢錮終身. <u>爕</u>在職二年卒, 時人感其
世忠正, 咸傷惜焉.

|註釋| ○河南尹 – 前漢의 河南郡. 수도 洛陽이 河南 경내에 있기에 河
南尹은 수도 행정책임자였다(전한의 長安尹과 同格). 하남윤 아래 洛陽令
이 있어 보좌하였다. ○西園 – 西邸(서저)로도 표기. (靈帝) 光和 원년(서
기 178)에 처음으로 西邸(서저)에서 賣官(매관)을 시작하였는데 關內侯로부
터 虎賁과 羽林까지 금액이 각각 차이가 있었다. 질록 2천석 관직은 2천만
전, 4백석 관직은 4백만 전에 매관하였는데 (황제도) 비밀리에 左右의 측
근을 통하여 公卿의 직위를 매관하였는데, 公은 1천만 전, 卿의 직위는 5
백만 전이었다. 그 돈을 西苑(西園)에 큰 창고를 짓고 쌓아두었다고 한다.
○鄴縣(업현) – 魏郡의 치소, 今 河北省 남단 邯鄲市 관할 臨漳縣.

[國譯]

이섭은 발탁되어 河南尹으로 승진하였다. 그때는 재물을 써서 관
리가 되었는데, 조서로 아무 근거도 없이 3억 전을 거둬 西園(西苑,
西邸)을 채우라는 조서를 내렸다. 이섭은 간언을 상서하였는데 그
글이 너무 간절하여 영제는 매관을 중지하였다. 이보다 앞서 潁川郡
의 甄邵(견소)란 사람은 梁冀(양기)에 아부하여 (魏郡) 鄴縣(업현) 현
령이 되었다. 견소와 동갑내기가 양기에게 죄를 지었는데 도망쳐 견
소에게 가서 숨었다. 견소는 거짓으로 숨겨주면서 몰래 양기에게 통
보하였고, 양기는 즉시 사람을 보내 체포, 처형하였다.

견소는 바로 태수로 승진하였는데, 마침 그 모친이 죽자 견소는
일단 시신을 마구간에 매장하고 나서 임명장을 받은 뒤에 발상하였
다. 견소가 낙양으로 돌아가는 길에, 마침 이섭이 길에서 견소를 만

나자, 병졸을 시켜 견소의 수레를 물도랑에 처넣고, 마구 매질을 하게 한 다음에 上衣 뒤쪽에 '아첨하려고 친구를 팔았으며 탐관하여 모친을 묻어버렸다.' 라는 글을 써놓았다. 그리고 실상을 모두 보고하였다. 견소는 종신토록 벼슬을 못하는 금고에 처해졌다. 이섭은 재직 2년에 죽었는데, 時人들이 대를 이은 忠正에 감동하며 모두가 애석하게 여겼다.

❸ 杜喬

原文

　杜喬字叔榮, 河內林慮人也. 少爲諸生, 擧孝廉, 辟司徒楊震府. 稍遷爲南郡太守, 轉東海相, 入拜侍中.

　漢安元年, 以喬守光祿大夫, 使徇察兗州. 表奏太山太守李固政爲天下第一, 陳留太守梁讓, 濟陰太守氾宮, 濟北相崔瑗等臧罪千萬以上. 讓卽大將軍梁冀季父, 宮, 瑗皆冀所善. 還, 拜太子太傅, 遷大司農.

| 註釋 |　○林慮縣 - 전한의 隆慮縣, 殤帝 이름을 피휘하여 개명. 今 河南省 북단 安陽市 관할 林州市. 河北省 山西省과 접경.　○諸生 - 太學의 학생. 前漢에서는 博士弟子, 後漢에서는 諸生 또는 太學生이라 불렀다. ○兗州(연주) - 13자사부의 하나. 治昭는 山陽郡 昌邑縣, 今 山東省 서남부 濟寧市 관할의 金鄕縣.

杜喬(두교)의 字는 叔榮(숙영)으로 河內郡 林慮縣(임려현) 사람이
다. 젊어 태학생이었다가 효렴으로 천거되었으며 楊震(양진)의 司徒
府의 부름을 받았다. 차츰 승진하여 南郡太守가 되었다가 東海相으
로 전직했고, 조정에 들어와 侍中을 제수 받았다.

(順帝) 漢安 원년(서기 142), 두교는 임시 光祿大夫로 兗州(연주)
일대를 순찰하였는데 太山太守 李固(이고)의 치적이 천하제일이며,
陳留 太守 梁讓(양양)과 濟陰 太守 氾宮(사궁), 濟北相인 崔瑗(최원)
등은 1천만 전 이상을 착복하였다고 표문을 올려 보고하였다. 양양
은 大將軍 梁冀(양기)의 작은아버지였고 사궁과 최원 등은 모두 양
기와 가까운 사람이었다. 두교는 조정에 들어와 太子 太傅였다가 大
司農으로 승진하였다.

原文

時梁冀子弟五人及中常侍等以無功並封, 喬上書諫曰,

「陛下越從藩臣, 龍飛卽位, 天人屬心, 萬邦攸賴. 不急忠
賢之禮, 而先左右之封, 傷善害德, 興長佞諛. 臣聞古之明
君, 襃罰必以功過, 末世闇主, 誅賞各緣其私. 今梁氏一門,
宦者微孽, 並帶無功之紱, 裂勞臣之土, 其爲乖濫, 胡可勝
言! 夫有功不賞, 爲善失其望, 姦回不詰, 爲惡肆其凶. 故陳
資斧而人靡畏, 班爵位而物無勸. 苟遂斯道, 豈伊傷政, 爲
亂而已, 喪身亡國, 可不愼哉!」

書奏不省.

| 註釋 | ○宦者微孽 − 孽은 첩의 자식 얼(賤子也). 나무 밑동에 자라는 아무런 쓸모도 없는 곁가지. ○無功之紱 − 紱은 인끈 불(綬也). ○胡可勝言 − 胡는 어찌 호. 曷(어찌 갈)과 같음. ○故陳資斧~ − 資는 날카롭다(利也). 斧는 도끼 부. 처형 도구.

[國譯]

　　그때 梁冀(양기)의 자제 5인과 中常侍 등은 아무런 공적도 없이 모두 제후에 봉해졌는데, 이에 두교가 간언을 올렸다.

　　「폐하께서 제후에서 龍飛하시어 즉위하셨기에 天意나 민심과 萬邦이 폐하께 기대를 갖고 있습니다. 서둘러 忠賢을 예로 맞이하지 않고 측근을 먼저 제후에 봉하시니, 이는 善人의 미덕을 해치고 아첨꾼을 키우는 일입니다. 古代의 明君은 공과에 따라 포상과 징벌을 실행하지만, 末世의 闇主(암주)는 사적인 인연에 따라 죽이거나 시상한다고 臣은 알고 있습니다. 지금 梁氏 一門과 미천한 환관 여럿이 아무런 공도 없이 인수를 차고, 공훈은 세운 사람처럼 식읍을 받으니 그 잘못을 어찌 다 말할 수 있겠습니까! 有功者가 상을 받지 못하면 선행에도 바랄 것이 없고, 불법을 자행한 자가 처벌받지 않는다면 악행이 점차 흉악해집니다. 그렇게 되면 날카로운 도끼를 보아도 백성은 두려워하지 않고, 작위를 베풀어도 선행을 권장할 수 없습니다. 만약 이렇게 된다면 국정은 마냥 어려워지고 혼란만 가중되고 결국 나라와 백성이 모두 망할 것이니 신중하지 않을 수 있겠습니까!」

상서가 올라갔지만 응답이 없었다.

原文

　益州刺史種暠擧劾永昌太守劉君世以金蛇遺梁冀, 事發
覺, 以蛇輸司農. 冀從喬借觀之, 喬不肯與, 冀始爲恨. 累遷
大鴻臚. 時冀小女死, 令公卿會喪, 喬獨不往, 冀又銜之. 遷
光祿勳. 建和元年, 代胡廣爲太尉. 桓帝將納梁冀妹, 冀欲
令以厚禮迎之, 喬據執舊典, 不聽. 又冀屬喬擧氾宮爲尙書,
喬以宮臧罪明著, 遂不肯用, 因此日忤於冀.

　先是李固見廢, 內外喪氣, 群臣側足而立, 唯喬正色無所
回橈. 由是海內歎息, 朝野瞻望焉. 在位數月, 以地震免. 宦
者唐衡,左悺等因共譖於帝曰, "陛下前當卽位, 喬與李固抗
議言上不堪奉漢宗祀." 帝亦怨之. 及淸河王蒜事起, 梁冀
遂諷有司劾喬及李固與劉鮪等交通, 請逮案罪. 而梁太后素
知喬忠, 但策免而已. 冀愈怒, 使人脅喬曰, "早從宜, 妻子
可得全." 喬不肯. 明日冀遣騎至其門, 不聞哭者, 遂白執繫
之, 死獄中. 妻子歸故郡. 與李固俱暴屍於城北, 家屬故人
莫敢視者.

| 註釋 |　○據執舊典, 不聽 － 孝惠帝가 황후를 맞이한 전례에 따라 黃金
2만 근과 納采로 鴈(기러기)와 구슬(璧)과 乘馬를 보냈다. ○無所回橈 －

回는 옳지 않음(邪也). 橈는 꺾일 요. 굽히다(曲也). ㅇ淸河王蒜事起 - 桓帝 建和 원년에, 淸河國 劉文(유문)이 반역하면서 國相인 射暠(사호, 사호)를 죽이고 淸河王 劉蒜(유산)을 천자로 옹립하려 했으나 발각되어 주살되었다. 유산도 연좌되어 尉氏候(위씨후)로 폄하되어 桂陽郡으로 옮겼는데 자살하였다. ㅇ早從宜 - 빨리 스스로 자살하라는 뜻.

[國譯]

永昌太守인 劉君世(유군세)가 황금 뱀(金蛇)을 만들어 梁冀(양기)에 보냈는데 益州刺史인 種暠(종호)에게 발각되었고, 그것은 대사농에게 넘겨졌다. 양기는 두교에게 보여달라고 하였지만 두교가 보여주지 않자 이때부터 양기의 미움을 샀다. 두교는 여러 번 전직하여 大鴻臚(대홍려)가 되었다. 그때 양기의 막내딸이 죽었는데, 公卿이 모두 가서 조문하였지만 두교 혼자만 조문하지 않아 또 양기의 원한을 샀다. 두교는 光祿勳이 되었다. (桓帝) 建和 원년(서기 147), 胡廣(호광)의 후임으로 太尉가 되었다. 桓帝가 梁冀의 여동생을 맞이할 때 양기는 후한 예물로 맞이하기를 바랐지만 두교는 예전 법도를 지키면서 양기의 희망에 따르지 않았다. 또 양기가 氾宮(사궁)을 尙書에 임명하라고 부탁하였지만 두교는 사궁이 착복한 죄가 명백하다면서 끝내 거절하였는데, 이 때문에 두교는 날마다 양기의 미움을 샀다.

이전에 李固가 파직되면서 조정 內外에서는 실망이 컸고 신하들은 두려워 떨었지만 오직 두교만은 正色에 조금도 꿀리지 않았다. 이 때문에 조정에서는 탄식하였고 朝野에서는 두교를 우러러보았다. 몇 달 뒤 지진이 일어나자 면직되었다. 환관인 唐衡(당형)과 左悺

(좌관) 등은 함께 환제에게 참언하였다.

"陛下께서 앞서 즉위하실 즈음에, 두교와 이고는 폐하께서 漢室의 종묘제사를 받들 수 없다고 끝까지 주장하였습니다."

이 때문에 환제도 두교를 원망하였다. 그러다가 淸河王 劉蒜(유산) 사안이 일어나자 발생하자, 양기는 담당자를 사주하여 두교가 李固 및 劉鮪(유유) 등과 긴밀히 연락하였다며 이를 조사하여 징벌해야 한다고 탄핵케 하였다. 그러나 梁太后는 평소에 두교의 충성을 알고 있어 책서를 내려 면직시켰다. 양기는 더욱 분노하면서 사람을 보내 두교를 협박하였다.

"일찌감치 알아서 하면 妻子는 살 수 있다."

그러나 두교는 자살하지 않았다. 다음 날 양기는 사람을 두교의 집에 보냈는데 집안에서 곡소리가 들리지 않자 아무 이유도 없이 두교를 잡아갔고, 두교는 옥사하였다. 두교의 처자는 고향으로 돌아갔다. 두교의 시신은 李固처럼 성문 북쪽에 방치되었는데 가속이나 친우 누구도 감히 돌보는 자가 없었다.

原文

喬故掾陳留楊匡聞之, 號泣星行到洛陽, 乃著故赤幘, 托爲夏門亭吏, 守衛屍喪, 驅護蠅蟲, 積十二日, 都官從事執之以聞. 梁太后義而不罪. 匡於是帶鈇鑕詣闕上書, 並乞李,杜二公骸骨. 太后許之. 成禮殯殮, 送喬喪還家, 葬送行服, 隱匿不仕.

匡初好學, 常在外黃大澤敎授門徒. 補蘄長, 政有異績, 遷平原令. 時國相徐曾, 中常侍璜之兄也, 匡恥與接事, 托疾牧豕云.

| 註釋 | ○外黃 - 陳留郡의 현명. 今 河南省 開封市 蘭考縣 동남. ○蘄縣(기현) - 沛郡(國)의 현명. 今 安徽省 북부 宿州市.

[國譯]

杜喬(두교)의 옛 屬吏였던 陳留郡의 楊匡(양광)은 소식을 듣고 통곡하며 밤낮으로 낙양에 와서 속리가 쓰는 붉은 두건을 쓰고 夏門亭의 관리라면서 파리나 벌레를 쫓아내며 시신을 지켰다. 12일째 되는 날에 都官從事가 양광을 잡아 보고하였다. 梁太后는 의로운 행동이라며 벌하지 않았다. 양광은 이에 도끼와 모루를 가지고 궁궐에 가서 李固와 杜喬의 시신을 요구하였다. 양태후가 허락했다. 양광은 예를 갖춰 염을 한 뒤에 두교의 시신을 두교의 본가로 호송하여 장례를 마치고 복상한 뒤에 은거하며 출사하지 않았다.

양광은 예전에 호학하였고 늘 外黃縣의 大澤에서 門徒를 교육했다. 뒷날 蘄縣(기현)의 縣長이 되었는데 치적이 뛰어나 平原 현령이 되었다. 당시 平原國 相인 徐曾(서증)은 中常侍 徐璜의 형이었는데, 양광은 그런 사람과 업무상 만나는 것도 치욕으로 여겨 병을 핑계로 사임하고 돼지를 키웠다.

論曰, 夫稱仁人者, 其道弘矣! 立言踐行, 豈徒徇名安己而已哉. 將以定去就之槪, 正天下之風, 使生以理全, 死與義合也. 夫專爲義則傷生, 專爲生則騫義, 專爲物則害智, 專爲己則損仁. 若義重於生, 捨生可也, 生重於義, 全生可也. 上以殘闇失君道, 下以篤固盡臣節. 臣節盡而死之, 則爲殺身以成仁, 去之不爲求生以害仁也.

順,桓之閒, 國統三絶, 太后稱制, 賊臣虎視. 李固據位持重, 以爭大義, 確乎而不可奪. 豈不知守節之觸禍, 恥夫覆折之傷任也. 觀其發正辭, 及所遺梁冀書, 雖機失謀乖, 猶戀戀而不能已. 至矣哉, 社稷之心乎! 其顧視胡廣,趙戒, 猶糞土也.

| 註釋 | ○其道弘矣 - 弘은 大也. 仁을 실천하는 길이 한가지만은 아니다. ○立言踐行 - 말을 했으면 반드시 실천한다. ○徒徇名安己而已哉 - 徒는 다만. 무리 도, 맨손 도, 징역 도. 徇은 구하다(求也). 따르다. ○去就之槪 - 槪는 지조, 節操. 立身之道는 孝와 忠이고 生死에 대의를 따를 뿐이다. ○專爲義則傷生 - 貴義하기에 賤生한다는 뜻. ○專爲生則騫義 - 騫은 버리다. 어긋나다. ○專爲物則害智 - 이익만을 추구하면 잔머리를 굴려야 하니, 곧 머리를 짜내야 하기에 害智라 하였다. ○生重於義, 全生可也 - 「孟子曰, "魚我所欲, 熊掌我所欲也. 二者不可得兼, 捨魚而取熊掌者也. 生亦我所欲也, 義亦我所欲也. 二者不可得兼, 捨生而取義者也."」《孟子 告子 上》참고. ○殺身以成仁 - 「子曰, "志士仁人, 無生以害仁, 有殺身以成仁."」《論語 衛靈公》. ○確乎而不可奪 - 確은 굳건한 모양. 「曾子曰, "可

以託六尺之孤, 可以寄百里之命, 臨大節而不可奪也, 君子人與? 君子人也."」《論語 泰伯》참고.

[國譯]

范曄(범엽)의 史論 : 仁人이라 칭송을 듣는 사람의 道는 매우 위대하다! 말을 했으면 반드시 실천했으니, 어찌 개인의 명예와 평안한 삶을 따르겠는가? 거취의 지조를 결정할 때, 천하의 氣風을 바로 세우고 순리에 따라 살고 대의를 위해 죽을 뿐이었다. 대의에 따르려면 生을 버릴 수 있고, 살려고만 한다면 대의를 버려야 하며, 오직 이익만을 쫓는다면 양심을 버려야 하고, 자신만을 위한다면 仁을 버려야 한다. 만약 生보다 義를 중시한다면 목숨을 버려야 하고, 義보다 生을 중시한다면 義를 버려야 한다.

위에서는 우매하여 君道를 상실했지만, 아래서는 신하의 지조를 굳게 지키려 했다. 신하는 충성의 도를 다하고 죽었으니, 곧 殺身하여 成仁하였고 죽으면서도 살기 위해 仁을 버리지 않았다.

順帝와 桓帝 사이에 國統이 三絶되고 太后가 稱制할 때, 賊臣은 虎視耽耽(호시탐탐) 사익만을 노렸다. 李固(이고)는 직책을 수행하고 大義를 지켰으며 그 지조가 확고하였기에 누구도 뺏을 수 없었다. 지조를 지켜 권세가의 심기를 건드리면 화를 당하며, 나라가 기울어지면 그 책임이 있다는 것을 (李固가) 어찌 몰랐겠는가? 그는 엄정한 주장을 폈으며 양기에게 보낸 서신을 보면 그가 비록 원하는 것을 이루지는 못했지만 모든 생각이 나라만을 위했음을 알 수 있다. 참으로 지극한 정성이었다. 이고는 胡廣과 趙戒를 마치 썩은 흙처럼 생각하였다.

原文

　贊曰, 李,杜司職, 朋心合力. 致主文,宣, 抗情伊,稷. 道亡時晦, 終離罔極. 爕同趙孤, 世載弦直.

| 註釋 |　○朋心合力 – 朋은 同也.　○抗情伊,稷 – 伊尹(이윤)과 后稷(후직).　○終離罔極 – 離는 당하다(被也).　○爕同趙孤 – 趙孤은 춘추시대 晉 趙朔(조삭)의 아들 趙武(조무). 大夫 屠岸賈(도안고)가 趙朔을 살해하자 조삭의 문객인 程嬰(정영)과 公孫杵臼(공손저구)는 조삭의 유복자를 데리고 中山國에서 숨겨 키웠다. 15년 후, 유복자인 조무는 도안고를 공격하여 멸망시켰다.　○世載弦直 – 載는 행하다(行也). 弦直은 활시위처럼 바른 충성심.

[國譯]

　贊曰,

　李固와 杜喬는 소임을 다하며 일심으로 협력하였다.

　文帝, 宣帝 같은 賢君이 되도록 伊尹, 后稷처럼 충성했다.

　正道가 무너져 혼탁하여 끝내 망극한 일을 당해야만 했다.

　李爕은 趙朔의 아들처럼 대를 이어 강직한 忠烈을 지켰다.

64 吳延史盧趙列傳
〔오, 연, 사, 노, 조열전〕

❶ 吳祐

原文

吳祐字季英, 陳留長垣人也. 父恢, 爲南海太守. 祐年十二, 隨從到官. 恢欲殺靑簡以寫經書, 祐諫曰, "今大人踰越五領, 遠在海濱, 其俗誠陋, 然舊多珍怪, 上爲國家所疑, 下爲權戚所望. 此書若成, 則載之兼兩. 昔馬援以薏苡興謗, 王陽以衣囊徼名. 嫌疑之閒, 誠先賢所愼也."

恢乃止, 撫其首曰, "吳氏世不乏季子矣." 及年二十, 喪父, 居無檐石, 而不受贍遺. 常牧豕於長垣澤中, 行吟經書. 遇父故人, 謂曰, "卿二千石子而自業賤事, 縱子無恥, 奈先君何?"

祐辭謝而已, 守志如初.

| 註釋 | ○吳祐 - 祐는 도울 우. 吳佑(오우)로 된 판본도 있다. ○長垣
(장원) - 縣名. 侯國, 今 河南省 북동쪽 省 직할 長垣縣(장원현). 山東省과 접
경 ○南海太守 - 南海郡 치소는 番愚縣(반우현). 今 廣東省 중남부 廣州市.
香港의 서북. ○殺青(살청) - 대나무(竹簡)를 불에 구우면 푸른 즙(汁)이
빠지는데 그 푸른 액체로 글을 쓰면 좀(蠹, 좀 두)이 슬지 않는다고 하였다.
이를 殺青, 또는 汗簡(한간)이라고 불렀다. ○踰越五領 - 領은 嶺(재 령).
五嶺산맥은 華南과 華中을 남북으로 구별하는 큰 산맥. 오령 북쪽은 長江 水
系이고, 남쪽은 珠江(주강) 수계라 할 수 있다. 서쪽으로는 衡山(형산)의 남
쪽에서 동쪽으로 바다까지 산줄기가 이어졌고 그중 교통로로 이용되는 5
곳을 오령이라고 하였다. 그 오령의 지명이 일정하지는 않으나 大庾嶺(대유
령)을 비롯하여 始安, 臨賀, 桂陽, 揭陽嶺(게양령)을 말한다. ○下爲權戚所
望 - 선물로 바치기를 바라다. 廣州 지역에서는 예로부터 眞珠가 아주 유
명하였다. ○載之兼兩 - 兼兩은 수레. 수레는 兩輪이기에 兩을 썼다. 수레
2대란 뜻이 아니다. ○馬援(마원) - 伏波將軍, 光武帝 때 지금의 월남지역
에 徵側(징측)의 반란을 평정하러 나갔는데 마원은 薏苡(의이, 율무)의 열매
가 몸을 가볍게 하고 瘴氣(장기, 열대 풍토병)을 막아준다 하여 늘 복용했었
다. 남방 율무 열매는 대형이라서 마원은 심어 키우려고 군사가 돌아올 때
수레 하나에 가득 싣고 왔다. 사람들은 남방의 진기한 특산물이라 생각하
였고 權貴가 모두 갖고 싶어 했다. 그러나 그때는 마원이 광무제의 신임을
받고 있어 달라고 하는 사람이 없었다. 마원이 죽은 뒤에 상소하여 마원이
싣고 온 것은 모두 明珠이며 무늬 있는 무소뿔이라고 참소하는 자가 있었
다. 24권, 〈馬援列傳〉 참고. ○王陽以衣囊徼名 - 徼는 구할 요. 王陽은 前
漢 王吉(字, 子陽). 왕길은 평소에 車馬를 좋아하고 衣服이 깨끗했지만 그
생활은 아주 검소하고 관리로 치적도 훌륭했다. 그러나 그가 임지를 옮겨

갈 때는 겨우 옷을 담은 자루 하나를 들고 갔다(成語 '王吉囊衣'). 사람들은 왕길의 화려한 수레를 생각하며 왕길은 황금을 만들어 쓴다고 생각하였다. 왕길은 宣帝 전에 27일간 재위했던 昌邑王의 中尉였다. 宣帝 때 諫大夫 역임. 貢禹(공우)와의 우정으로 유명.《漢書》72권,〈王貢兩龔鮑傳〉에 立傳. 筆者의 拙譯 참고. ㅇ季子 - 吳 公子 季札(계찰). 延陵季子. ㅇ縱子無恥 - 縱은 설령 ~하더라도. 늘어질 종, 세로 종. 제멋대로. 子는 그대, 너.

[國譯]

吳祐(오우)의 字는 季英(계영)으로 陳留郡 長垣縣(장원현) 사람이다. 부친 吳恢(오회)는 南海郡 태수였다. 오우는 나이 12살에 부친의 임지에 따라갔다. 오회가 殺青(살청)으로 죽간에 經書를 필사하려 하자, 오우가 말씀드렸다.

"이번에 아버님께서(大人) 五領(오령, 五嶺)을 넘어 멀리 바닷가에 부임하셨는데 그 풍속이 아주 비루하지만 예로부터 진기하고 괴이한 산물이 많아 위로는 나라에서 의심을 하고 아래 권력자나 외척이 선물을 바라고 있습니다. 이 책이 완성되면 수레에 실어야 합니다. 옛날 馬援(마원)은 薏苡(의이, 율무)를 싣고 와서 비방을 받았고, 王吉(字 子陽)은 衣囊(의낭, 옷을 담은 자루)으로 명성을 얻었습니다. 혐의를 받을만한 일은 先賢도 정말로 신중하였습니다."

오회는 바로 그만두며 오우의 머리를 쓰다듬으며 말했다. "吳氏 집안은 대대로 季子(延陵季子, 季札) 같은 인재가 끊이지 않을 것이다."

오우가 나이 20에 부친이 돌아가셨는데 집안에 남은 곡식도 없었지만 남의 도움을 받지 않았다. 늘 長垣縣의 늪지에서 돼지를 키웠는데 걸어 다닐 때도 경서를 외웠다. 선친의 우인을 만났는데, 그가 말했다.

"그대는 二千石 태수의 아들인데 스스로 이런 천한 일을 하는가? 설령 그대야 부끄럽지 않더라도 先君에게도 그러하겠는가?"

오우는 감사할 뿐 초심을 굳게 지켰다.

原文

後擧孝廉, 將行, 郡中爲祖道, 祐越壇共小史雍丘黃眞歡語移時, 與結友而別. 功曹以祐倨, 請黜之. 太守曰, "吳季英有知人之明, 卿且勿言." 眞後亦擧孝廉, 除新蔡長, 世稱其淸節. 時公沙穆來游太學, 無資糧, 乃變服客傭, 爲祐賃舂. 祐與語大驚, 遂共定交於杵臼之間.

| 註釋 | ○祖道 – 먼 길을 떠나는 사람을 위해 무사 여행을 비는 제사와 함께 이별의 모임. ○雍丘(옹구) – 현명. 今 河南省 중동부 開封市 관할 杞縣. ○定交於杵臼之間 – 杵는 공이 저. 절굿공이. 臼는 절구 구. 절구통.

[國譯]

(吳祐는) 뒷날 孝廉(효렴)으로 천거되었는데, 출발에 앞서 郡에서 祖道(送別宴)를 지내면서 오우는 제단을 지나 小史인 雍丘(옹구) 사람 黃眞(황진)과 한참동안 환담을 나눈 뒤 친구가 되어 헤어졌다. 郡의 功曹가 오우가 거만하다며 제명해야 한다고 말했다. 이에 太守가 말했다.

"吳季英(吳祐)은 사람을 볼 줄 아니 그대는 말하지 말라."

황진도 나중에 효렴으로 천거 받았고 新蔡(신채)의 縣長이 되었는데 사람들이 그의 청렴한 지조를 칭송하였다.

그때 公沙穆(공사목)은 太學에 유학하였는데 학자와 양식이 없어 변복하고 품팔이를 하였는데 오우에 처소에 와서 방아를 찧었다. 오우는 그와 이야기하며 크게 놀랐고, 절구를 매개로 교우를 맺었다.

原文

祐以光祿四行遷膠東侯相. 時濟北戴宏父爲縣丞, 宏年十六, 從在丞舍. 祐每行園, 常聞諷誦之音, 奇而厚之, 亦與爲友, 卒成儒宗, 知名東夏, 官至酒泉太守.

祐政唯仁簡, 以身率物. 民有爭訴者, 輒閉合自責, 然後斷其訟, 以道譬之. 或身到閭里, 重相和解. 自是之後, 爭隙省息, 吏人懷而不欺. 嗇夫孫性私賦民錢, 市衣以進其父, 父得而怒曰, "有君如是, 何忍欺之!" 促歸伏罪. 性慙懼, 詣合持衣自首. 祐屏左右問其故, 性具談父言. 祐曰, "掾以親故, 受汚穢之名, 所謂 觀過斯知人矣." 使歸謝其父, 還以衣遺之.

又安丘男子毋丘長與母俱行市, 道遇醉客辱其母, 長殺之而亡, 安丘追蹤於膠東得之. 祐呼長謂曰, "子母見辱, 人情所恥. 然孝子忿必慮難, 動不累親. 今若背親逞怒, 白日殺人, 赦若非義, 刑若不忍, 將如之何?" 長以械自繫, 曰, "國家制法, 囚身犯之. 明府雖加哀矜, 恩無所施." 祐問長有妻子乎? 對曰, "有妻未有子也." 卽移安丘逮長妻, 妻到, 解其桎梏, 使同宿獄中, 妻遂懷孕. 至冬盡行刑, 長泣謂母曰, "負母應死, 當何以報吳君乎?" 乃囓指而呑之, 含血言曰, "妻若生子, 名之'吳生', 言我臨死呑指爲誓, 屬兒以報吳君." 因投繯而死.

| 註釋 | ○光祿四行 - 九卿의 하나인 光祿勳은 조정의 郎官을 통솔하였는데 4가지 영역에서 인재를 천거할 수 있었다. 이를 四行이라 하였으니 곧 質朴, 敦厚, 遜讓, 有義 또는 節儉. ○濟北 - 濟北國. 治所는 盧縣(노현), 今 山東省 濟南市 長淸區. 泰山郡에서 분리. ○知名東夏 - 東夏는 東方. 夏는 華夏, 곧 중국 본토. ○嗇夫 - 鄕官, 鄕은 縣 아래 기본 행정 단위. 10里에 1亭, 10정을 1鄕이라 하고 鄕吏(향리)를 두었는데, 鄕吏로는 교화를 담당하는 三老, 聽訟과 賦稅 징수를 돕는 嗇夫(색부), 순찰과 도적 체포를 담당하는 游徼(유요)가 있었다. ○觀過斯知仁矣 - 子曰, "人之過也, 各於其黨. 觀過, 斯知仁矣."《論語 里仁》. ○安丘男子毋丘長 - 安丘는 北海郡의 현명. 今 山東省 중동부 濰坊市 관할 安丘市 서남. 男子는 벼슬이 없는 평민 家長. 毋丘長의 毋丘(관구)는 복성. 毌는 꿸 관(꿰다 貫). 毋(말 무)와는 다른 글자. 母와도 다른 글자. 男子는 각 家戶의 어른 가장. 秦漢代의 일반 백성(평민)은 신분상 등급이 있었는데, 1등급(公士)에서부터 8등급(公乘, 공승)까지는 일반 백성(男子)의 등급이다. 국가에 경사가 있으면 나라에서 백성에게 작위를 하사하였다. ○孝子忿必慮難 -「孔子曰, "君子有九思, 視思明, 聽思聰, 色思溫, 貌思恭, 言思忠, 事思敬, 疑思問, 忿思難, 見得思義."《論語 季氏》.「一朝之忿, 忘其身以及其親, 非惑與?"《論語 顔淵》. ○今若背親逞怒 - 若은 너(汝也). 逞은 즐길 영(快也). ○因投繯而死 - 繯은 얽을 현. 올가미.

吳祐(오우)는 光祿 四行에 의거 膠東侯(교동후) 相이 되었다. 그때 濟北國(제북국)의 戴宏(대굉)이란 사람의 부친은 縣丞이었고, 대굉의 나이는 16세였는데 부친을 따라 현승의 관사에 살고 있었다. 오우 가 뜰에 나갈 때마다 늘 경전을 외우는 소리를 듣고 기이하게 여기 며 후대하여 벗이 되었는데, 대굉은 뒷날 儒宗이 되어 東方에 이름 이 알려졌으며 관직은 酒泉太守에 이르렀다. 오우의 정사는 오직 仁 慈와 簡素에 솔선수범이었다. 백성 중 소송하는 자가 있으면 바로 문을 닫고 자책한 뒤에 송사를 결단하고 正道에 입각하여 백성을 깨 우쳤다. 어떤 때는 직접 그 마을에 찾아가서 거듭 서로 간의 화해를 권유하였다. 이후로 점차 다툼이 줄어들었고 관리들은 오우를 생각 하여 속일 수가 없었다.

孫性(손성)이란 嗇夫(색부)는 백성의 돈을 걷어 사사로이 의복을 사서 부친에게 드렸는데 옷을 받은 부친이 화를 내며 말했다. "위에 그렇게 훌륭한 분이 계시거늘 어찌 그분을 속일 수 있겠는가!" 그러 면서 빨리 자수하라고 혼을 내었다. 손성은 부끄럽고 두려워 옷을 가지고 자수하였다. 오우는 측근을 물리치고 그 연고를 묻자, 손성 은 부친의 말을 전했다. 이에 오우가 말했다. "부친을 봉양하려 저 지른 죄이니, 이른바 '저지른 잘못을 보면 사람을 알 수 있다.'고 하 였다." 그러면서 돌아가 부친에게 사죄하라면서 옷을 돌려보냈다.

또 安丘縣의 男子인 毋丘長(관구장)이 모친과 함께 시장에 갔다가 길에서 취객이 모친을 모욕하자 관구장은 취객을 죽이고 도주하였 는데, 안구현에서 추적하여 관구장을 교동국에서 체포하였다. 오우 는 관구장을 불러 물었다.

"모친이 모욕을 당하는 것을 보면 인정상 누구에게나 치욕이다. 그러나 효자는 분하더라도 반드시 뒷일을 생각해야 하며 행실이 양친에게 누를 끼쳐서는 안 된다. 지금 내가 양친의 뜻과 달리 화를 내어 白日에 殺人했는데도 너를 용서한다면 의리가 아니나, 너를 처형하는 것도 차마 못할 일이로다."

그러자 관구장은 스스로 수갑을 차면서 말했다. "國家의 법을 제가 어겼습니다. 나리께서 저를 불쌍히 생각해주시나 저는 보답할 길이 없습니다." 오우는 관구장에게 처자가 있는가를 물었다. 그러자 "아내는 있지만 아들은 아직 없습니다."라고 말했다. 이에 오우는 안구현에 연락하여 관구장의 아내를 불러오게 하였는데, 그 아내가 오자 형구를 풀어주고 옥중에서 동숙하게 하였고 아내는 임신하였다. 겨울이 끝날 무렵 처형하게 되자 관구장이 울면서 모친에게 말했다. "어머니를 두고 죽어야 하니, 나리 은혜를 어찌 갚겠습니까?" 그리고는 손가락을 깨물어 피를 삼키면서 말했다. "만약 아내가 아들을 낳는다면 이름을 '吳生'으로 짓고 제가 손가락을 깨물어 약속하였으니 나리께 보은하라고 아이에게 일러주십시오."

그리고는 목을 매어 자살하였다..

原文

祐在膠東九年, 遷齊相, 大將軍梁冀表爲長史. 及冀誣奏太尉李固, 祐聞而請見, 與冀爭之, 不聽. 時扶風馬融在坐, 爲冀章草, 祐因謂融曰, "李公之罪, 成於卿手. 李公卽誅, 卿何面目見天下之人乎?" 冀怒而起入室, 祐亦徑去. 冀道

出祐爲河間相, 因自免歸家, 不復仕, 躬灌園蔬, 以經書敎
授. 年九十八卒.

長子鳳, 官至樂浪太守, 少子愷, 新息令. 鳳子馮, 銅陽侯
相, 皆有名於世.

| 註釋 | ○太尉 李固 – 李固가 양기의 뜻을 따르지 않자 양기는 익명의
투서를 작성하여 이고를 무고했다. 이고를 무고한 글은 63권, 〈李杜列傳〉
에 수록했다. ○扶風馬融 – 右扶風의 馬融, 60권, 〈馬融列傳〉에 立傳. ○樂
浪(낙랑) – 治所는 朝鮮縣, 今 北韓 平壤市 大同江 남안. ○新息 – 汝南郡의
현명. 今 河南省 남단의 信陽市 관할 息縣. ○銅陽(동양) – 汝南郡의 현명.

[國譯]

吳祐는 膠東國에 9년을 재직하다가 齊國의 相이 되었는데, 大將
軍 梁冀(양기)가 상주하여 大將軍府 長史로 임명하였다. 양기가 太
尉 李固(이고)의 죄를 무고할 때, 이를 알고 양기를 만나 논쟁을 하였
지만 양기는 들어주지 않았다. 그때 右扶風의 馬融(마융)도 자리를
같이 했었는데, 양기를 위해 이고를 무고하는 글 초안을 작성했다.
이에 오우가 마융에게 말했다.

"李公의 죄가 卿의 손에서 만들어졌소. 만약 李公이 주살된다면
卿은 무슨 면목으로 천하 사람들을 볼 수 있겠소?"

양기는 화를 내며 다른 방으로 들어갔고 오우도 바로 떠나왔다.
양기가 오우를 河間國 相으로 전출시키자, 오우는 사직하고 귀가하
였으며 다시는 출사하지 않고 몸소 농사를 지으며 經書를 가르쳤다.
오우는 98세에 죽었다.

長子인 吳鳳(오봉)은 樂浪(낙랑) 太守를 역임하였고, 막내아들 吳愷(오개)는 新息令이었다. 오봉의 아들 吳馮(오풍)은 鮦陽侯(동양후) 相이었는데 모두 당대에 이름이 있었다.

❷ 延篤

原文

延篤字叔堅, 南陽犨人也. 少從潁川唐溪典受《左氏傳》, 旬日能諷之, 典深敬焉. 又從馬融受業, 博通經傳及百家之言, 能著文章, 有名京師. 擧孝廉, 爲平陽侯相. 到官, 表龔遂之墓, 立銘祭祠, 擢用其後於畎畝之間. 以師喪弃官奔赴, 五府並辟不就.

| 註釋 | ㅇ南陽犨人 – 南陽郡 犨縣(주현). 犨는 소가 헐떡거리는 소리 주. 현명. 今 河南省 중부 平頂山市 서남. ㅇ唐溪典(당계전) – 인명. 唐溪는 복성. 五官中郞將 역임. ㅇ旬日能諷之 – 旬日은 열흘. 諷은 외울 풍. 풍자하다. ㅇ龔遂(공수) – 昌邑王을 섬겼고 宣帝 때 渤海太守, 水衡都衛 역임. 《漢書》89권, 〈循吏傳〉에 立傳.

[國譯]

延篤(연독)의 字는 叔堅(숙견)으로 南陽郡 犨縣(주현) 사람이다. 젊어서 潁川郡 唐溪典(당계전)에게 《左氏傳》을 배웠는데 열흘에 모두 외워버리자 당계전이 매우 중시하였다. 연독은 또 馬融(마융)한테도 배웠는데, 유가 경전 및 百家의 학문에 능통하였고 문장도 잘 지어 경사에 이름이 났었다. 효렴으로 천거되어 平陽侯(형양후) 相이 되었다. 임지에 부임하여 龔遂(공수)의 묘에 표문을 올리고 비석을 세워 제사지내며 농부인 그 후손을 발탁, 채용하였다. 스승이 별세하자 관직을 버리고 奔喪(분상)하였으며 五府에서 모두 초빙하였지만 응하지 않았다.

桓帝以博士徵, 拜議郎, 與朱穆, 邊韶共著作東觀. 稍遷侍中. 帝數問政事, 篤詭辭密對, 動依典義. 遷左馮翊, 又徙京兆尹. 其政用寬仁, 憂恤民黎, 擢用長者, 與參政事, 郡中歡愛, 三輔咨嗟焉. 先是陳留邊鳳爲京兆尹, 亦有能名, 郡人爲之語曰, '前有趙張三王, 後有邊延二君.'

時皇子有疾, 下郡縣出珍藥, 而大將軍梁冀遣客繼書詣京兆, 並貨牛黃. 篤發書收客, 曰, "大將軍椒房外家, 而皇子有疾, 必應陳進醫方, 豈當使客千里求利乎?" 遂殺之. 冀慙而不得言, 有司承旨欲求其事. 篤以病免歸, 教授家巷.

| 註釋 | ○詭辭密對 – 에둘러 비밀리에 대답하다. 실명을 거론하지 않고 대답하다. 詭辭(궤사)는 속이는 말. ○趙張三王 – 趙廣漢(조광한), 張敞(장창), 王遵(왕준), 王章(왕장), 王駿(왕준)이 모두 유능하고 훌륭한 京兆尹이었다. ○牛黃(우황) – 소 쓸개에 생긴 膽石(담석). 우황이 있는 소는 밤에 뿔

에서 빛이 나는데, 소가 죽은 뒤에 배를 갈라보면 계란 노른자 같은 우황을 얻을 수 있다고 하였다.

[國譯]

桓帝(환제)가 博士로 불러 議郞을 제수하자 延篤(연독)은 朱穆(주목), 邊韶(변소) 등과 함께 東觀에서 저술에 참여하였다. 점차 승진하여 侍中이 되었다. 환제가 자주 정사에 관하여 물었는데, 연독은 실명을 거론하지 않고 대답하였고 법도대로 행동하였다. 左馮翊(좌풍익)으로 승진했다가 다시 京兆尹으로 전근했다. 그의 정사는 寬厚, 인자하고 백성을 긍휼히 여겼으며, 長者를 발탁하여 행정에 참여시켰는데, 경조의 백성이 좋아하면서 三輔 일대 백성이 탄복하였다. 이보다 앞서 陳留郡의 邊鳳(변봉)이 京兆尹이었는데, 마찬가지로 유능하다는 명성이 있어 경조윤 사람들은 이를 두고 '앞서(前漢) 趙張三王이 있었고, 뒤에는(後漢) 변봉과 연독 두 군자가 있네.' 라고 말하였다.

그때 皇子가 병이나 군현에 지시하여 진기한 약을 구해 올리게 하였는데, 大將軍 梁冀(양기)는 객인에게 서신을 주어 牛黃(우황)을 미리 사들이게 하였다. 그러자 연독은 서신을 보고 객인을 잡아놓고 말했다.

"大將軍은 황후의 친정 사람으로 皇子가 병이 났으면 당연히 의약을 구해 올려야 하거늘, 어찌 천리 먼 길에 사람을 보내 우황으로 이득을 얻으려 하겠는가?"

그리고는 객인을 죽여 버렸다. 양기는 부끄러워 아무 말도 못했지만 담당자가 양기의 뜻을 알아서 연독의 잘못을 캐려고 하였다.

연독은 병이라 사직하고 귀향하여 마을에서 경전을 교수하였다.

原文

時人或疑仁孝前後之證, 篤乃論之曰,

「觀夫仁孝之辯, 紛然異端, 互引典文, 代取事據, 可謂篤論矣. 夫人二致同源, 總率百行, 非復銖兩輕重, 必定前後之數也. 而如欲分其大較, 體而名之, 則孝在事親, 仁施品物. 施物則功濟於時, 事親則德歸於己. 於己則事寡, 濟時則功多. 推此以言, 仁則遠矣. 然物有出微而著, 事有由隱而章. 近取諸身, 則耳有聽受之用, 目有察見之明, 足有致遠之勞, 手有飾衛之功, 功雖顯外, 本之者心也. 遠取諸物, 則草木之生, 始於萌牙, 終於彌蔓, 枝葉扶疏, 榮華紛縟, 末雖繁蔚, 致之者根也.

夫仁人之有孝, 猶四體之有心腹, 枝葉之有本根也. 聖人知之, 故曰, '夫孝, 天之經也, 地之義也, 人之行也.' '君子務本, 本立而道生, 孝悌也者, 其爲仁之本與!' 然體大難備, 物性好偏, 故所施不同, 事少兩兼者也. 如必對其優劣, 則仁以枝葉扶疏爲大, 孝以心體本根爲先, 可無訟也. 或謂先孝後仁, 非仲尼序回, 參之意. 蓋以爲仁孝同質而生, 純體之者, 則互以爲稱, 虞舜, 顏回是也. 若偏而體之, 則各有其目, 公劉, 曾參是也. 夫曾, 閔以孝悌爲至德, 管仲以九合爲仁功, 未有論德不先回, 參, 考功不大夷吾. 以此而言, 各從其稱者也.」

| 註釋 | ○仁孝之辯 - 辯은 爭論. ○篤論 - 眞摯(진지)한 논의. 篤은 厚
也. ○二致同源 - 二致는 仁과 孝. 同源은 '殊塗而同歸, 百慮而一致'의
뜻. ○分其大較 - 대략을 나눠 생각하다. 大較는 大略. ○榮華紛縟 - 榮
華는 활짝 핀 꽃. 紛縟(분욕)은 뒤섞여 어지러움. ○君子務本, ~ -「有子曰,
"其爲人也孝弟, 而好犯上者, 鮮矣, 不好犯上, 而好作亂者, 未之有也. 君子
務本, 本立而道生. 孝弟也者, 其爲仁之本與!"《論語 學而》. ○非仲尼序回,
參之意 - 孔子는 "參也魯, ~ 回也其庶乎?"라고 평했는데(《論語 先進》),
중삼이 魯 곧 魯鈍(노둔)하다는 것은 우직할 정도로 효를 실천한다는 뜻이
지 재능이 떨어진다는 뜻이 아니다. 안회는 善道에 아주 가까이 왔다 하여
그의 인을 칭찬한 것이지 비교가 아니라는 뜻. ○公劉, 曾參是也 - 公劉(공
류)는 后稷(후직)의 曾孫. 邠(빈)에 터를 잡아 정착. 스스로 부지런히 토양에
맞춰 농사를 잘 지었고 백성들이 그를 따랐다. 이는 仁으로 덕을 실천한
것이다. 曾參은 至孝로 칭송을 받았으니 공유와 중삼에 대하여 각각 따로
그 仁孝를 인식해야 한다는 뜻. ○曾, 閔 - 曾參과 閔損(민자건, 민자건).「子
曰, 孝哉閔子騫, 人不間於其父母昆弟之間.」《論語 先進》. ○九合爲仁功 -
九合은 糾合(규합).「子曰 "桓公九合諸侯, 不以兵車, 管仲之力, 如其仁, 如
其仁."」《論語 憲問》.

[國譯]

　그때 어떤 사람이 仁과 孝의 前後나 輕重에 관하여 의문을 제기
하자 延篤(연독)이 논술하였다.

　「仁과 孝에 관한 논쟁을 보면, 서로 다른 주장이 각자 경전을 인
용하면서 근거로 내세우니 논쟁이 돈독하다고 말할 수 있습니다. 그

렇지만 실제 사람의 仁과 孝는 그 근원이 하나이면서 인간의 百行을 통솔하고 있으니 그 경중에서 아주 작은 무게의 차이를 가지고 선후를 꼭 정해야 하는 것은 아닙니다. 그리고 만약 그 대략을 나눠 설명해야 한다면 그 전체를 하나로 총괄하여 이름을 붙여야 하는데, 孝는 事親에 仁은 만물에 적용할 수 있다고 보아야 합니다. 仁이 만물에 베풀어지면 천하가 이로울 것이고, 事親하는 孝는 그 덕이 자신에게 돌아오게 됩니다. 나에게 오는 孝의 혜택은 적지만, 천하에 베풀어지는 仁의 혜택은 많습니다. 이 말을 더 확대한다면 仁의 효과는 遠方까지 파급됩니다. 그렇지만 만물은 미미하게 시작하여 뚜렷해지고 만사는 숨겨 있다가 확실히 드러나는 것입니다. 가까운 예로, 우리 몸에서도 알 수 있으니, 귀는 들을 수 있기에 유용하고 눈은 또렷하게 살펴 볼 수가 있으며, 발은 멀리 걸을 수 있고 손은 만들어 꾸미는데 유용하여 그 효용이 밖으로 드러나지만 그 근본은 사람의 마음입니다. 멀리 다른 사물의 예를 든다면, 草木의 생장은 싹이 트고 자라서 나중에 땅을 덮고 뻗어가며 가지와 잎이 무성하고 꽃이 어지러이 피거나 설령 울창하지는 못하더라도 근본은 뿌리에 있습니다.

대체로 사람이 인자하면서도 효도를 하는 것은 우리에게 손발의 사지가 있고 마음도 있으며 나뭇가지와 뿌리가 있는 것과 같습니다. 聖人도 이를 알고 있기에 '효도는 하늘의 經紀이며, 땅의 正義이며, 인간의 行實'이라고 말했습니다. 그리고 '君子는 務本해야 하고 本立하면 道生하니, 孝悌란 것은 爲仁의 근본일 것이다!'라고 하였습니다. 그렇지만 실체가 크면 다 갖추기가 어려우며 사물의 성질은 한 쪽으로 치우치기 쉽고 적용이 같지 않으므로 전체를 다 포괄하는 경우가 많지 않습니다. 만약 꼭 仁孝의 경중을 구분해야 한다면 仁은 무성한 나뭇가지와 같아 효과가 크게 나타나고, 孝는 마음의 근본 뿌리와 같아 앞서 실천하는 것이기에 논쟁을 할 필요가 없는 것입니다. 혹자는 먼저 효도를 하고 나중에 (타인에 대한) 仁을 베풀어야 한다고 말을 하지만, 이는 공자께서 顔回와 曾參의 심성을 평한 본질이라 할 수 없습니다. 대체적으로 仁과 孝는 같은 본질에서 나온 것이며 순수하게 그 본질을 인식한다면 상황에 따라 이름을 붙일 수 있으니 虞舜(舜帝)와 顔回는 純德을 겸비한 분입니다. 만약 그것을 분리해서 인식한다면 각자 다른 것으로 公劉(공류)와 曾參(증삼)과도 같은 것입니다. 대체로 증삼과 閔損(민손)은 孝悌로 至德을 실천하였으며, 管仲(관중)은 제후 세력을 仁의 힘으로 규합하였으니 그 덕을 논하자면 안회나 증삼에 앞설 수 없지만, 공적을 살핀다면 안회 증삼이 夷吾(管仲)보다 앞설 수 없습니다. 이를 종합한다면 각자 그 바탕에 따라 언급한 것입니다.」

　前越巂太守李文德素善於篤, 時在京師, 謂公卿曰, "延叔堅有王佐之才, 奈何屈千里之足乎?" 欲令引進之. 篤聞, 乃爲書止文德曰,

「夫道之將廢, 所謂命也. 流聞乃欲相爲求還東觀, 來命雖篤, 所未敢當. 吾嘗昧爽櫛梳, 坐於客堂. 朝則誦羲,文之《易》, 虞,夏之書, 歷公旦之典禮, 覽仲尼之《春秋》. 夕則消

搖內階, 詠詩南軒. 百家衆氏, 投閒而作. 洋洋乎其盈耳也, 渙爛兮其溢目也, 紛紛欣欣兮其獨樂也.

當此之時, 不知天之爲蓋, 地之爲輿, 不知世之有人, 己之有軀也. 高漸離擊筑, 傍若無人, 高鳳讀書, 不知暴雨, 方之於吾, 未足況也. 且吾自束脩已來, 爲人臣不陷於不忠, 爲人子不陷於不孝, 上交不諂, 下交不黷, 從此而歿, 下見先君遠祖, 可不愧板. 如此而不以善止者, 恐如教羿射者也. 愼勿迷其本, 弃其生也.」

後遭黨事禁錮. 永康元年, 卒於家. 鄕里圖其形於屈原之廟.

篤論解經傳, 多所駁正, 後儒服虔等以爲折中. 所著詩, 論, 銘, 書, 應訊, 表, 敎令, 凡二十篇云.

| 註釋 | ○越嶲(월수) - 군명. 치소는 邛都縣(공도현), 今 四川省 남부 西昌市. 嶲는 새 이름 휴. 소쩍새. 郡 이름 수. ○~ 所謂命也 - 「子曰, "道之將行也與, 命也, 道之將廢也與, 命也. 公伯寮其如命何!"」《論語 憲問》. ○吾嘗昧爽櫛梳 - 昧爽(매상)은 먼동이 틀 무렵. 昧는 새벽 매. 아직 다 밝지 않았을 때(暝也). 爽은 시원할 상. 밝다(明也). ○歷公旦之典禮 - 周公(旦)은 7년간 섭정하면서 制禮하고 作樂하였다. ○洋洋乎其盈耳也 - 洋洋은 아름다운 모양(美也), 득의한 모양. 子曰, "師摯之始, 關雎之亂, 洋洋乎, 盈耳哉!"《論語 泰伯》. ○渙爛兮其溢目也 - 渙爛은 문채가 성한 모양(文章貌也). 溢은 넘칠 일. ○高漸離擊筑 - 筑(축)은 5弦의 악기. 누가 최초로 만들었는지는 모르나 箏(쟁)과 비슷한 현악기이다. 高漸離(고점리)는 荊軻(형가)의 友人. 기원전 227년, 燕 太子 丹(단)의 부탁으로 형가가 秦王을 죽이

러 易水(역수)에서 이별할 때, 高漸離가 筑(축)을 타고 형가는 '風蕭蕭兮易水寒한데 壯士一去兮不復返'이라 노래했다. ○高鳳讀書 – 高鳳(고봉)은 83권, 〈逸民列傳〉에 立傳. ○束脩(속수) – 성인이 되어 의관을 갖춤(束帶修飾). 나이 15세 이상. 말린 육포 묶음. 스승을 처음 뵐 때의 예물. ○下交不黷 – 黷은 더럽힐 독. ○可不慙赧 – 慙은 부끄러울 참. 赧은 얼굴 붉힐 난. 부끄러워하다. ○恐如敎羿射者也 – 養由基(양유기)란 사람은 1백 보 떨어진 곳에서 버들잎을 백발백중할 정도의 명궁이었다. 그런 양유기에게 활쏘기를 가르친 사람이 后羿(후예)였다. 후예는 하늘에 떠있는 태양 9개를 활로 쏘아 떨어트리고 1개만 남겨두었다고 한다. ○禁錮 – 錮는 막히다(閉塞). 출사할 길을 막다. ○屈原- 楚大夫. ○服虔(복건) – 후한 말 유학자. 鄭玄과 討論. 九江太守 역임. 79권, 〈儒林列傳〉(下)에 立傳. ○應訊 – 질문에 답하는 글. 東方朔의 〈客難〉과 같은 형식의 글.

[國譯]

前에 越嶲(월수) 태수였던 李文德(이문덕)은 평소에 연독과 친했는데 당시 京師에 있으면서 公卿에게 말했다. "延叔堅(延篤)은 제왕을 보좌할 인재인데, 어찌 천리마를 묶어놓기만 할 것인가?"

그러면서 중용하기를 바랐다. 연독이 이를 알고서 그만두라는 서신을 이문덕에게 보냈다.

「道가 없어지려는 것도 천명입니다. 소문에 나를 다시 東觀으로 돌아가게 하신다니 보살펴주시는 은덕이 고맙지만 제가 감당할 수 없습니다. 저는 먼동이 트면 일어나 머리를 빗고 사랑채에 나옵니다. 아침에는 伏羲(복희)와 文王이 저술한 《易經》과 虞舜과 夏禹의 《尙書》, 周公 旦(단)의 典禮를 두루 읽고 仲尼(孔子)의 《春秋》도 읽습니다. 저녁이면 內庭을 소요하다가 南軒(남헌)에 앉아 詩를 읊기도 합니다. 한가할 때면 諸子百家의 여러 책도 읽습니다. 그런 글들이 귀에 쟁쟁하게 들려오고, 아름다운 모양이 눈에 들어오며, 기쁘고 좋아서 손발이 저절로 춤을 추듯 혼자 즐깁니다.

이럴 때는 하늘은 나의 지붕이며, 땅이 바로 나의 수레이며, 이 세상에 다른 사람이 있다는 것도, 내가 육신을 갖고 있다는 것도 모르고 자아도취합니다. 비록 高漸離(고점리)가 筑(축)을 타며 傍若無人(방약무인)하듯, 高鳳(고봉)이 讀書할 때 暴雨도 몰랐던 그런 경지에는 아직 이르지 못했습니다. 그러나 나는 의관은 갖춰 입기 시작한 이후로 人臣으로서 不忠에 빠지지 않았고, 人子로서 불효한 짓을 하지 않았으며, 윗사람에게 아부하지 않았고, 아랫사람을 무시하지 않았으니 이대로 살다가 죽어 지하에서 선친과 윗대 조상을 뵙더라도 부끄럽지 않을 것입니다. 이렇게 살아 좋게 끝내지를 못하고 다른 것을 추구한다면 마치 후예에게 활쏘기를 가르치려는 것과 같을 것입니다. 제발 나의 근본을 어지럽히고 내 생을 버리는 일을 그만두시 바랍니다.」

뒷날 黨人이라 하여 禁錮를 당하였다. (桓帝) 永康 원년(서기 167)에 집에서 죽었다. 鄕里 사람들은 그 초상화를 그려 屈原(굴원)의 묘당에 안치하였다.

延篤(연독)은 경전에 주석을 달고 많은 곳의 오류를 바로잡았으며 후배 유생인 服虔(복건) 등이 그 이론을 따랐다. 연독이 저술한 詩, 論, 銘, 書, 應訊(응신), 表, 敎令등 총 20편이 있다.

❸ 史弼

史弼字公謙, 陳留考城人也. 父敏, 順帝時以佞辯至尙書, 郡守. 弼少篤學, 聚徒數百. 仕州郡, 辟公府, 遷北軍中候.

○陳留考城 − 考城縣은 今 河南省 동부 商丘市 관할 民權縣 동북. ○北軍中候 − 후한의 수도를 방위하는 北軍 5校尉(단위부대인 校의 지휘관, 屯騎, 越騎, 步兵, 長水, 射聲校尉)가 이었다. 中候(중후)는 감찰관 (질록 6백석).

史弼(사필)의 字는 公謙(공겸)으로 陳留郡 考城縣 사람이다. 부친 史敏(사창)은 順帝 때 변설에 뛰어나 尙書와 郡守를 역임하였다. 사필은 젊어 篤學하였고 생도 수백 명을 모아 가르쳤다. 州郡에 출사하였고 삼국부의 부름을 받았으며 北軍中候로 승진하였다.

是時桓帝弟渤海王悝素行險辟, 僭傲多不法. 弼懼其驕悖 爲亂, 乃上封事曰,

「臣聞帝王之於親戚, 愛雖隆, 必示之以威, 體雖貴, 必禁 之以度. 如是, 和睦之道興, 骨肉之恩遂. 昔周襄王恋甘昭 公, 孝景皇帝驕梁孝王, 而二弟階寵, 終用敎慢, 卒周有播蕩

之禍, 漢有爰盎之變. 竊聞勃海王悝, 憑至親之屬, 恃偏私之愛, 失奉上之節, 有偝慢之心. 外聚剽輕不逞之徒, 內荒酒樂, 出入無常, 所與群居, 皆有口無行. 或家之弃子, 或朝之斥臣, 必有羊勝, 伍被之變. 州司不敢彈糾, 傅相不能匡輔.

陛下隆於友于, 不忍遏絶. 恐遂滋蔓, 爲害彌大. 乞露臣奏, 宣示百僚, 使臣得於淸朝明言其失, 然後詔公卿平處其法. 法決罪定, 乃下不忍之詔. 臣下固執, 然後少有所許. 如是, 則聖朝無傷親之譏, 勃海有享國之慶. 不然, 懼大獄將興, 使者相望於路矣. 臣職典禁兵, 備御非常, 而妄知藩國, 干犯至戚, 罪不容誅. 不勝憤懣, 謹冒死以聞.」

帝以至親, 不忍下其事. 後悝竟坐逆謀, 貶爲癭陶王.

| 註釋 | ○劉悝(유회) – 桓帝의 아우. 悝는 농할 회, 사람 이름 회. 근심할 리. ○襄王忞甘昭公 – 甘昭公은 周 襄王의 동생. 甘은 식읍. 나중에 이적의 군사를 이끌고 周를 침공했고, 襄王은 鄭으로 피난했다. ○梁孝王 – 景帝의 아우. 竇太后의 작은아들. 두태후의 각별한 애정을 받았다. 경제가 宴席에서 '千秋萬歲 후에 梁王에게 보위를 넘겨주겠다.' 고 말했는데, 爰盎(원앙)이 그럴 수 없는 말이라고 諫하자 양왕은 몰래 사람을 시켜 원앙을 살해하였다. ○終用敎慢 – 敎은 우쩍 일어날 발. 慢은 오만할 만. ○剽輕不逞之徒 – 剽는 사나울 표(悍也) 바르다. 逞은 왕성할 령, 쾌할 령(快也). 不逞은 불만을 품다. 아무 거리낌 없이 함부로 행동하다. ○有口無行 – 虛言에 實行이 없다. ○羊勝, 伍被之變 – 羊勝(양승)은 梁王에서 漢의 제위를 받아야 한다고 권유했고, 伍被(오피)는 淮南王과 함께 모반을 꾸미다가 주살되었다. ○隆於友于 – 友于(우우)는 형제간의 우애. ○遏絶 – 遏은 막을 알.

○恐遂滋蔓 - 滋는 커지다. 자라나다(長也). 蔓은 뻗어가다(延也). ○癭陶王(영도왕) - 〈桓帝本紀〉에는 癭陶王. 癭陶(영도, 癭陶)는 현명. 鉅祿郡의 치소, 今 河北省 남부 邢台市 부근 寧晋縣. 식읍을 크게 축소하였다.

[國譯]

그때 桓帝의 동생 渤海王 劉悝(유회)는 평소 행실이 고약하며 참월 오만하고 불법행위가 많았다. 사필은 그 교만과 패륜이 반란으로 이어질까 걱정하여 封事를 올렸다.

「臣이 듣기로, 帝王은 親戚에 대하여 비록 정이 두터워도 반드시 위엄을 보이고, 고귀하지만 일정한 법도를 반드시 따라야 한다고 하였습니다. 그래야만 화목한 정이 생기고 골육의 은정이 베풀어질 것입니다. 옛날에 周 襄王(양왕) 때 甘昭公(감소공)이나 孝景皇帝 때 梁孝王이 모두 방자하였는데, 두 아우가 母后의 총애를 받으며 끝까지 방자 오만하더니 나중에 周는 왕이 다른 나라로 피난을 가야만 했고 漢에서는 爰盎(원앙)을 죽이는 변고가 일어났습니다. 臣이 알기로, 勃海王 劉悝(유회)는 폐하의 至親을 빙자하고 폐하의 총애를 받기에 윗사람을 모시는 법도를 잃고 분수에 넘는 오만한 마음을 갖고 있습니다. 그리하여 밖으로는 불량 불평하는 자들을 모으고, 안으로는 술과 쾌락을 즐기며, 출입이 무상하고 함께 하는 자가 모두 바른 행실이 없습니다. 혹은 가문에서 내쫓기고 조정에서 배척된 자로서 틀림없이 羊勝(양승)이나 伍被(오피)처럼 변란을 일으킬 자들입니다. 州의 자사가 이를 살펴야 하나 규탄하지 못하고 왕의 太傅나 相은 바로잡아 보필하지 못하고 있습니다.

거기다가 폐하께서는 형제의 정이 많아 차마 끊질 못하십니다.

결국 그냥 방치하며 해악이 아주 심각할 것입니다. 신의 이 상주를 모든 臣僚에게 보여주어 청명한 조정에 발해왕의 뚜렷한 잘못을 공개하고 조서로 그 처리 방법을 논의케 해야 합니다. 법으로 그 죄가 판정되면 용서하지 못한다는 조서를 내리셔야 합니다. 臣은 더 원칙을 강조할 것이고, 폐하께서는 조금 관용을 허용하십시오. 그러면 폐하께서는 형제의 우애를 벌했다는 비난을 면할 수 있고, 발해왕은 나라를 유지할 수가 있을 것입니다. 만약 그냥 방치한다면 큰 옥사가 일어날 것이고, 조정의 사자가 길에 연이어 끊어지지 않을 것입니다. 臣의 직분이 禁軍을 관리하며 비상에 대비하는 일이나 망령되이 제후국에 관한 일로 황친의 국위를 범하였으니 주살을 면치 못할 것 같습니다. 저는 번민을 참지 못하고 죽음을 각오하며 말씀드립니다.」

환제는 형제의 일이라서 이를 조사하지 못했다. 뒷날 劉悝(유회)는 결국 역모에 연좌되어 癭陶王(영도왕)으로 폄하되었다.

原文

弼遷尙書, 出爲平原相. 時詔書下擧鉤黨, 郡國所奏相連及者多至數百, 唯弼獨無所上. 詔書前後切却州郡, 髡笞掾史. 從事坐傳責曰, "詔書疾惡黨人, 旨意懇惻. 靑州六郡, 其五有黨, 近國甘陵, 亦考南北部, 平原何理而得獨無?"

弼曰, "先王疆理天下, 畫界分境, 水土異齊, 風俗不同, 它郡自有, 平原自無, 胡可相比? 若承望上司, 誣陷良善, 淫刑濫罰, 以逞非理, 則平原之人, 戶可爲黨. 相有死而已, 所

不能也." 從事大怒, 卽收郡僚職送獄, 遂擧奏弼. 會黨禁中
解, 弼以俸贖罪得免, 濟活者千餘人.

| 註釋 | ○擧鉤黨 – 鉤는 갈고리 구. 서로 관련되다. ○切却州郡 – 切
은 급박하게(急也). 却은 물리다. 되돌리다(退也). ○從事坐傳責 – 每 州의
자사 아래 從事史와 諸曹掾史 등 屬吏가 있었다. 傳은 客舍. ○青州六郡 –
青州刺史의 관할은 濟南國, 樂安國, 齊國, 東萊郡, 平原郡(國), 北海郡이며,
青州의 치소는 齊國 臨淄縣(임치현)이었다. ○甘陵國 – 환제 때 清河國을
감릉국으로 개칭. 치소는 甘陵縣, 今 山東省 직할 臨清市(河北省과 접경)
동북. ○亦考南北部 – 桓帝가 蠡吾侯(여오후)였을 때 甘陵國의 周福(주복)
에게 배웠다. 제위에 오르면서 주복을 발탁하여 尚書로 삼았다. 그때 同郡
출신의 河南尹인 房植(방식)은 조정에 유명 인사였다. 그래서 주복과 방식
의 문객들이 서로를 비난하거나 붕당을 형성하면서 점차 틈이 크게 벌어졌
다. 이를 甘陵國의 南北部라 하였다. 67권, 〈黨錮列傳〉 序文 참고. ○疆理
天下 – 疆은 지경 강. 경계(界也). 理는 다스리다. 바르게 하다(正也).

[國譯]

史弼(사필)은 尚書가 되었다가 平原國 相으로 전출되었다. 그때
조서로 黨人을 체포 조사하라는 명을 내렸는데 군국에서 상주하여
서로 관련된 자가 많은 곳에서는 수백 명이나 되었지만 오직 사필만
은 상주한 당인이 없었다. 詔書가 연이어 내려오며 州나 군에서 올
린 보고를 퇴짜 놓으면서 담당 관리의 머리를 깎거나 태형에 처했
다. 자사의 從事가 傳舍에서 사필을 불러 책문하였다.

"詔書로 黨人을 극도로 혐오하며 폐하의 의지가 이처럼 확실합니
다. 青州의 六郡國 중 5개 군에서 黨人이 있고, 가까운 甘陵國(清河

國)에도 南北部의 당인이 있는데, 무슨 까닭으로 平原에만 당인이 없습니까?"

이에 사필이 말했다.

"先王께서 천하를 다스리면서 군국의 경계를 나눈 것은 水土가 다르고 風俗이 다르기 때문이며, 다른 郡에야 있을 수 있고 평원국에 없을 수도 있는데 어찌 이를 같이 비교합니까? 만약 윗사람의 눈치를 보아 선량한 백성을 당인으로 모함하거나 형벌을 남발하며 비리라고 고발한다면 평원국의 백성 모두가 당인이 되어야 합니다. 이 평원국 相이 죽으면 그뿐이지만 없는 당인을 고발할 수 없습니다."

從事는 大怒하면서 평원국 관리를 잡아 옥에 가두고 나중에 사필을 고발하였다. 그러나 마침 당인 고발이 중간에 중지되었고, 사필은 봉록으로 속죄하고 방면되었는데 그때 고발하지 않아 살아난 자가 1천여 명이나 되었다.

原文

弼爲政特挫抑强豪, 其小民有罪, 多所容貸. 遷河東太守, 被一切詔書當擧孝廉. 弼知多權貴請托, 乃豫勑斷絶書屬. 中常侍侯覽果遣諸生繼書請之, 並求假鹽稅, 積日不得通. 生乃說以它事謁弼, 而因達覽書. 弼大怒曰, "太守忝荷重任, 當選士報國, 爾何人而僞詐無狀!" 命左右引出, 楚捶數百, 府丞‧掾史十餘人皆諫於廷, 弼不對. 遂付安邑獄, 卽日考殺之. 侯覽大怨, 遂詐作飛章下司隸, 誣弼誹謗, 檻車徵.

吏人莫敢近者, 唯前孝廉裴瑜送到崤澠之間, 大言於道傍曰, "明府摧折虐臣, 選德報國, 如其獲罪, 足以垂名竹帛, 願不憂不懼."

弼曰, "誰謂荼苦, 其甘如薺. 昔人刎頸, 九死不恨." 及下廷尉詔獄, 平原吏人奔走詣闕訟之.

又前孝廉魏劭毀變形服, 詐爲家僮, 瞻護於弼. 弼遂受誣, 事當弃市. 劭與郡人賣郡邸, 行賂於侯覽, 得減死罪一等, 論輸左校. 時人或譏曰, "平原行貨以免君, 無乃蚩乎!"

陶丘洪曰, "昔文王牖里, 閎, 散懷金. 史弼遭患, 義夫獻寶. 亦何疑焉!" 於是議者乃息.

刑竟歸田里, 稱病閉門不出. 數爲公卿所薦, 議郎何休又訟弼有乾國之器, 宜登台相, 徵拜議郎. 侯覽等惡之. 光和中, 出爲彭城相, 會病卒. 裴瑜位至尚書.

| 註釋 | ○多所容貸 – 容貸는 죄를 관대하게 처리하다. 貸는 빌릴 대. 관대히 다스리다. ○安邑獄 – 河東郡의 治所 安邑縣, 今 山西省 서남부 運城市 관할 夏縣. ○詐作飛章下司隷 – 飛章은 익명의 투서. 하동군은 司隷校尉의 관할이었다. ○崤澠之間 – 崤關(효관)과 澠池(민지). ○誰謂荼苦, 其甘如薺 – 《詩 衛風 谷風》. 荼는 씀바귀 도. 薺는 냉이 제. ○昔人刎頸, 九死不恨 – 刎頸(문경)은 목을 찌르다. 九死不恨은 어떤 형벌에도 후회하지 않는다는 뜻. ○牖里(유리) – 殷의 감옥. '羑里'(羑는 착한 말할 유)로도 표기. ○閎, 散懷金 – 散宜生(산의생), 南宮括(남궁괄), 閎天(굉요)는 呂尙(여상)에게 배웠다. 殷 紂王(주왕)이 文王을 가두자, 여상은 황금 千鎰(천일)을 산의생과 굉요에게 주어 有莘(유신)의 미녀와 좋은 말, 기타 좋은 물건을

주왕의 측근을 통해 주왕에게 바치자 주왕은 문왕을 풀어주었다.

[國譯]

史弼(사필)은 爲政에서 다만 强豪의 세력을 억압하였는데 힘없는 백성의 죄는 대개 관대하게 처리하였다. 사필은 河東太守가 되었는데 사필이 받은 조서는 거개가 孝廉의 천거에 관한 것이었다. 사필은 權貴의 청탁을 많을 것이라 예상하여 미리 書信을 통해 들어오는 촉탁을 금했었다. 中常侍인 侯覽(후람)이 예상대로 諸生(太學生)에게 서신을 주어 보내 청탁 겸 그의 鹽稅를 면제해 줄 것을 요청하려 했지만 며칠이 지나도 아무런 면담 통보가 없었다. 그러자 그 사람은 다른 업무를 핑계로 사필을 만나면서 후람의 서신을 전달하였다. 사필은 대노하며 말했다.

"太守는 중임을 받았고 바른 인재를 천거하여 보국하여야 하는데, 너는 뭐 하는 사람인데 이처럼 나를 속이려 하는가!' 그리고 좌우에 명해 끌어낸 뒤에 태형 수백 대를 때리게 하자 府丞과 掾史 등 10여 명이 모두 태수를 말렸지만 사필은 응대하지도 않으면서 바로 安邑縣의 옥에 보내 당일로 고문하여 죽어버렸다. 중상시 후람은 큰 원한을 품고 마침내 거짓의 익명 투서를 만들어 司隸校尉에게 보내 사필이 조정을 비방한다고 무고했고, 사필은 함거에 실려 낙양으로 잡혀갔다. 吏人 누구도 사필에 가까이하는 사람이 없었지만, 前에 孝廉으로 천거되었던 裴瑜(배유)는 사필을 崤關(효관)과 澠池(민지)까지 전송하며 길가 사람들에게 큰 소리로 말했다. "史태수는 잔학한 환관의 모함을 받았고, 훌륭한 인재를 뽑아 보국하려다 이처럼 죄에 걸렸지만 이름은 천고에 길이 남을 것이니 걱정하거나 두려워하지 마시오." 그러자 사필도 말했다.

"누가 씀바귀를 쓰다 했는가? 냉이보다 더 감미롭도다. 옛사람은 자살했지만 나는 아홉 번 죽더라도 여한이 없을 것이다." 사필은 廷尉의 詔獄에 갇혔는데, 平原郡의 吏人은 궁궐에 달려가서 사필을 변호하였다.

또 전에 효렴이었던 魏劭(위소)는 모습과 의복을 바꿔 거짓으로 사필의 집 노비로 변장하고서 사필을 돌보았다. 사필은 무고했다 하여 弃市(기시)형으로 판결났다. 그러자 위소와 平原 사람들은 평원군의 집을 팔아 侯覽(후람)에게 뇌물을 써서 기시 형에서 일등급 감형 받아 장작대장의 左校에 보내져 노역에 종사하도록 판결났다. 그러자 당시 사람들이 가끔 이를 비난하였다. "平原에서 뇌물을 써서 상관을 살렸지만 추하지 않은가!" 그러자 陶丘洪(도구홍)이란 사람이 말했다.

"옛날 文王이 牖里(유리)의 옥에 갇혔을 때, 散宜生(산의생)과 閎夭(굉요)는 뇌물을 써서 文王을 빼냈습니다. 史弼이 환난을 당하자 義夫들이 재산을 바쳐 살렸는데 무엇을 의심하고 비난합니까?"

그러자 비난은 잠잠해졌다.

사필은 노역형을 마치고 고향에 돌아와서는 칭병하며 두문불출하였다. 여러 번 공경의 천거를 받았고, 議郞 何休(하휴)는 또 사필을 변호하며 국가 대사를 처리할 인재이니, 三公의 자리에 등용해야 한다고 변호하여 조정에서 초치하여 議郞을 제수하였다. 그러자 후람 등이 사필을 증오하였다. (靈帝) 光和 연간에, 彭城國 相으로 전출되었는데 마침 병사하였다. 앞서 말한 裴瑜(배유)는 尙書까지 올랐다.

論曰, 夫剛烈表性, 鮮能優寬, 仁柔用情, 多乏貞直. <u>吳季英</u>視人畏傷, 發言怮怮, 似夫儒者, 懷憤激揚, 折讓權枉, 又何壯也! 仁以矜物, 義以退身, 君子哉! 語曰, '活千人者子孫必封.' <u>史弼</u>頡頏嚴吏, 終全<u>平原</u>之黨, 而其後不大, 斯亦未可論也.

| 註釋 | ○發言怮怮 – 怮怮은 어물어물하는 모양, 주저하는 모양, 김이 오르는 모양. ○子孫必封 – 封은 제후에 봉해지다. 후손이 선조의 은덕을 받아 번창하다. ○頡頏嚴吏 – 頡頏(힐항)은 새가 오르락내리락하다. 벼슬이 승진과 좌천을 거듭하다. 頡은 곧은 목 힐. 날아오르다. 頏은 새가 내릴 항.

[國譯]

范曄(범엽)의 史論 : 剛烈(강렬)한 성격은 다른 사람을 너그러이 대하거나 인자하게 정을 베푸는 경우가 거의 없으며 너무 곧고 철저하여 여러 어려움을 당하기도 한다. 吳季英(오계영, 吳祐)은 사람을 대하면서 상처를 받을까 걱정하여 온화한 말을 하여 마치 나약한 사람 같았지만 일단 격정을 품고서는 權貴의 교만을 꺾어버렸으니 그 얼마나 통쾌한 일인가! 仁한 마음으로 사물을 대하고 대의에 입각하며 진퇴를 결단하니 군자였도다! 속언에 '1천 명을 살린 자는 그 후손이 번창한다.'고 하였지만, 史弼(사필)은 엄격한 관리로 오르내리면서 끝까지 平原郡의 당인을 지켜주었지만 그 후손이 번창하지 못한 것을 보면 이런 말도 다 맞지는 않을 것이다.

❹ 盧植

| 原文 |

盧植字子幹, 涿郡涿人也. 身長八尺二寸, 音聲如鐘. 少
與鄭玄俱事馬融, 能通古今學, 好研精而不守章句. 融外戚
豪家, 多列女倡歌舞於前.

植侍講積年, 未嘗轉眄, 融以是敬之. 學終辭歸, 闔門教
授. 性剛毅有大節, 常懷濟世志, 不好辭賦, 能飲酒一石.

| 註釋 | ○盧植(노식, ? - 192) - 後漢 末 政治家, 장군, 經學者. 公孫瓚, 유
비 등이 노식의 문하생이었다. ○涿郡涿人 - 涿縣(탁현)은 今 河北省 직할
涿州市. 북경시 남쪽과 접경. ○馬融 - 明德馬皇后의 從姪(종질).

[國譯]

盧植(노식)의 字는 子幹(자간)으로 涿郡 涿縣(탁현) 사람이다. 身長
은 8尺2寸(약 189cm)이었고 음성은 종소리와 같았다. 젊어 鄭玄(정
현)과 함께 馬融(마융)에게 사사하였는데 古今學에 능통하였으며 정
밀하게 연학하였지만 章句의 學問을 좋아하지 않았다. 마융은 外戚
의 豪家였고 여악을 문도들 앞에서 줄 지어 가무를 시연케 하였다.

노식은 몇 년간 배우면서도 여악에게 눈을 돌리지 않았기에 마융
도 노식을 높이 평가하였다. 강학이 끝나고 노식이 돌아가려 하자
마융은 문을 닫고 노식에게 教授하였다. 노식은 강직한 성격에 大節
을 가지고 늘 濟世의 大志를 품고 있었으며 辭賦를 좋아하지 않았고
술 1石을 마실 수 있었다.

時皇后父大將軍竇武援立靈帝, 初秉機政, 朝議欲加封爵. 植雖布衣, 以武素有名譽, 乃獻書以規之曰,

「植聞嫠有不恤緯之事, 漆室有倚楹之戚, 憂深思遠, 君子之情. 夫士立爭友, 義貴切磋.《書》陳'謀及庶人',《詩》詠'詢於芻蕘'. 植誦先王之書久矣, 敢愛其瞽言哉! 今足下之於漢朝, 猶旦,奭之在周室, 建立聖主, 四海有繫. 論者以爲吾子之功, 於斯爲重. 天下聚目而視, 攢耳而聽, 謂準之前事, 將有景風之祚. 尋《春秋》之義, 王后無嗣, 擇立親長, 年均以德, 德均則決之卜筮. 今同宗相後, 披圖案牒, 以次建之, 何勳之有? 豈橫叨天功以爲己力乎! 宜辭大賞, 以全身名.

又比世祚不競, 仍外求嗣, 可謂危矣. 而四方未寧, 盜賊伺隙, 恒岳,勃碣, 特多姦盜, 將有楚人脅比, 尹氏立朝之變. 宜依古禮, 置諸子之官, 徵王侯愛子, 宗室賢才, 外崇訓道之義, 內息貪利之心, 簡其良能, 隨用爵之, 强幹弱枝之道也.」

武並不能用. 州郡數命, 植皆不就. 建寧中, 徵爲博士, 乃始起焉. 熹平四年, 九江蠻反, 四府選植才兼文武, 拜九江太守, 蠻寇賓服. 以疾去官.

|註釋| ○時皇后父 – 桓思竇皇后, 桓帝의 3번째 황후. 章帝 竇皇后 6촌 동생의 孫女. 父 竇武, 환제의 총애는 못 받았지만 환제가 죽는 永康 원년(167)년에 解瀆亭侯 劉宏(유굉)을 옹립하니, 곧 靈帝(재위 168 – 189년)이다. ○嫠有不恤緯之事 – 嫠는 과부 리(이). 不恤은 걱정하지 않다. 緯之

事는 방직. 날줄(經)과 씨줄(緯)이 합쳐져야 직포가 된다. ○漆室有倚楹之戚 – 魯 漆室(칠실)의 여인이 기둥에 기대서서 한숨을 쉬고 있어 이웃 사람이 춘심이 발동하여 시집가고 싶어서 그러느냐고 물었다. 그러자 칠실녀는 나라 걱정에 슬플 뿐이라고 하였다. 漆室은 옻나무 진액을 만드는 공방. 倚는 기댈 의. 의지하다. 楹은 기둥 영. 戚은 슬플 척. ○夫士立爭友, 義貴切磋 – 士人이 뼈와 상아를 다듬듯 벗과 서로 훈계하며 大義를 귀하여 여기다. 切磋(절차)는 뼈를 자르고 상아를 줄로 갈아(骨曰切, 象曰磋) 공예품을 만드는 일. ○《書》陳 ~ – 《書經 周書 洪範》의 구절. ○《詩》詠 ‘詢於芻蕘’ – 《詩 大雅 板》‘先人有言, 詢於芻蕘.’ 芻蕘(추요)는 나무꾼(採薪者). ○瞽言 – 눈먼 사람의 말. 어리석은 말. 이치에 맞지 않는 말. 자신의 말. 謙辭. 瞽는 소경 고. ○將有景風之祚 – 景風은 夏至가 지난 45일에 부는 열풍. 景風이 불면 유공자를 포상하고 대를 이어 제후에 봉했다. ○勃碣 – 勃은 渤海郡. 碣은 碣石山, 一名 海畔山, 今 河北省 북동부 秦皇島市 관할 盧龍縣, 만리장성이 시작되는 곳. 秦始皇과 漢 武帝가 東巡하며 여기서 바다를 구경하고 비석을 세웠다. ○强幹弱枝 – 나무에 비유하였다. 京師는 나무의 본줄기이고 지방은 가지로 인식하였다.

[國譯]

그때 (桓帝) 竇皇后의 부친 大將軍 竇武(두무)가 靈帝를 옹립하고 국가 주요 업무를 장악하자, 朝議에서는 작위를 높여줘야 한다는 논의가 있었다. 盧植(노식)은 비록 布衣였지만 평소에 명성이 높았는데, 곧 두무에게 서신을 보내 이를 規諫(규간)하였다.

「노식이 알기로는, 과부가 베짜는 일을 걱정하지 않고 漆室(칠실)의 여인이 기둥에서 나라를 걱정한다는 말은 그만큼 생각이 깊은 것이니 君子의 심정입니다. 士人은 벗과 서로 바른 말을 해주고 대의를 지키려 노력합니다.《書經》에는 '庶人에게도 물어보라'고 하였으며,《詩 大雅》에서도 '나무꾼에게도 물어보라'고 하였습니다. 저 노식은 先王의 經書를 오랫동안 읽었기에 감히 어리석은 말씀을 드립니다. 지금 足下(貴下)께서는 漢朝에서 周室의 周公 旦(단)과 召公 奭(석)과 같은 위치에서 聖主를 옹립했기에 천하의 민심이 기대를 갖고 있습니다. 論者들은 귀하의 공적이 매우 크다고 말을 하고 있습니다. 天下 사람들은 귀하에게 이목을 집중하고 있으며 前事에 비추어볼 때 앞으로 제후에 봉해지는 경사가 있을 것이라고 말하고 있습니다.《春秋》 대의에 王后에게 후사가 없으면 혈친 중에서 나이 많은 자를 골라 옹립하고, 나이가 같으면 德行을, 덕행이 비슷하다면 점을 쳐서 고른다고 하였습니다. 지금 同宗에서 계속 후사가 나오면서 족보 관계를 따져 순차에 따라 옹립되는데, (귀하가) 무슨 공적을 세웠습니까? 이는 어찌 하늘의 공을 탐내어 멋대로 자신의 공적으로 돌리려는 뜻이 아니겠습니까! 응당 큰 상을 사양하고 자신과 명분을 지켜야 합니다.

또 근래에 皇子 계승을 하지 못하고 여전히 종친 중에서 후사를 구하는데, 이는 위기라 할 수 있습니다. 거기다가 지방도 평온하지 못하여 도적 무리가 틈을 엿보니 北嶽인 恒山(항산)과 勃海(渤海, 발해)의 碣石山(갈석산)에 도적떼가 특히 많으니, 앞으로 마치 楚人이 公子 比(비)를 협박하고, 周의 卿士인 尹氏(윤씨)가 왕위를 찬탈하려는 일이 벌어질 수도 있습니다. 그러하오니 응당 古禮에 의거하여 宗親을 보필하는 관리를 두고 王侯의 아들과 종실의 賢才를 불러 대의를 진작시키고 안으로 탐욕의 마음을 없애도록 교육하고 또 현인을 등용하여 공에 따라 작위를 하사한다면 바로 强幹弱枝(강간약지)

하는 바른길이 될 것입니다.」

竇武(두무)는 노식의 건의를 받아들이지 못했다. 州郡에서 여러 번 불렀지만 노식은 응하지 않았다. (靈帝) 建寧 연간에(서기 168 - 171년), 부름을 받아 박사로 처음 등용되었다. (靈帝) 熹平 4년(서기 175)에 九江郡의 만이들이 반역하자, 四府에서는 노식이 文武를 겸비하였다 하여 九江 태수에 임명하자 만이들은 순종하였다. 노식은 질병으로 사임하였다.

原文

作《尙書章句》,《三禮解詁》. 時始立太學《石經》, 以正《五經》文字, 植乃上書曰,

「臣少從通儒故南郡太守馬融受古學, 頗知今之《禮記》特多回宂. 臣前以《周禮》諸經, 發起粃謬, 敢率愚淺, 爲之解詁, 而家乏, 無力供繕寫上. 願得將書生二人, 共詣東觀, 就官財糧, 專心硏精, 合《尙書》章句, 考《禮記》失得, 庶裁定聖典, 刊正碑文. 古文科斗, 近於爲實, 而厭抑流俗, 降在小學.

中興以來, 通儒達士班固,賈逵,鄭興父子, 並敦悅之. 今《毛詩》,《左氏》,《周禮》各有傳記, 其與《春秋》共相表裏, 宜置博士, 爲立學官, 以助後來, 以廣聖意.」

| 註釋 | ○《石經》- (靈帝) 建寧 4년(175), 蔡邕(채옹)은 직접 비석에 글을 써서 석공을 시켜 글자를 새겨 붉은색을 칠한 뒤 太學의 정문 밖에

세웠다.(熹平石經) 60권, 〈馬融蔡邕列傳〉(下) 참고. ○特多回宂 - 回宂(회용)은 紆曲(우곡). 쓸데없는 군더더기. 宂은 쓸데없을 용. ○發起粃謬 - 粃는 쭉정이 비. 謬는 그릇될 유. ○無力供繕寫上 - 家貧하여 善寫하여 바치지 못하다. ○古文科斗 - 古文은 孔子의 옛집 壁中에서 나온 서책. 그 글자가 붓이 아닌 대쪽(筆)에 옻으로 쓴 글이라서 형상이 올챙이(科斗, 蝌蚪)와 같다 하여 과두문자라고 불렀다. ○小學 - 文字學. ○賈逵,鄭興父子 - 賈逵(가규), 鄭興(정흥)과 아들 鄭衆(정중)은 36권, 〈鄭范陳賈張列傳〉에 立傳. 賈誼(가의)의 후손인 賈逵(가규)는 화려한 학문적 업적을 쌓은 천재이다. ○並敦悅之 - 敦悅은 돈독히 연구하고 좋아하다.

[國譯]

盧植(노식)은 《尙書章句》와 《三禮解詁》를 저술하였다. 그때 太學에 《石經》을 처음 세워 《五經》의 文字를 확정하였는데 노식이 상서하였다.

「臣은 젊어 通儒인 故 南郡太守 馬融(마융)에게 古學을 배웠기에 지금의 《禮記》에 특히 많은 오류가 있음을 확실히 알고 있습니다. 臣은 앞서 《周禮》 등 여러 경서의 오류를 찾아내었고 저의 淺見(천견)을 보태어 그 뜻을 풀이하였지만 가세가 넉넉지 못하여 이를 필사하여 바치지는 못했습니다. 제가 書生 2인의 도움을 받을 수 있다면 함께 東觀에 나가 나라의 비용과 양식으로 연구에 전념하여 《尙書》의 章句를 합본하고, 《禮記》의 빠진 부분을 찾아 보충하여 성인의 경전을 바로잡고, 碑文도 바로잡을 수 있을 것입니다. 古文의 科斗(蝌蚪, 과두) 문자는 사실에 가까우며 세속의 흐름이 小學(문자학)으로 흐르는 것을 방지할 수도 있습니다.

中興 이래로, 通儒達士인 班固(반고), 賈逵(가규), 鄭興(정흥) 父子

는 모두 학문을 좋아하고 돈독히 연구하였습니다. 지금의《毛詩》와
《左氏傳》, 그리고《周禮》를 해설한 傳記가 있지만《春秋》와 함께 表
裏(표리)가 일치하여야 하기에 각각 博士와 學官을 설치하여 후학을
도와주고 성인의 뜻을 확산해야 합니다.」

原文

會南夷反叛, 以植嘗在九江有恩信, 拜爲廬江太守. 植深
達政宜, 務存淸靜, 弘大體而已.

歲餘, 復徵拜議郞, 與諫議大夫馬日磾,議郞蔡邕,楊彪,韓
說等並在東觀, 校中書《五經》記傳, 補續《漢記》. 帝以非急
務, 轉爲侍中, 遷尙書. 光和元年, 有日食之異, 植上封事諫
曰,

「臣聞《五行傳》'日晦而月見謂之朓, 王侯其舒.' 此謂君
政舒緩, 故日食晦也.《春秋傳》曰'天子避位移時', 言其相
掩不過移時. 而間者日食自巳過午, 旣食之後, 雲霧晻曖.
比年地震, 彗孛互見. 臣聞漢以火德, 化當寬明. 近色信讒,
忌之甚者, 如火畏水故也.

案今年之變, 皆陽失陰侵, 消御災凶, 宜有其道. 謹略陳
八事. 一曰用良, 二曰原禁, 三曰御癘, 四曰備寇, 五曰修禮,
六曰遵堯, 七曰御下, 八曰散利.

用良者, 宜使州郡核擧賢良, 隨方委用, 責求選擧. 原禁

者, 凡諸黨錮, 多非其罪, 可加赦恕, 申宥回枉. 御癘者, 宋
后家屬, 並以無辜委骸橫屍, 不得收葬, 疫癘之來, 皆由於
此. 宜勅收拾, 以安遊魂. 備寇者, 侯王之家, 賦稅減削, 愁
窮思亂, 必致非常, 宜使給足, 以防未然. 修禮者, 應徵有道
之人, 若鄭玄之徒, 陳明〈洪範〉, 攘服災咎. 遵堯者, 今郡守
刺史一月數遷, 宜依黜陟, 以章能否, 縱不九載, 可滿三歲.
御下者, 謂謁希爵, 一宜禁塞, 遷擧之事, 責成主者. 散利者,
天子之體, 理無私積, 宜弘大務, 蠲略細微.」

　帝不省.

|註釋| ○廬江太守 - 治所는 舒縣, 今 安徽省 중서부 六安市 舒城縣.
○校中書~ - 中書는 궁중의 다른 곳에 있는 서적.　○《五行傳》 - 劉向(유
향)이 저술한 책.　○朓(그믐달 조) - 月이 속행하여 태양 앞에 가는 현상이
라 풀이.　○王侯其舒 - 왕의 권한이 약해지면서 신하의 권력이 강해지는
현상으로 풀이.　○核擧賢良 - 核은 알맹이. 씨(實也).　○申宥回枉 - 回는
억울함.　○宋后家屬 - 靈帝의 첫 번째 황후 宋氏. 右扶風 平陵縣 사람. 建
寧(건녕) 3년에 입궁, 다음 해(171년)에 황후로 책립. 송황후는 총애를 받지
못하자 여러 후궁이 송황후를 참소했다. 결국 光和 원년(178)에 책명으로
황후의 印綬(인수)를 회수하였다. 송황후는 스스로 暴室(폭실)에 들어갔고
울분으로 죽었다. 재위는 8년. 황후의 부친과 형제는 모두 처형. 궁궐의 常
侍(상시)와 小黃門들은 무고한 송씨를 불쌍히 여겨 금전을 함께 모아 廢后
와 宋酆(송풍) 부자의 시신을 거두어 宋氏의 선영이 있는 皐門亭(고문정)에
묻어주었다. 10권, 〈皇后紀〉(下)에 입전.

그 무렵 西南夷가 배반하자, 조정에서는 노식이 전에 九江太守로
재직하며 은덕을 베풀어 신임을 얻었다면서 노식을 廬江太守에 임
명하였다. 노식은 정사의 요체를 잘 알고 있어 淸淨한 태도로 정사
의 大體만을 施行하였다.

일 년 뒤에 다시 부름을 받아 議郎이 되었는데, 諫議大夫인 馬日
磾(마일제), 議郎 蔡邕(채옹)과 楊彪(양표), 韓說(한열) 등과 함께 東觀
에서 궁중에 보관 중인《五經》의 여러 책을 교정하였고《漢記》를 계
속하여 보완하였다. 그러나 영제는 급무가 아니라 생각하여 노식을
侍中에 임명했다가 尙書로 삼았다. 光和 원년(서기 178년), 日食의
이변이 발생하자 노식은 간언을 封書로 올렸다.

「臣이 읽은《五行傳》에는 '해가 어두워지며 달이 일찍 보이는 것
을 朓(조, 그믐달 조)라 하는데, 이는 왕권이 약해졌기에 태양이 먹히
고 어두워지는 것으로,《春秋傳》에서는 '天子는 정전을 피해 일식
하는 시간이 지나기를 기다린다.'고 하였으니, 해와 달이 먹히는 것
은 일시적인 것입니다. 그러나 지난 번 일식은 巳時(사시)에 시작하
여 午時(오시)를 지나서도 진행되었으며 일식 이후에 雲霧가 짙게
끼어 날이 어두웠습니다. 근년에는 지진도 있었고, 彗星(혜성)과 孛
星(패성)이 교대로 나타나기도 하였습니다. 臣이 알기로, 漢은 火德
이기에 교화는 응당 너그럽고 밝아야 합니다. 여색을 가까이 하고
참언을 신임하는 것은 火德에서 크게 꺼리는 것이니, 이는 火가 水
를 꺼리는 것과 같습니다.

금년의 이변을 살펴보면 모두가 陽이 쇠약해지며 陰이 강한 모습
이니 그런 재해와 흉변을 없애려면 응당 陽道를 강화해야 합니다.

이에 따라 삼가 8事를 간략히 말씀드립니다.

첫째는 선량한 인재 등용(用良), 둘째는 黨人의 사면(原禁), 셋째는 질병예방(御癘), 넷째 도적 대비(備寇), 다섯째 예법 준수(修禮), 여섯째 堯의 제도 준수(遵堯), 일곱째 아랫사람 통솔(御下), 여덟째 축재 금지(散利)입니다.

현량 인재 등용은 州郡에서 賢良한 인재를 재능에 따라 임용하여 인재를 충원하는 것입니다. 黨人의 사면(原禁)은 모든 黨錮(당고)에 해당자 대부분은 무죄이니, 용서하고 사면하여 억울한 사정을 풀어주는 것입니다. 질병 예방(御癘)이란, (靈帝) 宋皇后의 家屬 시신이 무고하게 처형되어 버려졌고 장례도 치루지 못하여 역병이 이 때문에 발생한 것입니다. 응당 칙명으로 수습하고 유혼을 안정시켜야 합니다. 도적에 대비한다는(備寇) 것은 侯王들이 백성에게서 거두는 賦稅를 삭감해 주어야만 가난한 백성의 반란과 그에 따른 비상사태를 미연에 예방할 수 있습니다. 예법 준수(修禮)란, 鄭玄(정현)과 같은 有道之人을 등용하여 〈洪範〉의 정치를 실현하여 재난을 미연에 방지하는 것입니다. 堯의 제도를 준수(遵堯)한다는 것은, 지금 郡守나 刺史를 한 달도 안 되어 자리를 바꾸는데 방출이나 승진에 순서를 고려하고 능력과 무능을 평가하되 3년마다 실적을 평가하여 9년까지 재임이 가능토록 하고, 최소 3년을 보장하는 堯法을 따르는 것입니다. 아랫사람을 통솔(御下)이란 관직 청탁을 막고 인재 등용 업무의 정상적 처리입니다. 蓄財를 하지 않는다는 것은 천자의 체통으로 사적인 축재가 아닌 국가의 부를 축적하되 천자는 국정의 大體를 수행하고 사소한 업무에 관여하지 않는 것입니다.」

그러나 영제는 받아들이지 않았다.

中平元年, 黃巾賊起, 四府擧植, 拜北中郞將, 持節, 以護
烏桓中郞將宗員副, 將北軍五校士, 發天下諸郡兵徵之. 連
戰破賊帥張角, 斬獲萬餘人. 角等走保廣宗, 植築圍鑿塹燎
造作雲梯, 垂當拔之.

帝遣小黃門左豐詣軍觀賊形勢, 或勸植以賂送豐, 植不
肯. 豐還言於帝曰, "廣宗賊易破耳. 盧中郞固壘息軍, 以待
天誅." 帝怒, 遂檻車徵植, 減死罪一等. 及車騎將軍皇甫嵩
討平黃巾, 盛稱植行師方略, 嵩皆資用規謀, 濟成其功. 以
其年復爲尙書.

| 註釋 | ○中平元年 – 中平은 靈帝의 4번째, 마지막 연호. 서기 184 –
188년. 서기 184년은 새로운 六十甲子의 시작, 甲子년이었다. ○黃巾賊
起 – 張角(? – 184년), 太平道의 종교지도자. 張角은 본래 낙방한 秀才였
는데 入山採藥다가 南華老仙이라는 老人을 만나 동굴 안에 들어가 天書 3
권을 받았고 그를 읽어 도통했다고 하였다. 장각은 '蒼天已死, 黃天當立.
歲在甲子, 天下大吉' 할 것이라 선동하였다. 中平 원년(서기 184)에 張角은
동생 張寶(장보), 張梁(장량)과 신도를 거느리고 봉기하니, 이를 '黃巾之亂'
이라 하였다. ○四府 – 後漢의 四府는 大將軍府, 太尉府, 司徒府, 司空府
의 合稱. 前漢의 四府는 丞相府, 御使府, 車騎將軍, 前將軍府의 합칭. ○廣
宗 – 冀州 鉅鹿郡의 현명. 今 河北省 邢台市 관할 威縣.

[國譯]

(靈帝) 中平 원년(서기 184), 黃巾賊이 봉기하자, 四府에서는 노

식을 천거했고 노식은 北中郎將으로 符節을 받고, 護烏桓中郎將 宗員(종원)은 副職으로 北軍 五校의 군사와 전국 여러 군의 군사를 동원하였다. 노식은 우두머리 張角(장각)의 무리를 연전 격파하면서 1만여 명을 죽이거나 노획하였다. 장각 등이 廣宗縣으로 달아나 웅거하자, 노식은 성을 포위하고 굴과 참호를 팠으며 사다리를 만들어 함락을 곧 눈앞에 두고 있었다.

그때 영제는 小黃門인 左豐(좌풍)을 보내 토벌군의 상황을 점검하게 하였는데, 어떤 사람이 좌풍에게 뇌물을 주라고 권유했지만 노식은 주지 않았다. 그러자 좌풍은 돌아가서 영제에게 "廣宗縣의 적은 쉽게 격파할 수 있습니다. 그러나 중랑장 노식은 보루를 만들고 군사를 쉬면서 하늘이 장각을 없애주기를 기다리고 있습니다." 라고 보고하였다.

영제는 대노하면서 함거로 노식을 호송하게 하였고 사형에서 1급을 감형하였다. 車騎將軍 皇甫嵩(황보숭)은 황건적을 토벌한 뒤에 노식의 군사 방략을 크게 칭송하였고, 황보숭은 모든 군사비용을 규모에 맞춰 지출하면서 성공을 거두었다. 그 해에 노식은 다시 상서가 되었다.

原文

帝崩, 大將軍何進謀誅中官, 乃召幷州牧董卓, 以懼太后. 植知卓兇悍難制, 必生後患, 固止之. 進不從. 及卓至, 果陵虐朝廷, 乃大會百官於朝堂, 議欲廢立. 群僚無敢言, 植獨抗議不同. 卓怒罷會, 將誅植, 語在〈卓傳〉. 植素善蔡邕, 邕前徙朔方, 植獨上書請之. 邕時見親於卓, 故往請植事. 又議郎彭伯諫卓曰, "盧尙書海內大儒, 人之望也. 今先害之, 天下震怖."

卓乃止, 但免植官而已. 植以老病求歸, 懼不免禍, 乃詭道從轘轅出. 卓果使人追之, 到懷, 不及. 遂隱於上谷, 不交人事. 冀州牧袁紹請爲軍師. 初平三年卒. 臨困, 勑其子儉葬於土穴, 不用棺槨, 附體單帛而已. 所著碑, 誄, 表, 記凡六篇.

| 註釋 | ○帝崩 – 靈帝 붕어, 서기 189년 5월. ○何進(하진. ? – 189) – 南陽郡 宛縣 출신, 본래 가축을 도축하는 屠戶(도호) 출신. 이복 여동생이 입궁하여 靈帝의 황후가 되었다. 大將軍으로 錄尙書事 겸임. 환관 세력을 꺾겠다고 董卓(동탁)을 불러들인 장본인. 十常侍에게 피살. 69권, 〈竇何列傳〉에 입전. ○幷州牧董卓 – 幷州刺史 治所는 太原郡 晋陽縣, 今 山西省 太原市 서남. 관할 지역은 上黨郡, 太原郡, 上郡, 西河郡, 五原郡, 雲中郡, 定襄郡, 雁(鴈)門郡, 朔方郡. 董卓(동탁)은 72권, 〈董卓列傳〉에 立傳. ○轘轅(환원) – 산 이름 겸 관문 이름, 今 河南省 鄭州市 관할, 登封市 소재. 中嶽인 嵩山(숭산)의 남쪽 기슭.

[國譯]

靈帝가 붕어하자, 大將軍 何進(하진)은 中官(宦官)을 제거할 계획으로, 幷州刺史인 董卓(동탁)을 낙양으로 불러들여 태후를 협박할 생각이었다. 노식은 동탁이 흉악하여 제압할 수 없고 뒷날 틀림없이 후환을 불러올 것이라 생각하여 하진을 만류하였다. 그러나 하진은 따르지 않았다. 동탁은 낙양에 들어와서 예상대로 조정 대신을 능멸

학대하였고 백관을 모아놓고 황제(少帝 劉辨) 폐립을 논의하였다. 모든 신료가 아무 말도 못했지만 노식만은 홀로 항의하며 따르지 않았다. 동탁이 화를 내며 조회를 파하고 노식을 죽이려 하였는데, 이는 〈董卓傳〉에 기록했다. 노식은 평소에 蔡邕(채옹)과 친했는데 채옹이 앞서 朔方郡(삭방군)에 강제 이주 되었을 때 노식만이 상서하여 채옹의 사면을 요청했었다. 채옹은 그때 동탁의 인정을 받고 있을 때라서 채옹이 동탁을 찾아가 노식의 일을 부탁했다. 그리고 議郎인 彭伯(팽백)도 동탁에게 건의하였다.

"尙書 노식은 海內 大儒로 백성의 존경을 받고 있습니다. 이번에 먼저 그를 해친다면 백성이 두려워하여 수습이 어려울 것입니다."

동탁은 이에 그만두면서 다만 노식을 면직시켰다. 노식은 신병이라며 귀향하면서 화가 닥칠 것을 예상하여 몰래 轘轅山(환원산)의 길을 택했다. 예상대로 동탁은 사람을 보내 추격케 하였는데 懷縣(회현)에 갈 때까지 노식을 따라가지 못했다. 노식은 마침내 上谷郡에 은거하면서 다른 사람과 교제하지 않았다. 冀州牧인 袁紹(원소)가 노식을 청하여 軍師로 삼았다.

노식은 (獻帝) 初平 3년(서기 192)에 죽었다. 병이 위독하자, 아들에게 흙구덩이를 파고 薄葬을 하되 棺槨(관곽)을 쓰지 말고 홑겹 비단으로 몸만 싸서 묻으라고 유언하였다. 碑, 誄(뢰), 表, 記 등 저술 총 6편이 있다.

原文

建安中, 曹操北討柳城, 過涿郡, 告守令曰, "故北中郎將

盧植, 名著海內, 學爲儒宗, 士之楷模, 國之楨幹也. 昔武王
入殷, 封商容之閭, 鄭喪子産, 仲尼隕涕. 孤到此州, 嘉其餘
風. 《春秋》之義, 賢者之後, 宜有殊禮. 亟遣丞掾除其墳墓,
存其子孫, 幷致薄醊, 以彰厥德.”

子毓, 知名.

| 註釋 | ○曹操北討柳城~ – 建安 12년에 조조는 烏桓(오환)족을 징벌하
고 鮮卑(선비)족을 평정하였으며 柳城(유성)을 차지했다. ○楷模 – 본보기,
모범. 楷는 나무 이름 해. 법, 본보기. ○亟遣~ – 亟은 바를 극(急也). ○幷
致薄醊 – 간단한 제물로 제사하다. 醊은 제사 이름 철. ○毓 – 盧毓(노육),
字는 子家, 10세에 부친을 여의었다. 學行으로 유명. 魏의 侍中과 吏部尙
書 역임. 毓은 기를 육.

[國譯]

(獻帝) 建安 연간에, 曹操(조조)는 북쪽으로 진출하여 柳城(유성)을
토벌하였는데, 涿郡(탁군)을 지나면서 현지 현령에게 말했다.

“예전 北中郞將 盧植(노식)은 海內의 유명인사이며 학문으로도
儒宗이었고 士人의 모범이었으며 나라의 棟梁(동량)이셨다. 옛날에
(周) 武王이 殷을 차지하고서 商容(상용)의 마을을 봉하였다. 鄭의
子産이 죽었을 때 공자는 눈물을 흘렸다. 나는 이곳 涿縣에 와서 그
분의 유풍을 가상히 여기노라. 《春秋》의 대의로도 賢者의 후손에 대
해서는 특별한 예우를 해야 한다고 하였다. 서둘러 관리를 보내 그
분묘의 풀을 깎고 그 자손을 찾아보고 간단한 제사를 올려 그분의
덕을 표창토록 하라.”

노식의 아들 盧毓(노육)도 이름이 알려졌다.

■原文

論曰, 風霜以別草木之性, 危亂而見貞良之節, 則盧公之
心可知矣. 夫蠚蠆起懷, 雷霆駭耳, 雖賁,育,荊,諸之倫, 未有
不尤豫奪常者也. 當植抽白刃嚴合之下, 追帝河津之閒, 排
戈刃, 赴戕折, 豈先計哉? 君子之於忠義, 造次必於是, 顚沛
必於是也.

| 註釋 | ○風霜以別草木之性 – 바람과 서리(霜)가 초목의 본성을 구별
해준다.「子曰 "歲寒然後知松柏之後雕也."」《論語 子罕》. ○蠚蠆起懷 – 蠚
蠆(종채)는 전갈 같은 독충. 起懷는 품안에 들어있다. 蠚은 메뚜기 종. 蠆는
전갈 채. ○賁,育,荊,諸之倫 – 孟賁(맹분)은 아주 힘이 센 사람. 夏育(하육)은
勇者. 모두 衛나라 사람. 荊은 燕의 荊軻(형가). 諸는 專諸(전제)는 춘추시대
吳의 자객. ○不尤豫奪常者也 – 尤豫(유예)는 猶豫. 머뭇거리다. 전갈이 옷
속에 들어있는데 털어낼까 말까 망설이는 사람이 있겠는가? 尤는 머뭇거
릴 유. 또는 게으를 임. ○河津之閒 – 黃河의 孟津(洛陽市 관할 孟津縣).
○赴戕折 – 戕은 죽일 장. 손상을 입히다. ○造次~, 顚沛~ – 造次(조차)는
아주 다급할 때. 顚沛(전패)는 넘어가다.

[國譯]

范曄(범엽)의 史論 : 風霜으로 草木의 本性을 구별할 수 있고, 나라
의 危亂에 忠良한 지조를 볼 수 있다고 하였으니 盧植의 마음을 가

히 알 수가 있다. 대체로 전갈에 옷 속에 들어있거나, 벼락이 친다면 비록 孟賁(맹분), 夏育(하육), 荊軻(형가), 專諸(전제) 같은 사람일지라도 유예하거나 평상시 모습을 바꾸지 않는 사람은 없을 것이다. 노식이 큰 누각 아래서 날이 하얗게 선 칼을 빼들고 황하의 나루로 황제를 따라가면서 창칼을 막아내고 죽기로 싸웠는데, 그때 어찌 계산을 한 다음에 그런 행동을 취할 수 있겠는가? 君子에게 忠義란 아무리 다급할 때나 거꾸로 넘어가는 순간이라도 잊지 않고 실천하는 것이다.

❺ 趙岐

原文

趙岐字邠卿, 京兆長陵人也. 初名嘉, 生於御史臺, 因字臺卿, 後避難, 故自改名字, 示不忘本土也. 岐少明經, 有才藝, 娶扶風馬融兄女. 融外戚豪家, 岐常鄙之, 不與融相見. 仕州郡, 以廉直疾惡見憚. 年三十餘, 有重疾, 臥蓐七年, 自慮奄忽, 乃爲遺令勅兄子曰,

"大丈夫生世, 遯無箕山之操, 仕無伊‧呂之勳, 天不我與, 復何言哉! 可立一員石於吾墓前, 刻之曰, 漢有逸人, 姓趙名嘉. 有志無時, 命也奈何!"

其後疾瘳.

| 註釋 | ㅇ趙岐(조기, 108 - 201) - 조기는 《孟子章句(孟子註疏)》를 저술
했는데 〈孟子題辭〉에서 孟子를 亞聖(아성)이라고 최초로 칭송하였고, 이
후 맹자는 亞聖으로 통했다. ㅇ字邠卿 - 邠(빈)은 周 公劉의 도읍지. 周邑,
今 陝西省 咸陽市 관할 旬邑縣, 陝西省과 甘肅省의 접경. 豳(빈)으로도 표
기. ㅇ京兆 長陵 - 京兆는 행정구역(郡級)으로, 長安 京兆尹의 약칭인데
후한에서도 그대로 통용했다. 京兆尹은 관직명이며, 행정구역이다. 右扶
風, 左馮翊과 함께 三輔라 칭했다. 司隸校尉 관할. 長陵은 高祖의 凌이면
서 縣名. 前漢 11陵은 〈光武本紀〉 建武 6년 주석 참고. ㅇ示不忘本土也 -
長陵縣은 今 咸陽市 渭城區 正陽鎭. 옛 周邑. ㅇ臥蓐七年 - 蓐은 요 욕. 깔
개(寢蓐). ㅇ自慮奄忽 - 奄忽(엄홀)은 홀연히. 갑자기. 奄은 가릴 엄. 갑자
기. 숨이 끊어질 듯한 모양. 고자 엄. 환관. 忽은 소홀할 혼. 갑자기. ㅇ遯無
箕山之操 - 遯은 달아날 둔. 세상을 피해 살다. 군자가 소인을 피해 은둔
하다. 箕山(기산)은 許由(허유)의 隱處. ㅇ一員石於吾墓前 - 一員石은 돌
하나. 員은 수효, 개수. 사람. 둥글다. 어조사 원.

[國譯]

　　趙岐(조기)의 字는 邠卿(빈경)으로 京兆 長陵縣 사람이다. 初名인
嘉(가)인데, 祖父가 御史일 때 출생하였다 하여 처음의 字는 臺卿(대
경)이었다가 뒷날 피난하면서 字를 바꾸어 본 고향을 잊지 않는다는
뜻을 표현하였다. 조기는 젊어 경학에 밝았고 재능이 있었으며, 右
扶風 馬融(마융) 兄의 딸을 아내로 맞이했다. 마융은 외척으로 豪門
이었지만 조기는 마융을 낮게 평가하며 따르지 않았다. 조기는 나중
에 州郡에 출사하면서 청렴 정직하였고 악인을 미워하며 그런 사람
과는 교제하지 않았다. 나이 30여 세에 중병에 걸려 7년간 병석에 누
워있었는데, 갑자기 세상을 뜰 것을 생각하여 조카에게 부탁하였다.

"大丈夫로 세상에 태어나 許由(허유)와 같은 지조로 은둔하거나 伊尹(이윤)과 呂尙(여상)의 뜻을 품고 출사해야 하거늘, 하늘이 나를 지켜주지 않으니 다시 무슨 말을 하겠는가? 내가 죽으면 묘 앞에 작은 돌 하나를 세우고 거기에 '漢의 逸人 趙嘉(조가). 큰 뜻을 품었지만 때를 못 만났으니 운명을 어찌하랴!' 라고 써 놓기 바란다."

그 뒤로 조기는 병이 나았다.

原文

永興二年, 辟司空掾, 議二千石得去官爲親行服, 朝廷從之. 其後爲大將軍梁冀所辟, 爲陳損益求賢之策, 冀不納. 擧理劇, 爲皮氏長. 會河東太守劉佑去郡, 而中常侍左悺兄勝代之, 岐恥疾宦官, 卽日西歸. 京兆尹延篤復以爲功曹.

| 註釋 | ○皮氏長 - 皮氏(피씨) 縣長, 今 山西省 서남부 運城市 관할 河津縣. 汾河(분하)가 황하에 합류하는 곳. 陝西省 韓城市 맞은 편. ○功曹 - 功曹는 군 태수나 현령의 보좌관, 군에는 功曹掾과 功曹史를 두었다. 鄕吏 중 首席, 태수 부재 시 직무대행.

[國譯]

(桓帝) 永興 2년(서기 154), 司空府의 掾吏(연리)가 되었는데, 二千石(太守)가 부모 복상을 위해 관직을 휴직한다면 조정에서 허용해야 한다고 건의하였고 조정에서 시행되었다. 그 뒤로 大將軍 梁冀의 부름을 받아 근무하면서 求賢 방책의 장단점을 건의하였는데 양

기는 받아들이지 않았다. 다스리기 힘든 업무를 처리할 인재로 천거되어 皮氏(피씨)縣長이 되었다. 그때 河東太守 劉佑(유우)가 전근되고, 中常侍 左悺(좌관)의 兄 左勝(좌승)이 후임으로 부임했는데 조기는 환관을 미워하여 당일로 사직하고 고향으로 돌아왔다. 京兆尹 延篤(연독)이 다시 불러 功曹에 임용했다.

原文

先是中常侍唐衡兄玹爲京兆虎牙都尉, 郡人以玹進不由德, 皆輕侮之. 岐及從兄襲又數爲貶議, 玹深毒恨. 延熹元年, 玹爲京兆尹, 岐懼禍及, 乃與從子戩逃避之. 玹果收岐家屬宗親, 陷以重法, 盡殺之. 岐遂逃難四方, 江, 淮, 海, 岱, 靡所不歷. 自匿姓名, 賣餅北海市中.

時安丘孫嵩年二十餘, 游市見岐, 察非常人, 停車呼與共載. 岐懼失色, 嵩乃下帷, 令騎屛行人.

密問岐曰, "視子非賣餅者, 又相問而色動, 不有重怨, 卽亡命乎? 我北海孫賓石, 闔門百口, 勢能相濟."

岐素聞嵩名, 卽以實告之, 遂以俱歸. 嵩先入白母曰, "出行, 乃得死友." 迎入上堂, 饗之極歡. 藏岐復壁中數年, 岐作〈戹屯歌〉二十三章.

| 註釋 | ○虎牙都尉 — 前漢의 三輔(삼보)에는 각각 都尉를 설치했었다. 후한에서는 이들 삼보에 도위를 두지 않았었다. 그러다가 이때 삼보가 涼

州의 豫族과 가깝기 때문에 前代 황릉을 수비할 목적으로 京兆虎牙都尉와 右扶風都尉를 설치했다. 경조호아도위는 흔히 長安都尉라 불렀고, 右扶風都尉는 雍縣(옹현, 今 陝西省 寶雞市 鳳翔縣)에 있었기에 雍營(옹영)이라 불렀다. ○趙戩 – 인명. 戩은 복 전, 죽일 전. 멸하다. ○安丘孫嵩 – 安丘는 北海郡의 현명. 今 山東省 중동부 濰坊市 관할 安丘市 서남.

　　이에 앞서 中常侍 唐衡(당형)의 형인 唐玹(당현)은 京兆의 虎牙都尉였는데, 경조 사람들은 당현의 승진은 자신의 才德이 아니라면서 모두가 당현을 무시하였다. 趙岐(조기)와 從兄 趙襲(조습)도 여러 번 당현을 폄하하는 이야기를 했고, 당현은 조기 형제를 심하게 미워하였다. (桓帝) 延熹 원년(서기 158)에 당현이 京兆尹이 되자, 조기는 화가 미칠 것이 두려워 조카인 趙戩(조전)을 데리고 도피하였다. 당현은 예상했던 대로 조기의 친속과 종친을 잡아가두고 중형으로 처리하여 모두 주살하였다. 조기는 사방으로 도망 다녔는데, 長江, 淮水, 동해 바닷가, 岱山(대산, 泰山) 등 거치지 않은 곳이 없었다.

　　조기는 성명을 숨기고 北海郡의 시중에서 떡장사를 하였다. 그때 安丘縣의 孫嵩(손숭)은 나이 20여 세였는데 길을 가다가 조기를 보고 비상한 사람이라 생각하여 불러 수레에 태웠다. 조기가 실색하자, 손숭은 휘장을 치며 馭車(어거)에게 사람 접근을 막게 하였다. 그리고 조용히 조기에게 말했다.

　　"내가 볼 때 당신은 떡장사를 할 분이 아닌데다가, 제가 묻자 안색이 변하였으니 무슨 원한이 있어 망명한 분이 아니십니까? 저는 北海郡의 孫賓石(손빈석)인데 1백여 명의 식솔을 거느리니 당신을 도와줄 수 있습니다."

조기도 평소에 손숭의 이름을 들어 알고 있었기에 사실대로 말했고 손숭의 집으로 따라갔다. 손숭은 모친에게 먼저 "길에 나갔다가 사생을 약속했던 친우를 만났습니다." 라고 말했다. 손숭은 조기를 상석에 모시고 크게 환대하였다. 손숭은 조기를 이중벽으로 만든 방에 수년간 숨겨주었고, 조기는 〈戹屯歌(액둔가)〉 23장을 지었다.

原文

後諸唐死滅, 因赦乃出. 三府聞之, 同時並辟. 九年, 乃應司徒胡廣之命. 會南匈奴, 烏桓, 鮮卑反叛, 公卿舉岐, 擢拜幷州刺史. 岐欲奏守邊之策, 未及上, 會坐黨事免, 因撰次以爲〈禦寇論〉.

靈帝初, 復遭黨錮十餘歲. 中平元年, 四方兵起, 詔選故刺史, 二千石有文武才用者, 徵岐拜議郞. 車騎將軍張溫西徵關中, 請補長史, 別屯安定. 大將軍何進擧爲敦煌太守, 行至襄武, 岐與新除諸郡太守數人俱爲賊邊章等所執. 賊欲脅以爲帥, 岐詭辭得免, 展轉還長安.

| 註釋 | ○〈禦寇論〉－禦는 막을 어. 寇는 도둑 구. ○安定－군명. 治所는 臨涇縣, 今 甘肅省 동부 慶陽市 관할 鎭原縣. ○襄武縣－隴西郡의 현명. 今 甘肅省 남부 定西市 襄武縣.

　뒷날 唐玹(당현) 일족이 주살당하고 조기는 사면을 받았다. 삼공
부에서는 이를 알고 동시에 조기를 초빙하였다. (桓帝 延熹) 9년에,
조기는 司徒 胡廣의 부름에 응했다. 그때 南匈奴, 烏桓(오환), 鮮卑
(선비)族들이 반란을 일으켰는데 公卿들이 조기를 천거하자 조기는
幷州刺史에 발탁 임용되었다. 조기는 변경 수비 방책을 건의하려고
준비하였는데, 건의하기 전에 당인으로 몰려 면직되자 조기는〈禦
寇論〉을 저술하였다.

　靈帝 初에도 다시 10여 년간 黨錮에 묶여 있었다. (영제) 中平 원
년(서기 184), 황건적이 사방에서 봉기하자 영제는 자사와 태수에게
조서를 내려 文武才用한 인재를 천거하게 하였고 조기는 議郎을 제
수 받았다. 車騎將軍 張溫(장온)이 서쪽으로 關中 일대의 반란을 토
벌하면서 조기를 長史에 임명한 뒤에 安定군에 별도로 주둔하게 하
였다. 大將軍 何進(하진)은 조기를 敦煌(돈황) 太守로 임명하였다. 조
기가 (隴西郡) 襄武縣까지 갔을 때 조기와 새로 임명된 여러 군의 태
수들이 모두 변방의 도적 무리인 邊章(변장) 등에게 사로잡혔고, 도
적들은 이들을 위협하여 장수로 삼으려 하였는데 조기는 적당한 거
짓말로 탈출한 뒤에 각지를 전전하며 장안으로 되돌아왔다.

　及獻帝西都, 復拜議郎, 稍遷太僕. 及李傕專政, 使太傅
馬日磾撫慰天下, 以岐爲副. 日磾行至洛陽, 表別遣岐宣揚
國命, 所到郡縣, 百姓皆喜曰, "今日乃復見使者車騎."

是時袁紹,曹操與公孫瓚爭冀州, 紹及操聞岐至, 皆自將
兵數百里奉迎, 岐深陳天子恩德, 宜罷兵安人之道, 又移書
公孫瓚, 爲言利害. 紹等各引兵去, 皆與岐期會洛陽, 奉迎
車駕. 岐南到陳留, 得篤疾, 經涉二年, 期者遂不至.

| 註釋 | ○李傕(이각) – 董卓의 부장. 동탁 사후에 정권을 장악하고 헌
제를 협박하였다. ○表別遣岐~ – 表는 文體의 하나. 황제에게 업무 사정
과 의견을 진술하는 문서. ○公孫瓚 – 73권,〈劉虞公孫瓚陶謙列傳〉에 입
전. 劉備와 함께 盧植(노식)에게 師事했었다.

[國譯]

　獻帝가 장안으로 옮겨간 뒤에 趙岐(조기)는 다시 議郎을 제수 받
고 점차 승진하여 太僕이 되었다. 李傕(이각)이 정권을 장악한 뒤에,
太傅 馬日磾(마일제)를 보내 천하를 撫慰하였는데 조기는 副使가 되
었다. 마일제는 낙양에 와서 조기를 별도로 각지에 보내 國命을 선
양하겠다고 表文을 올렸고, 조기가 가는 곳마다 백성은 모두 "今日
에야 황제 사자의 車騎를 다시 보았다."고 환호하였다.

　이때 袁紹(원소)와 曹操(조조)는 公孫瓚(공손찬)과 冀州를 놓고 다
투었는데, 원소와 조조는 조기가 도착했다는 소식을 듣고 군사를 거
느리고 수백 리를 나와 영접하였고, 조기는 천자의 은덕을 설명하면
서 군사를 해산하고 백성을 안주시켜야 한다고 설득하였으며 또 공
손찬에게도 서신을 보내 이해관계를 설명하였다. 원소 등은 각자 군
사를 거느리고 돌아가면서 낙양에서 만나 어가를 모시기로 기약하
였다. 조기는 남쪽 陳留郡에 도착하였으나 병이 위독하여 2년을 보

냈는데 낙양에 모이기로 한 원소 등은 오지 않았다.

原文

興平元年, 詔書徵岐, 會帝當還洛陽, 先遣衛將軍董承修
理宮室.

岐謂承曰, "今海內分崩, 唯有荊州境廣地勝, 西通巴蜀,
南當交址, 年穀獨登, 兵人差全. 岐雖迫大命, 猶志報國家,
欲自乘牛車, 南說劉表, 可使其身自將兵來衛朝廷, 與將軍
並心同力, 共獎王室. 此安上救人之策也."

承卽表遣岐使荊州, 督租糧. 岐至, 劉表卽遣兵詣洛陽助修
宮室, 軍資委輸, 前後不絶. 時孫嵩亦寓於表, 表不爲禮, 岐乃
稱嵩素行篤烈, 因共上爲青州刺史. 岐以老病, 遂留荊州.

| 註釋 | ○董承(동승. ?－200년) － 동승의 딸이 獻帝의 貴人. 李傕(이각)의
군사를 격퇴하고 헌제를 낙양에 모셨다. 헌제가 허도로 옮겨간 뒤에 동승
은 거기장군이 되었다. 건안 5년에 조조를 제거하라는 밀조를 받았으나 사
안이 누설되어 조조에게 피살되었다. ○劉表(142－208) － 字 景升, 前漢
魯 恭王 劉餘의 후손, 劉表 신장 八尺餘, 온후 장대한 儒者의 풍모였으나 우
유부단했다. 荊楚 지역을 옹유한 군벌로 荊州刺史이며 鎭南將軍의 직함을
갖고 있었으며 黨錮 名士의 한 사람이었다. 74권, 〈袁紹劉表列傳〉에 立傳.

[國譯]

(獻帝) 興平 원년(서기 194), 조서로 조기를 불렀고 헌제는 낙양

으로 환도하기 전에 먼저 衛將軍 董承(동승)을 보내 궁궐을 수리하게 하였다. 이에 조기가 동승에게 말했다.

"지금 천하가 分崩되었으나 오직 荊州만은 땅도 넓고, 서쪽으로는 巴郡 蜀郡과 통하고 남으로 交址(교지)와 연접했으며 해마다 풍년이 들어 군사와 백성이 온전합니다. 이 조기는 곧 죽을 것이나 그래도 보국할 마음으로 수레를 몰아 남쪽으로 가서 劉表(유표)로 하여금 군사를 거느리고 조정을 호위하며 장군과 함께 협력하여 한마음으로 황실을 보위하도록 설득하고 싶습니다. 이 길이 황제를 안전하게 모시고 백성을 구제할 방책입니다."

동승은 즉시 조기를 荊州에 사자로 보내 군량을 조달케 하겠다는 표문을 올렸다. 조기가 형주에 도착하자 유표는 즉시 군사를 낙양으로 보내 궁궐 수리를 도우며 軍資도 끊이지 않고 수송하였다. 그때 (北海郡의) 孫嵩(손숭) 역시 유표에게 의지하고 있었는데, 유표가 제대로 대우하지 않자 조기는 손숭의 독실한 행실을 칭송하였고, 조기는 유표와 함께 손숭을 靑州刺史로 천거하였다. 조기는 노환으로 형주에 머물렀다.

曹操時爲司空, 擧以自代. 光祿勳桓典,少府孔融上書薦之, 於是就拜岐爲太常. 年九十餘, 建安六年卒. 先自爲壽藏, 圖季札,子産,晏嬰,叔向四像居賓位, 又自畫其像居主位, 皆爲讚頌. 勑其子曰, "我死之日, 墓中聚沙爲牀, 布簟白衣, 散髮其上, 覆以單被, 卽日便下, 下訖便掩."

岐多所述作, 著《孟子章句》,《三輔決錄》傳於時.

| 註釋 | ○孔融(공융, 153 – 208) – '建安七子'의 한 사람. 건안 13년, 조조
는 50만 대군을 동원해 강남 원정에 나선다. 이때 공자의 20代孫인 태중대
부 孔融은 이번 원정이 부당하다고 반대했고 결국 조조의 명을 받은 廷尉
(정위)에게 끌려가 죽음을 당한다. 나이가 어린 공융의 두 아들은 바둑을 두
다가 참변 소식을 듣는다. 빨리 피신하라는 말에 두 형제는 전혀 놀라지 않
고 말한다. "부서지는 둥지에 알인들 온전하겠는가!(破巢之下 安有完卵!)"
공융 일가는 모두 죽음을 당했다. 70권, 〈鄭孔荀列傳〉에 입전. ○壽藏(수
장) – 무덤의 내부 시설. 塚壙. 壽는 久遠의 뜻이 있다. 壽宮, 壽器, 壽衣가
모두 그런 뜻이다. ○叔向(숙향) – 춘추시대 晉의 대부, 羊舌肸(양설힐).

[國譯]

그때 曹操는 司空이었는데 자신의 후임으로 조기를 천거하였다.
光祿勳 桓典(환전), 少府 孔融(공융)도 상서하여 조기를 천거하였는
데 조기는 太常이 되었다. 이미 나이가 90여 세였는데 建安 6년(서
기 201)에 죽었다. 죽기 전에 조기는 자신의 무덤을 만들고 무덤 내
부에 季札(계찰), 子産(자산), 晏嬰(안영, 晏子), 叔向(숙향)의 초상을 賓
位에 그리고, 자신은 주인자리에 그려놓고 각각 畵像讚을 지어 써놓
았다. 그리고 아들에게 일러 말했다.

"내가 죽으면 무덤 안에 모래로 침상을 만들고 그 위에 흰옷을 깔
은 뒤에, 내 머리를 풀어 눕히고 홑이불로 덮은 다음 당일에 묻어 바
로 봉분을 만들어라."

조기의 많은 저술《孟子章句》와《三輔決錄》이 후세에 전해졌다.

原文

贊曰, 吳翁溫愛, 義干剛烈. 延,史字人, 風和恩結. 梁使顯刑, 誣黨潛絶. 子幹兼姿, 逢掖臨師. 邠卿出疆, 專出朝威.

|註釋| ㅇ義干剛烈 - 강렬한 의기가 하늘에 닿다. ㅇ字人 - 백성을 애육하다. 字는 기를 자(養育), 사랑할 자. ㅇ逢掖臨師 - 逢掖(봉액)은 逢掖之衣, 소매가 넓은 옷. 儒者의 옷. 공자는 소매가 넓은 헐렁한 옷을 입었다.

[國譯]

贊曰,
吳祐는 온순 자애하나 강렬한 의기는 하늘에 닿았다.
延篤과 史弼의 백성 사랑은 순조로운 風雨와 같았다.
양기는 형벌 남용하며 黨人이라며 滅絶시키려 하였다.
子幹(盧植)은 文武兼全에 儒者의 바른 스승이 되었다.
邠卿(趙岐)는 使者로 巡撫하며 漢室의 권위를 세웠다.

65 皇甫張段列傳
〔황보장단열전〕

❶ 皇甫規

原文

皇甫規字威明, 安定朝那人也. 祖父稜, 度遼將軍. 父旗, 扶風都尉. 永和六年, 西羌大寇三輔, 圍安定, 徵西將軍馬賢將諸郡兵擊之, 不能克. 規雖在布衣, 見賢不恤軍事, 審其必敗, 乃上書言狀. 尋而賢果爲羌所沒.

郡將知規有兵略, 乃命爲功曹, 使率甲士八百, 與羌交戰, 斬首數級, 賊遂退卻. 擧規上計掾. 其後羌衆大合, 攻燒隴西, 朝廷患之. 規乃上疏求乞自效, 曰,

「臣比年以來, 數陳便宜. 羌戎未動, 策其將反, 馬賢始出, 頗知必敗. 誤中之言, 在可考校. 臣每惟賢等擁衆四年, 未

有成功, 懸師之費且百億計, 出於平人, 回入姦吏. 故江湖之人, 群爲盜賊, 靑,徐荒饑, 褓負流散.

夫羌戎潰叛, 不由承平, 皆由邊將失於綏御. 乘常守安, 則君侵暴, 苟競小利, 則致大害, 微勝則虛張首級, 軍敗則隱匿不言. 軍士勞怨, 困於猾吏, 進不得快戰以徼功, 退不得溫飽以全命, 餓死溝渠, 暴骨中原. 徒見王師之出, 不聞振旅之聲. 酋豪泣血, 驚懼生變. 是以安不能久, 敗則經年. 臣所以搏手叩心而增歎者也.

願假臣兩營二郡, 屯列坐食之兵五千, 出其不意, 與護羌校尉趙沖共相首尾. 土地山谷, 臣所曉習, 兵勢巧便, 臣已更之. 可不煩方寸之印, 尺帛之賜, 高可以滌患, 下可以納降. 若謂臣年少官輕, 不足用者, 凡諸敗將, 非官爵之不高, 年齒之不邁. 臣不勝至誠, 沒死自陳.」

時帝不能用.

| 註釋 | ○皇甫規(황보규, 104 - 174년) - 皇甫는 복성, 皇甫規의 妻는 84권, 〈列女傳〉에 立傳. ○安定朝那 - 安定郡 朝那縣, 今 寧夏回族自治區 남부 固原市 동남. ○度遼將軍 - 전한의 度遼將軍으로 昭帝 때 范明友(범명우, ?-前 66. 霍光의 사위)가 유명했다. 遼東과 遼西 북방의 외적을 방어할 목적으로 후한에서는 明帝 때 처음 설치하였다. ○懸師之費 - 주둔 비용. 懸은 매달 현. 정지하다. ○平人 - 백성. ○隱匿不言 - 은익하고 말하지 않다. 匿은 숨을 닉(익). 숨기다. ○不聞振旅之聲 - 振은 정리하다. 정돈되다. 旅는 군사. ○酋豪泣血 - 酋豪는 호걸. 土豪. 泣血은 피눈물. ○願

假臣兩營二郡 – 兩營은 馬賢(마현)과 趙沖(조충)의 군사. 二郡은 安定郡과
隴西郡. ○年齒之不邁 – 年齒는 나이. 邁는 늙을 매. 지나가다. 멀리가다.

[國譯]

  皇甫規(황보규)의 字는 威明(위명)으로 安定郡 朝那縣(조나현) 사람
이다. 祖父 皇甫稜(황보릉)은 度遼將軍이었다. 부친 皇甫旗(황보기)는
右扶風의 都尉였다. (順帝) 永和 6년(서기 141), 西羌族(서강족)이 三
輔 일대에 대거 침략하면서 安定郡을 포위하자, 조정에서는 徵西將
軍 馬賢(마현)을 시켜 여러 군의 병력을 동원하여 격퇴하게 하였지
만 이기지 못했다. 황보규는 布衣의 신분이었지만 마현이 軍事에 전
념하지 않는 것을 보고 필히 패할 것이라 예상하면서 그 실상을 상
서하였다. 얼마 후에 마현은 강족에 패전하여 전사했다.

  郡將(太守)은 황보규의 군사적 지략을 보고 불러 功曹로 삼았고,
8백여 甲士를 거느리고 羌族과 交戰케 하였는데 황보규가 적을 여
러 명 죽이자 강족은 물러났다. 황보규는 上計掾이 되었다. 그 뒤에
강족의 무리가 크게 모여 다시 隴西(농서) 일대를 노략질하자 조정
에서는 이를 걱정하였다. 황보규는 자신이 국가를 위해 복무하고 싶
다는 뜻을 상서하였다.

  「臣은 몇 년 전부터 국익에 관한 의견을 진술하였습니다. 羌族(강
족)의 노략질 이전에 그들의 반란할 것을 예상하였고 馬賢이 출동한
뒤에 필패할 것을 알았습니다. 우연히 적중한 것이 아니고 이유를
고찰한 예상이었습니다. 臣은 마현 등이 군사를 거느린 4년 동안에
이룩한 것이 없고, 주둔 비용은 거의 1백 억 정도였으니, 이는 평범
한 백성이 낸 돈을 奸吏가 부정하게 착복한 것이었습니다. 그래서

江湖의 백성은 무리를 지어 도적이 되었고, 靑州와 徐州 일대의 饑荒(기황)에 백성은 등짐을 지고 흩어졌습니다.

대체로 강족의 반란은 태평한 시대에 일어난 것이 아니고 모두가 변방의 장수가 강족을 제대로 관리하지 못했기 때문입니다. 늘 해오던 인습에 따라 강족을 침탈하여 작은 이득을 얻으려 하였기에 큰 해악을 불러온 것이며 조그만 승리에는 전과를 부풀려 보고하였고, 패전한 사실을 숨겨 보고하지 않았습니다. 軍士는 고생에 원한이 쌓이고 교활한 軍吏에 시달렸기에, 적이 공격해오면 힘써 싸워 공을 세우려 하지 않았고, 퇴각하더라도 따뜻하고 배불리 생명을 지키지 못하고 굶어 죽어 구덩이에 묻히거나 벌판에 백골로 뒹굴었습니다. 군사의 출동은 보았지만 승리의 함성은 들어보지 못했습니다. 호걸들은 피눈물을 흘려야 했고 백성은 놀라 변란을 꾸몄습니다. 이러하니 변방의 안정은 오래갈 수 없고 패전은 해마다 계속되었습니다. 그래서 臣은 가슴 치며 탄식할 수밖에 없었습니다.

신에게 2개 軍營이나 2郡에서 징발한 군사, 곧 같은 부대를 구성했던 5천의 군사를 지휘할 수 있게 허용한다면 적이 예상하지 못하게 출동하여 護羌校尉인 趙沖(조충)과 함께 首尾가 되어 작전을 펼 수 있습니다. 이곳의 산천과 지형은 臣이 잘 알고 있으며 군사 작전과 전술 또한 臣은 이미 익혔습니다. 신에게 인수를 내리거나 비단을 하사하는 번잡한 일이 없어도 위로는 국가의 우환을 제거하고 아래로는 적의 투항을 받아낼 수 있습니다. 혹 臣이 年少하고 관직 경험이 일천하여 등용하기 어렵다 생각하시겠지만 그간의 牌將은 그들 관직이 낮거나 나이가 많지 않아서 패전한 것은 아닙니다. 臣은 저의 至誠을 그냥 묻을 수 없어 죽음을 무릅쓰고 제 뜻을 아룁니다.」

당시 順帝는 황보규를 등용하지 않았다.

原文

沖質之閒, 梁太后臨朝, 規擧賢良方正. 對策曰,

「伏惟孝順皇帝, 初勤王政, 紀綱四方, 幾以獲安. 後遭姦僞, 威分近習, 畜貨聚馬, 戲謔是聞. 又因緣嬖倖, 受賂賣爵, 輕使賓客, 交錯其閒, 天下擾擾, 從亂如歸. 故每有征戰, 鮮不挫傷, 官民並竭, 上下窮虛. 臣在關西, 竊聽風聲, 未聞國家有所先後, 而威福之來, 咸歸權幸.

陛下體兼乾坤, 聰哲純茂. 攝政之初, 拔用忠貞, 其餘維綱, 多所改正. 遠近翕然, 望見太平. 而地震之後, 霧氣白濁, 日月不光, 旱魃爲虐. 大賊從橫, 流血丹野, 庶品不安, 譴誠累至, 殆以姦臣權重之所致也. 其常侍尤無狀者, 亟便黜遣, 披埽凶黨, 收入財賄, 以塞痛怨, 以答天誡.」

| 註釋 | ○威分近習 - 近習은 아첨하며 親近한 小人. ○國家有所先後 - 先後는 進退. 國家에서 잊지 않고 포상이나 편직 등용이나 출척하지 않고 권신이 화복을 좌우했다는 뜻. ○旱魃爲虐 - 旱은 가물 한. 가뭄. 魃은 가물 귀신 발(旱神也). ○無狀 - 착한 모습이 없다(無善狀). 착한 일을 하지 않다.

沖帝와 質帝 연간에(서기 145 – 146년), 梁太后가 臨朝聽政하였는데 황보규는 賢良方正한 인재로 천거되어 對策을 올렸다.

「생각해보건대, 孝順皇帝께서는 즉위 초에 부지런히 정사를 살펴 사방의 기강이 확립 안정되었습니다. 나중에는 간악하고 거짓된 자들에 둘러싸여서 재물과 명마를 모으며 놀이에 빠지셨습니다. 또 아첨꾼을 매개로 뇌물을 받고 관작을 팔았으며, 함부로 사자를 지방에 보내 빈번하게 왕래하게 되면서 천하가 소란하여 마치 반역한 자들이 고향으로 돌아가는 것과도 같았습니다. 그리고 전쟁이 벌어질 때마다 많은 사람들이 죽거나 부상당하였으며 백성의 살림이 모두 바닥이 났고 국고가 비었습니다. 臣은 關西에 살면서 여러 소문을 들었지만 나라에서 賢者를 등용했다거나 무능한 자를 퇴출했다는 말을 듣지 못하였고, 그 권한이 총애 받는 권신에게 있다고 하였습니다.

폐하께서는 乾坤의 덕을 겸비하시고 총명예지가 뛰어나신 분입니다. 즉위 초에는 충량한 신하를 등용하셨고 그 외에 많은 부분을 개혁하셨습니다. 원근의 백성들이 기뻐하며 태평을 기대하였습니다. 그러나 지진 발생 이후로 혼탁한 기운이 널리 퍼졌고, 日月은 빛을 잃었으며, 극심한 旱魃(한발)도 있었습니다. 나라 안에 큰 도적떼가 횡행하고 들은 붉은 피로 물들었으며, 백성은 불안에 떨었고 하늘의 견책은 자주 나타났으니, 이 모두가 간신이나 권력을 쥔 중신 때문에 일어난 것입니다. 측근의 常侍로 선행이 없는 자를 빨리 축출하시고, 흉악한 짓에 뇌물을 받는 일당을 쓸어내어 백성의 원한을 막아서 하늘의 훈계에 응하셔야 합니다.」

原文

「今大將軍梁冀,河南尹不疑, 處周,邵之任, 爲社稷之鎭,
加與王室世爲姻族, 今日立號雖尊可也, 實宜增修謙節, 輔
以儒術, 省去游娛不急之務, 割減廬第無益之飾. 夫君者舟
也, 人者水也. 群臣乘舟者也, 將軍兄弟操檝者也. 若能平志
畢力, 以度元元, 所謂福也. 如其怠弛, 將淪波濤. 可不愼乎!

夫德不稱祿, 猶鑿墉之趾, 以益其高. 豈量力審功安固之
道哉? 凡諸宿猾,酒徒,戲客, 皆耳納邪聲, 口出諂言, 甘心逸
游, 唱造不義. 亦宜貶斥, 以懲不軌. 令冀等深思得賢之福,
失人之累. 又在位素餐, 尙書怠職, 有司依違, 莫肯糾察, 故
使陛下專受諂諛之言, 不聞戶牖之外.

臣誠知阿諛有福, 深言近禍, 豈敢隱心以避誅責乎! 臣生
長邊遠, 希涉紫庭, 怖懾失守, 言不盡心.」

註釋 ○君者舟也, 人者水也 - 물은 배를 띄울 수도 있지만 엎을 수도
있다는 뜻. ○操檝者也 - 操는 잡을 조. 檝은 노 즙.

[國譯]

「지금 大將軍 梁冀(양기)와 河南尹 梁不疑(양불의)는 周公과 邵公
(소공)처럼 社稷을 지켜야 할 대신이며 여러 대에 걸친 황실의 외척
이니, 금일에 제후 칭호가 비록 고귀하거나 적의하다고 하더라도 그
들은 더욱 겸양의 지조를 실천하면서 유학의 대의를 지키며 놀이나
급하지 않은 업무를 없애야 하며 저택의 화려한 치장도 자제해야 합

니다. 대체로 人君은 배이고 백성은 물입니다. 여러 신하는 배에 탄
사람이며 장군(梁冀)과 형제들은 노를 잡은 사람입니다. 만약 공정
한 마음으로 힘을 다하여 백성을 구제한다면 그들에게 복이 됩니다.
만약 게을리한다면 파도 속에 빠질 것입니다. 조심하지 않으면 안
됩니다.

　대체로 그 덕행이 祿位(녹위)에 걸맞지 못하다면 마치 담장 밑의
흙을 파서 담장을 높이려는 것과 같습니다. 어찌 능력과 역량을 헤
아려 안전한 방책을 강구하지 않을 수 있겠습니까? 교활하거나 흉
악한 酒徒 광대들은 모두 간사한 마음을 갖고서 입으로는 아첨하며
놀이에 열중하고 불의한 짓을 일삼는 자들입니다. 응당 이런 자들을
배척하고 악한 자를 징계해야 합니다. 지금 양기 등은 현인을 등용
하는 복록과 인재를 잃는 손실을 깊이 생각해야 합니다. 또 높은 자
리에서 하는 일 없이 국록을 받는 자, 직무에 게으른 尙書, 불법을 자
행하는 관리를 규찰하지 않기 때문에 폐하께서는 아첨하는 말만 듣
고 궁궐 밖의 소리를 듣지 못하는 것입니다.

　臣은 아첨하면 출세할 수도 있고 절실한 말이 화를 불러온다는
것을 알고 있습니다만 그렇다고 어찌 진심을 숨겨 책망을 회피할 수
있겠습니까! 臣은 변방에서 성장하면서 궁궐에 들어가 본 적도 없어
본분에 어긋날까 두려워 제 본마음을 다 표현하지 못했습니다.」

▌原文

　梁冀忿其刺己, 以規爲下第, 拜郞中. 托疾免歸, 州郡承
冀旨, 幾陷死者再三. 遂以《詩》,《易》敎授, 門徒三百餘人,

積十四年. 後梁冀被誅, 旬月之間, 禮命五至, 皆不就.

時太山賊叔孫無忌侵亂郡縣, 中郎將宗資討之未服. 公車特徵規, 拜太山太守. 規到官, 廣設方略, 寇賊悉平. 延熹四年秋, 叛羌零吾等與先零別種寇鈔關中, 護羌校尉段熲坐徵. 後先零諸種陸梁, 覆沒營塢.

| 註釋 | ○先零別種 – 先零(선련)은 羌族(강족)의 한 갈래. 零은 조용히 내리는 비 령. 부족 이름 련. 羌族(강족)은 羊을 토템으로 숭배하는 '西戎牧羊人.' 본래 지금의 陝西, 甘肅, 靑海省 일대에 거주하던 유목민. 西南夷, 西羌으로 지칭. 羌族은 154 종이 있는데 羌戎, 羌夷, 羌狄, 羌胡 등이 모두 蔑稱. 그들은 爾瑪(ěrmǎ)라 자칭. 羌(qiāng)은 他稱. 藏族, 彝族(이족), 土家族, 白族 등은 모두 羌族의 갈래이다. ○段熲 – 段이 성씨. 熲은 빛날 경. ○陸梁 – 제멋대로 구는 모양, 어지럽게 달아나는 모양. 陸은 뛰어다닐 육(류). ○營塢 – 군영과 작은 성채(보루). 塢는 둑 오. 작은 보루(小障).

【國譯】

梁冀(양기)는 지신을 비판한 황보규를 미워하여 하등급으로 평가하여 郎中에 임명했다. 황보규는 병을 핑계로 사직하고 귀향했는데 州郡에서는 양기를 뜻을 받아 황보규를 죽이려 했던 일이 2, 3번이나 있었다. 황보규가 《詩》나 《易》을 敎授하자 門徒가 3백여 명이나 되었고 14년의 지나갔다. 뒷날 양기가 주살되면서 근 한 달 사이에 예를 갖춰 초빙이 5번이나 있었지만 황보규는 응하지 않았다.

그때 太山(태산)의 도적인 叔孫無忌(숙손무기)가 군현을 노략질하자, 中郎將 宗資(종자)가 토벌했으나 평정하지 못했다. 公車에서는

황보규를 특별히 조정으로 불러 太山太守를 제수하였다. 황보규는
부임하여 여러 가지 방략으로 적도를 모두 평정하였다. (桓帝) 延熹
4년(서기 161) 가을에, 羌族 零吾(영오) 등이 반란을 일으켜 先零(선
련)의 別種이 關中을 노략질하자 護羌校尉 段熲(단경)은 이와 연관하
여 형벌을 받았다. 뒷날 선련의 여러 종족들은 더욱 강성해지면서
여러 군영과 작은 성채를 함락시켰다.

原文

　規素悉羌事, 志自奮效, 乃上疏曰,

「自臣受任, 志竭愚鈍, 實賴兗州刺史牟顥之淸猛, 中郞將
宗資之信義, 得承節度, 幸無咎譽. 今猾賊就滅, 太山略平,
復聞群羌並皆反逆. 臣生長邠岐, 年五十有九, 昔爲郡吏,
再更叛羌, 豫籌其事, 有誤中之言. 臣素有固疾, 恐犬馬齒
窮, 不報大恩, 願乞冗官, 備單車一介之使, 勞來三輔, 宣國
威澤, 以所習地形兵勢, 佐助諸軍.

　臣窮居孤危之中, 坐觀郡將, 已數十年矣. 自鳥鼠至於東
岱, 其病一也. 力求猛敵, 不如淸平, 勤明吳,孫, 未若奉法.
前變未遠, 臣誠戚之. 是以越職, 盡其區區.」

| 註釋 | ○生長邠岐 - 邠邑(빈읍, 豳)과 岐山(기산). 周의 발상지. 今 陝西
省 咸陽市 관할 旬邑縣. 涇水(경수) 유역. ○勤明吳,孫 - 吳起는 魏將. 孫武
는 吳將. 아무리 兵法에 밝다 하더라도 郡守가 법을 지켜 백성을 잘 다스

리는 것이 더 효과적이라는 뜻.

[國譯]

황보규는 평소 羌族의 사정을 잘 알기에 국가에 헌신할 뜻을 바로 상소하였다.

「臣이 受任 받은 이후 재주도 없고 우둔하였지만, 그래도 兗州(연주)자사인 牽顥(견호)의 청렴과 용맹, 中郞將 宗資(종자)의 信義에 힘입어 다행히 과오 없이 업무를 마칠 수 있었습니다. 지금 간악한 무리는 박멸되어 태산군이 평온하나 다시 강족의 무리가 반역했다는 소식을 들었습니다. 臣은 邠(빈)과 岐山(기산) 부근에서 낳고 자랐고 59세이며, 예전에 그곳의 郡吏로 여러 번 강족의 반란을 겪으면서 그런 사태를 예측하고 적중한 적도 있었습니다. 臣은 평소에 병이 있지만 犬馬로 죽어 대은에 보답하지 못할까 두렵기에 그저 중요하지 않은 직책을 받아 수레를 타고 三輔지역을 돌아다니며 국위를 널리 알리고 그곳 지형과 군사에 대하여 익숙하니 우리 군사를 돕고 싶습니다.

臣은 가난하고 험난한 환경에서 자라면서 수십 년간 여러 태수를 겪어보았습니다. 서쪽 鳥鼠山(오서산)에서 동쪽 태산에 이르기까지 잘못은 모두 마찬가지입니다. 사나운 적을 이기려면 청렴 공평만한 것이 없으며 吳起(오기)나 孫武(손무)의 병법에 밝더라도 국법 준수만 못한 것입니다. 지난 번 강족의 반역이 오래지 않았기에 臣은 정말 슬프기만 합니다. 그래서 직분을 떠나 저의 구구한 뜻을 상소합니다.」

至冬, 羌遂大合, 朝廷爲憂. 三公擧規爲中郞將, 持節監關西兵, 討零吾等, 破之, 斬首八百級. 先零諸種羌慕規威信, 相勸降者十餘萬. 明年, 規因發其騎共討隴右, 而道路隔絶, 軍中大疫, 死者十三四. 規親入庵廬, 巡視將士, 三軍感悅. 東羌遂遣使乞降, 涼州復通.

先是安定太守孫儁受取狼籍, 屬國都尉李翕, 督軍御史張稟多殺降羌, 涼州刺史郭閎, 漢陽太守趙熹並老弱不堪任職, 而皆倚恃權貴, 不遵法度. 規到州界, 悉條奏其罪, 或免或誅. 羌人聞之, 翕然反善. 沈氐大豪滇昌, 飢恬等十餘萬口, 復詣規降.

| 註釋 | ○中郞將 - 後漢의 武官 中 지휘관으로는 將軍 - 中郞將 - 校尉의 三級이 있는데, 中郞將은 光祿勳(궁궐 수비 및 황제 호위)의 속관. 秩比二千石의 武官. 五官中郞將, 左, 右中郞將, 虎賁中郞將, 羽林中郞將 외使匈奴中郞將도 있었다. ○狼籍(낭자) - 흩어져 어지러운 모양. 이리가 풀을 깔고 자고 난 자리. ○屬國都尉 - 安定屬國 都尉. 涼州刺史部의 安定郡에 속한 속국. 前漢의 安定郡 治所는 高平縣(今 寧夏回族自治區 남부의固原市). 後漢에서는 臨涇縣(今 甘肅省 慶陽市 관할 鎭原縣)으로 이동. 屬國은 漢에 투항하여 부족 고유의 습속이나 명칭을 유지하며 거주하는 이민족 집단. 前漢에서는 安定, 上郡, 天水, 五原, 西河郡 등 5군에 설치, 속국도위가 행정을 담당. 이들을 관리하는 국가 업무는 典屬國이 담당했다. 後漢에서는 張掖屬國, 張掖居延屬國, 蜀郡屬國(漢嘉郡). 犍爲屬國(朱提郡),遼東屬國 등이 있었다.

[國譯]

　겨울이 되자, 羌族은 다시 크게 무리를 형성하여 조정의 걱정거리가 되었다. 三公은 황보규를 中郞將으로 삼아 부절을 갖고 나가 關西의 軍事를 감독하며 零吾(영오)를 토벌케 했는데, 황보규는 적을 격파하고 8백여 명을 참수하였다. 先零(선련)의 여러 강족은 황보규의 위엄과 신의를 흠모하여 서로 권하여 투항한 자가 10여만 명이었다. 다음 해에 황보규는 기병을 동원하여 합동으로 隴右 지역을 평정하였는데 도로가 불통했고 軍中에 큰 질병이 돌아 죽은 자가 10에 3, 4나 되었다. 황보규는 친히 병사들 움집에 들어가 장졸을 위무하자 삼군이 모두 감격하며 悅服(열복)하였다. 東羌(동강)은 사자를 보내 투항했고 涼州(양주)의 교통이 복구되었다.

　이보다 앞서 安定太守인 孫儁(손준)이 뇌물을 강제로 거둔다는 소문이 狼籍(낭자)했고, 屬國都尉인 李翕(이흡), 督軍御史인 張稟(장품) 등은 투항해 온 강족을 많이 죽였고, 涼州 刺史인 郭閎(곽굉), 漢陽太守인 趙熹(조희) 등은 모두 늙어서 소임을 감당할 수 없는데도 權貴를 믿고 法條를 따르지 않았다. 황보규는 임지에 부임하여 그들의 죄악을 모두 조목별로 적어 상주한 뒤에 파면하거나 주살하였다. 강족이 이를 알고서 다시 복종하였다. 沈氏(침저)의 우두머리인 滇昌(전창)과 飢恬(기염) 등 10여만 명이 다시 황보규에게 투항해왔다.

[原文]

　規出身數年, 持節爲將, 擁衆立功, 還督鄕里, 旣無它私惠, 而多所擧奏. 又惡絶宦官, 不與交通, 於是中外並怨, 遂

共誣規貨賂群羌, 令其文降. 天子璽書誚讓相屬. 規懼不免, 上疏自訟曰,

「四年之秋, 戎醜蠢戾, 爰自西州, 侵及涇陽, 舊都懼駭, 朝廷西顧. 明詔不以臣愚駑, 急使軍就道. 幸蒙威靈, 遂振國命, 羌戎諸種, 大小稽首, 輒移書營郡, 以訪誅納, 所省之費, 一億以上. 以爲忠臣之義, 不敢告勞, 故恥以片言自及微效.

然比方先事, 庶免罪悔. 前踐州界, 先奏郡守孫儁, 次及屬國都尉李翕, 督軍御史張稟. 旋師南征, 又上涼州刺史郭閎, 漢陽太守趙熹, 陳其過惡, 執據大辟. 凡此五臣, 支黨半國, 其餘墨綬, 下至小吏, 所連及者, 復有百餘. 吏托報將之怨, 子思復父之恥, 載贄馳車, 懷糧步走, 交構豪門, 競流謗讟, 云臣私報諸羌, 謝其錢貨. 若臣以私財, 則家無擔石, 如物出於官, 則文簿易考. 就臣愚惑, 信如言者, 前世尙遺匈奴以宮姬, 鎭烏孫以公主.

今臣但費千萬, 以懷叛羌. 則良臣之才略, 兵家之所貴, 將有何罪, 負義違理乎? 自永初以來, 將出不少, 覆軍有五, 動資巨億. 有旋車完封, 寫之權門, 而名成功立, 厚加爵封. 今臣還督本土, 糺舉諸郡, 絶交離親, 戮辱舊故, 衆謗陰害, 固其宜也. 臣雖汚穢, 廉絜無聞, 今見覆沒, 恥痛實深. 傳稱 '鹿死不擇音', 謹冒昧略上.」

| 註釋 | ○文降 - 문서로만 거짓 항복하다. 진심이 아니었다는 뜻. ○戎醜蠢戾 - 戎醜(융추)는 戎은 서쪽의 이민족. 醜(추할 추)는 이민족을 멸시하는 말. 蠢戾(준려)는 반역하다. 蠢은 벌레가 꿈틀댈 준(動也). 戾는 어그러질 려(乖也). ○涇陽(경양) - 安定郡의 縣名. ○急使軍就道 - 就는 출발하다. 떠나다. ○競流謗讟 - 謗讟(방독)은 헐뜯고 원망하다. 讟은 원망할 독. ○謝其錢貨 - 謝는 갚다(讎也) 보상하다. ○尙遣匈奴以宮姬 - 元帝 때 呼韓邪單于(호한야선우)에게 掖庭(액정)의 후궁인 王嬙(왕장, 王昭君)을 보내 閼氏(연지, 선우의 아내를 부르는 칭호)로 삼게 하였다. ○鎭烏孫以公主 - 武帝는 江都王 劉建(유건)의 딸 細君(세군)을 烏孫王 昆莫(곤막)에 보내 夫人으로 삼게 했다. ○鹿死不擇音 - 사슴이 창을 맞고 도망치는 다급한 상황에서 죽기 좋은 장소를 택할 수 없다. 音은 庇蔭(가려진 곳). 同音이라서 假借의 뜻으로 통함. 이는《左傳 文公》17년의 기사. 소국이 대국을 섬겨야 할 때 선택의 여지가 없다는 뜻으로 쓰인 말.

[國譯]

황보규가 관직에 재임하는 몇 년 동안 황보규는 부절을 받은 장수였고 대군을 지휘하여 공을 세웠으며, 고향에서 軍政을 감독하였지만 아무런 사익을 취하지 않으면서 타인의 비리를 많이 적발하였다. 그리고 환관을 미워하여 왕래하지 않았기에 안팎으로 원한을 사서 결국 황보규가 강족에게 돈과 예물을 보내어 문서상으로만 투항하게 했다는 여러 사람의 모함을 받았다. 天子는 璽書(새서)를 내려 황보규를 책망하며 조사하라고 하였다. 황보규는 재앙을 면할 수 없을 것이라 두려워하며 상소하여 변명하였다.

「延熹 4년 가을에, 서쪽 강족이 반역하면서 涼州 지역에서 일어나 涇陽縣(경양현)을 노략질하자 舊都(장안)이 두려워 떨었고 조정에서는 서쪽을 걱정하였습니다. 폐하께서는 우둔한 臣에게 급히 군사를 인솔하고 출발토록 명하셨습니다. 臣은 다행히도 폐하의 위엄과 신령의 도움으로 국위를 떨쳤으며, 강족의 여러 크고 작은 부족들은 고개를 숙이고 투항하자 臣은 각 군영에 문서를 보내 주살한 숫자와 지출한 경비를 조사하니 절감한 비용이 1억 전 이상이었습니다. 이는 충신이 응당 해야 할 일이며 소신의 어려움을 보고하지 않은 것은 자신의 공적을 자랑하는 것을 부끄럽게 생각했기 때문입니다.

그러나 전례의 비추어보면 죄과를 면할 수 없다고 후회하였습니다. 전에 처음 부임하면서 먼저 安定郡守 孫儁(손준)과 그 아래 屬國都尉 李翕(이흡), 督軍御史인 張稟(장품)의 탄핵을 상주하였습니다. 군사를 돌려 남쪽을 공격하면서 또 涼州刺史 郭閎(곽굉)과 漢陽 太守 趙熹(조희)를 탄핵하자, 그들은 죄과를 진술하였기에 응당 법에 의거 처형하였습니다. 이들 5명의 앞잡이 黨人이 곳곳에 널려 있고 그 아래 현령에서 小吏까지 관련된 자가 1백여 명이나 되었습니다. 관리들은 옛 상관의 원한을 풀어주려고, 자식은 아비를 위해 복수하려 마음먹고, 어떤 자는 수레에 예물을 실었고, 또 어떤 자는 양식을 지고 분주히 걸어 권력자를 찾아다니며 경쟁하듯 비방하며 臣이 은밀히 강족과 통하면서 그들에게 돈이나 선물을 보냈다고 비방하였습니다. 만약 臣이 私財를 그들에게 베풀어 주었다면 집에서 남은 곡식이 없어야 하며, 만약 국가 소유의 재물을 보냈다면 장부상 쉽게 대조할 수 있을 것입니다. 설령 臣이 어리석고 미혹한 생각이 있어 그들 말대로 했다면, 이는 前世(前漢)에 흉노에게 궁녀를 출가시키고 烏孫(오손)에 공주를 보내 진무한 것과 같을 것입니다.

지금 臣이 겨우 1천만 전을 지출하여 반란을 일으킨 강족을 회유했습니다. 그렇다면 이는 良臣의 才略이며, 兵家에서도 제일 가는 승리일 것이니, 臣에게 무슨 죄가 있고 무슨 의리를 배반했겠습니까? (安帝) 永初 이래로 원정에 나선 장수가 많았고 그중 전군이 궤멸된 경우가 5회나 되었으며 들어간 금전이 수億이었습니다. (前漢의) 어떤 경우에는 회군한 물자 중 봉인을 뜯지도 않았지만(병졸을 잘 대우하지 않았다는 뜻) 개선한 공로로 권문에 올라 이름을 날렸고 작위와 많은 식읍을 받기도 하였습니다. 지금 臣은 국내의 군사를 감독했고 여러 郡의 비리를 감독하면서 교우를 끊고 양친과도 헤어졌으며 옛 친구를 주살했는데도 수많은 비방과 음해를 받고 있습니다. 臣이 아무리 품행이 지저분하고 청렴의 명성이 없다지만 지금 이런 치욕을 겪고 있습니다. 다른 경전에 '사슴이 죽을 때 좋은 그늘을 찾지 않는다.' 고 하였습니다만 삼가 죽음을 무릅쓰고 이 글을 올립니다.」

原文

其年冬, 徵還拜議郎. 論功當封. 而中常侍徐璜,左悺欲從求貨, 數遣賓客就問功狀, 規終不答. 璜等忿怒, 陷以前事, 下之於吏. 官屬欲賦斂請謝, 規誓而不聽, 遂以餘寇不絶, 坐繫廷尉, 論輸左校. 諸公及太學生張鳳等三百餘人詣闕訟之. 會赦, 歸家.

徵拜度遼將軍, 至營數月, 上書薦中郎將張奐以自代. 曰, 「臣聞人無常俗, 而政有治亂, 兵無强弱, 而將有能否. 伏

見中郞將張奐, 才略兼優, 宜正元帥, 以從衆望. 若猶謂愚
臣宜充軍事者, 願乞冗官, 以爲奐副.」

朝庭從之, 以奐代爲度遼將軍, 規爲使匈奴中郞將. 及奐
遷大司農, 規復代爲度遼將軍.

| 註釋 | ○冗官(용관) – 일정한 직무가 없는 명예직. 冗은 쓸데없을 용.
○使匈奴中郞將 – 전한 무제 때부터 중랑장을 흉노에 사신으로 보냈는데,
이것이 정례가 되어 使匈奴中郞將이라는 명칭이 사용되었다. 후한에서는
질록 비이천석의 使匈奴中郞將을 설치하여 幷州(병주) 일대의 南匈奴를 관
할, 보호케 하였다. 주둔지는 西河郡 美稷縣(今 內蒙古 鄂爾多斯市 관할
準格爾旗 서북)이었다.

[國譯]

그해 겨울, 조정에 들어가 議郞을 제수 받았다. 論功에 제후가 되
어야 했다. 그러나 中常侍 徐璜(서황)과 左悺(좌관) 등은 이를 핑계로
돈을 요구하면서 여러 번 그 아랫사람을 보내 공적 내용을 물었는데
황보규는 끝내 응답하지 않았다. 서황 등은 분노하면서 이전 일을
다시 트집 잡아 法吏에게 넘겼다. 황보규의 官屬은 환관에게 재물을
보내 사과하자고 권했지만, 황보규는 한사코 따르지 않았고 또 강족
잔당의 노략질이 계속되자 결국 정위에게 넘겨졌으며 (將作大匠)의
左校에 보내 노동형에 처해졌다. 이에 三公과 태학생 張鳳(장봉) 등
3백여 명이 궁궐에 나아가 황보규를 변호하였다. 마침 사면령이 내
려져 귀가하였다.

황보규는 다시 부름을 받아 度遼將軍이 되었다. 군영에 부임하고

몇 달 뒤에 中郎將 張奐(장환)을 자신의 후임으로 천거하는 상서를
올렸다.

「臣은 듣기로, 백성에게는 불변의 습속이 없고, 사회질서는 안정
과 혼란이 있으며, 군사는 일정한 강약이 없고, 다만 지휘관의 능력
에 따라 다르다고 하였습니다. 臣이 볼 때 中郎將 張奐(장환)은 재능
과 智略이 모두 우수하여 元帥가 되어야 많은 기대에 부응할 수 있
을 것입니다. 그리고도 만약 臣이 軍에 있어야 한다면 冗官(용관)을
맡아 장환을 돕겠습니다.」

朝庭에서 수락하면서 장환이 度遼將軍이 되었고 황보규는 使匈
奴中郎將이 되었다. 나중에 장환이 大司農으로 승진하자, 황보규는
다시 度遼將軍이 되었다.

規爲人多意筭, 自以連在大位, 欲退身避第, 數上病, 不見
聽. 會友人上郡太守王旻喪還, 規縞素越界, 到下亭迎之.
因令客密告幷州刺史胡芳, 言規擅遠軍營, 公違禁憲, 當急
擧奏. 芳曰, "威明欲避第仕塗, 故激發我耳. 吾當爲朝廷愛
才, 何能申此子計邪!" 遂無所問.

及黨事大起, 天下名賢多見染逮, 規雖爲名將, 素譽不高.
自以西州豪桀, 恥不得豫, 乃先自上言, 「臣前薦故大司農張
奐, 是附黨也. 又臣昔論輸左校時, 太學生張鳳等上書訟臣,
是爲黨人所附也. 臣宜坐之.」

朝廷知而不問, 時人以爲規賢.

| 註釋 | ○縞素越界 - 縞素는 상복. 縞는 명주 호, 흴 호. 白色. ○避第
仕塗 - 仕宦之塗를 피하여 집으로 가다.

[國譯]

황보규는 深謀遠慮(심모원려)한 사람이었으니, 자신이 고위직을 연
임했으니 은퇴하여 고향으로 돌아가고자 여러 번 병이 났다고 사직
코자 했어도 조정에서는 수락하지 않았다. 마침 友人인 上郡太守인
王旻(왕민)이 친상으로 還鄕하자, 황보규는 상복을 입고 주둔지를 벗
어나 먼 亭에서 왕민을 영접하였다. 그러면서 아랫사람을 보내 은밀
히 幷州(병주)자사 胡芳(호방)에게 '황보규가 멋대로 군영을 이탈했으
니, 이는 공무상 규정 위배이니 응당 빨리 상주해야 한다.' 고 알려
주었다. 그러자 호방이 말했다.

"이는 威明(皇甫規)이 관직을 버리고 귀가하려고 일부러 나를 이
용한 것이다. 나는 조정의 인재를 위해야 하거늘 어찌 이런 속셈에
맞춰 보고하겠는가!"

그리고서는 더 이상 묻지 않았다. 나중에 黨錮 사안이 크게 일어
났고 천하의 명사들이 이와 연관하여 많이 체포되었는데, 황보규는
명장이지만 평소 명성은 높지 않았다. 황보규는 자신이 西州의 호걸
인데도 연관되지 않으면 치욕이라 생각하며 미리 상서하여 말했다.

"臣은 앞서 故 大司農 張奐을 천거하였으니, 이는 結黨입니다. 또
臣이 左校에 보내져 노역형을 받았을 때 太學生 張鳳 등이 상서하여
臣을 변호하였으니, 이도 黨人의 짓입니다. 臣은 의당 黨錮에 해당

합니다."

朝廷에서는 그 뜻을 알고 不問에 붙였다. 時人들은 황보규가 현명하다고 생각했다.

在事數歲, 北邊威服. 永康元年, 徵爲尙書. 其夏日食, 詔公卿擧賢良方正, 下問得失. 規對曰,

「天之於王者, 如君之於臣, 父之於子也. 誠以災妖, 使從福祥. 陛下八年之中, 三斷大獄, 一除內嬖, 再誅外臣. 而災異猶見, 人情未安者, 殆賢愚進退, 威刑所加, 有非其理也. 前太尉陳蕃, 劉矩, 忠謀高世, 廢在里巷. 劉佑, 馮緄, 趙典, 尹勳, 正直多怨, 流放家門. 李膺, 王暢, 孔翊, 絜身守禮, 終無宰相之階.

至於鉤黨之釁, 事起無端, 虐賢傷善, 哀及無辜. 今興改善政, 易於覆手, 而群臣杜口, 鑒畏前害, 互相瞻顧, 莫肯正言. 伏願陛下暫留聖明, 容受謇直, 則前責可弭, 後福必降.」

對奏, 不省.

遷規弘農太守, 封壽成亭侯, 邑二百戶, 讓封不受. 再轉爲護羌校尉. 熹平三年, 以疾召還, 未至, 卒於穀城, 年七十一. 所著賦, 銘, 碑, 贊, 禱文, 吊, 章表, 教令, 書, 檄, 箋記, 凡二十七篇.

| 註釋 |　○永康 元年 – 서기 167년, 桓帝 붕어.　○三斷大獄 – 梁冀(양기)와 鄧萬(등만), 鄧會(등회), 그리고 李膺(이응)을 주살했었다.　○一除內嬖 – 桓帝의 두 번째 황후인 鄧황후를 폐위한 일. 桓帝 劉志의 2번째 황후로 鄧皇后(鄧猛女, 등맹녀, ? – 165년)는 光武帝 雲臺 二十八將의 한 사람인 太傅 鄧禹의 증손 鄧香(등향)의 딸로 美色이 絶倫했다. 재위는 7년인 桓帝 延熹 8년(서기 165)에 조서로 등황후를 폐위하여 暴室(폭실)에 보내자 등황후는 울분으로 죽었다. 嬖는 사랑할 폐. 無德하나 총애를 받는 것이 嬖이다.　○再誅外臣 – 桂陽太守 任胤(임윤)과 南陽과 太原太守 등을 처형하였다.　○劉矩(유구) – 76권,〈循吏列傳〉에 立傳. 矩는 곱자 구. 직각 자. 직각을 그릴 때 쓴다.

[國譯]

황보규의 재직 몇 년 동안, 북방 이민족은 황보규의 권위에 복종하였다. (桓帝) 永康 원년에, 조정에 들어와 尙書가 되었다. 그 해 여름 일식이 일어나자 조서로 公卿에게 賢良方正한 인재를 천거하게 하면서 정사의 득실을 물었다. 이에 황보규가 응답하였다.

「하늘과 王은 주군과 신하, 부친과 아들의 관계와 같습니다. 하늘은 재해와 이변으로 훈계를 내려 왕을 하여금 福祥을 따르게 합니다. 폐하께서는 최근 8년 동안에 큰 옥사가 3번 있었고, 황후를 폐위했으며 지방관을 2차례에 걸쳐 처형하셨습니다. 재해와 이변의 출현은 人情의 안정되지 않고, 賢愚의 進退와 처형이 사리에 맞지 않았기 때문입니다. 앞서 太尉 陳蕃(진번)과 劉矩(유구)는 충성심이 널리 알려졌어도 향리로 물러났습니다. 劉佑(유우)와 馮緄(풍곤), 趙典(조전)과 尹勳(윤훈) 등은 모두 正直하기에 원한을 사서 고향에 유폐되었습니다. 李膺(이응), 王暢(왕창), 孔翊(공익) 등은 깨끗한 처신에

예도를 지켰지만 끝내 재상의 반열에 오르지 못했습니다.

黨錮의 禍는 아무 까닭도 없이 일어나 賢才와 善人만 죽거나 다쳤으며 무고한 사람만 애통하게 당했습니다. 지금 이를 고쳐 선정을 베푸는 것은 손바닥을 뒤집듯 쉬운 일이나 모든 신하가 입을 막고 먼저 사람들이 당한 경우를 거울삼아 서로 바라만 보고 아무도 바른 말을 하려고 않습니다. 신이 원하는 바, 폐하께서 聖明하신 지혜로 충직한 신하를 받아들이시며 앞의 여러 過失을 고치신다면 이후로 틀림없이 복을 받으실 것입니다.」

上奏에 대한 회답은 없었다.

황보규는 弘農太守가 되었다가 壽成亭侯(수성정후)에 봉해졌고 식읍은 2백 호였으나 책봉을 사양하고 받지 않았다. 다시 護羌校尉가 되었다. (靈帝) 熹平 3년(서기 170), 병환으로 낙양에 돌아오게 했으나 도착하기 전에 穀城縣(곡성현)에서 죽었다는데, 나이는 71세였다. 황보규가 저술한 賦, 銘, 碑, 贊, 禱文, 吊, 章表, 敎令, 書, 檄, 箋記(전기) 총 27편이 있다.

||原文||

論曰, 孔子稱 '其言之不怍, 則其爲之也難.' 察皇甫規之言, 其心不怍哉! 夫其審己則干祿, 見賢則委位, 故干祿不爲貪, 而委位不求讓. 稱己不疑伐, 而讓人無懼情. 故能功成於戎狄, 身全於邦家也.

| 註釋 | ○其言之不怍 ~ ─ 怍은 부끄러워할 작(慙也).《論語 憲問》.

　范曄(범엽)의 史論 : 孔子는 '그가 한 말이 부끄럽지 않다면 그가
이룬 공적은 쉬운 일이 아니다.'라고 하였다. 皇甫規의 말을 보면
그 마음에 부끄러움이 없었다! 자신의 능력에 따라 官祿을 얻으려
했고, 현인을 만나면 자신의 지위를 양보하였다. 때문에 그가 관록
을 구한 것은 탐욕이 아니었고, 그가 지위를 양보한 것은 겸허의 명
성을 얻으려는 뜻이 아니었다. 자신을 칭찬했으나 남의 그 자랑에
의구심이 없었고, 남에게 양보했으나 타인의 보은을 기대하지 않았
다. 그러했기에 이민족을 상대로 공을 세울 수 있었고 자신과 가문
을 지킬 수 있었다.

❷ 張奐

│原文│

　張奐字然明, 敦煌淵泉人也. 父惇, 爲漢陽太守. 奐少游
三輔, 師事太尉朱寵, 學《歐陽尙書》. 初, 《牟氏章句》浮辭繁
多, 有四十五萬餘言, 奐減爲九萬言. 後辟大將軍梁冀府,
乃上書桓帝, 奏其章句, 詔下東觀. 以疾去官, 復擧賢良, 對
策第一, 擢拜議郎.

　永壽元年, 遷安定屬國都尉. 初到職, 而南匈奴左薁鞬臺
耆,且渠伯德等七千餘人寇美稷, 東羌復擧種應之. 而奐壁
唯有二百許人, 聞卽勒兵而出. 軍吏以爲力不敵, 叩頭爭止

之. 奐不聽, 遂進屯長城, 收集兵士, 遣將王衛招誘東羌, 因據龜茲, 使南匈奴不得交通東羌. 諸豪遂相率與奐和親, 共擊薁鞬等, 連戰破之. 伯德惶恐, 將其衆降, 郡界以寧.

| 註釋 | ○敦煌淵泉人 – 敦煌郡(돈황군) 治所는 敦煌縣, 今 甘肅省 酒泉市 관할 敦煌市. 甘肅省 서북 끝. 淵泉은 今 甘肅省 酒泉市 관할 瓜州縣(과주현). ○《牟氏章句》–《尙書章句》. 후한의 牟長(모장)이 撰한 책. 牟長은 79권, 〈儒林列傳〉(上)에 입전. ○安定屬國都尉 – 安定屬國都尉 치소는 安定郡 三水縣, 今 寧夏回族自治區 吳忠市 관할 同心縣 동쪽. ○龜茲(구자) – 上郡의 현명. 今 陝西省 楡林市 북쪽. 西域의 龜玆國이 아님.

[國譯]

張奐(장환)의 字는 然明(연명)으로 敦煌郡 淵泉縣 사람이다. 부친 張惇(장돈)은 漢陽太守였다. 장환은 젊어 三輔에 유학하였고 太尉 朱寵(주총)으로부터 《歐陽尙書》를 배웠다. 이전에, 《牟氏章句》는 浮辭가 너무 많아 45만여 자나 되었는데, 장환이 이를 9만 자로 축소하였다. 뒷날 梁冀(양기)의 大將軍府에 근무하면서 桓帝에게 《牟氏章句》를 올렸고, 환제는 이를 東觀에 보관케 하였다. 병으로 관직을 사임했다가 다시 賢良方正한 인재로 천거되었고, 對策에서 일등을 하여 議郞에 발탁되었다.

(桓帝) 永壽 원년(서기 155)에 安定屬國都尉가 되었다. 부임하자 南匈奴의 左薁鞬(좌욱건)인 臺耆(대기)와, 且渠(차거)인 伯德(백덕) 등 7천여 명이 (河西郡) 美稷縣(미직현)에 침입하였고, 東羌族(동강족)의 부족 전체가 호응하였다. 장환의 군영에는 겨우 2백여 명뿐이었지

만 장환은 소식을 듣자 즉시 군사를 거느리고 출동하였다. 軍吏는 力不敵이라면서 머리를 땅에 찧으면서 말렸다. 장환은 듣지 않고 진격하여 長城에 주둔하고서 병사를 모집하며, 부장 王衛(왕위)를 보내 동강족을 회유하였고, 龜茲縣(구자현)에 점거하며 南匈奴와 동강족의 왕래를 끊었다. 이에 동강족의 여러 우두머리가 서로를 데리고 와서 장환과 화친하며 함께 좌욱건을 공격하여 연달아 격파하였다. 백덕은 두려워하며 무리를 거느리고 투항했고 군내가 안정되었다.

原文

羌豪帥感奐恩德, 上馬二十匹, 先零酋長又遺金鐻八枚. 奐並受之, 而召主簿於諸羌前, 以酒酹地曰, "使馬如羊, 不以入廐, 使金如粟, 不以入懷." 悉以金馬還之. 羌性貪而貴吏淸, 前有八都尉率好財貨, 爲所患苦, 及奐正身絜己, 威化大行.

遷使匈奴中郎將. 時休屠各及朔方烏桓並同反叛, 燒度遼將軍門, 引屯赤阬, 烟火相望. 兵衆大恐, 各欲亡去. 奐安坐帷中, 與弟子講誦自若, 軍士稍安. 乃潛誘烏桓陰與和通, 遂使斬屠各渠帥, 襲破其衆. 諸胡悉降.

| **註釋** | ○金鐻(금거) - 鐻는 악기 걸이 거. 형체 미상. ○酒酹地 - 酹는 술을 부을 뇌(뢰). 맹서하는 뜻. ○如羊, ~ 如粟 - 많이 있다는 뜻. ○休屠各 - 休屠各(휴저각)은 흉노 부족 이름. 休屠各胡도 같은 뜻, 今 內蒙古 일

대에서 활동. 屠 잡을 도. 흉노왕의 칭호 저. ○赤阬(적갱) – 당시 雲中郡의 읍명. 금 內蒙古 托克托 동남, 黃河 북안.

[國譯]

羌族의 우두머리는 장환의 은덕에 감격하여 말 20필을 바쳤고, 先零(선련)의 酋長(추장)도 金鐻(금거) 8枚(매)를 바쳤다. 장환은 모두 다 받은 뒤에, 主簿를 강족의 우두머리 앞에 불러 술을 땅에 부으며 말했다.

"우리에게 말은 羊만큼 많이 있어 기를 마굿간이 없고, 금은 곡식만큼 많아 주머니에 넣을 것이 못 된다."

그러면서 말과 금거를 모두 돌려주었다. 강족의 성격은 탐욕하면서도 관리의 청렴을 귀하게 여겼는데, 앞서 근무했던 8명의 도위는 재물을 좋아하여 강족에게 부담이 되었는데 이번 장환은 행실이 바르고 청렴하다 생각하여 교화가 저절로 성공하였다.

장환은 使匈奴中郞將으로 승진하였다. 그 무렵 흉노 부족 休屠各(휴저각)과 朔方郡의 烏桓族(오환족)이 함께 반란을 일으켜 度遼將軍의 軍門을 불태웠고, (雲中郡) 赤阬(적갱)까지 침공하여 연기와 불길이 보였다. 군사들이 크게 놀라 각자 도주하려 했는데, 장환은 휘장 안에 안거하면서 제자들과 함께 아무렇지도 않은 듯 경전을 암송하자 군사들은 점차 안정되었다. 이에 장환은 은밀히 烏桓族을 회유하여 상통하며 그로 하여금 휴저각의 우두머리를 죽이게 한 뒤에 흉노족을 급습하였다. 여러 흉노족은 모두 투항하였다.

延熹元年, 鮮卑寇邊, 奐率南單于擊之, 斬首數百級.

明年, 梁冀被誅, 奐以故吏免官禁錮. 奐與皇甫規友善, 奐旣被錮, 凡諸交舊莫敢爲言, 唯規薦擧前後七上. 在家四歲, 復拜武威太守. 平均徭賦, 率厲散敗, 常爲諸郡最, 河西由是而全.

其俗多妖忌, 凡二月,五月産子及與父母同月生者, 悉殺之. 奐示以義方, 嚴加賞罰, 風俗遂改, 百姓生爲立祠. 擧尤異, 遷度遼將軍. 數載閒, 幽,並淸靜.

| **註釋** | ○武威太守 - 治所는 姑臧縣, 今 甘肅省 중부 武威市.

[國譯]

(桓帝) 延熹 원년(서기 158), 선비족이 변경을 노략질하자 장환은 남선우의 군사를 거느리고 공격하여 수백 명을 죽였다.

明年에, 梁冀(양기)가 주살되자 장환은 양기에 의해 관리가 되었다 하여 면직되고 禁錮를 당했다. 장환은 皇甫規(황보규)와 가까웠는데 전에 가까웠던 우인 누구도 말을 나누지 않았지만 오직 황보규만은 장환을 전후 7차례나 천거하였다. 장환은 4년간 집에 있다가 다시 武威太守가 되었다. 장환은 요역과 부세를 공평히 하고 지쳐 흩어진 병졸을 불러 위로하자 모든 치적이 여러 군중에서 제일 우수하였고 河西 지역이 이로써 안정되었다.

그곳 풍속에는 요상한 금기가 많아 2월과 5월에 낳은 아들, 그리고 부모와 같은 달에 태어난 아이는 모두 죽였다. 장환은 인의와 도덕으로 모범을 보이면서 엄격하게 상벌을 적용하자 풍속은 점차 바뀌었고 백성은 장환의 生祠를 세웠다. 장환은 치적이 우수하여 度遼將軍으로 승진하였다. 몇 년 동안에 幽州와 幷州 일대가 모두 평온하였다.

||原文||

九年春, 徵拜大司農. 鮮卑聞奐去, 其夏, 遂招結南匈奴, 烏桓數道入塞, 或五六千騎, 或三四千騎, 寇掠緣邊九郡, 殺略百姓. 秋, 鮮卑復率八九千騎入塞, 誘引東羌與共盟詛. 於是上郡沈氐, 安定先零諸種共寇武威, 張掖, 緣邊大被其毒.

朝廷以爲憂, 復拜奐爲護匈奴中郎將, 以九卿秩督幽, 幷, 涼三州及度遼, 烏桓二營, 兼察刺史, 二千石能否, 賞賜甚厚. 匈奴, 烏桓聞奐至, 因相率還降, 凡二十萬口. 奐但誅其首惡, 餘皆慰納之. 唯鮮卑出塞去.

| 註釋 | ○共盟詛 – 盟詛(맹저)는 맹세하다. 詛는 저주할 저. 맹세하다. ○度遼, 烏桓二營 – 度遼장군의 군영은 五原郡 曼栢縣에, 烏桓校尉의 군영은 上谷郡 寧縣에 있었다.

[國譯]

(桓帝 延熹) 9년 봄, 장환은 조정에 들어가 大司農이 되었다. 鮮卑

族은 장환이 떠난 것을 알고 그 해 여름에, 南匈奴와 烏桓과 연결하여 여러 갈래로 국경을 넘어왔는데 때로는 5, 6천 혹은 3, 4천 기병이 변경 9개 군에 침입하여 백성을 죽이고 노략질하였다. 가을에 선비족이 다시 8, 9천 명의 기병으로 국경을 넘었고 東羌族을 유인하여 함께 맹약을 체결하였다. 이에 上郡의 沈氏(침저), 安定郡의 先零(선련) 등 여러 종족이 함께 武威郡과 張掖郡(장액군)을 노략질하여 그 폐해가 매우 극심하였다.

조정에서는 나라의 우환이라 하여 다시 장환을 護匈奴中郞將에 임명하였고 九卿의 질록을 받고 幽州, 幷州, 涼州 등 3州와 度遼, 烏桓의 2郡營, 그리고 刺史와 태수의 유능과 무능을 감찰케 하였고 장환에게 내리는 賞賜가 매우 많았다. 匈奴와 烏桓은 장환이 부임했다는 말을 듣고 서로 권하여 돌아와 투항하니 총 20여만 명이었다. 장환은 다만 그 首惡만을 주살하고 나머지는 모두 다독이며 받아들였다. 선비족은 국경을 넘어 도주하였다.

原文

永康元年春, 東羌,先零五六千騎寇關中, 圍沒祤, 掠雲陽. 夏, 復攻沒兩營, 殺千餘人. 冬, 羌岸尾,摩蟄等脅同種復鈔三輔. 奐遣司馬尹端,董卓並擊, 大破之, 斬其酋豪, 首虜萬餘人, 三州淸定. 論功當封, 奐不事宦官, 故賞遂不行, 唯賜錢二十萬, 除家一人爲郞. 並辭不受, 而願徙屬弘農華陰. 舊制邊人不得內移, 唯奐因功特聽, 故始爲弘農人焉.

| 註釋 | ○東羌族 – 羌族의 일부를 지칭. 당시의 安定郡, 上郡, 北地郡 등, 곧 지금의 陝西省과 甘肅省 접경 지역에 거주하던 강족, 다른 강족에 비해 거주 지역이 동쪽에 편중. ○祋祤(대우) – 좌풍익의 현명. 今 陝西省 중부 銅川市 耀州區. 祋는 창 대. 무기. 祤는 고을 이름 우. ○雲陽 – 左馮翊의 현명. 今 陝西省 咸陽市 淳化縣.

[國譯]

(桓帝) 永康 원년 봄, 東羌(동강)과 先零(선련)의 5, 6천 기병이 關中 땅을 노략질하였는데 (左馮翊의) 祋祤縣(대우현)을 포위하고, 雲陽縣을 약탈하였다. 여름에 다시 (度遼將軍과 烏桓校尉의) 兩營을 공격 함락하고 1천여 명을 죽였다. 겨울에도 강족의 岸尾(안미), 摩蟞(마별) 등이 同種을 위협하여 다시 三輔 지역을 약탈하였다. 장환은 司馬인 尹端(윤단)과 董卓(동탁)을 보내 공격 대파하고 그 우두머리를 죽였으며 1만여 명을 생포하여 3개 州가 모두 안정되었다. 論功에 장환은 당연히 제후가 되어야 했지만, 환관의 미움으로 포상 없이 금전 20만을 하사하고 집안의 한 사람을 낭관에 임명하기로 했다. 그러나 장환은 모든 것을 받지 않고 다만 가속의 弘農郡 華陰縣에 이사를 원했다. 당시 제도로는 변방 백성이 內地로 이주할 수 없었지만 장환은 특별한 공을 세웠기에 허가되었고 이후로 홍농군 사람이 되었다.

原文

建寧元年, 振旅而還. 時竇太后臨朝, 大將軍竇武與太傅

陳蕃謀誅宦官, 事洩, 中常侍曹節等於中作亂, 以奐新徵, 不
知本謀, 矯制使奐與少府周靖率五營士圍武. 武自殺, 蕃因
見害.

奐遷少府, 又拜大司農, 以功封侯. 奐深病爲節所賣, 上
書固讓, 封還印綬, 卒不肯當.

| 註釋 |　○竇太后臨朝(桓思竇皇后) - 桓帝의 3번째 황후. 章帝 竇皇后
6촌 동생의 孫女. 父 竇武(두무), 환제의 총애는 못 받았지만 환제가 죽는
永康 원년(167)년에 解瀆亭侯 劉宏(유굉)을 옹립하니, 곧 靈帝(재위 168 -
189년)이다.　○中常侍 曹節 - 十常侍의 한 사람. 환관, 78권, 〈宦者列傳〉
에 입전.　○爲節所賣 - 曹節에게 이용당하다. 피동문(爲~所). 賣는 속이
다. 기만하다. 배신하다. 내통하다.

[國譯]

　(靈帝) 建寧 원년(서기 168), 군사를 정돈하여 개선하였다. 그때
竇太后가 臨朝하였는데 大將軍 竇武(두무)와 太傅 陳蕃(진번)은 환관
을 주살하려다가 일이 누설되었고 中常侍 曹節(조절) 등은 중간에서
作亂하였는데, 장환이 금방 조정에 들어왔기에 사건의 진상을 파악
하지 못한 상황에서 위조한 制書로 장환과 少府 周靖(주정)에게 五
營의 군사를 거느리고 두무를 포위하게 시켰다. 두무는 자살했고 陳
蕃은 살해되었다.

　장환은 少府로 승진했다가 다시 大司農이 되었다. 장환은 공훈이
있다 하여 제후에 봉해졌다. 장환은 조절에게 이용당한 것을 크게
후회하며 상서하여 완강히 사양하였고 인수를 봉하여 반환하며 끝

내 받지 않았다.

明年夏, 靑蛇見於御坐軒前, 又大風雨雹, 霹靂拔樹, 詔使
百僚各言災應. 奐上疏曰,

「臣聞風爲號令, 動物通氣. 木生於火, 相須乃明. 蛇能屈
申, 配龍騰蟄. 順至爲休徵, 逆來爲殃咎. 陰氣專用, 則凝精
爲雹. 故大將軍竇武,太傅陳蕃, 或志寧社稷, 或方直不回.
前以讒勝, 並伏誅戮, 海內默默, 人懷震憤.

昔周公葬不如禮, 天乃動威. 今武,蕃忠貞, 未被明宥, 妖
眚之來, 皆爲此也. 宜急爲改葬, 徙還家屬. 其從坐禁錮, 一
切蠲除. 又皇太后雖居南宮, 而恩禮不接, 朝臣莫言, 遠近
失望. 宜思大義顧復之報.」

天子深納奐言, 以問諸黃門常侍, 左右皆惡之, 帝不得自
從.

| 註釋 | ○靑蛇 - 먹구렁이. ○御坐軒前 - 어좌의 앞 난간. 軒은 난간
(檻闌板也). ○配龍騰蟄 - 騰은 오를 등. 蟄은 숨을 칩. ○顧復之報 - 顧
는 돌아보다(旋視也). 復은 반복하다. 다시 시행하다.

[國譯]

다음 해 여름, 靑蛇가 어좌의 앞 난간 판자에 출현했고 큰 바람과 함께 우박이 쏟아졌으며 천둥이 치고 나무가 뽑히자 모든 신하들에게 재해 대응책을 올리라는 조서를 내렸다. 이에 張奐(장환)이 상소하였다.

「臣이 알기로, 바람은 하늘의 號令이고 만물을 움직여 氣를 상통하게 합니다. 木은 火에서 나오면서 서로 轉化해야 밝아질 수 있습니다. 뱀(蛇)은 屈伸(굴신)에 능하여 때로는 용을 따라가거나 숨어버립니다. 시절에 맞춰 나타나면 좋은 징조이지만, 절기를 위배하면 재앙의 징표입니다. 陰氣가 한창 성하여 음의 정기가 모인 것이 우박(雹, 우박 박)입니다. 고인이 된 大將軍 竇武(두무)와 太傅 陳蕃(진번)은 社稷(사직)을 안정시키려는 뜻이었고 강직하며 불의에 굽히지 않았습니다. 예전에 참소하는 자가 세력을 얻었기에 모두 주살되었는데 천하 백성은 침묵했지만 울분을 품었습니다.

옛날 周公의 葬禮에 예를 제대로 갖추지 않자 하늘이 움직여 위엄을 보였습니다. 지금 竇武(두무)와 陳蕃(진번)의 忠貞에 아직도 관용을 베풀지 않았으니 요상한 재앙의 출현은 아마도 이 때문일 것입니다. 응당 서둘러 改葬하고 쫓겨 간 가속을 돌아오게 해야 합니다. 그에 연좌하여 禁錮에 처한 자의 죄도 사면해야 합니다. 또 황태후가 지금 南宮에 거처하지만 태후에 대한 예우가 없고 朝臣은 아무도 말을 하지 않지만 원근 백성은 실망하고 있습니다. 응당 대의를 생각하시어 태후에 대한 예우를 다시 시행하여야 합니다.」

天子는 장환의 건의에 깊이 공감하며 이를 여러 黃門常侍에게 물었는데 좌우가 모두 장환을 증오하자 영제는 뜻대로 시행하지 못했다.

轉奐太常, 與尙書劉猛刁韙,衛良同薦王暢,李膺可參三公
之選, 而曹節等彌疾其言, 遂下詔切責之. 奐等皆自囚廷尉,
數日乃得出, 並以三月俸贖罪. 司隸校尉王寓, 出於宦官,
欲借寵公卿, 以求薦擧, 百僚畏憚, 莫不許諾, 唯奐獨拒之.
寓怒, 因此遂陷以黨罪, 禁錮歸田里.

| 註釋 | ○刁韙(조위) – 인명. 刁는 바라 조. 刁斗(조두). 낮에는 취사용
솥. 밤에는 이를 치며 경계를 선다. 성씨. 韙는 바를 위.

장환은 太常이 되었는데, 장환은 尙書인 劉猛(유맹), 刁韙(조위), 衛
良(위량)과 함께 王暢(왕창)과 李膺(이응)이 三公의 선임에서 후보가
되어야 한다고 건의하였는데 曹節(조절) 등은 장환의 말을 더욱 질
시하였고, 결국 조서를 내려 장환을 질책하였다. 장환 등은 모두 廷
尉에게 불려갔다가 며칠 뒤에야 풀려나왔지만 3개월치 봉록으로 속
죄해야만 했다. 司隸校尉인 王寓(왕우)는 환관 출신인데 靈帝의 총
애를 믿고 공경의 지위에 오르려고 천거를 요구하였는데, 모든 신하
들은 왕우가 두려워 천거했지만 장환만은 끝까지 거절하였다. 이에
왕우는 분노하면서 장환을 結黨하였다고 모함했고 결국 금고에 처
해지자 장환은 고향으로 돌아왔다.

奐前爲度遼將軍, 與段熲爭擊羌, 不相平. 及熲爲司隸校尉, 欲逐奐歸敦煌, 將害之. 奐憂懼, 奏記謝熲曰,

「小人不明, 得過州將, 千里委命, 以情相歸. 足下仁篤, 照其辛苦, 使人未反, 復獲郵書. 恩詔分明, 前以寫白, 而州期切促, 郡縣惶懼, 屛營延企, 側待歸命. 父母朽骨, 孤魂相托, 若蒙鄕憐, 壹惠咳唾, 則澤流黃泉, 施及冥寞, 非奐生死所能報塞.

夫無毛髮之勞, 而欲求人丘山之用, 此淳于髡所以拍髀仰天而笑者也. 誠知言必見譏, 然猶未能無望. 何者? 朽骨無益於人, 而文王葬之. 死馬無所復用, 而燕昭寶之. 黨同文, 昭之德, 豈不大哉!

凡人之情, 冤則呼天, 窮則叩心. 今呼天不聞, 叩心無益, 誠自傷痛. 俱生聖世, 獨爲匪人. 孤微之人, 無所告訴. 如不哀憐, 便爲魚肉. 企心東望, 無所復言.」

熲雖剛猛, 省書哀之, 卒不忍也. 時禁錮者多不能守靜, 或死或徙. 奐閉門不出, 養徒千人, 著《尙書記難》三十餘萬言.

| 註釋 | ○司隸校尉 - 後漢의 司隸校尉는 질록 比이천석, 京師와 三輔, 河東, 河內, 弘農郡 내의 백관, 외척, 제후, 태수를 규찰하여 그 권세가 당당했다. 建武 元年에 광무제는 御史中丞(어사중승, 최고 감찰관), 司隸校尉(백관 규찰), 尙書令의 三官을 '三獨坐'라 호칭했는데 이는 조회 시에 전용석에 혼자 앉는다는 뜻이다. 司隸校尉部의 치소는 洛陽. 낙양을 東京 또

는 司隷라고도 칭했다.　○奏記謝潁 – 張奐은 段潁(단경)의 강족 토벌만이
능사가 아니라고 조정에 건의했고 장환의 상서는 단경에게 전달되었다.
단경은 장환을 반박하는 상서를 올렸다. 강족에 대한 토벌은 단경의 뜻대
로 진행되어 완결되었기에 장환은 목숨을 위해 사죄 편지를 보냈다.　○得
過州將 – 州將은 사예교위.　○所以拍髀仰天而笑者也 – 楚가 齊를 공격하
자, 齊 威王은 淳於髡(순우곤)을 趙에 사자로 보내 군사적 원조를 요청케 하
였는데 순우곤은 齊 위왕의 예물은 너무 약소하나 너무나 큰 것을 바라기
에 하늘을 보고 웃었다.　○文王葬之 – 文王이 靈臺를 지을 때 인부가 땅을
파는데 백골이 나왔다. 문왕을 그 백골을 예를 갖춰 묻어주라고 하였다.
그러자 관리가 '이 유골은 주인이 없습니다.' 라고 말했다. 문왕은 "나라를
가진 사람이 나라의 주인이니, 과인이 바로 그 유골의 주인이다." 하고 말
했다. 백성들은 이를 전해 듣고 "문왕은 은덕을 백골에게도 베풀어주시는
데, 하물며 백성이야 말할 것이 없다."고 말하였다.　○而燕昭寶之 – 燕 昭
王이 즉위하고 몸을 낮춰 인재를 구하였다. 죽은 천리마의 뼈를 비싸게 사
들이자 불과 1년이 안 되어 살아있는 천리마를 구할 수 있었다.　○黨同~
– 黨은 만약에, 혹시 아마도. 儻과 通.　○便爲魚肉 – 다른 사람에게 씹혀
질 것이다.

[國譯]

　　張奐(장환)이 前에 度遼將軍으로 재직할 때, 段潁(단경)과 강족을
공격하는 문제로 서로 다툰 뒤에 사이가 좋지 않았다. 단경은 司隷
校尉가 되자, 장환을 고향 敦煌郡으로 돌려보낸 뒤에 죽일 계획이었
다. 장환은 두려워서 서신을 보내 사과하였다.

　　「小人이 不明하여 州將에게 잘못했으며 천리밖에 직무를 수행하
지만 여기 제 심정을 적어 보냅니다. 貴下는 仁慈 篤實하시며 남의

어려움도 살펴주셨으니, 使人은 아직 돌아가지 않았고 보내주신 서신을 받았습니다. 皇恩의 詔命이 分明하나, 앞서 서신에서도 말씀드렸지만 州府(사예부)에서 정한 기일이 너무 급박하고, 郡縣에서도 두려워하며, 병영에서는 떠날 날을 기대하고 돌아가라는 명을 고대하고 있습니다. 父母의 朽骨과 孤魂을 귀하에 전부 맡기오니, 만약 귀하께서 연민의 은혜를 단 한 번만이라도 베풀어 주신다면 그 어두운 황천에 가서라도 張奐이 다 갚지 못할 것입니다.

毛髮이 다 없어지는 고생도 하지 않고 산처럼 큰 쓰임을 얻으려 한다면 齊의 淳于髠(순우곤)이 허벅지를 치며 하늘을 보며 웃었을 것입니다. 저의 소원이 틀림없이 비웃음을 받을 것이라고 생각하지만 그렇다고 바라지 않을 수도 없습니다. 왜 그렇겠습니까? 백골은 다른 사람에게 쓸모가 없지만 文王은 예를 갖춰 묻어주게 했습니다. 죽은 말은 다시 쓸모가 없지만 燕의 昭王은 보물로 생각하였습니다. 만약 (周) 文王과 (燕) 昭王의 道德과 비슷하다면 어찌 위대하지 않겠습니까?

凡人의 情理란 원망이 있으면 하늘에 호소하고 궁색한 처지면 가슴을 치니, 이는 참으로 가슴 아픈 일입니다. 모두 함께 聖世에 살지만 혼자서 바른 사람이 될 수는 없습니다. 고립되고 미약한 사람이라 어디 하소연할 데도 없습니다. 만약 불쌍히 돌봐주지 않는다면 곧 魚肉이 될 것입니다. 간절한 마음에 동쪽을 바라보지만 다시 더 말씀드릴 것이 없습니다.」

단경이 비록 강력하고 용맹한 사람이지만 서신을 읽고서는 장환을 애닯게 여겨 끝내 죽일 수가 없었다.

그 당시에 금고에 처해진 자들은 대부분 평정을 찾지 못했는데 일찍 죽거나 혹은 거처를 옮겼다. 장환은 폐문불출하면서 천여 명의 제자를 양성했고《尙書記難》30여만 자를 저술하였다.

原文

奐少立志節, 嘗與士友言曰, "大丈夫處世, 當爲國家立功邊境." 及爲將帥, 果有勳名. 董卓慕之, 使其兄遺縑百匹. 奐惡卓爲人, 絶而不受. 光和四年卒, 年七十八.

遺命曰, "吾前後仕進, 十要銀艾, 不能和光同塵, 爲讒邪所忌. 通塞命也, 始終常也. 但地底冥冥, 長無曉期, 而復纏以纊撓, 牢以釘密, 爲不喜耳. 幸有前窀, 朝殞夕下, 措屍靈牀, 幅巾而已. 奢非晉文, 儉非王孫, 推情從意, 庶無咎吝."

諸子從之. 武威多爲立祠, 世世不絶. 所著銘, 頌, 書, 敎, 誡述, 志, 對策, 章表二十四篇.

| 註釋 | ○銀艾(은애) – 銀印綠綬. 인수를 쑥(艾)으로 물들이기 때문에 은애라 불렀다. 질록 比2千石 이상은 銀印綠(靑)綬. 관직에 따라 인수의 유무, 재료와 색깔이 달랐다. 印綬(인수)는 印紱(인불). 印은 職印. 綬는 실로 만든 끈. 官印을 의미. 列侯는 金印紫綬. 질록이 比六百石 이상이면 銅印黑綬(墨綬)를 찼다. 그러나 大夫, 博士, 御史, 謁者, 郎官은 인수가 없었다. 比二百石 이상은 銅印黃綬를 찼다. ○和光同塵 –「~ 挫其銳, 解其紛, 和其光, 同其塵.~」《老子道德經》4章. 和光同塵은 자신의 知德이나 才氣를 감추고(和光)을 세속에 묻혀 같이 살아가다(同塵). ○地底冥冥 – 地底는 땅속의 끝. 底는 이를 지. 다다르다. 숫돌 지. 문지르다. 冥은 어두울

명. ○幸有前窆 − 窆은 광중 둔. 棺槨을 묻는 곳. 무덤. ○奢非晉文 − 晉
文公은 周王의 禮에 따른 장례를 치렀으니 사치라 하였다. ○儉非王孫 −
武帝 때 楊王孫은 죽으면서 맨 몸이 흙에 직접 닿도록 裸葬(나장)을 치르라
고 유언했다.

[國譯]

　張奐(장환)은 젊어서 큰 뜻을 세웠는데, 일찍이 벗에게 말했다.

　"大丈夫가 한 삶을 살면서 나라를 위해 변경에서 공을 세워야 한
다."

　장환은 장수가 되어 자신의 뜻대로 공을 세웠다. 董卓(동탁)이 장
환을 흠모하여 형을 시켜 비단 1백 필을 보냈는데, 장환은 동탁의
사람됨을 미워했기에 딱 잘라 거절하였다. (靈帝) 光和 4년(서기
181)에 죽었는데 나이 78세였다. 장환이 유언하였다.

　"나는 그동안 관직에 있으면서 10차례 銀印綠綬를 찼지만 세속과
함께 흘러가지(和光同塵) 못하여 참소와 미움을 받았다. 관직의 통
달과 막힘은(塞) 모두 운명이며 시작이 있으면 끝이 있다. 다만 죽으
면 땅속 어둠 속에 영원히 밝을 날이 없을 것이니, 천과 실끈으로 꼭
꼭 싸고 단단하게 못질(釘密)하는 것은 내가 좋아하지 않는다. 다행
히도 이미 만들어 놓은 무덤이 있으니 아침이나 저녁에 내가 죽으면
시신을 침상에 놓고 천으로 그냥 감싸기만 해라. 晉 文公처럼 사치
할 필요도 없고, 楊王孫(양왕손)처럼 지나치게 검약할 필요도 없으니,
人情과 내 뜻에 따라주되 너무 인색했다는 말은 듣지 않게 하라."

　여러 아들은 유언에 따랐다. 武威郡 여러 곳에 사당이 세워졌고,
世世에 제사가 끊어지지 않았다. 장환의 저술로 銘, 頌, 書, 敎, 誡述

(계술), 志, 對策, 章表 등 24편이 있다.

原文

　長子芝, 字伯英, 最知名. 芝及弟昶, 字文舒, 並善草書,
至今稱傳之. 初, 奐爲武威太守, 其妻懷孕, 夢帶奐印綬登
樓而歌. 訊之占者, 曰, "必將生男, 復臨茲邦, 命終此數."
旣而生子猛, 以建安中爲武威太守, 殺刺史邯鄲商, 州兵圍
之急, 猛恥見擒, 乃登樓自燒而死, 卒如占云.

| 註釋 |　○張芝(장지) ─ 名臣의 아들로 勤學하여 文으로는 儒宗이었고
武로도 장수의 儀表가 있었다. 草書에 능했기에 '草聖'이라는 별칭을 들
었다.

[國譯]

　長子인 張芝(장지)의 字는 伯英(백영)인데 아주 유명하였다. 장지
의 다음 동생 張昶(장창)의 字는 文舒(문서)인데, 두 사람이 다 草書를
잘 썼고 지금까지(南朝 宋) 명성이 전해온다. 그전에 장환이 武威郡
太守였을 때, 그 처가 임신하였는데 장환의 인수를 차고 누각에 올
라 노래하는 꿈을 꾸었다. 점쟁이에게 물었더니 "틀림없이 아들을
낳을 것이며 다시 이 무위군에 와서 수명을 마칠 것입니다."라고 말
했다. 얼마 후 아들 張猛(장맹)을 출산했는데 장맹은 (獻帝) 建安 연
간에 武威太守가 되었는데, (涼州) 刺史 邯鄲商(한단상)을 죽였는데
자사의 군사들이 격렬하게 포위 공격하자 장맹은 생포되면 치욕이

라 하여 누각에 올라 불에 타 죽었으니 점쟁이의 말과 같았다.

原文

　論曰, 自鄡鄉之封, 中官世盛, 暴恣數十年閒, 四海之內,
莫不切齒憤盈, 願投兵於其族. 陳蕃,竇武奮義草謀, 徵會天
下, 名士有識所共聞也, 而張奐見欺豎子, 揚戈以斷忠烈.
雖恨毒在心,辭爵謝咎.《詩》云,"啜其泣矣, 何嗟及矣!"

| 註釋 | ○自鄡鄉之封 – 鄡鄉(소향)은 和帝 때 鄭衆(정중)의 封號. 화제
가 竇憲을 제거할 때 큰 역할. 환관으로서 처음 제후에 봉해졌고 이후 환
관이 정치에 관여하기 시작했다. 經學者 鄭衆(정중,?–83년)이 아님. ○啜
其泣矣 – 啜은 마실 철. 훌쩍훌쩍 울 철(泣貌也).《詩經 王風 中谷有蓷》의
구절.

[國譯]

　范曄(범엽)의 史論 : (和帝 때, 鄭衆을) 鄡鄉侯에 봉한 이후 환관은
대대로 융성하여 수십 년간 횡포를 부렸는데, 천하에 환관에게 이를
갈며 분노하지 않거나 무기로 죽이려 하지 않는 사람이 없었다. 陳
蕃(진번)과 竇武(두무)는 정의감에서 환관을 제거하려고 천하의 명사
를 모았는데, 이는 식자들이 다 아는 일이었다.

　그러나 장환은 환관에게 속아서 무기를 들고 忠烈한 大臣을 포위
하여 죽게 하였다. 이후 환관을 크게 미워하고 관작도 사양하며 사
죄했다. 그래서《詩》에서도 '눈물을 삼키지만 후회막급이로다!' 라

고 하였다.

❸ 段熲

段熲字紀明, 武威姑臧人也. 其先出鄭共叔段, 西域都護
會宗之從曾孫也. 熲少便習弓馬, 尙遊俠, 輕財賄, 長乃折
節好古學. 初擧孝廉, 爲憲陵園丞, 陽陵令, 所在有能政.

遷遼東屬國都尉. 時鮮卑犯塞, 熲卽率所領馳赴之. 旣而
恐賊驚去, 乃使驛騎詐繼璽書詔熲, 熲於道僞退, 潛於還路
設伏. 虜以爲信然, 乃入追熲. 熲因大縱兵, 悉斬獲之. 坐詐
璽書伏重刑, 以有功論司寇. 刑竟, 徵拜議郞.

| 註釋 | ○段熲 – 熲은 빛날 경. 靈帝 때 太尉 역임. 본권의 皇甫規(字
威明), 張奐(字 然明), 段熲(字 紀明)을 '涼州三明'이라 통칭. ○武威姑臧
– 武威郡의 치소인 姑臧縣, 今 甘肅省 중부 武威市. ○段會宗(단회종) – 元
帝 때 西域都護. ○憲陵 – 順帝의 陵, 陽陵은 景帝陵. 현명. 丞(승)은 질록
3백석. 현령은 秩6百石.

[國譯]

段熲(단경)의 字는 紀明으로 武威郡 姑臧縣 사람이다. 그의 선조
는 鄭나라 共叔段(공숙단)이고 西域都護였던 段會宗(단회종)의 증손

이다. 단경은 젊어서부터 弓馬에 익숙하였고 遊俠을 숭상하며 재물을 경시하였는데 성인이 되어 지조를 바꿔 古學에 열중하였다. 처음에 효렴으로 발탁되어 憲陵園丞과 陽陵 縣令을 역임했는데 임지에서 유능하였다.

遼東屬國 都尉로 승진하였다. 그때 鮮卑族이 국경을 침범하자 단경은 휘하의 군사를 거느리고 출전하였다. 얼마 뒤에 놀란 적이 달아나자 단경은 驛의 기병을 시켜 거짓 조서로 단경을 소환하게 했고, 단경은 길에서 거짓으로 후퇴하다가 중간에 매복하였다. 적은 단경이 후퇴했다고 믿고서 단경을 추격했다. 단경은 군사를 동원하여 적을 모두 참수하거나 생포하였다. 그러나 조서를 사칭한 죄로 중형을 받아야 했으나 공을 세웠기에 초소에서 적을 감시하는 보초를 서는 형벌로 판결이 났다. 형을 마치자 조정에 들어가 의랑이 되었다.

原文

時太山,琅邪賊東郭竇,公孫擧等聚衆三萬人,破壞郡縣,遣兵討之,連年不克. 永壽二年, 桓帝詔公卿選將有文武者,司徒尹頌薦熲, 乃拜爲中郎將. 擊竇,擧等, 大破斬之, 獲首萬餘級, 餘黨降散. 封熲爲列侯, 賜錢五十萬, 除一子爲郎中.

延熹二年, 遷護羌校尉. 會燒當,燒何,當煎,勒姐等八種羌寇隴西,金城塞, 熲將兵及湟中義從羌萬二千騎出湟谷, 擊破之. 追討南度河, 使軍吏田晏,夏育募先登, 懸索相引, 復戰於羅亭, 大破之, 斬其酋豪以下二千級, 獲生口萬餘人, 虜皆奔走.

| 註釋 | ○琅邪(낭야) – 군국명, 치소는 開陽縣. 今 山東省 남부의 臨沂市(임기시). ○八種羌 – 강족은 주로 거주지나 모친의 성을 따라 부족 이름을 붙였다. ○金城郡 – 治所는 允吾縣, 今 甘肅省 남부臨夏回族自治州 永靖縣.

[國譯]

그때 太山郡과 琅邪(낭야) 일대의 도적무리인 東郭竇(동곽두)와 公孫擧(공손거) 등은 무리 2만여 명을 모아 군현을 파괴하였는데, 군사를 보내 토벌케 하였지만 몇 년간 평정하지 못했다. (桓帝) 永壽 2년, 桓帝는 공경에게 문무를 겸비한 장수를 천거하라는 조서를 내렸는데, 司徒 尹頌(윤송)이 단경을 천거하였고, 단경은 中郎將이 되었다. 단경은 東郭竇(동곽두)와 公孫擧(공손거)를 크게 격파하고 참수하였고, 1만여 명을 죽이자 나머지 무리는 투항하거나 흩어졌다. 단경은 列侯가 되었고, 하사금 5십 만 전에, 아들 한 명은 郎中이 되었다.

(환제) 延熹 2년(서기 159), 護羌校尉로 승진했다. 그 무렵 燒當(소당), 燒何(소하), 當煎(당전), 勒姐(늑저) 등 8개 羌族(강족)이 隴西(농서)와 金城(금성)의 요새를 공격하자, 단경은 휘하의 장병과 湟中(황중)의 귀순한 강족 등 1만 2천 기병을 거느리고 湟谷(황곡)으로 출동하여 격파하였다. 그리고 잔당을 추격하여 남쪽으로 황하를 선너 軍吏인 田晏(전안)과 夏育(하육)을 시켜 先登할 군사를 모으고, 줄에 사람을 매어 서로 끌면서 진격하여 羅亭(나정)이란 곳에서 싸워 대파하였으며, 그 추장 이하 2천여 명을 참수하고 1만여 명을 생포하자

나머지는 모두 도주하였다.

明年春, 餘羌復與燒何大豪寇張掖, 攻沒鉅鹿塢, 殺屬國
吏民, 又招同種千餘落, 并兵晨奔潁軍. 潁下馬大戰, 至日
中, 刀折矢盡, 虜亦引退. 潁追之, 且鬪且行, 晝夜相攻, 割
肉食雪, 四十餘日, 遂至河首積石山, 出塞二千餘里, 斬燒何
大帥, 首虜五千餘人. 又分兵擊石城羌, 斬首溺死者千六百
人. 燒當種九十餘口詣潁降. 又雜種羌屯聚白石, 潁復進擊,
首虜三千餘人. 冬, 勒姐,零吾種圍允街, 殺略吏民, 潁排營
救之, 斬獲數百人.

| 註釋 | ㅇ張掖 – 군명. 治所 轢得縣(역득현), 今 甘肅省 중부 張掖市. 張
掖郡을 분할한 張掖屬國의 治縣 미상. 今 甘肅省 張掖市 관할 山丹縣 일
대. 張掖居延屬國은 治所 居延縣, 今 內蒙古 阿拉善盟 관할의 額濟納旗.
ㅇ白石 – 山名. 今 甘肅省 남부 定西市 관할 臨洮縣. ㅇ允街(윤가) – 縣名.
今 甘肅省 중부 蘭州市 관할 永登縣 남쪽.

[國譯]

다음 해 봄, 나머지 강족이 다시 燒何(소하)의 부족장과 함께 張掖
郡을 공격하여 鉅鹿(거록)의 요새를 함락시키고, 장액 속국의 吏民을
살해하였으며, 이어 같은 종족의 1천여 부족을 불러 밤을 새워 단경
의 군사를 공격하였다. 단경은 말에서 내려 한낮이 될 때까지 싸웠

고 칼과 화살도 다할 무렵에 강족도 후퇴하였다. 단경을 강족을 추격하여 싸우면서 전진하고 주야로 서로 공격했으며 시신의 살을 베어 먹고 눈(雪)을 먹으면서 40여 일을 계속하여 마침내 황하의 근원이며 국경에서 2천 리나 떨어진 積石山(적석산)까지 추격하여 燒何(소하) 강족의 우두머리와 5천여 명을 죽이거나 생포하였다. 단경은 다시 分兵하여 石城(석성)의 강족을 공격하여 1,600여 명을 참수하거나 익사시켰다. 燒當의 강족 90여 명은 단경에게 투항하였다. 또 다른 별종 강족이 白石山에 모여 있다 하여 단경은 다시 진격하여 3천여 명을 참수하거나 생포하였다. 겨울에는 勒姐(늑저)와 零吾(영오)의 강족이 允街縣(윤가현)을 포위 공격하여 관리와 백성을 죽이자 단경은 군사를 보내 구원하고 적 수백 명을 참수하거나 생포하였다.

原文

四年冬, 上郡沈氏,隴西牟姐,烏吾諸種羌共寇幷涼二州, 潁將湟中義從討之. 涼州刺史郭閎貪共其功, 稽固潁軍, 使不得進. 義從役久, 戀鄉舊, 皆悉反叛. 郭閎歸罪於潁, 潁坐徵下獄, 輸作左校. 羌遂陸梁, 覆沒營塢, 轉相招結, 唐突諸郡, 於是吏人守闕訟潁以千數. 朝廷知潁爲郭閎所誣, 詔問其狀. 潁但謝罪, 不敢言枉, 京師稱爲長者. 起於徒中, 復拜議郎, 遷幷州刺史.

| 註釋 | ○湟中(황중) − 지역 이름. 今 靑海省 동부 湟水 유역, 今 靑海省

湟水(황수) 양안. 羌族, 漢人, 月氏族이 잡거하는 지역. 今 靑海省 동북부 西寧市 湟中縣. 湟水(河)는 一名 西寧河, 黃河 상류의 큰 지류. 靑海省 祁連산맥에서 발원하여 東流하여 西寧盆地 湟源, 西寧市, 樂都를 지나 代通河와 합류한 뒤 甘肅省 蘭州市에서 황하에 합류한다. 이 일대에 거주하는 羌族을 湟中羌이라 통칭. 87권, 〈西羌傳〉 참고. ○稽固潁軍 — 稽固는 停留하다. 머물게 하다. ○陸梁 — 제멋대로 구는 모양, 어지럽게 달아나는 모양. 陸은 뛰어다닐 육(륙).

[國譯]

(延熹) 4년 겨울, 上郡의 沈氏(침저), 隴西郡의 牟姐(뉘저)와 烏吾(오오)의 여러 강족들이 합세하여 幷州와 涼州 일원을 노략질하자, 段熲(단경)은 湟中(황중)의 귀순한 강족을 거느리고 적을 토벌하였다. 涼州刺史인 郭閎(곽굉)은 강족 토벌의 공적을 탐내어 단경의 군영에 머물면서 진격을 방해하였다. 귀순한 강족들이 오랜 기간 전투에 동원되자 옛 땅을 그리워하여 모두 반기를 들고 돌아갔다. 곽굉은 그 허물을 단경의 탓으로 돌렸고, 단경은 소환되어 하옥되었다가 장작대장의 左校에 보내져 노역형에 종사하였다. 마침내 강족은 더욱 강하게 공격하며 각지의 영채나 보루를 점령하고 서로 연결 합세하여 각 군을 공격하자 관리나 백성들이 궁궐에 몰려가 단경을 변호하는 자가 수천 명이나 되었다.

朝廷에서는 단경이 곽굉에게 무고 당한 것을 알고 그 실상을 조사하였다. 그러나 단경은 사죄할 뿐 자신의 억울한 사정을 말하지 않았는데 경사에서는 단경이 長者라고 칭송하였다. 단경은 죄수였다가 다시 議郎을 제수 받았고 幷州刺史로 승진하였다.

原文

時滇那等諸種羌五六千人寇武威,張掖,酒泉,燒人廬舍.
六年,寇勢轉盛,涼州幾亡.冬,復以頌爲護羌校尉,乘驛之
職.明年春,羌封僇,良多,滇那等酋豪三百五十五人率三千
落詣頌降.當煎,勒姐種猶自屯結.冬,頌將萬餘人擊破之,
斬其酋豪,首虜四千餘人.

| 註釋 | ○封僇(봉류), 良多(양다), 滇那(전나) – 모두 강족의 부족 이름.

國譯

그때 滇那(전나) 등 강족의 여러 부족 5, 6천 명이 武威, 張掖, 酒泉
郡 등을 노략질하며 백성의 집을 불태웠다. (延熹) 6년, 적의 기세는
더욱 강하여 涼州 일대가 거의 망할 지경이었다. 겨울에, 다시 간경
은 護羌校尉가 되어 驛의 傳車를 이용하여 서둘러 부임하였다. 다음
해 봄 강족의 封僇(봉류), 良多(양다), 滇那(전나) 등 우두머리 355명이
3천 여 마을을 데리고 단경을 찾아와 투항하였다. 當煎(당전)과 勒姐
(늑저)의 강족은 여전히 군영을 이루고 있었다. 겨울에, 단경은 1만
여 군사를 거느리고 격파하면서 4천여 명을 죽이거나 생포하였다.

原文

八年春,頌復擊勒姐種,斬首四百餘級,降者二千餘人.
夏,進軍擊當煎種於湟中,頌兵敗,被圍三日,用隱士樊志張

策, 潛師夜出, 鳴鼓還戰, 大破之, 首虜數千人. 潁遂窮追,
展轉山谷間, 自春及秋, 無日不戰, 虜遂饑困敗散, 北略武威
間. 潁凡破西羌, 斬首二萬三千級, 獲生口數萬人, 馬牛羊八
百萬頭, 降者萬餘落. 封潁都鄉侯, 邑五百戶.

| 註釋 | ○湟中(황중) − 今 靑海省 동부 湟水 유역. 湟水는 今 甘肅省 蘭
州市 서북에서 黃河에 합류하는 지류. 당시 羌族, 月氏 漢族의 혼거 지역.
○樊志張(번지장) − 漢中郡 南鄭 출신 方士. 隴西 일대를 유람하다가 단경
의 군영에 들렀다. 82권, 〈方術列傳〉(下)에 입전. ○都鄉侯 − 제후 중 王
은 劉氏뿐이다. 왕은 郡 단위의 封地를 받는다. 그 나머지 列侯는 공로에
따라 縣侯, 都鄉侯, 鄉侯, 都亭侯, 亭侯로 구분했다. 縣侯도 그 봉지를 國이
라 표기하였지만 王과는 격이 크게 달랐다.

[國譯]

(延熹) 8년 봄, 단경은 다시 勒姐(늑저)의 강족을 공격하여 4백여
명을 참수하였고 2천여 명의 투항을 받았다. 여름에, 進軍하여 當煎
(당전)의 강족을 湟中(황중)에서 공격하였으나 단경의 군사가 패전하
여 3일간 포위당했는데 隱士인 樊志張(번지장)의 방책에 의거 군사가
밤중에 몰래 빠져나왔다가 다시 북을 치며 공격하여 적을 대파하고
1천여 명을 생포하였다. 단경은 강족을 끝까지 추격하여 산과 계곡
을 전전하였는데, 봄에서 가을까지 전투가 없는 날이 없었고 강족도
기아와 곤궁으로 흩어지면서 북쪽으로 옮겨가 武威郡 지역을 노략
질하였다. 단경이 격파한 西羌族은 2만3천여 명을 참수하였고 수만
명을 생포하였으며, 말과 소 양 등 8백만 마리를 노획하였고 1만여

마을을 점령했었다. 단경은 都鄕侯에 봉해졌고, 식읍은 5백 호였다.

永康元年, 當煎諸種復反, 合四千餘人, 欲攻武威, 潁復追
擊於鸞鳥, 大破之, 殺其渠帥, 斬首三千餘級, 西羌於此弭
定.

而東羌先零等, 自覆沒徵西將軍馬賢後, 朝廷不能討, 遂
數寇擾三輔. 其後度遼將軍皇甫規, 中郞將張奐招之連年,
旣降又叛. 桓帝詔問潁曰, "先零東羌造惡反逆, 而皇甫規,
張奐各擁强衆, 不時輯定. 欲潁移兵東討, 未識其宜, 可參
思術略." 潁因上言曰,

「臣伏見先零東羌雖數叛逆, 而降於皇甫規者, 已二萬許
落, 善惡旣分, 餘寇無幾. 今張奐躊躇久不進者, 當慮外離
內合, 兵往必驚. 且自冬踐春, 屯結不散, 人畜疲羸, 自亡之
勢, 徒更招降, 坐制强敵耳. 臣以爲狼子野心, 難以恩納, 勢
窮雖服, 兵去復動. 唯當長矛挾脅, 白刃加頸耳. 計東種所
餘三萬餘落, 居近塞內, 路無險折, 非有燕, 齊, 秦, 趙從橫之
勢, 而久亂幷, 涼, 累侵三輔, 西河, 上郡, 已各內徙, 安定, 北
地, 復至單危, 自雲中, 五原, 西至漢陽二千餘里, 匈奴, 種羌,
並擅其地, 是爲漢疽伏疾, 留滯脅下, 如不加誅, 轉就滋大.
今若以騎五千, 步萬人, 車三千兩, 三冬二夏, 足以破定, 無

慮用費爲錢五十四億. 如此, 則可令群羌破盡, 匈奴長服,
內徙郡縣, 得反本土. 伏計永初中, 諸羌反叛, 十有四年, 用
二百四十億. 永和之末, 復經七年, 用八十餘億. 費耗若此,
猶不誅盡, 餘孽復起, 於茲作害. 今不暫疲人, 則永寧無期.
臣庶竭駑劣, 伏待節度.」

帝許之, 悉聽如所上.

| 註釋 | ○永康 元年 - 桓帝의 마지막 연호. 환제 붕어. 서기 167년.
○鸞鳥(난조) - 武威郡의 현명. ○弭定 - 弭는 그칠 미. 弭息. ○無慮 - 모
두, 總.

〔國譯〕

(桓帝) 永康 원년, 當煎(당전)의 여러 부족이 다시 배반하면서 4천
여 명이 모여 武威郡을 공격했는데, 단경은 적을 鸞鳥縣(난조현)에서
다시 공격하여 대파하였고 그 渠帥(거수, 추장)를 죽이고, 3천여 명을
참수하자 西羌族은 이로써 평정되었다.

그전에 東羌(동강)과 先零(선련) 등 부족에게 徵西將軍 馬賢(마현)
이 패퇴한 이후로, 조정에서는 토벌하지 못했고 三輔 지역은 여러
번 노략질을 당했다. 그 뒤로 度遼將軍 皇甫規(황보규), 中郞將 張奐
(장환) 등이 연이어 그들의 투항을 받았지만 투항 뒤에는 다시 반역
하였다. 桓帝는 단경에게 조서로 물었다.

「선련과 동강족이 노략질을 거듭하고 반역하자 황보규와 장환이
각각 대군을 거느리고 토벌했지만 그들을 평정하지 못했다. 단경으
로 하여금 동방의 강족을 토벌케 하려는데 적합할지 전략과 전술을

생각하여 보고하라.」

이에 단경이 상서하였다.

「臣이 볼 때, 先零(선련)과 東羌(동강)이 비록 자주 반역하였지만 황보규에게 항복한 것은 불과 2만 호 정도의 부족이며, 漢에 대하여 우호 여부는 구별할 수 있지만 나머지는 그렇지 못합니다. 지금 장환이 주저하며 진격하지 않는 것은 강족이 겉으로는 분리되었지만 안으로 뭉쳐진 상태에서 군사가 진격하면 틀림없이 놀라 반역하기 때문입니다. 또 지난겨울부터 봄까지 보루나 성채에 모여 지내면서 해산하지 않아 사람과 가축이 쇠약해지고 지쳐 절로 망할 것 같은 형세여서 투항하였기에 힘들이지 않고 제압했었습니다. 臣은 승냥이 새끼의 야성은 은혜를 베풀어도 거둬들일 수 없다고 생각하며, 강족은 힘이 약하면 복종했다가 군사가 떠나면 다시 반역하는 것입니다. 오직 긴 창으로 위협하고 큰 칼로 목을 쳐야 합니다. 동쪽 강족 마을이 대략 3만 여 정도인데 국경 근처에 살지만 길도 통하지 않는 험지이며, 燕, 齊, 秦, 趙처럼 종횡으로 연결된 형세도 아니며, 오랫동안 幷州와 涼州에서 소란을 피웠고 三輔에도 자주 노략질을 하였으며, 西河郡, 上郡 지역의 백성은 이미 내지로 이주시켰기에 安定郡과 北地郡만 홀로 위태로우며, 雲中郡과 五原郡에서 서쪽 漢陽郡에 이르는 2천 리 땅에 흉노와 강족들이 멋대로 횡행하고 있으니, 이는 漢의 큰 부스럼(종기)이고 속병이지만 흉부의 안쪽에 뭉쳐 있어서 어떻게 없앨 수도 없으며, 그냥 놔두면 점차 커질 것입니다. 지금 만약 5천 기병과 1만의 보병, 수레 3천량으로 겨울 3개월과 봄, 그리고 여름 2달이면 적을 격파 평정할 수 있겠지만 비용이 無慮(무려, 總) 54억 전 정도 예상합니다. 이렇게 하여 각 강족의 무리를 격파한 다음에 흉노를 장기적으로 복속시키듯 강족을 내지의 각 군현으로 이주시켰다가 나중에 본토로 보낼 수도 있습니다. 臣의 계산으로 (安帝) 永初 연간에 여러 강족이 반역했던 14년간에 240억 전을 지출하였습니다. (順帝) 永和 말기에 다시 7년 동안에 80여억 전을 지출하였습니다. 그동안 소비된 것이 이러한데도 완전히 토벌되지 않고 그 잔당들이 지금도 해악을 끼치고 있습니다. 지금 일시적 어려움을 견디지 못한다면 태평한 세월은 영원히 기대할 수 없습니다. 臣이 비록 노둔하고 부족하지만 그래도 다 바칠 수 있도록 하명을 기다립니다.」

환제는 허락하고 단경의 주장을 따랐다.

原文

建寧元年春, 潁將兵萬餘人, 齎十五日糧, 從彭陽直指高平, 與先零諸種戰於逢義山. 虜兵盛, 潁衆恐. 潁乃令軍中張鏃利刃, 長矛三重, 挾以强弩, 列輕騎爲左右翼. 淚怒兵將曰, "今去家數千里, 進則事成, 走必盡死, 努力共功名!" 因大呼, 衆皆應騰赴, 潁馳騎於傍, 突而擊之, 虜衆大潰, 斬首八千餘級, 獲牛馬羊二十八萬頭.

| 註釋 | ㅇ齎十五日糧 - 齎는 가져올 재. 가져가다.

[國譯]

(靈帝) 建寧 원년(서기 168) 봄, 단경은 군사 1만여 명을 거느리고

15일치 군량만을 지닌 채 (安定郡) 彭陽縣(팽양현)에서 곧바로 高平縣(고평현)으로 나아간 뒤에 先零(선련)의 여러 종족과 逢義山(봉의산)에서 싸웠다. 적병이 강성하여 단경의 군사는 겁을 먹었다. 단경은 군중에 명령하여 예리한 화살과 장검, 긴 창을 3중으로 배치하고 강한 쇠뇌를 양편에, 또 좌우 날개에 경기병을 배치하였다. 그리고 장병을 격려하였다.

"지금 본가를 수천 리 떨어진 이곳에서 진격하면 성공하지만 물러서면 모두 다 죽나니 함께 노력하여 공명을 누리도록 하라!"

이어 크게 소리 지르며 모두가 힘차게 달려 나가자, 단경은 양 옆의 기병에게 공격을 명령하여 돌격하자 강족의 무리를 완전히 붕괴되었고, 8천여 명을 참수하였으며 소나 말과 양 28만 마리를 노획하였다.

原文

時竇太后臨朝, 下詔曰,

「先零東羌歷載爲患, 熲前陳狀, 欲必埽滅. 涉履霜雪, 兼行晨夜, 身當矢石, 感厲吏士. 曾未浹日, 凶醜奔破, 連屍積俘, 掠獲無算. 洗雪百年之逋負, 以慰忠將之亡魂. 功用顯著, 朕甚嘉之. 須東羌盡定, 當並錄功勤. 今且賜熲錢二十萬, 以家一人爲郎中.」

勅中藏府調金錢彩物, 增助軍費. 拜熲破羌將軍.

| 註釋 | ○ 曾未浹日 - 열흘도 지나지 않아. 浹日은 10干이 일주하는 10일. 12支가 일주하는 것은 浹辰(협진)이라 한다. 浹은 두루 미칠 협. 한 바퀴 돌다(帀也, 두를 잡). ○ 洗雪百年之逋負 - 洗雪은 설욕하다. 逋負(포부)는 밀린 부채. 밀린 세금. 마음의 걱정거리. 逋는 달아날 포. 갚지 못하다.

[國譯]

그때는 竇太后가 臨朝聽政하였는데 조서를 내렸다.

「先零(선련)과 東羌(동강)은 여러 해 동안 걱정거리였으니, 단경이 전에 말한 대로 반드시 쓸어 없애기로 결심하였다. 서리와 눈을 밟고 밤낮에 두 배 속도로 행군했고 날아오는 돌과 화살을 무릅쓰고 장졸을 격려하였다. 열흘도 되지 않아 흉악한 적들은 달아났고 사살한 적과 포로와 노획물은 이루 다 셀 수도 없다. 그간 백 년에 걸친 遺恨을 설욕하였고 나라를 위해 목숨을 바친 장졸의 망혼을 위로하였다, 단경의 功用이 현저하여 짐은 이를 심히 가상히 여기도다. 東羌(동강)마저 다 평정되기를 기다려 모든 공적을 평가할 것이다. 지금 우선 단경에게 금전 20만을 하사하고 그 가문의 한 사람을 郎中에 임명토록 하라.」

그리고 궁중에 보관 중인 금전과 비단을 처분하여 軍費에 보충케 하였고 단경에게 破羌將軍을 제수하였다.

原文

夏, 潁復追羌出橋門, 至走馬水上. 尋聞虜在奢延澤, 乃將輕兵兼行, 一日一夜二百餘里, 晨及賊, 擊破之. 餘虜走

向落川, 復相屯結. 潁乃分遣騎司馬田晏將五千人出其東,
假司馬夏育將二千人繞其西. 羌分六七千人攻圍晏等, 晏等
與戰, 羌潰走. 潁急進, 與晏等共追之於令鮮水上. 潁士卒
飢渴, 乃勒衆推方奪其水, 虜復散走. 潁遂與相連綴, 且鬪
且引, 及於靈武谷. 潁乃被甲先登, 士卒無敢後者. 羌遂大
敗, 弃兵而走. 追之三日三夜, 士皆重繭. 既到涇陽, 餘寇四
千落, 悉散入漢陽山谷間.

| 註釋 | ○尋聞(심문) — (알기 위해) 캐묻다. 찾아가다. 尋은 찾을 심. 보
통의. 길이 단위 발(두 팔을 벌린 길이). ○奢延澤(사연택) — 上郡 奢延縣
(사연현) 내의 호수. ○令鮮水 — 令鮮은 水名. 張掖縣에 해당. ○推方奪其
水 — 推方은 앞서려고 서로 다투다. 奪其水는 물을 마시려고 혼란해지다.
○靈武谷 — 靈武는 현명. ○士皆重繭 — 重은 굳은살. 繭은 누에고치 같은
물집. 고치 견. ○涇陽(경양) — 安定郡의 현명.

[國譯]
　여름에, 단경은 다시 강족을 추격하여 橋門(교문) 계곡을 출발하
여 走馬水(주마수)란 곳에 도착하였다. 강족이 奢延澤(사연택)에 모여
있다는 소문을 확인하고서, 경무장한 군사를 거느리고 2배의 속도
로 행군하여 하루 밤낮에 2백여 리를 달려가 새벽녘에 적을 만나 격
파하였다. 나머지 무리는 落川(낙천)으로 달아났다가 다시 모여들었
다. 단경은 이에 騎司馬인 田晏(전안)을 별도로 보내 군사 5천 명을
거느리고 적의 동쪽을 공격케 하고, 임시 司馬인 夏育(하육)은 2천
명을 거느리고 그 서쪽을 포위하게 시켰다. 강족은 6, 7천의 병력으

로 전안을 공격했고, 전안은 적의 공격을 기다려 싸워서 적을 궤멸시켜 달아나게 하였다. 단경은 서둘러 진격하여 전안 등과 함께 강족을 令鮮水(영선수)까지 추격하였다. 단경의 사졸이 굶주리고 목이 타서 앞 다투어 물을 마시는 동안 강족은 다시 도주하였다. 단경의 온 병력은 다시 한 곳에 모여 전투를 벌이면서 또 진격하여 靈武縣(영무현)의 계곡에 이르렀다. 단경이 갑옷을 입고 먼저 공격하자 뒤로 처지려는 士卒이 없었다. 강족은 대패하여 무기를 버리고 도주하였다. 단경은 적을 3일 밤낮으로 추격했고 군사들은 모두 발에 굳은살이 박히고 누에고치마냥 물집이 생겼다. 涇陽縣(경양현)에 이르자 적의 잔여세력인 4천여 부족들은 모두 漢陽郡의 산속으로 숨어버렸다.

原文

時張奐上言, "東羌雖破, 餘種難盡, 潁性輕果, 慮負敗難常. 宜且以恩降, 可無後悔."

詔書下潁. 潁復上言,

「臣本知東羌雖衆, 而輭弱易制, 所以比陳愚慮, 思爲永寧之筭. 而中郎將張奐, 說虜强難破, 宜用招降. 聖朝明監, 信納嘉言, 故臣謀得行, 奐計不用. 事勢相反, 遂懷猜恨. 信叛羌之訴, 飾潤辭意, 云臣兵累見折衄, 又言羌一氣所生, 不可誅盡, 山谷廣大, 不可空靜, 血流汙野, 傷和致災.

臣伏念周秦之際, 戎狄爲害, 中興以來, 羌寇最盛, 誅之不盡, 雖降復叛. 今先零雜種, 累以反覆, 攻沒縣邑, 剽略人物,發冢露屍, 禍及生死, 上天震怒, 假手行誅. 昔邢爲無道, 衛國伐之, 師興而雨. 臣動兵涉夏, 連獲甘澍, 歲時豐稔, 人無疵疫. 上占天心, 不爲災傷, 下察人事, 衆和師克. 自橋門以西, 落川以東, 故官縣邑, 更相通屬, 非爲深險絶域之地, 車騎安行, 無應折衄. 案奐爲漢吏, 身當武職, 駐軍二年, 不能平寇, 虛欲修文戢戈, 招降獷敵, 誕辭空說, 僭而無徵. 何以言之?

昔先零作寇, 趙充國徙令居内, 煎當亂邊, 馬援遷之三輔, 始服終叛, 至今爲鯁. 故遠識之士, 以爲深憂. 今傍郡戶口單少, 數爲羌所創毒, 而欲令降徒與之雜居, 是猶種枳棘於良田, 養虺蛇於室内也. 故臣奉大漢之威, 建長久之策, 欲絶其本根, 不使能殖. 本規三歲之費, 用五十四億, 今適朞年, 所耗未半, 而餘寇殘燼, 將向殄滅. 臣每奉詔書, 軍不内御, 願卒斯言, 一以任臣, 臣時量宜, 不失權便.」

| 註釋 | ○輭弱易制 – 輭弱은 軟. 輭은 연할 연. 보드랍다. 易制는 쉽게 제압하다. ○累見折衄 – 累는 여러 차례. 見은 당하다. 折衄(절육)은 꺾이다(傷敗). 折은 꺾일 절. 衄은 코피가 날 육(뉵). 꺾이다. 衄(코피 육)과 同. ○戎狄(융적) – 西戎과 北狄. 주로 흉노족을 지칭. ○假手行誅 – 假는 빌리다(借也). ○師興而雨 – 衛(위)나라에 큰 가뭄이 들었는데, 무도한 邢(형)을 정벌하는 군사를 일으키자 비가 내렸다. ○上占天心 – 占은 살펴보다(候也, 覘也). 묻다. 헤아리다. ○衆和師克 – 克은 이기다(勝也). 師克은 和合에 있지 不在衆이라는 뜻. ○戢 – 전투를 그치다. 戢은 그칠 집, 거둘

즙. ○招降獷敵 – 獷은 사나울 광(惡貌也). ○徙令居內 – 宣帝 때, 趙充國
은 둔전을 강화하여 西羌을 격파하고 투항한 강족을 金城郡에 이주시켰었
다. ○馬援遷之三輔 – 馬援은 24권, 〈馬援列傳〉에 立傳. 天水郡(漢陽郡),
隴西郡, 右扶風 지역에 이주시켰다. 87권, 〈西羌傳〉 참고. ○至今爲鯁 –
鯁은 생선뼈 경. 梗(가시나무 경)과 同. 梗은 病也. ○養虺蛇~ – 虺는 살무
사 훼. 蛇는 뱀 사. ○不使能殖 – 殖은 번성할 식. 자라다. 새끼 치다. ○餘
寇殘燼 – 殘은 해칠 잔. 멸망시키다. 燼은 타다가 남은 불씨. 깜부기 불 신
(火餘木也). ○將向殄滅 – 殄은 다할 진. 滅은 없어질 멸. ○軍不內御 –
內는 조정. 御는 制御(제어).

[國譯]

그때 張奐(장환)이 상서하여 말했다. "東羌族(동강족)의 잔여세력
을 다 없앨 수 없으며 단경은 성격이 경솔 과감하지만 승패가 늘 똑
같지 않음을 고려해야 합니다. 응당 은덕을 베풀어 투항을 유도해야
후회가 없을 것입니다."

詔書로 이를 단경에게 알렸다. 이에 단경이 다시 상서하였다.

「臣이 알기로, 동강족이 비록 다수이나 연약하여 쉽게 제어할 수
있습니다만, 본인의 어리석은 생각을 먼저 진술하고 항구적 대책을
생각해보겠습니다. 中郞將 張奐(장환)은 적이 강하여 격파하기 어려
우니 응당 투항을 권유해야 한다고 말했습니다. 그러나 폐하께서 잘
살피시어 臣의 의견을 채납하시었기에 臣은 방략을 세워 시행하였
고, 장환의 의견은 채택되지 않았습니다. 장환은 처한 상황이 서로
다르기에 시기와 감정을 품었습니다. 배반한 강족의 말을 신뢰하며
교묘하게 말을 돌려서 臣의 군사가 여러 번 패전하였고, 또 강족도
하늘이 낸 종족이니 다 없앨 수 없으며, 廣大한 山谷에 사람이 아니

살 수도 없고, 피가 山河를 덮어 和氣를 상하게 하면 재해를 불러온 다고 하였습니다.

臣이 생각할 때 周와 秦의 교체기에 戎狄(융적)의 해악이 막심하였고, 中興 이래로는 강족의 노략질이 가장 심했는데, 죽이고 죽여도 다 없애지 못했습니다. 지금 先零(선령) 등 강족의 그 부족들은 여러 번 반기를 들면서 우리의 縣邑을 공격 점령하거나 사람과 물자를 노략질하였으며, 무덤도 파헤쳤으니 그 피해가 산 사람과 죽은 사람 모두에 해당되었기에 上天이 진노하여 우리의 손을 빌려 그들을 주살하려는 것입니다. 옛날에 邢(형)이 무도하자 衛國이 정벌에 나서자 큰 가뭄을 이겨낼 비가 내렸습니다.

臣이 군사를 지휘하는 여름 동안에 단비가 자주 내려 풍년이 들었고 백성들 질병도 없었습니다. 위로 天心을 헤아리면 재해가 없고, 아래로 人事를 살핀다면 백성이 화목하여 승리하는 군사가 됩니다. 橋門(교문)의 서쪽에서 落川의 동쪽으로는 예전에 각 고을과 관아가 서로 이어지고 통하였으니, 결코 험악하거나 외진 곳이 아니었고 수레와 말이 평온하게 다닐 수 있었으며 아무런 위험도 없는 곳이었습니다. 張奐(장환)도 漢의 관리이며 무장으로서 2년이나 재직하였지만 외적을 평정하지 못하고서 전투를 멈추고 평온을 이루어야 한다는 빈말로 문장을 꾸며대어 흉악한 강족의 투항을 받아들여야 한다고 공허한 말을 하고 있지만, 그런 허풍은 근거를 댈 수도 없습니다. (장환이) 왜 그런 말을 하겠습니까?

앞서 선령의 강족이 노략질할 때 趙充國(조충국)은 강족을 내지로 옮겨 살게 하였고, 煎當(전당)의 강족이 변경을 어지럽히자 馬援(마원)은 그들을 三輔 지역에 살게 하였지만, 처음에는 복종하다가 나중에는 반기를 들었고 지금은 예전보다 더 큰 병이 되었습니다. 그래서 멀리를 내다보는 士人들이 심히 걱정하는 것입니다. 지금 변방 郡의 호구는 얼마 되지 않으며 여러 차례 강족에게 심한 폐해를 당하였기에 투항해왔다는 강족과 함께 거주하는 것은 마치 좋은 땅에 가시나무를 심는 것과 같으며, 방 안에 독사를 키우는 것과 같습니다. 그러하기에 臣은 大漢의 권위를 바탕으로 長久한 안전대책을 세우고 우환의 뿌리를 잘라 더 이상 번식하지 못하게 할 것입니다. 본래 예상으로는 3년에 비용을 54억 전을 예상했습니다만, 지금 1년이 다 되었지만 비용은 아직 절반을 지출하지 않았는데 나머지 잔당은 곧 섬멸될 것입니다. 臣은 조서를 받을 때마다 군사가 원정에 나섰다면 조정의 명을 따르지 않아도 된다는 말대로, 신에게 위임해 주신다면 臣은 시의 적절한 조치를 취하여 전쟁의 승기를 놓치지 않을 것입니다.」

▌原文

二年, 詔遣謁者馮禪說降漢陽散羌. 熲以春農, 百姓布野, 羌雖暫降, 而縣官無廩, 必當復爲盜賊, 不如乘虛放兵, 勢必殄滅. 夏, 熲自進營, 去羌所屯凡亭山四五十里, 遣田晏,夏育將五千人據其山上. 羌悉衆攻之, 厲聲問曰, "田晏,夏育在此不? 湟中義從羌悉在何面? 今日欲決死生." 軍中恐, 晏等勸激兵士, 殊死大戰, 遂破之. 羌衆潰, 東奔, 復聚射虎谷, 分兵守諸谷上下門. 熲規一舉滅之, 不欲復令散走, 乃

遣千人於西縣結木爲柵, 廣二十步, 長四十里, 遮之. 分遣
晏,育等將七千人, 銜枚夜上西山, 結營穿塹, 去虜一里許.
又遣司馬張愷等將三千人上東山. 虜乃覺之, 遂攻晏等, 分
遮汲水道. 潁自率步騎進擊水上, 羌却走, 因與愷等挾東西
山, 縱兵擊破之, 羌覆敗散. 潁追至谷上下門窮山深谷之中,
處處破之, 斬其渠帥以下萬九千級, 獲牛馬驢騾氈裘廬帳什
物, 不可勝數. 馮禪等所招降四千人, 分置安定,漢陽,隴西
三郡, 於是東羌悉平.

| 註釋 | ○西縣 – 天水郡(漢陽郡)의 西縣. 天水郡 西縣은 今 甘肅省 天
水市 서남에 해당. 처음에는 隴西郡 소속이었다가 나중에 天水郡 소속으
로 바뀌었다. ○銜枚夜上西山 – 銜枚는 밤에 이동할 때 병사들이 떠들지
못하게 입에 물리는 나무 조각. 銜은 재갈 함.

[國譯]

   (靈帝 建寧) 2년(서기 169), 조서로 謁者(알자) 馮禪(풍선)을 파견
하여 漢陽郡에 흩어진 강족의 투항을 권유하였다. 단경은 봄 농사철
에 백성이 들에서 일을 하는데, 강족이 한때 투항하더라도 나라에서
구원하지 않으면 결국은 다시 노략질을 할 것이라 생각하여 적의 방
심을 틈타 진격한다면 모두 섬멸할 수 있다고 생각하였다. 여름철에
단경은 독자적으로 진격하여 강족들이 웅거한 凡亭山(범정산)의 서
쪽 4, 50리 지점까지 가서 田晏(전안)과 夏育(하육)에게 5천 군사를
주어 산을 타고 공격하게 시켰다. 강족의 모든 군사가 맞서 대항하
며 크게 소리 질렀다.

"전안과 하육이 여기까지 왔는가? 湟中(황중)에서 귀순한 강족은 무슨 면목이 있는가? 오늘 사생결단으로 싸워보자."

이에 단경의 군사들이 두려워하자, 전안 등은 사졸을 격려하며 죽을 각오로 크게 싸워 격파하였다. 강족은 궤멸되어 동쪽으로 달아나 다시 射虎谷(사호곡)에 모여서 군사를 나눠 각 계곡마다 출입문을 만들어 지켰다. 단경은 일거에 섬멸하고 싶었지만 그들이 다시 흩어지지 못하게 하려고 곧 1천 군사를 보내 西縣에 넓이가 20步에 길이가 40리나 되는 목책을 설치하여 도주를 차단하였다. 이어 전안과 하육 등을 보내 7천 군사를 거느리고 밤에 재갈을 물고 서쪽 산을 넘어가 약 1리쯤 떨어진 곳에 보루를 설치하고 참호를 파놓았다. 또 司馬인 張愷(장개) 등에게 3천 명을 거느리고 동쪽 산을 넘어 매복시켰다. 강족을 이를 알고 전안을 급습하면서 군사를 나눠 물길을 차단하였다. 단경이 직접 보병과 기병을 거느리고 물길을 따라 공격하니 강족은 도주하였는데, 단영은 장개와 함께 동서 양쪽 산에서 공격하자 적은 패하여 다시 흩어졌다. 단경은 여러 문을 지나 깊은 계곡까지 뒤지며 곳곳에서 적을 격파하였고 그 우두머리와 1만 9천여 명을 죽였으며 노획한 우마와 나귀, 모피, 직물, 휘장 등 여러 집기는 다 셀 수가 없었다. 馮禪(풍선)은 4천여 명의 투항을 받아 安定, 漢陽, 隴西의 3개 군에 분산시켰는데, 이로써 東羌族(동강족)은 완전 평정되었다.

■原文

凡百八十戰, 斬三萬八千六百餘級, 獲牛馬羊騾驢駱駝四十二萬七千五百餘頭, 費用四十四億, 軍士死者四百餘人. 更封新豐縣侯, 邑萬戶. 潁行軍仁愛, 士卒疾病者, 親自瞻省, 手爲裹創. 在邊十餘年, 未嘗一日蓐寢. 與將士同苦, 故皆樂爲死戰.

三年春, 徵還京師, 將秦胡步騎五萬餘人, 及汗血千里馬, 生口萬餘人. 詔遣大鴻臚持節慰勞於鎬. 軍至, 拜侍中. 轉執金吾河南尹. 有盜發馮貴人冢, 坐左轉諫議大夫, 再遷司隷校尉.

| 註釋 | ○牛馬羊騾驢駱駝 – 騾는 노새 나. 驢는 나귀 려. 駱駝(낙타). ○手爲裹創 – 裹는 쌀 과. 싸매주다. 創은 創傷, 총칼에 의한 상처. ○蓐寢 (욕침) – 요를 깔고 잠을 자다. 蓐은 요 욕. 寢席. ○鎬 – 水名. 당시 長安縣 서쪽.

[國譯]

모두 180회의 전투를 겪으면서 38,600여 명을 죽였고 우마와 양과 나귀와 낙타 등 427,500여 마리를 노획하였으며, 軍費는 44억 전에, 軍 전자자는 400여 명이었다. 다시 新豐縣侯에 봉해졌고 식읍은 1만 호였다. 단경은 行軍에 仁愛하였으며, 병든 사졸에 대해서 친히 보살폈으며 손으로 직접 상처를 싸매주었다. 변방에 근무하기 10여 년에 하루라도 편히 침석에 누워본 적이 없었다. 장졸과 고생을 함께 하였기에 모두가 기꺼이 죽음을 각오하고 싸웠다.

(靈帝 建寧) 3년(서기 170) 봄, 부름을 받고 京師에 개선하였고, 秦(진)과 흉노(胡)의 보병과 기병 5만여 명과 汗血馬(한혈마) 등 명마

와 노비 1만여 명을 거느렸다. 조서로 大鴻臚에게 부절을 주어 鎬水 (호수)에서 군사를 위로케 하였다. 단경의 군사가 이르자 단경에게 侍中을 제수하였다. 執金吾와 河南尹을 역임하였다. 도적이 馮貴人 (풍귀인)의 무덤을 도굴하였는데, 이에 연좌하여 諫議大夫로 전직하였다가 다시 司隸校尉가 되었다.

原文

潁曲意宦官, 故得保其富貴, 遂黨中常侍王甫, 枉誅中常侍鄭颯,董騰等, 增封四千戶, 並前萬四千戶. 明年, 代李咸爲太尉, 其冬病罷, 復爲司隸校尉. 數歲, 轉潁川太守, 徵拜太中大夫.

光和二年, 復代橋玄爲太尉. 在位月餘, 會日食自劾, 有司擧奏, 詔收印綬, 詣廷尉. 時司隸校尉陽球奏誅王甫, 並及潁, 就獄中詰責之, 遂飮鴆死, 家屬徙邊. 後中常侍呂强上疏, 追訟潁功, 靈帝詔潁妻子還本郡. 初, 潁與皇甫威明, 張然明, 並知名顯達, 京師稱爲 '涼州三明'云.

| 註釋 | ○王甫 - 환관으로 十常侍는 아니었지만 그 폐해가 많았다. 유명한 酷吏 陽球(양구)가 司隸校尉가 되자, 왕보를 잡아 하옥했고 왕보는 혹독한 고문을 받아 옥사하였다. ○橋玄(교현) - 靈帝 때 三公과 太尉를 역임한 사람. 51권, 〈李陳龐陳橋列傳〉에 立傳. 曹操에게 "天下가 크게 어지러울 텐데 命世之才가 아니면 不能濟이나 천하를 안정시킬 사람은 바로 당

신이요."라고 말했다.

段熲(단경)은 환관들에게 자신을 낮출 수 있어 부귀를 보장 받을 수 있었고, 결국 中常侍 王甫(왕보)의 일당이 되어 中常侍 鄭颯(정삽), 董騰(동등) 등을 죽음으로 몰아서 식읍 4천 호를 더 받아 총 1萬4千 호였다. 그 다음 해 李咸(이함)의 후임으로 太尉가 되었다가 그 해 겨울에 병으로 사직했다가 다시 司隸校尉가 되었다. 몇 년 뒤에 潁川(영천) 태수로 전직했다가 조정에 들어와 太中大夫가 되었다.

(靈帝) 光和 2년(179), 다시 橋玄(교현)의 후임으로 태위가 되었다. 재위 한 달쯤에 日食이 일어나자 스스로 탄핵하였는데 담당 관리가 상주하여 조서로 인수를 회수하였고 廷尉에 넘겨졌다. 그때 司隸校尉 陽球(양구)가 王甫(왕보)와 단경을 주살해야 한다고 상주하여 獄中에서 황제의 힐책을 받자 단경은 결국 鴆毒(짐독)을 마시고 죽었다. 뒤에 中常侍 呂强(여강)이 단경의 공적으로 단경을 변호하자 靈帝는 조서로 단경의 妻子를 본군으로 돌려보냈다. 그전에 段熲(字 紀明)과 皇甫規(字 威明), 張奐(字 然明) 3인이 유명하였고 높이 출세하였기에 京師에서는 이들을 '涼州三明'이라고 불렀다.

贊曰, 山西多猛, '三明'儷蹤. 戎駿糾結, 塵斥河,潼. 規, 奐審策, 亟遏囂凶. 文會志比, 更相爲容. 段追兩狄, 束馬縣鋒. 紛紜騰突, 谷靜山空.

| 註釋 | ○山西多猛 - 班固는 '秦漢以來로 山東에서는 出相하고, 山西에서는 出將한다.'고 말했다. ○'三明' 儷蹤 - 三明은 段熲(字 紀明)과 皇甫規(字 威明), 張奐(字 然明). 儷蹤은 자취를 함께하다. 뒤를 이었다. 儷는 짝 여(려). 전한의 李廣, 辛慶忌 등이 모두 山西 출신이었다. ○戎驂糾結 - 戎驂(융참)은 戎馬, 戰馬. 戎은 무기 융. 兵車. 驂은 곁말 참. 糾結은 고비를 매다. ○塵斥河,潼 - 潼은 지명, 谷名. 潼水, 潼關(동관). 今 陝西省 渭南市 관할 潼關縣의 관문. 黃河 옆에 위치. ○亟遏嚚凶 - 亟은 빠를 극. 遏은 막을 알. 遏凶은 악인. 이민족. 嚚는 들렐 효, 시끄러울 효.

[國譯]

　贊曰,

　山西에 猛將이 많았고 三明이 그 자취를 계승했다.

　戎馬는 전장을 누볐고 족적은 黃河와 董關에 남았다.

　皇甫規, 張奐의 奇策은 일거에 이민족을 제압했다.

　文友에 뜻도 같았으며, 서로를 이해하고 숭앙하였다.

　段熲(단경)은 동서 羌族을 치고 큰 戰果를 거두었다.

　한바탕 큰 전쟁 뒤에 山谷은 靜寂하고 空虛하도다.

66 陳王列傳
〔진,왕열전〕

❶ 陳蕃

｜原文｜

陳蕃字仲擧, 汝南平輿人也. 祖河東太守. 蕃年十五, 嘗閑處一室, 而庭宇蕪穢. 父友同郡薛勤來候之, 謂蕃曰, "孺子何不灑埽以待賓客? 蕃曰, "大丈夫處世, 當埽除天下, 安事一室乎!" 勤知其有淸世志, 甚奇之. 初仕郡, 擧孝廉, 除郎中. 遭母憂, 弃官行喪. 服闋, 刺史周景辟別駕從事, 以諫爭不合, 投傳而去. 後公府辟擧方正, 皆不就.

｜註釋｜ ○汝南平輿 − 平輿縣은 今 河南省 동남부, 駐馬店市 관할 平輿縣. 安徽省 阜陽市와 접경. ○安事一室乎 − 安은 어찌 안. 어디에? 의문사. ○別駕從事 − 자사의 속리 명칭. 衆事(庶務)를 총괄. ○投傳而去 − 投

傳은 印符를 반납하다. 投는 弃.

[國譯]

陳蕃(진번)의 字는 仲擧(중거)로 汝南郡 平輿縣 사람이다. 조부는
河東太守였다. 진번이 15살 때 집에 한가히 지내는데 뜰에 잡초가
무성했다. 부친의 友人인 同郡의 薛勤(설근)이 방문하여 진번에게
말했다.

"孺子는 어찌 청소도 하지 않고 빈객을 맞이하는가?"

이에 진번이 말했다. "대장부가 살면서 천하를 깨끗하게 청소해
야지 어찌 집안만을 깨끗하게 치우겠습니까!"

설근은 진번이 淸世의 大志가 있는 것을 알고 매우 기특하게 여
겼다. 진번은 처음에 郡에 출사했다가 孝廉으로 천거되었고 郎中을
제수 받았다. 모친상을 당하여 관직을 버리고 복상하였다. 복상이
끝나자 刺史인 周景(주경)의 別駕從事가 되었는데 諫爭을 받아들이
지 않자 바로 사임하였다. 뒷날 삼공부에서도 方正한 인재라 하여
초빙하였지만 응하지 않았다.

原文

太尉李固表薦, 徵拜議郎, 再遷爲樂安太守. 時李膺爲靑
州刺史, 名有威政, 屬城聞風, 皆自引去, 蕃獨以淸績留. 郡
人周璆, 高絜之士. 前後郡守招命莫肯至, 唯蕃能致焉. 字
而不名, 特爲置一榻, 去則縣之. 璆字孟玉, 臨濟人, 有美名.

民有趙宣葬親而不閉埏隧, 因居其中, 行服二十餘年, 鄉邑
稱孝, 州郡數禮請之. 郡內以薦蕃, 蕃與相見, 問及妻子, 而
宣五子皆服中所生.

蕃大怒曰, "聖人制禮, 賢者俯就, 不肖企及. 且祭不欲數,
以其易黷故也. 況乃寢宿冢藏, 而孕育其中, 誑時惑衆, 誣
汚鬼神乎?" 遂致其罪.

| 註釋 | ○樂安太守 − 本名 千乘郡(國), 和帝 때 개칭. 치소는 臨濟縣,
今 山東省 淄博市 관할 高青縣. ○周璆(주구) − 璆는 아름다운 옥 구. ○臨
濟 − 前漢의 狄縣. 安帝 永初 연간에 개칭. 今 山東省 중부 淄博市(치박시)
관할 高青縣. ○埏隧(연수) − 埏은 땅 끝 연. 墓道. 隧는 길 수. 터널(掘地
한 通路). ○不肖企及 − 不肖한 자는 삼년상이 빨리 끝나기를 기다리며
복상한다는 뜻. ○易黷故也 − 黷은 더럽힐 독. 욕되게 하다. 깔보다(媟
也). 제사를 자주 많이 지내야 한다면 번거롭게 생각하고, 번거로우면 不
敬하기 때문이다.

[國譯]

太尉 李固(이고)가 表文으로 진번을 천거하자 議郎이 되었다가 두
번 자리를 옮겨 樂安太守가 되었다. 그때 李膺(이응)은 靑州刺史였
는데 정사에 위엄이 있다는 명성이 있었고, 이응이 군현에 나온다면
부패한 관리들은 자진해서 사임할 정도였지만 진번만은 청렴했고
치적이 뛰어났다. 郡人 周璆(주구)는 高絜한 士人이었다. 前後의 郡
守(太守)가 관직으로 불러도 응하지 않았는데 진번의 초청에는 응
하였다. 진번은 그의 字를 부르고 이름은 부르지 않았으며, 특별한

의자를 하나 준비하였다 주구가 떠나면 올려 매달아 놓았다. 주구의 字는 孟玉(맹옥)으로 臨濟縣 사람으로 명성이 높았다. 당시 백성 중에 趙宣(조선)이란 사람은 부친의 장례를 마치고서도 埏隧(연수, 墓道)를 막지 않고 그 안에 거처하면서 20여 년을 복상하고 있어 鄕邑에서 효자라는 칭송을 듣고 있었으며 자사나 태수가 예를 갖춰 초청도 하였다. 郡民들이 진번에게 천거하자 진번이 만나보고 처자에 관해서 물었는데 조선은 아들 다섯이 모두 복상 중에 태어났다고 말했다. 이에 진번이 대노하며 말했다.

"聖人이 制禮하여 (삼년상을) 효순한 사람은 스스로 실천하고 불효한 자는 삼 년을 기다리며 마친다고 하였다. 또 제사는 본래 자주 지내는 것이 좋은 것이 아니라 하였는데, 이는 너무 쉽게 생각해서는 안 되기 때문이다. 무덤으로 들어가는 묘도에서 잠을 자면서 그 안에서 자식을 낳고 길렀다면 세상 사람을 속이고 현혹시켰으며 귀신을 더럽힌 것이다."

그리고서는 그를 형벌로 다스렸다.

原文

大將軍梁冀威震天下, 時遣書詣蕃, 有所請托, 不得通, 使者詐求謁, 蕃怒, 笞殺之, 坐左轉修武令. 稍遷, 拜尙書. 時零陵, 桂陽山賊爲害, 公卿議遣討之, 又詔下州郡, 一切皆得擧孝廉, 茂才. 蕃上疏駁之曰,

「昔高祖創業, 萬邦息肩, 撫養百姓, 同之赤子. 今二郡之

民, 亦陛下赤子也. 致令赤子爲害, 豈非所在貪虐, 使其然乎? 宜嚴勅三府, 隱核牧守令長, 其有在政失和, 侵暴百姓者, 卽便擧奏, 更選淸賢奉公之人, 能班宣法令情在愛惠者, 可不勞王師, 而群賊弭息矣. 又三署郎吏二千餘人, 三府掾屬過限未除, 但當擇善而授之, 簡惡而去之. 豈煩一切之詔, 以長請屬之路乎!」

以此忤左右, 故出爲<u>豫章</u>太守. 性方峻, 不接賓客, 士民亦畏其高. 徵爲尙書令, 送者不出郭門.

| 註釋 | ○修武 ─ 河內郡의 縣名. 今 河南省 焦作市(초작시) 관할 修武縣. ○同之赤子 ─ 赤子는 갓난아이. 황제 치하에 은덕을 입는 백성. ○三署郎吏 ─ 三署는 光祿勳의 속관 중 五官中郎將(中郎三將의 우두머리), 右, 左中郎將(궁전 숙위)을 말함. 郡國에서 孝廉으로 추천된 자는 처음 三署의 낭관에 補任, 낭관은 中郎, 議郎, 侍郎, 郎中으로 구분, 無 定員. ○豫章郡 ─ 治所는 南昌縣, 今 江西省 북부 南昌市(江西省의 省會).

[國譯]

大將軍 梁冀(양기)의 위세가 천하에 진동할 때, 청탁이 있어 사람을 진번에게 보냈지만 진번이 만나주지 않자, 사자가 다른 일을 꾸미며 진번을 만나러 들어오자 진번은 대노하여 태형을 가해 죽여 버렸는데, 이 때문에 진번은 修武(수무) 현령으로 좌천되었다. 다시 승진하여 尙書가 되었다. 그때 零陵郡과 桂陽郡 일대 산적의 폐해가 많았는데 공경은 토벌할만한 사람을 논의했고 또 주군에 조서를 내려 모든 군현에서 孝廉, 茂才를 천거하게 하였다. 진번은 이를 반박하

는 상소를 올렸다.

「예전에 高祖께서 創業하신 뒤에 천하 백성은 짐을 벗었고 조정은 백성을 부양하되 모두 친자식처럼 여겼습니다. 지금 零陵, 桂陽의 백성 역시 폐하의 赤子입니다. 지금 적자가 危害에 시달리는데 관리의 탐학으로 그렇게 된 것이 어찌 아니겠습니까? 응당 三府에 엄히 명령하시어 정사에 소홀하거나 백성을 침탈하는 자가 있는지 사찰하여 즉시 상주 탄핵하게 하고, 청렴과 선정을 베풀거나 법도를 지키며 은정으로 백성을 이롭게 천거하게 한다면 대군을 동원하지 않아도 도적은 저절로 없어질 것입니다.

또 三署의 郎吏가 2천 명이나 되고 三公府의 掾屬(연속)이 정원을 넘었는데도 줄이지 않는데 그중에서 유능한 자를 골라내고 악한 자는 제거해야 합니다. 모든 조서에 의한 인재 천거가 어찌 청탁의 빌미가 될 수 있겠습니까!」

이 때문에 황제 측근의 미움을 받아 결국 豫章太守로 방출되었다. 진번은 성격이 모나고 엄격하여 빈객 접대도 없었지만, 군의 백성은 그 때문에 두려워하며 존경하였다. 진번이 상서령으로 부름을 받았는데 백성이 전송하면서 성문을 나오지 못했다.

原文

遷大鴻臚. 會白馬令李雲抗疏諫, 桓帝怒, 當伏重誅. 蕃上書救雲, 坐免歸田里. 復徵拜議郎, 數日遷光祿勳. 時封賞踰制, 內寵猥盛, 蕃乃上疏諫曰,

「臣聞有事社稷者, 社稷是爲, 有事人君者, 容悅是爲. 今

臣蒙恩聖朝, 備位九列, 見非不諫, 則容悅也. 夫諸侯上象四七, 垂耀在天, 下應分土, 藩屏上國. 高祖之約, 非功臣不侯. 而聞追錄河南尹鄧萬世父遵之微功, 更爵尙書令黃儁先人之絶封, 近習以非義授邑, 左右以無功傳賞. 授位不料其任, 裂土莫紀其功, 至乃一門之內, 侯者數人, 故緯象失度, 陰陽謬序, 稼用不成, 民用不康.

臣知封事已行, 言之無及, 誠欲陛下從是而止. 又比年收斂, 十傷五六, 萬人饑寒, 不聊生活, 而采女數千, 食肉衣綺, 脂油粉黛, 不可貲計. 鄙諺言 '盜不過五女門', 以女貧家也. 今後宮之女, 豈不貧國乎! 是以傾宮嫁而天下化, 楚女悲而西宮災. 且聚而不御, 必生憂悲之感, 以致並隔水旱之困. 夫獄以禁止姦違, 官以稱才理物.

若法虧於平, 官失其人, 則王道有缺. 而令天下之論, 皆謂獄由怨起, 爵以賄成. 夫不有臭穢, 則蒼蠅不飛. 陛下宜采求失得, 擇從忠善. 尺一選擧, 委尙書三公, 使褒責誅賞, 各有所歸, 豈不幸甚!」

帝頗納其言, 爲出宮女五百餘人, 但賜儁爵關內侯, 而萬世南鄉侯.

|註釋| ○白馬令李雲－白馬는 東郡의 현명. 今 河南省 동북 安陽市 관할 滑縣(활현). 李雲은 단 한 번의 상소로 桓帝의 미움을 받아 옥사하였다. 言辭의 수준과 방법을 고려하지 않는 간쟁은 위험하다. 신의가 없는 관계에서 간언이나 충고는 비방이 된다. 57권, 〈杜欒劉李劉謝列傳〉에 立傳.

○上象四七 - 上은 하늘. 象은 본뜨다. 四七은 28宿(수). ○藩屛 - 藩은 덮을 번. 울타리. 屛은 가릴 병. 지키다. ○不可貲計 - 貲는 헤아리다(量也). ○楚女悲而西宮災 - 魯 僖公(희공)이 楚女를 西宮에 유폐시켜 돌보지 않자, 여인의 원한으로 西宮에 화재가 났다. ○尺一選擧 - 尺一은 한 자 길이의 목간. 詔書를 의미.

[國譯]

(陳蕃은) 大鴻臚(대홍려)가 되었다. 그때 白馬縣令 李雲(이운)은 상소를 올려 충간하다가 桓帝의 노여움을 사서 처형되었다. 진번은 상서하여 이운을 구하려 했기에 면직되어 귀향하였다. 다시 조정에 들어가 議郞에 제수되었다가 며칠 만에 광록훈이 되었다. 그 무렵 封爵이 시상을 법제를 넘기 일쑤였고 궁내 총신의 권세가 막강하였는데, 진번은 이를 바로잡으려 상소하였다.

「臣이 알기로, 社稷을 섬기는 자는 사직만을 생각해야 하며 人君을 위해 일하는 자는 군주의 환심을 사려고 합니다. 지금 臣은 聖朝의 은덕을 입어 九卿의 반열에 섰는데 잘못을 보고서는 간쟁하지 않는다면 환심이나 사는 것입니다. 諸侯는 하늘의 28宿(수)를 본뜬 것이니 하늘에서 빛나지만 지상에서 분봉 받은 땅을 다스리니 천자 나라의 울타리가 됩니다. 功臣이 아니면 제후가 될 수 없다는 것은 高祖의 약속입니다. 신이 듣기로, 조정에서는 河南尹인 鄧萬世(등만세)의 부친 鄧遵(등준)의 미미한 공적을 추가로 기록하였고, 尙書令 黃儁(황준) 선조의 끊긴 작위를 다시 계승시켰다 하니, 이는 황제 측근에서 대의가 아닌 방법으로 식읍을 준 것이며, 측근에게 공적도 없이 상을 내린 것입니다. 그 임무를 고려하지 않고 직위를 부여하고 기록할 공적도 없이 제후에 봉하여서 한 가문에 제후가 여럿이지만, 이 때문에 天象이 그 定度를 벗어나고 陰陽의 차례가 달라지며 농사가 흉년이 들며 백성의 살림이 곤궁해집니다.

臣이 알기로, 봉작이 이미 시행되었기에 상서하여도 어쩌지 못하겠지만, 폐하께서 이를 정말로 바로잡아 중지해야 합니다. 또 근년의 부세 징수에서도 10 중 5, 6 정도의 흉년이라서 모든 백성이 춥고 굶주려 죽지 못해 살아가는데 궁내 여인 수천 명이 고기를 먹고 비단옷을 입으며 연지와 분을 바르니 그 비용을 이루 다 계산할 수가 없습니다. 鄙諺(비언, 俗諺)에서도 '도적도 딸 다섯인 집에는 들어가지 않는다.' 고 하였으니, 딸은 집안을 가난하게 만듭니다. 지금 후궁의 여인들이 어찌 나라를 가난하게 만들지 않겠습니까! 이에 모든 궁의 여인을 출가시켜 천하를 교화하여야 하니, (옛날 魯에서) 楚女의 슬픔에 西宮에 불이 났습니다. 또 여인을 데려다 모아놓고서 가까이 하지 않는다면 필히 근심과 슬픔이 싹트게 되고 이는 수해와 가뭄의 곤궁을 유발하게 됩니다. 대체로 감옥은 악인의 불법을 예방하는 곳이나 관직은 인재의 능력을 알아볼 수 있는 방편입니다.

만약 법의 적용이 공평하지 않다면 나라는 인재를 잃고 王道는 무너집니다. 지금 天下의 論者가 모두 원한에서 옥사가 일어나고, 관작에서 뇌물이 생긴다고 말합니다. 사실 더러운 냄새가 없다면 파리는 모여들지 않습니다. 폐하께서는 응당 그 득실을 살펴 忠과 善한 자를 가려 뽑아야 합니다. 조서와 인재 등용은 尙書와 三公에게 맡겨 두시고 포상과 처벌은 역시 각 주관 관원에게 맡겨둔다면 어찌 다행이 아니겠습니까!」

환제는 진번의 건의를 받아들여 궁녀 5백여 명을 내보냈지만 그래도 黃儁(황준)에게는 關內侯를 鄧萬世는 南鄕侯에 봉했다.

■原文

延熹六年, 車駕幸廣成校獵. 蕃上疏諫曰,

「臣聞人君有事於苑囿, 唯仲秋西郊, 順時講武, 殺禽助祭, 以敦孝敬. 如或違此, 則爲肆縱. 故皐陶戒舜 '無敎逸游', 周公戒成王 '無盤於游田.' 虞舜, 成王猶有此戒, 況德不及二主者乎!

夫安平之時, 尙宜有節, 況當今之世, 有三空之厄哉! 田野空, 朝廷空, 倉庫空, 是謂三空. 加兵戎未戢, 四方離散, 是陛下焦心毁顔, 坐以待旦之時也. 豈宜揚旗曜武, 騁心輿馬之觀乎! 又秋前多雨, 民始種麥. 今失其勸種之時, 而令給驅禽除路之役, 非賢聖恤民之意也.

齊景公欲觀於海, 放乎琅邪, 晏子爲陳百姓惡聞旌旗輿馬之音, 擧首嚬眉之感, 景公爲之不行. 周穆王欲肆車轍馬跡, 祭公謀父爲誦〈祈招〉之詩, 以止其心. 誠惡逸游之害人也.」

書奏不納.

| 註釋 | ○廣成校獵 - 廣成은 苑名. 당시 낙양 都城의 西郊, 今 河南省 洛陽市 동쪽. 校獵(교렵)은 울타리를 만들어 놓은 안에서 하는 사냥. ○無盤於游田 - 돌아다니며 사냥하기를 좋아하지 않다. 《尙書 周書 無逸》의 구절. ○祭公謀父(제공모보) - 周卿士인 祭國公, 謀父는 이름. 〈祈招(기초)〉

는 逸詩.

[國譯]

(桓帝) 延熹 6년(서기 163), 車駕가 廣成苑(광성원)에 행차하여 사냥을 했다. 진번은 이를 간하는 상소를 올렸다.

「臣이 알기로, 人君이 苑囿에서 할 일은, 仲秋에 西郊에서 시기에 따라 講武를 하고 사냥으로 제물을 마련하여 孝敬의 뜻을 돈독히 하는 일 뿐입니다. 혹시 이를 어긴다면, 이는 곧 임의의 방종입니다. 그래서 皐陶(고요)는 舜에게 '백성을 일없이 놀게 하지 말라' 고 하였으며, 周公도 成王에게 '놀이와 사냥에 탐닉하지 말 것' 을 훈계하였습니다. 虞舜과 成王에게도 이러한 훈계가 있었는데 하물며 그 덕행이 그 두 분만 못한 군주야 더 무얼 말하겠습니까!

나라가 태평한 시기에도 오히려 절제가 있거늘 지금처럼 三空이 겹쳤을 때야 더 당연한 것입니다. 지금은 田野가 空하고, 朝廷이 空하며 나라의 창고가 空하였으니, 이를 三空이라 말할 수 있습니다. 거기다가 전쟁이 아직 끝나지 않았고 사방 백성은 떠돌고 있으니, 이는 폐하께서 마음을 졸이며 수심과 밤샘 걱정으로 날을 새울 때입니다. 지금이 어찌 깃발을 펄럭이며 武威를 자랑하거나 한가한 심경으로 거마를 보고 즐기겠습니까! 또 추수 전에 비가 자주 내려서 백성은 이제야 보리를 파종하였습니다. 지금 권농할 때를 놓치면서 백성을 시켜 사냥감을 모아 넣고 길을 보수하는 요역에 동원한다면, 이는 성인께서 백성을 긍휼히 여기는 뜻이 아닐 것입니다.

齊 景公이 바다를 구경하고 싶어 琅邪(낭야)에 도착하여 놀이를 즐기려 하자, 晏子는 百姓이 旌旗와 輿馬의 소리를 듣기 싫어한다면

66. 陳王列傳 *253*

서 고개를 들고 눈살을 찌푸리는 뜻을 표현하자 景公은 백성을 위하여 행차하지 않았습니다. 周 穆王이 자신의 수레와 말이 마음껏 달리기를 원했는데 祭公謀父(제공모보)는 목왕을 위해 〈祈招〉의 詩를 읊어 그만두게 하였습니다. 이는 백성을 해치는 遊樂을 정말로 증오한 것입니다.」

상서는 받아들여지지 않았다.

原文

自蕃爲光祿勳, 與五官中郞將黃琬共典選擧, 不偏權富, 而爲勢家郞所譖訴, 坐免歸. 頃之, 徵爲尙書僕射, 轉太中大夫. 八年, 代楊秉爲太尉. 蕃讓曰, "不愆不忘, 率由舊章, 臣不如太常胡廣. 齊七政, 訓五典, 臣不如議郞王暢. 聰明亮達, 文武兼姿, 臣不如弛刑徒李膺." 帝不許.

| 註釋 | ○黃琬(황완) - 61권, 〈左周黃列傳〉에 立傳. ○不愆不忘, 率由舊章 - 《詩 大雅 假樂》. '잘못도 실수도 없이 옛 법도를 따르다.' 愆은 허물 건. 舊章은 先王의 典章法度. ○齊七政 - 七政의 조화를 이룩하다. 조화롭게 운영하다. 齊는 조화하다. 가지런히 하다. 七政은 日月과 五星의 운행. 또는 四季와 天地人(天文, 地理, 人間)의 관계. ○訓五典 - 오전을 해석하다. 五典은 五經. ○李膺(이응, 110 - 169) - 陳蕃과 함께 환관을 제거하려다가 실패. 영제 때 옥사. 67권, 〈黨錮列傳〉에 立傳.

陳蕃(진번)은 光祿勳이 되어 五官中郎將 黃琬(황완)과 함께 관리 선발을 담당하였는데, 權貴나 무자에 치우치지 않았으나 이 때문에 권세가 낭관의 참소를 받아 사직하고 귀향하였다. 얼마 후 조정의 부름을 받아 尙書僕射가 되었고 太中大夫로 전직하였다. (桓帝 延熹) 8년에, 楊秉(양병)의 후임으로 太尉가 되었다. 이에 진번은 사양하며 말했다.

"잘못도 실수도 없이 옛 법도를 따르는 일에 臣은 太常 胡廣(호광)만 못합니다. 七政의 조화를 이룩하고 五典(五經)의 해석이나 교육은 議郎인 王暢(왕창)만 못하고, 聰明과 통달, 그리고 文武를 겸비하기로는 형벌 처리를 연기 받은 李膺(이응)만 못합니다."

그러나 환제는 받아들이지 않았다.

中常侍蘇康,管霸等復被任用, 遂排陷忠良, 共相阿媚. 大司農劉佑,廷尉馮緄,河南尹李膺, 皆以忤旨, 爲之抵罪. 蕃因朝會, 固理膺等, 請加原宥, 升之爵任. 言及反覆, 誠辭懇切. 帝不聽, 因流涕而起. 時小黃門趙津,南陽大猾張汜等, 奉事中官, 乘勢犯法, 二郡太守劉瓆,成瑨考案其罪, 雖經赦令, 而並竟考殺之.

宦官怨恚, 有司承旨, 遂奏瓆,瑨罪當弃市. 又山陽太守翟超, 沒入中常侍侯覽財産, 東海相黃浮, 誅殺下邳令徐宣,

超,浮並坐髠鉗, 輸作左校. 蕃與司徒劉矩,司空劉茂共諫請
瓆,瑨,超,浮等, 帝不悅. 有司劾奏之, 矩,茂不敢復言.

| 註釋 | ○馮緄(풍곤) – 馮緄(풍곤)은 도적 무리를 평정하는 공을 세웠지
만 환관에게 시달림을 받았다. 緄은 띠 곤. 38권, 〈張法滕馮度楊列傳〉立
傳. ○忤旨 – 忤는 거스를 오. 旨는 뜻 지. 의향, 천자의 뜻(聖旨). 맛 지.
○怨恚 – 怨은 원망할 원. 恚는 성낼 에.

[國譯]

中常侍 蘇康(소강)과 管霸(관패) 등은 다시 등용되었고, 마침내 충
직 선량한 신하를 배척하며 함께 아첨하였다. 그리하여 大司農 劉佑
(유우), 廷尉인 馮緄(풍곤), 河南尹 李膺(이응) 등은 모두 뜻을 어겨 형
벌에 처하였다. 진번은 조회할 때 이응 등을 변호하며 너그러이 용
서하고 승진시켜야 한다고 청원하였다. 이를 여러 번 반복하며 그
언사가 매우 간절하였다. 그러나 환제가 수락하지 않자 눈물을 흘리
며 일어나야만 했다. 그때 小黃門 趙津(조진), 南陽의 교활한 惡人 張
汜(장범) 등은 환관을 받들면서 권세를 이용하여 犯法하자 (太原 太
守인) 劉瓆(유질)과 (南陽 태수인) 成瑨(성진) 등은 그 죄를 추궁하고,
사면령이 있었지만 고문하여 결국 죽여 버렸다.

이에 환관들은 원한을 품고 분노했는데 마침내 환제의 뜻을 받들
어 유질과 성진의 죄상을 상주하여 棄市(기시)刑에 처했다. 또 山陽
太守 翟超(적초)는 中常侍 侯覽(후람)의 재산을 몰수하였고, 東海國
相인 黃浮(황부)는 下邳(하비)의 현령인 徐宣(서선)을 주살하였는데
적초와 황부는 모두 머리를 깎고 목에 칼을 차고 左校에 보내져 노

역형을 받았다. 진번은 司徒인 劉矩(유거), 司空인 劉茂(유무)와 함께 유질, 성진, 적초, 황부 등의 사면을 간청하였지만 환제는 좋아하지 않았다. 담당 관리가 이들을 탄핵 상주하자, 유거와 유무는 더 이상 말을 하지 못했다.

■原文

蕃乃獨上疏曰,

「臣聞齊桓修霸, 務爲內政,《春秋》於魯, 小惡必書. 宜先自整勅, 後以及人. 今寇賊在外, 四支之疾, 內政不理, 心腹之患. 臣寢不能寐, 食不能飽, 實憂左右日親, 忠言以疏, 內患漸積, 外難方深. 陛下超從列侯, 繼承天位. 小家畜産百萬之資, 子孫尙恥愧失其先業, 況乃産兼天下, 受之先帝, 而欲懈怠以自輕忽乎? 誠不愛己, 不當念先帝得之勤苦邪?

前梁氏五族, 毒徧海內, 天啓聖意, 收而戮之, 天下之議, 冀當小平. 明鑒未遠, 覆車如昨, 而近習之權, 復相扇結. 小黃門趙津, 大猾張汜等, 肆行貪虐, 姦媚左右, 前太原太守劉瓆, 南陽太守成瑨, 糾而戮之. 雖言赦後不當誅殺, 原其誠心, 在乎去惡. 至於陛下, 有何悁悁? 而小人道長, 營惑聖聽, 遂使天威爲之發怒. 如加刑譴, 已爲過甚, 況乃重罰, 令伏歐刀乎!

又前山陽太守翟超, 東海相黃浮, 奉公不橈, 疾惡如讎, 超沒侯覽財物, 浮誅徐宣之罪, 並蒙刑坐, 不逢赦恕, 覽之從橫, 沒財已幸. 宣犯釁過, 死有餘辜. 昔丞相申屠嘉召責鄧通, 洛陽令董宣折辱公主, 而文帝從而請之, 光武加以重賞, 未聞二臣有專命之誅. 而今左右群豎, 惡傷黨類, 妄相交構, 致此刑譴. 聞臣是言, 當復嘁訴.

陛下深宜割塞近習豫政之源, 引納尙書朝省之事, 公卿大官, 五日壹朝, 簡練佞高, 斥黜佞邪. 如是天和於上, 地洽於下, 休禎符瑞, 豈遠乎哉! 陛下雖厭毒臣言, 凡人主有自勉强, 敢以死陳.」

| 註釋 | ○務爲內政 – 齊 桓公은 管仲의 도움을 받아 먼저 내정에 충실하였다. ○有何悁悁 – 悁悁은 성을 내다(恚忿). 悁은 성낼 연. ○董宣(동선) – 77권, 〈酷吏列傳〉에 입전. ○當復嘁訴 – 嘁는 울 제. ○五日壹朝 – 宣帝는 5일에 한 번씩 정사를 보고받았고 대신들은 그때 각자의 업무를 주청하였다. ○斥黜 – 내치다. 黜은 내칠 출.

【國譯】

陳蕃(진번)은, 곧 혼자 上疏하였다.

「臣이 듣기로, 齊 桓公은 패업을 이룩하면서 내정에 힘썼고,《春秋》에서는 魯의 작은 잘못도 모두 기록하였습니다. 이처럼 자신을 먼저 다스린 뒤에 백성에게 파급해야 합니다. 지금 변경에 외적이 노략질을 하니 이는 四支가 아픈 것이고, 內政이 바르지 않으면 이는 心腹의 질환입니다. 臣은 누워도 잠을 이루지 못하고 먹어도 배가 부르지 않는 것은 폐하와 측근은 날마다 더 가까워지지만, 忠言

은 날마다 멀어지고, 內患은 점점 널리 퍼지며, 外難도 한창 심각한 것을 걱정하기 때문입니다. 폐하께서는 列侯(蠡吾侯, 여오후)였다가 제위에 오르셨습니다. 가난한 집에서 백만 전의 재산을 축적했어도 후손이 선조의 재산을 잃게 되었다면 이를 부끄럽게 생각하는데, 하물며 先帝로부터 천하를 물려받았는데 어찌 내정을 게을리하여 스스로 버릴 수 있겠습니까? 정말로 자신을 소중히 여기지 않으면 선제께서 천하를 차지하기 위한 고생을 생각지 않을 수 있겠습니까?

앞서 다섯 명이나 작위를 받았던 梁氏 일가의 해독이 온 천하에 퍼졌었는데 하늘이 聖意를 열어 양씨 일족을 도륙하자 온 나라 백성은 이를 논하면서 차츰 안정을 이룩하리라 기대하였습니다. 확실하게 보여주는 거울은(明鑒) 먼 곳에 있지 않고, 엎어진 수레의 전철은 어제 있었던 일처럼 확실하며, 폐하 측근 소인들의 권력은 서로 격려하며 하나로 연결되었습니다. 小黃門인 趙津(조진)과 고약한 악인 張氾(장범) 등은 멋대로 법을 어기며 탐학하였고 폐하께 아첨하였기에 前 太原太守 劉瓆(유질)과 南陽太守 成瑨(성진)이 그들 죄를 따져 처형했습니다. 비록 사면 이후에 부당하게 誅殺하였다지만 그의 본래 誠心은 惡人의 제거에 있었습니다. 폐하께서는 무엇 때문에 그렇게 화를 내십니까? 小人의 세력이 커져서 聖聽을 현혹케 하여 결국 폐하를 이처럼 격노하신 것입니다. 만약 그런 소인을 형벌에 처한 것이 너무 지나쳤다고 생각하신다면 폐하께서는 중벌로 신하를 처형하실 수 있겠습니까!

또 예전 山陽太守인 翟超(적초)와 東海相인 黃浮(황부)는 소신을 굽히지 않는 충성심으로 악인을 원수처럼 미워한 것이니, 적초는 환관 候覽(후람)의 재산을 몰수하였고, 황부는 徐宣(서선)의 죄를 따져 처형하였는데 그 때문에 적초와 서선 두 사람은 형벌에 처해졌고 관용을 받지 못했지만 후람의 방자한 행동을 볼 때 재산 몰수는 다행한 일이었습니다. 서선은 중대한 죄를 저질렀기에 죽은 뒤에도 그 죄는 여전히 남아 있습니다. 옛날 (文帝 때) 丞相 申屠嘉(신도가)는 (文帝의 총신) 鄧通(등통)을 불러 책망하였고, 洛陽 현령 董宣(동선)은 湖陽公主가 惡人을 비호한 것을 따졌는데 文帝께서는 승상에게 등통을 용서하라고 요청하였으며, 光武帝께서는 동선에게 상을 하사하였지 두 사람이 황제명에 의거 주살되었다는 말을 듣지 못하였습니다. 지금 폐하 측근의 여러 소인들은 모두 악인이고 남을 해치는 당인들로서 제멋대로 서로 얽혀 있다가 이런 형벌을 받은 것뿐입니다. 그런 자들은 臣의 이 말을 들으면 응당 또 울면서 폐하께 읍소할 것입니다.

폐하께서는 깊이 통촉하시어 측근 소인들의 정사 관여의 원천을 막아야 하며 尙書의 국정 논의를 받아들여야 합니다. 公卿과 大官은 5일에 한 번씩 입조하게 하시고, 청렴 고상한 인물을 등용하시고 아부하는 사악한 자들을 내쫓아야 합니다. 이렇게 되면 위로는 하늘 뜻과 화합하고, 아래로는 땅과도 융합하여 상서로운 길상이 어찌 멀리에만 있겠습니까! 폐하께서 臣의 이런 상주가 듣기 싫을 수도 있겠지만 人君은 스스로 힘써 自强해야 하기에 죽음을 무릅쓰고 아룁니다.」

原文

帝得奏愈怒, 竟無所納. 朝廷衆庶莫不怨之. 宦官由此疾

蕃彌甚, 選擧奏議, 輒以中詔譴卻, 長史已下多至抵罪. 猶以
蕃名臣, 不敢加害. 瓆字文理, 高唐人. 瑨字幼平, 陝人. 並
有經術稱, 處位敢直言, 多所搏擊, 知名當時, 皆死於獄中.

| 註釋 | ○高唐 – 平原郡의 縣名. 今 山東省 북부 德州市 관할 禹城市.
○陝縣 – 弘農郡 陝縣(섬현), 今 河南省 서쪽 三門峽市 陝州區.

[國譯]

桓帝(환제)는 상주를 읽고 더 분노했으며 수용하지 않았다. 조정
에서 이를 원망하지 않는 신하가 없었다. 그러나 환관들은 이 때문
에 진번을 더욱 증오하였고 인재를 뽑아 올리는 상주는 번번이 중간
에서 황제의 명이라고 기각되었으며 長史 이하 많은 사람들이 형벌
을 받았다. 그러나 진번은 名臣이라서 가해할 수가 없었다.

劉瓆(유질)의 字는 文理(문리)인데, (平原郡) 高唐縣 사람이다. 成
瑨(성진)의 字는 幼平인데 (弘農郡) 陝縣(섬현) 사람이다. 모두 경학
으로 명성이 있었고 재직 중 과감하게 직언하였으며 많은 악인을 잡
아 처형하여 당시 이름이 알려졌으나 모두 옥사하였다.

原文

九年, 李膺等以黨事下獄考實. 蕃因上疏極諫曰,
「臣聞賢明之君, 委心輔佐, 亡國之主, 諱聞直辭. 故湯,武
雖聖, 而興於伊,呂, 桀,紂迷惑, 亡在失人. 由此言之, 君爲

元首, 臣爲股肱, 同體相須, 共成美惡者也. 伏見前司隷校
尉李膺, 太僕杜密, 太尉掾范滂等, 正身無玷, 死心社稷. 以
忠忤旨, 橫加考案, 或禁錮閉隔, 或死徙非所.

杜塞天下之口, 聾盲一世之人, 與秦焚書坑儒, 何以爲異?
昔武王克殷, 表閭封墓, 今陛下臨政, 先誅忠賢. 遇善何薄?
待惡何優? 夫讒人似實, 巧言如簧, 使聽之者惑, 視之者昏.
夫吉凶之效, 存乎識善, 成敗之機, 在於察言. 人君者, 攝天
地之政, 秉四海之維, 舉動不可以違聖法, 進退不可以離道
規. 謬言出口, 則亂及八方, 何況髡無罪於獄, 殺無辜於市乎!

昔禹巡狩蒼梧, 見市殺人, 下車而哭之曰, ‘萬方有罪, 在
予一人!’ 故其興也勃焉. 又青,徐炎旱, 五穀損傷, 民物流
遷, 茹菽不足. 而宮女積於房掖, 國用盡於羅紈, 外戚私門,
貪財受賂, 所謂 ‘祿去公室, 政在大夫.’ 昔春秋之末, 周德
衰微, 數十年閒無復災眚者, 天所弃也. 天之於漢, 惊惊無
已, 故殷勤示變, 以悟陛下. 除妖去孽, 實在修德.

臣位列台司, 憂責深重, 不敢屍祿惜生, 坐觀成敗. 如蒙
采錄, 使身首分裂, 異門而出, 所不恨也.」

帝諱其言切, 托以蕃辟召非其人, 遂策免之.

| 註釋 | ○亡在失人 - 關龍逢(관용봉)은 桀王의 신하였다. 王子 比干(비
간)은 紂王의 숙부였는데 간언을 올렸으나 주살 당했다. ○何以爲異 - 秦
始皇 때 丞相 李斯(이사)는 焚書를 건의하였다. 焚書 후에 諸生을 낭관을
제수한다고 하자 7백여 명이 모여들었다. 이들을 驪山(여산)의 계곡에 데

려가서 미리 장치한 곳에 몰아놓고 흙으로 묻어 죽였다(坑儒). ㅇ巧言如
簧 － 簧은 笙簧(생황). 管樂器 이름. 19개 또는 13개의 대나무 관으로 만든
악기. 簧은 피리 황. 讒人(참인)의 입을 笙簧에 비유하였다.   ㅇ萬方有罪,
在予一人 －《尙書 周書 泰誓(中)》. ㅇ茹菽不足 － 茹는 먹을 여(食也). 菽
은 콩 숙. ㅇ祿去公室, 政在大夫 － 孔子曰, “祿之去公室五世矣, 政逮於大
夫四世矣, 故夫三桓之子孫微矣.”《論語 季氏》. ㅇ悢悢無 － 悢悢은 보살펴
돌보아 주는 모양(眷眷也). 悢은 슬퍼할 양(량).

[國譯]

  (桓帝 延熹) 9년, 李膺(이응) 등은 黨人이라고 하옥되어 고문을 받
았다. 진번은 상소하여 極諫하였다.

  「臣이 알기로, 현명한 주군은 보좌하는 대신을 신임하나 망국의
군주는 직언 듣기를 꺼린다고 하였습니다. 옛 湯王과 武王은 聖人이
었지만 伊尹(이윤)과 呂尙(여상)이 있어 흥하였고, 桀王(걸왕)과 紂王
(주왕)은 迷惑(미혹) 속에 사람을 잃고 망했습니다. 이로써 말한다면
主君은 머리(元首)이고, 신하는 다리이며 팔(股肱, 고굉)이라 한몸
처럼 서로가 필요하며 함께 흥하고 망하게 됩니다. 臣이 볼 때 전임
司隸校尉인 李膺(이응)과 太僕인 杜密(두밀), 太尉掾인 范滂(범방) 등
은 바른 몸가짐에 아무 잘못도 없고 사직을 위해 죽겠다는 마음뿐이
었습니다. 그들의 충언이 폐하의 뜻에 거슬린다 하여 고문을 당하고
금고에 처해 유폐되거나 혹은 사형 또는 갈 수도 없는 먼 곳에 강제
이주되었습니다.

  이는 폐하께서 천하 사람들의 입을 막고 한 시대 사람을 벙어리
나 맹인으로 만든 것이니, 秦나라의 焚書坑儒(분서갱유)와 무엇이 다
르겠습니까? 옛날 武王은 殷(은)을 정복한 뒤에 商容(상용)이 살던

마을에 비석을 세웠고 比干(비간)의 무덤을 만들어 주었는데, 지금 폐하께서는 정사에 임하시면서 忠賢을 먼저 주살하였습니다. 善人을 어찌 이리 각박하게 대하고, 악인을 어찌 이리 우대하십니까? 참소하는 말은 사실인 것 같고, 巧言은 笙簧(생황)처럼 좋게 들리지만, 이들은 듣는 사람을 현혹시키고 보는 자를 어지럽게 만듭니다. 吉凶(善惡)의 결과는 善을 인식하는데 있고 成敗의 계기는 말을 가려듣는데 있습니다. 人君은 天地의 정사를 통섭하고 천하의 기강을 확립하는 분이니, 그 행실이나 擧動이 聖法에 어긋날 수 없으며 進退는 法道에서 벗어날 수 없습니다. 간신의 입에서 나온 그릇된 말은 천하 8方을 어지럽힐 뿐만 아니라 죄도 없는 사람의 머리를 깎아 옥에 가두고, 무고한 사람을 길거리에서 처형하게 합니다.

옛날에 禹王이 蒼梧(창오) 지방을 巡狩(순수)하다가 거리에서 처형하는 것을 보고 수레에서 내려 통곡하며 말했습니다. '萬方의 모든 죄는 나 때문이로다!' 이러하였기에 禹가 홍륭하였던 것입니다. 또 지금 靑州와 徐州 일대에 큰 가뭄이 들어 오곡이 여물지 않고, 백성들은 유민이 되어 떠도는데 먹을 만한 콩잎도 부족합니다. 그러나 후궁의 宮女들의 비단에 國用이 바닥이 나며, 外戚 私門은 재물을 긁어모으고 뇌물을 받으니, 이는 '권세가 왕실에서 떠났고 大夫가 정사가 담당하는 상황'입니다. 옛날 春秋시대 말기에 周德이 쇠미했는데도 수십 년간에 재해가 일어나지 않은 것은 하늘이 경고조차 하지 않고 버린 것이었습니다. 하늘이 漢을 돌보아주기에 殷勤(은근)하게 재해를 내려 폐하를 깨우치려는 것입니다. 妖孽(요얼)을 제거하고 덕을 베풀어야 합니다.

臣은 三公의 요직에 있기 때문에 걱정과 책임이 클 뿐만 아니라 하늘 일도 없이 녹을 받아가며 목숨을 유지할 수도, 또 앉아서 성패를 구경만 할 수 없습니다. 만약 이 상서가 채택만 된다면 몸뚱이와 머리가 분리되어 각각 다른 곳에 있더라도 여한은 없을 것입니다.」

환제는 그 간절한 상서를 싫어했고, 진번이 천거한 자가 적임자가 아니라 하여 策書로 면직시켰다.

■ 原文

永康元年, 帝崩. 竇后臨朝, 詔曰,

「夫民生樹君, 使司牧之, 必須良佐, 以固王業. 前太尉陳蕃, 忠清直亮. 其以蕃爲太傅, 錄尚書事.」

時新遭大喪, 國嗣未立, 諸尙書畏懼權官, 託病不朝. 蕃以書責之曰, 「古人立節, 事亡如存. 今帝祚未立, 政事日蹙, 諸君柰何委荼蓼之苦, 息偃在默? 於義不足, 焉得仁乎!」

諸尙書惶怖, 皆起視事.

| 註釋 | ○事亡如存 – 人主가 없더라도 법도는 여전히 남아 있다는 뜻. ○荼蓼之苦 – 荼蓼(도료)는 씀바귀와 여뀌. 고통 학대. 荼는 씀바귀 도(苦菜). 蓼는 여뀌 료(요).

[國譯]

(桓帝) 永康 원년(서기 167), 환제가 붕어했다. 竇后가 臨朝하며 조서를 내렸다.

「백성이 군주를 받드는 것은 주군이 다스려주기를 원하기 때문이

니 꼭 현량한 보좌가 있어야 王業이 공고해진다. 전 太尉 陳蕃(진번)
은 충성 청렴하고 강직 활달한 분이다. 진번을 太傅로 삼아 尙書事
를 겸하도록 하라.」

그때 금방 국상을 다했으나 후사가 정해지지 않아 여러 상서들은
權貴의 세력을 겁내어 병을 핑계로 출근하지 않았다. 이에 진번은
서신을 보내 상서를 책망하였다.

「古人은 지조를 지켜 사람이 없어도 있는 듯 섬겼다. 지금 황제
후사가 정해지지 않았다고 정사가 날마다 긴급한데, 여러분들은 어
찌하여 나라의 곤란을 방치하여 모른 척하면서 침상에 말없이 누워
만 있을 것인가? 대의도 지키지 못하면서 어찌 仁을 실천할 수 있겠
는가!」

여러 尙書들은 두려워 모두 출근하여 업무를 보았다.

原文

靈帝卽位, 竇太后復優詔蕃曰,

「蓋褒功以勸善, 表義以厲俗, 無德不報, 〈大雅〉所歎. 太
傅陳蕃, 輔弼先帝, 出內累年. 忠孝之美, 德冠本朝, 謇愕之
操, 華首彌固. 今封蕃高陽鄕侯, 食邑三百戶.」

蕃上疏讓曰,

「使者卽臣廬, 授高陽鄕侯印綬, 臣誠悼心, 不知所裁. 臣
聞讓, 身之文, 德之昭也, 然不敢盜以爲名. 竊惟割地之封,
功德是爲.

臣孰自思省, 前後歷職, 無它異能, 合亦食祿, 不合亦食
祿. 臣雖無素絜之行, 竊慕 '君子不以其道得之, 不居也.'
若受爵不讓, 掩面就之, 使皇天震怒, 災流下民, 於臣之身,
亦何所寄? 顧惟陛下哀臣朽老, 戒之在得.」

　竇太后不許, 蕃復固讓, 章前後十上, 竟不受封.

| 註釋 | ○無德不報 - '無言不讎, 無德不報'《詩 大雅 抑》. ○出內累年
- 出內(출납)은 왕명의 출납. 상서의 직분. 內은 들일 납(納也). ○謇愕之
操 - 謇愕(건악)은 거리낌없이 바른말을 하다. 謇은 더듬거릴 건. 바른말을
하는 모양. 愕은 놀랄 악. 직언하다. 愕은 諤(바른말 할 악)과 同. ○華首彌
固 - 華首는 흰머리. 白髮. ○使者卽臣廬 - 卽은 就也. 오다. ○不以其道
得之, 不居也 - 「孔子曰, "富與貴是人之所欲, 不以其道得之, 不處也. 貧與
賤, 是人之所惡也, 不以其道得之, 不去也."《論語 里仁》. ○掩面就之 - 掩
은 가릴 엄. ○戒之在得 - 得은 貪也.「孔子曰, "君子有三戒, 少之時, 血氣
未定, 戒之在色, 及其壯也, 血氣方剛, 戒之在鬪, 及其老也, 血氣旣衰, 戒之
在得."《論語 季氏》.

[國譯]

　靈帝가 즉위한 뒤에, 竇太后가 다시 陳蕃(진번)을 우대하는 조서
를 내렸다.

　「대체로 공적을 포상하여 勸善하고, 의리를 기리어 풍속을 순화
한다고 하였으며 '베푼 덕이 없다면 보답도 없다.'고 〈大雅〉에서
읊었다. 太傅 陳蕃은 先帝를 보필하면서 오랫동안 출납을 담당하였
도다. 忠孝의 美德이 本朝의 으뜸이었으며, 바른 직언을 올리는 지

조는 늙을수록 더욱 강해졌다. 이에 진번을 高陽鄕侯에 봉하고 食邑
은 3백 호이다.」

그러나 진번은 상소를 올려 사양하였다.

「使者가 臣의 오두막에 와서 高陽鄕侯의 인수를 주었습니다만,
臣은 진심으로 슬퍼 어찌할 바를 모르겠습니다. 臣이 알기로, 겸손
이나 사양은 心身과 도덕의 표현이라고 하였지만 감히 거짓 사양으
로 명성이나 얻을 수는 없습니다. 삼가 생각해보면 땅을 나눠주어
제후에 封하는 것은 공덕의 표창입니다.

臣이 아무리 생각해 보아도 그간 여러 관직을 거치면서 뛰어난
공적도 없었으며, 잘 수행하였어도 녹을 받았고 한 일이 없어도 녹
을 받았습니다. 臣은 평소 깨끗한 행실이 없을 뿐만 아니라, '君子
가 정당하게 얻은 것이 아니라면 누릴 수 없다.'는 신조를 지켜왔습
니다. 만약 小臣이 작위를 받으면 사양하지 않고 얼굴을 가리고 받
는다면 皇天이 震怒하여 재해가 백성에게 미칠 것이니 臣에게 무슨
보탬이 되겠습니까? 陛下(竇太后)께서는 늙은 몸이 탐욕을 조심할
수 있도록 보살펴주시기 바랄 뿐입니다.」

竇太后가 不許했으나 진번은 다시 강하게 사양하여 전후에 10번
이상 상주하여 끝내 받지 않았다.

原文

初, 桓帝欲立所幸田貴人爲皇后. 蕃以田氏卑微, 竇族良
家, 爭之甚固. 帝不得已, 乃立竇后. 及后臨朝, 故委用於
蕃. 蕃與后父大將軍竇武, 同心盡力, 徵用名賢, 共參政事,

天下之士, 莫不延頸想望太平. 而帝乳母趙嬈, 旦夕在太后
側, 中常侍曹節,王甫等與共交構, 諂事太后. 太后信之, 數
出詔命, 有所封拜, 及其支類, 多行貪虐. 蕃常疾之, 志誅中
官, 會竇武亦有謀. 蕃自以旣從人望而德於太后, 必謂其志
可申, 乃先上疏曰,

「臣聞言不直而行不正, 則爲欺乎天而負乎人. 危言極意,
則群凶側目, 禍不旋踵. 鈞此二者, 臣寧得禍, 不敢欺天也.
今京師囂囂, 道路諠嘩, 言侯覽,曹節,公乘昕,王甫,鄭颯等與
趙夫人諸女尙書並亂天下. 附從者升進, 忤逆者中傷. 方今
一朝群臣, 如河中木耳, 泛泛東西, 耽祿畏害.

陛下前始攝位, 順天行誅, 蘇康,管霸並伏其辜. 是時天地
淸明, 人鬼歡喜, 奈何數月復縱左右? 元惡大姦, 莫此之甚.
今不急誅, 必生變亂, 傾危社稷, 其禍難量. 願出臣章宣示
左右, 並令天下諸姦知臣疾之.」

太后不納, 朝廷聞者莫不震恐. 蕃因與竇武謀之, 語在〈武
傳〉.

| 註釋 | ○趙嬈(조요) – 인명. 嬈는 아리따울 요. 번거로울 뇨. ○京師囂
囂 – 囂囂(효효)는 매우 시끄러운 모양. 囂는 들렐 효. 시끄러운 소리. ○女
尙書 – 宮의 內官. ○〈武傳〉 – 69권, 〈竇何列傳〉.

[國譯]
그전에 桓帝는 총애하는 田貴人을 皇后로 세우려 했었다. 진번은

田氏는 미천하나 竇氏 일족은 良家라면서 아주 심히 간쟁을 하였다. 환제는 부득이 竇황후를 책봉하였다. 두황후가 임조하면서 이런 연고로 진번을 신임하였다. 진번과 황후의 부친인 대장군 竇武(두무)는 同心으로 협력하고 名賢을 불러 등용하며 함께 정사를 이끌자 천하의 士人들이 목을 늘려 태평시대를 바라지 않는 이가 없었다. 그러나 靈帝의 유모인 趙嬈(조요)는 밤낮으로 太后 곁을 지키면서 中常侍 曹節(조절), 王甫(왕보) 등과 어울리며 아첨으로 태후를 섬겼다. 태후는 그들을 신임하면서 자주 저서를 내려 그들에게 상을 내리고 직책을 맡기자 그들의 阿黨(아당)이 탐학한 짓을 많이 저질렀다. 진번은 늘 환관을 질시하며 제거하려 했는데, 竇武 또한 같은 뜻을 갖고 있었다. 진번은 자신이 많은 사람들의 기대를 받고 있으며 태후에게도 공덕이 있기에 자신의 뜻을 실현할 수 있을 것이라 생각하여 먼저 태후에게 상소를 올렸다.

「臣이 알기로, 언사가 곧지 않으면 행실이 바르지 못하니, 이는 上天을 속이며 사람들의 기대를 저버리는 것입니다. 直言으로 뜻을 다 말하면 많은 악인이 흘겨보고 禍가 바로 뒤따라옵니다. 이 둘을 놓고 볼 때 臣은 차라리 할 말을 다하고 화를 당하겠습니다. 지금 경사가 시끄럽고 길에서 큰 소리로 侯覽(후람)과 曹節(조절), 公乘昕(공승흔), 王甫(왕보), 鄭颯(정삽) 등이 趙夫人(趙嬈)과 諸 女尙書가 함께 천하를 어지럽힌다는 말을 하고 있습니다. 그들 편에서 따르는 자는 승진하고 뜻을 거스르는 자는 中傷을 당합니다. 지금 조정의 여러 신하들은 모두가 강물에 떠가는 나무토막처럼 東西로 떠다니며 봉록이나 탐하면서 위해를 걱정하고 있습니다.

폐하께서 앞서 섭정하시면서 順天하여 蘇康(소강)과 管霸(관패) 같은 자들을 주살하셨습니다. 이때는 天地가 淸明하며 人鬼가 모두 좋아하였습니다만 어찌하여 불과 몇 달 사이에 측근들을 방종하게 하셨습니까? 간악한 무리들이 이보다 더 심한 적은 없었습니다. 지금 서둘러 이들을 제거하지 않는다면 틀림없이 변란이 일어나 사직을 위태롭게 할 것이며 그 재앙은 헤아릴 수도 없을 것입니다. 신의 상주를 측근들에게 보여주어 臣이 천하의 간악한 자들을 증오한다는 것을 알게 해 주십시오.」

太后는 진번의 상주를 받아들이지 않았고 이를 알게 된 조정에서는 모두가 두려워 떨었다. 진번은 두무와 함께 모사를 같이 하였는데, 이는 〈竇武傳〉에 기록했다.

原文

及事洩, 曹節等矯詔誅武等. 蕃時年七十餘, 聞難作, 將官屬諸生八十餘人, 並拔刃突入承明門, 攘臂呼曰, "大將軍忠以衛國, 黃門反逆, 何云竇氏不道邪?" 王甫時出, 與蕃相迕, 適聞其言, 而讓蕃曰,

"先帝新弃天下, 山陵未成, 竇武何功, 兄弟父子, 一門三侯? 又多取掖庭宮人, 作樂飮燕, 旬月之間, 貲財億計. 大臣若此, 是爲道邪? 公爲棟梁, 枉橈阿黨, 復焉求賊!"

遂令收蕃. 蕃拔劍叱甫, 甫兵不敢近, 乃益人圍之數十重, 遂執蕃送黃門北寺獄. 黃門從官騶蹋跼蕃曰, "死老魅! 復能损我曹員數, 奪我曹稟假不?" 卽日害之. 徙其家屬於比

景, 宗族,門生,故吏皆斥免禁錮.

| 註釋 | ○與蕃相迕 – 迕는 만날 오(遇也).   ○黃門從官騶蹋蹴 – 騶는 말 먹이는 사람 추. 마부. 蹋蹴(답축)은 짓밟다. 蹋은 밟을 답. 발로 차다. 蹴은 평평할 축. 踖(밟을 적)과 通.   ○死老魅 – 老魅는 늙은이. 魅는 도깨비 매.   ○比景(비영) – 日南郡의 현명. 日南郡은 지금 월남의 중부지역. 漢 영역의 최남단. 比景縣(비경현, 비영현)은 日南郡의 북부지역, 베트남 다낭市 북쪽 동호이市 근처.

[國譯]

계획이 누설되자, 曹節(조절) 등은 조서를 위조하여 竇武(두무) 등을 주살하였다. 진번은 그때 70여 세였는데, 일이 터졌다는 말을 듣고 유생 등 80여 명을 인솔하여 모두 칼을 뽑아들고 承明門으로 돌입하여 팔을 휘두르며 소리쳤다.

"大將軍은 충성으로 나라를 보위하는데 반역한 환관이 어찌 두씨가 無道하다고 하는가?"

그때 王甫(왕보)가 나오다가 진번과 마주치며 고함을 듣고서 진번을 비난하였다.

"先帝께서 세상을 뜨신 지 얼마 되지도 않아 山陵(산릉) 일도 안 끝났는데, 두씨가 무슨 공이 있어 형제와 부자 3인이 제후가 되었습니까? 또 액정의 궁녀를 데려다가 作樂하며 잔치를 하였으며 한 달 동안에 재산이 億으로 늘었습니다. 대신이 이런 짓도 도덕입니까? 태위께서는 나라의 기둥이거늘 阿黨에 굽실거려 역적에게 무얼 얻으시렵니까?"

그리고 진번을 체포케 하였다. 진번이 칼을 뽑고 왕보를 질책하자 왕보의 군사도 접근하지 못하며 더 많은 군사로 진번을 수십 겹에 에워쌌는데 결국 사로잡힌 진번은 黃門署 北寺의 옥에 갇혔다. 환관을 섬기는 마부들이 진번을 짓밟으며 말했다.

"뒈질 늙은이! 다시 또 우리 인원을 감축하여 우리들 밥그릇을 뺏으려는가?"

진번은 그날로 죽었다. 그 가족은 먼 남쪽 (日南郡) 比景縣(비영현)으로 강제 이주되었고 일족과 門生, 진번이 천거한 관리 등은 모두 면직되거나 禁錮에 처해졌다.

原文

蕃友人陳留朱震, 時爲銍令, 聞而弃官哭之, 收葬蕃屍, 匿其子逸於甘陵界中. 事覺繫獄, 合門桎梏. 震受考掠, 誓死不言, 故逸得免. 後黃巾賊起, 大赦黨人, 乃追還逸, 官至魯相.

震字伯厚, 初爲州從事, 奏濟陰太守單匡臧罪, 並連匡兄中常侍車騎將軍超. 桓帝收匡下廷尉, 以譴超, 超詣獄謝. 三府諺曰, '車如雞棲馬如狗, 疾惡如風朱伯厚.'

| 註釋 | ○銍 – 沛郡의 현명. 銍은 낫 질. 벼를 베다. ○甘陵國 – 淸河國. 治所 甘陵縣, 今 山東省 직할 臨淸市(河北省과 접경) 동북. 桓帝 때 甘陵國으로 개명. ○單超(선초) – 인명. 單은 성씨 선. 흉노왕 칭호 單于(선우). 78권, 〈宦者列傳〉에 입전.

陳蕃의 友人인 陳留郡의 朱震(주진)은 그때 (沛郡) 銍縣(질현) 현령이었는데, 소식을 듣자 관직을 버리고 진번 시신 앞에 통곡하며 진번의 시신을 거두었고, 진번의 아들 陳逸(진일)을 甘陵國(淸河國) 내에 숨겨주었다. 일이 발각되어 옥에 갇혔고 일가도 모두 갇혔다. 주진은 고문에도 죽을 작정으로 말을 하지 않아 진일은 살아남았다. 뒷날 황건적이 봉기하자, 당인들을 대사면했는데 그때서야 진일을 만났으며 관직은 魯國 相이었다.

주진의 字는 伯厚(백후)인데 처음에 자사의 從事로 근무하면서 濟陰太守 單匡(선광)의 착복죄를 고발하였고, 이에 선광의 형 中常侍 車騎將軍 單超(선초)도 연관되었다. 桓帝가 선광을 廷尉에게 넘기게 하고 선초를 질책하자 선초는 정위를 찾아가 사죄하였다. 이에 三公府에서는 '수레는 닭장 같고 말(馬)은 개와 같아도 朱伯厚(朱震)처럼 악인을 철저히 미워하라.' 는 속언이 생겼다.

原文

論曰, 桓,靈之世, 若陳蕃之徒, 咸能樹立風聲, 抗論惛俗. 而驅馳嶮戹之中, 與刑人腐夫同朝爭衡, 終取滅亡之禍者, 彼非不能絜情志, 違埃霧也. 愍夫世士以離俗爲高, 而人倫莫相恤也. 以遯世爲非義, 故屢退而不去, 以仁心爲己任, 雖道遠而彌厲. 及遭際會, 協策竇武, 自謂萬世一遇也. 懍懍乎伊,望之業矣! 功雖不終, 然其信義足以攜持民心. 漢世亂而不亡, 百餘年間, 數公之力也.

| 註釋 | ○同朝爭衡 – 衡은 저울 형. 平衡을 이루다. 맞서다. ○違埃霧
也 – 違는 피하다. 회피하다. 埃는 티끌 애. ○道遠而彌厲 –「曾子曰, "士
不可以不弘毅, 任重而道遠. 仁以爲己任, 不亦重乎? 死而後已, 不亦遠
乎?"」《論語 泰伯》. ○懍懍(늠름) – 풍채가 당당한 모양(有風采之貌也, 凜
凜). 懍은 위태할 늠(름).

[國譯]

　　范曄(범엽)의 史論 : 桓帝와 靈帝 재위 연간에 陳蕃(진번)과 같은
사람들이 바른 기풍을 일으켜 세우며 혼탁한 세속을 비판하였다. 그
러면서 자신은 험조한 세파에 맞서면서 환관과 썩은 무리들과 조정
에서 다퉈야만 했다. 그러나 끝내 멸망의 화를 당한 것은 이들의 깨
끗한 지조로 세속의 먼지를 피했기 때문이 아니었다. 평범한 士人이
야 세속을 피하는 것으로 高尙이라 생각하고 인륜이 어떻게 되든 상
관하지 않는다. (진번은) 세상을 피하는 것이 대의가 아니라 생각하
여 여러 번 폄직당하면서도 떠나지 아니하고 仁心의 실천을 자신의
임무로 여겼으니, 비록 길은 멀어지더라도 그 의지는 더욱 견고해졌
다. 황제 붕어와 즉위의 시기에 竇武에 협조하면서 이를 만세의 한
번인 절호의 기회라 생각하였다. 진번은 늠름하게 伊尹(이윤)와 太
公望(呂尙)의 뜻을 실천하려 했다. 그러나 끝내 공을 이루지 못히였
지만 그의 信義는 민심을 이끌 수 있었다. 漢世가 혼란 속에서도 1
백여 년을 지속하며 망하지 않은 것은 진번 같은 사람들의 힘이었
다.

❷ 王允

原文

王允字子師, 太原祁人也. 世仕州郡爲冠蓋. 同郡郭林宗
嘗見允而奇之, 曰, "王生一日千里, 王佐才也." 遂與定交.

年十九, 爲郡吏. 時小黃門晉陽趙津貪橫放恣, 爲一縣巨
患, 允討捕殺之. 而津兄弟諂事宦官, 因緣譖訴, 桓帝震怒,
徵太守劉瓆, 遂下獄死. 允送喪還平原, 終畢三年, 然後歸
家. 復還仕, 郡人有路佛者, 少無名行, 而太守王球召以補
吏, 允犯顏固爭, 球怒, 收允欲殺之. 刺史鄧盛聞而馳傳辟
爲別駕從事. 允由是知名, 而路佛以之廢弃.

| 註釋 | ○王允(왕윤, 서기 137 – 192) – 王允은 여포를 이용하여 董卓(동
탁)을 刺殺하였지만 名士 蔡邕(채옹)도 죽여 민심을 잃었다. 동탁 잔당에게
왕윤은 피살, 關中이 대 혼란에 빠짐. 《三國演義》에서는 王允은 貂蟬(초선)
의 義父이고, 貂蟬은 呂布와 董卓의 反目을 유발, 呂布가 董卓을 살해한다.
초선은 소설 속의 가공인물, 그러나 36計 중 美人計와 連環計의 대표적 사
례. ○太原祁 – 祁縣은 今 山西省 중부 晉中市 관한 祁縣(기현). 唐의 詩佛
인 王維(왕유), 晩唐詞人 溫庭筠(온정균), 《三國演義》의 羅貫中(나관중)이 모
두 祁縣(기현) 출신이다. ○郭林宗 – 郭太. 林宗은 그의 字. 68권, 〈郭符許
列傳〉에 立傳.

[國譯]

王允(왕윤, 137 – 192)의 字는 子師(자사)인데, 太原郡 祁縣(기현) 사

람이다. 대대로 州郡에 출사한 관리 집안이었다. 同郡의 郭林宗(곽림종, 郭太)은 일찍이 왕윤을 만나보고 말했다. "王生은 1일 천리를 가는 천리마처럼 제왕을 보좌할 인재이다." 그리고서는 왕윤과 친교를 맺었다.

왕윤은 19세에 郡吏가 되었다. 그때 小黃門인 晉陽(진양) 사람 趙津(조진)이 탐학질을 하며 방자하여 현의 큰 골칫거리였는데 왕윤이 조진을 잡아 죽였다. 조진의 형제는 환관에 아부하며 왕윤을 참소하였는데, 환제가 진노하여 태수 劉瓆(유질)을 소환하여 하옥시켰다가 죽였다. 왕윤은 유질의 시신을 平原郡에 운구하여 3년 상을 마친 뒤에 귀가하였다. 왕윤은 다시 출사하였는데, 젊어서부터 악행이 많은 路佛(노불)이란 郡民을 太守 王球(왕구)가 불러 속리로 삼자 왕윤은 얼굴을 붉히며 논쟁하였다. 이에 왕구가 분노하여 왕윤을 잡아 죽이려했다. (幷州) 刺史인 鄧盛(등성)이 이를 알고 급히 사람을 보내 왕윤을 불러 別駕從事에 임명하였다. 왕윤은 이에 이름이 알려졌고 노불은 임용되지 못하였다.

原文

允少好大節, 有志於立功, 常習誦經傳, 朝夕試馳射. 三公並辟, 以司徒高第爲侍御史. 中平元年, 黃巾賊起, 特選拜豫州刺史. 辟荀爽,孔融等爲從事, 上除禁黨. 討擊黃巾別帥, 大破之, 與左中郎將皇甫嵩,右中郎將朱儁等受降數十萬. 於賊中得中常侍張讓賓客書疏, 與黃巾交通, 允具發其

姦, 以狀聞. 靈帝責怒讓, 讓叩頭陳謝, 竟不能罪之. 而讓懷
協忿怨, 以事中允. 明年, 遂傳下獄.

| 註釋 | ○ 荀爽(순상) - 62권, 〈荀韓鐘陳列傳〉에 입전. ○ 皇甫嵩(황보
숭), 朱儁(주준) - 71권, 〈皇甫嵩朱儁列傳〉에 立傳. ○ 以事中允 - 中은 中
傷하다. ○ 遂傳下獄 - 傳은 체포당하다(逮也).

[國譯]

왕윤은 젊어서부터 지조가 확실했고 공을 세우겠다는 큰 뜻을 품
고서 늘 경전을 외우면서도 조석으로 말달리기와 弓射를 익혔다. 삼
공부에서 모두 왕윤을 불렀는데 왕윤은 司徒府의 근무 평가가 우수
하여 侍御史가 되었다. (靈帝) 中平 원년(서기 184), 黃巾賊이 봉기
하자 왕윤은 특별히 豫州刺史에 선임되었다. 이때 荀爽(순상)과 孔
融(공융)은 종사로 근무했으며, 상서하여 禁錮의 당인들을 등용하였
다. 왕윤은 황건의 별동부대를 대파하였으며 左中郞將 皇甫嵩(황보
숭), 右中郞將 朱儁(주준) 등과 함께 수십 만의 투항을 받았다. 왕윤
은 황건적으로부터 中常侍 張讓(장양)의 빈객이 서신으로 황건적과
내통한 것을 적발하여 이를 보고하였다. 靈帝가 화를 내며 장양을
책망하였고, 장양은 머리를 조아려 사죄하였지만 끝내 형벌을 받지
는 않았다. 장양은 왕윤에게 원한을 품었고 일마다 왕윤을 중상모략
하였다. 다음 해 왕윤은 체포되어 옥에 갇혔다.

原文

會赦, 還復刺史. 旬日閒, 復以它罪被捕. 司徒楊賜以允素高, 不欲使更楚辱, 乃遣客謝之曰, "君以張讓之事, 故一月再徵. 凶慝難量, 幸爲深計." 又諸從事好氣決者, 共流涕奉藥而進之. 允厲聲曰, "吾爲人臣, 獲罪於君, 當伏大辟以謝天下, 豈有乳藥求死乎!" 投杯而起, 出就檻車. 旣至廷尉, 左右皆促其事, 朝臣莫不歎息. 大將軍何進, 太尉袁隗, 司徒楊賜共上疏請之曰,

「夫內視反聽, 則忠臣竭誠, 寬賢矜能, 則義士厲節. 是以孝文納馮唐之說, 晉悼宥魏絳之罪. 允以特選受命, 誅逆撫順, 曾未期月, 州境澄清. 方欲列其庸勳, 請加爵賞, 而以奉事不當, 當肆大戮. 責輕罰重, 有虧衆望. 臣等備位宰相, 不敢寢默. 誠以允宜蒙三槐之聽, 以昭忠貞之心.」

書奏, 得以減死論. 是冬大赦, 而允獨不在宥, 三公咸復爲言. 至明年, 乃得解釋. 是時宦者橫暴, 睚眦觸死. 允懼不免, 乃變易名姓, 轉側河內,陳留閒.

| 註釋 | ○使更楚辱 – 更은 겪다(經也). 楚는 苦痛, 苦楚. ○幸爲深計 – 深計는 자결. ○乳藥求死 – 乳藥는 독약. 또 乳는 乳鉢(유발). 약사발. ○內視反聽 – 內視는 自視. 反聽은 自聽也. 자신의 탓으로 삼아 남을 책망하지 않다. ○孝文納馮唐之說 – 文帝 때 魏尙(위상)은 雲中 郡守였는데 포로 숫자가 6명이 틀린다는 이유로 파직되었다. 이를 郎中署長인 馮唐(풍당)이 변호하며 '폐하의 법은 너무 엄격하고 상은 너무 가박하다.' 고 말하

자 문제는 위상의 관직을 회복시켜 주었다. ○晉悼宥魏絳之罪 - 晉 悼公(도공)의 아우가 난행을 일삼자 魏絳(위강)이 그 노복을 죽여버렸다. 도공이 화를 냈다가는 다시 위강의 충정을 이해하고 위로하였다. ○三槐之聽 - 《周禮》에 三槐와 九棘(구극) 아래서 公卿이 백성의 억울한 호소를 들어준다고 하였다. 槐는 홰나무 괴. 三槐는 三政丞을 뜻함. ○睚眦觸死 - 睚眦(애자)는 눈을 흘겨보다. ○轉側 - 왕래하다.

[國譯]

왕윤은 사면을 받자 다시 刺史가 되었다. 그러나 열흘 만에 다른 죄로 다시 체포되었다. 司徒인 楊賜(양사)는 왕윤을 평소에 높게 생각하고 있어 다시 고초를 겪게 할 수 없다고 생각하여 인편에 서신을 보내 자결을 권유하였다. "君이 張讓(장양)의 일로 한 달이나 갇혀 있었소. 그 흉악함은 헤아리기도 어려우니 한번 깊이 생각해 보시오."

또 다른 성격이 급한 종사들은 함께 눈물을 흘리며 극약을 올리기도 하였다. 그러나 왕윤은 꾸짖으며 말했다.

"내가 人臣으로서 주군에게 죄를 지었다면 당연히 처형을 받아 천하에 사죄해야 하거늘, 어찌 약을 마시고 죽겠는가!"

그러면서 약 그릇을 던지고 일어나 檻車(함거)에 올라탔다. 왕윤이 廷尉府에 가자 황제 측근들은 빨리 처리하라고 재촉하였지만 朝臣은 모두 탄식하였다. 大將軍 何進(하진)과 太尉 袁隗(원외), 司徒 楊賜(양사)가 함께 소청을 올렸다.

「대체로 主君께서 스스로의 탓이라 돌리면 忠臣은 성심을 다하고, 주군께서 賢臣을 너그러이 용서하신다면 義士는 더욱 강개하고 정직해진다고 하였습니다. 이 때문에 孝文帝께서는 馮唐(풍당)의 건의를 받아들였으며, 晉 悼公은 魏絳(위강)의 죄를 용서하였습니다. 왕윤은 특별히 선택되어 임무를 부여받았고 반역자를 토벌하고 순한백성을 지켰기에 부임 한 달도 안 되어 그 관할 지역에 깨끗해졌습니다. 의당 그의 공로를 보고하여 시상을 건의해야 하나 그 업무처리가부당하다 하여 극형으로 판결이 났습니다. 그의 잘못은 경미하고 형벌은 무거워 백성의 신망을 져버릴까 걱정이 됩니다. 臣 등은 재상의반열에 있지만 그냥 침묵할 수가 없습니다. 진정으로 왕윤이 공정한평결을 받게 하여 그의 忠貞한 마음을 빛내주어야 합니다.」

上奏가 보고되자 사형에서 1등급을 감형하여 판결났다. 그해 겨울에 대사면을 시행했지만 왕윤만은 용서받지 못했는데 삼공이 이를 다시 상주하였다. 왕윤은 그 다음 해에야 풀려났다.

이때 환관의 횡포는 눈만 흘겨보아도 사형에 처해질 정도였다. 왕윤은 벗어나기가 어렵다고 생각하여 성명을 바꾸고 河內郡과 陳留郡 일대를 떠돌았다.

原文

及帝崩, 乃奔喪京師. 時大將軍何進欲誅宦官, 召允與謀事, 請爲從事中郎, 轉河南尹. 獻帝卽位, 拜太僕, 再遷守尙書令.

初平元年, 代楊彪爲司徒, 守尙書令如故. 及董卓遷都關中, 允悉收斂蘭臺, 石室圖書秘緯要者以從. 旣至長安, 皆分別條上. 又集漢朝舊事所當施用者, 一皆奏之. 經籍具存, 允有力焉. 時董卓尙留洛陽, 朝政大小, 悉委之於允. 允矯情屈意, 每相承附, 卓亦推心, 不生乖疑, 故得扶持王室於危亂之中, 臣主內外, 莫不倚恃焉.

允見卓禍毒方深, 簒逆已兆, 密與司隷校尉黃琬,尙書鄭公業等謀共誅之. 乃上護羌校尉楊瓚行左將軍事, 執金吾士孫瑞爲南陽太守, 並將兵出武關道, 以討袁術爲名, 實欲分路徵卓, 而後拔天子還洛陽. 卓疑而留之, 允乃引內瑞爲僕射, 瓚爲尙書.

| 註釋 | ○及帝崩 − 靈帝는 中平 6년(서기 189), 34세에 붕어했다. 皇子인 辯(변, 뒤에 弘農王으로 격하)이 황제로 즉위했는데, 나이는 17세였다. ○獻帝(헌제) − 名 協(협), 後漢 최후 황제. 재위, 189 − 220년. 靈帝의 작은아들. 9월에 황제로 즉위할 때 9살이었다. 220년 魏 曹丕(조비, 曹操의 아들)에게 선양. 劉協은 山陽公에 봉해졌다. 선양한 다음 해에, 獻帝가 피살되었다는 소문에 劉備는 獻帝에게 孝愍(효민)皇帝라는 시호를 올리고 漢室의 계승을 자처하여 蜀漢을 건립했다. 그러나 劉協은 魏 靑龍 2년(234)에 향년 54세로 죽었고 孝獻皇帝라는 시호는 魏에서 올린 시호이다. ○守尙書令 − 정식 임용되기 전 임시로 試用하는 관직을 守라 하였다. 임시 尙書令의 뜻. 守南郡太守, 守侍御使, 守執金吾, 守光祿大夫 등이 그 예이다. ○蘭臺 − 궁중의 도서 보관소. 御使中丞 관할. 질록 6백석의 蘭臺令史가 관리 실무 책임자. ○行左將軍事 − 行은 代行, 攝行(섭행). 본직을 갖고 다른 일을 겸행. 行大司馬. 行中郎將事, 行車騎將軍事 등이 그 예이다. ○武關 − 關中의 四關 중 남쪽의 關門.

[國譯]

靈帝가 붕어하자 왕윤은 경사에 와서 奔喪(분상)하였다. 그때 大將軍 何進(하진)은 환관을 주살하려고 왕윤을 불러 함께 謀事하면서 왕윤을 從事中郞에 임명했다가 河南尹으로 전근시켰다. 獻帝가 즉위하자 太僕이 되었다가 두 번 자리를 옮겨 임시(守) 尙書令이 되었다.

初平 元年(서기 190), 楊彪(양표)의 후임으로 司徒가 되었는데, 守尙書令은 전과 같았다. 董卓(동탁)이 관중으로 천도할 때 왕윤은 蘭臺(난대)와 石室(석실)의 圖書와 秘緯書(비위서) 중 꼭 필요한 것을 가져갔다. 장안에 도착해서는 모두 분류하여 조목별로 상주하였다. 또 왕윤은 漢朝 舊事(前例) 중 당장 필요한 것을 일괄 상주하였다. 經籍이 모두 보관된 것은 왕윤의 힘이었다. 그때 동탁은 아직 낙양에 머물고 있어서, 나라의 크고 작은 정사는 모두 왕윤에게 맡겨졌다. 왕윤은 자신의 본심을 감추고 늘 동탁과 함께 협력하였고, 동탁도 왕윤을 믿고 있어 괴리가 생기지 않았기에 그 위란 속에서도 황실이 존속할 수 있었기에, 신하나 주군 모두가 왕윤에게 의지하지 않는 자가 없었다.

왕윤은 동탁의 악독한 재앙이 매우 엄중하고, 동탁이 簒逆(찬역)할 마음이 있는 것을 알고, 비밀리에 司隸校尉인 黃琬(황완), 尙書인 鄭公業(정공복) 등과 동탁 주살을 계획하였다. 이에 護羌校尉인 楊瓚(양찬)을 左將軍의 업무대행으로 임명하였고, 執金吾(집금오)인 士孫瑞(사손서)를 南陽太守로 임명하여 함께 군사를 거느리고 武關道를 거쳐 출정케 하였는데, 이는 袁術(원술) 토벌을 명분으로 삼았지만 길을 나눠 동탁을 응징한 뒤에 천자를 옹위하여 낙양으로 환도할 계획이었다. 이에 동탁은 이를 의심하며 군사를 중간에 멈추게 하였는데 왕윤은 사손서를 상서복야로, 양찬을 상서에 임명하여 조정으로 불러들였다.

原文

二年, 卓還長安, 錄入關之功, 封允爲溫侯, 食邑五千戶. 固讓不受. 士孫瑞說允曰, "夫執謙守約, 存乎其時. 公與董太師並位俱封, 而獨崇高節, 豈和光之道邪?"

允納其言, 乃受二千戶.

三年春, 連雨六十餘日, 允與士孫瑞,楊瓚登臺請霽, 復結前謀. 瑞曰, "自歲末以來, 太陽不照, 霖雨積時, 月犯執法, 彗字仍見, 晝陰夜陽, 霧氣交侵, 此期應促盡, 內發者勝. 幾不可後, 公其圖之." 允然其言, 乃潛結卓將呂布, 使爲內應. 會卓入賀, 呂布因刺殺之. 語在〈卓傳〉.

| 註釋 | ○溫侯 - 王允과 呂布의 작위. 溫은 河內郡 溫縣, 今 河南省 焦作市 관할 溫縣, 黃河 北岸. ○和光 - '和其光, 同其塵'《老子道德經》4章. 和光同塵은 자신의 知德이나 才氣를 감추고(和光)을 세속에 묻혀 같이 살아가다(同塵). ○霽 - 비 그칠 제(雨止). ○月犯執法 - 執法은 星名. 太微星의 南 四星을 執法이라 하였다. ○呂布 - 75권, 〈劉焉袁術呂布列傳〉에 입전. 中國人의 俗談에 '人中呂布 馬中赤兎'(사람은 呂布, 말은 적토마)라는 말이 있다. 呂布는 그만큼 잘난 美男子였다. 여포는《三國演義》에서는 丁原(정원)의 義子로 나온다. 董卓의 참모 李肅(이숙)은 呂布와 同鄕人이었다. 李肅은 '呂布가 勇而無謀하고 見利忘義하니' 金珠와 赤兎馬(적토

마)로 회유할 수 있다고 말했고, 여포는 동탁의 부장이 되었다.

[國譯]

(獻帝 初平) 2년(서기 191), 동탁은 長安에 돌아왔고, 入關의 공적을 기록하며 王允을 溫侯(온후)에 봉했는데 식읍은 5천 호였다. 그러나 왕윤은 굳이 사양하며 받지 않았다. 이에 士孫瑞(사손서)가 왕윤을 설득하였다.

"겸양의 미덕을 실천하고 검약하더라도 때가 있습니다. 公과 董太師(董卓)이 나란히 작위를 받으면서 혼자서 고상한 지조를 지킨다면 그것이 어찌 '和光의 道'라 하겠습니까?"

왕윤은 그 말을 받아들여 곧 식읍 2천 호만 받았다.

3년 봄, 60여 일간 장마가 계속되자 왕윤과 사손서, 양찬은 누대에 올라 날이 개이기를 기도하면서 다시 이전의 계획을 추진하였다. 사손서가 말했다.

"작년 연말 이후로 太陽이 밝지 못하고 장마가 계속되며, 달이 執法星을 犯하고 彗星(혜성)이 자주 나타나며, 낮에는 어둠침침하고 밤은 희미하게 밝으며 안개가 자주 끼니, 이는 上天이 동탁의 명운이 다했음을 알려주는 것이며, 다음을 더 기다릴 수 없으니 공께서는 착수하셔야 합니다."

왕윤은 그 말을 옳게 여기며 은밀히 동탁의 부장 呂布(여포)와 결탁하여 內應케 하였다. (마침 헌제의 병이 나았다 하여) 동탁이 축하인사를 올리려 입궁하자 여포가 동탁을 찔러 죽였다. 이는 〈董卓列傳〉에 기록했다.

原文

允初議赦卓部曲, 呂布亦數勸之. 旣而疑曰,"此輩無罪, 從其主耳. 今若名爲惡逆而特赦之, 適足使其自疑, 非所以 安之之道也."呂布又欲以卓財物班賜公卿,將校, 允又不 從. 而素輕布, 以劍客遇之. 布亦負其功勞, 多自誇伐, 旣失 意望, 漸不相平.

允性剛稜疾惡, 初懼董卓豺狼, 故折節圖之. 卓旣殲滅, 自謂無復患難, 及在際會, 每乏溫潤之色, 杖正持重, 不循權 宜之計, 是以群下不甚附之.

| 註釋 | ○部曲 - 군대의 편제 단위. 大將軍營 五部, 部에는 교위가 지 휘. 部 아래 曲을 설치. 曲은 軍候가 통솔, 曲 아래 屯(둔). 둔에는 屯長 1인 을 두었다. ○剛稜疾惡 - 稜은 모서리 능. 威光, 威稜(위릉).

[國譯]

王允(왕윤)은 처음에 동탁의 부하를 사면할 생각이었고 여포 또한 여러 번 이를 권유하였다. 그러나 얼마 뒤 왕윤은 이를 의심하며 말 했다.

"이 사람들이 무죄라는 것은 (어쩔 수 없이) 그 主將을 따랐다는 점이다. 지금 만약 (그들 일부가) 사악한 반역을 했는데도 특별히 사면을 받는다면 그들 스스로가 이상할 것이니, 이는 그들을 안전하 게 지킬 방법은 아닐 것이다."

여포는 또 동탁의 재물을 公卿과 장교에게 모두 분배하자고 했으나 왕윤은 이도 거절하였다. 왕윤은 평소에 여포를 경시하여 그저 劍客(검객)으로만 대우했다. 여포 또한 자신의 공로에 자부심을 갖고 자랑을 많이 했지만 여러 번 실망하면서 점차 불만이 쌓였다.

왕윤의 성격은 강직하고 위압적이며 악인을 미워하였는데, 처음에는 동탁의 포악한 성격이 두려워 자신을 꺾으면서도 동탁을 없애려 하였다. 동탁이 섬멸되자, 다시는 그런 환난이 없을 것이라 생각하여 다른 사람과 만남에서 온유한 표정도 없고 언제나 정의와 지조만을 고집하며 적당한 융통을 보여주지 않았기에 많은 아랫사람들이 잘 따르지 않았다.

董卓將校及在位者多涼州人, 允議罷其軍. 或說允曰,

"涼州人素憚袁氏而畏關東. 今若一旦解兵, 則必人人自危. 可以皇甫義眞爲將軍, 就領其衆, 因使留陝以安撫之, 而徐與關東通謀, 以觀其變."

允曰, "不然. 關東擧義兵者, 皆吾徒耳. 今若距險屯陝, 雖安涼州, 而疑關東之心, 甚不可也."

時百姓訛言, 當悉誅涼州人, 遂轉相恐動. 其在關中者, 皆擁兵自守. 更相謂曰, "丁彦思,蔡伯喈但以董公親厚, 並尙從坐. 今旣不赦我曹, 而欲解兵, 今日解兵, 明日當復爲魚肉矣." 卓部曲將李傕,郭汜等先將兵在關東, 因不自安, 遂合謀爲亂, 攻圍長安. 城陷, 呂布奔走. 布駐馬靑瑣門外,

招允曰, "公可以去乎?"

允曰, "若蒙社稷之靈, 上安國家, 吾之願也. 如其不獲,
則奉身以死之. 朝廷幼少, 恃我而已, 臨難苟免, 吾不忍也.
努力謝關東諸公, 勤以國家爲念."

| 註釋 | ○涼州 − 13자사부의 하나. 치소는 漢陽郡 隴縣, 今 甘肅省 天
水市 관할의 張家川回族自治縣. 隴西郡, 漢陽郡, 武都郡, 安定郡, 北地郡,
武威郡, 張掖郡, 酒泉郡, 敦煌郡, 張掖屬國, 張掖居延屬國을 관할하였다.
○朝廷幼少 − 朝廷은 天子.

[國譯]

董卓의 將校와 관리 중에는 涼州 출신들이 많았는데 왕윤은 그
군사의 해산을 논의케 하였다. 어떤 사람이 왕윤에게 말했다.

"涼州 장졸은 평소 袁氏(원씨)와 關東의 군사를 꺼렸습니다. 만약
지금 일단 군사를 해산시킨다면 그들은 모두 두려워 떨 것입니다.
그러니 皇甫義眞(황보의진)을 장군으로 삼아 우선 그들을 통솔하여
陝縣(섬현) 일대에 주둔시켜 按撫(안무)한 다음에 서서히 관동 군사
의 형세를 보아 결정하셔야 합니다."

이에 왕윤이 말했다.

"그렇지 않다. 關東 義兵의 주동자는 모두 나의 추종자이다. 지금
만약 험준한 陝縣 일대에 주둔케 하면 설령 涼州가 안정되더라도 관
동 군사를 의심할 것이니 절대 좋지 않을 것이다."

그때 백성들 사이에 양주 사람을 다 죽일 것이라는 헛소문이 퍼
지면서 모두가 불안해하였다. 그들 중 關中의 장수들은 자기 군사를

거느리고 웅거하였다. 양주 출신 장수들이 서로 말했다.

"丁彦思(정언사)와 蔡伯喈(채백개, 蔡邕)는 단지 董公과 친했다 하여 모두 죄를 받아 죽었다. 지금 우리들을 사면하지도 않으면서 군사를 해산시키려 하는데, 오늘 우리가 해산되면 내일은 틀림없이 魚肉이 될 것이다."

동탁의 부장인 李傕(이각), 郭汜(곽사) 등은 앞서 군사를 거느리고 관동에 주둔한 적이 있었는데, 이에 불안해하며 결국 반란을 일으키기로 합의하고 長安을 포위하였다. 장안성이 함락되면서 呂布는 도망쳤다. 여포는 靑瑣門(청쇄문) 밖에 말을 대놓고 왕윤을 불러 물었다. "公께서 떠날 수 있겠습니까?" 그러자 왕윤이 말했다.

"만약 하늘의 보우로 사직 안전한 것이 나의 소원이다. 만약 그렇지 못하다면 이 몸으로 지키다가 죽을 것이다. 폐하께서 아직 어리시기에 나만 믿고 계신데, 이런 난관을 구차히 피할 생각을 나는 차마 할 수 없도다. 관동의 여러 장수들에게 사례하고, 나라를 생각해 힘써주기 바라네."

原文

初, 允以同郡宋翼爲左馮翊, 王宏爲右扶風. 是時三輔民庶熾盛, 兵穀富實, 李傕等欲卽殺允, 懼二郡爲患, 乃先徵翼,宏. 宏遣使謂翼曰,

"郭汜,李傕以我二人在外, 故未危王公. 今日就徵, 明日俱族. 計將安出?"

翼曰, "雖禍福難量, 然王命所不得避也." 宏曰, "義兵鼎
沸, 在於董卓, 況其黨與乎! 若舉兵共討君側惡人, 山東必
應之, 此轉禍爲福之計也."

翼不從. 宏不能獨立, 遂俱就徵, 下廷尉. 催乃收允及翼,
宏, 並殺之. 允時年五十六.

長子侍中蓋,次子景,定及宗族十餘人皆見誅害, 唯兄子
晨,陵得脫歸鄉里. 天子感慟, 百姓喪氣, 莫敢收允屍者, 唯
故吏平陵令趙戩弃官營喪.

| 註釋 | ○平陵 – 平陵은 昭帝의 陵. 今 陝西省 咸陽市 서북 소재. 능 주
변에 民戶를 이주시킨 뒤 현을 설치. 이를 陵縣이라 했다. 太常은 종묘 제
사와 황릉을 관리하는 직책으로 능현도 감독 통솔했다. 전한 11陵은 高祖
의 長陵, 惠帝의 安陵, 文帝의 霸陵(패릉), 景帝의 陽陵, 武帝의 茂陵(무릉),
昭帝의 平陵, 宣帝의 杜陵, 元帝의 渭陵, 成帝의 延陵, 哀帝의 義陵, 平帝의
康陵이다.

[國譯]

그전에 왕윤은 同郡 출신 宋翼(송익)을 左馮翊(좌풍익)에, 王宏(왕
굉)을 右扶風에 임용했었다. 이때 三輔 지역은 인구도 많고 번성하
였으며 군량도 넉넉했는데, 李催(이각) 등은 왕윤을 죽이려 해도 좌
풍익과 우부풍의 군사가 걱정이 되어 먼저 송익과 왕굉을 소환하였
다. 왕굉이 사람을 송익에게 보내 말했다.

"곽사와 이각, 우리 두 사람이 밖에 있기에 王公(왕공)을 아직 해
치지 않고 있습니다. 오늘 부름에 응한다면 내일 모두 멸족당할 것

인데 어찌하면 좋겠소?"

이에 송익이 말했다. "비록 禍福을 예측할 수 없다지만 그래도 왕명을 회피할 수는 없지 않습니까?" 왕굉이 말했다.

"지금 의병이 한창 흥한 것은 董卓 때문이었는데 동탁이 제거된 지금 그 무리를 걱정하겠습니까! 만약 거병하여 황제 측근의 악인을 함께 토벌하겠다면 山東에서도 틀림없이 호응할 것이니, 이것이 오히려 전화위복의 방편일 것입니다."

그러나 송익은 동의하지 않았다. 왕굉은 혼자 갈 수도 없어 결국 함께 조정에 들어갔는데 바로 정위에게 넘겨졌다. 이각은 바로 왕윤과 송익과 왕굉 3인을 모두 죽여버렸다. 왕윤은 그때 56세였다.

왕윤의 長子인 侍中 王蓋(왕개), 작은아들인 王景(왕경), 王定(왕정) 및 종족 10여 명도 모두 죽음을 당했으며, 다만 조카인 王晨(왕신)과 王陵(왕릉)은 탈출하여 향리로 돌아갔다. 천자는 슬퍼하였고 백성은 기가 죽었으니 아무도 왕윤의 시신을 거두는 자가 없었는데, 오직 왕윤에 의해 등용되었던 平陵 현령 趙戩(조전)만이 관직을 버리고 와서 장례를 치렀다.

原文

王宏字長文, 少有氣力, 不拘細行. 初爲弘農太守, 考案郡中有事宦官買爵位者, 雖位至二千石, 皆掠考收捕, 遂殺數十人, 威動鄰界. 素與司隷校尉胡種有隙, 及宏下獄, 種遂迫促殺之. 宏臨命訴曰, "宋翼豎儒, 不足議大計. 胡種樂人之禍, 禍將及之." 種後眠輒見宏以杖擊之, 因發病, 數日死.

| 註釋 | ○豎儒(수유) – 어린애만도 못한 유생(賤劣如僮豎). 豎는 더벅
머리 수. 천한 사람.

[國譯]

王宏(왕굉)의 字는 長文(장문)인데, 젊어서부터 힘이 세었고 사소
한 일에 마음 쓰지 않았다. 그전에 弘農太守가 되었는데, 郡中에 환
관을 섬겨 관직을 산 자를 밝혀내었는데, 그 자가 비록 2천석 고관
이었지만 잔당을 모두 잡아 고문한 뒤 수십 명을 처형하자 이웃 군
까지 위세가 진동했다. 평소에 司隷校尉인 胡種(호종)과 사이가 나
빴는데, 왕굉이 하옥되자 호종은 왕굉을 빨리 죽이라고 재촉하였다.
왕굉이 죽기 전에 욕을 하였다.

"宋翼(송익)같은 띨띨한 유생과는 큰일을 같이 할 수 없었다. 胡種
(호종)은 남의 재앙을 좋아하니 너도 곧 재앙을 당할 것이다."

호종은 뒷날 꿈에서 송굉에게 막대기로 얻어맞았는데, 그 후 병
이 나서 며칠 뒤에 바로 죽었다.

■ 原文

後遷都於許, 帝思允忠節, 使改殯葬之, 遣虎賁中郞將奉
策弔祭, 賜東園秘器, 贈以本官印綬, 送還本郡. 封其孫黑
爲安樂亭侯, 食邑三百戶.

士孫瑞字君策, 扶風人, 頗有才謀. 瑞以允自專討董卓之

勞, 故歸功不侯, 所以獲免於難. 後爲國三老,光祿大夫. 每三公缺, 楊彪,皇甫嵩皆讓位於瑞. 興平二年, 從駕東歸, 爲亂兵所殺.

趙戩字叔茂, 長陵人, 性質正多謀. 初平中, 爲尙書, 典選舉. 董卓數欲有所私授, 戩輒堅拒不聽, 言色强厲. 卓怒, 召將殺之, 衆人悚慄, 而戩辭貌自若. 卓悔, 謝釋之. 長安之亂, 容於荊州, 劉表厚禮焉. 及曹操平荊州, 乃辟之, 執戩手曰, "恨相見晚." 卒相國鐘繇長史.

| 註釋 | ○後遷都於許 – 서기 196년. 許는 潁川郡의 현명. 今 河南省 중앙부 許昌市. 조조가 헌제를 영입하면서 許都로 개칭. 曹丕(조비, 魏 文帝)는 '漢은 許에서 亡했으나, 魏는 許에서 昌盛한다(漢因許而亡, 魏因許而昌)고 하여 許都를 許昌으로 개칭하여 지금까지 사용. ○鐘繇(종요) – 人名. 字는 符常(부상). 曹操가 魏王일 때 相國이었다.

[國譯]

뒷날 許縣(허현)으로 천도한 뒤에, 憲帝는 왕윤의 忠節을 생각하여 사람을 보내 다시 장례를 치르게 하였고, 虎賁中郞將에게 책서를 갖고 가서 제사를 지내게 하였으며, 東園에서 만든 秘器(장례물품)을 보냈고, 예전 관직의 인수를 하사하였으며 본군으로 이장하게 하였다. 그의 손자 王黑(왕흑)을 安樂亭侯에 봉했고 식읍은 3백 호였다.

士孫瑞(사손서)의 字는 君策(군책)인데, 右扶風 사람으로 자못 才謀가 있었다. 사손서는 왕윤이 동탁을 제거한 공로를 혼자 독차지하자 모든 공적을 왕윤에게 돌리고 작위도 받지 않았기에 나중에 목숨을 지켰다. 뒷날 國三老와 光祿大夫를 역임하였다. 三公의 자리가 결원이 될 때마다 楊彪(양표), 皇甫嵩(황보숭) 등은 매번 사손서에게 양보하였다. 興平 2년(서기 195), 어가를 수종하여 낙양으로 돌아오다가 亂兵에게 피살되었다.

趙戩(조전)의 字는 叔茂(숙무)로 長陵縣 사람인데 성격이 정직하면서도 지모가 많았다. (獻帝) 初平 연간에 尚書가 되어 인재 선발을 담당하였다. 동탁이 여러 번 개인적으로 관직을 수여하려 했으나 조전은 그때마다 완강히 거부하면서 따르지 않았으며 언사도 아주 단호하였다. 동탁은 화가 나서 불러다가 죽이려 했고 많은 사람이 두려워 떨었는데 조전의 언사는 전과 똑같았다. 동탁이 후회하며 사과한 뒤에 풀어주었다. (이각 등의) 장안이 혼란할 때 조전은 荊州(형주)로 피난하였는데, 劉表(유표)가 예를 갖춰 후하게 대접하였다. 나중에 曹操가 형주를 차지한 뒤에 조전을 초빙하고 그 손을 맞잡고 "이제야 만난 것이 한입니다."라고 말했다. 조전은 나중에 (魏의) 相國 鍾繇(종요)의 長史가 되었다.

原文

論曰, 士雖以正立, 亦以謀濟. 若王允之推董卓而引其權, 伺其間而斂其罪, 當此之時, 天子懸解矣. 而終不以猜忤爲釁者, 知者本於忠義之誠也. 故推卓不爲失正, 分權不爲苟冒, 伺閒不爲狙詐. 及其謀濟意從, 則歸成於正也.

| 註釋 | ○天子懸解矣 – 천자의 어려운 일이 해결되다. 懸解는 거꾸로

매달린 상태에서 벗어나다. 평안해지다(安泰也). 懸은 매달 현. 매달아 놓다.

[國譯]

范曄(범엽)의 史論 : 士人은 정직하게 立身해야 하나 지모에 의해 공을 세워야 한다. 만약 王允이 동탁에게 협조하면서 동탁의 권력을 빌리고 적당한 틈을 보아 동탁의 죄과를 탄핵했다면 그로써 천자의 현안은 해결될 수 있었을 것이다. 그러나 끝내 다른 사정을 가지고 의심하는 것은 知者가 忠義의 正道만을 생각하기 때문일 것이다. 만약에 동탁이 정도에서 벗어나지 않았다면 왕윤과 分權은 이루어지지 않았을 것이고, 그러면 틈을 보아 거짓말을 하고 죽이지 못했을 것이다. 어떤 모략으로 뜻을 이루었다면 그것은 정의에 의해 성공한 것이라고 보아야 한다.

原文

贊曰, 陳蕃蕪室, 志淸天綱. 人謀雖緝, 幽運未當. 言觀殄瘁, 曷非云亡? 子師圖難, 晦心傾節. 功全元醜, 身殘餘孽. 時有隆夷, 事亦工拙.

| 註釋 | ○人謀雖緝 – 緝은 (길삼을) 낳을 집(出産한다는 뜻이 아님). 모을 집(合也). '길쌈을 낳다', '베를 낳다', '삼을 잦다' 이런 말은 우리 할머니들이 썼던 日常의 언어인데, 이를 설명하기가 쉽지 않다. 진번의 평생의 지모(뜻)는 성공했지만, 죽음의 운은 따르지 않았다는 뜻. ○言觀殄瘁

- 殄은 다할 진(盡也). 죽다. 瘁는 병들 췌(病也). ○曷非云亡 - 曷은 어찌
갈. ○事亦工拙 - 동탁을 죽이는 일을 아주 교묘하여 성공했지만 그 뒷일
마무리는 정말 서툴렀다. 工은 工巧(공교). 拙은 서투를 졸. 拙劣(졸렬).

【國譯】

贊曰,

陳蕃은 뜰의 잡초를 보며 天綱 확립을 꿈꾸었다.

사람 지모는 성공했지만 죽음의 악운은 좋지 않았다.

국운 衰亡이 보이는데 어찌 망한다고 아니 하겠는가?

子師(王允)는 큰 뜻으로 본심을 감추고 지조를 굽혔다.

원흉 제거는 성공했지만 그 잔당에게 죽음을 당했으니

時運에 高低가 있고 일 처리도 巧拙(교졸)이 있도다.

67 黨錮列傳
〔당고열전〕

原文

孔子曰, '性相近也, 習相遠也.' 言嗜惡之本同, 而遷染之
塗異也. 夫刻意則行不肆, 牽物則其志流. 是以聖人導人理
性, 裁抑宕佚, 愼其所與, 節其所偏, 雖情品萬區, 質文異數,
至於陶物振俗, 其道一也. 叔末澆訛, 王道陵缺, 而猶假仁
以效己, 憑義以濟功. 舉中於理, 則强梁褫氣, 片言違正, 則
斯臺解情. 蓋前哲之遺塵, 有足求者.

註釋 ○性相近也, 習相遠也 –《論語 陽貨》의 구절. ○惡之本同 – 嗜
는 좋아할 기(好也). 惡는 미워할 오. 好惡는 본성에 바탕을 두고 있으며
인간의 본성은 크게 차이가 없다는 말. ○遷染之塗異 – 遷染(천염)은 영향
을 받아 바뀌다. 이는 생활의 습관에 따라 영향을 받는다는 뜻. '墨子悲
染.' ○刻意則行不肆, 牽物則其志流 – 刻意는 다음이 풀어지지 않게 스스

로 단속하다. 肆는 방자할 사(放縱也). 牽物(견물)은 사물에 견제 당하다. 물질에 매이다. ○ 裁抑宕佚 – 裁抑은 제재하고 억제하다. 宕佚(탕일)은 방탕과 무절제. 宕은 방탕할 탕. 佚은 편안한 일. ○ 陶物振俗 – 陶는 陶冶(도야)하여 성취시키다. ○ 叔末澆訛 – 叔末은 말기(季末也). 춘추시대의 말기. 澆訛(요와)는 도덕이 피폐하고 거짓이 많음(澆僞). 澆는 엷을 요. 경박함. 訛는 그릇될 와. ○ 强梁褫氣 – 强梁은 힘이 셈. 힘이 세어 제압할 수 없다. 褫는 빼앗을 치(奪也). ○ 斯臺 – 斯臺는 미천한 사람(賤人也). 臺는 종 대, 하인 대.

[國譯]

孔子는 '인간의 본성은 서로 비슷하나 습성은 크게 다르다.' 고 하였다. 이는 好惡(호오)의 근본은 같지만 변화의 과정이 다르기 때문이다. 대체로 마음을 단속하면 그 행실도 방자하지 않지만 사물에 매이면 의지도 바뀌게 된다. 이 때문에 聖人은 인간을 본성을 다스리도록 이끌어주고, 방탕을 억제하며, 교제를 신중하게 하고, 편애를 절제하게 하여 인간의 성품이나 바탕과 꾸밈이 제각각 다르더라도 만물을 도야하여 풍속을 순화하려는 도리는 언제나 동일하다. 춘추 말기에 도덕이 타락하고 거짓이 판을 치면서 王道가 쇠퇴하였는데 거짓 仁德으로 자신의 실력을 확대하고 忠義를 빙자하여 자신의 공적을 성취하였다. 행위가 대의에 부합하면 강력한 상대일지라도 기세가 꺾였고 말 한마디가 正道에서 어긋났다면 미천한 백성일지라도 도리를 말하며 따졌다. 이는 前代 賢哲의 유풍이었으니 사람들이 이를 본받았다.

原文

霸德旣衰, 狙詐萌起. 彊者以決勝爲雄, 弱者以詐劣受屈. 至有畫半策而縮萬金, 開一說而錫琛瑞. 或起徒步而仕執珪, 解草衣以升卿相. 士之飾巧馳辯, 以要能釣利者, 不期而景從矣. 自是愛尙相奪, 與時回變, 其風不可留, 其敝不能反.

| **註釋** | ○霸德旣衰 – 六國時代를 지칭. ○狙詐萌起 – 狙는 원숭이 저. 속임수. 萌起(맹기)는 싹트다. ○畫半策而縮萬金 – 縮은 꿸 관, 맬 관. 蘇秦은 趙王에게 유세하고 황금 萬鎰(만일)을 받았다. ○錫琛瑞 – 錫은 하사하다. 琛瑞(침서)는 보배. 보물. ○景從(영종) – 그림자처럼 따르며 떨어지지 않다.

國譯

霸者의 세력이 약해지고(戰國時代), 사악과 거짓의 풍조가 성행하였다. 강자는 무력으로 승자가 되었고, 약자는 거짓이 통하지 않으면 치욕을 겪었다. 어떤 자는 어설픈 방책을 제시하여 만금을 받았고, 유세 한 번에 보물을 하사받았다. 혹은 죄수에서 출세하여 笏(홀, 珪)을 잡은 신하가 되었고 농부의 옷을 벗고 卿相이 되었다. 士人은 교묘한 말로 궤변을 쏟아내었고, 교묘한 솜씨 하나로 이익을 얻으려는 자들은 어떤 약속이나 보장이 없어도 그림자처럼 따라다녔다. 이처럼 사람이 좋아하고 가지려 하는 것은 시대에 따라 달랐으며, 시대 풍조는 계속 바뀌었고 그에 따른 병폐는 고쳐지질 않았다.

及漢祖杖劍, 武夫敎興, 憲令寬賒, 文禮簡闊. 緖餘四豪之烈, 人懷陵上之心, 輕死重氣, 怨惠必讎, 令行私庭, 權移匹庶, 任俠之方, 成其俗矣.

自武帝以後, 崇尙儒學, 懷經協術, 所在霧會, 至有石渠分爭之論, 黨同伐異之說, 守文之徒, 盛於時矣. 至王莽專僞, 終於篡國, 忠義之流, 恥見纓紱, 遂乃榮華丘壑, 甘足枯槁.

雖中興在運, 漢德重開, 而保身懷方, 彌相慕襲, 去就之節, 重於時矣. 逮桓,靈之閒, 主荒政繆, 國命委於閹寺, 士子羞與爲伍, 故匹夫抗憤, 處士橫議, 遂乃激揚名聲, 互相題拂, 品覈公卿, 裁量執政, 婞直之風, 於斯行矣.

| 註釋 | ○敎興 – 勃興(발흥). 敎은 우쩍 일어날 발. ○寬賒 – 寬疏. 법률이 너그럽다. 賒는 더딜 사. 너그럽다. 느즈러지다. ○緖餘四豪之烈 – 四豪는 魏 信陵君 無忌, 趙 平原君 趙勝, 楚 春申君 黃歇(황헐), 齊 孟嘗君 田文을 지칭. ○任俠(임협) – 서로를 신뢰하는 것이 任, 시비를 같이 생각하는 것이 俠이다. ○石渠分爭之論 – 宣帝 甘露3년(前 51), 궁중 石渠閣에서 유학자를 모아 五經의 同異에 대한 학술적 토론을 하고 그 대의를 상주하면 宣帝가 최종 판정하였다. ○恥見纓紱 – 관리가 되는 것을 치욕으로 알다. 纓은 갓끈 영. 紱은 인끈 불. ○閹寺(엄시) – 환관. 閹은 내시 엄. 寺는 내시 시. ○品覈公卿 – 覈은 핵실할 핵. 실상을 조사하고 따지다. ○婞直之風 – 婞은 강직할 행. 곧바르다. 너무 강직하여 잘못 나가다.

漢 高祖가 무력으로 천하를 평정하자 勇壯 武士가 많이 진출하였고, 법령은 관대하였으며 禮制도 간단하였다. 많은 사람들이 戰國 4 君子의 유풍을 흠모하였고, 윗사람을 이길 수도 있다고 생각하였으며, 죽음을 가벼이, 의기를 중히 여기고, 은혜나 원수는 꼭 갚아야 했으며, 법령 집행도 가족 중심이었고, 권력의 중심이 보통 백성이었으며, 任俠(임협)의 意氣가 크게 유행하였다.

그러다가 武帝 이후로는 儒學을 숭상하여 경서를 품고 학술 하는 사람들이 도처에 모여들었으며, (宣帝 때) 石渠閣(석거각)에서 학문의 同異에 대한 논쟁을 정리하였지만 같은 무리가 다른 학설을 공격하였고, 자신 학파의 주장을 지키려는 사람들이 그로써 더욱 많아졌다. 王莽(왕망)의 거짓 학설이 결국 漢을 찬탈하자 忠義를 지키려는 풍조는 관직에 나가는 것을 치욕으로 알고 산림 은거를 영화로, 청빈한 삶을 부귀로 생각하였다.

비록 (光武帝) 中興의 天運이 있어 漢德이 다시 열렸지만 潔身(결신)하며 좋아하는 그대로 지내려는 풍조와 함께 서로 존중하며 학문을 흠모 계승하고 거취에서 지조를 지키려는 풍조도 그때에 성했었다. 桓帝와 靈帝에 이르러서는 황제의 방종으로 정사가 혼탁하였고 국정이 환관들에게 넘어가자 士人은 그들과 같이 일하는 것을 수치로 생각하였기에 匹夫라도 분노하거나 항의하였고 隱居 處士들도 조정의 정치를 비판하였으며, 이들 명성이 사방으로 알려졌고 서로 논평을 통하여 공경의 처신과 조정의 포상과 폄직에 대하여 자신의 주장을 끝까지 관철하려는 풍조가 성행하였다.

原文

夫上好則下必甚, 矯枉故直必過, 其理然矣. 若范滂, 張儉之徒, 淸心忌惡, 終陷黨議, 不其然乎?

初, 桓帝爲蠡吾侯, 受學於甘陵周福, 及卽帝位, 擢福爲尙書. 時同郡河南尹房植有名當朝, 鄕人爲之謠曰, '天下規矩房伯武, 因師獲印周仲進.' 二家賓客, 互相譏揣, 遂各樹朋徒, 漸成尤隙, 由是甘陵有南北部, 黨人之議, 自此始矣.

後汝南太守宗資任功曹范滂, 南陽太守成瑨亦委功曹岑晊, 二郡又爲謠曰, '汝南太守范孟博, 南陽宗資主畫諾. 南陽太守岑公孝, 弘農成瑨但坐嘯.' 因此流言轉入太學, 諸生三萬餘人, 郭林宗, 賈偉節爲其冠, 並與李膺, 陳蕃, 王暢更相襃重.

學中語曰, '天下模楷李元禮, 不畏强禦陳仲擧, 天下俊秀王叔茂.' 又渤海公族進階, 扶風魏齊卿, 並危言深論, 不隱豪强. 自公卿以下, 莫不畏其貶議, 屣履到門.

│註釋│ ○矯枉故直必過 – 矯는 바로잡을 교(正也). ○譏揣(기체) – 비평하며 비난하다. 譏는 나무랄 기, 책망할 기. 揣는 헤아릴 체(本音 취). 추측하다. ○爲其冠 – 冠은 우두머리(首也). ○王叔茂 – 王暢(왕창), 56권, 〈張王種陳列傳〉에 立傳. ○公族進階(공족진계) – 公族은 複姓. ○危言深論 – 危言(위언)은 危難을 두려워하지 않는 직언. 子曰, "邦有道, 危言危行, 邦無道, 危行言孫." 《論語 憲問》. ○屣履到門 – 屣履(사리)는 허둥지둥 신을 끌며 나가다. 屣는 신 사. 履는 신 리. 밟다.

[國譯]

대체로 위에서 좋아하는 것은 아래서 더 좋아하게 되며, 굽은 것을 바로잡다 보면 좀 지나칠 수도 있게 된다. 范滂(범방)과 張儉(장검) 같은 사람은 淸心으로 惡을 미워하였는데 결국 黨議에 빠진 것이 그런 이치가 아니겠는가?

그전에 桓帝가 蠡吾侯(여오후)이었을 때, 甘陵國(淸河郡) 周福(주복)에게 배웠는데 즉위한 뒤에 주복을 尙書로 발탁하였다. 그때 同郡 출신 河南尹인 房植(방식)은 조정에서 명성이 높았는데 鄕人이 이를 두고 '天下의 모범은 房伯武(房植)이고, 周仲進(周福)은 스승이라 발탁되었네.' 라고 노래했다. 이에 두 사람의 빈객들은 서로를 비방하였고, 각자 무리들을 모아 세력을 불리면서 틈이 더 벌어졌는데 이로써 甘陵國에 南, 北部가 생겨났고 黨人의 논의는 여기서 시작되었다.

뒷날 汝南太守 宗資(종자)는 范滂(범방)을 功曹로 임명하였고, 南陽太守 成瑨(성진) 역시 岑晊(잠질)을 功曹로 삼았는데 두 개 군에서는 이를 두고 '汝南 太守 范孟博(범맹박)은 南陽郡 宗資(종자)에게 큰 일을 맡겼고, 南陽太守府에는 岑公孝〔岑晊(잠질)〕가 있고 弘農 사람 成瑨(성진)은 앉아만 있네.' 라고 노래했다. 이런 노래들이 太學까지 퍼져 알려지자 諸生(太學生) 3만여 명은, 郭林宗(곽림종, 郭太), 賈偉節(가위절, 賈彪)을 우두머리로 삼아, 李膺(이응), 陳蕃(진번), 王暢(왕창) 등과 함께 위 두 사람을 높이 떠받들며 존중하였다.

그래서 太學 안에서도 '天下의 모범은 李元禮(李膺), 강자를 두려워하지 않는 陳仲擧(陳蕃), 天下의 수재는 王叔茂(王暢).' 라고 노래하였다. 또 渤海郡의 公族進階(공족진계)와 右扶風의 魏齊卿(위제경)

은 위난을 두려워하지 않아 고관도 꺼리지 않고 비평하였다. 이로부터 公卿 이하 모두가 세인의 비평을 두려워하여 (손님이 온다면) 신발을 제대로 못 신고 달려 나와 맞이하였다.

原文

　時河內張成善說風角, 推占當赦, 遂殺子殺人. 李膺爲河南尹, 督促收捕, 旣而逢宥獲免, 膺愈懷憤疾, 竟案殺之. 初, 成以方伎交通宦官, 帝亦頗誶其占.

　成弟子牢脩因上書誣告膺等養太學游士, 交結諸郡生徒, 更相驅馳, 共爲部黨, 誹訕朝廷, 疑亂風俗. 於是天子震怒, 班下郡國, 逮捕黨人, 佈告天下, 使同忿疾, 遂收執膺等. 其辭所連及陳寔之徒二百餘人, 或有逃遁不獲, 皆懸金購募. 使者四出, 相望於道. 明年, 尙書霍諝, 城門校尉竇武並表爲請, 帝意稍解, 乃皆赦歸田里, 禁錮終身. 而黨人之名, 猶書王府.

| 註釋 |　○善說風角 – 風角은 사방의 바람을 보고 길흉을 점치는 일. ○誹訕朝廷 – 誹는 헐뜯을 비(謗也). 訕은 헐뜯을 산.(非也). ○陳寔(진식) – 62권, 〈荀韓鐘陳列傳〉에 立傳.

[國譯]

　그때 河內郡의 張成(장성)은 風角(풍각)을 잘했는데 점을 쳐서 곧 사면이 있을 것이라 생각하여 아들로 하여금 살인하게 시켰다. 그때 李膺(이응)은 河南尹으로 범인 체포를 독촉하여 잡아가두었는데, 장성의 아들은 곧 사면을 받았지만 이응은 더욱 분노하면서 끝까지 조사하여 처형하였다. 장성은 이전부터 여러 가지 잡기로 환관과 잘 교제하였고 桓帝 역시 자주 장성에게 점괘를 묻기도 했었다.

이에 장성의 제자인 牟脩(뇌수)는 이를 계기로 상서하여 이응 등이 太學의 游士와 각 군의 生徒(생도)들과 연결하여 같이 몰려다니고 함께 결당하여 조정을 비방하며 풍속을 어지럽힌다고 무고하였다. 이에 환제는 진노하면서 각 군국에 알려 당인을 체포하고, 천하에 포고하여 모두 함께 당인을 배척 성토하라고 알리자 李膺(이응) 등은 바로 체포되었다. 이 조사 과정에서 陳寔(진식)의 문도 2백여 명이 연루되자, 어떤 자는 도망가 숨어 체포하지 못하자 상금을 내걸기도 하였다. 使者가 각지에 출장을 다니느라고 길에 이어졌다. 다음 해에 尙書 霍諝(곽서)와 城門校尉 竇武(두무)가 함께 표문을 올려 간청하여 환제의 노여움은 점차 풀렸는데 갇힌 자들을 모두 귀향시키되 종신토록 관직에 임용될 수 없게 하였다. 그 당인의 명단은 여전히 조정에 보관하였다.

原文

自是正直廢放, 邪枉熾結. 海內希風之流, 遂共相摽搒, 指天下名士, 爲之稱號. 上曰 '三君', 次曰 '八俊', 次曰 '八顧', 次曰 '八及', 次曰 '八廚', 猶古之 '八元', '八凱' 也. 竇武,劉淑,陳蕃爲 '三君'. 君者, 言一世之所宗也. 李膺,荀翌,杜密,王暢,劉佑,魏朗,趙典,朱寓爲'八俊'. 俊者, 言人之英也. 郭林宗,宗慈,巴肅,夏馥,范滂,尹勳,蔡衍,羊陟爲'八顧'. 顧者, 言能以德行引人者也. 張儉,岑晊,劉表,陳翔,孔昱,苑康,檀敷,翟超爲'八及'. 及者, 言其能導人追宗者也. 度尙,張邈,王考,劉儒,胡母班,秦周,蕃向,王章爲'八廚'. 廚者, 言能以財救人者也.

| 註釋 | ㅇ希風之流, 遂共相摽搒 - 希는 기대하다. 바라다. 摽搒은 남의 선행을 기록하여 널리 알리고 칭찬하다. 稱揚(칭양)하다. 摽搒은 標榜. ㅇ八元 - 八元은 고대 高辛氏의 才子 8인. 元은 善. ㅇ八愷(팔개) - 高陽氏의 才子 8인. 愷는 즐거울 개. 화평하다. ㅇ蕃向(피향) - 蕃는 고을 이름 피. 성씨. 우거질 번. ㅇ八廚 - 廚는 부엌 주. 요리하는 사람.

[國譯]

이로써 正直한 인사는 모두 배척되거나 방축되었고, 간사하거나 악인만이 융성하였다. 海內에 본보기가 될 만한 인물을 서로 標榜(표방)하여 천하의 유명인사라 생각하여 특별한 호칭으로 부르기 시작하였다. 그 으뜸은 '三君'이고, 다음은 '八俊(팔준)', 그 다음은 '八顧(팔고)', 또 그 다음은 '八及(팔급)이고, 또 그 다음은 '八廚(팔주)'라고 하였으니 옛날의 '八元(팔원)'과 '八愷(팔개)'와 같은 의미였다. 竇武(두무), 劉淑(유숙), 陳蕃(진번)을 '三君'이라 호칭했다. 여기서 君은 시대의 존경할 분이라는 뜻이다. 李膺(이응), 荀翌(순익), 杜密(두밀), 王暢(왕창), 劉佑(유우), 魏朗(위랑), 趙典(조전), 朱寓(주우)를 '八俊'이라 칭하였다. 俊이란 뛰어난 사람이다. 郭林宗(곽림종, 郭

太), 宗慈(종자), 巴肅(파숙), 夏馥(하복), 范滂(범방), 尹勳(윤훈), 蔡衍(채연), 羊陟(양척)을 '八顧(팔고)'라고 칭했다. 顧란 그 덕행으로 다른 사람을 이끌만한 사람이란 뜻이다. 張儉(장검), 岑晊(잠질), 劉表(유표), 陳翔(진상), 孔昱(공욱), 苑康(원강), 檀敷(단부), 翟超(적초)를 '八及(팔급)'이라고 불렀다. 及이란 능히 다른 사람을 이끌어 따라오게 할 사람이란 뜻이다. 度尙(도상), 張邈(장막), 王考(왕고), 劉儒(유유), 胡母班(호모반), 秦周(진주), 蕃向(피향), 王章(왕장)을 '八廚(팔주)라고 불렀다. 廚(주)란 재물로 다른 사람을 구원할 수 있는 사람이란 뜻이다.

原文

又張儉鄕人朱並, 承望中常侍侯覽意旨, 上書告儉與同鄕二十四人別相署號, 共爲部黨, 圖危社稷. 以儉及檀彬,褚鳳,張肅,薛蘭,馮禧,魏玄,徐幹爲'八俊', 田林,張隱,劉表,薛郁,王訪,劉祇,宣靖,公緖恭爲'八顧', 朱楷,田盤,疎耽,薛敦,宋布,唐龍嬴呑,宣襃爲'八及', 刻石立墠, 共爲部黨, 而儉爲之魁. 靈帝詔刊章捕儉等. 大長秋曹節因此諷有司奏捕前黨故司空虞放,太僕杜密,長樂少府李膺,司隷校尉朱㝢,潁川太守巴肅,沛相荀翌,河內太守魏朗,山陽太守翟超,任城相劉儒,太尉掾范滂等百餘人, 皆死獄中. 餘或先歿不及, 或亡命獲免. 自此諸爲怨隙者, 因相陷害, 睚眦之忿, 濫入黨中. 又州郡承旨, 或有未嘗交關, 亦離禍毒. 其死徙廢禁者, 六七百人.

| 註釋 | ○公緒恭(공서공) – 公緒(공서)는 複姓. ○立壇 – 壇은 제터 선.
○儉爲之魁 – 魁는 우두머리(大帥也). ○刊章捕儉 – 상서한 사람의 이름
을 삭제하고 장검 등을 체포하다. 刊은 삭제하다(削也) ○睚眦之忿 – 睚
眦(애자)는 눈을 흘기다. 눈을 부라리다. 睚는 눈초리 애. 眦는 눈초리 제.
흘길 자.

[國譯]

　그리고 張儉(장검)의 鄕人인 朱並(주병)은 中常侍 侯覽(후람)의 암
시를 받아 장검과 같은 향인 24인이 서로 다른 이름으로 부르면서
함께 部黨을 만들어 사직을 위험에 빠트리려 했다고 상소하였다. 거
기에서 장검과 檀彬(단빈), 褚鳳(저봉), 張肅(장숙), 薛蘭(설란), 馮禧(풍
희), 魏玄(위현), 徐幹(서간)을 '八俊'이라 부르고, 田林(전림), 張隱(장
은), 劉表(유표), 薛郁(설욱), 王訪(왕방), 劉祇(유지), 宣靖(선정), 公緒恭
(공서공)을 '八顧(팔고)'라 부르며, 朱楷(주해), 田盤(전반), 疎耽(소탐),
薛敦(설돈), 宋布(송포), 唐龍(당룡), 嬴咨(영자), 宣襃(선포)를 '八及'이
라 하면서 刻石하고 제사 터를 만들어 맹세하여 모두가 한 당인이며
장검이 首魁(수괴)라고 하였다. 靈帝는 상서한 자의 이름을 삭제하
고 장검 등을 체포하라고 명령하였다. 大長秋인 曹節(조절)은 이를
계기로 담당자에게 암시를 주어 종전의 당인으로 지목되었던 사람
들도 체포하게 하였는데 전 司空이었던 虞放(우방), 太僕 杜密(두밀),
長樂少府인 李膺(이응), 司隸校尉 朱寓(주우), 潁川(영천) 太守 巴肅(파
숙), 沛國(패국)의 相인 荀翌(순익), 河內太守 魏朗(위랑), 山陽太守 翟
超(적초), 任城國 相인 劉儒(유유), 太尉掾 范滂(범방) 등 1백여 명이
모두 옥사하였다. 나머지는 혹 먼저 죽어 화가 미치지 못했거나 혹

은 도망쳐서 체포되지 않았다. 이로부터 원한이 있는 사람은 물론 하찮은 감정으로도 당인이라고 마구 모함하였다. 또 州郡에서도 상사의 뜻에 따라 서로 아무런 교제도 없는 사람일지라도 악독한 화를 당하였다. 죽거나 강제 이주, 파직 또는 금고에 처해진 사람들이 6, 7백 명이나 되었다.

原文

　熹平五年, 永昌太守曹鸞上書大訟黨人, 言甚方切. 帝省奏大怒, 卽詔司隷,益州檻車收鸞, 送槐里獄掠殺之. 於是又詔州郡更考黨人門生故吏父子兄弟, 其在位者, 免官禁錮, 爰及五屬.

　光和二年, 上祿長和海上言,「禮, 從祖兄弟別居異財, 恩義已輕, 服屬疎末. 而今黨人錮及五族, 旣乖典訓之文, 有謬經常之法.」

　帝覽而悟之, 黨錮自從祖以下, 皆得解釋.

| 註釋 |　○槐里(괴리) – 右扶風 치소인 槐里縣, 今 陝西省 咸陽市 관할 興平市. 사예교위 관할. ○五屬 – 五服, 곧 斬衰(참최), 齊衰(재최), 大功, 小功, 總麻(시마)복을 입는 친속.

[國譯]

　(靈帝) 熹平 5년(서기 176), 永昌 太守 曹鸞(조란)이 上書하여 당

인을 변호하였는데 그 언사가 아주 솔직하고 간절하였다. 영제는 상주를 읽고 대노하여 즉시 사예교위와 益州자사에게 함거로 조란을 잡아오게 하여 槐里(괴리)의 옥에 가두게 하였는데, 고문으로 죽었다. 이에 다시 각 州郡에 명하여 다시 당인과 제자, 천거 받은 관리나 부자 형제까지 조사하게 하였고 재직자는 면관시키고 그 五屬까지 금고에 처하게 하였다.

(靈帝) 光和 2년(서기 179), (武都郡) 上祿(상록) 縣長인 和海(화해)가 상서하였다.

「禮에 從祖 형제는 별거하며 재산도 따로 관리하기에 恩義도 멀고 服屬도 소원한 관계입니다. 지금 黨人으로 5족까지 금고에 처한 것은 경전의 내용에 어긋날 뿐만 아니라 지금 통용하는 법에도 위배됩니다.」

영제는 이에 깨달은 바 있어 從祖 이하 친속은 당고에서 모두 제외시켰다.

原文

中平元年, 黃巾賊起, 中常侍呂彊言於帝曰, "黨錮久積, 人情多怨. 若久不赦宥, 輕與張角合謀, 爲變滋大, 悔之無救." 帝懼其言, 乃大赦黨人, 誅徙之家皆歸故郡. 其後黃巾遂盛, 朝野崩離, 綱紀文章蕩然矣.

| 註釋 | ○蕩然 – 法度가 무너진 모양. 蕩은 쓸어버릴 탕.

(靈帝) 中平 元年(서기 184), 黃巾賊이 봉기하자, 中常侍인 呂彊 (여강)이 황제에게 말했다. "黨錮가 오래 계속되어 민심에 원한이 많습니다. 만약 계속해서 사면하지 않는다면 쉽게 張角(장각)과 같은 편이 될 것이니, 그 변란이 매우 클 것이며 나중에 후회해도 어찌 할 수가 없을 것입니다."

영제는 그 말에 두려워하며 당인을 大赦(대사)하였고 처형된 자의 가족이나 강제 이주한 백성들을 모두 本郡으로 돌려보내게 하였다. 그 뒤로 황건적의 세력이 점차 강성해지자 朝野가 모두 붕괴 분리되어 국가 기강과 법규가 모두 무너졌다.

原文

凡黨事始自甘陵, 汝南, 成於李膺, 張儉, 海內塗炭, 二十餘年, 諸所蔓衍, 皆天下善士. 三君, 八俊等三十五人, 其名多存者, 並載乎篇. 陳蕃, 竇武, 王暢, 劉表, 度尙, 郭林宗別有傳. 荀翌附祖〈淑傳〉. 張邈附〈呂布傳〉. 胡母班附〈袁紹傳〉.

王考字文祖, 東平壽張人, 冀州刺史. 秦周字平王, 陳留平丘人, 北海相. 蕃向字嘉景, 魯國人, 郞中. 王璋字伯儀, 東萊曲城人, 少府卿, 位行並不顯. 翟超, 山陽太守, 事見〈陳蕃傳〉, 字及郡縣未詳. 朱寓, 沛人, 與杜密等俱死獄中. 唯趙典名見而已.

| 註釋 | ○塗炭(도탄) - 진흙탕에 빠지고 숯불에 타다. 몹시 곤란하고
괴로운 상황. ○諸所蔓衍 - 蔓衍은 蔓延(만연), 덩굴처럼 사방으로 뻗어가
다. 蔓은 덩굴 만. 衍은 넘칠 연. ○郭林宗 - 郭太. 林宗은 그의 字. 68권,
〈郭符許列傳〉에 立傳. ○〈淑傳〉- 62권, 〈荀韓鐘陳列傳〉에 간단한 내용.
○東平 - 國名. 治所는 無鹽縣, 今 山東省 중부 泰安市 관할 東平縣 ○東
萊曲城 - 東萊는 군명. 治所 黃縣, 今 山東省 동부 烟臺市 관할 龍口市. 曲
城은 현명.

[國譯]

대체로 黨人의 형성은 甘陵(감릉)과 汝南郡에서 시작되어 李膺(이
응)과 張儉(장검)의 사건으로 구체화된 이후에, 20여 년간 천하를 도
탄에 빠트렸고 전국의 선량한 士人에게 파급되었다. 三君(삼군)과
八俊(팔준) 등 35명은 그 명성이 있어 모두 입전되었다. 陳蕃(진번),
竇武(두무), 王暢(왕창), 劉表(유표), 度尙(도상), 郭林宗(곽림종)은 별도
로 열전이 있다. 荀翌(순익)은 조부 〈荀淑傳〉에 附傳했다. 張邈(장막)
은 〈呂布傳〉에 보인다. 胡母班(호모반)은 〈袁紹傳〉에 나온다.

王考(왕고)의 字는 文祖(문조)인데, 東平國 壽張縣 사람으로 冀州
刺史였다. 秦周(진주)의 字는 平王(평왕)인데, 陳留郡 平丘縣 사람으
로 北海國 相이었다. 蕃向(피향)의 字는 嘉景(가경)으로 魯國 사람이
며 郞中이었다. 王璋(왕장)의 字는 伯儀(백의)인데, 東萊郡 曲城縣(곡
성현) 사람으로 少府卿이었는데 이들의 지위나 행적은 잘 알려지지
않았다. 翟超(적초)는 山陽 太守였는데, 〈陳蕃傳〉에 보이나 그의 字
및 출신 郡縣은 未詳이다. 朱寓(주우)는 沛國人인데, 杜密(두밀) 등과
함께 옥사하였다. 趙典(조전)은 이름만 보인다.

❶ 劉淑

原文

劉淑字仲承, 河間國樂成人也. 祖父稱, 司隸校尉. 淑少
學明《五經》, 遂隱居, 立精舍講授, 諸生常數百人. 州郡禮
請, 五府連辟, 並不就. 永興二年, 司徒種暠擧淑賢良方正,
辭以疾. 桓帝聞淑高名, 切責州郡, 使輿病詣京師. 淑不得
已而赴洛陽, 對策爲天下第一, 拜議郎. 又陳時政得失, 災
異之占, 事皆效驗. 再遷尙書, 納忠建議, 多所補益. 又再遷
侍中, 虎賁中郎將. 上疏以爲宜罷宦官, 辭甚切直, 帝雖不能
用, 亦不罪焉. 以淑宗室之賢, 特加敬異, 每有疑事, 常密諮
問之. 靈帝旣位, 宦官譖淑與竇武等通謀, 下獄自殺.

| **註釋** | ○河間國樂成 – 河間國 치소 樂成縣, 今 河北省 남동부의 滄州
市 獻縣(헌현).

[國譯]

劉淑(유숙)의 字는 仲承(중승)으로 河間國 樂成縣 사람이다. 祖父
劉稱(유칭)은 司隸校尉였다. 유숙은 젊어 학문을 하여《五經》에 밝
았지만 은거하면서 精舍를 세우고 강학하였는데 諸生이 늘 수백 명
이었다. 州郡에서 禮를 갖춰 불렀고, 五府에서도 연이어 초빙하였으
나 모두 응하지 않았다. (桓帝) 永興 2년(서기 154), 司徒 種暠(종호)
는 유숙을 賢良方正한 인재로 천거하였지만 병이라고 사양하였다.

桓帝는 유숙의 高名을 듣고 州郡에 질책하며 수레를 보내 병중이라고 경사에 데려오게 하였다. 유숙은 부득이 낙양에 부임하였고 그가 올린 對策은 천하제일이었기의 議郞이 되었다. 유숙은 시정의 득실을 논하고 災異의 발생을 예고하였는데 모두 맞았다. 다시 승진하여 尙書가 되었는데, 충언과 건의로 정치에 도움을 주었다. 또다시 승진하여 侍中과 虎賁中郞將이 되었다. 유숙은 환관을 없애야 한다고 상소하였는데, 그 언사가 매우 간절하였는데도 환제가 받아들이지 못했지만 처벌하지도 않았다. 환제는 유숙이 宗室의 賢士라 하여 특별히 대우하였으며 걱정이 될 만한 사안이 있으면 여러 번 은밀히 자문을 구하였다. 靈帝가 즉위한 뒤에 환관들은 유숙이 竇武(두무) 등과 함께 모의한다고 무고하여 옥에 갇혔다가 자살하였다.

❷ 李膺

原文

李膺字符禮, 潁川襄城人也. 祖父修, 安帝時爲太尉. 父益, 趙國相. 膺性簡亢, 無所交接, 唯以同郡荀淑,陳寔爲師友.

初擧孝廉, 爲司徒胡廣所辟, 擧高第, 再遷青州刺史. 守令畏威明, 多望風弃官. 復徵, 再遷漁陽太守. 尋轉蜀郡太守, 以母老乞不之官. 轉護烏桓校尉. 鮮卑數犯塞, 膺常蒙矢石, 每破走之, 虜甚憚懾. 以公事免官, 還居綸氏, 敎授常

千人. 南陽樊陵求爲門徒, 膺謝不受. 陵後以阿附宦官, 致
位太尉, 爲節志者所羞. 荀爽嘗就謁膺, 因爲其御, 旣還, 喜
曰, "今日乃得御李君矣." 其見慕如此.

[國譯]

　　李膺(이응)의 字는 符禮(부례)로 潁川郡 襄城縣(양성현) 사람이다.
祖父인 李修(이수)는 安帝 때 太尉였다. 父親 李益(이익)은 趙國 相이
었다. 이응의 성격은 간결 淸高하여 다른 사람과 교제를 좋아하지
않았고 오직 같은 군내의 荀淑(순숙)과 陳寔(진식)만을 師友로 교제
하였다.

　　처음에 孝廉으로 천거되어 胡廣(호광)의 司徒府의 부름을 받았고,
근무 성적이 우수하여 靑州刺史로 승진하였다. 태수나 현령들은 이
응의 위엄과 明察이 두려워 소문만 듣고도 관직을 버리고 떠나간 자
가 많았다. 다시 조정에 들어갔다가 漁陽 太守가 되었다. 곧 蜀郡太
守로 전직되었는데, 모친의 노환으로 부임할 수 없다고 청원하자 護
烏桓校尉가 되었다. 그때 鮮卑族이 자주 국경을 침범하였는데 이응
은 矢石(시석)을 무릅쓰고 싸워 매번 적을 격파하자 적들이 매우 두

려워하였다. 公事로 면직되어 (潁川郡) 綸氏縣(윤씨현)에 살면서 문도 수천 명을 가르쳤다. 南陽郡의 樊陵(번릉)이란 사람이 제자가 되고자 했으나 이응은 사절하며 받아주지 않았다. 번릉은 나중에 환관에 아부하여 太尉를 역임하였지만 지조 있는 자들이 치욕으로 여겼다. 荀爽(순상)이 이응을 알현하고 그의 수레를 운전한 뒤에 돌아와 기뻐하며 말했다. "오늘 李君을 수레로 모셨다." 그를 흠모하는 정이 이와 같았다.

原文

永壽二年, 鮮卑寇雲中, 桓帝聞膺能, 乃復徵爲度遼將軍. 先是羌虜及疏勒, 龜茲, 數出攻鈔張掖, 酒泉, 雲中諸郡, 百姓屢被其害. 自膺到邊, 皆望風懼服, 先所掠男女, 悉送還塞下. 自是之後, 聲振遠域.

延熹二年徵, 再遷河南尹. 時宛陵大姓羊元群罷北海郡, 臧罪狼藉, 郡舍溷軒有奇巧, 乃載之以歸. 膺表欲按其罪, 元群行賂宦豎, 膺反坐輸將作左校.

| 註釋 | ○雲中 – 군명. 治所는 雲中縣, 今 內蒙古 呼和浩特市(內蒙古自治區 首府) 관할 托克托縣.(黃河 북안). ○宛陵 – 丹陽郡의 치소, 今 安徽省 동남부의 宣城市. ○溷軒(혼헌) – 변소(廁屋). 溷은 더러울 혼, 뒷간 혼.

[國譯]

(桓帝) 永壽 2년(서기 156), 선비족이 雲中郡을 노략질하자 환제

는 이응이 유능하다는 말을 듣고 곧 다시 불러 度遼將軍이 되었다. 이보다 앞서 羌族(강족)이 疏勒(소륵)과 龜茲(구자) 지역을 침략하였고 張掖(장액), 酒泉(주천), 雲中郡 등 여러 군을 자주 침략하여 백성들이 많은 피해를 입었다. 이응이 운중군에 부임하자, 강족은 소문을 듣고 두려워하며 먼저 잡아갔던 남녀를 모두 국경 부근으로 송환하였다. 이후 이응의 명성이 진동하였다.

(환제) 延熹 2년(서기 159), 조정에 들어갔다가 나중에 河南尹이되었다. 그때 宛陵縣(완릉현)의 大姓인 羊元群(양원군)은 北海郡에서 파직되었는데, 착복한 죄상이 낭자하였고 군 청사의 멋진 便器를 가지고 돌아갔다. 이응은 그의 죄상을 조사하여 보고했지만, 양원군이 환관에게 뇌물을 써서 오히려 이응이 장작대장의 左校에 보내져 노역 형을 받았다.

原文

初, 膺與廷尉馮緄, 大司農劉佑等共同心志, 糾罰姦幸, 緄, 佑時亦得罪輸作. 司隸校尉應奉上疏理膺等曰,

「昔秦人觀寶於楚, 昭奚恤莅以群賢, 梁惠王瑋其照乘之珠, 齊威王答以四臣. 夫忠賢武將, 國之心膂. 竊見左校弛刑徒前廷尉馮緄, 大司農劉佑, 河南尹李膺等, 執法不撓, 誅舉邪臣, 肆之以法, 衆庶稱宜.

昔季孫行父親逆君命, 逐出莒僕, 於舜之功二十之一. 今膺等投身强禦, 畢力致罪, 陛下既不聽察, 而猥受譖訴, 遂令

忠臣同忿元惡. 自春迄冬, 不蒙降恕, 遲遲觀聽, 爲之歎息.

夫立政之要, 記功忘失, 是以武帝捨安國於徒中, 宣帝徵張敝於亡命. 緄前討蠻荊, 均吉甫之功. 佑數臨督司, 有不吐茹之節. 膺著威幽,幷, 遺愛度遼. 今三垂蠢動, 王旅未振.《易》稱'雷雨作〈解〉, 君子以赦過宥罪'. 乞原膺等, 以備不虞.」

書奏, 乃悉免其刑.

| **註釋** | ○馮緄(풍곤) − 38권, 〈張法滕馮度楊列傳〉立傳. ○應奉(응봉) − 48권, 〈楊李翟應霍爰徐列傳〉에 立傳. ○昭奚恤(소해휼) − 秦은 楚를 정벌하기에 앞서 楚의 국정을 염탐할 뜻으로 楚의 보물을 보고 싶다고 사자를 보냈다. 楚의 昭奚恤은 秦의 사자에게 초의 여러 名臣의 특기와 담당업무를 소개하였다. 이에 秦의 사자는 귀국하여 '楚에는 賢臣이 많아 정벌할 수 없습니다.' 라고 보고하였다. ○瑋其照乘之珠, 齊威王答以四臣 − 瑋은 아름다운 구슬 위. 아름답다(美也). 梁(魏) 惠王이 齊 威王(위왕)에게 '나라는 작지만 큰 수레 12대를 환하게 다 비출 수 있는 옥 10개가 있다.' 고 자랑했다. 이에 위왕은 '우리나라의 보물은 다른 나라와 다르니 소임을 다하는 4명의 훌륭한 신하가 바로 보물입니다.' 라고 말했다. 梁 惠王은 부끄러웠다. ○肆之以法 − 肆는 진술하다(陳也). 거리낌 없이 말하다. 방자할 사. ○舜之功二十之一 − 莒國(거국)의 太子인 僕(복)은 紀公을 살해하고 보옥을 가지고 宣公(선공)에게 망명해 왔는데 季文子는 司寇를 보내 그를 국경 밖으로 축출하였다. 선공이 까닭을 묻자, 그가 부친을 시해한 불효자이고 도적이라고 대답하였다. 그러면서 이는 舜의 善人 16명 등용과 악인 4명을 제거한 치적의 20분의 1과 같을 것이라고 말했다.《左傳》의 내용이다. ○韓安國(한안국) − 景帝 때, 韓安國은 梁國의 大夫였고 법을 어겨 옥에 갇혔다. 梁의 內史가 결원이 나자 한안국을 內史로 임명했다. 武帝라 |

한 것은 착오. ○徵張敞於亡命 - 張敞(장창)은 京兆尹이었는데 殺人에 연루되어 고향에 숨어 있었다. 선제가 불러 冀州刺史에 임명하였다. ○均吉甫之功 - 풍곤은 順帝 때 長沙와 武陵 일대의 蠻夷의 반란을 토벌하였다. 이는 周 宣王 때 玁狁(험윤)을 정벌한 吉甫의 공적과 같다는 뜻. ○有不吐茹之節 - 달면 삼키고 쓰다고 뱉지 않는 지조가 있었다. 강자에게도 굴하지 않는 지조가 있다. 茹는 먹을 여. ○雷雨作〈解〉-《易 解卦》의 象辭. 雷(☳)水(☵)解,〈解卦〉.

[國譯]

그전에 李膺(이응)과 廷尉 馮緄(풍곤), 大司農 劉佑(유우) 등이 모두 한마음 한뜻으로 간신을 규탄했었는데 풍곤과 유우도 그때 이응과 마찬가지로 노역형에 종사하고 있었다. 이에 司隷校尉 應奉(응봉)이 이응 등을 변호하는 상소를 올렸다.

「옛날 秦人이 楚의 보물을 보고 싶다고 하자, (楚의) 昭奚恤(소해휼)은 楚의 명신들을 秦의 사신에게 소개하였고, 梁 惠王(혜왕)이 수레를 다 비출 수 있는 玉을 자랑하자 齊 威王(위왕)은 4명의 신하를 자랑하였습니다. 대체로 忠賢의 武將은 나라의 심장이며 척추입니다. 臣이 볼 때 左校에서 형을 받고 있는 前 廷尉 馮緄(풍곤), 大司農 劉佑(유우), 河南尹 李膺(이응) 등은 법에 의거 소신을 굽히지 않고 사악한 신하를 탄핵하고 법에 의거 진술하여 많은 사람들이 옳다고 칭송하였습니다.

옛날에 季孫行父(계손항보)는 군주의 명을 어기며 莒(거)의 태자 僕(복)을 축출하였는데, 이는 舜의 공적 20분의 1에 해당한다고 하였습니다. 지금 이응 등은 외적 방어에 전력을 다 바쳤지만 형벌에 처해졌는데 폐하께서는 그들 말을 듣지 않으셨고 참소하는 말에 의

거 충신을 흉악한 범인처럼 생각하셨습니다. 봄부터 겨울이 되도록 사면을 베풀지 않으시니 원근 백성의 여론은 그들을 위해 탄식하고 있습니다.

대체로 立政의 大要는 공적을 기록하되 실수는 잊어야 하기에 武帝(景帝)는 죄수 韓安國(한안국)을 사면하였고, 宣帝는 도피 중인 張敞(장창)을 등용하였습니다. 풍곤은 荊州의 만이를 토벌하였으니 吉甫(길보)의 功과 같습니다. 劉佑(유우)는 담당 업무 처리에 권력 강자에게도 굴하지 않는 지조가 있었습니다. 이응은 幽州(유주)와 幷州(병주) 일대에 위엄을 떨치었고 度遼장군으로 英明을 떨쳤습니다. 지금 삼면의 변경에서 만이들이 蠢動(준동)하고 조정의 군사는 아직 큰 힘을 발휘하지 못하고 있습니다.《易》에서도 '雷雨가 〈解卦〉이니 군자는 이로써 죄를 사면한다.'고 하였습니다. 이응 등의 죄를 사면하여 만약의 사태에 대비하시기를 청원합니다.」

상서가 보고되자, 곧 그들의 형벌을 모두 사면하였다.

原文

再遷, 復拜司隸校尉. 時張讓弟朔爲野王令, 貪殘無道, 至乃殺孕婦, 聞膺厲威嚴, 懼罪逃還京師, 因匿兄讓弟舍, 藏於合柱中. 膺知其狀, 率將吏卒破柱取朔, 付洛陽獄. 受辭畢, 卽殺之. 讓訴冤於帝, 詔膺入殿, 御親臨軒, 詰以不先請便加誅辟之意.

膺對曰, "昔晉文公執衛成公歸於京師,《春秋》是焉.《禮》

云公族有罪, 雖曰宥之, 有司執憲不從. 昔仲尼爲魯司寇,
七日而誅少正卯. 今臣到官已積一旬, 私懼以稽留爲愆, 不
意獲速疾之罪. 誠自知釁責, 死不旋踵, 特乞留五日, 克殄
元惡, 退就鼎鑊, 始生之願也."

帝無復言, 顧謂讓曰, "此汝弟之罪, 司隷何愆?" 乃遣出
之. 自此諸黃門常侍皆鞠躬屏氣, 休沐不敢復出宮省. 帝怪
問其故, 並叩頭泣曰, "畏李校尉."

| 註釋 | ○野王令 - 河內郡 野王縣令, 今 河南省 焦作市 관할 沁陽市(심
양시). ○晉文公執衛成公歸於京師 - 죄를 지었기에 천자의 측근이라도 체
포했고 경사에 데려온 것은 조사하려는 뜻이라고 했다. ○七日而誅少正
卯 - 孔子가 少正卯(소정묘, 魯國大夫, 少正이 姓)를 처형했다는 기록은《荀
子》,《孔子家語》,《史記》에 있다.

[國譯]

이응은 거듭 승진하여, 다시 司隷校尉가 되었다. 그때 (환관) 張
讓(장양)의 동생 張朔(장삭)은 (河內郡) 野王 縣令이었는데 탐욕하고
잔인무도하여 임산부를 살해하기도 하였는데, 이응의 무서운 위엄
을 듣고서는 죄가 두려워 낙양으로 도망 나와 형 장양의 집 기둥 사
이에 숨어있었다. 이응은 이런 사실을 알고 장졸을 거느리고 그 집
기둥을 부수고 장삭을 체포한 다음 낙양 옥에 넘겼다. 범죄 조서를
다 받고서는 바로 처형하였다. 장양은 이를 억울하다고 황제에게 호
소했고 이응은 불려 들어갔는데 황제는 어좌 난간까지 나와 이응이
먼저 주청하지 않고 처형한 뜻을 책망하였다.

이응이 대답하였다. "옛날 晉 文公이 衛 成公을 잡아 京師에 데려온 것을 《春秋》에서는 옳다고 하였습니다. 《禮記》에서는 公族이 죄를 지었다면 나중에 비록 사면을 받더라고 담당자로서는 법에 따라 처리하고 사면을 따르지 않는다고 하였습니다. 옛날 仲尼(공자)는 魯 司寇가 되어 7일 만에 少正卯(소정묘)를 처형하였습니다. 이번에 臣은 부임하여 열흘이 되었기에 오히려 처리가 늦었다는 허물을 받을까 걱정하였는데 빠른 처리가 죄가 되리라고는 생각하지 않았습니다. 이번 일이 죄가 되어 소신이 죽게 되더라도 5일간의 여유를 허락하시면 죄악의 원흉을 다 조사하여 밝힌 뒤에 烹刑(팽형)을 당하겠습니다. 이는 제 평생의 소원입니다."

환제는 더 할 말이 없어 장양을 돌아보며 말했다.

"이는 네 동생의 죄인데 사예교위가 무엇을 잘못했단 말인가?"

그리고는 이응을 내보냈다. 이후로 모든 환관들은 모두 조심하며 숨을 죽였고 休沐日(휴목일, 휴가)에도 궁을 나가려 하지 않았다. 환제가 이상히 여겨 물어보니 모두 머리를 조아리고 울면서 말했다.

"李校尉가 무섭습니다."

原文

是時朝庭日亂, 綱紀頹阤, 膺獨持風裁, 以聲名自高. 士有被其容接者, 名爲登龍門. 及遭黨事, 當考實膺等. 案經三府, 太尉陳蕃卻之. 曰, "今所考案, 皆海內人譽, 憂國忠公之臣. 此等猶將十世宥也, 豈有罪名不章而致收掠者乎?"

不肯平署. 帝愈怒, 遂下膺等於黃門北寺獄. 膺等頗引宦官子弟, 宦官多懼, 請帝以天時宜赦, 於是大赦天下. 膺免歸鄕里, 居陽城山中, 天下士大夫皆高尙其道, 而汚穢朝廷.

| 註釋 | ○綱紀頹阤 – 頹阤는 무너지다(頹墮). 頹는 무너질 퇴. 阤는 무너질 타. ○風裁 – 스스로 지키는 威儀. ○登龍門 – '鯉魚跳龍門'의 전설. 龍門을 올라 용이 되어 승천하다. 陝西省 韓城市의 맞은편 山西省 서남부 運城市 관할 河津縣 사이에 龍門이라는 급류가 있고 여기를 거슬러 올라가는 잉어가 용이 되어 승천한다는 전설이 있다. ○平署 – 連署. ○黃門北寺獄 – 黃門署에 속한 獄. 和帝 때 처음 설치. 將相大臣의 죄를 조사하기 위한 옥. 漢代에는 옥이 병설된 관청이 많았다. 少府에 속한 若盧獄(약로옥)도 같은 경우이다.

[國譯]

　이때 조정의 정사는 날로 어지러웠고 기강이 해이해졌지만, 오직 이응만은 홀로 威儀(위의)를 굳게 지켜 그 명성은 나날이 높아졌다. 士人이 이응을 만나보는 것을 龍門에 올랐다(登龍門)고 말하였다. 이응은 黨人 사안에 휘말렸고 조사받으며 고문을 받았다. 사안이 三公府를 경유할 때 太尉 陳蕃(진번)이 이를 기각하며 말했다.

　"지금 조사를 받는 사람들은 모두 천하가 칭송하는 우국하고 충성하는 신하들이다. 이 같은 사람들은 오히려 그 십대 후손까지 사면되어야 하거늘, 어찌 확실하지도 않은 죄를 가지고 이렇게 고문당할 수가 있겠는가?"

　그러면서 連署하지 않았다. 환제는 더욱 분노했고 결국 이응 등은 黃門北寺獄(황문북시옥)에 갇히었다. 이응 등은 조사를 받으면서 환관 자제를 관련자로 많이 끌어들이자 환관들이 두려워하면서 황제에게 天時에 따라 사면하는 것이 좋다고 건의하여 결국 천하에 사면령을 내렸다. 이응은 면관하고 향리로 돌아와 陽城의 山中에 은거하였는데, 천하의 士大夫들은 모두 이응의 행위가 고상하고 조정이 타락했다고 생각하였다.

原文

及陳蕃免太尉, 朝野屬意於膺, 荀爽恐其名高致禍, 欲令屈節以全亂世, 爲書貽曰,

「久廢過庭, 不聞善誘, 陟岵瞻望, 惟日爲歲. 知以直道不容於時, 悅山樂水, 家於陽城. 道近路夷, 當卽聘問, 無狀嬰疾, 闕於所仰. 頃聞上帝震怒, 貶黜鼎臣, 人鬼同謀, 以爲天子當貞觀二五, 利見大人. 不謂夷之初旦, 明而未融, 虹蜺揚輝, 弃和取同. 方今天地氣閉, 大人休否, 智者見險, 投以遠害. 雖匪人望, 內合私願. 想甚欣然, 不爲恨也. 願怡神無事, 偃息衡門, 任其飛沈, 與時抑揚.」

頃之, 帝崩. 陳蕃爲太傅, 與大將軍竇武共秉朝政, 連謀誅諸宦官, 故引用天下名士, 乃以膺爲長樂少府. 及陳, 竇之敗, 膺等復廢.

| 註釋 | ○久廢過庭 – 過庭은 부친 앞을 지나가다. 「~ 未也. 嘗獨立, 鯉

趨而過庭. 曰, '學詩乎?' 對曰, '未也.' '不學詩, 無以言.' 鯉退而學詩. ~」《論語 季氏》. ○不聞善誘 −「~仰之彌高, 鑽之彌堅. 瞻之在前, 忽焉在後.' 夫子循循然善誘人, 博我以文, 約我以禮, 欲罷不能.」《論語 子罕》. ○陟岵瞻望 − 陟은 오를 척. 岵는 산 호. 순상은 이응을 존경했기에 마치 부친처럼 생각했다. ○悅山樂水 − 樂山樂水. ○上帝震怒, 貶黜鼎臣 − 上帝는 天子. 鼎臣(정신)은 三公. 곧 陳蕃. ○人鬼同謀 − 인간과 귀신의 지모. 천자의 뜻이지만 백성이 따라 주어야 한다는 의미. ○貞觀 − '天地之道, 貞觀也.'《易 繫辭 下》. 〈乾卦〉 九二, 九五 爻에 '利見大人'이라 했다. 대인을 만나보는 것이 이롭다. ○不謂夷之初旦, 明而未融 − 夷는 다칠 이(傷也). 어둠을 깨다. 地(☷)火(☲) 明夷(명이), 〈明夷〉 卦象으로 비유한 글. 곧 밝은 것이나 아직은 밝지 않았다. 곧 암흑 속에서 몸을 다쳤다. 李膺의 방축을 상징적으로 설명한 글이라 생각된다. 融은 화할 융. 밝다(朗也). ○弃和取同 − 君子를 버리고 소인에 동화되다.「子曰, 君子和而不同, 小人同而不和.」《論語 子路》. ○大人休否 − 天(☰)地(☷)否(비), 〈否卦〉 九五 효사. 休否(휴비)는 休廢하고 否塞(비색)하다. ○雖匱人望 − 人望을 저버리다. 匱는 함 궤. 바닥나다(乏也). ○衡門 − 대문과 같은 역할을 하는 가로 막대(橫木). 가난한 집.

[國譯]

　　陳蕃(진번)이 太尉에서 면직되자 朝野에서는 李膺(이응)에게 쏠렸는데, 荀爽(순상)은 이응의 명성이 높아 화를 당할 수 있다 생각하여 지조를 좀 굽혀 이 난세를 무사히 넘기기를 바라는 뜻으로 이응에게 서신을 보냈다.

　　「오랫동안 뵙지 못하여 좋은 가르침을 받지 못했습니다만 산에 올라 계신 쪽을 바라보며 그리다 보니 한 해가 지나갔습니다. 제가 알기로, 直道가 세상에서 받아들여지지 않기에 산수를 즐기면서 陽城에 은거하고 계십니다. 계신 곳이 멀지 않고 길도 평탄하니 응당 찾아뵈어야 하지만 잔병이 많아 뵙지 못하고 있습니다. 요즈음 듣기로는 천자가 진노하면서 鼎臣(정신, 陳蕃)마저 폐출하였다 하니, 이것이 사람과 귀신이 함께 한 지모일지라도 天子께서는 (乾卦의) 九二와 九五 爻(효)처럼 利見大人해야 한다고 생각합니다. 날이 밝지 않은 어둠 속에서 다쳤고, 동이 텄지만 아직 다 밝았다고 할 수 없으며, 또 虹蜺(홍예, 무지개)가 보기 좋다 하여 군자를 버리고 소인에 同化된 것과 같습니다. 지금은 天地 기운이 閉塞(폐색)되었고 大人은 버려지고 갇혔으니, 智者는 험난한 상황을 보면 위험에서 멀리 피해야 합니다. 피신이 비록 人望을 져버리더라도, 개인적으로 대인이 피해를 입지 않기를 바라는 사람의 심경에는 부합하게 됩니다. 멀리 피하신다면 저로서는 아주 기뻐 유감이 없을 것입니다. 바라옵나니 마음을 편히 가지시고 무사히 편히 지내셔야 합니다. 상황에 따라 飛上 아니면 沈潛(침잠)하며, 형편 따라 뜻을 펴거나 거두셔야 합니다.」

얼마 후에 환제가 붕어했다. 陳蕃(진번)은 太傅가 되어 大將軍 竇武(두무)와 함께 조정의 정사를 이끌면서 환관을 주살을 계획을 가지고 천하의 명사를 등용하였는데 이응은 長樂少府가 되었다. 그러나 진번과 두무가 패망하면서 이응도 다시 내쫓기었다.

原文

後張儉事起, 收捕鉤黨, 鄉人謂膺曰, "可去矣." 對曰, "事不辭難, 罪不逃刑, 臣之節也. 吾年已六十, 死生有命,去將安之?" 乃詣詔獄. 考死, 妻子徙邊, 門生,故吏及其父兄,並被禁錮.

時侍御史蜀郡景毅子顧爲膺門徒, 而未有錄牒, 故不及於譴. 毅乃慨然曰, "本謂膺賢, 遣子師之, 豈可以漏奪名籍, 苟安而已!" 遂自表免歸, 時人義之.

膺子瓚, 位至東平相. 初, 曹操微時, 瓚異其才, 將沒, 謂子宣等曰, "時將亂矣, 天下英雄無過曹操. 張孟卓與吾善, 袁本初汝外親, 雖爾勿依, 必歸曹氏." 諸子從之, 並免於亂世.

| 註釋 | ○詔獄 – 詔獄은 어명에 의한 체포와 재판, 집행을 담당. 최고의 사법관은 廷尉(정위), 전한에서는 長安에 각 中都官(중앙의 관서)의 獄이 26개소나 있었다. 후한에서는 모두 폐지하고 廷尉의 詔獄과 雒陽의 詔獄만 있었다. ○張孟卓 – 孟卓은 張邈(장막, ?-195)의 字. 陳留太守로 反董卓軍에 가담.

[國譯]

뒷날 張儉(장검)의 사태가 벌어지면서 연관된 당인을 잡아들일 때, 鄕人이 이응에게 "떠나셔야 합니다."라고 말하자, 이응이 말했다. "事君에 역경을 피해선 안 되고 죄를 짓고서 형벌을 피해선 안 되는 것이 신하의 도리이다. 내 나이 이미 60이며, 死生이 有命하거늘 떠난다고 어디를 가겠는가?" 그리고는 詔獄에 끌려갔다. 고문으로 죽었고 처자는 변경으로 이주되었다. 門生과 故吏 및 그 부형들이 모두 금고에 처해졌다.

그때 侍御史인 蜀郡 景毅(경의)의 아들 景顧(경고)는 이응의 門徒

였는데 私黨의 명부에 누락되어 견책을 받지 않았다. 그러나 경의가
탄식하였다.

"본래 이응이 현명하다 생각하여 아들을 보내 스승으로 모셨는데
명부에 이름이 빠졌다 하여 어찌 그대로 있어야 하겠는가!"

경의는 스스로 표문을 올려 사직하고 귀향하였는데 時人들이 의
롭게 생각했다.

이응의 아들 李瓚(이찬)은 東平國 相을 역임했었다. 그 이전에 曹
操(조조)가 미미할 때 이찬은 조조의 재능을 특별히 평가하여 죽기
전에 아들 李宣(이선) 등에게 말했다.

"앞으로 혼란한 시대가 닥칠 것이니 天下 영웅에 조조보다 나은
사람은 없다. 張孟卓(장맹탁, 張邈)은 나와 가까웁고, 袁本初(袁紹)는
너의 外家이지만, 비록 가까워도 의지하지 말고 꼭 曹氏를 따르도록
하라."

이찬의 아들들은 그 말에 따라 모두 난세를 면할 수 있었다.

❸ 杜密

原文

杜密字周甫, 潁川陽城人也. 爲人沈質, 少有厲俗志. 爲
司徒胡廣所辟, 稍遷代郡太守. 徵, 三遷太山太守,北海相.
其宦官子弟爲令長有姦惡者, 輒捕案之. 行春到高密縣, 見
鄭玄爲鄕佐, 知其異器, 卽召署郡職, 遂遣就學.

後密去官還家, 每謁守令, 多所陳托. 同郡劉勝, 亦自蜀郡告歸鄉里, 閉門埽軌, 無所干及. 太守王昱謂密曰, "劉季陵淸高士, 公卿多擧之者." 密知昱激己, 對曰, "劉勝位爲大夫, 見禮上賓, 而知善不薦, 聞惡無言, 隱情惜己, 自同寒蟬, 此罪人也. 今志義力行之賢而密達之, 違道失節之士而密糾之, 使明府賞刑得中, 令問休揚, 不亦萬分之一乎?" 昱慙服, 待之彌厚.

後桓帝徵拜尚書令, 遷河南尹, 轉太僕. 黨事旣起, 免歸本郡, 與李膺俱坐, 而名行相次, 故時人亦稱 '李杜' 焉. 後太傅陳蕃輔政, 復爲太僕. 明年, 坐黨事被徵, 自殺.

| 註釋 | ○陽城 – 穎川君의 현명. 今 河南省 登封市 동남 告成鎭. ○鄭玄(정현) – 經學者. 35권, 〈張曹鄭列傳〉立傳. ○埽軌(소궤) – 수레 자국을 쓸어 없애다. 軌는 수레 왕래. 人事를 끊다. ○寒蟬(한선) – 추위를 만난 매미. 적막하게 지내다. 寂默. ○力行 – 盡力하여 行善하다. '好問은 近乎智하고 力行은 近乎仁' 이라고 하였다. ○亦稱 '李杜' – 앞서 李固와 杜喬를 '李杜' 라 하였기에 '亦' 이라 하였다.

[國譯]

杜密(두밀)의 字는 周甫(주보)인데, 穎川君 陽城縣(양성현) 사람이다. 사람이 침착 질박하였는데 젊어서부터 풍속을 바로잡으려는 뜻이 있었다. 司徒 胡廣(호광)의 부름을 받았고, 점차 승진하여 代郡 太守가 되었다. 조정에 들어왔고 자리를 옮겨 太山(泰山) 太守와 北海

國 相이 되었다. 宦官子弟로 현령이나 縣長이 되어 간악한 자가 있으면 바로 체포하여 처분하였다. 봄에 속현을 순시하다가 高密縣에서 鄭玄(정현)이 鄕에서 일하는 것을 보고 그 국량을 알고 불러 郡에 근무하게 하다가 太學에 보내 就學하게 하였다.

뒷날 두밀은 관직을 버리고 귀향하였는데 태수나 현령을 만날 때마다 여러 부탁을 하였다. 同郡의 劉勝(유승) 역시 蜀郡에서 관직을 버리고 鄕里로 돌아와 閉門하고 人事를 단절하였다. 영천태수 王昱(왕욱)이 두밀에게 말했다. "劉季陵(劉勝)은 청렴한 高士라고 많은 公卿이 그를 천거하고 있습니다." 두밀은 왕욱이 자신의 出仕를 권유할 뜻이라 생각하면서 대답하였다. "劉勝은 大夫 지위에 올랐고 上賓의 대우를 받고 있지만 善人을 천거하지 않고 악행을 들어도 이를 말하지 않으며 자신의 감정을 숨기고 스스로 침묵하니 그 사람은 죄인입니다. 지금 큰 뜻을 가지고 힘써 노력하는 현인이 있다면 나는 그런 사람을 천거할 것이며, 違道하거나 失節한 士人이 있다면 나는 규탄할 것이니, 태수께서도 상벌을 공평히 행하여 아름다운 명성을 멀리 날리는 것이 능력의 일부가 아니겠습니까?"

왕욱은 부끄러워하며 심복하였고, 두밀을 더욱 후대하였다.

뒷날 桓帝가 두밀을 불러 尙書令에 임용되었고, 河南尹이 되었다가 太僕으로 전근했다. 당고의 사태가 일어나자 사직하고 영천군으로 돌아왔으나 李膺(이응)과 함께 연좌되었는데 두밀 역시 명성이 높아 時人들이 (李固와 杜喬처럼) '李杜'라 호칭하였다. 뒷날 太傅 陳蕃(진번)이 輔政할 때 다시 太僕이 되었다. 다음 해에 당인에 연루되어 소환되자 두밀은 자살하였다.

❹ 劉佑

劉佑字伯祖, 中山安國人也. 安國後別屬博陵. 佑初察孝
廉, 補尙書侍郞, 間練故事, 文札强辨, 每有奏議, 應對無滯,
爲僚類所歸.

除任城令, 兗州擧爲尤異, 遷揚州刺史. 是時會稽太守梁
旻, 大將軍冀之從弟也. 佑擧奏其罪, 旻坐徵. 復遷佑河東
太守. 時屬縣令長率多中官子弟, 百姓患之. 佑到, 黜其權
强, 平理冤結, 政爲三河表.

| 註釋 | ○中山安國 − 中山國의 治所는 盧奴縣. 今 河北省 직할 定州市,
保定市와 石家莊市 중간. 安國縣은 今 河北省 保定市 관할 安國市. 安國市
는 '藥都', '天下第一藥市'로 알려졌다. 中山國을 나눠 博陵郡〔치소는 博
陵縣, 今 河北省 保定市 蠡縣(여현)〕을 설치했는데, 安國縣은 博陵郡의 소
속이 되었다. ○政爲三河表 − 河東, 河內, 河南郡(尹)을 三河라고 하였다
수도 洛陽縣은 河南郡 관할이었다. 表는 標準.

[國譯]

劉佑(유우)의 字는 伯祖(백조)인데 中山國 安國縣 사람이다. 安國
縣은 뒤에 따로 博陵郡에 속했다. 유우는 처음에 孝廉으로 천거를
받아 尙書侍郞에 임명되었는데, 조정의 慣例에 잘 알고 문서작성에
능숙하였으며 매번 奏議가 있을 때마다 응답에 막힘이 없어 동료들
이 탄복하였다.

任城 縣令이 되었는데 우수한 치적을 거두었고 兗州(연주)자사의
천거로 揚州刺史가 되었다. 그때 會稽 太守인 梁旻(양민)은 大將軍
梁冀(양기)의 從弟였다. 유우는 양민의 죄상을 탄핵 상주하였고 양
민은 이와 관련하여 소환되었다. 유우는 다시 河東太守에 임명되었
다. 그때 하동군 관내의 현령, 현장 중에 환관의 자제가 많아 백성에
게 폐해가 많았다. 유우가 부임하여 횡포한 관리를 척결하고 원통한
일을 공평하게 처리하여 그 치적은 三河의 본보기가 되었다.

原文

再遷, 延熹四年, 拜尙書令, 又出爲河南尹, 轉司隷校尉.
時權貴子弟罷州郡還入京師者, 每至界首, 輒改易輿服, 隱
匿財寶, 威行朝廷. 拜宗正, 三轉大司農. 時中常侍蘇康,管
霸用事於內, 遂固天下良田美業, 山林湖澤, 民庶窮困, 州郡
累氣. 佑移書所在, 依科品沒入之. 桓帝大怒, 論佑輸左校.

後得赦出, 復歷三卿, 輒以疾辭, 乞骸骨歸田里. 詔拜中
散大夫, 遂杜門絶多. 每三公缺, 朝廷皆屬意於佑, 以譖毀
不用. 延篤貽之書曰,

「昔太伯三讓, 人無德而稱焉. 延陵高揖, 華夏仰風. 吾子
懷蘧氏之可卷, 體甯子之如愚, 微妙玄通, 沖而不盈, 蔑三光
之明, 未暇以天下爲事, 何其劭與!」

靈帝初, 陳蕃輔政, 以佑爲河南尹. 及蕃敗, 佑黜歸, 卒於
家. 明年, 大誅黨人, 幸不及禍.

| 註釋 | ○累氣 – 숨을 죽이다(屛息也). ○詔拜中散大夫 – 光祿勳의 속관인 光祿大夫, 太中大夫, 中散大夫, 諫議大夫가 있다. 中散大夫는 질록 비이천석이고 정원은 30명이며, 황제의 고문 응대가 주 임무였다. 고관을 역임한 자가 은퇴할 때, 이 직함을 수여하는 경우가 많았는데, 이는 황제가 필요하면 언제든지 불러 등용하겠다는 뜻이다. ○延篤(연독) – 延篤(연독)은 《春秋》를 필사할 시간에 외워버린 사람이었다. 64권, 〈吳延史盧趙列傳〉에 立傳. ○昔太伯三讓 – 吳 太伯은 泰伯, 周 太王(古公亶父, 文王의 祖父)의 장남. 막냇동생 季歷(계력)이 후계자가 될 수 있게 하려고 동생 仲雍(중옹)과 함께 당시로서는 야만의 땅이던 長江 하류로 移居하여 文身을 하고 살았다. 周 백성은 그의 덕을 본 것이 없지만 그 미덕을 칭송하였다. ○延陵高揖 – 延陵(연릉)은 延陵季子. 吳王 壽夢의 막내아들. 季札(계찰), 揖은 사양할 읍(讓也). 여러 형이 계찰의 즉위를 바랐지만 계찰은 사양하고 농사를 짓고 살았다. ○懷蘧氏之可卷 – 蘧氏(거씨)는 衛 대부 蘧瑗(거원, 字 伯玉). 「子曰, "~ 君子哉蘧伯玉! 邦有道, 則仕, 邦無道, 則可卷而懷之."」《論語 衛靈公》. ○甯子之如愚 – 名兪. 「子曰, "甯武子, 邦有道則知, 邦無道則愚. 其知可及也, 其愚不可及也."」《論語 公冶長》. ○沖而不盈 – 「道沖, 而用之或不盈. ~」《老子道德經》4장.

[國譯]

다시 승진하여, (桓帝) 延熹 4년(서기 161) 尙書令이 되었고, 다시 河南尹으로 나갔다가 司隸校尉가 되었다. 그때 權貴의 子弟들은 州郡의 관직을 마치고 낙양으로 돌아오면서 낙양 근처에서 수레나 의복을 바꿔 財寶를 숨겼고, 조정에서는 위세를 부렸다. 유우는 宗正이 되었다가 또 다시 大司農이 되었다. 그때 中常侍 蘇康(소강)과 管霸(관패)가 궁내에서 권력을 잡았는데, 천하의 良田과 美業, 山林과

湖澤 등을 독점하여 백성들은 곤궁하였고 주군에서는 아무 말도 하지 못했다. 유우는 소재지 주군에 공문을 보내 등급에 따라 모두 몰수하였다. 그러자 桓帝는 大怒하면서 유우를 (將作大匠)의 左校에 보내 노역형에 처했다.

뒤에 사면을 받아 풀려나 3개의 卿職을 역임하고서는 병으로 사임하고 고향으로 은퇴를 청하였다. 유우는 中散大夫 職을 받았지만 杜門하고 모든 관계를 단절하였다. 三公이 결원될 때마다 유우의 출사를 권했지만 환관의 참소로 등용되지 못했다. 이에 延篤(연독)이 유우에게 서신을 보냈다.

「옛날 太伯(태백)은 세 번이나 사양하였고 백성들은 그 덕을 본 것이 없었지만 그 미덕을 칭송하였습니다. (吳) 延陵季子(연릉계자)는 높은 의기로 사양하였는데 華夏에서는 그의 풍모를 흠앙하였습니다. 선생께서는 蘧伯玉(거백옥)처럼 드러나지 않는 風度가 있고, 또 甯武子(영무자)처럼 우직한 뜻을 體現하며, 微妙하나 玄通하고, 지모가 높고 또 깊어 드러나지 않으며, 日月星의 빛처럼 밝으나 천하를 위해 애쓸 겨를이 없다 하시니 참으로 숭고합니다!」

靈帝 초, 陳蕃(진번)이 輔政할 때 유우는 河南尹이 되었다. 진번이 망할 때 유우도 쫓겨나 귀향하여 집에서 죽었다. 다음 해에 黨人을 대거 주살할 때 다행히도 화를 당하지 않았다.

❺ 魏郞

原文

魏朗字少英, 會稽上虞人也. 少爲縣吏. 兄爲鄕人所殺, 朗白日操刀報讎於縣中, 遂亡命到陳國. 從博士郤仲信學《春秋圖緯》, 又詣太學受《五經》, 京師長者李膺之徒爭從之.

初辟司徒府, 再遷彭城令. 時中官子弟爲國相, 多行非法, 朗與更相章奏, 幸臣忿疾, 欲中之. 會九眞賊起, 乃共薦朗爲九眞都尉. 到官, 獎厲吏兵, 討破群賊, 斬首二千級. 桓帝美其功, 徵拜議郎. 頃之, 遷尙書. 屢陳便宜, 有所補益. 出爲河內太守, 政稱三河表. 尙書令陳蕃薦朗公忠亮直, 宜在機密, 復徵爲尙書. 會被黨議, 免歸家.

朗性矜嚴, 閉門整法度, 家人不見惰容. 後竇武等誅, 朗以黨被急徵, 行至牛渚, 自殺. 著書數篇, 號《魏子》云.

| 註釋 | ○會稽上虞 – 上虞(상우)는 會稽郡의 현명. 今 浙江省 북동부 紹興市 上虞區. ○陳國 – 治所 陳縣, 今 河南省 동부 周口市 淮陽縣. 前 淮陽國. ○欲中之 – 中은 中傷하다. ○九眞 – 군명. 治所는 胥浦縣, 今 越南國 중부 淸化省 서북 東山縣. ○牛渚(우저) – 山名. 장강에 돌출한 북면을 牛渚圻(우저기) 또는 采石磯(채석기)라 부른다. 今 安徽省 동남부 馬鞍山市 서남. 長江 남안. 유명한 나루터로 교통요지였다.

[國譯]

魏朗(위랑)의 字는 少英(소영)으로 會稽郡 上虞縣(상우현) 사람이다. 젊어 縣吏였다. 위랑의 형이 鄕人에게 피살되자, 魏朗은 현에서 원수를 한낮에 칼로 죽이고 陳國으로 망명하였다. 博士인 卻仲信(각중신)에게 《春秋圖緯》를 배웠고, 또 太學에 들어가 《五經》을 학습하였는데 京師의 長者인 李膺(이응)의 문도들도 위랑과 왕래하였다.

처음에 司徒府의 부름을 받았고 두 번 승진하여 彭城 현령이 되었다. 그때 환관의 자제가 彭城國의 相이었는데 不法을 많이 자행하자 위랑은 여러 번 이를 상주하였고, 幸臣들은 분노하면서 위랑을 모함하려고 했다. 마침 九眞郡에서 반적이 봉기하자 이에 모두가 위랑을 九眞都尉로 천거하였다. 위랑은 임지에 부임한 뒤, 관리와 군사를 엄히 단속 권장하면서 반적을 토벌 격파하여 2천여 명을 참수하였다. 桓帝는 위랑의 공적을 칭찬하며 조정으로 불러 의랑을 제수하였다. 얼마 후 상서로 승진하였다. 국정에 도움이 되는 여러 건의를 올렸다. 河內太守로 재직하며 치적이 三河의 으뜸이었다. 尙書令 陳蕃(진번)이 위랑을 공평 충직하고 진솔 정직한 인재이니, 응당 국가 기무를 담당해야 한다고 천거하여 다시 상서가 되었다. 마침 당인의 논의가 일어나자 사직하고 귀가하였다.

위랑은 성격이 강직 엄숙하였는데 폐문하고 집에 있으면서도 법도를 준수하니 그 家人도 그의 흩어진 모습을 보지 못했다. 뒷날 寶武(두무) 등이 주살되자 위랑은 黨人이라고 급히 소환되었는데 牛渚山까지 와서 자살하였다. 그의 저서 여러 편이 있는데, 이를 《魏子》라 하였다.

❻ 夏馥

夏馥字子治, 陳留圉人也. 少爲書生, 言行質直. 同縣高
氏,蔡氏並皆富殖, 郡人畏而事之, 唯馥比門不與交通, 由是
爲豪姓所仇. 桓帝初, 擧直言, 不就.

馥雖不交時宦, 然以聲名爲中官所憚, 遂與范滂,張儉等
俱被誣陷, 詔下州郡, 捕爲黨魁.

及儉等亡命, 經歷之處, 皆被收考, 辭所連引, 布徧天下.
馥乃頓足而歎曰, "孽自己作, 空汚良善, 一人逃死, 禍及萬
家, 何以生爲!" 乃自翦須變形, 入林慮山中, 隱匿姓名, 爲
冶家傭. 親突煙炭, 形貌毀瘁, 積二三年, 人無知者. 後馥弟
靜, 乘車馬, 載縑帛, 追之於涅陽市中. 遇馥不識, 聞其言聲,
乃覺而拜之. 馥避不與語, 靜追隨至客舍, 共宿. 夜中密呼
靜曰, "吾以守道疾惡, 故爲權宦所陷. 且念營苟全, 以庇性
命, 弟奈何載物相求, 是以禍見追也."

明旦, 別去. 黨禁未解而卒.

|註釋| ○陳留圉 – 陳留는 군명. 治所는 陳留縣, 今 河南省 동부의 開
封市. 陳國과 접경, 陳國의 북쪽. 圉(마부 어)는 현명. 今 河南省 중부 開封
市 관할 通許縣. ○比門 – 並門. 이웃. ○孽自己作 – 孽은 첩의 자식 얼.
천민. 재앙. ○林慮 – 본래 隆慮縣, 今 河南省 북단 安陽市 관할 林州市.
山西省과 접경. ○涅陽(열양) – 南陽郡의 현명. 今 河南省 서남부 鄧州市.

夏馥(하복)의 字는 子治(자치)로 陳留郡 圉縣 사람이다. 젊어 書生이었는데 言行이 질박하고 곧았다. 同縣의 高氏와 蔡氏(채씨)가 모두 부유한 집안이라서 군민들이 두려워하며 섬겼지만, 하복만은 그들과 왕래하지 않았는데. 이 때문에 호족의 원한을 샀다. 桓帝 초에 直言을 올릴만한 인재로 천거되었지만 부임하지 않았다.

하복은 당시의 관리와 교류하지 않았지만 명성만으로도 환관들이 꺼려 하였는데 결국 范滂(범방), 張儉(장검) 등과 함께 모함을 당했고, 州郡에 내려간 조서에도 당인의 수괴이니 체포하라고 하였다.

장검 등이 도주하자, 도망갈 만한 주변 사람들은 모두 체포되어 고문을 받았고 그 진술에 연관된 사람들은 천하 곳곳에 퍼져 있었다. 하복은 이에 발을 구르며 탄식하였다.

"죄는 스스로 지었는데 공연히 선량한 사람을 괴롭히고 도망한 한 사람 때문에 재앙은 많은 집에 파급되니 어떻게 살 수 있겠는가!"

그리고는 수염을 깎아 모습을 바꾼 뒤에 林慮縣(임려현)의 산에 들어가 성명을 숨기고 대장간의 일꾼이 되었다. 하복은 숯불을 피우며 연기에 그을려 초췌한 모습으로 2, 3년을 지냈는데 그를 알아보는 사람이 없었다.

뒷날 하복의 동생 夏靜(하정)이 거마에 비단을 싣고 涅陽(열양)의 市中까지 찾아왔다. 하복을 만났어도 알아보지 못했으나 그 목소리를 듣고 알아보고서 절을 했다. 하복은 피하면서 말을 하지 않았고, 하정은 객사까지 따라가 같이 유숙하였다. 깊은 밤에 동생을 조용히 불러 말했다.

"나는 正道를 따르고 악행을 미워하여 환관의 모함을 받았다. 그

냥 이렇게라도 생명을 이어나갈 수 있는데 동생은 왜 날 구한다고
재물까지 싣고 왔는가? 이 때문에 화가 닥칠지도 모르겠다."

　날이 밝자 떠나갔다. 하복은 黨錮가 풀리기 전에 죽었다.

❼ 宗慈

原文

　宗慈字孝初, 南陽安衆人也. 舉孝廉, 九辟公府, 有道徵,
不就. 後爲脩武令. 時太守出自權豪, 多取貨賂, 慈遂弃官
去. 徵拜議郞, 未到, 道疾卒. 南陽群士皆重其義行.

| 註釋 |　○安衆 – 현명. 今 하남성 서남 南陽市 관할 鄧州市 서북. ○脩
武 – 河內郡 脩武(修武) 현명. 今 河南省 북부 新鄕市 獲嘉縣.

[國譯]

　宗慈(종자)의 字는 孝初(효초)로 南陽郡 安衆縣 사람이다. 孝廉으
로 천거되었고 삼공부의 초빙 9번에 有道한 인재로 부름을 받았지
만 나가지 않았다. 나중에 脩武(수무)현령이 되었다. 그때 (河內郡)
太守는 權豪 출신인데 뇌물을 많이 받아 챙기자 종자는 관직을 버리
고 떠나왔다. 다시 議郞에 제수되었는데 부임하는 도중에 병사하였
다. 남양군의 많은 士人들이 그의 義行을 중히 여겼다.

❽ 巴肅

原文

巴肅字恭祖, 勃海高城人也. 初察孝廉, 歷愼令,貝丘長,
皆以郡守非其人, 辭病去. 辟公府, 稍遷拜議郎. 與竇武,陳
蕃等謀誅閹官, 武等遇害, 肅亦坐黨禁錮. 中常侍曹節後聞
其謀, 收之. 肅自載詣縣, 縣令見肅, 入合解印綬與俱去. 肅
曰, "爲人臣者, 有謀不敢隱, 有罪不逃刑. 旣不隱其謀矣,
又敢逃其刑乎?" 遂被害. 刺史賈琮刊石立銘以記之.

| 註釋 | ○勃海 – 治所는 南皮縣, 今 河北省 남동부 滄州市 관할 南皮
縣. ○高城 – 縣名. 今 河北省 동남부 滄州市 관할 鹽山縣. ○察孝廉 – 察
은 밀다. 천거하다. ○愼縣 – 汝南郡의 현명. 今 安徽省 서북부 阜陽市 관
할 潁上縣. 淮河와 潁河의 합류처. 貝丘(패구)는 淸河郡의 현명. 今 山東省
臨淸縣. ○賈琮(가종) – 31권, 〈郭杜孔張廉王蘇羊賈陸列傳〉 立傳.

[國譯]

巴肅(파숙)의 字는 恭祖(공조)로 勃海郡 高城縣 사람이다. 처음에
효렴으로 천거되어 愼縣(신현) 현령과 貝丘縣(패구현) 縣長을 역임하
였는데, 그 군수들이 모두 적임자가 아니기에 병이라 사직하고 돌아
왔다. 뒷날 삼공부의 부름을 받았고 점차 승진하여 議郎이 되었다.
竇武(두무)와 陳蕃(진번) 등과 함께 閹官(엄관, 환관)을 주살하려 했으
나 두무 등이 살해되자 파숙도 당인에 연루되어 금고에 처해졌다.
中常侍 曹節(조절) 등이 뒷날 파숙도 참여한 것을 알고 체포하려 했

다. 파숙은 스스로 현에 가서 진술하였는데, 현령이 파숙을 만나 안에 들어가 관인을 풀러 놓고 함께 도주하자고 하였다. 이에 파숙이 말했다.

"人臣이 된 者가 모의를 했다면 숨겨서는 안 되고 죄가 있다면 형벌을 피해서는 안 됩니다. 이미 모의를 감추지 않았는데 형벌을 아니 받겠습니까?"

결국 파숙은 처형되었다. 刺史 賈琮(가종)이 비석을 세워 기록하였다.

❾ 范滂

原文

范滂字孟博, 汝南征羌人也. 少厲淸節, 爲州里所服, 擧孝廉,光祿四行. 時冀州饑荒, 盜賊群起, 乃以滂爲淸詔使, 案察之. 滂登車攬轡, 慨然有澄淸天下之志. 及至州境, 守令自知臧污, 望風解印綬去. 其所擧奏, 莫不厭塞衆議. 遷光祿勳主事. 時陳蕃爲光祿勳, 滂執公儀詣蕃, 蕃不止之, 滂懷恨, 投版弃官而去. 郭林宗聞而讓蕃曰, "若范孟博者, 豈宜以公禮格之? 今成其去就之名, 得無自取不優之議也?" 蕃乃謝焉.

│註釋│ ○范滂(범방) - 范은 풀이름 범, 거푸집 범. 滂은 비 퍼부을 방.

ㅇ征羌 − 侯國名, 현명. 今 河南省 중앙부 漯河市(탑하시) 동쪽. 개국공신 來歙(내흡)이 羌族과 隴縣 일대를 평정한 공적을 기려 汝南郡의 當鄕縣을 征羌國(정강국)으로 고쳤다. 내흡은 15권, 〈李王鄧來列傳〉에 立傳. ㅇ光祿 四行 − 光祿勳은 四行(敦厚, 質樸, 遜讓, 節儉)의 영역에 걸쳐 郎官을 임용하였다. ㅇ投版弃官而去 − 版은 笏也. 관직명을 쓴 명판. ㅇ豈宜以公禮格之 − 格은 바르게 하다(正也). 길들이다.

[國譯]

范滂(범방)의 字는 孟博(맹박)으로 汝南郡 征羌縣(정강현) 사람이다. 젊어서도 정직하고 청렴한 기질이 있어 州里의 사람들이 따르고 복종하였는데 효렴으로 천거되어 光祿 四行으로 등용되었다. 그때 冀州(기주) 일대가 기근으로 시달리며 도적이 무리 지어 일어나자, 곧 범방은 淸詔使(청조사)가 되어 일대를 사찰하였다. 범방은 수레를 몰고 출발하면서 천하를 깨끗하게 만들겠다는 의지를 품었다. 기주 관내에 들어오자 부정을 저지른 관리들은 소문을 듣고 스스로 인수를 풀어놓고 떠나갔다. 범방이 탄핵한 사안들은 중론의 여지가 없이 확실하였다. 이에 범방은 光祿勳 主事로 승진하였다. 그때 陳蕃(진번)은 光祿勳이었는데, 범방이 업무로 진번을 찾아갈 때마다 진번은 범방을 기다리게 하지 않은 적이 없었는데 범방은 이를 한스럽게 여기며 명판을 내놓고 관직을 떠났다. 郭林宗(곽림종)이 이를 알고서는 진번에게 따졌다.

"범방 같은 인재를 어찌 보통 사람을 대하는 예로 대우했습니까? 이로써 그가 거취의 명분을 만든 것이니 스스로 자신에 대한 의론을 만든 것이 아니겠습니까?"

이에 진번은 곧 사과하였다.

復爲太尉黃瓊所辟. 後詔三府掾屬擧謠言, 滂奏刺史,二千石權豪之黨二十餘人. 尙書責滂所劾猥多, 疑有私故. 滂對曰, "臣之所擧, 自非叨穢姦暴, 深爲民害, 豈以汚簡札哉! 閒以會日迫促, 故先擧所急, 其未審者, 方更參實. 臣聞農夫去草, 嘉穀必茂, 忠臣除姦, 王道以淸. 若臣言有貳, 甘受顯戮." 吏不能詰. 滂覩時方艱, 知意不行, 因投劾去.

| 註釋 | ○叨穢姦暴 - 叨는 탐낼 도. 탐욕을 부리다. 穢는 더러울 예. 부정. 姦은 간악. 暴은 橫暴(횡포). ○嘉穀必茂 - 國家를 위하는 者는 惡人을 마치 농부가 잡초를 뽑아버리듯 해야 한다.

[國譯]

范滂(범방)은 다시 太尉 黃瓊(황경)의 부름을 받았다. 그 후 조서로 三公府의 掾吏들이 백성의 風謠(풍요)를 수집하게 하였는데, 범방은 자사와 태수로 權豪의 黨人이라면서 20여 명의 명단을 탄핵코자 상주하였다. 尙書는 범방이 멋대로 많을 사람을 탄핵하는데 여기에 私心이 있는 것 같다고 책망하였다. 그러자 범방이 대답하였다.

"臣이 거명한 사람으로 부정 간사 잔혹하여 백성에게 심각한 해악을 끼친 사람이 아니라면 어찌 제가 올리는 문서를 더럽히겠습니까! 요즈음 (이런 사람들을 징계할) 시간이 너무 촉박하여 먼저 실명을 거론하여 서두르고 나머지 죄과가 아직 확실하지 않은 자는 형편에 따라 더 조사할 것입니다. 臣이 알기로, 농부는 잡초를 제거해야 곡식이 무성하고, 충신은 간악한 자를 제거해야만 王道가 淸平하다고 하였습니다. 만약 臣이 말한 것이 사실과 다르다면 처형도 달게 받을 것입니다."

다른 관리들은 더 따질 수가 없었다. 범방은 당시 세상이 어지러워 자신의 정도를 실천할 수 없다 생각하여 자신이 직무를 감당할 수 없다면서 사직하였다.

原文

太守宗資先聞其名, 請署功曹, 委任政事. 滂在職, 嚴整疾惡. 其有行違孝悌, 不軌仁義者, 皆埽多斥逐, 不與共朝. 顯薦異節, 抽拔幽陋. 滂外甥西平李頌, 公族子孫, 而爲鄕曲所弃, 中常侍唐衡以頌請資, 資用爲吏. 滂以非其人, 寢而不召. 資遷怒, 捶書佐朱零. 零仰曰, "范滂淸裁, 猶以利刃齒腐朽. 今日寧受笞死, 而滂不可違."

資乃止. 郡中中人以下, 莫不歸怨, 乃指滂之所用以爲 ‘范黨’.

| 註釋 | ○猶以利刃齒腐朽 – 利刃는 날카로운 칼. 齒는 닿다. 스치다. 제거하다. 腐朽(부후)는 썩다.

[國譯]

太守 宗資(종자)는 전부터 범방의 명성을 들었기에 범방을 초빙해서 功曹로 삼아 郡政을 맡기었다. 범방은 재직 중에 엄정했고 악을 증오하였다. 그 행실이 孝悌(효제)에 어긋나거나 仁義을 따르지 않는 자들은 모두 쓸어 방축하여 같이 근무하지 않았다. 그러면서 지조가 특별한 자를 높은 자리에 천거하고 궁벽한 곳에서도 인재를 발굴하였다. 범방의 생질인 (汝南郡) 西平縣 사람 李頌(이송)은 公侯의 후손이지만 鄕曲에서 이미 버림받은 사람이었는데, 中常侍 唐衡(당형)은 이송을 태수 宗資(종자)에게 청탁했고, 종자는 관리로 임명하려고 하였다. 그러나 범방은 적임자가 아니라 하여 서류를 깔아뭉개며 이송을 부르지도 않았다. 종자가 화를 내면서 서류 담당 속리인 朱零(주령)을 매질하였다.

이에 주령이 태수를 올려다보며 말했다.

"范滂(범방)의 올바른 결정은 마치 날카로운 칼로 썩은 곳을 도려내는 것 같습니다. 오늘 차라리 매를 맞다가 죽을지언정 범방의 뜻을 어길 수 없습니다."

종자는 결국 태형을 그만두었다. 군내에 중간 이하의 관원은 범방을 원망하지 않는 사람이 없었다. 이에 범방에 의하여 등용된 사람들은 '范黨'이라고 불렸다.

[原文]

後牢脩誣言鉤黨, 滂坐繫黃門北寺獄. 獄吏謂曰, "凡坐繫皆祭皐陶." 滂曰, "皐陶賢者, 古之直臣. 知滂無罪, 將理之於帝, 如其有罪, 祭之何益!" 衆人由此亦止. 獄吏將加掠考, 滂以同囚多嬰病, 乃請先就格, 遂與同郡袁忠爭受楚毒. 桓帝使中常侍王甫以次辨詰, 滂等皆三木囊頭, 暴於階下. 餘人在前, 或對或否, 滂,忠於後越次而進. 王甫詰曰, "君爲人臣, 不惟忠國, 而共造部黨, 自相襃擧, 評論朝廷, 虛構無端, 諸所謀結, 並欲何爲? 皆以情對, 不得隱飾."

滂對曰, "臣聞仲尼之言, '見善如不及, 見惡如探湯.' 欲使善善同其清, 惡惡同其汚, 謂王政之所願聞, 不悟更以爲黨." 甫曰, "卿更相拔擧, 迭爲唇齒, 有不合者, 見則排斥, 其意如何?" 滂乃慷慨仰天曰, "古之循善, 自求多福, 今之循善, 身陷大戮. 身死之日, 願埋滂於首陽山側, 上不負皇天, 下不愧夷,齊." 甫愍然爲之改容. 乃得並解桎梏.

| **註釋** | ○牟脩(뇌수) – 風角(풍각)을 잘하는 河內郡의 張成(장성)의 제자. 河南尹인 李膺(이응)을 黨人이라 맨 처음 고발한 자. ○皐陶(고요) – 舜임금의 신하. 獄官을 역임. 최초로 감옥과 법률을 만든 사람. 중국 司法의 鼻祖. ○將理之於帝 – 帝는 天. ○如其有罪 – 如는 만약에. ○楚毒 – 楚는 매. 회초리. 가시나무. 고통. 楚毒은 楚痛, 매질(楚撻). ○三木囊頭 – 三木은 목과 손발에 씌우는 나무로 만든 형구. 거기에다가 다른 물건으로 얼굴을 덮다. ○探湯 – 빨리 빼다. 「孔子曰, "見善如不及, 見不善如探湯."」《論語 季氏》. ○並解桎梏 – 桎梏(질곡)은 桎(차꼬 질)은 발에 찬 形具. 梏(쇠고랑 곡)은 손을 묶은 형구.

뒷날 牢脩(뇌수)가 結黨(결당)했다는 무고에 의해 범방은 연좌되어 黃門北寺獄에 갇혔다. 옥리가 수감자들에게 말했다. "여기 갇힌 모두는 皐陶(고요)에게 제사를 올리시오."

그러자 범방이 말했다. "皐陶는 賢者로 옛날 (舜의) 直臣이었다. 내가 무죄라는 것을 안다면 하늘에서 바로 다스릴 것이고, 만약 죄가 있다면 제사를 지낸다 하여 무슨 이득이 있겠는가!"

여러 사람은 이에 모두 그만두었다. 옥리가 고문을 하려고 하자 범방은 같이 갇힌 사람들이 수척하고 병든 사람이 많기에 먼저 고문을 받겠다고 자청하자 같은 郡의 袁忠(원충)도 먼저 매를 맞겠다고 하였다.

桓帝는 中常侍 王甫(왕보)를 시켜 순차적으로 죄수를 심문케 하였는데, 범방 등은 모두 목과 손발에 형구를 차고 머리를 가린 채 계단 아래 꿇어앉았다. 다른 사람이 앞에서 어떤 사람은 대답하고, 어떤 사람은 말도 제대로 못했는데 범방과 원충은 뒤에 있다가 앞으로 나아갔다. 그러자 왕보가 힐책하였다.

"그대는 신하가 되어 나라에 충성을 못할지언정 같이 당인을 만들어 서로 천거하고 조정의 정사를 비난하고 근거 없는 허구와 여러 사람을 끌어들여 무엇을 하려 했는가? 모두 사실대로 말하되 숨기거나 꾸며대지 말라."

이에 범방이 말했다. "내가 알기로, 공자는 '見善하면 따라가지 못할까 걱정하고, 見不善하면 끓는 물에 손이 닿은 듯 빨리 빼라.'고 하였소. 내가 바란 것은 선한 마음으로 함께 깨끗해지기를 원했고, 악으로 함께 더러워지는 것을 증오하는 것이었으니, 이는 王政

에서 듣기를 원하는 것이었지, 이것이 黨을 만드는 나쁜 것이라고 생각하지 않았소."

그러자 왕보가 말했다.

"卿은 서로 뽑아주고 천거하여 마치 치아와 입술처럼 여겼고, 내 편이 아니라고 배척하였는데 그것은 왜 그러했소?"

이에 범방은 慷慨(강개)하여 하늘을 우러러보며 말했다.

"옛날에 善을 따라 실천하여 스스로 많은 복을 얻었지만 지금은 선을 따라가면 몸은 함정에 빠지고 도륙을 당할 뿐이요. 내가 죽는 날 내 소원이니, 나를 수양산 자락에 묻어준다면 위로는 하늘 뜻을 버리지 않고, 아래로는 伯夷와 叔齊에 부끄럽지 않을 것이요."

왕보는 부끄러워 얼굴색이 변했다. 그리고는 손발에 찬 형구를 모두 벗겨주게 하였다.

原文

滂後事釋, 南歸. 始發京師, 汝南, 南陽士大夫迎之者數千兩. 同囚鄕人殷陶, 黃穆, 亦免俱歸, 並衛侍於滂, 應對賓客. 滂顧謂陶等曰, "今子相隨, 是重吾禍也." 遂遁還鄕里.

初, 滂等繫獄, 尙書霍諝理之. 及得免, 到京師, 往候諝而不爲謝. 或有讓滂者. 對曰, "昔叔向嬰罪, 祁奚救之, 未聞羊舌有謝恩之辭, 祁老有自伐之色." 竟無所言.

| 註釋 | ○數千兩 – 兩은 수레(車也, 輛也). ○祁老有自伐之色 – 춘추

시대, 晉에서 欒盈(영만)의 무리를 토벌하면서 叔向(숙향)의 동생 羊舌虎(양
설호)를 죽이고 叔向(숙향)을 가두었다. 이를 祁奚(기해)가 알고 范宣子(범선
자)를 만나 설득하여 숙향을 석방시켰다. 기해는 숙향을 만나지 않고 돌아
갔고, 숙향도 풀려났다고 기해에게 말하지 않고 입조했다. 남의 불행을 도
와주었다고 굳이 공을 자랑하지 않았다는 뜻. 伐은 自功이라 말하다. 자랑
할 벌.

[國譯]

范滂(범방)은 다른 일로 풀려나 남쪽 고향으로 돌아왔다. 낙양을
출발하자 汝南과 南陽郡의 士大夫로 범방을 영접하는 사람의 수레
가 수천 량이었다. 같이 갇혔던 鄕人 殷陶(은도)와 黃穆(황목)도 풀려
나 함께 돌아가면서 범망을 시중들며 빈객 응대도 하였다. 이에 범
방이 은도 등에게 말했다. "이번에 자네들이 나를 수행하느니 겪는
고생이 많네!" 그리고는 혼자 숨어서 고향에 돌아왔다.

그전에 범방에 갇혔을 때 尚書인 霍諝(곽서)가 범방을 변호하였
다. 범방은 풀려난 뒤 낙양에 가서 곽서를 만났지만 사례는 하지 않
았다. 이에 혹 범방을 비난하는 사람도 있었다. 그러자 범방이 말했
다.

"옛날 (晉) 叔向(숙향)이 죄에 걸려들자 祁奚(기해)가 풀려나게 했
지만, 동생 羊舌虎(양설호)가 죽었는데도 사은했고, 또 기해가 자신
의 공을 자랑했다는 말을 듣지 못했습니다."

결국 더 이상 말이 없었다.

建寧二年, 遂大誅黨人, 詔下急捕滂等. 督郵吳導至縣,
抱詔書, 閉傳舍, 伏默而泣. 滂聞之, 曰, "必爲我也." 卽自
詣獄. 縣令郭揖大驚, 出解印綬, 引與俱亡. 曰, "天下大矣,
子何爲在此?" 滂曰, "滂死則禍塞, 何敢以罪累君, 又令老
母流離乎!" 其母就與之訣. 滂白母曰, "仲博孝敬, 足以供
養, 滂從龍舒君歸黃泉, 存亡各得其所. 惟大人割不可忍之
恩, 勿增感戚." 母曰, "汝今得與李,杜齊名, 死亦何恨! 旣有
令名, 復求壽考, 可兼得乎?" 滂跪受敎, 再拜而辭. 顧謂其
子曰, "吾欲使汝爲惡, 則惡不可爲, 使汝爲善, 則我不爲
惡." 行路聞之, 莫不流涕. 時年三十三.

| 註釋 | ○建寧二年 – 서기 169년. 建寧은 靈帝의 첫 연호. 2차 黨錮의
禍가 일어났다. ○龍舒君 – 범방의 부친. 부친 范顯(범현)은 龍舒侯의 相
이었다.

[國譯]

(靈帝) 建寧 2년, 黨人을 대거 죽였는데, 조서를 내려 범방 등을
체포케 하였다. 郡의 督郵(독우)인 吳導(오도)가 조서를 가지고 현에
와서는 傳舍(驛舍)를 닫고 말없이 눈물을 흘렸다. 범방이 이를 듣고
서는 "나 때문일 것이다."라면서 바로 옥으로 들어갔다. 縣令 郭揖
(곽읍)이 크게 놀라며 인수를 풀어놓고 함께 도주하겠다며 말했다.
"세상은 넓은데 당신이 왜 여기 있어야 합니까?"

이에 범방이 말했다. "내가 죽어야 禍가 끝날 것인데, 어찌 현령에게 누를 끼치고 또 노모와 헤어지게 하겠습니까!"

범방이 모친에게 떠나는 인사를 올렸다. 범방이 모친에게 말했다.

"仲博(중박, 범방의 弟)이 孝敬하니 어머니를 잘 공양할 것입니다. 저는 부친(龍舒君)을 따라 황천에 가니 살고 죽는 것이 다 정해졌습니다. 어머니께서는 차마 끊을 수 없는 은혜를 끊어야 하지만 너무 슬퍼하지 마십시오."

범방의 모친이 말했다.

"너는 지금 李膺(이응), 杜密(두밀)과 나란히 명성을 누렸으니 죽는다 하여 무슨 여한이 있겠느냐. 이미 명성을 얻었는데 다시 長壽까지 두 가지를 다 가질 수 있겠는가?"

범방은 꿇어앉아 말씀을 듣고 두 번 절하고 떠났다. 범방은 아들을 돌아보고 말했다.

"내가 너희들에게 나쁜 짓을 하라고 했어도 나쁜 짓을 해서는 안 되고, 너희에게 선행을 하라 하였으니, 나는 악행을 할 수 없었다."

길 가는 사람이 듣고서는 눈물을 아니 흘리는 사람이 없었다. 범방의 나이 33세였다.

原文

論曰, 李膺振拔汚險之中, 蘊義生風, 以鼓動流俗, 激素行以恥威權, 立廉尚以振貴勢. 使天下之士奮迅感勢, 波蕩而從之, 幽深牢破室族而不顧, 至于子伏其死而母歡其義. 壯矣哉! 子曰, "道之將廢也與? 命也!"

| 註釋 | ○道之將~-「子曰, "道之將行也與, 命也, 道之將廢也與, 命也. 公伯寮其如命何!'」《論語 憲問》. 道가 흥하고 망하는 것이 다 천명인데 公伯寮(공백료)가 날뛴다고 命을 어찌 하겠느냐? 환관과 어리석은 천자가 날뛴다고 정의가 사라지지는 않을 것이라는 신념이 글 속에 들어있다.

[國譯]

　范曄(범엽)의 史論 : 李膺(이응)은 더럽고 험한 세속을 박차고 일어나 大義를 축적하여 大義之風을 일으켜 세속에 널리 전파시켰고 청렴결백의 기풍으로 權貴의 탐욕을 부끄럽게 만들었다. 그리하여 천하 사대부를 정의감으로 분발케 하고 마치 큰 파도를 일으켜 따르게 하였으며 갇혀있는 옥중에서도 친족에 연좌되어도 돌아보지 않았고, (范滂의 모친은) 아들이 갇힌 옥중에서 대의를 지킨 아들을 자랑으로 생각하였다. 참으로 장하도다! 공자는 "道가 없어지겠는가? 천명일 뿐이다!"라고 말했다.

❿ 尹勳

| 原文 |

　尹勳字伯元, 河南鞏人也. 家世衣冠. 伯父睦爲司徒, 兄頌爲太尉, 宗族多居貴位者. 而勳獨持淸操, 不以地勢尙人. 州郡連辟, 察孝廉, 三遷邯鄲令, 政有異多. 後舉高第, 五遷

尙書令. 及桓帝誅大將軍梁冀, 勳參建大謀, 封都鄕侯. 遷
汝南太守. 上書解釋范滂, 袁忠等黨議禁錮. 尋徵拜將作大
匠, 轉大司農. 坐竇武等事, 下獄自殺.

| 註釋 | ○河南鞏人 – 鞏은 묶을 공. 현명. 今 河南省 直轄 鞏義市, 洛陽
市와 鄭州市의 중간 지점, 황하의 남안. ○邯鄲 – 邯鄲(한단)은 趙國의 治
所, 縣名. 전국시대 趙國의 도읍, 北宋시대에는 北京大名府, 《水滸傳》의 무
대. 邯은 山名. 鄲은 盡也. 邯山이 여기에 와서 끝난다는 의미. 今 河北省
남부 邯鄲市. 黃粱美夢, 邯鄲學步, 圍魏救趙. 完璧歸趙, 刎頸之交(문경지
교), 毛遂自薦(모수자천) 등 수많은 故事成語의 고향.

[國譯]
　尹勳(윤훈)의 字는 伯元(백원)으로 河南 鞏縣(공현) 사람이다. 대대
로 관리 집안이었다. 伯父 尹睦(윤목)은 司徒였고, 兄 尹頌(윤송)은 太
尉였으니 높은 지위에 오른 宗族이 많았다. 윤훈은 홀로 청렴한 지
조를 지키면서 자기 문중의 지위로 대우를 받으려 하지 않았다. 州
郡에서 연이어 초빙하였고 효렴으로 천거되어 세 번 옮겨 邯鄲 縣令
이 되었는데 치적이 특별하였다. 뒤에 근무평정이 우수하여 5번 옮
겨 尙書令이 되었다. 桓帝가 大將軍 梁冀(양기)를 주살할 적에 윤훈
은 중요한 역할을 하였기에 都鄕侯에 봉해졌다. 汝南太守가 되었
다. 上書하여 范滂(범방), 袁忠(원충) 등의 黨議 禁錮를 풀어주었다.
얼마 후 조정에 들어가 將作大匠이 되었다가 大司農으로 자리를 옮
겼다. 竇武(두무)의 사건에 연좌되어 하옥 되었는데 자살하였다.

原文

蔡衍字孟喜, 汝南項人也. 少明經講授, 以禮讓化鄕里.
鄕里有爭訟者, 輒詣衍決之, 其所平處, 皆曰"無怨."

擧孝廉, 稍遷冀州刺史. 中常侍具瑗托其弟恭擧茂才, 衍
不受, 乃收齎書者案之. 又劾奏河間相曹鼎臧罪千萬. 鼎者,
中常侍騰之弟也. 騰使大將軍梁冀爲書請之, 衍不答, 鼎竟
坐輸作左校. 乃徵衍拜議郞, 符節令. 梁冀聞衍賢, 請欲相
見, 衍辭疾不往, 冀恨之. 時南陽太守成瑨等以收糾宦官考
廷尉. 衍與議郞劉瑜表救之, 言甚切厲, 坐免官還家, 杜門
不出. 靈帝卽位, 復拜議郞, 會病卒.

| 註釋 | ○蔡衍(채연) - 衍은 넘칠 연. ○項 - 현명. 項(항)은 今 河南省
동부 周口市 관할 沈丘縣.

[國譯]

蔡衍(채연)의 字는 孟喜(맹희)인데 汝南郡 項縣 사람이다. 젊어 경
학에 밝아 문도에게 강학하였고 예의로 향리 백성을 교화하였다. 향
리에서 송사를 다투는 자가 있으면 채연을 찾아와 판결을 받을 정도
로 공평하였으며 누구도 원한이 없다고 하였다.

孝廉으로 천거를 받아 차츰 승진하여 冀州刺史가 되었다. 中常侍
인 具瑗(구원)이 그 동생 具恭(구공)을 茂才(무재)로 천거해달라는 청
탁을 했지만 채연은 받아들이지 않았고 예물과 서신을 갖고 온 자를

잡아 가두었다. 또 河間相인 曹鼎(조정)의 1천만 전을 착복한 것을
탄핵하였다. 조정이란 자는 中常侍 曹騰(조등)의 동생이었다. 조등
이 大將軍 梁冀(양기)의 친서를 보내와 청탁했지만 채연은 대답하지
않았고 조정은 끝내 장작대장의 左校에게 보내져 노역형을 받았다.
얼마 후 채연은 조정에 들어가 議郎과 符節令을 역임하였다. 양기가
채연의 현명함을 알고 불러 만나보려고 했으나 채연은 병이라 사양
하며 가지 않았고, 이에 양기도 원한을 가졌다. 그때 南陽太守 成瑨
(성진) 등이 환관을 체포했다 하여 정위에 보내져 조사를 받았다. 채
연과 議郎 劉瑜(유유) 등은 표문을 올려 성진을 변호하였는데, 그 문
사가 매우 간절하였지만 결국 면직되어 고향으로 돌아왔고 두문불
출하였다. 靈帝가 卽位하면서 다시 議郎을 제수 받았지만 마침 병사
하였다.

⑫ 羊陟

原文

羊陟字嗣祖, 太山梁父人也. 家世冠族. 陟少清直有學行,
舉孝廉, 辟太尉李固府, 舉高第, 拜侍御史. 會固被誅, 陟以
故吏禁錮歷年. 復舉高第, 再遷冀州刺史. 奏案貪濁, 所在
肅然. 又再遷虎賁中郎將, 城門校尉, 三遷尙書令. 時太尉張
顥, 司徒樊陵, 大鴻臚郭防, 太僕曹陵, 大司農馮方並與宦豎相
姻私, 公行貨賂, 並奏罷黜之, 不納. 以前太尉劉寵, 司隸校

尉許冰,幽州刺史楊熙,涼州刺史劉恭,益州刺史龐艾淸亮在
公, 薦擧升進. 帝嘉之, 拜陟河南尹. 計日受奉, 常食乾飯茹
菜, 禁制豪右, 京師憚之. 會黨事起, 免官禁錮, 卒於家.

| 註釋 | ○太山郡(泰山郡) – 治所는 奉高縣, 今 山東省 중부 泰安市.
○梁父(양보) – 縣名. 今 山東省 泰安市 관할 新泰市. 또 태산 아래의 小山,
梁甫로도 표기. 泰山은 五嶽 중 東嶽이며 중국인들이 생각하는 天神들의
지상 거주지로 알려졌다. 역대 황제가 여기서 封禪禮를 행했다. 秦始皇이
始皇 28年(前 219)에 泰山에 봉하고 梁父山에서 禪한 이후, 漢 武帝는 元
封 원년(前 110)에 封泰山하고 肅然山에서 禪했다. 光武帝는 封泰山하고
梁父山에서 禪祭를 올렸다. 封은 흙을 쌓아(聚土) 壇을 만드는 것, 禪(墠, 제
터 선)은 땅을 깨끗하게 쓸고(除地) 올리는 제사. 이는 山川 諸神에 대한 국
가 차원의 공식 제사이다. ○龐艾(방애) – 인명. 龐는 클 방. 성씨. 艾는 쑥
애, 늙은이 애.

[國譯]

羊陟(양척)의 字는 嗣祖(사조)로, 太山郡 梁父縣(양보현) 사람이다.
집안은 대대로 冠族이었다. 양척은 젊어 청렴강직하고 學行이 뛰어
났으며, 孝廉으로 천거되어 李固(이고)의 太尉府의 부름을 받았고 근
무 성적이 우수하여 侍御史가 되었다. 그때 李固가 주살되면서 양척
은 이고가 선발한 관리라 하여 몇 년간 금고에 처해졌다. 다시 임용
되었고 근무평정이 우수하여 두 번 승진하여 冀州刺史가 되었다. 탐
관과 부정 관리를 탄핵 상주하여 임지 속관이 肅然(숙연)해 하였다.
또 다시 승진하여 虎賁中郞將과 城門校尉를 역임하였고 다시 승진
하여 尙書令이 되었다. 그때 太尉인 張顥(장호), 司徒인 樊陵(번릉),

大鴻臚인 郭防(곽방), 太僕인 曹陵(조릉), 大司農인 馮方(풍방) 등이
모두 환관과 혼인하고 사적으로 얽혀서 공공연히 뇌물이 거래되자
양척은 이들을 탄핵하여 파면해야 한다고 상주하였지만 받아들여
지지 않았다. 이전의 太尉 劉寵(유총), 司隷校尉 許冰(허빙), 幽州刺史
인 楊熙(양희), 涼州刺史인 劉恭(유공), 益州刺史인 龐艾(방애) 등은 재
직 중 청렴하여 이들을 승진 시켜야 한다고 건의하였다. 황제는 양
척을 가상히 여겨 河南尹에 임용하였다. 양척은 근무 일수를 계산하
여 봉록을 받았고, 늘 乾飯(건반)에 나물 반찬을 먹으면서 권력자들
을 禁制하자 낙양 사람들이 두려워하였다. 黨錮가 일어나자 파면,
금고에 처해졌고 집에서 죽었다.

⑬ 張儉

原文

張儉字符節, 山陽高平人, 趙王張耳之後也. 父成, 江夏
太守. 儉初舉茂才, 以刺史非其人, 謝病不起.

延熹八年, 太守翟超請爲東部督郵. 時中常侍侯覽家在防
東, 殘暴百姓, 所爲不軌. 儉舉劾覽及其母罪惡, 請誅之. 覽
遏絶章表, 並不得通, 由是結仇. 鄉人朱並, 素性佞邪, 爲儉
所弃, 並懷怨恚, 遂上書告儉與同郡二十四人爲黨, 於是刊
章討捕. 儉得亡命, 困迫遁走, 望門投止, 莫不重其名行, 破
家相容. 後流轉東萊, 止李篤家. 外黃令毛欽操兵到門, 篤

引欽謂曰, "張儉知名天下, 而亡非其罪. 縱儉可得, 寧忍執之乎?" 欽因起撫篤曰, "蘧伯玉恥獨爲君子, 足下如何自專仁義?" 篤曰, "篤雖好義, 明廷今日載其半矣." 欽歎息而去. 篤因緣送儉出塞, 以故得免. 其所經歷, 伏重誅者以十數, 宗親並皆殄滅, 郡縣爲之殘破.

| 註釋 | ○山陽高平 – 山陽郡 治所는 昌邑縣, 今 山東省 서남부 菏澤市 관할의 巨野縣. 高平은 본래 侯國名, 今 山東省 서남부 微山湖 동쪽 微山縣. 安定郡의 치소인 高平縣이 아님. ○趙王 張耳 – 본래 大梁(今 河南省 開封市) 출신. 高祖가 趙王에 책봉하였다. 장이의 아들 張敖(장오)는 高祖와 呂后 소생의 魯元公主와 결혼했다. 곧 고조의 사위였다. ○督郵(독우) – 郡 太守의 속관, 관할 현의 업무를 감찰, 조세 납부 실적, 군사동원 관련 직무도 감사, 太守의 耳目 역할도 했다. ○防東 – 山陽郡의 縣名. 今 山東省 서남부 菏澤市 관할 單縣. ○流轉東萊 – 東萊郡 치소는 治所 黃縣, 今 山東省 동부 烟臺市 관할 龍口市. ○外黃 – 陳留郡의 현명. 今 河南省 開封市 蘭考縣 동남. ○明廷今日載其半矣 – 明廷은 明府. 곧 현령 毛欽(모흠). 모흠이 사실을 알고 왔지만 張儉을 체포하지 않는 것은 大義의 절반을 지킨 것이 아니냐는 뜻.

[國譯]

張儉(장검)의 字는 符節(부절)로 山陽郡 高平縣 사람으로, 趙王 張耳(장이)의 후손이다. 부친 張成(장성)은 江夏郡 태수였다. 장검은 처음에 茂才(무재)로 천거되었는데 刺史가 적임자가 아니라 생각하여 병을 핑계로 부임하지 않았다.

(桓帝) 延熹 8년(서기 165), 山陽太守 翟超(적초)가 장검을 東部督郵(독우)로 초빙하였다. 그때 中常侍 侯覽(후람)의 본가가 (山陽郡) 防東縣에 있었는데 백성에게 포악하고 불법을 자행하였다. 장검은 이에 후람과 그 모친의 죄악을 탄핵하며 주살해야 한다고 주청하였다. 그러나 후람은 장검의 상주를 중간에 막아서 보고될 수 없었고 이 때문에 장검은 후람의 원수가 되었다.

(장검의) 鄕人 朱並(주병)은 천성이 아첨에 간사하여 장검이 멸시했었는데, 주병은 원한을 품고 장검이 군내 24명과 결당하였다고 상서하여 무고하였는데, 조정에서는 상서한 자(朱並)의 이름을 지우고 체포하라고 지시하였다. 장검은 요행히 도망쳤지만 추격을 당하며 도주하여 알만한 자의 집에 숨어들어도 장검의 명분이나 행실을 존중하나 잘못되면 破家할 것을 걱정하지 않는 집이 없었다. 결국 떠돌아 東萊郡에 와서 李篤(이독)이란 사람의 집에 머물렀다. 外黃의 현령인 毛欽(모흠)이 군사를 거느리고 이독의 집에 오자, 이독이 모흠에게 말했다. "張儉의 이름은 천하에 다 알려졌으며 도주한 것은 그의 죄가 아닙니다. 만약 장검을 잡을 수 있다면 체포할 수 있겠습니까?"

모흠은 일어나 이독의 손을 잡으며 말했다. "蘧伯玉(거백옥)은 홀로 군자인 것을 부끄러워했다는데, 당신은 어떻게 혼자만 인의를 지킨다고 생각하십니까?"

그러자 이녹이 말했다.

"제가 비록 대의를 따른다지만 현령께서도 오늘 나의 반만큼 하지 않았습니까?"

모흠은 탄식하며 떠나갔다. 이독은 이에 장검을 국경 밖으로 보내주었고 장검은 이로써 벗어날 수 있었다. 장검이 들렀던 곳에 장검에 연좌되어 처형된 자가 10여 명이 넘었으며, 일가 종친은 거의 다 죽었고, 장검의 고향 군현은 장검 때문에 완전 피폐해졌다.

■原文

中平元年, 黨事解, 乃還鄕里. 大將軍, 三公並辟, 又擧敦樸, 公車特徵, 起家拜少府, 皆不就. 獻帝初, 百姓饑荒, 而儉資計差溫, 乃傾竭財産, 與邑里共之, 賴其存者以百數.

建安初, 徵爲衛尉, 不得已而起. 儉見曹氏世德已萌, 乃闔門懸車, 不豫政事. 歲餘卒於許下. 年八十四.

| 註釋 | ○黨事解 – 황건적이 봉기하자 黨錮의 피해자가 황건적에 합류하면 큰 해가 될 것이라는 中常侍 呂彊(여강)의 말에 따라 서둘러 사면하였다.   ○資計差溫 – 자산을 헤아려 씀씀이를 줄이다.   ○衛尉 – 九卿(太常, 光祿勳, 衛尉, 太僕, 廷尉, 大鴻臚, 宗正, 大司農, 少府)之一. 궁궐을 수비하는 군사 지휘관임. 질록 中二千石. 속관으로 丞(1인, 比千石), 南宮南屯司馬 등 궁궐 각문에 司馬가 있고, 公車司馬令, 衛士令 외 속관이 많았다. 長樂宮의 衛尉는 태후 궁궐의 수비를 담당하나 상설직은 아니었다. ○年八十四 – 중국에 '人生七十三八十四'라는 속담이 있다. 孔子는 73세에, 孟子는 84세에 죽었다. 또 '七十三八十四 閻王爺不叫自己去'(73세나 84세에는 염라대왕이 부르지 않아도 스스로 가야 한다)는 속담이 있으니 84세에 죽었으면 長壽를 다 누린 셈이다.

(靈帝) 中平 원년에(서기 184), 黨錮의 피해자를 사면하자 장검은
향리로 돌아왔다. 大將軍과 三公이 모두 관직으로 초빙하였고 또 敦
樸(돈박)한 인재로 천거되었으며, 公車에서 특별히 징소하며 在家하
며 少府를 제수 받았지만 모두 부임하지 않았다. 獻帝 初에 백성이
큰 흉년으로 고생하였는데, 장검은 집안 자산을 계산하여 생계비를
줄이고 나머지 재산을 모두 기우려 邑里 사람에게 나눠주었는데 장
검의 도움으로 살아난 자가 수백 명이었다.

(獻帝) 建安 初에 부름을 받아 衛尉(위위)를 제수 받자 부득이 부
임하였다. 장검은 曹氏(曹操) 朝代의 기초가 형성된 것을 보고 바로
폐문하고 세상과 단절한 뒤 정사에 관여하지 않았다. 일 년 뒤에 許
縣 부근에서 죽었다. 나이는 84세였다.

原文

論曰, 昔魏齊違死, 虞卿解印, 季布逃亡, 朱家甘罪. 而張
儉見怒時王, 顚沛假命, 天下聞其風者, 莫不憐其壯志, 而爭
爲之主. 至乃捐城委爵, 破族屠身, 蓋數十百所, 豈不賢哉!
然儉以區區一掌, 而欲獨堙江河, 終嬰疾甚之亂, 多見其不
知量也.

| 註釋 | ○昔魏齊違死, 虞卿解印 − 魏齊(위제)는 인명. 魏의 公子. 違는
도피하다(避也). 虞卿(우경)은 趙나라의 丞相. 范雎(범수)가 入秦하여 秦 昭
王의 승상이 되었다. 昭王이 趙王에게 국서를 보내 '魏齊(위제)는 범수의

원수이니 빨리 그 목을 잘라 보내라.'고 하였다. 조왕이 군사를 보내 위제를 포위하자 위제는 도주하여 우경을 만났다. 우경은 조왕을 설득할 수 없자 인수를 풀어 놓고 위제와 함께 魏國의 信陵君을 찾아갔다. 신릉군은 설명을 듣고 처음에는 진의를 의심하였다. 위제는 신릉군이 의심한다는 말을 듣고 자결하였다. 趙王은 위제의 수급을 秦에 보내주었다. ○季布逃亡, 朱家甘罪 – 季布(계포)는 楚人. 項羽의 장수로 漢王을 여러 번 궁지로 몰았다. 항우가 패망한 뒤 계포의 목에는 현상금이 붙었다. 계포는 濮陽(복양)의 周氏 집에 노비로 숨었다가 魯의 朱家에게 팔렸다. 朱家는 계포를 알아보고 일단 숨겨놓은 뒤 洛陽에 가서 汝陰侯 灌嬰(관영)을 설득했고, 관영의 주선으로 계포는 고조의 사면을 받았다. ○欲獨埋江河 – 埋은 막을 인(塞也). 한 궤의 흙으로 長江이나 黃河를 막을 수 없다. 곧 자신이 혼자 살아난다 하여 정치적 혼란을 막을 수 있는 것도 아닌데 다른 사람에게 끼친 폐해가 적지 않았다는 뜻.

[國譯]

范曄(범엽)의 史論 : (趙나라의) 魏齊(위제)가 죽기를 거부하자 (趙 승상) 虞卿(우경)은 인수를 풀었고, (漢의) 季布(계포)가 수배를 피해 도망가자 협객 朱家(주가)는 죄를 자청하였다. 張儉(장검)이 靈帝의 노여움을 받아 곤경 속에 목숨을 부지하였는데 천하에 그 소식을 들은 모두는 장검의 壯志를 불쌍히 여겨 앞 다투어 주인이 되어 장검을 접대하였다. 장검이 들리는 곳마다 城邑이나 관직을 버리거나 일가나 자신을 파멸에 빠트린 경우가 아마 수십에서 일백에 이르렀으니 어찌 賢德이라 아니하겠는가! 그러나 장검이 그저 빈손으로 홀로 세태의 큰 흐름을 막으려 했지만 그 때문에 입은 폐해가 적지 않았다는 것을 생각하면, 장검은 자신의 역량을 제대로 파악하지 못했다고 볼 수 있다.

⓮ 岑晊

岑晊字公孝, 南陽棘陽人也. 父豫, 爲南郡太守, 以貪叨
誅死. 晊年少未知名, 往候同郡宗慈, 慈方以有道見徵, 賓
客滿門, 以晊非良家子, 不肯見. 晊留門下數日, 晚乃引入.
慈與語, 大奇之, 遂將俱至洛陽, 因詣太學受業.

晊有高才, 郭林宗,朱公叔等皆爲友, 李膺,王暢稱其有幹
國器, 雖在閭里, 慨然有董正天下之志. 太守弘農成瑨下車,
欲振威嚴, 聞晊高名, 請爲功曹, 又以張牧爲中賊曹吏. 瑨
委心晊,牧, 襃善糾違, 肅淸朝府. 宛有富賈張汎者, 桓帝美
人之外親, 善巧雕鏤玩好之物, 頗以賂遺中官, 以此並得顯
位, 恃其伎巧, 用勢縱橫. 晊與牧勸瑨收捕汎等, 旣而遇赦,
晊竟誅之, 並收其宗族賓客, 殺二百餘人, 後乃奏聞. 於是
中常侍侯覽使汎妻上書訟其冤. 帝大震怒, 徵瑨, 下獄死.
晊與牧亡匿齊魯之閒. 會赦出. 後州郡察擧, 三府交辟, 並
不就. 及李,杜之誅, 因復逃竄, 終於江夏山中云.

| **註釋** | ○岑晊(잠질) – 人名. 岑은 봉우리 잠. 晊은 클 질(大也). 밝다
(明也). ○棘陽(극양) – 현명. 今 河南省 南陽市 관할 新野縣에 해당. 河南
省 서남부, 湖北省 경계. ○貪叨誅死 – 貪은 탐욕. 叨는 탐낼 도. 잔악하다
(殘也). ○董正天下 – 董은 감독할 동(督正也). ○桓帝美人 – 美人은 후
궁의 품계임. 漢初에는 황후 외에 后妾은 모두 夫人, 또는 美人이라 했고

女官으로 良人, 八子, 七子, 長使, 少使의 등급 구분이 있었다. 그러나 차츰 세분화되었는데,《漢書 外戚傳》에 의하면 황후 아래로 昭儀(소의, 승상격) - 倢伃(첩여, 上卿 대우, 제후) - 娙娥(형아, 중이천석 대우, 關內侯와 동급) - 傛華(용화, 眞二千石) - 美人(2천석 대우) - 八子(千石 대우) - 充依(충의, 천석 대우) - 七子(8백석 대우) - 良人(8백석 대우) - 長使(6백석 대우) - 少使(4백석 대우) - 五官(3백석) - 順常(순상, 2백석) - 無涓(무연), 共和(공화), 娛靈(오령), 保林(보림), 良使(양사), 夜者(야자)는 모두 1백석 대우로 총 14등급으로 구분하였다. ○江夏 - 郡名. 治所는 西陵縣, 今 湖北省 동부 武漢市 新洲區.

[國譯]

岑晊(잠질)의 字는 公孝(공효)로 南陽郡 棘陽縣(극양현) 사람이다. 부친 岑豫(잠예)는 南郡 태수였는데, 탐학으로 처형되었다. 잠질은 나이가 어리고 이름이 알려지기 전에 同郡의 宗慈(종자)를 찾아갔으나 그때 종자는 有道한 士人으로 부름을 받아 賓客이 집안에 가득했고, 또 잠질이 良家子가 아니라서 만나주지 않았다. 잠질은 문하에서 며칠을 기다리다가 저녁에야 종자를 만났다. 종자는 잠질과 이야기를 나눈 뒤에 기특하게 여겨 마침내 함께 낙양으로 갔고 잠질은 太學에 들어가 受業하였다.

잠질은 재주가 뛰어나 郭林宗(곽림종, 郭太)과 朱公叔(주공숙) 등과 벗이 되었고, 李膺(이응)과 王暢(왕창)도 잠질이 치국의 재능이 있으며 비록 향리에 있지만 천하를 바로잡으려는 큰 뜻이 있다고 칭찬하였다. 太守인 弘農郡 사람 成瑨(성진)이 남양군에 부임하였는데, 성진은 권위를 세울 생각으로 잠질의 高名을 듣고 불러 功曹로 임용하였으며, 또 張牧(장목)을 中賊曹吏로 등용하였다. 성진은 잠질과 장목을 신임하였고 선행 포상과 비위 규찰 등 郡內 기강 확립을 맡겼다. (南陽郡) 宛縣(완현)의 부유한 상인 張汎(장범)이란 자는 桓帝의 美人의 外親이었는데 조각과 여러 노리개를 잘 만들었고, 또 환관들에게 뇌물을 많이 뿌려 높은 지위를 차지하였는데 장범은 자신의 재주와 권세를 믿고 멋대로 횡포를 부렸다. 이에 잠질과 장목은 태수 성진을 권유하여 장범 등을 잡아 가두었는데 마침 사면령이 내렸는데도 잠질은 장범을 처형했고 아울러 그 일족과 빈객 2백여 명을 죽인 다음에 이를 상주하였다. 그러자 中常侍인 侯覽(후람)은 장범의 처를 사주하여 그 억울함을 호소하는 상서를 올리게 하였다. 환제는 대단히 진노하면서 성진을 소환해서 하옥시켰다가 죽였다. 잠질과 장목은 齊와 魯國 일대로 도망쳐 숨었다. 나중에 사면을 받아 귀향했다. 뒷날 주군에서 천거하고 삼공부에서도 관직을 제수하였지만 모두 응하지 않았다. 그러다가 李膺(이응)과 杜密(두밀)이 당인이라 하여 처형되자 다시 숨었는데 江夏郡의 山中에서 죽었다고 한다.

⓯ 陳翔

原文

　陳翔字子麟, 汝南邵陵人也. 祖父珍, 司隸校尉. 翔少知名, 善交結. 察孝廉, 太尉周景辟擧高第, 拜侍御史. 時正旦朝賀, 大將軍梁冀威儀不整, 翔奏冀恃貴不敬, 請收案罪, 時人奇之. 遷定襄太守, 徵拜議郎, 遷揚州刺史. 擧奏豫章太

守王永奏事中官, 吳郡太守徐參在職貪穢, 並徵詣廷尉. 參,
中常侍璜之弟也. 由此威名大振. 又徵拜議郎, 補御史中丞.
坐黨事考黃門北寺獄, 以無驗見原, 卒於家.

| 註釋 | ○邵陵 – 현명. 今 河南省 중부 漯河市(탑하시) 郾城區(언성구).
○察孝廉 – 察은 밀다. 천거하다. ○定襄(정양) – 군명. 治所는 善無縣, 今
山西省 북부 朔州市 관할 右玉縣.

[國譯]

陳翔(진상)의 字는 子麟(자린)인데 汝南郡 邵陵縣(소릉현) 사람이
다. 조부인 陳珍(진진)은 司隷校尉였다. 진상은 젊어서 이름이 알려
졌는데 교우관계가 좋았다. 孝廉으로 추천을 받았는데 太尉 周景(주
경)이 근무 성적 우수자로 천거하여 侍御史가 되었다. 그때 정월 초
하루 朝賀를 하는데, 大將軍 梁冀(양기)의 의관이 단정하지 못한 것
을 보고 진상은 양기가 權貴임을 믿고 不敬하니 잡아서 죄를 물어야
한다고 주청하자 당시 사람들이 기이하게 생각하였다. 定襄(정양)
太守가 되었다가 조정에 들어와 議郎이 되었고, 다시 揚州刺史가 되
었다. 진상은 豫章太守 王永은 환관과 연결되었고, 吳郡太守 徐參
(서참)은 재직 중에 탐욕하고 부정을 저질렀다고 상주하여 모두 소
환되어 廷尉에게 넘겨졌다. 서참은 中常侍 徐璜(서황)의 동생이었
다. 이로써 진상의 威名이 널리 알려졌다. 진상은 다시 議郎이 되었
다가 御史中丞에 임명되었다. 黨人 사안에 연루되어 黃門北寺獄에
갇혔지만 증거가 없어 풀려났고 집에서 죽었다.

⓰ 孔昱

原文

孔昱字符世, 魯國魯人也. 七世祖霸, 成帝時歷九卿, 封襄成侯. 自霸至昱, 爵位相係, 其卿相牧守五十三人, 列侯七人. 昱少習家學, 大將軍梁冀辟, 不應. 太尉舉方正, 對策不合, 乃辭病去. 後遭黨事禁錮. 靈帝即位, 公車徵拜議郎, 補洛陽令, 以師喪弃官, 卒於家.

| 註釋 | ○孔霸(공패) – 공자의 후손. 孔子 후손 孔安國, 그 후손 孔霸로 이어지는데 공패는 家學으로《尙書》를 전공하였다. 공패는 宣帝 때 太中大夫로 태자에게 경학을 교수하였다. 다음 元帝 즉위 후에 관내후의 작위를 받아 襄成君이라 불리었다. 본 기록과는 약간의 차이가 있다.

[國譯]

孔昱(공욱)의 字는 符世(부세)로 魯國 魯縣 사람이다. 공욱의 七世祖인 孔霸(공패)는 成帝 시 九卿를 두루 역임하여 襄成侯(포성후)에 봉해졌다. 공패에서 공욱에 이르기까지 작위가 이어졌으며 그 가문에 卿과 相, 자사나 태수가 53명이나 배출되었고 7인이 列侯였다. 공욱은 젊어 家學(《尙書》)를 익혔고, 大將軍 梁冀의 부름을 받았지만 응하지 않았다. 太尉가 方正한 士人으로 천거하였지만 공욱의 對策이 時宜에 不合하다고 하자 병을 핑계로 사직하였다. 뒷날 당인이라 하여 금고에 처해졌다. 靈帝가 즉위한 뒤에 公車令의 부름을 받아 議郎이 되었고, 洛陽 현령의 보직을 받았지만 스승의 상을 당하여 관직을 버렸고 집에서 죽었다.

⑰ 苑康

原文

苑康字仲眞, 勃海重合人也. 少受業太學, 與郭林宗親善.
舉孝廉, 再遷潁陰令, 有能迹. 遷太山太守. 郡內豪姓多不
法, 康至, 奮威怒, 施嚴令, 莫有干犯者. 先所請奪人田宅,
皆遽還之. 是時山陽張儉殺常侍侯覽母, 案其宗黨賓客, 或
有迸匿太山界者, 康旣常疾閹官, 因此皆窮相收掩, 無得遺
脫. 覽大怨之, 誣康與兗州刺史第五種及都尉壺嘉詐上賊
降, 徵康詣廷尉獄, 減死罪一等, 徙日南. 潁陰人及太山羊
陟等詣闕爲訟, 乃原還本郡, 卒於家.

| 註釋 | ㅇ勃海 – 군명. 渤海로도 표기. ㅇ重合 – 縣名. 今 山東省 북부
德州市 관할 樂陵市. 河北省과 접경. ㅇ潁陰(영음) – 潁川郡의 현명. 今 河
南省 중부 許昌市. ㅇ迸匿 – 달아나 숨다. 迸은 달아날 병. 匿은 숨을 익.
ㅇ第五種(제오종) – 第五는 복성. 種이 이름. 41권, 〈第五鍾離宋寒列傳〉에
立傳.

[國譯]

苑康(원강)의 字는 仲眞(중진)으로 勃海(渤海)郡 重合縣 사람이다.

젊어 太學에서 공부했는데 郭林宗(곽림종, 郭太) 등과 친했다. 孝廉으로 천거되었고 두 번 승진하여 (潁川郡) 潁陰(영음) 현령이 되었는데 치적이 훌륭했다. 太山太守로 승진했다. 郡內 호족대성이 불법을 많이 자행했는데 원강이 부임하여 위엄을 높이고 엄한 政令을 시행하자 감히 법을 어기는 자가 없었다. 그전에 백성으로부터 빼앗은 전택을 모두 서둘러 돌려주었다.

이때 山陽郡의 張儉(장검)이 中常侍 侯覽(후람)의 모친을 죽이고 그 일족과 빈객들을 검거하자, 어떤 자들은 태산군 지역에 들어와 숨었는데 원강은 평소에 환관을 미워했기에 그런 자들을 모조리 잡아들여 한 사람도 놓치지 않았다. 이에 후람은 원강을 크게 원망하면서 원강과 兗州(연주)자사인 第五種(제오종) 및 都尉 壺嘉(호가)가 거짓으로 도적들이 투항했다는 보고를 올렸다고 무고하여 원강은 낙양의 廷尉의 獄에 갇혔고, 사형에서 1등급을 감형하여 최남단 日南郡에 강제 이주되었다. 潁陰縣 백성과 太山郡의 羊陟(양척) 등이 궁궐에 가서 변호하여 본관으로 돌아와 집에서 죽었다.

⑱ 檀敷

┃原文

檀敷字文有, 山陽瑕丘人也. 少爲諸生, 家貧而志淸, 不受鄕里施惠. 擧孝廉, 連辟公府, 皆不就. 立精舍敎授, 遠方至者常數百人. 桓帝時, 博士徵, 不就. 靈帝卽位, 太尉黃瓊

舉方正, 對策合時宜, 再遷議郎, 補蒙令. 以郡守非其人, 弃
官去. 家無産業, 子孫同衣而出. 年八十, 卒於家.

|註釋| ○山陽瑕丘 - 山陽郡의 治所는 昌邑縣, 今 山東省 서남부 菏澤
市 관할의 巨野縣. 瑕丘(하구)는 今 山東省 서남부 濟寧市 兗州區. ○蒙 -
梁國의 蒙縣, 今 河南省 남부 商丘市 동북.

[國譯]

檀敷(단부)의 字는 文有인데, 山陽郡 瑕丘縣(하구현) 사람이다. 젊
어 태학의 학생이었는데 집은 가난하였어도 청빈에 뜻을 두었기에
향리 사람들의 施惠를 받지 않았다. 孝廉으로 천거 받았고 삼공부에
서도 불렀지만 모두 응하지 않았다. 精舍를 마련하고 문도를 교육하
였는데 먼 데서 찾아오는 자가 늘 수백 명이었다.

桓帝 때 박사로 초빙하여도 응하지 않았다. 靈帝가 즉위하고 太
尉 黃瓊(황경)이 方正한 사인으로 천거하였는데 그 대책이 시의에
적합하였고 두 번 승진하여 議郎이 되었다가 (梁國의) 蒙縣 현령이
되었다. 그러나 郡守가 적임자가 아니라고 생각하여 스스로 관직을
버리고 돌아왔다. 집안에 재산이 없어 자손들은 옷 한 벌로 교대로
외출하였다. 나이 80에 집에서 죽었다.

⑲ 劉儒

原文

劉儒字叔林, 東郡陽平人也. 郭林宗常謂儒口訥心辯, 有
珪璋之質. 察孝廉, 擧高第, 三遷侍中. 桓帝時, 數有災異,
下策博求直言, 儒上封事十條, 極言得失, 辭甚忠切. 帝不
能納, 出爲任城相. 頃之, 徵拜議郎. 會竇武事, 下獄自殺.

| 註釋 | ○東郡陽平 – 東郡의 治所는 濮陽縣, 今 河南省 동북 濮陽市(복
양시). 陽平은 侯國, 今 山東省 중서부 聊城市 관할 莘縣. 山東, 河北, 河南
3省의 접경. ○口訥心辯 – 訥은 말 더듬을 눌. 辯은 바르다. 민첩하다. 분
별하다. 말 잘할 변. ○珪璋(규장) – 옥(玉也). 半珪(반규)를 璋(반쪽 홀 장)이
라고 한다. ○任城國 – 治所는 任城縣, 今 山東省 서남부 濟寧市. 東平國
에서 分離.

[國譯]

劉儒(유유)의 字는 叔林(숙림)인데 東郡 陽平縣 사람이다. 郭林宗
(곽림종)은 늘 유유가 말은 느리지만 속내는 총명 민첩하며 아름다운
옥과 같은 자질이 있다고 말했다. 유유는 효렴으로 천거되었고 근무
성적에서 높은 등급을 받아 3번 승진하여 侍中이 되었다.

桓帝 때 여러 재해와 이변이 자주 발생하자 策書를 내려 直言을 널
리 구했는데, 유유는 封事 十條를 올려 政事의 득실을 극언하였는데
그 문사가 아주 충성스럽고 절박하였다. 그러나 환제가 받아들이지
못했고 任城國 相으로 내보냈다. 얼마 뒤 조정에 들어와 議郎이 되었

다. 마침 竇武(두무)의 사건에 연루되어 하옥되었다가 자살하였다.

⓴ 賈彪

原文

賈彪字偉節, 潁川定陵人也. 少游京師, 志節慷慨, 與同郡荀爽齊名.

初仕州郡, 舉孝廉, 補新息長. 小民困貧, 多不養子, 彪嚴爲其制, 與殺人同罪. 城南有盜劫害人者, 北有婦人殺子者, 彪出案發, 而掾吏欲引南.

彪怒曰, “賊寇害人, 此則常理, 母子相殘, 逆天違道.” 遂驅車北行, 案驗其罪. 城南賊聞之, 亦面縛自首. 數年閒, 人養子者千數, 僉曰 ‘賈父所長’, 生男名爲 ‘賈子’, 生女名爲 ‘賈女’.

| 註釋 | ○定陵 − 縣名. 今 河南省 중부 漯河市(탑하시) 관할 舞陽縣. ○新息 − 今 河南省 남단의 信陽市 관할 息縣. ○案發 − 사건 현장에서 증거를 조사하다.

[國譯]

賈彪(가표)의 字는 偉節(위절)인데 潁川郡 定陵縣 사람이다. 젊어 京師에 유학했고 지조가 강개하여 同郡의 荀爽(순상)과 함께 유명하였다.

처음에는 州郡에 출사했는데 孝廉으로 천거되었고 나중에 新息縣長이 되었다. 가난한 백성은 어린아이를 제대로 양육하지 않고 죽였는데 가표는 엄한 법제를 시행하며 살인과 같은 죄로 다스렸다. 城南에 도적이 있어 백성 재산을 겁탈하였고 북쪽에서는 부인이 아들을 죽였는데, 가표는 속리를 보내 현장에 가서 증거를 확인하고 남쪽으로 데려오게 했다.

가표가 화를 내며 여인을 꾸짖었다.

"도적이 남을 해치는 것은 그럴 수 있다지만 어미가 자식을 죽이는 것은 天道에 크게 어긋난다."

그리고 다시 북쪽으로 데려가서 연인을 벌주게 하였다. 성남의 도적이 이를 듣고서는 목에 밧줄을 두르고 와서 자수하였다. 그리하여 수년 내에 백성이 키우는 아이들 수가 수천 명이나 되었는데 모두가 '賈현령이 키운 자식'이라면서 아들은 '賈子', 딸은 '賈女'라고 불렀다.

原文

延熹九年, 黨事起, 太尉陳蕃爭之不能得, 朝廷寒心, 莫敢復言. 彪謂同志曰, "吾不西行, 大禍不解." 乃入洛陽, 說城門校尉竇武, 尙書霸諝, 武等訟之, 桓帝以此大赦黨人. 李膺出, 曰, "吾得免此, 賈生之謀也."

先是岑晊以黨事逃亡, 親友多匿焉, 彪獨閉門不納, 時人

望之. 彪曰, "傳言 '相時而動, 無累後人'. 公孝以要君致
釁, 自遺其咎, 吾以不能奮戈相待, 反可容隱之乎?" 於是咸
服其裁正. 以黨禁錮, 卒於家. 初, 彪兄弟三人, 並有高名,
而彪最優, 故天下稱曰 '賈氏三虎, 偉節最怒.'

| 註釋 | ○霍諝(곽서) – 권력을 쥔 외척 梁冀(양기)의 잘못을 和帝에게
직간을 할 정도로 강직한 사람이었다. 48권, 〈楊李翟應霍爰徐列傳〉立傳.
○時人望之 – 望은 원망하다(怨也). ○相時而動 – 相은 보다. 헤아리다.

[國譯]

(桓帝) 延熹 9년(서기 166), 黨人 사안이 발생하자 太尉 陳蕃(진번)
이 환제에게 간쟁하였으나 소용이 없었고 조정이 두려워 떨면서도
이를 다시 말하는 사람이 없었다. 이에 가표가 同志에게 말했다.
"내가 西行하지 않으면, 大禍가 해결되지 않을 것이요."

그리고서는 洛陽에 가서 城門校尉인 竇武(두무), 尚書인 霍諝(곽
서)를 설득했고, 두무 등이 변호하자 환제는 黨人을 모두 사면하였
다. 李膺(이응)은 출옥하며 "내가 풀려난 것은 모두 賈生의 智謀이
라." 라고 말했다.

이보다 앞서 岑晊(잠질)이 당인 사안으로 도망하자, 많은 벗들이
잠질을 숨겨주었으나 가표는 문을 닫아걸고 받아들이지 않았는데
사람들이 가표를 원망하였다.

이에 가표가 말했다.

"經傳(左傳)에서도 '때를 보아 움직이되 후인에게 누를 끼치지
말라.' 고 하였다. 公孝(岑晊)는 군주를 강요하다가 사단을 일으켰으

니 자신이 만든 허물인데, 내가 그와 힘으로 싸울 수도 없는데 그렇다고 그를 내가 숨겨줘야 하는가?"

이에 모두가 가표의 공정한 인식에 감복하였다. 가표는 黨人이라 하여 금고에 처해졌고 집에서 죽었다. 그전에 가표의 형제 3인이 모두 유명했지만 형제 중 가표가 제일이어서 세상 사람들은 '賈氏네 三虎에 偉節(賈彪)가 가장 용맹했다.'고 말했다.

㉑ 何顒

原文

何顒字伯求, 南陽襄鄕人也. 少遊學洛陽. 顒雖後進, 而郭林宗,賈偉節等與之相好, 顒名太學. 友人虞偉高有父讐未報, 而篤病將終, 顒往候之, 偉高泣而訴. 顒感其義, 爲復讐, 以頭醻其墓.

及陳蕃,李膺之敗, 顒以與蕃,膺善, 遂爲宦官所陷, 乃變姓名, 亡匿汝南閒. 所至皆親其豪桀, 有聲荊豫之域. 袁紹慕之, 私與往來, 結爲奔走之友. 是時黨事起, 天下多離其難, 顒常私入洛陽, 從紹計議. 其窮困閉戹者, 爲求援救, 以濟其患. 有被掩捕者, 則廣設權計, 使得逃隱, 全免者甚衆.

| 註釋 | ○何顒(하옹) - 顒은 공경할 옹. ○南陽襄鄕 - 襄鄕은 현명. 今 湖北省 북부 襄陽市 관할 棗陽市(조양시). ○以頭醻其墓 - 醻은 술을 땅에

부을 철(체), 제사 철. ○袁紹(원소, 153－202) － 字 本初, 後漢末 割據勢力
의 하나. 전성기에 冀州, 幽州, 幷州, 靑州 등을 장악. 한때 가장 강성했으
나 官渡之戰에서 曹操(조조)에게 패배 후 곧 울분으로 사망. 사람이 優柔寡
斷하고 外寬內忌한 작은 그릇이었다. 74권, 〈袁紹劉表列傳〉에 立傳. ○奔
走之友 － 奔走(분주)는 바삐 달려가다. 轉하여 서로 덕을 칭송하다. 서로
추앙하다.

[國譯]

　何顒(하옹)의 字는 伯求(백구)인데, 南陽郡 襄鄕縣 사람이다. 젊어
洛陽에 遊學하였다. 하옹은 비록 어린 나이였지만 郭林宗(곽림종, 郭
太), 賈偉節(가위절, 賈彪) 등과 가까이 지냈고 이름이 太學에 널리 알
려졌다. 友人인 虞偉高(우위고)는 그 아버지의 원수를 갚지 못한 채
병이 위독하여 곧 죽을 지경이었는데 하옹이 가서 만나보자 우위고
가 눈물로 하소연하였다. 하옹은 그 의기에 감동하여 복수를 해주고
원수의 수급을 갖고 우위고의 묘에 가서 술을 따라 제사하였다.

　陳蕃(진번)과 李膺(이응)이 처형되면서 하옹은 진번, 이응과 가까
웠다 하여 환관의 모함을 받자 성명을 바꾸고 도망하여 汝南郡에 숨
었다. 하옹이 찾아간 사람들은 모두 가까이 지냈던 호걸이었기에 荊
州와 豫州之 관내에 명성이 자자하였다. 袁紹(원소)가 하옹을 흠모
하여 사적으로 왕래하였고 서로 덕을 추앙하는 벗이 되었다. 이때
당인 사건이 터지면서 천하의 많은 사람들이 폐해를 입었는데 하옹
은 은밀히 낙양을 왕래하면서 원소와 함께 계책을 논의하였다. 곤궁
하고 막다른 처지에 처한 사람을 구원하고 환난을 도와주었다. 혹
체포된 자가 있으면 여러 방법을 다 동원하여 도망쳐 숨게 하였으니

하옹의 도움으로 살아난 자가 매우 많았다.

原文

及黨錮解, 顒辟司空府. 每三府會議, 莫不推顒之長. 累遷. 及董卓秉政, 逼顒以爲長史, 託疾不就, 乃與司空荀爽, 司徒王允等共謀卓. 會爽薨, 顒以它事爲卓所繫, 憂憤而卒.

初, 顒見曹操, 歎曰, "漢家將亡, 安天下者必此人也." 操以是嘉之. 嘗稱 '潁川荀彧, 王佐之器.' 及彧爲尙書令, 遣人西迎叔父爽, 並致顒屍, 而葬之爽之冢傍.

| 註釋 | ㅇ荀彧(순욱, 163 - 212) - 彧은 문채 욱. 빛나는 모양. 郁(성할 욱)으로도 표기. 字 文若, 曹操의 戰略家 겸 政治家. 曹操가 '나의 張子房이다 (吾子房也).'고 칭찬했다. 70권, 〈鄭孔荀列傳〉에 입전.

[國譯]

黨錮(당고)가 풀리면서 하옹은 司空府의 부름을 받았다. 三府가 회의할 적마다 모두가 하옹을 좌장으로 추대하였다. 여러 번 승진하였다. 董卓(동탁)이 권력을 장악했을 때, 동탁은 하옹을 핍박하여 長史로 임명하려 했지만 하옹은 병을 핑계로 응하지 않았으며, 司空인 荀爽(순상), 司徒인 王允(왕윤) 등과 함께 동탁 제거를 모의하였다. 그러다가 순상이 죽었는데, 하옹은 다른 일로 동탁에게 체포되자 울분으로 죽었다.

그전에 하옹이 曹操(조조)를 처음 만나보고 탄식하였다. "漢家는 곧 망할 것이고 천하를 안정시킬 사람은 틀림없이 이 사람일 것이다." 조조는 이를 전해 듣고 기뻐하였다. 일찍이 하옹은 '潁川(영천)의 荀彧(순욱)은 제왕을 보좌할 그릇이다.' 라고 말했었다.

순욱은 尙書令이 되자 서쪽으로 사람을 보내 숙부 순상의 유해를 모셔왔는데, 아울러 하옹의 시신도 함께 운구하여 순상의 무덤 곁에 묻어주었다.

原文

贊曰, 渭以涇濁, 玉以礫貞. 物性旣區, 嗜惡從形. 蘭蕕無並, 銷長相傾. 徒恨芳膏, 煎灼燈明.

| 註釋 | ㅇ渭以涇濁 – 全長 800여 km의 渭水(위수, 渭河)는 黃河의 최대 지류. 甘肅省에서 발원하여 西安市를 거쳐 陝西省 潼關(동관)에서 黃河에 합류한다. 涇水(경수, 涇河)는 渭河의 支流로 寧夏 六盤山에서 발원하여 甘肅省을 흘러 陝西省 高陵縣에서 渭河에 합류하는데 전장 약 450여 km. 수량 변화가 아주 많고 황토 대지를 흘러오기에 토사 유입량이 많으나 갈수기에는 바닥이 암반이라서 물이 맑다고 한다. '涇淸渭濁', '涇渭分明'의 成語가 있다. ㅇ玉以礫貞 – 礫은 자갈 력(역). 옥석은 보통 자갈과 함께 섞이어 연마되어야 玉의 광채를 낸다. ㅇ嗜惡從形 – 嗜惡는 好惡. 嗜는 좋아하다(愛也). ㅇ蘭蕕無並 – 蕕는 누린내 나는 풀 유(臭草). ㅇ銷長相傾 – '쇠퇴하거나 자라면서 차이가 난다.' 는 뜻.

[國譯]

　贊曰,

　渭,涇水는 淸濁이 다르고, 玉은 자갈이 있어 돋보인다.

　物性의 제각각 차이에 好惡(호오) 역시 드러나게 된다.

　蘭草,臭草는 본래 다르나 善惡은 부딪치며 消長한다.

　芳香과 油脂(유지)는 자신을 날리고 태워 어둠을 밝힌다.

68 郭符許列傳
〔곽,부,허열전〕

❶ 郭太

▌原文

　郭太字林宗, 太原界休人也. 家世貧賤. 早孤, 母欲使給事縣廷. 林宗曰, "大丈夫焉能處斗筲之役乎?" 遂辭. 就成皐屈伯彦學, 三年業畢, 博通墳籍. 善談論, 美音制. 乃游於洛陽. 始見河南尹李膺, 膺大奇之, 遂相友善, 於是名震京師. 後歸鄉里, 衣冠諸儒送至河上, 車數千兩. 林宗唯與李膺同舟而濟, 衆賓望之, 以爲神仙焉.

▌註釋▎ ○郭太字林宗 – 名이 본래 '泰'인데,《後漢書》저자 范曄(범엽)의 부친 이름이 '泰'라서 '太'로 표기. '泰(tài)'나 '太(tài)' 음이 같다. '郭泰'를 그의 字를 써서 '郭林宗'으로 기록한 것도 '泰(tài)'를 피하기 위

한 방법이었다. 70권, 〈鄭孔荀列傳〉에 立傳한 鄭泰(字 公業) 역시 '鄭公業'으로 표기했다. 泰山郡을《後漢書》에서는 모두 '太山郡'으로 표기한 것도 같은 이유이다. ○太原界休 – 太原郡, 界休縣, 今 山西省 중부 晉中市 관할 介休市. 汾河 東岸. ○縣廷 – 廷은 관아 정. 올바르다(正). 縣廷, 郡廷, 朝廷의 廷이 모두 같은 뜻. ○斗筲(두소) – 작은 容器, 작은 局量, 변변치 못한 사람. 斗는 한 말 들이. 筲는 대그릇(竹器) 소. 1말2되가 들어가는 대나무 그릇. ○成皐(성고) – 成皐는 河南郡의 현명. 今 河南省 鄭州市 관할 滎陽市 서북 氾水鎭. 교통요지, 전략 요충지. ○屈伯彦(굴백언) – 인명. 후한의 학자. 郭林宗의 사부.

[國譯]

郭太(郭泰)의 字는 林宗(임종)인데, 太原郡 界休縣 사람이다. 가문은 내내 가난했고 관직도 없었다. 일찍 부친을 여의었기에 모친이 縣에서 일할 것을 권했다. 이에 곽림종이 사양하며 말했다.

"대장부가 어찌 하찮은 일을 할 수 있겠습니까?"

그리고는 成皐(성고)의 屈伯彦(굴백언)을 찾아가 배웠고 3년에 학업을 마쳤는데 산처럼 많은 책에 두루 다 통했다. 곽림종은 談論을 잘했고 聲音이 華美했다. 낙양을 두루 유람했다. 그러면서 河南尹인 李膺(이응)과 상면하였는데, 이응이 크게 놀라며 곧 친밀한 벗으로 지내자 곽림종의 명성이 경사에 진동했다. 뒤에 고향으로 돌아오는데 관리나 유생의 수레 수천 대가 황하에 나와 전송했다. 곽림종과 이응이 배를 나란히 하여 황하를 건넜는데 많은 빈객이 멀리서 바라보며 신선과 같다고 생각하였다.

司徒黃瓊辟, 太常趙典擧有道. 或勸林宗仕進者, 對曰, "吾夜觀乾象, 晝察人事, 天之所廢, 不可支也." 遂並不應. 性明知人, 好獎訓士類. 身長八尺, 容貌魁偉, 襃衣博帶, 周遊郡國. 嘗於陳梁閒行遇雨, 巾一角墊, 時人乃故折巾一角, 以爲 '林宗巾'. 其見慕皆如此. 或問汝南范滂曰, "郭林宗何如人?" 滂曰, "隱不違親, 貞不絕, 天子不得臣, 諸侯不得友, 吾不知其它."

後遭母憂, 有至孝稱. 林宗雖善人倫, 而不爲危言覈論, 故宦官擅政而不能傷也. 及黨事起, 知名之士多被其害, 唯林宗及汝南袁閎得免焉. 遂閉門敎授, 弟子以千數.

| 註釋 | ○巾一角墊 – 墊은 낮은 땅 점. 물이 빠지다. ○危言覈論 – 바른 말과 핵심을 찌르는 의논. 覈은 씨 핵(核). 열매. 「子曰, "邦有道, 危言危行. 邦無道, 危行言孫."《論語 憲問》.

[國譯]

司徒 黃瓊(황경)이 초빙하였고, 太常인 趙典(조전)도 곽림종을 有道한 인재로 천거하였다. 어떤 사람이 곽림종에게 출사를 권유하자 곽림종이 말했다.

"내가 밤에 天象을 보고 낮에 人事를 생각해 보면, 하늘이 (漢을) 멸망시키려 하니 지탱할 수도 없습니다."

그러면서 끝내 응하지 않았다. 곽림종은 천성이 현명하여 사람을 잘 알아보았고 士人을 잘 격려하였다. 신장이 八尺에 容貌가 매우 준수했고, 헐렁한 옷에 넓은 띠를 둘렀으며, 여러 郡國을 周遊했다. 일찍이 陳과 梁國을 여행할 때 길에서 비를 만나 두건의 한 모퉁이가 접혔는데, 그때 사람들이 두건의 한쪽을 꺾어 쓰면서 '林宗巾'이라고 불렀다. 사람들의 흠모가 이 정도였다.

어떤 사람이 汝南의 范滂(범방)에게 물었다. "곽림종이 어떤 사람입니까?"

그러자 범방이 말했다.

"은거하지만 모친 봉양을 잘하고, 지조를 지키면서도 속인과 왕래를 끊지 않으며, 天子라도 신하로 만들 수 없고 제후라도 친우처럼 대우할 수 없는데 그 외는 잘 모르겠습니다."

뒷날 모친상을 당하여 효성을 다했다는 칭송을 들었다. 곽림종은 다른 사람과 잘 교제하였지만 (잘못을 지적하는) 바른 말이나 핵심을 찌르는 말을 피하였기에 환관이 권력을 휘두를 때도 다치지를 않았다. 당고의 화가 발생했을 때 많은 유명 인사가 피해를 입었지만 곽림종과 汝南의 袁閎(원굉)은 면할 수 있었다. 곽림종은 폐문하고 문도를 교육하였는데 제자가 수천 명이었다.

原文

建寧元年, 太傅陳蕃, 大將軍竇武爲閹人所害, 林宗哭之於野, 慟. 旣而歎曰, "人之云亡, 邦國殄瘁. 瞻烏爰止, 不知於誰之屋耳."

明年春, 卒於家, 時年四十二. 四方之士千餘人, 皆來會葬. 同志者乃共刻石立碑, 蔡邕爲其文, 既而謂涿郡盧植曰, "吾爲碑銘多矣, 皆有慙德, 唯郭有道無愧色耳."

其獎拔士人, 皆如所鑒. 後之好事, 或附益增張, 故多華辭不經, 又類卜相之書. 今錄其章章效於事者, 著之篇末.

| 註釋 | ○邦國殄瘁 - 殄는 다할 진. 瘁는 병들 췌. 《詩經 大雅》의 구절. ○瞻烏爰止~ - 《詩 小雅》의 구절. 王業이 누구에게 돌아갈지 모르겠다는 뜻. ○蔡邕(채옹) - 60권, 〈馬融蔡邕列傳〉(下)에 立傳. ○皆有慙德 - 慙은 부끄러울 참. 비문이 대개 실제보다 칭송이 많기에 짓는 사람으로서 부끄러웠다는 뜻. ○郭有道 - 郭太(泰)는 관직에 나가지 않았다. 有道는 인재 천거의 한 영역. 그래서 관직명처럼 썼다. ○皆如所鑒 - 모두가 거울에 비친 그대로이다. 그의 인품이 그대로 나타난다는 뜻. ○章章效於事者 - 章章은 뚜렷하다. 밝은 모양(昭昭也).

[國譯]

(靈帝) 建寧 원년(서기 168), 太傅 陳蕃(진번)과 大將軍 竇武(두무)가 환관에 의해 살해되자, 곽림종은 들판에서 哭을 하였는데 아주 슬피 통곡하였다. 그리고 탄식하였다.

"현인이 세상을 떠났으니 나라가 위태롭다고 하였으며, 어디엔가 내려앉으려 하는데 누구네 집에 내릴지 모르겠다는 말이 있다."

다음 해 봄에, 집에서 죽었는데 그때 나이 42세였다. 사방의 士人 1천여 명이 장례에 모였다. 뜻을 같이 하는 사람들이 비석을 세웠고, 蔡邕(채옹)이 그 비문을 지었는데, 얼마 뒤에 채옹이 涿郡(탁군)의

盧植(노식)에게 말했다.

"내가 비문을 많이 지었지만, 지을 때마다 부끄럽다는 생각을 느꼈었는데 오직 郭有道(郭林宗)의 비문에서는 부끄럽지 않았다."

곽림종이 士人을 격려하거나 천거한 면면을 보면 그의 인품을 보는 것 같다. 뒷날 好事家들이 (곽림종과 관련하여) 혹 보태거나 과장한 것이 많아서 황당하고 믿을 수가 없는 것이 마치 占書나 觀相書와 비슷하였다. 실제로 있었던 분명한 사실만 지금 여기에 기록하였다.

原文

左原者, 陳留人也. 爲郡學生, 犯法見斥. 林宗嘗遇諸路, 爲設酒餚以慰之.

謂曰, "昔顔涿聚梁甫之巨盜, 段干木晉國之大駔, 卒爲齊之忠臣, 魏之名賢. 蘧瑗, 顔回尙不能無過, 況其餘乎? 愼勿恚恨, 責躬而已."

原納其言而去. 或有譏林宗不絶惡人者. 對曰, "人而不仁, 疾之以甚, 亂也." 原後忽更懷忿, 結客欲報諸生. 其日林宗在學, 原愧負前言, 因遂罷去. 後事露, 衆人咸謝服焉.

| 註釋 | ○顔涿聚梁甫之巨盜 − 顔涿聚(안탁취, 顔庚)는 인명. 공자의 문도였다. 梁甫(梁父)는 지명. 後漢 (泰山郡)의 현명. ○段干木晉國之大駔 − 段干木(단간목)은 晉國의 교활한 거간꾼. 駔은 준마 장, 거간꾼 장. 駔儈

(장쾌). ○ 蘧瑗,顏回 - 蘧瑗(거원)은 蘧伯玉, 공자도 거백옥의 인품을 존경하였다. 顏回은 顏淵(안연). 孔子의 수제자. ○ 疾之以甚, 亂也 - 「子曰, "好勇疾貧, 亂也. 人而不仁, 疾之已甚, 亂也."」《論語 泰伯》. 不仁한 사람은 교화할 수 있지만, 질투나 질시가 심하면 혼란만을 가중시킨다는 뜻.

[國譯]

左原(좌원)이란 사람은 陳留郡 사람이었다. 郡學의 學生이었는데 법규를 어겨 쫓겨났다. 곽림종이 우연히 길에서 만나 술을 사주면서 좌원을 위로하며 말했다.

"옛날에 顏涿聚(안탁취)는 梁甫(양보)의 巨盜였고, 段干木(단간목)은 본래 晉國의 교활한 거간꾼이었지만, 나중에 齊의 忠臣이었고 魏의 名賢이었다. 蘧瑗(거원, 蘧伯玉)과 顏回(안회)일지라도 과오가 없을 수 없거늘, 하물며 그만 못한 사람들이야 어떻겠는가? 근신하여 성내거나 원망하지 말고 자신을 책망해야 한다."

좌원은 충고를 받아들이고 떠나갔다. 어떤 사람이 곽림종은 악인과도 관계를 단절하지 못하고 왕래한다고 비난하자 곽림종이 말했다.

"사람이 어질지 않을 수도 있지만 남을 심하게 미워하면 혼란만 일으킨다."

좌원은 뒷날 분을 못 참고 패거리를 지어 유생에게 보복하려 했다. 바로 그날 곽림종이 郡學에 있었는데, 좌원은 옛날 약속한 말이 부끄러워 그만두었다. 뒷날 그런 일이 알려지자 많은 사람들이 모두 사례하며 심복하였다.

茅容字季偉, 陳留人也. 年四十餘, 耕於野, 時與等輩避
雨樹下, 衆皆夷踞相對, 容獨危坐愈恭. 林宗行見之而奇其
異, 遂與共言, 因請寓宿. 旦日, 容殺雞爲饌, 林宗謂爲己設,
旣而以供其母, 自以草蔬與客同飯. 林宗起拜之曰, "卿賢乎
哉!" 因勸令學, 卒以成德.

| 註釋 | ○夷踞 – 다리를 평평하게 벌리고 앉다. 夷는 평평할 이(平也).
踞는 웅크릴 거.   ○草蔬 – 草는 거칠 초(麤也). 조잡하다. 蔬는 푸성귀 소.
나물 반찬.

[國譯]

茅容(모용)의 字는 季偉(계위)인데 陳留郡 사람이다. 나이 40여 세
에 들에서 일을 하다가 동료들과 함께 나무 밑에서 비를 피하는데,
다른 사람들이 모두 다리를 쭉 뻗고 있었지만 모용은 혼자 반듯하게
앉아 있었다. 林宗이 지나가다가 보고서는 매우 기이하게 여기며 함
께 이야기를 나누었고 그 집에 유숙하였다.

다음 날이 밝자 모용은 닭을 잡아 반찬을 만들었는데, 곽림종은
자신을 대접할 줄 생각했지만 그의 모친께 올리고 자신은 거친 반찬
을 손님과 함께 먹었다. 임종이 일어나 모용에게 절하면서 말했다.

"당신은 현명하신 분입니다!"

그러면서 학문을 권했는데 모용은 나중에 훌륭한 덕행을 갖추었
다.

孟敏字叔達, 鉅鹿楊氏人也. 客居太原. 荷甑墯地, 不顧
而去. 林宗見而問其意. 對曰, "甑以破矣, 視之何益?" 林宗
以此異之, 因勸令遊學. 十年知名, 三公俱辟, 並不屈云.

庾乘字世游, 潁川鄢陵人也. 少給事縣廷爲門士. 林宗見
而拔之, 勸遊學官, 遂爲諸生傭. 後能講論, 自以卑第, 每處
下坐, 諸生博士皆就讎問, 由是學中以下坐爲貴. 後徵辟並
不起, 號曰 '徵君'.

| 註釋 | ○楊氏 - 縣名. 今 河北省 직할 寧晋縣. 石家庄市 동남. ○荷甑
墯地 - 荷은 멜 하, 연꽃 하. 甑은 시루 증. 墯은 떨어질 타. ○庾乘 - 庾는
곳집 유. 창고. 성씨. ○潁川 鄢陵 - 今 河南省 중부 許昌市 관할 鄢陵縣
(언릉현). ○門士 - 門卒.

[國譯]

孟敏(맹민)의 字는 叔達(숙달)인데, 鉅鹿郡(거록군) 楊氏縣(양씨현)
사람인데 太原郡에 와서 客居하고 있었다. 시루를 지고 가다가 떨어
트렸는데 뒤도 돌아보지 않고 가버렸다. 곽림종이 보고서는 까닭을
물었다. 그는 "시루가 깨졌는데 돌아본들 무슨 이득이 있겠습니
까?"라고 하였다. 곽림종이 특별하다고 생각하여 遊學을 권했다.
10년 뒤에 널리 이름이 났는데 삼공부에서 초빙했어도 끝내 뜻을
바꾸지 않았다고 한다.

庾乘(유승)의 字는 世游(세유)인데, 潁川(영천) 鄢陵縣(언릉현) 사람
이다. 젊어 縣廳의 문지기였다. 郭林宗이 보고서는 격려하며 학문

을 권했는데, 학생이면서 庸人(용인)이 되었다. 뒷날 강론을 할 정도
였지만 자신은 학문이 가장 낮다 생각하여 늘 낮은 자리에 앉았는데
諸生博士가 모두 찾아와 묻곤 하였다. 그래서 이후로 郡學에서는 낮
은 자리가 높은 자리라고 생각하였다. 뒷날 관직의 부름을 받았지만
응하지 않았기에 '徵君(징군)'이라 불렸다.

　宋果字仲乙, 扶風人也. 性輕悍, 憙與人報讎, 爲郡縣所
疾. 林宗乃訓之義方, 懼以禍敗. 果感悔, 叩頭謝負, 遂改節
自勑. 後以烈氣聞, 辟公府, 侍御史, 幷州刺史, 所在能化.

　賈淑字子厚, 林宗鄕人也. 雖世有冠冕, 而性險害, 邑里
患之. 林宗遭母憂, 淑來修吊, 旣而鉅鹿孫威直亦至. 威直
以林宗賢而受惡人吊, 心怪之, 不進而去. 林宗追而謝之曰,
"賈子厚誠實凶德, 然洗心向善. 仲尼不逆互鄕, 故吾許其進
也." 淑聞之, 改過自厲, 終成善士. 鄕里有憂患者, 淑輒傾
身營救, 爲州閭所稱.

| 註釋 |　○互鄕－鄕名. 「互鄕難與言, 童子見, 門人惑. 子曰, "與其進也,
不與其退也, 唯何甚? 人絜己以進, 與其絜也, 不保其往也."」《論語 述而》.

[國譯]
　宋果(송과)의 字는 仲乙(중을)인데 右扶風(우부풍) 사람이다. 성질

이 경박하고 사나웠으며 남에 대한 복수를 좋아하여 군현에서 싫어하였다. 곽림종이 大義로 설명하고 뒷날 겪을 재앙이 두렵다고 훈계하였다. 송과는 그간 행실을 후회하면서 고개 숙여 사죄하며 스스로 바꾸겠다고 약속하였다. 뒷날 강직한 의기로 이름이 알려져 公府의 부름을 받았고 侍御史와 幷州刺史를 역임하면서 임지 백성의 교화에 힘썼다.

賈淑(가숙)의 字는 子厚(자후)로 곽림종과 동향인이었다. 비록 그 조상은 관리였지만 성격이 험악하여 邑里의 걱정거리였다. 곽림종이 모친상을 당하자 가숙이 조문하였다. 조금 뒤에 鉅鹿郡의 孫威直(손위직)도 도착하였다. 손위직은 곽림종이 현명하지만 악인의 문상도 받는다 생각하여 들어오지 않고 떠나갔다. 그러자 곽림종이 쫓아가서 사과하며 말했다.

"가숙이 정말 흉악한 사람이지만 개악하고 向善하였습니다. 공자께서도 互鄕(호향) 사람과의 환담을 거절하지 않았기에 그의 조문을 받은 것입니다."

가숙은 이를 전해 듣고 改過遷善하여 나중에는 善士가 되었다. 鄕里에 우환을 당한 사람이 있으면 가숙이 전력으로 구원하였는데, 나중에는 마을의 칭송을 들었다.

原文

史叔賓者, 陳留人也. 少有盛名. 林宗見而告人曰, "牆高基下, 雖得必失." 後果以論議阿枉敗名云.

黃允字子艾, 濟陰人也. 以儁才知名. 林宗見而謂曰, "卿

有絶人之才, 足成偉器. 然恐守道不篤, 將失之矣." 後司徒
袁隗欲爲從女求姻, 見允而歎曰, "得壻如是足矣." 允聞而
黜遣其妻夏侯氏. 婦謂姑曰, "今當見弃, 方與黃氏長辭, 乞
一會親屬, 以展離訣之情." 於是大集賓客三百餘人, 婦中
坐, 攘袂數允隱匿穢惡十五事, 言畢, 登車而去. 允以此廢
於時.

謝甄字子微, 汝南召陵人也. 與陳留邊讓並善談論, 俱有
盛名. 每共候林宗, 未嘗不連日達夜. 林宗謂門人曰, "二子
英才有餘, 而並不入道, 惜乎!"

甄後不拘細行, 爲時所毀. 讓以輕侮曹操, 操殺之.

| 註釋 | ○牆高基下 - 牆은 담 장. 基下는 기초가 낮다. 기초가 약하다.
○儁才(준재) - 俊才(준재), 儁은 준걸 준. ○召陵 - 현명. 今 河南省 漯河市
(탑하시) 郾城區(언성구).

[國譯]

史叔賓(사숙빈)이란 사람은 陳留郡 사람이다. 젊어서 명성이 높았
다. 곽림종이 만나보고 다른 사람에게 말했다. "담이 높으나 기초가
깊지 않다면 틀림없이 무너질 것이다."

뒷날 그가 하는 말들이 치우치고 공평치 않아 명성을 잃었다고
한다.

黃允(황윤)의 字는 子艾(자애)인데 濟陰郡 사람이다. 儁才(준재)로
이름이 알려졌다. 곽림종이 만나보고 일러 말했다.

"당신은 남들보다 뛰어난 재주를 가졌으니 훌륭한 인물이 될 것입니다. 그러나 도덕을 독실하게 지키지 않으면 실패할 수도 있습니다."

뒷날 司徒 袁隗(원외)가 조카딸 혼처를 구하면서 황윤을 만나보고 감탄하였다. "이 같은 사윗감이면 아주 만족이다." 황윤은 그 말을 듣고 본처인 夏侯(하후)씨와 이혼하였다. 하우씨가 시어머니에게 말했다.

"지금 버림을 받았으니 黃氏와 영 헤어져야 하니 親屬을 모두 한데 모아 석별의 인사라도 올리고 싶습니다."

그리고서는 빈객 3백여 명을 모두 초청하였는데 하후씨가 가운데 자리에 앉았다가 소매 속에 감춰두었던 더럽고 추악한 일 15가지를 다 말한 뒤에 수레를 타고 떠나갔다. 황윤은 이 때문에 世人들에게 매장되었다.

謝甄(사견)의 字는 子微(자미)로, 汝南郡 召陵縣 사람이다. 陳留郡의 邊讓(변양)과 함께 담론을 잘하여 모두 유명하였다. 늘 곽림종을 찾아뵐 때마다 날이 어두워질 때까지 이야기를 나누지 않은 적이 없었다. 그러자 곽림종이 門人에게 말했다.

"두 사람은 재주가 넘치나, 正道를 걷지 않으니 안타깝도다!"

사견은 뒷날 소소한 예절을 따르지 않아 세인의 비난을 받았다. 변양이 曹操를 무시하자, 조조는 변양을 죽여버렸다.

原文

王柔字叔優, 弟澤, 字季道, 林宗同郡晉陽縣人也. 兄弟總角共候林宗, 以訪才行所宜. 林宗曰, "叔優當以仕進顯, 季道當以經術通, 然違方改務, 亦不能至也."

後果如所言, 柔爲護匈奴中郎將, 澤爲代郡太守.

又識張孝仲芻牧之中, 知范特祖郵置之役, 召公子, 許偉康並出屠酤, 司馬子威拔自卒伍, 及同郡郭長信, 王長文, 韓文布, 李子政, 曹子元, 定襄周康子, 西河王季然, 雲中丘季智, 郝禮眞等六十人, 並以成名.

[國譯]

王柔(왕유)의 字는 叔優(숙우)이고, 아우 王澤(왕택)의 字는 季道(계도)로 곽림종의 同郡인 (太原郡) 晉陽縣(진양현) 사람이다. 형제가 어렸을 때 곽림종을 찾아뵈었으며 재능과 품행과 성취를 물었다. 이에 곽림종이 말했다.

"叔優(王柔)는 아마 관리로 명성을 얻을 것이고, 季道(王澤)은 유학과 학문에 통달할 것이나, 만약 다른 길로 들어선다면 높이 오르진 못할 것이요."

뒷날 과연 그대로 되었으니, 왕유는 護匈奴中郎將이 되었고 왕택은 代郡太守가 되었다.

곽림종은 또 목축하는 張孝仲(장효중)을 알아보았고, 郵驛에서 일하는 范特祖(범특조)도 찾아내었으며, 召公子(소공자), 許偉康(허위강)

은 모두 屠酤(도고, 屠戶) 출신이었고, 司馬子威(사마자위)를 병졸 중에서 선발하였으며, 同郡의 郭長信(곽장신), 王長文(왕장문), 韓文布(한문포), 李子政(이자정), 曹子元(조자원), 그리고 定襄郡의 周康子(주강자), 西河郡의 王季然(왕계연), 雲中郡의 丘季智(구계지)와 郝禮眞(학례진) 등 60명을 천거하였는데 모두 유명하였다.

原文

論曰, 莊周有言, 人情險於山川, 以其動靜可識, 而沈阻難徵. 故深厚之性, 詭於情貌, '則哲'之鑒, 惟帝所難. 而林宗雅俗無所失, 將其明性特有主乎? 然而遜言危行, 終亨時晦, 恂恂善導, 使士慕成名, 雖墨,孟之徒, 不能絶也.

| 註釋 | ○莊周 - 莊子(約 前369 - 286년). 孟子와 동시대인. 老子 思想을 승계 발전시켜 '老莊'으로 통칭. 南華山에 은거하여 南華眞人으로 존경받음. 저서《莊子》를《南華經》이라 부름. 四庫全書에는 子部 道家類로 분류. '莊周夢蝶', '庖丁解牛', '螳螂捕蟬' 등의 여러 寓言이 널리 알려졌다. ○沈阻難徵 - 沈은 깊을 심(深也), 가라앉을 침. 阻는 험할 조. 사이가 멀다. 徵은 부를 징. 밝히다. 명백하게 하다(明也). ○詭於情貌 - 詭는 속일 궤. 다르다(違也). 情貌는 감정의 표현. ○'則哲'之鑒, 惟帝所難 - 知人은 곧 지혜이고(則哲), 이는 황제에게도 어려운 일이다.(知人則哲, 惟帝爲難.) ○墨,孟之徒, 不能絶也 - 墨,孟은 墨翟(묵적)과 孟軻(맹가). 絶은 더 낫다(過也).

[國譯]

　范曄(범엽)의 史論 - 莊周(장주)는 人情은 山川보다 더 험하다고 말했다. 사람의 행동은 외형이니 볼 수 있지만 深藏한 內心은 명백히 드러나지 않는다. 깊이 자리한 본성은 外表에 비해 매우 복잡하기에 사람을 알아보는 '則哲'은 帝(堯)에게도 어려운 일이다. 곽림종은 高雅하거나 低俗한 사람일지라도 잘못 보지 않았으니, 이런 지혜는 그만이 가진 특별한 능력이 아니겠는가? 겸손한 언사나 고상한 행실로 세속에 적응하여 끝까지 성명을 보전했고 정성으로 권유하여 士人들의 존경과 명성을 얻었으니 아마 墨子나 孟子도 곽림종보다 더 뛰어나지 못할 것이다.

❷ 符融

原文

　符融字偉明, 陳留浚儀人也. 少爲都官吏, 恥之, 委去. 後游太學, 師事少府李膺. 膺風性高簡, 每見融, 輒絶它賓客, 聽其言論. 融幅巾奮褢, 談辭如雲, 膺每捧手歎息. 郭林宗始入京師, 時人莫識, 融一見嗟服, 因以介於李膺, 由是知名.

| 註釋 |　○陳留浚儀 - 陳留郡 浚儀縣, 今 河南省 동부 開封市.　○都官吏 - 都官從事, 百官 범법자 사찰을 담당.　○談辭如雲 - 如雲은 뛰어 달리듯 솟아나다.

符融(부융)의 字는 偉明(위명)으로 陳留郡 浚儀縣(준의현) 사람이
다. 젊어 都官吏가 되었는데 직분을 부끄럽게 생각하여 사임하였
다. 뒷날 太學에서 공부했고 少府 李膺(이응)에게 師事했다. 이응의
풍모와 성격은 淸高하고 簡約하였는데, 부융을 만날 때마다 다른 빈
객을 사절하고 부융의 담론을 들었다. 부융이 간결한 관을 쓰고 소
매를 휘저으면서 구름이 피어오르듯 담론을 펴면, 이응은 두 손을
맞잡고 감탄하였다. 郭林宗(곽림종)이 낙양에 처음 왔을 때, 그 당시
아무도 곽림종을 몰랐지만, 부융은 한 번 보고서는 감탄하며 이응에
게 소개하여 곽림종의 이름이 알려졌다.

時漢中晉文經,梁國黃子艾, 並恃其才智, 炫曜上京, 臥托
養疾, 無所通接. 洛中士大夫好事者, 承其聲名, 坐門問疾,
猶不得見. 三公所辟召者, 輒以詢訪之, 隨所臧否, 以爲與
奪. 融察其非眞, 乃到太學, 並見李膺曰,

"二子行業無聞, 以豪桀自置, 遂使公卿問疾, 王臣坐門.
融恐其小道破義, 空譽違實, 特宜察焉."

膺然之. 二人自是名論漸衰, 賓徒稍省, 旬日之間, 慙歎
逃去. 後果爲輕薄子, 並以罪廢弃.

| 註釋 | ㅇ猶不得見 – 자신의 명성을 더 높이려고 부름에 응하지 않고

낙양에 와서 요양한다고 꾸며대었다. ○輒以詢訪之 - 찾아가 묻다. 詢은 물을 순.

[國譯]

그때 漢中郡의 晉文經(진문경)과 梁國의 黃子艾(황자애)는 그들의 才智가 上京(洛陽)에 알려진 것을 믿고 집에서 병을 요양한다면서 아무도 만나주지 않았다. 이에 낙양의 士大夫나 好事者들이 그들의 명성을 흠모하여 문병한다며 대문 밖에 앉아 있어도 만날 수가 없었다. 三公府에서는 그들을 관직에 임용하려고 사람을 보내 의견을 타진하며 그들 명성에 따라 관직을 수여 아니면 취소할 예정이었다. 이에 부융은 그들의 거짓을 알아채고 太學에 가서 이응에게 말했다.

"그 두 사람의 행실이나 업적이 알려진 것도 없고 스스로 호걸이라 하면서 公卿으로 하여금 문병케 하고 조정 신하를 대문 밖에 기다리게 하였습니다. 제가 볼 때 그들은 잔재주나 부리고 大義를 따르지 않으며 헛 명성뿐 실질이 없으니 특별히 살펴보아야 할 것입니다."

이응도 그렇게 생각했다. 그러자 2인의 명성은 점차 식어가며 빈객도 차츰 줄어들었다. 열흘도 되지 않아 부끄러워하며 도망쳤다. 뒷날 과연 경박한 사람이었고, 둘 다 죄를 지어 처형되었다.

原文

融益以知名. 州郡禮請, 擧孝廉, 公府連辟, 皆不應. 太守馮岱有名稱, 到官, 請融相見. 融一往, 薦達郡士范冉,韓卓, 孔伷等三人, 因辭病自絶. 會有黨事, 亦遭禁錮.

妻亡, 貧無殯斂, 鄉人慾爲具棺服, 融不肯受. 曰, "古之
亡者, 弃之中野. 唯妻子可以行志, 但卽土埋藏而已."

融同郡田盛, 字仲向, 與郭林宗同好, 亦名知人, 優遊不
仕, 並以壽終.

| 註釋 | ○孔伷(공주) - 伷는 투구 주. 胄와 同字. ○埋藏 - 埋葬. 埋는
묻을 매.

[國譯]

符融(부융)은 이로써 더 유명해졌다. 州郡에서 예를 갖춰 출사를
권하면서 孝廉으로 천거했으며, 公府에서 연이어 초빙했어도 응하
지 않았다. 太守 馮岱(마대)는 유명한 사람인데 부임하면서 부융을
초청하였다. 부융은 태수를 만나 군내의 士人인 范冉(범염), 韓卓(한
탁), 孔伷(공주) 등 3인을 천거하였고 자신은 병을 핑계로 출사하지
않았다. 마침 黨人 사안이 발생했고 부융은 당인이라고 금고에 처해
졌다.

부융의 妻가 죽었는데 가난하여 장례를 치를 수가 없자, 鄉人들
이 棺과 수의를 마련해주려 했으나 부융은 받지 않았다. 부융은 "옛
날에 사람이 죽으면 들에 버려두었다. 내 아내나 자식은 내 뜻대로
할 수 있으니 그냥 땅에 묻어주면 된다."고 말했다.

부융과 同郡 사람 田盛(전성)의 字는 仲向(중향)인데 곽림종과 의
기투합하였고, 知人을 잘한다는 명성이 있었으며 우수한 학문에도
출사하지 않았는데, 부융과 전성 두 사람 다 천수를 누렸다.

❸ 許劭

原文

　許劭字子將, 汝南平輿人也. 少峻名節, 好人倫, 多所賞
識. 若樊子昭,和陽士者, 並顯名於世. 故天下言拔士者, 咸
稱許,郭.

　初爲郡功曹, 太守徐璆甚敬之. 府中聞子將爲吏, 莫不改
操飾行. 同郡袁紹, 公族豪俠, 去濮陽令歸, 車徒甚盛, 將入
郡界, 乃謝遣賓客, 曰, "吾輿服豈可使許子將見." 遂以單
車歸家.

| 註釋 | ○許劭 – 劭는 힘쓸 소. ○平輿 – 縣名. 今 河南省 남부 駐馬店
市 관할 平輿縣. ○好人倫 – 여기서 人倫은 인물 평론. 당시에 유행했던
시대 풍조로 현세 인물이나 과거 인물에 대한 품평을 했다. 이런 풍조는 뒷
날 淸議, 곧 淸談으로 발전하였다. ○和陽士 – 和洽(화흡), 陽士는 그의 字.

[國譯]

　許劭(허소)의 字는 子將인데 汝南郡 平輿縣 사람이다. 젊어서도
높은 명망과 지조가 있었고 人物評을 좋아했으며 많은 사람들이 허
소를 찾아왔었다. 樊子昭(번자소)나 和陽士(화양사) 같은 사람도 널리
알려졌는데 세상 사람들이 인재 발굴을 언급할 때면 모두 허소와 곽
림종을 말했다.

　허소는 처음에 여남군의 功曹였는데, 太守 徐璆(서구)가 크게 존경
하였다. 태수부에서는 허소가 郡吏가 된다고 하자 행실을 좋게 고치

지 않는 자가 없었다. 同郡의 袁紹(원소)는 三公을 역임한 名族이고 豪俠(호협)이었는데, 濮陽(복양) 현령을 그만두고 귀향할 때 수행하는 거마가 매우 많았는데, 郡界에 와서 빈객에게 사례하며 말했다.

"나의 수레와 복색을 어찌 허소에게 보일 수 있겠습니까?"

그리고는 혼자 수레를 타고 귀가하였다.

■原文

劭嘗到潁川, 多長者之遊, 唯不候陳寔. 又陳蕃喪妻還葬, 鄕人畢至, 而劭獨不往. 或問其故, 劭曰, "太丘道廣, 廣則難周, 仲擧性峻, 峻則少通. 故不造也." 其多所裁量若此.

曹操微時, 常卑辭厚禮, 求爲己目. 劭鄙其人而不肯對, 操乃伺隙脅劭, 劭不得已, 曰, "君淸平之姦賊, 亂世之英雄." 操大悅而去.

|註釋| ○陳寔 – 陳寔(진식)은 밤손님(도둑)을 '梁上君子'라고 불러준 사람인데 훌륭한 덕행은 그 아들 陳紀(진기)에게 이어졌다. 62권, 〈荀韓鐘陳列傳〉에 立傳. ○陳蕃(진번) – 강직하고 충성을 다하고 환관을 미워했지만 결국 환관에게 당했다. 66권, 〈陳王列傳〉 立傳. ○太丘 – 沛國의 현명. 今 河南省 직할 永城市. 河南省 동쪽 끝, 安徽省과 접경. 진식은 한때 太丘縣의 縣長을 역임했다. ○仲擧 – 陳蕃(진번)의 字. ○求爲己目 – 자신 品級의 제목을 요구하다. 자신이 어떤 사람인가 품평해 달라.

　허소가 潁川郡에 갔을 때, 많은 長者들과 교유하였지만 오직 陳
寔(진식)만을 찾아가지 않았다. 또 陳蕃(진번)이 喪妻하여 고향에서
장례를 치를 때 고향 사람들이 모두 참례하였지만 허소만은 가지 않
았다. 어떤 사람이 그 까닭을 묻자, 허소가 말했다.

　"太丘(陳寔을 지칭)는 道學이 廣博하니 광박하면 다른 사람이 그
수준에 맞출 수 없고, 仲擧(陳蕃)는 성격이 준엄한데, 준엄하면 소통
하기가 어렵다. 그래서 가지 않았다."

　허소가 여러 가지를 생각하는 정도가 이와 같았다.

　曹操(조조)가 미천할 때 늘 겸손한 말씨와 후한 예물로 자신의 미
래를 점쳐달라고 했으나 허소는 조조의 인물됨을 낮게 평가하여 대
답하지 않았는데, 조조가 어느 날 틈을 보아 허소를 협박하자, 허소
는 할 수 없이 말했다. "君은 淸平한 시대에는 姦賊이나 亂世에는
영웅이다."

　이에 조조는 크게 좋아하며 돌아갔다.

　劭從祖敬, 敬子訓, 訓子相, 並爲三公, 相以能諂事宦官,
故自致台司封侯, 數遣請劭. 劭惡其薄行, 終不候之.

　劭邑人李逵, 壯直有高氣, 劭初善之, 而後爲隙, 又與從
兄靖不睦, 時議以此少之. 初, 劭與靖俱有高名, 好共覈論
鄕黨人物, 每月輒更其品題, 故汝南俗有'月旦評'焉.

│註釋│ ○從兄靖不睦 - 許靖 字는 文休. 허소가 郡 功曹가 되면서 私情으로 不協했다. ○月旦評 - '매월 초하루(月旦)의 평론'이란 뜻. 향인이나 명사들에 대한 인물평.

[國譯]

허소의 從祖인 許敬(허경), 허경의 아들 許訓, 허훈의 아들 許相은 모두 3공을 역임하였는데, 허상은 환관에게 잘 아부하여 삼공에 올랐고 제후가 되어 자주 사람을 보내 허소를 불렀다. 그러나 허소는 그의 경박한 처신을 미워하여 끝내 만나지 않았다.

허소의 邑人인 李逵(이규)는 용맹 정직하고 고상한 지조가 있어 처음에 허소가 좋게 대우했으나 나중에는 사이가 나빠졌으며, 또 從兄 許靖(허정)과도 화목하지 못하여 이 때문에 허소에 대한 世評이 좋지 않았다. 처음에는 허소와 허정이 모두 높은 명성을 누렸고 함께 鄕黨 인물에 대하여 즐겨 품평하면서 매달 인물 등급을 정하였기에 汝南郡 習俗에, 이를 '月旦評'이라 했다.

原文

司空楊彪辟, 擧方正, 敦樸, 徵, 皆不就. 或勸劭仕, 對曰, "方今小人道長, 王室將亂, 吾欲避地淮海, 以全老幼." 乃南到廣陵. 徐州刺史陶謙禮之甚厚.

劭不自安, 告其徒曰, "陶恭祖外慕聲名, 內非眞正. 待吾雖厚, 其勢必薄. 不如去之." 遂復投揚州刺史劉繇於曲阿. 其後陶謙果捕諸寓士. 及孫策平吳, 劭與繇南奔豫章而卒,時年四十六.

兄<u>虔</u>亦知名, 汝南人稱<u>平輿</u>淵有二龍焉.

| 註釋 | ○廣陵 – 郡名. 治所는 廣陵縣, 今 江蘇省 서남부 揚州市. ○陶
謙 – 字는 恭祖(공조). 徐州刺史. 73권,〈劉虞公孫瓚陶謙列傳〉에 立傳. ○劉
繇(유요) – 字는 正禮. ○曲阿 – 興平 원년(거기 194), 揚州刺史 劉繇(유요)
와 袁術의 부장 孫策이 (吳郡) 曲阿縣에서 싸웠는데, 유요의 군사가 패배
했고 손책은 마침내 江東을 차지하였다. ○孫策平吳 – 孫堅(손견)의 기반
을 이어받은 孫策은 豫章太守 華歆(화흠)의 항복을 받으며 세력을 키웠고,
자신을 曹操에게 모함한다고 吳郡太守 許貢(허공)을 죽였다. 그러나 사냥
하던 중에 許貢의 家客에게 습격당해 큰 부상을 당한다. 치료 과정에서 道
士 于吉(우길)을 죽이나 孫策은 그 虛像에 시달리다가 26세에 죽었다. 孫權
은 손책의 동생. ○豫章(예장) – 군명. 治所는 南昌縣, 今 江西省 북부 南昌
市. 江西省의 省會(省都). ○平輿淵有二龍焉 – 平輿는 汝南郡의 치소, 현
명. 今 河南省 중남부 駐馬店市 관할 平輿縣.

[國譯]

司空인 楊彪(양표)가 허소를 등용하려고 方正, 敦樸(돈박)한 인재
로 천거하면서 불렀지만 허소는 끝내 응하지 않았다. 혹자가 출사를
권유하자, 허소가 말하였다.

"지금 小人의 道가 성장하여 王室이 혼란할 것이라서 나는 淮水
나 바닷가로 피신하여 一家 老幼를 살려야 한다."

그러고는 남쪽 廣陵郡으로 이주하였는데 徐州刺史인 陶謙(도겸)
이 매우 우대하였다. 그러나 허소는 불안해하며 門徒에게 말했다.

"陶恭祖(陶謙)는 겉으로만 명성을 흠모하고 속내에 진정성이 없다.

나를 우대하지만 형세를 보아 틀림없이 박대할 것이니 떠나야 한다."

그리고는 다시 曲阿(곡아)의 揚州刺史 劉繇(유요)를 찾아갔다. 그 뒤에 도겸은 자신에게 의탁한 士人을 모두 체포하였다. 孫策(손책)이 吳 땅을 차지한 뒤에 허소와 유요는 남쪽 豫章(예장)으로 옮겨가 죽으니, 그때 나이 46세였다.

허소의 형 許虔(허건) 역시 이름이 알려졌는데, 汝南 사람들이 平興淵에 용이 2마리 있다고 하였다.

原文

贊曰, 林宗懷寶, 識深甄藻. 明發周流, 永言時道. 符融鑒眞, 子將人倫. 守節好恥, 並亦逡巡.

| 註釋 | ○懷寶 - 뛰어난 才智. ○識深甄藻 - 甄은 질그릇 견. 밝다(明也). 藻는 무늬, 꾸밈(飾也). 문채 나는 文章. 감식하다. 품평하다. ○明發 - 저녁부터 새벽까지(發夕至明也). ○並亦逡巡 - 逡巡은 뒤로 물러나다. 머뭇거리다. 逡은 뒷걸음질 칠 준. 巡은 돌순.

[國譯]

贊曰,
郭林宗은 寶玉을 품고, 慧眼으로 사람을 알아보았다.
천하 인재를 널리 찾았고, 세상을 사는 도리를 말했다.
符融(부융)은 인물의 眞僞을, 許劭(허소)도 인물을 평론했다.
지조와 예의를 지키면서 모두가 出仕하지 않았다.

69 竇何列傳

〔두,하열전〕

❶ 竇武

原文

竇武字游平, 扶風平陵人, 安豐戴侯融之玄孫也. 父奉, 定襄太守. 武少以經行著稱, 常教授於大澤中, 不交時事, 名顯關西.

延熹八年, 長女選入掖庭, 桓帝以爲貴人, 拜武郎中. 其冬, 貴人立爲皇后, 武遷越騎校尉, 封槐里侯, 五千戶. 明年冬, 拜城門校尉. 在位多辟名士, 淸身疾惡, 禮賂不通, 妻子衣食裁充足而已.

是時羌蠻寇難, 歲儉民飢, 武得兩宮賞賜, 悉散與太學諸生, 及載餚糧於路, 匃施貧民. 兄子紹, 爲虎賁中郎將, 性疏

簡奢侈. 武每數切屬相戒, 猶不覺悟, 乃上書求退紹位, 又
自責不能訓導, 當先受罪. 由是紹更遵節, 大小莫敢違犯.

| 註釋 | ○扶風平陵 − 右扶風 平陵縣, 平陵은 昭帝의 陵. 今 陝西省 咸
陽市 서북 소재. ○安豊戴侯融 − 竇融의 증손녀가 章帝의 皇后, 章德竇皇
后(?−97年, 황후 재위 78−88년). 23권, 〈竇融列傳〉에 입전. 竇氏 一門의
영화는 '一公, 兩侯, 三公主, 四二千石'이라고 하였다. ○大澤 − 今 江蘇
省 북단 徐州市 관할 豊縣. ○貴人立爲皇后 − 桓思竇皇后, 桓帝의 3번째
황후. 章帝 竇皇后 6촌 동생의 孫女. 父 竇武, 延熹(연희) 8年(서기 165),
(桓帝의) 鄧(등) 황후가 폐위되었을 때 뽑혀 궁에 들어가 貴人이 되었다가
그 겨울에 皇后가 되었으나 황제를 시중들 기회가 아주 드물었다. 환제가
죽는 永康 원년(167)년에 解瀆亭侯 劉宏(유굉)을 옹립하니, 곧 靈帝(재위
168−189년)이다.

[國譯]

竇武(두무)의 字는 游平(유평)인데 右扶風 平陵縣 사람으로, 安豊
戴侯인 竇融의 玄孫이다. 父親 竇奉은 定襄郡(정양군) 태수였다. 두
무는 젊어 유학과 바른 품행으로 칭송을 들었으며 늘 沛縣의 大澤
(今 微山湖)에서 문도를 교수하며 정사에 관여하지 않았지만 關西
에 이름이 널리 알려졌다.

(桓帝) 延熹 8년(서기 165)에, 長女가 掖庭(액정)에 뽑혀 들어가
桓帝의 貴人이 되자 두무는 郎中이 되었다. 그해 겨울, 貴人에서 皇
后로 책립되자 두무는 越騎校尉로 승진하였고, 槐里侯(괴리후)에 책
봉되었으며 식읍은 5천 호였다. 다음 해 겨울 두무는 城門校尉를 제
수 받았다. 두무는 재직 중에 名士를 많이 초빙하였고 깨끗한 처신

에 악을 미워했으며 예물이나 뇌물을 받지 않았고 그저 妻子의 衣食을 충족하였다.

그때 강족의 노략질이 심했고 재해가 겹치며 백성은 굶주렸는데, 두무는 황제와 황후로부터 상으로 받는 하사품을 모두 太學의 諸生에게 나눠주었으며 길에 음식이나 양식을 싣고 나가 빈민에게 베풀었다. 두무의 조카인 竇紹(두소)는 虎賁中郎將이었는데, 성격이 산만하고 사치를 좋아했다. 두무가 매번 엄격하게 훈계하여도 깨우치지 못하자, 두무는 두소를 파면할 것과 제대로 훈계하지 못한 자신을 자책하며 먼저 죄를 받겠다고 상서하였다. 이에 두소는 법도를 준수하였고, 門中의 대소 누구도 법을 어길 수 없었다.

原文

時國政多失, 內官專寵, 李膺,杜密等爲黨事考逮. 永康元年, 上疏諫曰,

「臣聞明主不諱譏刺之言, 以探幽暗之實, 忠臣不恤諫爭之患, 以暢萬端之事. 是以君臣並熙, 名奮百世. 臣幸得遭盛明之世, 逢文武之化, 豈敢懷祿逃罪, 不竭其誠! 陛下初從藩國, 爰登聖祚, 天下逸豫, 謂當中興. 自卽位以來, 未聞善政.

梁,孫,寇,鄧雖或誅滅, 而常侍黃門續爲禍虐, 欺罔陛下, 競行譎詐, 自造制度, 妄爵非人, 朝政日衰, 姦臣日强. 伏尋西京放恣王氏, 佞臣執政, 終喪天下. 今不慮前事之失, 復循

覆車之軌, 臣恐二世之難, 必將復及, 趙高之變, 不朝則夕.

近者姦臣牢脩, 造設黨議, 遂收前司隷校尉李膺, 太僕杜密, 御史中丞陳翔, 太尉掾范滂等逮考, 連及數百人, 曠年拘錄, 事無效驗. 臣惟膺等建忠抗節, 志經王室, 此誠陛下稷, 卨, 伊, 呂之佐. 而虛爲姦臣賊子之所誣枉, 天下寒心, 海內失望. 惟陛下留神澄省, 時見理出, 以厭人鬼喁喁之心.

臣聞古之明君, 必須賢佐, 以成政道. 今臺閣近臣, 尚書令陳蕃, 僕射胡廣, 尚書朱宇, 荀緄, 劉祐, 魏朗, 劉矩, 尹勳等, 皆國之貞士, 朝之良佐. 尚書郎張陵, 嬀皓, 苑康, 楊喬, 邊韶, 戴恢等, 文質彬彬, 明達國典. 內外之職, 群才並列. 而陛下委任近習, 專樹饕餮, 外典州郡, 內幹心膂. 宜以次貶黜, 案罪糾罰, 抑奪宦官欺國之封, 案其無狀誣罔之罪. 信任忠良, 平決臧否, 使邪正毀譽, 各得其所, 寶愛天官, 唯善是授.

如此, 咎徵可消, 天應可待. 間者有嘉禾, 芝草, 黃龍之見. 夫瑞生必於嘉士, 嘉士猶善人也. 福至實由善人, 在德爲瑞, 無德爲災. 陛下所行, 不合天意, 不宜稱慶.」

書奏, 因以病上還城門校尉, 槐里侯印綬. 帝不許, 有詔原李膺, 杜密等, 自黃門北寺, 若盧, 都內諸獄, 繫囚罪輕者皆出之.

| 註釋 | ○君臣並熙 － 熙는 빛날 희(盛也). ○西京放恣王氏 － 西京은 長安, 곧 前漢을 지칭. 王氏는 왕씨 일가. 王莽(왕망). ○二世之難 － 二世는

胡亥(호해). ○趙高之變 － 趙高는 그 사위인 閻樂(염락)을 시켜 望夷宮에서 胡亥를 시해했다. ○牟脩(뇌수) － 인명. 方士, 李脣 등이 結黨했다고 최초로 고발한 자. 67권, 〈黨錮列傳〉 序 참고. ○卨(설, 契) － 帝譽(제곡)의 아들, 商朝의 시조. ○時見理出 － 時는 卽時. ○喁喁之心 － 喁喁(용용)은 윗사람의 덕을 기리고 우러러 따르는 모양, 입을 위로 쳐들고 몹시 바라는 모양. 喁은 숨 쉴 옹. 우러러 따르다. ○文質彬彬 － 문채와 바탕이 함께 빛나다. 彬彬은 빛이 나는 모양. ○專樹饕餮 － 饕餮(도철)은 惡獸의 이름. 탐욕이 많은 자. 재물과 음식을 탐내다. 饕는 탐할 도. 餮은 탐할 철. ○都內諸獄 － 都內는 獄을 관장하는 직명. 대사농의 속관인 都內令丞.

[國譯]

그때 국정이 혼란하여 환관이 전적으로 신임을 받았고 李脣(이응)과 杜密(두밀) 등이 黨人 사안으로 체포 구금되었다. (桓帝) 永康 원년(서기 167)에, 두무가 상소했다.

「臣이 알기로, 明主는 충고나 풍자하는 말도 꺼리지 않고 그 속에 숨겨진 실상을 파악하며, 충신은 간쟁 후에 당하는 禍患을 두려워하지 않고 온갖 정사의 모순과 어려움을 토로한다고 하였습니다. 이리해야 君臣이 함께 번영하고 명성을 百世에 전할 수 있습니다. 臣은 다행히도 盛明之世한 시대에 살며 文, 武王과 같은 敎化를 받았으니, 어찌 감히 녹봉을 받고 책임을 회피하거나 충성을 다하지 않을 수 있겠습니까! 폐하께서는 처음에 藩國에 계시다가 신성한 복을 받아 제위에 오르셨으니 中興과도 같습니다. 그러나 폐하의 즉위 이래로 善政을 베푸셨다는 말을 들은 적이 없습니다.

梁冀(양기), 孫壽(손수), 寇榮(구영), 鄧萬代(등만대) 등은 이미 주살되었지만 환관들은 여전히 환란을 일으키고 폐하를 속이거나 거짓을 자행하고 제도를 멋대로 만들거나 함부로 아무에게나 작위를 내리니 조정의 정사는 날로 쇠퇴하고 姦臣은 날로 강해지고 있습니다. 신이 볼 때, 前漢에서 왕망이 방자했던 시기에 간신이 집정을 하다가 결국 천하를 잃었습니다. 지금 前代의 실패를 생각하지 않고 다시 전복된 수레의 전철을 밟고 있으니, 臣은 (秦) 2세 황제의 환난이 다시 일어날 것만 같고, (환관) 趙高(조고)의 변란이 곧 닥칠 것만 같습니다.

近者에 간신 牟脩(뇌수)가 黨議를 조작하여 결과적으로 전임 司隷校尉 李膺(이응), 太僕 杜密(두밀), 御史中丞 陳翔(진상), 太尉掾 范滂(범방) 등이 체포되었고, 이에 연좌된 자가 수백 명이었고, 오랫동안 구속했었지만 죄상은 아무것도 드러나지 않았습니다. 臣이 볼 때 이응 등은 충절을 높이 실천하고 일심으로 황실을 지키려 하니, 이는 폐하에게 后稷(후직), 卨(설, 契), 伊尹(이윤), 呂尙(여상)의 보좌와 같습니다. 위선적인 姦臣賊子의 무고와 아첨으로 천하가 寒心하며 海內는 失望하였습니다. 폐하께서는 정신을 차려 명찰하시면서 즉시 이 사안을 원상태로 돌려 백성과 죽은 자 혼령의 간절한 소원을 풀어주셔야 합니다.

臣이 알기로, 고대의 明君은 반드시 현신의 보좌를 받아야 치적이 성공을 거둘 수 있습니다. 지금 臺閣의 近臣 중에 尙書令 陳蕃(진번), 僕射 胡廣(호광), 尙書 朱宇(주우), 荀緄(순곤), 劉祐(유우), 魏朗(위랑), 劉矩(유거), 尹勳(윤훈) 등은 모두 나라의 곧은 선비이며 조정의 우량한 신하입니다. 尙書郞 張陵(장릉), 嬀皓(규호), 苑康(원강), 楊喬(양교), 邊韶(변소), 戴恢(대회) 등은 모두 文質이 彬彬(빈빈)하며 나라의 제도 문물에 통달한 인재입니다. 內外의 직분에는 많은 인재들이 있습니다. 그러나 폐하께서는 측근의 小人들에게 위임하시어 전적으로 욕심 많은 악인만을 키우고 계시며, 이들은 밖으로는 지방 주군에 안으로는 조정의 요직을 차지하고 있습니다. 응당 이들을 순차적으로 폄직 퇴출하며 죄상에 따라 처벌하시고 환관이 조정을 기만하여 받은 봉작을 모두 박탈하면서 폐하를 속인 거짓과 무고의 죄상을 처벌해야 합니다. 그리하여 忠良한 신하를 심임하고 선악을 平決하며, 사악과 정직 비방과 칭송으로 하여금 모두 제자리를 찾게 해야 하며 조정의 중요한 요직을 선한 자만이 받을 수 있게 해야 합니다.

이렇게 되면 여러 가지 허물은 사라지고 하늘의 감응을 기대할 수 있을 것입니다. 요즈음 嘉禾(가화), 芝草(지초), 黃龍이 출현하였습니다. 이러한 상서로움은 훌륭한 인물 때문이며 훌륭한 인물은 곧 善人입니다. 福은 모두가 善人한테서 나오고, 德이 있으면 상서로운 일이 있으나 無德은 재앙으로 나타납니다. 폐하께서 하시는 일이 天意에 합치되지 않는다면 칭송받을 수가 없습니다.」

상서가 보고되면서 두무는 병이 있다면서 城門校尉의 직책과 槐里侯의 인수를 반환하였다. 환제는 不許하면서 조서를 내려 李膺(이응), 杜密(두밀) 등의 죄를 사면하였는데, 黃門北寺(황문북시)와 若盧(약로), 都內의 여러 옥에 갇혀있던 경범죄 죄수까지도 모두 출옥하였다.

原文

其冬帝崩, 無嗣. 武召侍御史河間劉儵, 參問其國中王子

侯之賢者, 儵稱解瀆亭侯宏. 武入白太后, 遂徵立之, 是爲
靈帝. 拜武爲大將軍, 常居禁中. 帝旣立, 論定策功, 更封武
爲聞喜侯, 子機渭陽侯, 拜侍中, 兄子紹鄠侯, 遷步兵校尉,
紹弟靖西鄕侯, 爲侍中, 監羽林左騎.

| 註釋 | ㅇ靈帝 - 後漢 12대 皇帝(재위 168 - 189년, 22년), 章帝(肅宗)
의 玄孫, 桓帝의 堂姪. 황제의 주색 탐닉과 황음무도, 宦官과 외척의 세력
싸움과 부패 무능, 연속되는 천재지변, 張讓(장양) 등 十常侍의 발호. 결국
張角의 黃巾賊의 亂이 시작되고, 桓帝 靈帝의 재위 기간은 後漢의 암흑기
였다. ㅇ羽林左騎 - 羽林은 황제 護衛軍인 羽林騎士. 羽林 左,右騎를 羽林
左監(800명 지휘)과 右監(900명 지휘, 질록 6百石)이 각각 감독 지휘.

[國譯]
　　그해 겨울 환제가 붕어했으나 후사가 없었다. 竇武는 侍御史인
河間國 출신 劉儵(유숙)을 불러 하간국의 왕자 제후 중 賢者를 물었
는데, 유숙은 解瀆亭侯 劉宏(유굉)을 칭찬하였다. 두무가 들어가 竇
太后에게 아뢴 뒤에 유굉을 영입하니, 이가 靈帝(영제)이다.
　　영제는 두무를 大將軍에 봉했고 늘 궁중에 대기토록 하였다. 영
제가 즉위한 뒤에 황제 옹립의 공적을 책정하면서 두무는 다시 聞喜
侯(문희후)에 봉해졌고, 아들 竇機(두기)는 渭陽侯(위양후)로 侍中이
되었고 兄子인 竇紹(두소)는 鄠侯(호후)로 步兵校尉로 승진하였으며,
두소의 동생인 竇靖(두정)은 西鄕侯로 侍中이 되어 羽林左騎를 감독
케 하였다.

原文

武旣輔朝政, 常有誅窮宦官之意, 太傅陳蕃亦素有謀. 時
共會朝堂, 蕃私謂武曰,

"中常侍曹節,王甫等, 自先帝時操弄國權, 濁亂海內, 百
姓匈匈, 歸咎於此. 今不誅節等, 後必難圖."

武深然之. 蕃大喜, 以手推席而起. 武於是引同志尹勳爲
尙書令, 劉瑜爲侍中, 馮述爲屯騎校尉. 又徵天下名士廢黜
者前司隷李膺,宗正劉猛,太僕杜密,廬江太守朱寓等, 列於
朝廷. 請前越嶲太守荀翌爲從事中郎, 辟潁川陳寔爲屬, 共
定計策. 於是天下雄俊, 知其風旨, 莫不延頸企踵, 思奮其
智力.

註釋 ○誅窮 – 誅는 벨 주. 죄인을 죽이다. 窮은 자를 전. 잘라버리
다. ○太傅陳蕃 – 太傅(태부)는 三公보다 상위직. 황제의 자문 담당. 상설
직은 아니었다. 광무제는 卓茂(탁무)를 찾아 자문을 구하고 太傅에 임용했
으나 광무 4년 그가 죽자 후임을 임명하지 않았다. 이후로 황제가 새로 즉
위하면 태부를 두어 錄尙書事를 겸임케 하다가 죽으면 다른 사람을 임명
하지 않았다. 德義로 제후 왕을 보좌하는 제후국의 太傅도 질록 2천석의
영광된 직위였다. 陳蕃(진번)은 66권,〈陳王列傳〉에 立傳. ○越嶲太守荀
翌 – 越嶲(월수)는 군명. 治所는 邛都縣, 今 四川省 남부 西昌市. 荀翌(순익)
은 인명.

[國譯]

竇武(두무)는 조정의 정사를 보좌하면서 늘 환관을 없애버릴 생각

을 갖고 있었다. 太傅인 陳蕃(진번) 역시 평소에 그런 생각이었다. 그때 함께 朝堂에서 만나자, 진번이 사적으로 두무에게 말했다.

"中常侍 曹節(조절)과 王甫(왕보) 등은 先帝(桓帝) 때부터 국권을 농단하며 海內를 혼탁하게 하여 백성이 흉흉하였는데 이들에게 그 허물이 있습니다. 지금 조절 등을 죽이지 않으면 뒷날 도모하기가 더 어려울 것입니다."

두무도 진심으로 그러하다고 말했다. 진번은 크게 좋아하며 손으로 바닥을 치며 일어났다. 두무는 바로 同志인 尹勳(윤훈)을 尙書令에, 劉瑜(유유)를 侍中에, 馮述(풍술)을 屯騎校尉에 임용하였다. 또 천하명사로 폐출되었던 전 司隸校尉인 李膺(이응), 宗正인 劉猛(유맹), 太僕인 杜密(두밀), 廬江郡(여강군) 太守 朱寓(주우) 등을 조정으로 불렀다. 전임 越嶲(월수) 태수 荀翌(순익)을 從事中郎에, 潁川郡 陳寔(진식)을 불러 속관으로 삼아 방책을 협의케 하였다. 이로써 천하의 雄俊이 모두가 두무의 뜻을 알았고 목을 늘이고 까치발로 서서 자신의 능력을 발휘할 때가 오기를 기다리지 않는 사람이 없었다.

原文

會五月日食, 蕃復說武曰,

"昔蕭望之困一石顯, 近者李,杜諸公禍及妻子, 況今石顯數十輩乎! 蕃以八十之年, 欲爲將軍除害, 今可且因日食, 斥罷宦官, 以塞天變. 又趙夫人及女尙書, 旦夕亂太后, 急宜退絶. 惟將軍慮焉."

武乃白太后曰,

"故事, 黃門,常侍但當給事省內, 典門戶, 主近署財物耳.
今乃使與政事而任權重, 子弟布列, 專爲貪暴. 天下匈匈,
正以此故. 宜悉誅廢, 以淸朝廷."

太后曰, "漢來故事世有, 但當誅其有罪, 豈可盡廢邪?"
時中常侍管霸頗有才略, 專制省內. 武先白誅霸及中常侍
蘇康等, 竟死. 武複數白誅曹節等, 太后尤豫未忍, 故事久
不發.

| 註釋 | ○蕭望之困一石顯 − 元帝時, 환관石顯은 中書令으로 御史大夫
蕭望之를 무고했고 소망지는 자살했다. ○女尙書 − 內官也. 夫人은 靈帝
의 유모인 趙嬈(조요). ○尤豫(유예) − 猶豫. 머뭇거리다(不定也). 尤는 머뭇
거릴 유, 또는 게으를 임.

[國譯]

마침 5월에 日食이 일어나자, 진번은 다시 두무를 설득하였다.

"옛날에 蕭望之(소망지)는 환관 石顯(석현) 한 사람 때문에 자살하
였는데, 근자에는 이응과 두밀 등 여러 사람과 그 처자까지 화를 당
했으며 거기다가 지금의 환관은 석현보다 수십 배 강합니다. 저 진
번은 80 나이에 장군을 위해 해악을 제거하고자 하는데, 이번에 일
식까지 있었으니 환관을 없애 하늘의 재해를 막아야 합니다. 또 趙
夫人과 女尙書들은 조석으로 태후를 혼란스럽게 하니 빨리 물리치
거나 끊어버려야 합니다. 장군께서 생각하십시오."

두무는 이에 竇太后에게 아뢰었다.

"옛 관례에 의하면, 黃門이나 常侍는 궁내에서 門戶를 지키거나 재물을 관리하는 일을 하였습니다. 지금은 환관에게 정사를 담당케 하여 중요한 권한까지 당당하면서 그 자제들까지 관직에 들어와 탐욕과 포악을 자행하고 있습니다. 지금 천하가 흉흉한 것은 바로 환관 때문입니다. 모두 다 죽이거나 방출하여 조정을 깨끗하게 해야 합니다."

이에 대후가 말했다.

"漢 건국 이후로 늘 있었으니, 죄를 지었다면 죽일 수 있지만 어찌 다 없앨 수 있겠는가?"

그때 中常侍 管霸(관패)는 자못 재략이 있어 궁내의 일을 휘둘렀다. 두무는 먼저 관패 및 중상시 蘇康(소강) 등의 죄를 아뢰어 결국은 죽였다. 두무는 다시 曹節(조절) 등을 죽여야 한다고 여러 번 아뢰었으나 태후는 유예하나 차마 결단을 내리지 못하여 오랫동안 아무 일도 없었다.

原文

至八月, 太白出西方. 劉瑜素善天官, 惡之, 上書皇太后曰,

「太白犯房左驂, 上將星入太微, 其占宮門當閉, 將相不利, 姦人在主傍. 願急防之.」

又與武,蕃書, 以星辰錯繆, 不利大臣, 宜速斷大計. 武,蕃得書將發, 於是以朱寓爲司隸校尉, 劉祐爲河南尹, 虞祁爲

洛陽令. 武乃奏免黃門令魏彪, 以所親小黃門山冰代之. 使
冰奏素狡猾尤無狀者長樂尙書鄭颯, 送北寺獄. 蕃謂武曰,
"此曹子便當收殺, 何復考爲!"

武不從, 令冰與尹勳,侍御史祝瑨雜考颯, 辭連及曹節,王
甫. 勳,冰卽奏收節等, 使劉瑜內奏.

| 註釋 | ○山冰(산빙) – 인명. 山이 성씨. 冰은 얼음 빙. 氷의 本字. ○鄭
颯 – 颯은 바람소리 삽. 빠른 모양.

[國譯]

8月, 太白星이 西方에 나타났다. 劉瑜(유유)는 평소에 천문에 밝았
는데 이를 크게 걱정하여 皇太后에게 상서하였다.

「太白星이 房宿(방수)의 左驂(좌참, 伴星)을 침범하고, 上將星이 太
微星(태미성)에 침입하였으니, 이는 당장 궁문을 폐쇄해야 하고, 將
相에 불리하며, 姦人이 주군 곁에 있다는 뜻입니다. 빨리 이를 예방
해야 합니다.」

또 두무와 진번에게 서신을 보내 星辰(성신)이 정상을 이탈하여
대신에게 불리하니 응당 빨리 결단해야 한다고 말했다. 두무와 진번
은 서신을 받고 거사를 일으키기 전에 朱寓(주우)를 司隷校尉에 劉
祐(유우)를 河南尹에, 虞祁(우기)를 洛陽令에 임용하였다. 그리고 두
무가 상주하여 黃門令 魏彪(위표)를 면직시키고 그 자리를 가까운
小黃門 山冰(산빙)으로 교체하였다. 그리고 산빙을 시켜 평소 교활
하고 사악한 長樂尙書인 鄭颯(정삽)을 北寺獄(북시옥)에 가두었다.
이에 진번이 두무에게 말했다.

"이런 무리들이야 당장 잡아 죽여야 하거늘 다시 무슨 조사를 하렵니까?"

그러나 두무는 따르지 않았다. 그리고 산빙을 시켜 尹勳(윤훈), 侍御史 祝瑨(축진)과 함께 정삽을 합동 조사케 하였는데, 심문 조사에서 曹節(조절)과 王甫(왕보) 등이 관련되었다. 윤훈과 산빙 등은 즉시 조절을 잡아가두고, 유유로 하여금 황태후에게 상주하게 하였다.

▌原文

時武出宿歸府, 典中書者先以告長樂五官史朱瑀. 瑀盜發武奏, 罵曰, "中官放縱者, 自可誅耳. 我曹何罪, 而當盡見族滅?" 因大呼曰, "陳蕃,竇武奏白太后廢帝, 爲大逆!" 乃夜召素所親壯健者長樂從官史共普,張亮等十七人, 歃血共盟誅武等. 曹節聞之, 驚起, 白帝曰, "外間切切, 請出御德陽前殿." 令帝拔劍踴躍, 使乳母趙嬈等擁衛左右, 取棨信, 閉諸禁門, 召尚書官屬, 脅以白刃, 使作詔板. 拜王甫爲黃門令, 持節至北寺獄收尹勳,山冰. 冰疑, 不受詔, 甫格殺之. 遂害勳, 出鄭颯. 還共劫太后, 奪璽書. 令中謁者守南宮, 閉門, 絶複道. 使鄭颯等持節, 及侍御史,謁者捕收武等. 武不受詔, 馳入步兵營, 與紹共射殺使者. 召會北軍五校士數千人屯都亭下, 令軍士曰, "黃門常侍反, 盡力者封侯重賞."

詔以少府周靖行車騎將軍, 加節, 與護匈奴中郎將張奐率五營士討武. 夜漏盡, 王甫將虎賁, 羽林, 厩騶, 都候, 劍戟士, 合千餘人, 出屯朱雀掖門, 與奐等合. 明旦悉軍闕下, 與武對陳. 甫兵漸盛, 使其士大呼武軍曰, "竇武反, 汝皆禁兵, 當宿衛宮省, 何故隨反者乎? 先降有賞!" 營府素畏服中官, 於是武軍稍稍歸甫. 自旦至食時, 兵降略盡. 武, 紹走, 諸軍追圍之, 皆自殺, 梟首洛陽都亭. 收捕宗親, 賓客, 姻屬, 悉誅之, 及劉瑜, 馮述, 皆夷其族. 徙武家屬日南, 遷太后於雲臺.

| 註釋 | ㅇ外間切切 – 切切은 심하다. 긴박하다. ㅇ取棨信 – 棨는 나무로 만든 창 계. 헝겊으로 감싼 창(衣戟也). 궁정 출입용 信標. ㅇ梟首 – 梟는 올빼미 효. 목을 베어 매달다.

[國譯]

　그때 두무는 궁궐을 나와 집으로 자러 가면서 中書 담당자에게 상주문을 長樂五官史인 朱瑀(주우)에게 보내라고 시켰다. 그런데 주우가 두무의 상주를 몰래 읽어보고 욕을 하였다. "건방진 환관이야 응당 처형해야 한다. 그런데 우리는 무슨 죄가 있다고 멸족당해야 하는가?" 그리고는 크게 소리를 질렀다. "진번과 두무가 태후에게 상주하여 황제를 폐위하려는 대역을 꾸몄다."

　그리고는 밤에 평소에 친하고 힘이 좋은 長樂從官史인 共普(공보), 張亮(장량) 등 17명을 모아 피를 바르며 두무 등을 죽이겠다고 함께 맹서하였다. 이런 일을 曹節이 알고 놀라 일어나 황제에게 달려가 말했다. "밖이 매우 긴박하오니 德陽前殿으로 우선 행차하셔야 합니다." 그리고 황제로 하여금 칼을 뽑아들고 달려 나가게 하면서 유모인 趙嬈(조요) 등이 좌우에서 호위하였고 긴급 신표를 보내 각 궁문을 폐쇄하였다. 이들은 尙書 등 관속을 불러 칼로 협박하며 조서를 작성케 하였다. 그리하여 王甫(왕보)를 黃門令에 임명하여 부절을 가지고 北寺獄으로 가서 윤훈과 산빙을 체포하게 하였다. 산빙이 의심하며 조서를 받지 않자, 왕보는 바로 산빙을 죽였다. 이어 윤훈도 죽이고 정삽을 출옥시켰다.

환관들은 두태후까지 협박하여 璽書를 탈취하였다. 中謁者들을 동원하여 南宮을 지키게 하면서 궁문을 폐쇄하고 여러 複道도 막았다. 정삽 등으로 하여금 부절을 가지고 가서 侍御史와 謁者 등과 함께 두무를 체포하게 하였다. 두무는 조서를 받지 않고 말을 달려 步兵營으로 들어가 조서를 가지고 따라온 사자를 활로 쏘아 죽였다.

두무는 北軍 五校의 군사 수천 명을 소집하여 都亭 부근에 주둔시키고 군사들에게 명령하였다. "黃門常侍가 반역하였는데 힘써 싸우는 자는 제후가 되거나 큰 상을 받을 것이다." 환관은 조서로 少府 周靖(주청)을 車騎將軍 대행으로 삼아 부절을 내려 護匈奴中郎將 張奐(장환)과 함께 五營의 군사를 거느리고 두무를 토벌케 하였다. 날이 밝을 무렵에 왕보는 虎賁과 羽林의 군사, 마부와 都候(도후), 보통 병사 등 1천여 명을 거느리고 나와 朱雀(주작) 掖門(액문)에 주둔하면서 장환 등과 합세하였다. 날이 다 밝자 모든 군사를 동원하여 두무의 군사와 맞서게 되었다. 왕보의 군사는 점차 늘어났는데 그 군사를 시켜 두무의 군사를 향하여 소리치게 하였다.

"두무가 반역하였는데, 너희들은 모두 禁兵이니 당연히 궁궐을 호위해야 하거늘 어찌 반역자를 따르는가? 먼저 투항하는 자는 상을 받을 것이다."

낙양의 군사들은 평소에도 환관을 두려워하며 복속하였는데 이에 두무 휘하의 군사는 점차 왕보 진영으로 돌아왔다. 날이 밝은 뒤로 아침식사를 할 시각에 군졸은 거의 다 왕보 편이 되었다. 두무와 竇紹(두소)는 도주하였는데 추격한 군사에게 포위되자 두 사람은 자살하였고, 洛陽都亭에 梟首(효수)되었다. 두무의 종친, 빈객, 인척 등은 모두 주살되었고, 劉瑜(유유), 馮述(풍술) 등은 일족이 멸족되었다. 두무의 가속을 남쪽 日南郡에 이주시켰고, 두태후는 雲臺(운대)로 옮겨 거처케 하였다.

原文

當是時, 凶竪得志, 士大夫皆喪其氣矣. 武府掾桂陽胡騰, 少師事武, 獨殯斂行喪, 坐以禁錮.

武孫輔, 時年二歲, 逃竄得全. 事覺, 節等捕之急. 胡騰及令史南陽張敞共逃輔於零陵界, 詐云已死, 騰以爲己子, 而使聘娶焉. 後擧桂陽孝廉. 至建安中, 荊州牧劉表聞而辟焉, 以爲從事, 使還竇姓, 以事列上. 會表卒, 曹操定荊州, 輔與宗人徙居於鄴, 辟丞相府. 從徵馬超, 爲流矢所中死.

初, 武母産武而倂産一蛇, 送之林中. 後母卒, 及葬未窆, 有大蛇自榛草而出, 徑至喪所, 以頭擊柩, 涕血皆流, 俯仰蜿屈, 若哀泣之容, 有頃而去. 時人知爲竇氏之祥.

| 註釋 | ○零陵(영릉) - 군명. 治所는 泉陵縣, 今 湖南省 서남부 永州市.
○鄴縣(업현) - 冀州刺史部 관할인 魏郡의 治所, 今 河北省 邯鄲市 관할 臨
漳縣 서남. 袁紹(원소)의 본거지. ○馬超(마초, 176 - 222) - 字 孟起, 馬騰(마
등)의 아들. 蜀漢 五虎將軍의 1人. 陳壽(진수)는《三國志》에서 馬超를 關羽,
張飛, 黃忠, 趙雲과 合傳하였다.《삼국연의》에서 조조는 "저 馬氏 애송이
가 죽지 않으면 내 묻힐 자리가 없을 것이다.(馬兒不死, 吾無葬地矣.)"라고
말할 정도로 마초를 두려워했다. ○流矢 - 飛矢, 中은 傷也. 所中은 피동
형. ○及葬未窆 - 窆은 하관할 폄. ○俯仰蛣屈 - 머리를 위아래로 움직
이고 몸을 굽히고 펴고 하다. 蛣은 장구벌레 길. 屈은 굽힐 굴.

[國譯]

이렇게 되자 흉악한 환관이 득세하고, 士大夫는 모두 기가 죽었
다. 竇武 將軍府의 掾吏이던 桂陽郡 출신 胡騰(호등)은 젊어 두무에
게 師事했었기에 홀로 두무의 시신을 거두어 장례를 치렀는데 이 때
문에 금고에 처해졌다.

두무의 손자 竇輔(두보)는 그때 2살이었는데 도망가서 목숨을 건
졌다. 일이 발각되자 조절 등은 두보를 체포하라고 독촉하였다. 호
등과 令史인 南陽郡 張敞(장창)은 함께 두보를 데리고 零陵郡에 숨
었다가 나중에 죽었다고 거짓말을 하였으며, 호등은 자신의 아들로
키워 결혼도 시켰다. 뒷날 桂陽郡에서 孝廉으로 천거하였다. (獻帝)
建安 연간에, 荊州牧인 劉表(유표)가 이를 알고 불러 從事로 임명했
고 竇氏 성을 되찾았으며 이를 조정에 보고하였다. 나중에 유표가
죽고 曹操가 荊州를 차지하자, 두보는 일족과 함께 鄴縣(업현)으로
이주하였고 승상부에서 근무하였다. 출정하여 馬超(마초)를 공격하
다가 流矢(유시)에 맞아 죽었다.

그전에 두무의 모친이 두무를 출산할 때 뱀도 한 마리 같이 출산하였는데, 뱀을 숲으로 풀어주었다. 나중에 두무의 모친이 죽었을 때 장례 하관하기 전에, 큰 뱀이 잡목 숲에서 나오더니 곧바로 빈소에 가서 머리로 관을 찧으면서 눈물처럼 피를 흘리며 머리와 몸을 위아래로 굽혔다 폈다 하며 마치 슬피 우는 듯 하더니 얼마 후 사라졌다. 사람들은 그것이 두씨 길흉의 前兆(전조)라고 생각하였다.

原文

騰字子升. 初, 桓帝巡狩南陽, 以騰爲護駕從事. 公卿貴戚車騎萬計, 徵求費役, 不可勝極. 騰上言, "天子無外, 乘輿所幸, 卽爲京師. 臣請以荊州刺史比司隷校尉, 臣自同都官從事." 帝從之. 自是肅然, 莫敢妄有干欲, 騰以此顯名. 黨錮解, 官至尙書.

張敞者, 太尉溫之弟也.

| 註釋 | ○護駕從事 – 간칭 從事史. 사예교위나 州 자사를 호위를 담당. ○比司隷校尉 – 南陽郡은 荊州刺史의 관할. 남양군에 행차하였으니 형주자사가 司隷校尉와 같은 역할이라고 생각하였다. ○都官從事 – 사예교위의 속관의 우두머리. 사예교위는 종사 12명을 거느렸다. 百官의 범법 행위를 규찰하였다.

[國譯]

胡騰(호등)의 字는 子升(자승)이다. 전에, 桓帝가 南陽郡을 순수할 때 호등은 護駕從事였다. 그때 수행하는 公卿貴戚의 車騎가 1만여 대나 되었는데 그 비용을 청구하여 이루 다 계산할 수가 없었다. 이에 호등이 건의하였다.

"天子에게는 內外가 없으니 행차하신 곳이 바로 京師입니다. 臣은 荊州刺史가 司隸校尉와 같은 일을 한다고 생각하기에 臣은 都官從事와 같은 일을 하겠습니다."

이를 환제가 수락하였다. 이에 모두가 肅然(숙연)하여 함부로 요구를 하는 자가 없었고 호등은 이 때문에 이름이 알려졌다. 黨錮가 풀리자 호등은 尙書가 되었다.

張敞(장창)은 太尉 張溫(장온)의 아우이다.

❷ 何進

│原文│

何進字遂高, 南陽宛人也. 異母女弟選入掖庭爲貴人, 有寵於靈帝, 拜進郎中, 再遷虎賁中郎將, 出爲潁川太守. 光和三年, 貴人立爲皇后, 徵進入, 拜侍中, 將作大匠, 河南尹.

中平元年, 黃巾賊張角等起, 以進爲大將軍, 率左右羽林五營士屯都亭, 修理器械, 以鎭京師. 張角別黨馬元義謀起洛陽, 進發其姦, 以功封愼侯.

四年, 滎陽賊數千人群起, 攻燒郡縣, 殺中牟縣令, 詔使進弟河南尹苗出擊之. 苗攻破群賊, 平定而還. 詔遣使者迎於成皋, 拜苗爲車騎將軍, 封濟陽侯.

| 註釋 | ○ 何進(하진. ?-189) - 南陽 宛縣 출신, 屠戶 출신, 환관 세력을 꺾겠다고 董卓(동탁)을 불러들인 장본인. 十常侍에게 피살. ○ 宛縣(완현) - 荊州刺史部 관할 南陽郡의 治所, 今 河南省 南陽市 宛城區. ○ 都亭 - 洛陽 소재 亭名. ○ 愼侯 - 愼은 汝南郡의 현명. 今 安徽省 서북부 阜陽市 관할 潁上縣. 淮河와 潁河의 합류처. ○ 中牟縣(중모현) - 今 河南省 중부 鄭州市 관할 中牟縣, 河水 남안.

[國譯]

何進(하진)의 字는 遂高(수고)로, 南陽郡 宛縣(완현) 사람이다. 이복 여동생이 액정에 뽑혀 들어가 貴人이 되어 靈帝의 총애를 받자 하진은 郎中이 되었다가 두 번 승진하여 虎賁中郎將이 되었고 潁川太守로 나갔다. (靈帝) 光和 3년(서기 180), 何貴人이 皇后에 책립되자 하진은 조정에 들어와 侍中, 將作大匠, 河南尹을 역임하였다.

(靈帝) 中平 원년(서기 184), 황건적 張角(장각) 등이 기병하자 하진을 대장군으로 삼아 좌우 우림 5영의 군사를 都亭에 주둔케 하고 여러 장비를 수리하여 낙양성을 지키게 하였다. 장각의 별도 무리인 馬元義(마원의)가 낙양에서 거병하려고 하였는데, 하진이 그 음모를 적발하여 그 공적으로 愼侯(신후)에 봉해졌다.

(中平) 4年, 滎陽(형양)의 도적 무리 수천 명이 봉기하여 군현을 공격하여 불태우고 中牟縣令을 죽이자, 조서로 하진의 동생 河南尹인 何苗(하묘)를 보내 토벌케 하였다. 하묘가 도적 무리를 평정하고 돌아오자 사자를 보내 成皋(성고)에서 영접하며 하묘를 車騎將軍에 임명하고 濟陽侯에 봉했다.

五年, 天下滋亂, 望氣者以爲京師當有大兵, 兩宮流血.
大將軍司馬<u>許涼</u>, 假司馬<u>伍宕</u>說<u>進</u>曰, "《太公六韜》有天子
將兵事, 可以威厭四方." <u>進</u>以爲然, 入言之於帝. 於是乃詔
<u>進</u>大發四方兵, 講武於<u>平樂觀</u>下. 起大壇, 上建十二重五采
華蓋, 高十丈, 壇東北爲小壇, 復建九重華蓋, 高九丈, 列步
兵, 騎士數萬人, 結營爲陳. 天子親出臨軍, 駐大華蓋下, <u>進</u>
駐小華蓋下.

禮畢, 帝躬擐甲介馬, 稱 '無上將軍', 行陳三匝而還. 詔
使<u>進</u>悉領兵屯於觀下. 是時置<u>西園八校尉</u>, 以小黃門蹇碩爲
上軍校尉, 虎賁中郎將<u>袁紹</u>爲中軍校尉, 屯騎都尉<u>鮑鴻</u>爲下
軍校尉, 議郎<u>曹操</u>爲典軍校尉, <u>趙融</u>爲助軍校尉, <u>淳于瓊</u>爲
佐軍校尉, 又有左右校尉. 帝以蹇碩壯健而有武略, 特親任
之, 以爲元帥, 督司隸校尉以下, 雖大將軍亦領屬焉.

| 註釋 | ○望氣 - 望氣는 方術의 한 종류. 구름 모양, 색깔, 변화하는 모
양 등을 보아 운수나 길흉을 예언하는 행위. ○《太公六韜》 - 周 呂尙이 편
찬하였다는 병서. ○擐甲介馬 - 擐은 입을 환. 갑옷을 입다(貫也). 介는
갑옷 개(甲也). ○西園八校尉 - 靈帝 때 증치한 禁軍의 8교위. 서원은 후
한 御苑의 하나. 후한 上林苑의 별칭.

[國譯]

(中平) 5년, 천하는 더욱 혼란하였는데, 望氣하는 자가 앞으로 경

사에 大軍이 들이닥치고 남, 북궁 사이에 피가 흐를 것이라고 말하였다. 이에 大將軍의 司馬인 許涼(허량), 假司馬인 伍宕(오탕)이 하진에게 말했다. "《太公六韜》에 天子가 군사를 직접 거느리면 사방을 위압할 수 있다고 하였습니다." 하진도 그렇게 생각하여 영제에게 건의하였다. 이에 조서를 내려 하진이 四方의 군사를 동원하여 平樂觀에서 講武하도록 준비를 시켰다. 그래서 높은 단을 쌓고 단위에 12층 5색의 높이 10丈(장)의 華蓋(화개)를 세웠고, 단의 동북에 소단을 쌓았는데 거기에는 9층, 높이 9丈의 화개를 세웠으며, 보병과 기병 수만 명을 줄지어 병영 별로 배치하였다. 天子가 대군 앞에 親臨하여 큰 화개 아래에 섰고 하진은 작은 화개 아래에 멈췄다.

군례를 마치자, 황제는 친히 갑옷을 입고 갑주를 두른 말을 타고 '無上將軍'의 호칭으로 군진을 3번 돌고 돌아왔다. 조서로 하진에게 모든 군사를 거느리고 平樂觀 주변에 주둔하게 하였다. 이때 西園에도 8校尉를 증치하였는데 小黃門 蹇碩(건석)이 上軍校尉, 虎賁中郎將인 袁紹(원소)가 中軍校尉, 屯騎都尉인 鮑鴻(포홍)이 下軍校尉, 議郎인 曹操(조조)가 典軍校尉, 趙融(조융)이 助軍校尉, 淳于瓊(순우경)이 佐軍校尉였으며 그 외 左, 右校尉가 더 있었다. 영제는 건석이 건장하고 武略이 있다 하여 특별히 신임하여 元帥로 인정하였고 司隸校尉 이하 전군을 감독케 하니 大將軍도 그 아래에 속했다.

原文

碩雖擅兵於中, 而猶畏忌於進, 乃與諸常侍共說帝遣進西擊邊章, 韓遂. 帝從之, 賜兵車百乘, 虎賁斧鉞. 進陰知其謀,乃上遺袁紹東撃徐兗二州兵, 須紹還, 卽戎事, 以稽行期.

初, 何皇后生皇子辯, 王貴人生皇子協. 群臣請立太子, 帝以辯輕佻無威儀, 不可爲人主, 然皇后有寵, 且進又居重權, 故久不決.

六年, 帝疾篤, 屬協於蹇碩. 碩旣受遺詔, 且素輕忌於進兄弟, 及帝崩, 碩時在內, 欲先誅進而立協. 及進從外入, 碩司馬潘隱與進早舊, 迎而目之. 進驚, 馳從儳道歸營, 引兵入屯百郡邸, 因稱疾不入. 碩謀不行, 皇子辯乃卽位, 何太后臨朝, 進與太傅袁隗輔政, 錄尙書事.

| 註釋 | ○邊章,韓遂 - 邊章(변장)은 영제 때 金城郡에서 반란을 일으켜 隴右(농우)에서 반역한 韓遂(한수)와 함께 三輔 지역을 노략질하였다. ○輕佻無威儀 - 輕佻(경조)는 경박하다. 佻는 방정맞을 조. ○儳道 - 지름길. 儳은 빠를 참(疾也), 섞을 참. ○郡邸 - 지방 郡의 수도에 있는 숙소, 郡의 관리들이 상경할 때 머무는 곳. ○皇子辯乃卽位 - 皇子 辯(변)은 少帝, 弘農王 등으로 표기. 재위가 中平 6년(서기 189년 4월~8월). 在位가 해를 넘기지 못했기에 정통 황제로 인정하지 않음. 재위 중 정권은 母親 何太后와 大將軍 何進의 수중에 있었지만 이들 외척세력은 환관 집단 十常侍와의 세력 경쟁에서 밀렸다. 결국 少帝는 서북 軍閥인 董卓에 의해 폐위되어 弘農王이 되었다가 동탁의 협박을 받아 자살했다.

[國譯]

蹇碩(건석)이 중앙의 군권을 장악하였지만 그래도 하진을 꺼려하였으니 여러 중상시들과 함께 영제에게 하진을 보내 서쪽의 邊章(변

장)과 韓遂(한수)를 토벌케 해야 한다고 건의하였다. 영제는 그 말대
로 하진에게 兵車 1백 량과 虎賁(호분)의 군사와 斧鉞(부월)을 하사하
였다. 하진은 은밀히 건석의 음모를 알고서 袁紹(원소)를 시켜 먼저
徐州와 兗州(연주) 일원에서 군사를 모아 회군하면 바로 출정하겠다
며 출정을 연기하였다.

　그전에 何皇后는 皇子 劉辯(유변)을 王貴人은 皇子 劉協(유협)을 출산하
였다. 群臣이 太子 책립을 주청하였지만 영제는 유변이 경박하고 위
엄이 없어 人主로서는 불가하다고 생각하였지만 황후에 대한 총애
가 있고 또 하진이 막중한 권한을 쥐고 있어 오랫동안 결정하지 못
하고 있었다.

　中平 6년(서기 189), 영제는 병이 위독하자 劉協을 蹇碩(건석)에게
유촉하였다. 건석은 유조를 받았지만 평소에 하진 형제를 경시하고
꺼려했기에 영제가 붕어하자, 건석은 궁 안에서 먼저 하진을 주살한
뒤에 유협을 옹립하려고 계획했다. 그리하여 하진이 밖에서 입궁할
때에 건석의 司馬인 潘隱(반은)은 하진과 예부터 가까웠기에 영접하
면서 눈짓을 보냈다. 하진은 놀라 급히 말을 달려 지름길로 군영으
로 돌아가 군사를 거느리고 여러 郡邸(군저) 지역에 주둔하면서 병
이 났다며 입궁하지 않았다. 건석은 책모를 실행할 수 없었고, 황자
유변이 즉위한 뒤에(少帝, 弘農王) 何太后가 臨朝聽政하였으며 何
進과 太傅 袁隗(원외)는 정사를 보필하면서 尙書事를 감독하였다.

　進素知中官天下所疾, 兼忿蹇碩圖己, 及秉朝政, 陰規誅

之. 袁紹亦素有謀, 因進親客張津勸之曰, "黃門常侍權重日
久, 又與長樂太后專通姦利, 將軍宜更淸選賢良, 整齊天下,
爲國家除患." 進然其言. 又以袁氏累世寵貴, 海內所歸, 而
紹素善養士, 能得豪傑用, 其從弟虎賁中郞將術亦尙氣俠, 故
並厚待之. 因復博徵智謀之士逢紀,何顒,荀攸等, 與同腹心.

| 註釋 | ○長樂太后 – 靈帝의 생모 董太后는 長樂宮에 거처했다. ○袁
氏累世寵貴 – 汝南 袁氏인 袁安(원안)이 司徒와 司空을 역임한 이후 손자
袁湯(원탕)은 司徒와 太尉를 역임하였으며, 그 손자 袁紹에 이르기까지 關
東 최고의 명문이었다. 45권, 〈袁張韓周列傳〉에 立傳. ○逢紀 – 인명. 逢
은 막을 방. 성씨. ○何顒(하옹) – 67권, 〈黨錮列傳〉에 立傳.

[國譯]

　하진은 평소에 천하가 모두 환관을 미워하고, 蹇碩(건석)이 자신
을 해치려 했다는 것을 알고 은밀히 환관을 제거할 뜻이었다. 袁紹
(원소) 또한 평소에 그런 뜻이 있었기에 하진의 가까운 빈객인 張津
(장진)을 통해 하진에게 권했다.

　"黃門常侍의 권한이 막강한지는 오래 되었으며, 또 長樂太后(靈
帝 생모 董氏)와 연결되어 간악하게 이득을 챙기고 있으니 장군께
서는 현량한 인재를 뽑아 천하를 바로 세우고 국가를 위해 환부를
도려내야 합니다."

　하진도 그렇게 생각하였다. 또 袁氏(원씨) 일족은 여러 대에 걸쳐
황제의 신임을 받은 명문으로 천하의 민심을 얻고 있으며, 원소도
평소에 養士를 잘하여 호걸을 많이 등용하였으며 그 사촌동생인 虎

賁中郎將 袁術(원술) 역시 의협심이 강했기에 하진은 이들을 잘 대우했었다. 그러면서 智謀之士인 逢紀(방기), 何顒(하옹), 荀攸(순유) 등 인재를 널리 구하고 불러 심복으로 만들었다.

原文

蹇碩疑不自安, 與中常侍趙忠等書曰,

「大將軍兄弟秉國專朝, 今與天下黨人謀誅先帝左右, 埽滅我曹. 但以碩典禁兵, 故且沉吟. 今宜共閉上合, 急捕誅之.」

中常侍郭勝, 進同郡人也. 太后及進之貴幸, 勝有力焉. 故勝親信何氏, 遂共趙忠等議, 不從碩計, 而以其書示進. 進乃使黃門令收碩, 誅之, 因領其屯兵.

| 註釋 | ○中常侍 − 九卿의 한 사람인 少府(질록 中二千石)의 속관으로 侍中이 있고, 侍中은 그 아래에 中常侍(千石, 宦者, 황제의 심부름, 고문 응대, 내궁에 출입. 無定員, 질록 千石. 나중에는 比二千石으로 증액), 黃門侍郎(六百石), 小黃門(六百石, 宦者)을 거느렸다. ○埽滅我曹 − 埽는 쓸소. 쓸어내다. 埽는 掃. 我曹는 우리들. 曹는 관아 조, 무리 조.

[國譯]

건석은 의구심에 불안하여 中常侍 趙忠(조충)에게 서신을 보냈다.

「대장군(何進) 형제가 조정의 권력을 장악한 이후 지금까지 온 나라의 당인을 모아 先帝(靈帝)의 측근을 제거하면서 우리들조차 쓸어 없애려 합니다. 그래도 이 건석이 禁兵을 지휘하기에 일단 유예하고 있는 것입니다. 지금 응당 우리가 일제히 궁문을 폐쇄하고 하진 형제를 급히 체포 주살해야 합니다.」

중상시 郭勝(곽승)은 하진과 同郡 사람이었다. (何) 太后와 하진의 신임을 받고 있어 곽승은 큰 힘을 쓸 수 있었다. 그래서 곽승은 하진을 신뢰하면서 마침내 조충 등과 함께 건석의 뜻을 따르지 않기로 의논한 뒤, 건석의 서신을 하진에게 보여주었다. 하진은 곧바로 黃門令을 시켜 건석을 체포하여 죽여버렸다. 그러면서 그 군사를 거느렸다.

原文

袁紹復說進曰, "前竇武欲誅內寵而反爲所害者, 以其言語漏泄, 而五營百官服畏中人故也. 今將軍旣有元舅之重, 而兄弟並領勁兵, 部曲將吏皆英俊名士, 樂盡力命, 事在掌握, 此天贊之時也. 將軍宜一爲天下除患, 名垂後世. 雖周之申伯, 何足道哉! 今大行在前殿, 將軍受詔領禁兵, 不宜輕出入宮省."

進甚然之, 乃稱疾不入陪喪, 又不送山陵. 遂與紹定籌策, 而以其計白太后. 太后不聽, 曰, "中官統領禁省, 自古及今, 漢家故事, 不可廢也. 且先帝新棄天下, 我柰何楚楚與士人對共事乎?"

進難違太后意, 且欲誅其放縱者. 紹以爲中官親近至尊, 出入號令, 今不悉廢, 後必爲患. 而太后母舞陽君及苗數受諸宦官賂遺, 知進欲誅之. 數白太后, 爲其障蔽. 又言, "大將軍專殺左右, 擅權以弱社稷."

太后疑以爲然. 中官在省闥者或數十年, 封侯貴寵, 膠固內外. 進新當重任, 素敬憚之, 雖外收大名而內不能斷, 故事久不決.

【國譯】

원소가 다시 하진을 설득하였다.

"전에 竇武(두무)가 환관을 제거하려다가 도리어 환관에게 당한 것은 그 계획이 누설되었고 五營의 軍吏들이 환관을 두려워했기 때문입니다. 지금 장군은 國舅로 중책을 갖고 형제분이 강한 군사를 장악했으며, 군영의 장교가 모두 영명하고 뛰어난 명사로 전심전력하여 목숨을 바치려 하며 모든 것을 갖추었으니, 이는 하늘이 돕는 것입니다. 일단 장군께서 천하의 환부를 제거한다면 명성은 후세에 오래 전할 것입니다. 그렇다면 周의 申伯(신백)이 어찌 장군에 견줄 수 있겠습니까! 지금 先帝의 관이 아직 前殿에 있지만 장군께서는 조서로 禁兵을 지휘하고 계시니 가벼이 궁궐을 출입해서도 안 됩니다."

하진은 매우 옳은 말이라고 생각하면서 병을 이유로 영제의 빈소에 들어가지도 또 발인과 장례에도 가지 않았다. 그리고 원소와 함께 방책을 정한 뒤에 계획을 태후에게 말했다. 그러나 태후는 허락하지 않으며 말했다.

"환관의 궁궐 관리는 예로부터 지금까지 漢의 전통이라 폐할 수 없습니다. 게다가 先帝가 붕어하신지 얼마 되지도 않았는데, 내가 어찌 터놓고 다른 사람과 함께 도모하겠습니까?"

하진은 하태후의 뜻을 어길 수 없어 일단 방종한 환관을 주살키로 하였다. 원소는 환관이 지존의 주변에서 호령하고 있으니, 이번에 완전히 없애지 않으면 필히 후환이 있을 것이라 생각하였다. 게다가 또 太后의 모친 舞陽君(무양군)과 (하진의 아우) 何苗(하묘)는 환관들로부터 자주 뇌물을 받았고, 하진이 환관을 제거하려 한다는 뜻도 알고 있었다. 무양군과 하묘는 환관을 자주 감싸주었다. 그러면서 말했다.

"大將軍(何進)이 환관을 다 죽이려는 뜻은 권력을 쥐고 사직을 약화시키려는 뜻입니다."

이에 하태후도 의심하며 그렇게 여겼다. 어떤 환관은 궁궐에서 수십 년 일하면서 제후에 봉해졌고 황제의 신임이 두터웠고 여러 기반이 확고하였다. 하진은 나라의 중책을 맡은 지 얼마 되지 않았기에 평소 환관을 공경하면서도 꺼려했기에 비록 밖으로는 이름을 떨쳤지만 궁 안에서는 결단하지 못하여 환관 제거는 오래도록 결행하지 못했다.

原文

紹等又爲畫策, 多召四方猛將及諸豪傑, 使並引兵向京

城, 以脅太后. 進然之. 主簿陳琳入諫曰,

"《易》稱'卽鹿無虞', 諺有'掩目捕雀.' 夫微物尙不可欺以得志, 況國之大事, 其可以詐立乎? 今將軍總皇威, 握兵要, 龍驤虎步, 高下在心, 此猶鼓洪爐燎毛髮耳. 夫違經合道, 天人所順, 而反委釋利器, 更徵外助. 大兵聚會, 强者爲雄, 所謂倒持干戈, 授人以柄, 功必不成, 祗爲亂階."

進不聽. 遂西召前將軍董卓屯關中上林苑, 又使府掾太山王匡東發其郡强弩, 並召東郡太守橋瑁屯城皐, 使武猛都尉丁原燒孟津, 火照城中, 皆以誅宦官爲言. 太后猶不從.

| 註釋 | ○陳琳(진림, ?-217) - 字 孔璋, 후한의 시인, '建安七子'의 한 사람. 문장가. ○《易》稱'卽鹿無虞' -《易·屯卦》, 水(☵)雷(☳) 屯(준), 六三爻辭. 사슴을 잡으려 하면서(卽鹿) 산지기(虞, 掌山澤之官, 사냥꾼)를 데려가지 않다. 無虞면 不可得이다. 屯은 진칠 둔, 괘 이름 준(屯). ○掩目捕雀 - 눈을 가린 채(掩目) 참새를 잡으려 하다(捕雀). 불가능한 일, 거짓말. ○授人以柄 - 보검의 칼날을 잡고 칼자루는 남에게 주다. ○祗爲亂階 - 祗는 다만 지. 祇(마침 지)와 同字. ○武猛都尉丁原燒孟津 - 武猛은 武藝가 출중하고 용맹한 자. 그 뜻을 취해 관직명으로 사용했다. 丁原(정원, 140?-189)의 字는 建陽. 幷州(병주)자사 역임. 呂布의 능력을 인정, 동탁의 계략에 의거 呂布에게 피살. 孟津은 今 河南省 서북부 洛陽市 관할 孟津縣. 黃河의 나루터, 교통요지.

[國譯]

원소 등은 사방의 猛將 및 여러 호걸을 불러 각각 군사를 거느리고 낙양으로 데려와 태후를 협박하겠다는 방책을 마련하였다. 하진도 이에 찬동하였다. 이때 하진의 主簿인 陳琳(진림)이 忠言을 말했다.

"《易》에 '사슴을 잡으려는데 산지기가 없다(卽鹿無虞).'고 하였으며, 속언에도 '자기 눈을 가리고 참새를 잡으려 한다(掩目捕雀).'고 하였습니다. 이처럼 미물에 대해서도 거짓이 통하지 않는데 하물며 국가 대사를 처리하면서 거짓이 통하겠습니까? 지금 장군은 황제의 권위를 대신하여 군권을 행사하며 龍虎의 위엄으로 크고 작은 일을 처리하고 계시니, 환관을 죽이는 일은 마치 큰 화로의 숯불을 뒤적이며 깃털을 태우기처럼 쉬운 일입니다. 대체로 법과 도덕을 지키고 따르면 天人도 순응하는데, 지금 장군은 좋은 방법을 버려두고 밖의 힘에 의지하려고 합니다. 지방의 대군을 중앙으로 불러 모으면 그 중 새로운 강자가 영웅이 될 것이니, 이는 나는 칼날을 쥐고 칼자루는 남에게 주는 것과 같으니 일이 성공할 수도 없거니와 도리어 혼란을 불러올 것입니다."

하진은 듣지 않았다. 결국 서쪽으로 사람을 보내 이전의 장군이었던 董卓(동탁)을 불러 關中의 上林苑에 주둔케 하였고, 또 속리를 보내 太山郡(태산군)의 王匡(왕광)의 강한 弓兵을 불렀으며, 또 東郡太守 橋瑁(교모)를 城皋(성고)에 주둔케 하였고, 武猛都尉인 丁原(정원)을 시켜 孟津를 불태우게 하여 그 화염이 낙양성에서도 보였는데, 모두가 환관을 죽일 것이라고 말했지만 하태후는 여전히 따르지 않았다.

苗謂進曰, "始共從南陽來, 俱以貧賤, 依省內以致貴富. 國家之事, 亦何容易! 覆水不可收. 宜深思之, 且與省內和也."

進意更狐疑. 紹懼進變計, 乃脅之曰, "交搆已成, 形勢已露, 事留變生, 將軍復欲何待, 而不早決之乎?" 進於是以紹爲司隷校尉, 假節, 專命擊斷, 從事中郎王允爲河南尹. 紹使洛陽方略武吏司察宦者, 而促董卓等使馳驛上, 欲進兵平樂觀. 太后乃恐, 悉罷中常侍小黃門, 使還里舍, 唯留進素所私人, 以守省中. 諸常侍小黃門皆詣進謝罪, 唯所措置. 進謂曰, "天下匈匈, 正患諸君耳. 今董卓垂至, 諸君何不早各就國?" 袁紹勸進便於此決之, 至於再三. 進不許. 紹又爲書告諸州郡, 詐宣進意, 使捕案中官親屬.

| 註釋 | ○交搆已成 – 싸움은 이미 시작되었다. 搆는 당길 구. ○中常侍 – 중상시는 明帝 때 정원 4명으로 士人이나 宦官을 임용했고 질록은 千石이었는데 말기에 2천석으로 증액했다. 和帝 때 10인으로 증원되었다가 다시 12명으로 증원되었고, 이들은 국정 전반을 관여했다. 靈帝는 '張常侍(張讓)는 나의 爸爸(파파, 아버지)이고, 趙常侍(趙忠)은 나의 媽媽(마마, 어머니)'라고 말할 정도로 환관을 존중, 총애하였다. 《三國演義》에 등장하는 '十常侍'는 張讓, 段珪, 趙忠, 封諝, 曹節, 侯覽, 蹇碩(건석), 程曠, 夏惲(하운), 郭勝이다. ○垂至 – 垂는 거의, 변방. 드리울 수.

[國譯]

何苗(하묘)가 형 하진에게 말했다.

"처음에 南陽에서 들어올 때 우리는 매우 빈천했지만, 환관의 도움으로 부귀를 이루었습니다. 또 나라의 일을 처리가 얼마나 쉬웠습니까! 물을 엎지르면 다시 담을 수 없습니다. 응당 깊이 생각하시어 환관과 화친해야 합니다."

하진의 생각은 더욱 혼란스러웠다. 원소는 하진의 계책이 또 바뀔까 두려워 하진을 협박하기에 이르렀다. "환관과 싸움은 이미 시작되었고 형세는 분명해졌는데 일을 미루면 변란이 생길 것인데, 장군은 무엇을 더 기다리기에 빨리 결단하지 못합니까?"

이에 하진은 원소를 司隷校尉에 임명하며 부절을 주어 마음대로 처단케 하였고, 從事中郎 王允(왕윤)을 河南尹으로 임명하였다. 원소는 洛陽의 대담한 軍吏를 시켜 환관을 감시하게 하고, 동탁에게 驛路를 따라 빨리 낙양에 군사를 거느리고 들어와 平樂觀에 주둔하라고 재촉하였다. 하태후는 그제야 두려워하며 中常侍와 小黃門을 모두 파직하여 고향 집으로 돌아가게 하였고, 하진이 평소에 신임했던 환관만을 남겨 궁중을 보살피게 하였다. 모든 常侍와 小黃門은 하진에게 나아가 사죄하며 남겨 달라고 호소하였다. 그러자 하진이 말했다.

"천하가 흉흉한 것은 여러분을 증오하기 때문이다. 지금 동탁의 군대가 곧 들어올 것인데, 왜 빨리 본 군으로 돌아가지 않는가?"

원소는 이참에 빨리 결단하라고 두세 번 독촉하였다. 그러나 하진은 수락하지 않았다. 원소는 이에 각 주군에 보내는 문서를 작성하여 대장군 하진의 뜻이라며 환관의 친속을 모두 체포하여 처리하라고 지시하였다.

原文

進謀積日, 頗泄, 中官懼而思變. 張讓子婦, 太后之妹也.

讓向子婦叩頭曰, "老臣得罪, 當與新婦俱歸私門. 惟受恩累世, 今當遠離宮殿, 情懷戀戀, 願復一入直, 得暫奉望太后, 陛下顏色, 然後退就溝壑, 死不恨矣."

子婦言於舞陽君, 入白太后, 乃詔諸常侍皆復入直.

| 註釋 | ○惟 – 생각하다. 思念. ○張讓(장양) – 十常侍의 한 사람.

[國譯]

하진의 결단까지는 여러 날이 걸렸고 이런저런 말이 새어나가자 환관들은 변란을 생각했다. 환관 張讓(장양)의 며느리는 何太后의 여동생이었다. 장양은 며느리에게 머리를 찧으면서 말했다.

"이 늙은이가 죄를 지었지만 며느리와 함께 고향으로 돌아가야 합니다. 다만 여러 대에 걸쳐 은덕을 입었기에 지금 궁궐에서 멀리 떠나가야 하지만, 그래도 다시 한 번 궁에 들어가 잠시나마 태후나 폐하의 용안을 뵙고 인사를 올린 뒤에 죽어 묻힐 수 있다면 여한이 없을 것입니다."

子婦는 舞陽君(친정어머니)에게 말하고 하태후에게 만나 호소하자, 하태후는 모든 常侍들에게 다시 입궁하여 일하라고 명령하였다.

原文

八月, 進入長樂白太后, 請盡誅諸常侍以下, 選三署郎入守宦官廬. 諸宦官相謂曰, "大將軍稱疾不臨喪, 不送葬, 今

欻入省, 此意何爲? 竇氏事竟復起邪?" 又張讓等使人潛聽,
具聞其語, 乃率常侍段圭,畢嵐等數十人, 持兵竊自側闥入,
伏省中. 及進出, 因詐以太后詔召進. 入坐省闥, 讓等詰進曰,
"天下憒憒, 亦非獨我曹罪也. 先帝嘗與太后不快, 幾至成
敗, 我曹涕泣救解, 各出家財千萬爲禮, 和悅上意, 但欲托卿
門戶耳. 今乃欲滅我曹種族, 不亦太甚乎? 卿言省內穢濁,
公卿以下忠清者爲誰?" 於是尚方監渠穆拔劍斬進於嘉德
殿前. 讓,圭等爲詔, 以故太尉樊陵爲司隷校尉, 少府許相爲
河南尹. 尚書得詔板, 疑之, 曰, "請大將軍出共議."

中黃門以進頭擲與尚書, 曰, "何進謀反, 已伏誅矣."

| 註釋 | ○今欻入省 - 欻은 문득 홀. ○段圭,畢嵐 - 段圭(단규)는 십상
시의 한 사람. 畢은 마칠 필. 성씨. 嵐은 산바람 람. ○憒憒 - 마음이 심란
한 모양, 어지러운 모양. 憒는 심란할 궤(亂也). ○~ 幾至成敗 - 陳留王 協
(헌제)의 생모 王美人을 何后가 독살하였는데, 영제가 대노하여 廢后하려
고 할 때, 宦官들이 간청하여 하황후의 죄가 용서된 적도 있었다.

[國譯]

　　8월, 하진은 長樂宮에 들어가 태후에게 상시 이하 모두를 다 죽이
고 三署의 낭관을 골라 환관이 담당 직무를 수행케 하겠다고 보고하
였다. 이에 환관들이 서로 웅성대었다.

　　"대장군 하진은 병이 났다 하여 先帝의 빈소나 장례에도 나오지
않았는데 갑자기 궁에 들어온 저의가 무엇이겠나? 竇武(두무)의 사
건이 결국 다시 벌어져야 하는가?"

이에 장양 등은 사람을 시켜 하진이 아뢰는 말을 엿듣게 하였고, 곧바로 常侍인 段圭(단규), 畢嵐(필람) 등 수십 명을 인솔하여 무기를 지닌 채 곁문으로 들어와 안에 잠복시켰다. 하진이 태후를 뵙고 나가자, 따라가서 태후가 부른다는 거짓말로 하진을 들어오게 하였다. 하진이 방안에 들어와 앉자 장양 등이 하진을 힐책하였다.

"천하가 뒤숭숭한 것이 모두 우리들만의 죄는 아니요. 先帝(靈帝)와 태후의 사이가 벌어져 거의 폐위될 처지에서 우리가 울면서 하소연하여 태후를 구원하였고, 그간 우리 모두가 家財 천만 전을 모아 예물로 올려 황제의 마음을 기쁘게 하였기에 대장군의 가문이 견딜 수 있었소. 그런데 지금 우리들 종족의 씨를 말리려 하니 너무 심하지 않은가? 대장군이 궁궐 안이 혼탁하다고 말하는데 공경부터 아래까지 충성스럽고 깨끗한 자는 누구인가?"

그러자 尙方監인 渠穆(거목)이 칼을 뽑아 하진을 嘉德殿 앞에서 참수하였다. 장양과 단규 등이 조서를 꾸며 전임 太尉 樊陵(번릉)을 司隸校尉에, 少府 許相(허상)을 河南尹에 임명하였다. 尙書가 조서판을 들고 의심하면서 "大將軍이 나오시면 같이 의논하겠습니다."라고 말했다. 그러자 中黃門 한 사람이 하진의 머리를 상서에게 던지며 말했다.

"하진은 모반해서 벌써 처형되었소."

進部曲將吳匡,張璋, 素所親幸, 在外聞進被害, 欲將兵入宮, 宮合閉. 袁術與匡共斫攻之, 中黃門持兵守合. 會日暮,術因燒南宮九龍門及東西宮, 欲以脅出讓等. 讓等入白太后, 言大將軍兵反, 燒宮, 攻尚書闥, 因將太后,天子及陳留王, 又劫省內官屬, 從複道走北宮. 尚書盧植執戈於閣道窗下, 仰數段圭. 段圭等懼, 乃釋太后. 太后投閣得免.

| 註釋 |　○尚書盧植 − 盧植(노식)은 64권, 〈吳延史盧趙列傳〉에 立傳.

[國譯]

　하진의 부대 장수인 吳匡(오광)과 張璋(장장)은 평소 하진의 신임을 받고 있었는데, 밖에서 하진이 피살되었다는 소식을 듣고 군사를 거느리고 입궁하려 했으나 궁문이 모두 닫혀 있었다.

　袁術(원술)과 오광이 함께 문을 부수고 들어가자 中黃門들이 병기를 들고 맞섰다. 마침 날이 저물자, 원술은 南宮의 九龍門과 양편의 건물에 불을 질러 장양 등이 달아나게 위협하였다. 장양 등은 들어가 하태후에게 대자군의 군사가 반역하며 궁궐에 방화하였으며, 상서가 근무처를 공격하고 있다고 알리고서 태후와 天子(少帝) 및 陳留王(뒷날 獻帝) 등을 데리고 복도를 따라 北宮으로 달아났다. 尚書인 盧植(노식)은 병기를 들고 복도 창틀 아래에서 올려다보며 단규의 죄를 하나하나 열거하였다. 단규는 두려워 태후를 풀어주었다. 태후는 다른 전각으로 달아나 화를 면했다.

原文

　袁紹與叔父隗矯詔召樊陵,許相, 斬之. 苗,紹乃引兵屯朱雀闕下, 捕得趙忠等, 斬之. 吳匡等素怨苗不與進同心, 而又疑其與宦官同謀, 乃令軍中曰, "殺大將軍者卽車騎也, 士吏能爲報仇乎?" 進素有仁恩, 士卒皆流涕曰, "願致死!" 匡遂引兵與董卓弟奉車都尉旻攻殺苗, 棄其屍於苑中. 紹遂閉北宮門, 勒兵捕宦者, 無少長皆殺之. 或有無須而誤死者, 至自發露然後得免. 死者二千餘人. 紹因進兵排宮, 或上端門屋, 以攻省內.

張讓, 段圭等困迫, 遂將帝與陳留王數十人步出穀門, 奔小平津. 公卿並出平樂觀, 無得從者, 唯尙書盧植夜馳河上, 王允遣河南中部掾閔貢隨植後. 貢至, 手劍斬數人, 餘皆投河而死. 明日, 公卿百官乃奉迎天子還宮, 以貢爲郎中, 封都亭侯.

董卓遂廢帝, 又迫殺太后, 殺舞陽君, 何氏遂亡, 而漢室亦自此敗亂.

| 註釋 | ○樊陵(번릉) - 번릉은 환관에 아부하여 太尉 역임. 許相(허상)은 환관에 아부하여 하남윤이 되었다. ○或有無須而誤死者 - 無須는 수염이 없다. 須는 鬚(수염 수). ○至自發露然後得免 - 스스로 자신의 몸을 보여준 뒤에 죽음을 면하다. 바지를 내려 환관이 아니라는 것을 보여주었다는 뜻. ○穀門 - 낙양성 북문의 이름. ○奔小平津 - 奔은 달아날 분. 小平津은 孟津 동북쪽의 황하 나루터 이름. ○董卓遂廢帝 - (中平) 6년(서기 189) 9월 甲戌日, 董卓은 황제를 폐위하여 弘農王으로 봉했다. 헌제가 9세에 즉위하였다.

[國譯]

袁紹(원소)와 숙부인 袁隗(원외)는 위조한 조서를 내려 樊陵(번릉)과 許相(허상)을 불러 참수하였다. 하묘와 원소는 군사를 이끌고 朱雀闕(주작궐)에 주둔하였으며 조충 등을 잡아 죽였다. 오광은 평소에 하묘가 하진과 한마음이 되지 못한 것을 원망했고, 이번에도 환관과 공모했을지 모른다고 생각하여 휘하에 군령을 내리며 말했다.

"大將軍을 죽인 자는 車騎將軍인 하묘이니 군사들은 대장군을 위해 복수할 수 있겠는가?" 하진은 평소에 은덕을 많이 베풀었기에 사졸은 모두 눈물을 흘리며 말했다.

"죽도록 싸우겠습니다!"

오관은 군사를 이끌고 동탁의 아우인 奉車都尉 董旻(동민)과 함께 하묘를 공격하여 죽인 뒤 그 시신을 숲에 버렸다. 원소는 北宮의 모든 문을 폐쇄하고 군사를 동원하여 환관을 잡아 젊은이나 늙은이를 가리지 않고 모두 죽였다. 혹 수염이 없어 환관으로 오인되어 죽은 자도 있었고 병졸이 닥치자 스스로 옷을 벗어 보여주고 살아난 자도 있었다. 모두 2천여 명이 죽었다. 원소의 군사가 궁궐을 뒤질 때 건물 지붕에 올라가 공격한 자도 있었다.

장양과 단규 등은 막다른 곳에 쫓기면서 황제와 陳留王 등 수십 명을 데리고 穀門(곡문)으로 걸어 나가서 황하의 小平津으로 달아났다. 公卿은 모두 平樂觀에 있었기에 천자를 따라가지 못했는데, 오직 尙書 盧植(노식)만이 밤에 황하까지 따라갔고, 왕윤은 河南尹의 中部掾인 閔貢(민공)을 보내 노식을 따라가게 하였다. 민공은 황제 곁에 이르러 환관 여러 명을 죽이자 나머지는 모두 물에 뛰어들어 죽었다. 다음 날 公卿과 백관은 천자를 영입하여 환궁하였으며 민공은 郎中이 되었다가 都亭侯에 봉해졌다.

　동탁은 마침내 황제를 폐위시켰고 하태후를 핍박하여 죽게 했고 舞陽君도 죽여 하씨는 멸족되었으며 漢室 역시 이때부터 패망으로 이어졌다.

原文

　論曰, 竇武, 何進藉元舅之資, 據輔政之權, 內倚太后臨朝之威, 外迎群英乘風之勢, 卒而事敗閹豎, 身死功頹, 爲世所悲, 豈智不足而權有餘乎?《傳》曰, "天之廢商久矣, 君將興之." 斯宋襄公所以敗於泓也.

| 註釋 | ○閹豎 – 환관. 閹은 내시 엄. 豎는 더벅머리 수. 내시. ○豈智不足而權有餘乎 – 智力은 不足하나 권력은 막강했기 때문이 아니겠는가? 이는 하늘의 뜻에 의한 패망이다. ○宋襄公 ~ – 楚가 宋을 공격하려 하자 宋 襄公(양공)이 맞서 싸우려 했다.(前 638년). 이때 子魚가 諫했다. "天이 商을 버린 지 오래되었습니다. 공께서 商을 다시 일으키려 하지만 불가합니다." 그러나 양공은 따르지 않았고 楚와 싸웠지만 泓水(홍수, 수 河南省 동부 商丘市 관할 柘城縣)란 강가에서 대패했다. '宋襄之仁'이라는 成語가 생긴 전쟁.

[國譯]

　范曄(범엽)의 史論 : 竇武(두무)와 何進(하진)은 國舅(국구)라는 지위에서 국정을 이끌 권력을 장악했으니, 안으로는 太后의 臨朝聽政하는 권위를 빌렸고 밖으로는 여러 호걸을 끌어들이면서 바람을 탔지만 끝내 환관들에게 패망하여 몸도 죽고 공적도 무너져 세상 사람들이 가엽게 생각하였지만, 이는 智力은 不足하나 권력은 너무 막강했기 때문이 아니겠는가? 《左傳》에도 '하늘이 商을 버린 지 오래되었는데 주군께서 일으키려 하나?' 라고 하였으니, 아마 이것이 宋 襄公(양공)이 泓水(홍수)에서 패망한 이유일 것이다.

▌原文

　贊曰, 武生蛇祥, 進自屠羊. 惟女惟弟, 來儀紫房. 上惛下嬖, 人靈動怨. 將糾邪嬖, 以合人願. 道之屈矣, 代離凶困.

▌註釋▌　○進自屠羊 - 何進은 屠家(屠戶) 출신이었다. 屠는 잡을 도. 도축하다. ○代離凶困 - 代는 교체하다(更也). 번갈아 이어지다.

[國譯]

　贊曰,
　竇武는 뱀과 함께 출생했고, 何進은 屠戶 출신이었다.
　딸과 여동생이 잘 풀렸으니 성장하여 황후가 되었다.
　우매한 황제, 아첨하는 환관에 한 맺힌 백성의 통곡.
　사악한 폐단을 바로잡아 민심에 부응하려 했지만
　正道는 이미 굽었고 흉년과 곤궁이 번갈아 들었다.

70 鄭孔荀列傳
〔정,공,순열전〕

❶ 鄭太

原文

鄭太字公業, 河南開封人, 司農衆之曾孫也. 少有才略. 靈帝末, 知天下將亂, 陰交結豪桀. 家富於財, 有田四百頃, 而食常不足, 名聞山東.

初擧孝廉, 三府辟, 公車徵, 皆不就. 及大將軍何進輔政, 徵用名士, 以公業爲尙書侍郎, 遷侍御史. 進將誅闍官, 欲召幷州牧董卓爲助. 公業謂進曰,

"董卓强忍寡義, 志欲無猒. 若借之朝政, 授以大事, 將恣凶欲, 必危朝廷. 明公以親德之重, 據阿衡之權, 秉意獨斷, 誅除有罪, 誠不宜假卓以爲資援也. 且事留變生, 殷鑒不

遠."

又爲陳時務之所急數事. 進不能用, 乃弃官去. 謂潁川人
荀攸曰, "何公未易輔也."

| 註釋 | ○鄭太 − 鄭泰. 본래 '泰'인데《後漢書》저자 范曄(범엽)의 부친
이름이 '泰'라서 '太'로 표기. '郭太(字 林宗)'를 郭太로, 泰山郡을《後漢
書》에서는 모두 '太山郡'으로 표기한 것도 같은 이유이다. ○河南 開封縣
− 前漢에서는 河南郡, 후한에서는 河南尹이다. 전한의 京兆尹처럼 관직명
이면서 행정구역 이름이다. 당시 開封縣은 河南尹의 동쪽 끝. 당시 陳留郡
치소인 陳留縣과 이웃, 今 河南省 북동부 開封市 서남. ○尙書侍郎 − 尙書
臺에 모두 六曹가 있고 1조에 시랑이 6명씩 총 36명이 있어 문서의 초안을
작성하였다. 질록 4백석. ○荀攸(순유, 157 − 214) − 曹操의 謀士. 曹操가 魏
王 일 때 尙書令 역임.

[國譯]

鄭太(정태, 鄭泰)의 字는 公業(공업)으로 河南郡 開封縣 사람이며,
大司農 鄭衆(정중)의 曾孫이다. 젊어서 재주와 담략이 있었다. 靈帝
말기에 천하가 크게 혼란하리라 예상하고 은밀히 호걸과 교류하였
다. 집안이 부유하여 토지가 4백경이나 되었지만 늘 양식이 부족했
고, 山東에 명성이 알려졌다.

처음에 효렴으로 천거되었고 삼공부와 公車令이 초빙하여도 모
두 응하지 않았다. 나중에 大將軍 何進(하진)이 정사를 보필하면서
名士를 불러 등용할 때 정태는 尙書 侍郎이 되었고 점차 승진하여
侍御史가 되었다. 하진이 閹官(엄관, 환관)을 주살하려고 幷州 牧(刺

史)인 董卓(동탁)의 도움을 받으려 했다. 그러자 정태가 하진에게 말했다.

"동탁은 아주 잔인하고 의리가 없으며 그 욕심에 끝이 없습니다. 만약 그 사람을 불러 정사에 관여하게 큰일을 맡긴다면 방자 흉악하여 틀림없이 조정을 위태롭게 할 것입니다. 明公께서 황제의 인척으로 막중한 지위와 재상의 권한을 갖고 있어 혼자의 결심으로 흉악한 자를 벌할 수 있으니 굳이 동탁의 도움을 받아야 할 필요가 없을 것입니다. 또 일을 자꾸 미루다보면 변란이 발생할 것이며 殷의 실패를 거울삼아야 합니다."

그러면서 급한 時務策 여러 가지를 진술하였다 하진이 곽태의 건의를 받아들이지 않자 바로 관직을 버리고 떠났다. 그리고 穎川郡人 荀攸(순유)에게 "何公을 보필하기가 쉽지 않다."고 말했다.

原文

進尋見害, 卓果作亂. 公業等與侍中伍瓊,卓長史何顒共說卓, 以袁紹爲勃海太守, 以發山東之謀. 及義兵起, 卓乃會公卿議, 大發卒討之, 群僚莫敢忤旨. 公業恐其衆多益橫, 凶强難制, 獨曰, "夫政在德, 不在衆也." 卓不悅, 曰, "如卿此言, 兵爲無用邪?" 公業懼, 乃詭詞更對曰,

"非謂無用, 以爲山東不足加大兵耳. 如有不信, 試爲明公略陳其要. 今山東合謀, 州郡連結, 人庶相動, 非不强盛. 然光武以來, 中國無警, 百姓優逸, 忘戰日久.

仲尼有言,'不教人戰,是謂弃之.' 其衆雖多, 不能爲害. 一也. 明公出自西州, 少爲國將, 閑習軍事, 數踐戰場, 名振當世, 人懷懾服. 二也. 袁本初公卿子弟, 生處京師. 張孟卓東平長者, 坐不窺堂. 孔公緒清談高論, 嘘枯吹生. 並無軍旅之才, 勢銳之幹, 臨鋒決敵, 非公之儔. 三也.

山東之士, 素乏精悍. 未有孟賁之勇, 慶忌之捷, 聊城之守, 良, 平之謀, 可任以偏師, 責以成功. 四也. 就有其人, 而尊卑無序, 王爵不加, 若恃衆怙力, 將各棊峙, 以觀成敗, 不肯同心共膽, 與齊進退. 五也. 關西諸郡, 頗習兵事, 自頃以來, 數與羌戰, 婦女猶戴戟操矛, 挾弓負矢, 況其壯勇之士, 以當妄戰之人乎! 其勝可必. 六也.

且天下强勇, 百姓所畏者, 有幷, 涼之人, 及匈奴, 屠各, 湟中義從, 西羌八種, 而明公擁之, 以爲爪牙, 譬驅虎兕以赴犬羊. 七也. 又明公將帥, 皆中表腹心, 周旋日久, 恩信淳著, 忠誠可任, 智謀可恃. 以膠固之衆, 當解合之勢, 猶以烈風掃彼枯葉. 八也. 夫戰有三亡, 以亂攻理者亡, 以邪攻正者亡, 以逆攻順者亡. 今明公秉國平正, 討滅宦豎, 忠義克立. 以此三德, 持彼三亡, 奉辭伐罪, 誰敢御之! 九也.

東州鄭玄學該古今, 北海邴原清高直亮, 皆儒生所仰, 群士楷式. 彼諸將若詢其計畫, 足知強弱. 且燕, 趙, 齊, 梁非不盛也, 終滅於秦, 吳, 楚七國非不衆也, 卒敗滎陽. 況今德政赫赫, 股肱惟良, 彼豈贊成其謀, 造亂長寇哉? 其不然. 十也. 若其所陳少有可采, 無事徵兵以驚天下, 使患役之民相聚爲非, 弃德恃衆, 自虧威重."

卓乃悅, 以公業爲將軍, 使統諸軍討擊關東. 或說卓曰, "鄭公業智略過人, 而結謀外寇, 今資之士馬, 就其黨與, 竊爲明公懼之." 卓乃收還其兵, 留拜議郎.

|註釋| ○山東之謀 - 원소가 董卓 토벌을 구호로 山東에서 의병을 일으킨 일. ○詭詞 - 詭는 속일 궤(詐也). ○不敎人戰, 是謂弃之 -《論語 子路》의 구절. ○張孟卓 - 孟卓은 張邈(장막, ?-195)의 字. 陳留太守로 反董卓軍에 가담. ○坐不窺堂 - 앉아서 방안을 두리번거리지 않는다. 窺는 엿볼 규. ○噓枯吹生 - 말라죽을 것을 김으로 불어서 살리고, 산 것을 죽이다. 말로 사람을 죽이고 살리다. 공허한 인물평론을 즐기다. ○素乏精悍 - 悍은 사나울 한. 용기(勇也). ○孟賁(맹분) - 고대의 衛나라의 용사. 慶忌(경기)는 吳王 僚(료)의 아들. 四馬가 따라갈 수 없을 정도로 빨랐다고 한다. ○聊城 - 燕의 聊城(요성), 齊將 田單(전단)이 일 년간 공격했어도 함락시키지 못했다. ○若恃衆怙力 - 怙는 믿을 호(恃也). ○將各棊峙 - 棊峙(기치)는 마주보고 늘어서다. 棊는 바둑 기. 장기의 말을 늘어놓다. 峙는 우뚝 솟을 치, 쌓을 치. ○自頃以來 - 최근에는. ○挾弓負矢 - 挾은 낄 협. 가지다(持也). ○屠各(두각) - 남흉노의 별종. 湟中(황중)은 今 靑海省 동부 湟水 유역. 義從은 漢에 歸降한 강죽. 八種羌은 〈西羌列傳〉 참고. ○虎兕 - 兕는 외뿔들소 시. ○膠固之衆 - 膠는 아교 교. 견고하다(固也). ○鄭玄 - 北海郡 사람. 35권, 〈張曹鄭列傳〉에 立傳. ○邴原(병원 158 - 208년) - 字는 根矩(근구), 漢末 名士. 管寧(관영)과 함께 도덕과 지조로 유명. ○滎陽(형양) - 吳王 劉濞(유비)와 楚王 劉戊, 趙王, 淄川王, 濟南王, 膠西王, 膠東王 雄渠 등이 漢에 반기를 들었지만 大將軍 條侯 周亞夫에게 滎陽에서

패배하였다. ○其不然 - 그렇지 못할 것이다. 其는 발어사. 句末 語氣辭.

[國譯]

하진은 곧 살해되었고 동탁은 예상대로 국정을 뒤흔들었다. 公業 (공업, 鄭太의 字)과 侍中인 伍瓊(오경), 동탁의 長史인 何顒(하옹) 등이 함께 동탁을 설득하여 袁紹(원소)를 勃海(발해) 태수로 임명케 하여 山東에서 반동탁군을 일으켰고, 이에 동탁은 公卿을 모아서 이를 의논하며 대군을 일으켜 원소를 토벌할 계획을 세우자 신하들 누구도 감히 동탁의 뜻에 반대하지 못했다. 鄭太는 동탁의 군사가 많아 멋대로 횡행하면 어떻게 제어할 수도 없다고 생각하여 혼자 반대하였다. "정치는 德을 베푸는 것이지, 군사 힘만이 아닙니다."

그러자 동탁은 싫어하며 말했다. "卿의 말대로라면 군사는 쓸모가 없다는 뜻인가?"

정공업은 동탁의 만행이 두려워 거짓말로 다시 둘러대었다.

"군사가 無用하다는 뜻이 아니라 山東 지역에 大兵을 보낼 필요가 없다는 뜻입니다. 만약 不信한다면 明公의 이해를 위해 대략을 말씀드리겠습니다. 지금 山東에서 여러 장수와 州郡이 연결되었고 많은 사람을 동원하였기에 강성하지 않은 것은 아닙니다. 그러나 光武帝 중흥 이래로 나라에 큰 전쟁이 없어 백성은 안일 속에 전쟁을 잊은 지 오래 되었습니다.

孔子도 '백성을 가르치지 않고 싸우는 것은 백성을 버리는 것이다.' 라고 하였으니 원소의 무리가 많다지만 위협이 되지 않는 것이 그 첫째 이유입니다. 明公은 西州 출신으로 젊어서부터 나라의 장수로 군사에 아주 익숙하며 전투 경험이 많아 명성이 높아 백성이 두려워 복속하니, 이것이 두 번째 이유입니다. 袁本初(袁紹)는 公卿의 子弟로 京師 출신입니다. 張孟卓(張邈, 장막)은 東平國의 長者로 그 행실이나 조심하는 사람입니다. 孔公緖〔공공서, 孔伷(공주)〕는 淸談과 공허한 인물평론이나 일삼는 서생입니다. 모두가 군사적 재능과 병기를 잘 다루거나 전투를 경험한 일도 없기에 公의 상대가 되질 못하니, 이것이 셋째 이유입니다.

山東의 군사는 평소에도 정예한 군사가 아닙니다. 孟賁(맹분) 같은 용기나 慶忌(경기) 같이 민첩하지도 않고, 聊城(요성)을 방어하거나 張良(장량)이나 陳平(진평) 같은 지모도 없어 군사를 동원하여도 승리할 수 없는 것이 네 번째 이유입니다. 그들 중 유능한 자가 있어도 尊卑의 질서도 없고 세후 작위를 받을 수 없으며, 숫자만 믿고 장수들은 줄지어 늘어서서 성패를 관망할 뿐 한마음으로 협력하거나 공격과 후퇴를 함께 하지 못하는 것이 다섯째 이유입니다. 그리고 關西의 여러 郡은 본래 군사에 능숙하고 최근에도 강족과 많은 전투를 겪어 부녀자들도 칼과 창을 잡고 활을 쏠 수 있으니, 하물며 한창 건장한 용사를 전쟁도 모르는 山東의 군사가 어찌 당할 수 있겠습니까! 關西 군사의 승리가 당연한 것이니, 이것이 여섯째 이유입니다.

그리고 천하에 아무리 강하고 용감한 자나 백성은 幷州와 涼州의 군사를 두려워하며, 匈奴(흉노), 屠各(도각), 湟中(황중)의 귀항한 백성과 西羌의 8종족을 明公이 장악하여 前衛가 되었으니, 이를 비유한다면 호랑이나 들소로 犬羊을 공격하는 것과 같습니다. 이것이 일곱 번째 이유입니다. 또 明公 부대 내의 여러 將帥는 모두가 본래 장군의 심복이며 오랫동안 고락을 함께하여 은애와 신의가 있고 충성심과 智謀도 모두 믿을 만합니다. 이처럼 견고하고 단결한 세력이 어디를 향하든 마치 광풍이 마른 나뭇잎을 휩쓸어가는 형세입니다. 이것이 바로 여덟 번째 이유입니다. 대체로 전쟁에 망하는 3가지 경우가 있는데 혼란한 자가 안정된 자를 공격하면 패망하고, 사악이 正道를 공격하면 망하며, 逆理로 順理를 공격하는 자는 멸망합니다. 지금 明公은 국권을 장악하고 平正하였으며, 환관을 토벌하고 忠義를 확립하였습니다. 이런 三德으로 저쪽 三亡의 무리를 공격하기 전에 엄정한 문장으로 죄 지은 자들을 성토한다면 누가 감히 막을 수 있겠습니까! 이것이 아홉째 이유입니다.

東州의 鄭玄(정현)은 그 학문이 고금에 박통하였고, 北海郡의 邴原(병원)은 순결 고상하고 정직한 사람으로 모든 유생이 우러러보는 모범적인 명사입니다. 저들 여러 장수가 만약 이들에게 자문을 구한다면 그 강약을 확실하게 알 수 있을 것입니다. 또 燕, 趙, 齊, 梁의 여러 나라가 번성했었지만 결국 秦에게 멸망되었고, (전한 景帝 때) 吳, 楚 七國의 군사가 많았습니다만, 결국 滎陽(형양)에서 (周亞夫에게) 패퇴하였습니다. 하물며 지금 漢의 德政이 눈부시고 대신들이 모두 忠良한데, 저들이 이런 상황을 잘 알면서 혼란을 조장하여 반역하여 오래 지속할 수 있겠습니까? 그렇지 못할 것입니다. 이것이 10번째 이유입니다. 만약 지금 말씀드린 것을 수용할 수 있는데, 별일도 없이 군사를 일으켜 천하를 놀라게 한다면 백성들이 서로 모여 비난하도록 만드는 것이니 德政을 버리고 군사를 동원한다면 명공 스스로의 권위를 무너트리는 것입니다."

동탁은 기뻐하면서 곽공업(곽태)을 장군으로 삼아 각 군을 거느리고 관동을 토벌케 하였다. 혹자가 동탁에게 말했다. "鄭公業은 智略이 뛰어난 사람이니, 외적과 결탁되어 지금의 兵馬를 가지고 그 무리에 합세한다면 아마 明公의 큰 걱정거리가 될 것입니다."

그러자 동탁을 그 군사를 회수하고 곽공업에게 의랑을 제수하였다.

■原文

卓旣遷都長安, 天下饑亂, 士大夫多不得其命. 而公業家有餘資, 日引賓客高會倡樂, 所贍救者甚衆. 乃與何顒,荀攸共謀殺卓. 事洩, 顒等被執, 公業脫身自武關走, 東歸袁術. 術上以爲楊州刺史. 未至官, 道卒, 年四十一.

| 註釋 | ○武關 – 關中에 들어가고 나오는 남쪽 관문. 今 陝西省 남동부 商洛市 丹鳳縣 동쪽 少習山 협곡 武關河의 北岸에 위치. 武關, 函谷關, 蕭關, 大散關을 秦의 四塞라고 불렀다. 패공은 무관을 통해 함양으로 진격했었다.

[國譯]

동탁이 長安으로 강제 천도한 뒤에 천하는 굶주렸고 혼란하여 士大夫들도 제대로 살 수가 없었다. 그러나 곽공업은 가산에 여유가 있어 날마다 손님을 초청하여 잔치하고 즐길 수 있었으며 구제된 사람들이 매우 많았다. 곽공업은 何顒(하옹), 荀攸(순유)와 함께 동탁을 죽이려 했다. 일이 누설되어 하옹 등은 체포되었지만 곽공업은 탈출하여 남쪽 武關을 나와 동쪽으로 袁術(원술)에게 의탁하였다. 원술은 곽공업을 우대하여 楊州(揚州)刺史에 임명하였다. 부임하는 도중에 죽었는데, 나이 41세였다.

❷ 孔融

原文

　孔融字文擧, 魯國人, 孔子二十世孫也. 七世祖霸, 爲元帝師, 位至侍中. 父宙, 太山都尉. 融幼有異才. 年十歲, 隨父詣京師.

　時河南尹李膺以簡重自居, 不妄接士賓客, 勑外自非當世名人及與通家, 皆不得白. 融欲觀其人, 故造膺門. 語門者曰, "我是李君通家子弟." 門者言之. 膺請融, 問曰, "高明祖父嘗與僕有恩舊乎?" 融曰, "然. 先君孔子與君先人李老君同德比義, 而相師友, 則融與君累世通家." 衆坐莫不歎息. 太中大夫陳煒後至, 坐中以告煒. 煒曰, "夫人小而聰了, 大未必奇." 融應聲曰, "觀君所言, 將不早惠乎?" 膺大笑曰, "高明必爲偉器."

| 註釋 |　○孔融(공융, 153 - 208년) – 시인. 建安七子의 한 사람. 北海相을 역임하여 '孔北海'로 불림. 相國 曹操에게 죄를 지어 滅門되었다. ○融幼有異才 – 공융은 7兄弟 중 6째였는데, 나이 4세에 형제들과 함께 배(梨)를 먹는데 먼저 가장 작은 배를 집었다. 어른이 까닭을 묻자 "나는 어리니까 응당 작은 것을 먹어야 한다."고 대답하였다(孔融讓梨). 《三字經》에도 '融

四歲, 能讓梨'라는 구절이 있다.   ○李膺(이응) - 67권, 〈黨錮列傳〉에 立傳.   ○李君通家子弟 - 君은 平交나 윗사람을 호칭하는 말이었다.   ○高明祖父 - 高明은 상대방에 대한 존칭. 祖父는 할아버지나 아버지.

[國譯]

孔融(공융)의 字는 文擧(문거)로 孔子 20세손이다. 七世祖인 孔霸는 元帝의 사부로 관직은 侍中이었다. 부친 孔宙(공주)는 太山郡 都尉였다. 공융은 어려서부터 수재였다. 공융이 10살 때 부친을 따라 京師에 갔다.

그때 河南尹 李膺(이응)은 엄숙하게 체면을 차리면서 아무렇게나 빈객을 만나주지 않았으며, 하인에게 당세의 名士나 오랜 世交가 아니라면 찾아와도 아뢰지 말라고 분부했었다. 공융은 이응이 어떤 사람인지 만나보고 싶어 이응 집을 찾아갔다. 그리고 문지기에게 "나는 李君과 世交가 있는 집 자제입니다."라고 말했다. 문지기가 이를 전했다. 이응이 공융을 불러 물었다. "당신의 祖父 또는 부친께서 저에게 은덕을 베푼 적이 있소?" 그러자 공융이 말했다.

"그렇습니다. 저의 先君인 孔子께서 어른의 선조인 李老君(老子)과 德義를 같이 하면서 서로 師友로 지내셨으니 저와 어른은 여러 대에 걸쳐 통교한 것입니다."

거기에 앉아있던 사람들 모두가 감탄하였다. 太中大夫인 陳煒(진위)가 그 뒤에 들어오자, 좌중에서 공융의 말을 들려주자 진위가 말했다. "사람이 어렸을 때 똑똑하더라도 커서 꼭 그런 것은 아닙니다." 그러자 공융이 바로 소리를 높여 말했다.

"저분의 말씀을 들어보니 어렸을 때는 틀림없이 총명하지 않았겠습니까?"

그러자 이응도 크게 웃으며 말했다. "자네는 틀림없이 큰 인물이 될 것이네."

原文

年十三, 喪父, 哀悴過毀, 扶而後起, 州里歸其孝. 性好學, 博涉多該覽.

山陽張儉爲中常侍侯覽所怨, 覽爲刊章下州郡, 以名捕儉. 儉與融兄褒有舊, 亡抵於褒, 不遇. 時融年十六, 儉少之而不告. 融見其有窘色, 謂曰, "兄雖在外, 吾獨不能爲君主邪?" 因留舍之. 後事洩, 國相以下, 密就掩捕, 儉得脫走, 遂並收褒, 融送獄. 二人未知所坐.

融曰, "保納舍藏者, 融也, 當坐之." 褒曰, "彼來求我, 非弟之過, 請甘其罪." 吏問其母, 母曰, "家事任長, 妾當其辜."

一門爭死, 郡縣疑不能決, 乃上讞之. 詔書竟坐褒焉. 融由是顯名, 與平原陶丘洪, 陳留邊讓齊聲稱. 州郡禮命, 皆不就.

| 註釋 | ○州里歸其孝 – 歸는 따르하다. 따라가다. ○其有窘色 – 窘은 막힐 군. 급박하다(迫也). ○因留舍之 – 舍는 머물다(止也). 머물게 하다. ○乃上讞之 – 讞은 평의할 얼, 묻다(請也).

　공융은 나이 13에 부친을 여의었는데 너무 애통하여 건강을 잃어서 부축해줘야만 일어날 수 있었고, 고을에서는 그 효성을 본받았다. 본래 천성이 호학하여 읽어야 할 책을 모두 섭렵하였다.

　山陽郡의 張儉(장검)은 中常侍 侯覽(후람)의 미움을 받았는데, 후람이 고발자의 이름을 지운 상서를 지방에 내려 보내 장검을 체포하게 하였다. 장검은 공융의 형인 孔褒(공포)와 예부터 알고 지냈는데 도망쳐 공포를 찾아왔으나 만나지 못했다. 그때 공융은 16세였지만 장검은 공융을 어리다 생각하여 사실을 말하지 않았다. 공융은 장검의 쫓기는 기색을 보고 장검에게 말했다. "형님이 출타 중이지만 제가 주인으로서 접대하면 안 되겠습니까?" 그러면서 장검을 유숙케 하였다. 뒷날 행적이 드러나서 (魯의) 國相 이하 사람이 몰래 체포하려 했지만 장검은 도망쳤고 결국 공포와 공융을 잡아 옥에 보냈다. 사실 두 사람은 그런 사건에 연좌된 줄을 알지 못했다.

　공융은 "그분을 집에 묵게 한 사람은 저이니, 응당 제가 벌을 받아야 합니다."라고 말했다. 그러나 공포는 "그 사람은 나를 찾아왔으며 동생의 죄가 아니니 제가 벌을 받겠습니다."라고 하였다. 관리가 그 모친에게 물어보니, 모친은 "집안일은 가장이 책임져야 하니 이 어미의 죄입니다."라고 말했다.

　한 집안이 서로 죽겠다고 다투자 군현에서는 결정을 내리지 못하고 이를 상서하여 물었다. 조서로 결국 공포의 죄로 판결이 났다. 공융은 이 때문에 이름이 알려졌는데, 平原郡의 陶丘洪(도구홍), 陳留郡의 邊讓(변양)과 나란한 명성을 누렸다. 州郡에서 예를 갖춰 초빙하였지만 모두 응하지 않았다.

辟司徒楊賜府. 時隱核官僚之貪濁者, 將加貶黜, 融多擧
中官親族. 尙書畏迫內寵, 召掾屬詰責之. 融陳對罪惡, 言
無阿撓. 河南尹何進當遷爲大將軍, 楊賜遣融奉謁賀進, 不
時通, 融卽奪謁還府, 投劾而去. 河南官屬恥之, 私遣劍客欲
追殺融. 客有言於進曰, "孔文擧有重名, 將軍若造怨此人,
則四方之士引領而去矣. 不如因而禮之, 可以示廣於天下."

進然之, 旣拜而辟融, 擧高第, 爲侍御史. 與中丞趙舍不
同, 託病歸家.

| 註釋 | ○言無阿撓 - 撓는 어지러울 뇨. 구부리다. 꺾이다.

[國譯]

楊賜(양사)의 司徒府에서 공융을 초빙했다. 그때 은밀히 관료의
탐학과 부정을 적발하여 직급을 강등 또는 퇴출시켰는데 공융은 환
관의 친족을 많이 적발 보고하였다. 尙書는 환관들의 협박이 두려워
소속 관원을 불러 책망하였다. 그러나 공융은 그들의 죄악을 말하면
서 조금도 굽히지 않았다. 河南尹인 何進(하진)이 大將軍으로 승진
하자, 양사는 공융을 보내 명함을 올리고 축하하라고 보냈는데 (문
지기가) 시간이 넘어도 통보하지 않자 명함을 도로 달라 하여 사도
부로 돌아와서 사표를 던지고 떠나왔다. 河南尹(何進)의 官屬이 이
를 치욕으로 여겨 자객을 보내 공융을 죽이려 했다. 이에 어떤 빈객
이 하진에게 말했다.

"孔文舉(孔融)의 명성이 높은데, 장군께서 공융을 미워하면 사방 士人이 기대를 접고 돌아설 것이니 이 기회에 그를 예우하여 천하에 관용을 보여주는 것만 못할 것입니다."

하진도 그리 생각하여 답례하고 공융을 발탁했고 (공융은) 실적이 우수하여 侍御史가 되었다. 그러나 공융은 어사중승 趙舍(조사)와 사이가 나빠 병을 핑계로 귀가했다.

原文

後辟司空掾, 拜中軍候. 在職三日, 遷虎賁中郎將. 會董卓廢立, 融每因對答, 輒有匡正之言. 以忤卓旨, 轉爲議郎. 時黃巾寇數州, 而北海最爲賊衝, 卓乃諷三府同舉融爲北海相.

融到郡, 收合士民, 起兵講武, 馳檄飛翰, 引謀州郡. 賊張饒等群輩二十萬衆從冀州還, 融逆擊, 爲饒所敗, 乃收散兵保朱虛縣. 稍復鳩集吏民爲黃巾所誤者男女四萬餘人, 更置城邑, 立學校, 表顯儒術, 薦舉賢良鄭玄,彭璆,邴原等. 郡人甄子然,臨孝存知名早卒, 融恨不及之, 乃命配食縣社. 其餘雖一介之善, 莫不加禮焉. 郡人無後及四方游士有死亡者, 皆爲棺具而斂葬之.

時黃巾復來侵暴, 融乃出屯都昌, 爲賊管亥所圍. 融逼急, 乃遣東萊太史慈求救於平原相劉備. 備驚曰, "孔北海乃復知天下有劉備邪?" 卽遣兵三千救之, 賊乃散走.

| 註釋 | ○北海國 − 治所는 劇縣, 今 山東省 중부 濰坊市(유방시) 관할 昌樂縣. 前漢의 郡. 공융이 北海相이 될 때 38세였다. ○朱虛縣(주허현) − 今 山東省 중부 濰坊市 관할 昌樂縣. ○東萊 太史慈(태사자, 166 − 206년) − 東萊는 북해국의 이웃 郡. 太史慈의 字는 子義(자의). 그때 공융은 태사자의 모친을 잘 도와주었다. 태사자가 요동에 갔다가 돌아오자 모친의 권유로 태사자가 공융을 만났다. 유비에게 도움을 요청하여 포위를 벗어나게 하였다. 뒷날 孫策을 섬겼고 활을 잘 쏜 미남자였으나 단명했다. ○劉備(유비, 161 − 223년) − 字 玄德, 涿郡 涿縣〔今 河北省 중부 涿州市(탁주시), 북경시 서남 연접〕출신. 蜀漢 개국 皇帝, 시호 昭烈皇帝, 보통 先主로 지칭, 아들 劉禪(유선)은 後主.

[國譯]

   뒷날 司空府의 관속으로 근무했고 中軍候가 되었다. 재직 3일에 虎賁中郞將으로 승진하였다. 그때 董卓(동탁)은 少帝를 폐위하고 獻帝를 옹립하였는데, 공융은 기회 있을 때마다 바른 말로 대답하였다. 공융은 동탁의 뜻을 거슬러 議郞으로 전직되었다. 그때 황건적의 잔당이 여러 주군을 노략질했는데, 특히 北海國이 적의 요충지라서 동탁은 삼공부에 암시하여 공융을 北海相으로 전출시켰다.

   공융이 北海에 부임하여 士民을 수습하고, 군사를 모아 무예를 훈련시키고 격문을 곳곳에 보내 다른 주군과 협력하였다. 황건 잔당 張饒(장요) 등 무리 20만이 冀州에서 되돌아올 때 공융이 맞아 공격하였지만 장요에게 패배하였고 흩어진 군사를 朱虛縣(주허현)에서 다시 수습하였다. 황건적에게 쫓긴 백성들이 다시 점차 모여들어 4만여 명이나 되었는데, 공융은 다시 城邑을 설치하고 學校를 세워 유학을 가르치며 賢良한 인재로 鄭玄, 彭璆(팽구), 邴原(병원) 등을 천거하였다. 郡人 甄子然(견자연), 臨孝存(임효존) 등이 유명했지만 일찍 죽었는데, 공융은 그들은 만나지 못한 것을 한으로 여겨 縣社에 配享하였다. 그 외에도 조그만 선행이라도 있으면 누구라도 예우하였다. 군의 백성으로 후손이 없거나 四方을 떠돌다가 죽은 사람이 있으면 모두 관을 만들어 장례를 치러주었다.

그때 황건 잔당이 다시 모여 공격해오자, 공융은 출격하여 都昌縣에 주둔하였고 적장 管亥(관해)에게 포위당했다. 공융은 다급하여 東萊郡 출신 太史慈를 보내 平原國 相인 劉備(유비)에게 구원을 요청하였다. 그때 유비는 놀라면서 "孔北海도 天下에 劉備가 있다는 것을 아는가?"라고 말하며, 즉시 군사 3천을 보내 구원하자 황건적은 흩어졌다.

原文

時袁,曹方盛, 而融無所協附. 左丞祖者, 稱有意謀, 勸融有所結納. 融知紹,操終圖漢室, 不欲與同, 故怒而殺之. 融負其高氣, 志在靖難, 而才疎意廣, 汔無成功. 在郡六年, 劉備表領靑州刺史. 建安元年, 爲袁譚所攻, 自春至夏, 戰士所餘裁數百人, 流矢雨集, 戈矛內接. 融隱几讀書, 談笑自若. 城夜陷, 乃奔東山, 妻子爲譚所虜.

及獻帝都許, 徵融爲將作大匠, 遷少府. 每朝會訪對, 融輒引正定議, 公卿大夫皆隷名而已.

| **註釋** | ○ 靖難 − 국난을 평정하다. 靖은 편안할 정. 다스리다. ○ 訖無
成功 − 訖은 이를 흘. 마칠 때 까지. 끝내. ○ 建安 − 헌제의 연호. 서기
196년 − 219년. 사실상 마지막 연호. 220년 3월에 延康으로 개원했지만
10월에 漢은 멸망하였다. ○ 隸名 − 隸는 붙을 예. 따르다.

[國譯]

그때는 袁紹(원소)와 曹操(조조)가 한창 강성했는데 공융은 그들에
게 의부할 생각은 없었다. 지모가 있다고 칭송을 듣는 左丞祖(좌승
조)란 자가 공융에게 그들과 결탁하라고 권유했다. 공융은 원소와
조조가 결국 漢을 해칠 것이라 알고 있으면서 그들을 따를 생각이
없기에 화를 내며 좌승조를 죽여버렸다. 공융은 자신의 기개에 자부
심을 갖고 靖難(정난)에 뜻을 두었으나, 재능은 소략하고 뜻은 광대
하여 끝내 성공을 거두지 못하였다. 북해국에 6년 재직하자, 劉備가
표문을 올려 靑州刺史를 대행케 하였다.

(獻帝) 建安 원년(서기 196), (袁紹의 아들) 袁譚(원담)의 공격을
받아 봄부터 여름에 이르자 戰士가 겨우 수백 명만 남았는데, 화살
이 비 오듯 쏟아졌고 창과 창이 부딪치는 사이에도 공융은 안석에
기대어 독서를 하고 태연자약하게 담소하였다. 밤에 성이 함락되면
서 동쪽 산으로 도망했는데 공융의 처자는 적에게 사로잡혔다.

獻帝는 許縣에 도읍했고, 공융은 조정에 들어가 將作大匠에 임명
되었다가 少府로 승진했다. 조회에서 황제에게 대답할 때마다 공융
은 경전을 인용하여 정론을 폈는데 다른 공경대부들은 모두 이름이
나 갖고 있을 뿐이었다.

初, 太傅馬日磾奉使山東, 及至淮南, 數有意於袁術. 術輕侮之, 遂奪取其節, 求去又不聽, 因欲逼爲軍帥. 日磾深自恨, 遂嘔血而斃. 及喪還, 朝廷議欲加禮.

融乃獨議曰, "日磾以上公之尊, 秉髦節之使, 銜命直指, 寧輯東夏, 而曲媚姦臣, 爲所牽率, 章表署用, 輒使首名, 附下罔上, 姦以事君. 昔國佐當晉軍而不撓, 宜僚臨白刃而正色. 王室大臣, 豈得以見脅爲辭! 又袁術僭逆, 非一朝一夕, 日磾隨從, 周旋歷歲. 漢律與罪人交關三日已上, 皆應知情. 《春秋》魯叔孫得臣卒, 以不發揚襄仲之罪, 貶不書日. 鄭人討幽公之亂, 斲子家之棺. 聖上哀矜舊臣, 未忍追案, 不宜加禮."

朝廷從之.

| 註釋 | ○馬日磾(마일제) - 字는 翁叔(옹숙), 馬融(마융)의 族子. ○及至淮南 - 袁術(원술)은 나중에 淮南 일대를 근거로 稱帝했다. 後漢에서 淮南은 揚州刺史部의 치소인 九江郡 歷陽縣, 壽春, 合肥 등지를 지칭. 회수이남 長江 이북 지역. 袁術(원술, ?-199)의 字는 公路, 後漢末, 三國 初期의 軍閥. 袁紹(원소)의 아우. 亂世에 稱帝했다가 반년을 못 견디고 피를 토하고 죽었다. 흉포하기가 董卓(동탁) 못지않았다. 75권, 〈劉焉袁術呂布列傳〉에 立傳. ○直指 - 뜻을 굽히지 않다. ○寧輯東夏 - 輯은 모을 집. 화합하다(和也). ○斲子家之棺 - 左傳, "鄭나라 子家(자가)가 죽자, 鄭人은 幽公(유공)의 반란을 토벌하였고, 子家(자가)의 棺을 부수어 公卿의 예로 장례를 못 치르게 하고 일족을 내쫓았다." 斲은 깎을 착. 베어내다.

[國譯]

　전에, 太傅인 馬日磾(마일제)는 山東에 사자로 파견되었는데 淮南
에 이르러 袁術(원술)과 결탁하려는 뜻이 있었다. 그러나 원술은 마
일제를 무시하며 부절을 빼앗고 마일제가 떠나겠다고 했으나 원술
은 수락하지도 않고 자신의 장수가 되라고 핍박하였다. 마일제는 스
스로 한탄하다가 피를 토하고 죽었다. 마일제의 시신이 운구되자 조
정에서는 합당한 예를 갖추려 하였다. 그러자 공융이 반대하였다.

　"마일제는 上公의 높은 관직에 부절을 받은 사자이며, 황제의 명
을 받은 直旨使者로 동방을 안무할 책무를 받았지만 姦臣(袁術)에
아부하면서 견제를 당하였으며, 모든 관용 문서에서도 먼저 이름을
올려야 하는 원술보다도 상위의 직명인데도 아랫사람에게 아부하
여 상관을 속였으니, 이는 奸邪한 마음으로 事君한 것입니다. 옛날
에 (패전한 齊의) 國佐(국자)는 晉軍에 사자로 가서도 뜻을 굽히지
않았고, (楚의) 宜僚(의료)는 (반란 두목 白公勝의) 칼날 위협에도 正
色으로 굽히지 않았습니다. 皇室의 大臣이 어찌 협박이라고 변명할
수 있겠습니까! 또 원술의 반역행위는 一朝一夕이 아니거늘 마일제
가 그런 자를 따라 어정거리면서 해를 넘겼습니다. 漢律에 죄인과 3
일 이상 관계를 맺으면 사정을 파악한 것으로 알고 처벌하였습니다.
《春秋》에 魯의 叔孫得臣(숙손득신)이 죽었을 때, 그가 襄仲(양중)이
시해하려는 뜻을 알고 있으면서도 알리지 않은 것을 죄로 여겨 그가
죽은 날짜를 기록하지 않는 것으로 폄하하였습니다. 또 鄭나라 백성
이 幽公(유공)의 반란을 토벌하면서 大臣 子家(자가)의 棺을 부숴버
렸습니다. 聖上께서 舊臣을 불쌍히 여기신다면 더 이상 추궁하거나
그렇다고 예우하지 않는 것이 좋을 것입니다."

朝廷은 공융의 의견을 따랐다.

時論者多欲復肉刑. 融乃建議曰,

「古者敦厖, 善否不別, 吏端刑清, 政無過失. 百姓有罪, 皆自取之. 末世陵遲, 風化壞亂, 政撓其俗, 法害其人. 故曰上失其道, 民散久矣. 而欲繩之以古刑, 投之以殘弃, 非所謂與時消息者也. 紂斮朝涉之脛, 天下謂爲無道. 夫九牧之地, 千八百君, 若各刖一人, 是下常有千八百紂也. 求俗休和, 弗可得已. 且被刑之人, 慮不念生, 志在思死, 類多趨惡, 莫復歸正. 夙沙亂齊, 伊戾禍宋, 趙高, 英布, 爲世大患. 不能止人逾爲非也, 適足絶人還爲善耳. 雖忠如鬻拳, 信如卞和, 智如孫臏, 冤如巷伯, 才如史遷, 達如子政, 一離刀鋸, 沒世不齒. 是太甲之思庸, 穆公之霸秦, 南睢之骨立, 衛武之〈初筵〉, 陳湯之都賴, 魏尙之守邊, 無所復施也. 漢開改惡之路, 凡爲此也. 故明德之君, 遠度深惟, 弃短就長, 不苟革其政者也.」

朝廷善之, 卒不改焉.

| 註釋 | ○肉刑 - 죄인의 신체를 훼손하는 형벌. ○古者敦厖 - 敦厖(돈방)은 돈후하다. 厖은 클 방(厚大也). ○吏端刑淸 - 端은 정직하다(直也). ○紂斮朝涉之脛 - 紂王(주왕)은 겨울 아침에 옷을 걷고 냇물을 건너가는

사람의 정강이를 잘라보았다. 斮은 벨 착. 涉은 걸어서 물을 건너가다. 脛
은 정강이 경. ○九牧之地 - 九州之地. 全 중국. 周代에 1,800國이 있었다
고 한다. 과장된 숫자이지만 크고 작은 제후국은 상당히 많았다. ○各刖
一人 - 刖은 벨 월. 발꿈치를 자르다. ○英布 - 黥刑(墨刑)을 받은 영포는
驪山(여산)의 형도로 노역 중에 도망쳐 長江 일대의 群盜였다가 項羽의 부
장이었고 나중에 漢에 투항하여 九江王이 되었지만 모반을 일으켜 처형되
었다. ○鬻拳(죽권) - 인명. 충성심이 남달랐지만 楚王이 받아들이지 않았
다. 군사로 위협하자 초왕이 충언을 수용했다. 죽권은 왕을 협박했다는 자
책감에 스스로 자기 발목을 잘랐다. ○信如卞和 - 楚人 和氏(화씨)가 璞玉
(박옥)을 얻어 武王에 바쳤지만 돌이라는 玉人의 말에 左足을 잘리었다. 다
음 文王에게 바쳤으나 右足을 잘리었다. 다음 成王이 즉위하자, 和氏는 璞
을 끌어안고 三日三夜를 통곡하였다. 왕이 옥인을 시켜 寶玉(和氏璧)을 얻
었다. 성왕이 陵陽侯에 봉했지만 화씨는 거부하였다. '~ 잘려나간 다리는
다시 잇지 못하니 어찌 한이 아니겠는가!(斷者不續, 豈不冤兮!)' 라며 원망
했다. ○智如孫臏 - 孫臏(손빈)과 龐涓(방연)은 같이 병법을 배웠는데, 방
연은 魏 惠王을 섬겨 장군이 된 뒤에 은밀히 손빈을 불러 양쪽 발목을 잘라
버렸다. 손빈은 齊에 가서 威王(위왕)을 섬겼다. 魏와 趙가 韓을 공격하자
齊는 田忌(전기)를 보내 구원케 하였다. 손빈은 부엌자리 수를 줄여가며 방
연을 유인했고 馬陵(마릉)의 협곡 큰 나무에 '龐涓死於此木下' 라는 글을
써놓았다. 방연은 그 자리에서 화살에 맞아 죽었다. ○達如子政 - 子政은
劉向의 字. 유향은 宣帝 때 황금을 만들 수 있다고 건의하여 尙方에서 엄
청난 비용을 들여 실험하였지만 결국 실패하였다. 당연히 처형되어야 했
지만, 그 재학이 워낙 아깝다 하여 선제가 겨울을 넘겨가며 처형을 미루어
목숨을 살려주었다. ○南睢之骨立 - 내용 미상. 南睢는 人名(?). 骨立은
수척하여 뼈만 남았다는 뜻. ○〈賓之初筵〉 - 衛 武公이 과음을 후회한 노
래. ○陳湯之都賴 - 陳湯 字 子公, 西域 副校尉, 矯制로 서역의 군사를 동

원하여 흉노 郅支單于(질지선우)를 都賴水(도뢰수)에서 죽였다. ○魏尙之守
邊 – 文帝 때 魏尙은 雲中太守였는데 포로의 숫자가 6명이 틀린다 하여 파
직되었다. 趙人 馮唐(풍당)의 건의로 복직되었다.

[國譯]

그때 肉刑의 부활을 주장하는 자가 많았는데, 이에 공융이 건의
하였다.

「옛날 사람은 돈후하여 선악의 구별이 어려웠고, 관리는 정직하
고 형벌도 공평하여 다스리기가 어렵지 않았습니다. 백성이 죄를 지
어도 그것은 모두 자신의 실수였습니다. 그 이후 말세의 혼란 속에
풍속과 교화가 쇠퇴하면서 정치가 풍속을 각박하게 만들고 법이 백
성을 해치게 되었습니다. 그래서 위에서 道를 잃자 민심은 흩어졌습
니다. 고대의 형벌로 백성을 다스리겠다는 뜻은 백성 신체를 파괴하
여 내버리겠다는 뜻이지, 백성과 함께 살아가겠다는 뜻은 아닐 것입
니다. 紂王(주왕)은 겨울에 냇물을 건너가는 노인의 정강이를 잘라
보았기에 천하에서는 주왕을 무도하다고 하였습니다. 九牧(九州)의
땅에 1천8백 명의 군주가 각각 1인씩 다리를 자른다면, 이는 1천8백
명의 紂王이 있는 것과 같습니다. 이래서는 풍속의 안정과 화목을
이룰 수 없습니다. 또 육형을 받은 사람은 살기를 바라는 것이 아니
라 죽고 싶은 생각뿐이니, 그런 악형을 생각하는 사람이 많다면 어
느 누구도 착한 사람이 될 수 없을 것입니다. (齊 莊公 때) 夙沙衛(숙
사위)는 齊를 혼란에 빠트렸고, 伊戾(이려)는 宋國의 재앙이 되었으
며, (秦의 환관) 趙高(조고), (죄수 출신 漢의 九江王) 英布(영포)는 그
당대에 큰 골칫거리였습니다. 이처럼 육형은 백성에게 악행을 금하

지 못하고 선행으로 돌아가지 못하게 할 뿐입니다. 비록 鬻拳(죽권)과 같이 충성스럽고, (楚의) 卞和(변화)처럼 信義가 있어도, 孫臏(손빈)처럼 지혜로워도, (周 幽王 때) 巷伯(항백)처럼 억울하거나 (漢) 태사령 司馬遷(사마천)처럼 才學이 있어도, 事理에 통달한 子政(劉向)도 한 번 형벌을 받으면 평생 천대를 받게 됩니다. 육형이 있었으며 (殷의) 太甲(태갑)은 常道를 따르는 일이나 (秦의) 穆公(목공)은 패업 성취, 아주 수척한 南睢(남휴), 衛나라 武公(무공)의 〈賓之初筵〉, (前漢의 西域 副校尉) 陳湯(진탕)의 都賴水(도뢰수)에서 흉노 單于(선우)를 죽이는 대승이나 (文帝 때) 국경을 잘 지킨 魏尙(위상)도 없었을 것입니다. 漢이 그동안 형벌제도를 점차 개선한 것도 다 이런 뜻이었습니다. 그래서 明德한 君主는 멀리 내다보고 깊이 생각하며, 단점을 버리고 장점을 택하면서 막힘없이 정치를 개선할 수 있는 것입니다.」

조정은 공융의 건의를 받아들여 육형을 시행하지 않았다.

原文

是時荊州牧劉表不供職貢, 多行僭僞, 遂乃郊祀天地, 擬斥乘輿. 詔書班下其事. 融上疏曰,

「竊聞領荊州牧劉表桀逆放恣, 所爲不軌, 至乃郊祭天地, 擬儀社稷. 雖昏僭惡極, 罪不容誅, 至於國體, 宜且諱之. 何者? 萬乘至重, 天王至尊, 身爲聖躬, 國爲神器, 陛級縣遠, 祿位限絶, 猶天之不可階, 日月之不可踰也. 每有一豎臣,

輒云圖之, 若形之四方, 非所以杜塞邪萌.

愚謂雖有重戻, 必宜隱忍. 賈誼所謂 '擲鼠忌器', 蓋謂此也. 是以齊兵次楚, 唯責包茅, 王師敗績, 不書晉人. 前以露袁術之罪, 今復下劉表之事, 是使跛牂欲窺高岸, 天險可得而登也. 案表跋扈, 擅誅列侯, 遏絶詔命, 斷盜貢篚, 招呼元惡, 以自營衛, 專爲群逆, 主萃淵藪. 郜鼎在廟, 章孰甚焉! 桑落瓦解, 其勢可見. 臣愚以爲宜隱郊祀之事, 以崇國防.」

| 註釋 | ○桀逆放恣 - 桀逆(걸역)은 悖逆(패역). 흉악한 반역행위. ○國體 - 國家의 大體. ○神器 - 황제의 지위.「老子曰, "天下神器, 不可爲也, 不可執也."」《老子道德經》29장. ○日月之不可踰也 - 해나 달은 타고 넘어갈 수 없다.「子貢曰, "~ 仲尼, 日月也, 無得而踰焉."」《論語 子張》. ○擲鼠忌器 - 擲은 던질 척. 欲投鼠而忌器. ○唯責包茅 - 齊 桓公이 楚를 원정하면서 내세운 명분은 제사를 지낼 때 쓸 苞茅(포모)를 바치지 않았기 때문이었다. ○王師敗績, 不書晉人 - 晋의 군사가 戎狄(융적)에게 패전하였는데, 晋에서 이를 기록하지 않은 것은 '王者無敵이라 莫敢當也'때문이라고 하였다. ○跛牂欲窺高岸, 天險可得而登也 - 跛는 절뚝거릴 파. 牂은 양의 암컷 장. 窺는 엿볼 규. 성벽은 5丈이라도 사다리가 없으면 오를 수 없지만, 羊이 泰山을 올라가기는 산의 경사가 조금씩 높아졌기 때문이다. 원술이나 유표 같은 이런 일이 자꾸 알려지면 결국 그런 일을 다른 사람도 할 수 있을 것이라는 뜻. ○斷盜貢篚 - 篚는 대광주리 비(竹器). ○主萃淵藪 - 萃는 모일 췌. 淵藪(연수)는 늪지대. ○郜鼎在廟 - 郜는 나라 이름 고. 鼎은 솥 정. 郜國에서 제작한 鼎. ○桑落瓦解 - 시간이 흐르면 저절로 없어질 것이라는 뜻.

[國譯]

이때 荊州牧인 劉表(유표)는 공물을 보내지도 않으면서 신분을 참월한 행위가 많았는데, 천지신명께 郊祀를 지내고 황제의 제도를 본뜬 수레를 타고 다녔다. 조서로 그런 사실을 널리 알렸다. 이에 공융이 상소하였다.

「臣은 荊州牧 劉表(유표)가 패역방자하고 불법을 자행하여 郊祭를 지내며 社稷(사직)의 예를 행하였다고 들었습니다. 비록 이것이 극에 달한 혼란과 참람한 악행이기에 처형하지 않을 수 없지만 국가의 존엄을 생각하여 일단은 모른척해야 할 것 같습니다. 왜 그러하겠습니까? 萬乘의 至重과 天王의 至尊으로, 폐하의 一身은 聖躬이고, 나라는 神器이며, 그 지위는 하늘과 땅만큼 차이 나고 祿位가 근본적으로 다르니, 이는 하늘은 걸어 올라갈 수 없고, 해와 달을 뛰어넘을 수 없는 것과 같습니다. 언제든 간악한 소인마다 토벌한다든지 천하를 다 감시하여 사방에서 그런 싹이 보일 때마다 모두 막을 수는 없는 것입니다.

臣의 생각으로, 비록 대죄를 지은 자가 있어도 일단은 참아야 할 때도 있는 것입니다. 賈誼(가의)가 말한 '쥐를 때려잡고 싶어도 독(器) 때문에 참는 것(擲鼠忌器)'이 아마 이를 이른 말입니다. 예전에 齊 桓公의 군사가 楚를 공격하면서 包茅(포모, 띠풀)을 바치지 않은 것을 문책하였고, (진)의 군사가 융적에게 패전했지만 晉에서는 기록하지 않았습니다. 앞서 袁術(원술)의 죄를 널리 공포하였는데, 이번에 다시 劉表의 참람한 행위를 알린다면 이는 절뚝거리는 羊으로 하여금 높은 언덕을 바라보고서 아무리 험한 곳이라도 오를 수 있다는 것을 일러주는 것과 같습니다. 발호하는 유표의 죄를 문책한다고 멋대로 제후를 토벌하게 한다면 나중에는 천자의 명령을 따르지 않게 되고, 황실에 바칠 공물을 도적질하며, 흉악한 악인을 불러들여 무리를 지어 멋대로 반역하고, 악인 두목을 늦지대로 불러 모을 것입니다. 빼앗아 온 郜(고)나라의 鼎(정)을 종묘에 둔다 하여 그것이 어찌 광채가 나겠습니까! (유표의 방자한 세력은) 뽕나무 잎이 지고 기와가 깨지듯 종말이 있을 것입니다. 臣의 우견으로는, 유표가 郊祀를 지낸 것은 그냥 묻어두고 국방에 치중하는 것이 좋을 것 같습니다.」

原文

五年, 南陽王馮,東海王祗薨, 帝傷其早歿, 欲爲修四時之祭, 以訪於融.

融對曰, “聖恩敦睦, 感時增思, 悼二王之靈, 發哀愍之詔, 稽度前典, 以正禮制. 竊觀故事, 前梁懷王, 臨江愍王,齊哀王,臨淮懷王並薨無後, 同産昆弟, 卽景,武,昭,明四帝是也, 聞前朝修立祭祀. 若臨時所施, 則不列傳紀. 臣愚以爲諸在沖齓, 聖慈哀悼, 禮同成人, 加以號諡者, 宜稱上恩, 祭祀禮畢, 而後絶之. 至於一歲之限, 不合禮意, 又違先帝已然之法, 所未敢處.”

| 註釋 | ○南陽王馮,東海王祗 – 모두 獻帝의 아들. ○前梁懷王,臨江愍王,齊哀王,臨淮懷王 – 梁 懷王 揖(읍)은 景帝의 동생. 臨江 閔王 榮(영)은 武帝의 兄으로 皇太子였다가 4세에 폐립되어 나중에 다른 죄로 자살. 齊 懷

王 閎(굉)은 武帝의 아들 昭帝의 이복 형. 臨淮 懷王은 광무제의 아들이며, 明帝의 아우나 王에 봉해지기 전에 죽었다. ○諸在沖齓 - 沖齓(충츤)은 어린아이. 沖은 빌 충, 나이가 어릴 충. 齓은 이를 갈 츤. 젖니. 철없는 아이. ○所未敢處 - 마음이 편치 않다. 處는 安也.

[國譯]

(建安) 5년(서기 200), 南陽王 劉馮(유풍)과 東海王 劉祗(유지)가 죽었는데, 헌제는 일찍 죽은 아들을 마음 아파하며 四時의 제사를 지내려고 공융에게 물었다. 이에 공융이 대답하였다.

"聖恩이 敦睦(돈목)하시어 계절이 바뀔 때마다, 두 왕의 영혼을 슬퍼하시며 애틋한 말씀으로 전례를 찾아보라 하심은 예법을 바르게 따르려는 뜻이라 생각합니다. 臣이 전례를 찾아보건대, 前 梁 懷王(회왕)과 臨江 愍王(민왕), 齊 哀王(애왕), 臨淮 懷王(회왕)은 모두 후사가 없이 죽었으며, 그 同産 형제가 곧 景帝, 武帝, 昭帝, 明帝입니다만 전대에 제사를 지냈다는 말을 듣지 못했습니다. 만약 임시로 어떤 제사를 지냈다 하더라도 그것은 傳紀에 기록되지 않았습니다. 臣의 우견이지만 모두 어린 나이라서 聖心으로 애통하여 장례를 성인과 같이 치르고, 시호를 내리는 것은 皇上의 은의이지만 제사가 끝나면 그것으로 끝입니다. 四時에 제사를 지내는 것은 예의 본질에 어긋나며 先帝의 법도에도 맞지 않으니 마음으로도 불안합니다."

原文

初, 曹操攻屠鄴城, 袁氏婦子多見侵略, 而操子丕私納袁

熙妻甄氏. 融乃與操書, 稱"武王伐紂, 以妲己賜周公". 操
不悟, 後問出何經典. 對曰, "以今度之, 想當然耳." 後操討
烏桓, 又嘲之曰, "大將軍遠征, 蕭條海外. 昔肅愼不貢楛矢,
丁零盜蘇武牛羊, 可並案也."

| 註釋 | ○鄴城 - 冀州刺史部 관할인 魏郡의 治所, 今 河北省 邯鄲市 관
할 臨漳縣 서남. 袁紹(원소)의 본거지. ○袁熙妻甄氏 - 袁熙(원희)는 袁紹
의 차남. 甄氏(견씨, 183 - 221)는 中山國 출신. 부친 甄逸(견일)은 上蔡令. 袁
熙가 幽州에 출정했을 때 甄氏는 시모와 함께 鄴城(업성)에 남았는데, 조비
가 원소 안채에 들어가 견씨의 비범한 미모에 반하여 데려왔고, 조조도 견
씨의 미모를 칭찬했다고 한다. 魏 文帝 曹丕의 正室, 魏 明帝 曹叡(조예)의
生母. ○妲己(달기) - 紂의 妃, 有蘇氏의 딸. 무왕이 殷을 정벌하면서 妲己
의 목을 잘라 하얀 깃발에 매달고 '紂의 멸망은 이 여인 때문이다.' 라고 써
붙였다. ○後操討烏桓 - 建安 12년. ○肅愼不貢楛矢 - 肅愼(숙신)씨는 夫
餘國 북쪽에 거주하던 민족. 일명 挹婁(읍루). 楛는 나무 이름 호. 화살대를
만드는데 사용. ○丁零盜蘇武牛羊 - 丁零(정령)은 北海(바이칼 호) 부근
유목 민족, 蘇武가 匈奴에 억류되었을 때 소무는 北海에서 羊을 길러야만
했다.

[國譯]

그전에 曹操(조조)가 魏郡 鄴城(업성)을 도륙했는데, 袁氏의 부녀
자들이 많이 침략 당했는데 조조의 아들 曹丕(조비)는 (원소의 차남)
袁熙(원희)의 妻 甄氏(견씨)를 사적으로 차지하였다. 이에 공융은 조
조에게 서신을 보내 "武王이 紂王(주왕)을 정벌하면서 주왕의 왕비
妲己(달기)를 周公에게 보냈습니다." 라고 말했다. 처음에 조조는 무

슨 뜻인지 몰랐는데, 나중에 공융에게 어떤 經典에 나온 말이냐고 물었다. 이에 공융은 "지금 생각해보니 당연히 그랬을 것 같습니다."라고 말했다.

뒷날 조조가 烏桓(오환)을 원정했는데, 공융은 조조를 조롱하는 뜻으로 말했다. "大將軍의 원정에 국경 밖이 쓸쓸해졌습니다. 옛날 肅愼(숙신)은 楛矢(고시)를 바치지 않았고, 丁零(정령)은 蘇武(소무)의 牛羊을 훔쳐갔는데, 이를 모두 조사해 주십시오."

原文

時年饑兵興, 操表制酒禁, 融頻書爭之, 多侮慢之辭. 旣見操雄詐漸著, 數不能堪, 故發辭偏宕, 多致乖忤. 又嘗奏宜準古王畿之制, 千里寰內, 不以封建諸侯. 操疑其所論建漸廣, 益憚之. 然以融名重天下, 外相容忍, 而潛忌正議, 慮鯁大業. 山陽郗慮承望風旨, 以微法奏免融官. 因顯明讎怨, 操故書激厲融曰,

「蓋聞唐虞之朝, 有克讓之臣, 故麟鳳來而頌聲作也. 後世德薄, 猶有殺身爲君, 破家爲國. 及至其敝, 睚眦之怨必讎, 一餐之惠必報. 故鼂錯念國, 遘禍於袁盎, 屈平悼楚, 受譖於椒,蘭, 彭寵傾亂, 起自朱浮, 鄧禹威損, 失於宗,馮. 由此言之, 喜怒怨愛, 禍福所因, 可不愼與! 昔廉,藺小國之臣, 猶能相下, 寇,賈倉卒武夫, 屈節崇好, 光武不問伯升之怨, 齊侯不疑射鉤之虜. 夫立大操者, 豈累細故哉! 往聞二君有執

法之平, 以爲小介, 當收舊好, 而怨毒漸積, 志相危害, 聞之
憮然, 中夜而起.

　昔國家東遷, <u>文擧盛歎鴻豫名實相副, 綜達經學, 出於鄭</u>
<u>玄</u>, 又明《司馬法》, <u>鴻豫亦稱文擧奇逸博聞</u>, 誠怪今者與始
相違. 孤與<u>文擧</u>旣非舊好, 又於<u>鴻豫</u>亦無恩紀, 然願人之相
美, 不樂人之相傷, 是以區區思協歡好. 又知二君群小所構,
孤爲人臣, 進不能風化海內, 退不能建德和人, 然撫養戰士,
殺身爲國, 破浮華交會之徒, 計有餘矣.」

| 註釋 | ○侮慢之辭 - 侮는 업신여길 모. 慢은 오만할 만. 공융은 조조
에게 서신을 보내 '酒德이 오래라서 하늘에 酒星이, 땅에 酒泉이, 인간에
는 酒德이 있으며, ~ 고조는 술에 취해 白蛇를 베었고, 樊噲(번쾌)는 술을
마시고 鴻門의 난관을 타개하였으며~' 라고 칭송하였다.　○發辭偏宕 - 치
우치고 지나치게 말하다. 문장이 호방하고 변화가 많다. 跌은 넘어질 질.
宕은 방탕할 탕. 지나치다.　○多致乖忤 - 어그러지고 거슬리다. 乖는 어
그러질 괴. 忤는 거스를 오.　○千里寰內 - 寰는 畿內 환. 천자의 직할지.
《周禮》에 '사방 千里를 國畿라 하고, 그 밖 5백 리 땅을 侯畿' 라 하였다.
畿는 지경, 경계(限也)의 뜻.　○郗慮 - 郗는 고을 이름 치. 郗慮(치려)의 字
는 鴻豫(홍예), 나중에 어사대부를 역임.　○克讓之臣 - 舜이 禹를 司空에
임용하려 하자 禹는 后稷(후직)에게 양보하였다. 이런 예는 매우 많았다.
○有殺身爲君 - 齊의 孟陽(맹양)은 주군을 대신하여 침상에서 적을 기다렸
고, 漢王의 신하 紀信(기신)은 한왕의 차림새로 성을 빠져나가 항우를 유인
하여 한왕이 포위를 벗어나게 했고 기신은 팽살되었다.　○破家爲國 - 要
離(요리)는 吳를 위해 처자를 분신케 했고, 후한의 李通(이통)은 宗族이 멸

족 당하는데도 광무제를 따랐다. ○眭眦之怨必讎 – 眭는 눈초리 애, 眦는 흘길 자. 눈초리 제. 范雎(범수, 秦 昭襄王의 재상)는 밥 한 그릇 은혜도 꼭 갚아야 했고 눈을 한번 흘겨보아도 꼭 복수하였다. ○鼂錯(조조) – 景帝 때 조조는 御史大夫로 제후국의 세력을 삭감하는 削藩策을 강력 추진하였다. 吳楚七國의 난이 일어나면서 조조를 죽여야 한다는 반란국의 명분을 들어 평소 감정이 나빴던 袁盎(원앙)의 방책과 건의에 따라 조조는 처형되었다. 《漢書 袁盎鼂錯傳》 참고. ○屈平悼楚, 受譖於椒,蘭 – 屈平은 屈原. 楚 懷王 때 三閭大夫. 秦 昭王이 張儀를 시켜 회왕을 속였고, 武關에서의 會同을 굴원은 간했지만 따르지 않았다. 결국 굴원은 회왕의 아들 子椒(자초)와 子蘭(자란)의 참소로 방출된다. ○起自朱浮 – 朱浮(주부)와 彭寵(팽총)은 서로 不睦하며 光武帝에게 참소했고 팽총은 반기를 들었다. 12권, 〈王劉張李彭盧列傳〉의 〈彭寵傳〉 참고. ○失於宗,馮 – 鄧禹(등우)가 赤眉를 토벌할 때 宗欽(종흠)과 馮愔(풍음)으로 하여금 枸邑(순읍)을 방어케 했지만 결국 실패했다. ○可不愼與 – 사실 공융과 郗慮(치려)의 감정싸움을 중재하는 것 같지만 공융에 대한 조조의 강력한 경고라고 보아야 한다. ○猶能相下 – 趙 惠文王과 秦 昭王이 黽池(민지)에서 회동할 때 藺相如(인상여)는 크게 활약했고 귀국 후 인상여가 上卿이 되어 廉頗(염파) 장군보다 상위직에 올랐지만, 인상여의 겸양에 염파도 감복하여 끝내 刎頸之友(문경지우)가 되었다. ○寇恂(구순) – 16권, 〈鄧寇列傳〉에 立傳. ○齊侯不疑射鉤之虜 – 齊桓公은 즉위 전에, 자신을 죽이려고 활을 쏘아 자신의 帶鉤(대구)를 맞춘 管仲(관중)의 죄를 용서하고 재상으로 등용했다. ○以爲小介 – 介는 티끌, 장애(蔕芥). ○聞之憮然 – 憮然은 실망한 모양. 憮는 멍할 무(失意貌也).

[國譯]

그때 흉년이 들고 군사를 일으켜야 해서 조조는 표문을 올려 禁酒令을 시행하였는데, 공융은 여러 번 서신을 보내 이를 논쟁하였는데 얕보고 오만한 말이 많았다. 공융은 조조의 야심이 점차 드러나는 것을 참을 수 없어 일부러 서신을 보내 일방적이고 지나친 말로 조조의 성질을 많이 건드렸다. 또 전에도 옛 王畿에 준하는 제도를 시행하여 1천 리 이내의 땅에는 제후를 봉하지 않는 제도를 시행해야 한다고 건의했었다. 조조는 공융의 주장은 제후의 땅이 점차 지방으로 확대된다고 생각하여 더욱 공융을 싫어하였다. 그러나 공융의 명성에 워낙 높아서 겉으로는 포용하는 척하였지만 속으로는 정식 논의를 싫어하면서 자신의 대업에 방해가 되는 가시처럼 생각하였다. 山陽郡 사람 郗慮(치려)는 조조의 뜻을 눈치 채고 공융의 작은 과실을 트집 잡아 면직시켜야 한다고 상주하였다. 이리하여 조조와 공융의 원한 관계가 드러나자 조조는 서신을 보내 공융을 격려하였다.

「내가 알기로, 唐虞(堯舜)의 시대에는 신하가 서로 사양하여 기린과 봉황이 출현하였고 칭송의 노래가 불렸습니다. 후세에 德薄해졌다지만 그래도 주군을 위해 殺身하고, 나라를 위해 일가를 희생했습니다. 그러다가 세상이 쇠퇴하면서 눈만 한 번 흘겨도 그 원수를 갚으려 했고 밥 한 그릇의 은혜도 기어이 갚아야 했습니다. 옛날 鼂錯(조조)는 나라를 위해 일했지만 袁盎(원앙)의 계략에 희생되었고, 屈平(屈原)은 楚를 걱정하였지만 子椒(자초)와 子蘭(자란)의 무고로 방출되었으며, (광무제 때) 彭寵(팽총)의 반란은 朱浮(주부)의 참소 때문이었고, 鄧禹(등우)의 군사적 열세는 宗欽(종흠)과 馮愔(풍음)의 반목과 실패 때문이었습니다. 이를 본다면, 喜怒와 好惡는 禍福의 원인이니 신중하지 않을 수 없습니다. 옛날 (戰國時代 趙의) 廉頗(염파)와 藺相如(인상여)는 小國의 신하로 서로 겸손하였고, 寇恂(구순)과 賈復(가복)은 창고지기 군졸로 자기 고집을 꺾고 화목하였으며,

光武帝는 친형 伯升(백승)이 죽은 원한을 캐지 않았고, 齊 환공을 자신을 쏘아 죽이려 했던 죄수(捕虜, 管仲)를 의심하지 않았습니다. 대체로 큰 뜻을 가진 자라면 어찌 작은 감정에 집착하겠습니까! 과거에 두 사람(孔融과 郗慮)은 법의 집행이 공평하다는 칭송을 들었지만 작은 감정 때문에 옛날의 좋은 관계를 잊어버리고 점차 미워하며 해치려 하니, 이런 말을 들은 뒤로는 멍하니 어찌할 바를 모르겠고 자다가도 일어나게 됩니다.

전에 조정이 동쪽으로 돌아온 이후로 文擧(孔融)는 鴻豫(郗慮의 字)가 名實相副하고 經學에 두루 통달하였으며, 鄭玄(정현)의 제자로《司馬兵法》에도 밝다고 크게 찬탄하였으며, 鴻豫(홍예) 또한 文擧(문거)가 세속을 넘어 학문이 광박하다고 칭송하였으니, 지금 두 사람이 서로 맞지 않는 것을 보면 정말 이상한 일입니다. 나와 당신은 예부터 알고 지내온 舊交가 아니며, 나와 鴻豫(홍예) 또한 특별한 은덕을 베푼 사이가 아니지만 그래도 두 사람이 서로 칭송하며 상대방의 아픔을 즐거워하지 않고 서로 양보하는 마음으로 가까워지기를 바랄 뿐입니다. 또 두 사람이 소소한 일로 얽힌 것도 알지만, 나 역시 나아가 人臣으로서 천하에 교화를 펴지도 못하고 물러나 덕으로 남을 화합하게도 못하지만, 그래도 戰士를 훈련하면서 나라를 위해 殺身하려 노력하며 浮華하게 몰려다니는 무리들을 수습할 수 있는 여력이 있다고 생각합니다.」

▌原文

融報曰,

「猥惠書教, 告所不逮. 融與鴻豫州里比郡, 知之最早. 雖嘗陳其功美, 欲以厚於見私, 信於爲國, 不求其覆過掩惡, 有罪望不坐也. 前者黜退, 歡欣受之. 昔趙宣子朝登韓厥, 夕被其戮, 喜而求賀. 況無彼人之功, 而敢枉當官之平哉! 忠非三閭, 智非鼂錯, 竊位爲過, 免罪爲幸. 乃使餘論遠聞, 所以慙懼也. 朱,彭,寇,賈, 爲世壯士, 愛惡相攻, 能爲國憂. 至於輕弱薄劣, 猶昆蟲之相嚙, 適足還害其身, 誠無所至也. 晉侯嘉其臣所爭者大, 而師曠以爲不如心競. 性旣遲緩, 與人無傷, 雖出胯下之負, 揄次之辱, 不知貶毀之於己, 猶蚊蝱之一過也. 子産謂人心不相似, 或矜勢者, 欲以取勝爲榮, 不念宋人待四海之客, 大鑪不欲令酒酸也. 至於屈穀巨瓠, 堅而無竅, 當以無用罪之耳. 它者奉遵嚴教, 不敢失墜. 郗爲故吏, 融所推進. 趙衰之拔郤縠, 不輕公叔之升臣也. 知同其愛, 訓誨發中. 雖懿伯之忌, 猶不得念, 況恃舊交, 而欲自外於賢吏哉! 輒布腹心, 修好如初. 苦言至意, 終身誦之.」

| 註釋 | ○猥惠書教 - 猥는 함부로 외. 외람되이, 분에 넘치게. 스스로 겸손해 하는 말. ○比郡 - 山陽郡과 魯國은 연접했다. ○趙宣子(조선자) - 宣子는 趙盾(조순)의 시호. 조선자는 韓厥(한궐)을 靈公에게 천거하여 司馬가 되었다. 한궐은 조선자의 戰車를 조선자가 있는 줄 알고 공격하였다. ○忠非三閭 - 屈原. 王族의 三姓인 昭, 屈, 景氏의 업무를 담당하는 三閭大夫였다. ○昆蟲之相嚙 - 昆은 많을 곤(衆多也), 자손 곤. ○雖出胯下之負 - 韓信이 貧賤할 때 淮陰 少年이 모욕하자, 한신은 사타구니 아래를 기어

갔다. 跨는 타넘을 과. 사타구니. ○揄次之辱 - 荊軻(형가)가 揄次(유차)란 곳에서 蓋聶(개섭)이란 사람과 論劍하다가 개섭이 노려보자, 형가는 밖으로 나가 피했다. ○猶蚊虻之一過也 - 蚊은 모기 문. 虻은 등에 맹. 소의 피를 빨아먹는 쇠파리 종류. 모기나 등에가 날아간들 아무런 해가 되지 않는다. ○人心不相似 - (鄭) 子産은 子皮에게 "人心이 不同한 것은 사람 얼굴과 같으니 내 어찌 그대 얼굴이 내 얼굴과 같다고 하겠습니까?"라고 말했다. ○宋人~ - 大鑪(대로)는 큰 목로. 鑪는 화로 로. 술독을 묻은 부뚜막. 壚(흙토 로)와 同. 좋은 술을 만들고 손님에 친절한 宋人이 있었는데 술이 팔리지 않고 늘 시어 식초가 되었다. 그 이유는 술집 대문을 지키는 猛犬 때문이라는 것을 몰랐다는 우화. ○至於屈穀巨瓠~~ - 齊에 田仲(전중)이라는 居士가 있었는데, 宋人 屈穀(굴곡)이라는 사람이 찾아 와서 돌처럼 단단하고 구멍도 뚫리지 않는 좋은 큰 박을 드리겠다고 말했다. 그러자 전중은 '그렇게 좋은 것이라면 내가 표주박으로 만들 수 없다.' 며 받지 않았다. ○趙衰之拔郤縠 - 晉 文公이 元帥을 구할 때, 趙衰(조쇠)는 郤縠(극곡)을 천거하였다. ○不輕公叔之升臣也 - 公叔文子는 衛의 大夫로 家臣인 僎(선)을 천거하였고, 선은 공숙문자와 같은 반열에 있다가 나중에 나란히 대부가 되었다. 公叔文子는 《論語 憲問》에 나온다. ○知同其愛, 訓誨發中 - 曹公이 자신(孔融)과 郗慮(치려)를 똑같이 생각하여 진심으로 가르침을 주었다는 것을 알고 있다. ○懿伯之忌, 猶不得念 - 懿伯(의백)은 惠伯의 叔父. 忌는 원망하다.

[國譯]

공융이 답서를 보냈다.

「외람되이, 보내주신 서신을 받아보니 제가 미처 생각지 못한 것을 깨우쳐 주셨습니다. 저와 鴻豫〔홍예, 郗慮(치려)〕의 고향은 서로 이웃 군이라서 일찍부터 알고 지냈습니다. 비록 이전에 그 사람의 장점을 말했던 것은 그가 다른 사람에게 좀 더 후하게, 또 나라를 위하여 좀 더 忠信할 것은 바라는 뜻이었지 그가 나에 대한 과오를 덮어주어 벌에 연좌되지 않기를 바라는 뜻은 아니었습니다. 며칠 전 나를 면직시켜야 한다는 주장도 기꺼이 받아들입니다. 옛날에 趙宣子(조선자, 趙盾)는 아침에 韓厥(한궐)을 등용하게 하였지만, 저녁에 한궐의 공격을 받아 부하를 잃었지만 조선자는 다른 사람의 축하를 받았습니다. 하물며 나는 그 사람에게 덕을 베푼 것이 없거늘 어찌 업무처리가 그의 공평하는 칭송을 듣겠습니까! 屈原처럼 충성스럽지도 않고, 鼂錯(조조)만큼 지혜롭지 못하면서 관직을 차지하고 있으면서 형벌이나 받지 않아 다행일 뿐입니다. 그런데도 저에 대한 지나친 평가가 멀리 알려진 것이 부끄럽고 두려울 뿐입니다. 朱浮(주부), 彭寵(팽총), 寇恂(구순), 賈復(가복) 등은 세상에 알려진 壯士로 서로 아껴주고 미워하며 공격하였지만 언제나 나라를 걱정하였습니다. 그러나 나약하고 못난 것이 마치 곤충이 서로 물고 뜯는 것과 같아 결국 모두 자신을 해치고 못하는 짓이 없을 것입니다. 晉侯는 그 신하 중 용감한 자들이 많다고 자랑하였지만, 師曠(사광)은 힘의 경쟁은 마음의 경쟁만 못하다고 하였습니다. 나의 심성이 더디고 느려 다른 사람과 다투지 못하기에, 韓信은 가랑이 사이를 지나가는 수치를 당했고, 荊軻(형가)는 楡次(유차)에서 치욕을 당하면서도 그들이 자신을 폄훼한다고 생각하지 않고 그저 모기 한 마리가 물었다고 생각하였습니다. (鄭의) 子産(자산)은 人心은 서로 다르다고 하였으니, 혹 힘을 자랑하는 자는 승리를 영광이라 생각하고, 술장사를 하는 宋人은 사방의 손님을 접대하면서도 술독의 술이 시어버리는 이유를 생각하지 못하게 됩니다. 나는 (宋人) 屈穀(굴곡)의 거대한 박(巨

瓠, 거호)이 단단하고 또 속을 파낼 수 없으니 결국 쓸모가 없는 것
과 같은 허물이 있습니다. 다른 가르침은 모두 다 받아들여 실수하
지 않도록 하겠습니다. 郗慮(치려)가 전에 관리가 될 때 제가 천거하
였습니다. (晋) 趙衰(조쇠)는 郤縠(극곡)을 천거하였고, 公叔文子는
자신이 천거한 사람을 경시하지 않았습니다. 公께서 저와 郗慮(치
려)를 똑같이 생각하여 진심으로 가르침을 주신 것을 알고 있습니
다. 이런 公心의 서신이기에 비록 懿伯(의백)과 같은 원망을 받을지
라도 마음에 두지 않을 것이고, 하물며 내가 옛정을 생각하며 그보
다는 賢吏라고 생각하지도 않을 것입니다! 두서없이 제 속마음을 말
씀드렸습니다만 지난날과 같이 잘 지내야 할 것입니다. 公의 苦言과
지극한 정성은 終身토록 마음에 새겨두겠습니다.」

原文

歲餘, 復拜太中大夫. 性寬容少忌, 好士, 喜誘益後進. 及
退閒職, 賓客日盈其門. 常歎曰, "坐上客恒滿, 尊中酒不空,
吾無憂矣." 與蔡邕素善, 邕卒後, 有虎賁士貌類於邕, 融每
酒酣, 引與同坐, 曰, "雖無老成人, 且有典刑."

融聞人之善, 若出諸己, 言有可采, 必演而成之, 面告其
短, 而退稱所長, 薦達賢士, 多所獎進, 知而未言, 以爲己過,
故海內英俊皆信服之.

| 註釋 | ○太中大夫 – 列卿의 하나인 光祿勳의 屬官, 太中大夫는 政事

에 대한 의론을 담당. 황제의 근신, 총신, 귀척으로 충임. 정원 없음, 많을 때는 수십 명이나 되었다. 질록 一千石이었다. ○蔡邕(채옹) ─ 60권,〈馬融蔡邕列傳〉(下)에 입전. ○雖無老成人, 且有典刑 ─《詩 大雅 蕩》의 구절.

[國譯]

약 1년 뒤에 다시 太中大夫가 되었다. 천성이 너그럽고 시기하지 않았으며 사람을 반기고 후진을 이끌어 잘 도와주었다. 태중대부의 한직이라서 빈객이 집안에 늘 가득했다. "坐上에 손님이 많고 술독에 술이 비지 않으니 나는 걱정이 없다."고 공융은 자랑하였다. 蔡邕(채옹)과 평소에 친했는데 채옹이 죽은 뒤에는 虎賁(호분) 衛士 중 생김새가 채옹과 비슷한 사람이 있어 술에 취할 때마다 같은 자리에 앉아 "옛사람은 가고 없다지만 그가 남긴 법도는 따라야 한다." 라고 말하였다.

공융은 남의 선행을 들으면 마치 자신의 일처럼 좋아하였고 기억할만한 좋은 말은 부연 설명하여 기록하였으며, 다른 사람이 남의 단점을 이야기하면 끝에 가서 그 사람의 장점을 말해주었고 인재를 추천하고 권장하였으며, 부당한 일을 알아도 말하지 않고 자신의 잘못이라 하였기에 천하의 영웅일지라도 모두 공융을 믿고 따랐다.

原文

曹操旣積嫌忌, 而郗慮復搆成其罪, 遂令丞相軍謀祭酒路粹枉狀奏融曰,

「少府孔融, 昔在北海, 見王室不靜, 而招合徒衆, 欲規不

軌, 云'我大聖之後, 而見滅於宋, 有天下者, 何必卯金刀'.
及與孫權使語, 謗訕朝廷. 又融爲九列, 不遵朝儀, 禿巾微
行, 唐突宮掖. 又前與白衣禰衡跌蕩放言, 云'父之於子, 當
有何親? 論其本意, 實爲情慾發耳. 子之於母, 亦復奚爲?
譬如寄物缶中, 出則離矣'. 旣而與衡更相讚揚. 衡謂融曰,
'仲尼不死.'融答曰,'顔回復生.'大逆不道, 宜極重誅.」
　書奏, 下獄弃市. 時年五十六. 妻子皆被誅.

| 註釋 | ○構成其罪 – 공융의 죄를 만들어내다. 構는 끌어내다. 차리
다. 꾸며대다(構也). ○路粹 – 路가 성씨. 字는 文蔚(문위), 陳留郡 사람, 蔡
邕에게 사사. 陳琳(진림), 阮瑀(완우)의 동료. 문재는 뛰어났으나 인격에 문
제가 많았던 사람. ○見滅於宋 – 孔子의 六代祖인 孔父嘉(공보가)는 宋의
華督(화독)에게 피살되자 그 아들이 魯로 피난하였다. ○何必卯金刀 – 卯
金刀는 '劉'의 破字. ○謗訕朝廷 – 謗은 비방할 방. 訕은 헐뜯을 산(謗毁
也). ○禿巾微行 – 禿巾(독건)은 幘(건 책)을 쓰지 않았다. 冠을 정식으로 착
용하지 않았다. ○唐突(당돌) – 꺼리거나 어려워하지 않고 멋대로 행동하
다. ○禰衡(예형, 173 - 198) – 字 正平, 후한 말기 文學家, 才氣가 出衆했다.
孔融과 交好, 공융의 추천으로 조조에 등용.《三國演義》에서 옷을 벗고 북
을 치는 장면이 있다. 조조가 예형을 유표에게, 유표는 다시 黃祖에게 보
내 죽이게 했다. 禰는 아비 사당 녜(예). ○跌蕩(질탕) – 跌宕(질탕)과 同.
행동에 절제가 없음. ○寄物缶中 – 缶는 장군 부. 진흙으로 만든 액체를
담기 위한 계란 모양의 容器. 주입구와 출구가 하나이다.

曹操(조조)의 공융에 대한 혐오가 쌓이자, 郗慮(치려)는 다시 공융의 죄를 얽어서 마침내 丞相의 軍謀祭酒 路粹(노수)를 시켜 날조된 상서로 공융을 무고하였다.

「少府인 孔融은 옛날 北海國에 근무했었는데 王室이 不靜한 것을 보고 무리들을 불러 모아 불충한 반역의 기회를 노리며 '나는 大聖의 후손이나 宋에서 박해를 받았지만 천하를 차지한 사람이 어찌 꼭 劉氏이어야 하는가?' 라고 말했습니다. 그리고 孫權(손권)의 사자와 담화하면서 조정을 비방하고 헐뜯었습니다. 또 공융은 9卿의 반열에 올랐으면서도 朝儀를 준수하지 않고 冠을 다 갖추지 않고(禿巾) 돌아다녀 궁정에 당돌한 짓을 하였습니다. 또 예전에 평민인 禰衡(예형)과 跌蕩(질탕)하게 함부로 지껄였는데, '父가 子에게 어찌 親情이 있겠는가? 그 본의를 따진다면 그 성욕으로 만들어진 것이다. 모친에게 아들은 또 무엇인가? 항아리 속에 들어있던 물건이니 밖에 나오면 떨어지는 것이다.' 라고 말했습니다. 그리고서도 공융과 예형은 서로 칭찬을 하였습니다. 예형이 공융에게 말했습니다. '仲尼는 죽지 않았다.' 그러니까 공융이 대답하였습니다. '顔回가 다시 살아났다.' 이처럼 大逆不道하니 응당 빨리 중형에 처해야 합니다.」

상서가 보고되었고 하옥되었다가 棄市되었다. 時年 56세였다. 妻子도 모두 처형당했다.

初, 女年七歲, 男年九歲, 以其幼弱得全, 寄它舍. 二子方弈棊, 融被收而不動. 左右曰, "父執而不起, 何也?" 答曰, "安有巢毀而卵不破乎!" 主人有遺肉汁, 男渴而飮之. 女曰, "今日之禍, 豈得久活, 何賴知肉味乎?" 兄號泣而止. 或言於曹操, 遂盡殺之. 及收至, 謂兄曰, "若死者有知, 得見父母, 豈非至願!" 乃延頸就刑, 顔色不變, 莫不傷之.

　初, 京兆人脂習元升, 與融相善, 每戒融剛直. 及被害, 許下莫敢收者, 習往撫屍曰, "文擧捨我死, 吾何用生爲?" 操聞大怒, 將收習殺之, 後得赦出.

| 註釋 | ○安有巢毀而卵不破乎 – 安有~는 어디에 있는가? 安은 의문사.

[國譯]

　그전에 딸은 7살, 아들은 9살이었는데, 어린아이를 온전하게 키우려고 다른 집에 맡겨졌다. 두 아이가 한창 장기놀이를 하면서 공융이 잡혀갔다는 소식에도 동요하지 않았다. 옆에 있던 사람들이 물었다. "아버지가 잡혀갔는데도 왜 일어나지도 않느냐?" 그러자 "부서진 둥지에 깨지지 않은 알이 어디 있겠습니까?"라고 대답하였다. 집 주인이 고기 국물을 주자, 아들은 목이 타서 마셨다. 그러자 딸아이가 말했다. "오늘 같은 재앙에 어찌 오래 살겠으며, 고기 국물이 무슨 맛이겠나?" 남자아이도 울면서 마시지를 못했다. 어떤 사람이 조조에게 말하자 모두 죽이게 하였다. 아이들이 잡혀가면서 형에게 말했다. "만약 죽어서도 지각이 있다면 부모님을 뵐 수 있을 것이니 어찌 내 소원이 아니겠는가!" 이어 목을 늘려 형을 받으면서 안색도 변하지 않으니 가슴 아파하지 않는 사람이 없었다.

그전에 京兆 사람 脂習(지습, 字 元升원승)은 공융과 가까웠는데 공융에게 너무 강직하다고 자주 주의를 주었다. 공융이 처형되자 許縣(허현)에 아무도 시신을 수습하는 자가 없었는데 지습이 시신을 어루만지며 말했다. "文擧(孔融)이 나를 두고 갔는데 내가 살아 무엇하겠는가?" 조조가 알고서 대노하며 지습을 잡아 처형케 하였는데 뒤에 사면을 받아 나왔다.

原文

魏文帝深好融文辭, 每歎曰, "楊,班儔也." 募天下有上融文章者, 輒賞以金帛. 所著詩,頌,碑文,論議,六言,策文,表,檄,敎令,書記凡二十五篇. 文帝以習有欒布之節, 加中散大夫.

|註釋| ○楊,班儔也 – 前漢의 楊雄(양웅)과 後漢의 班固(반고)와 같은 사람이다. 儔는 짝 주. ○欒布(난포) – 梁王 彭越(팽월)의 大夫, 齊에 사신으로 출장 간 사이에 팽월이 처형되어 雒陽에 효수되었다. 난포는 돌아와 시신 앞에 보고를 한 뒤 제사를 지내 主君의 혼령을 위로했다.

[國譯]

魏 文帝(曹丕)는 공융의 文辭를 아주 좋아하며 늘 "楊雄(양웅)과 班固(반고)의 짝이다."라고 찬탄하였다. 천하에 널리 공융의 문장을 구했는데 공융의 글을 바치는 자에게 金帛을 상으로 주었다. 공융이 지은 詩, 頌, 碑文, 論議, 六言, 策文, 表, 檄, 敎令, 書記 등 총 25편이

전한다. 文帝는 脂習(지습)이 欒布(난포)와 같은 지조가 있다 하여 中散大夫에 임명하였다.

論曰, 昔諫大夫鄭昌有言, "山有猛獸者, 藜藿爲之不採." 是以孔父正色, 不容郡虐之謀, 平仲立朝, 有紆盜齊之望. 若夫文擧之高志直情, 其足以動義槩而忤雄心. 故使移鼎之迹, 事隔於人存, 代終之規, 啓機於身後也. 夫嚴氣正性, 覆折而己. 豈有貟刅委屈, 可以每其生哉! 懍懍焉, 暞暞焉, 其與琨玉秋霜比質可也.

| 註釋 | ○鄭昌 – 전한 宣帝 때 司隷校尉 蓋寬饒(개관요)가 直言으로 得罪하자 정창은 개관요의 忠直憂國을 변호했다. ○藜藿 – 명아주나 콩잎. 貧者의 음식. 藜는 명아주 려. 藿은 콩잎 곽. 藜藿不採는 명아주 잎에 쏘는 벌레가 있어 맹수라도 가까이 하지 않는다는 뜻으로 쓰인다. ○孔父正色 – 孔父는 일반적으로 공자를 지칭. 여기 孔父는 宋나라 대부의 이름. 大夫 孔父의 엄숙한 표정만으로도 宋 조정의 大義를 확립했다는 뜻. ○有紆盜齊之望 – 紆는 느슨할 서, 풀어버리다(解也, 緩也). 음모를 버리다. 盜齊는 姜氏의 齊를 찬탈하려는 田常(전상)을 지칭. ○忤雄心 – 忤는 거스를 오(逆也). 조조의 야심을 저지할 수 있었다는 뜻. ○移鼎之迹 – 移鼎(이정)은 漢의 국권을 찬탈하려는(遷漢之鼎也) 뜻. ○事隔於人存 – 人存은 曹操의 몸에 찬역을 실행할 수 없었다는 뜻. ○代終之規 – 代終은 漢祚의 종말. ○啓機於身後也 – 조조의 身後, 곧 아들 曹丕(조비)가 受禪하다. ○貟刅 –

둥글게 깎다. 刓은 깎을 완. 모서리를 깎다.　○毎其生哉 – 살려고 탐욕을
내다. 毎는 늘 매, 탐할 매(貪也).　○懍懍焉 – 懍懍은 위엄이 있는 모양. 懍
은 벌벌 떨 늠(름), 위태할 름.　○皜皜焉 – 皜皜는 희고 깨끗한 모양, 백옥
처럼 단단하고 바른 모양(堅貞如白玉也). 皜는 흴 호.　○琨玉秋霜 – 아름
다운 옥과 가을의 서리. 고상하고 엄숙한 인품. 琨은 옥돌 곤.

【國譯】

　范曄(범엽)의 史論 : 예전에 諫大夫 鄭昌(정창)이 말했다. "山에 사
는 맹수는 명아주 잎을 따 먹지 않는다." 이렇듯 (宋 大夫) 孔父(공
보)가 正色을 하자 누구도 군주를 쉽게 대하지 못했고, (齊의) 晏平
仲(안평중, 晏子)이 조정에 서자 (田常은) 齊를 찬탈하겠다는 마음을
가질 수 없었다.

　이처럼 文擧(공융)의 高志와 直情은 忠義의 기개를 발동케 하여
패권을 장악하려는 야심을 저지하였다. 그래서 漢의 국권을 옮겨가
려는 야심이 曹操의 몸에 있지 못하여(曹操는 실행할 수 없어) 다음
代로 넘어가서야 기회가 열렸던 것이다.

　대체로 엄정하고 정직한 기개는 그저 한번 죽을 뿐이다. 그러나
어찌 성질을 죽이고 몸을 낮춰가면서 살려고 바동대야 하겠는가?
위엄과 기개, 백옥처럼 단단하고 깨끗한, 아름다운 옥과 가을서리
같은 인품이 아마 이와 같을 것이다.

❸ 荀彧

荀彧字文若, 潁川潁陰人, 朗陵令淑之孫也. 父緄, 爲濟
南相. 緄畏憚宦官, 乃爲彧娶中常侍唐衡女. 彧以少有才名,
故得免於譏議. 南陽何顒名知人, 見彧而異之, 曰, "王佐才
也."

中平六年, 擧孝廉, 再遷亢父令. 董卓之亂, 弃官歸鄕里.
同郡韓融時將宗親千餘家, 避亂密西山中. 彧謂父老曰, "潁
川, 四戰之地也. 天下有變, 常爲兵衝. 密雖小固, 不足以扞
大難, 宜亟避之." 鄕人多懷土不能去. 會冀州牧同郡韓馥
遣騎迎之, 彧乃獨將宗族從馥, 留者後多爲董卓將李傕所殺
略焉.

| 註釋 | ○荀彧(순욱, 163-212) - 彧은 문채 욱. 빛나는 모양. 郁(성할 욱)
으로도 표기.   ○潁陰 - 현명. 今 河南省 중부 許昌市.   ○朗陵 - 汝南郡의
현명.   ○荀淑(순숙) - 字 季和, 아들 8명 荀儉(순검), 緄(곤), 靖(정), 燾(도), 汪
(왕), 爽(상), 肅(숙), 專(전) 등 모두 유명하였는데 당시 사람들이 '八龍'이라
불렀다. 62권, 〈荀韓鍾陳列傳〉에 입전.   ○亢父(항보) - 梁國의 현명. 亢의
本音은 강.   ○密縣(밀현) - 今 河南省 중부 鄭州市 관할 新密市.

[國譯]

荀彧(순욱)의 字는 文若(문약)인데, 潁川郡 潁陰縣 사람으로 朗陵
(낭릉) 현령 荀淑(순숙)의 손자이다. 부친 荀緄(순곤)은 濟南國 相을

역임했다. 순곤은 환관을 경외하여 순욱을 中常侍 唐衡(당형)의 딸과 결혼시켰다. 순욱은 젊어서도 유명하였기에 (환관의 사위라는) 비난을 면할 수 있었다. 南陽郡의 何顒(하옹)은 사람을 잘 보기로 유명하였는데 순욱을 보고 특이하다 생각하며 '王을 보좌할 인재'라고 말했다.

(靈帝) 中平 6년(서기 189, 靈帝 붕어)에, 孝廉으로 천거되었고 두 번 승진하여 (任城國) 亢父(항보) 현령이 되었다. 董卓(동탁)의 난에 관직을 버리고 귀향했다. 同郡의 韓融(한융)이 그때 일족 1천여 호를 데리고 (河南尹) 密縣(밀현)의 西山으로 피난해왔다. 순욱이 父老에게 말했다.

"穎川은 사방에서 적을 들어올 땅입니다. 천하에 변란이 있을 때마다 늘 군사가 충돌하였습니다. 密縣은 작고 험하다지만 大難을 견디기에는 부족하니 빨리 피난해야 합니다."

그러나 鄕人은 농토를 생각하여 떠나질 못했다. 마침 冀州牧인 同郡의 韓馥(한복)이 기병을 보내 순욱을 영입하자, 순욱은 가까운 친족만을 데리고 한복의 기병을 따라갔는데, 고향에 남은 사람들은 동탁의 부장 李催(이각)에게 죽고 노략질 당했다.

原文

或比至冀州, 而袁紹已奪馥位, 紹待或以上賓之禮. 或明有意數, 見漢室崩亂, 每懷匡佐之義. 時曹操在東郡, 或聞操有雄略, 而度紹終不能定大業.

初平二年, 乃去紹從操. 操與語大悅, 曰, "吾子房也." 以
爲奮武司馬, 時年二十九. 明年, 又爲操鎭東司馬.

[國譯]

순욱이 冀州에 도착할 즈음에 袁紹(원소)의 韓馥(한복)의 冀州牧
직위를 빼앗았는데 원소는 순욱을 上賓으로 예우하였다. 순욱은 마
음속 계산에 밝아 漢室은 곧 무너질 것을 예상하면서 늘 세상을 안
정시켜야 한다는 뜻을 품고 있었다. 그때 曹操는 東郡에 있었는데
순욱은 조조가 雄略을 품고 있다는 말을 들었고, 원소는 끝내 대업
을 성취하지 못할 것이라 판단하였다.

初平 2년(서기 191)에 순욱은 원소를 떠나 조조를 찾아갔다. 조
조는 순욱과 대화한 뒤에 크게 기뻐하며 "나의 張子房(張良)이다."
라고 말했다.

그러면서 순욱을 奮武司馬(분무사마)로 삼았는데, 그때 나이 29세
였다. 다음 해 다시 조조의 鎭東司馬가 되었다.

▌原文

興平元年, 操東擊陶謙, 使彧守甄城, 任以留事. 會張邈,
陳宮以袞州反操, 而潛迎呂布. 布既至, 諸城悉應之. 邈乃

使人譎彧曰, "呂將軍來助曹使君擊陶謙, 宜亟供軍實." 彧知邈有變, 卽勒兵設備, 故邈計不行. 豫州刺史郭貢率兵數萬來到城下, 求見彧. 彧將往, 東郡太守夏侯惇等止之. 曰, "何知貢不與呂布同謀, 而輕欲見之. 今君爲一州之鎭, 往必危也."

彧曰, "貢與邈等分非素結, 今來速者, 計必未定, 及其猶豫, 宜時說之, 縱不爲用, 可使中立. 若先懷疑嫌, 彼將怒而成謀, 不如往也."

貢旣見彧無懼意, 知城不可攻, 遂引而去. 彧乃使程昱說范, 東阿, 使固其守, 卒全三城以待操焉.

| 註釋 | ○陶謙(도겸) - 字는 恭祖(공조). 徐州刺史. 73권, 〈劉虞公孫瓚陶謙列傳〉에 立傳. ○張邈,陳宮 - 張邈(장막, ?-195년)의 字 孟卓. 反 동탁군의 한 사람. 반복이 무상했다. 陳宮(진궁, ?-198년)의 字는 公臺(공대), 쫓기는 조조를 따라가려고 中牟(중모) 縣令의 관직을 버렸던 사람. 조조를 떠나 여포를 섬겼다. ○乃使人譎彧 - 譎은 속일 휼. ○豫州刺史 - 치소는 沛國 譙縣, 今 安徽省 북부의 亳州市. ○夏侯惇(하후돈) - 字는 符讓, 沛國人. ○程昱(정욱) - 字는 仲德. 東郡 東阿縣人.

[國譯]

(獻帝) 興平 원년(서기 194), 조조는 동쪽으로 陶謙(도겸)을 공격하면서 순욱에게 (濟陰郡의) 甄城(견성)을 지키게 하면서 뒷일을 맡겼다. 그때 張邈(장막)과 陳宮(진궁)이 兗州(연주)에서 조조에 반기를 들고 은밀히 呂布를 맞이했다. 여포가 도착하자 많은 성들이 여포에

호응하였다. 장막은 사람을 보내 순욱을 거짓말로 설득했다.

"呂 장군이 曹使君을 도와 도겸을 공격할 것이니 빨리 군량을 공급해주시오."

순욱은 장막의 흉계를 알고 군사를 동원하여 대비하자 장막의 계책은 실행되지 못했다. 그때 豫州刺史인 郭貢(곽공)이 군사 수만 명을 거느리고 성 아래에 와서 순욱을 만나려 했다. 순욱이 나가려 하자 東郡太守인 夏侯惇(하후돈) 등이 말리면서 말했다.

"곽공이 여포와 미리 공모했을지도 모르는데 쉽게 만나려 합니까? 지금 공은 一州를 진무해야 할 책임이 있으니 나간다면 틀림없이 위험할 것입니다."

그러나 순욱이 말했다.

"곽공과 장막 등은 평소에 연결이 없었고, 지금 급히 달려온 것은 계책이 아직 없다는 뜻이니, 지금 그가 유예할 때에 만나 설득한다면 우리 편이 안 되더라도 중립은 취할 것이요. 만약 우리가 먼저 의심을 품는다면 저쪽이 분노하면서 여포와 결탁할 수도 있으니 한 번 만나보는 것이 좋을 것이요."

곽공은 순욱이 두려워하지 않는 모습을 보고 성을 공격할 수 없다고 판단하여 군사를 이끌고 떠나갔다. 순욱은 程昱(정욱)을 보내 范縣(범현)과 東阿縣(동아현)을 설득하여 함께 방어하여 3개 현을 보전하며 조조를 기다렸다.

##┃原文

二年, 陶謙死, 操欲遂取徐州, 還定呂布. 或諫曰,

"昔高祖保關中, 光武據河內, 皆深根固本, 以制天下. 進可以勝敵, 退足以堅守, 故雖有困敗, 而終濟大業. 將軍本以兗州首事, 故能平定山東, 此實天下之要地, 而將軍之關河也. 若不先定之, 根本將何寄乎? 宜急分討陳宮, 使虜不得西顧, 乘其閒而收熟麥, 約食稸穀, 以資一擧, 則呂布不足破也. 今舍之而東, 未見其便. 多留兵則力不勝敵, 少留兵則後不足固. 布乘虛寇暴, 震動人心, 縱數城或全, 其餘非復已有, 則將軍尙安歸乎? 且前討徐州, 威罰實行, 其子弟念父兄之恥, 必人自爲守. 就能破之, 尙不可保. 彼若懼而相結, 共爲表裏, 堅壁淸野, 以待將軍, 將軍攻之不拔, 掠之無獲, 不出一旬, 則十萬之衆未戰而自困矣. 夫事固有弃彼取此, 以權一時之勢, 願將軍慮焉."

操於是大收熟麥, 復與布戰. 布敗走, 因分定諸縣, 兗州遂平.

|註釋| ○保關中 − 高祖과 項羽와 싸우는 내내 蕭何가 關中을 지키면서 병력과 군량을 공급하였다. ○堅壁淸野 − 성벽을 견고히 하고 농촌의 곡식을 거둬 군량을 빼앗기지 않다. ○兗州 − 지금 山東省의 중서부 일대에 해당. 陳留郡, 東郡, 東平國, 任城國, 泰山郡, 濟北國, 山陽郡, 濟陰郡을 관할.

[國譯]

(獻帝 興平) 2년, 도겸이 죽자, 조조는 徐州를 먼저 취한 다음에

돌아와 여포를 평정하려고 했다. 이에 순욱이 諫言했다.

"예전에 高祖는 關中을 보유했고, 光武帝는 河內를 근거로 뿌리를 내려 천하를 제패할 수 있었습니다. 그리하여 진격하면 적을 제압하고 밀리면 굳게 지켰으니, 비록 곤경에 몰릴 때도 있었지만 끝내 대업을 성취하였습니다. 將軍께서는 兗州(연주)에서 일어나 이를 바탕으로 산동을 평정할 수 있었으니 이는 실로 천하의 요지이며 장군에게 關中이며 河內입니다. 만약 여기를 완전히 확보하지 않는다면 장군은 어디에 의지하겠습니까? 당연히 서둘러 군사를 보내 陳宮을 토벌하고, 적들로 하여금 서쪽을 넘보지 못하게 하면서 그동안 보리를 수확하고 군량을 절약, 비축하여 軍資를 갖춘다면 여포 격파는 문제없을 것입니다. 지금 이 본거지를 두고 동쪽으로 진출해야 별 이득이 없을 것입니다. 군사를 많이 남겨두면 적을 이길 힘이 부족하고 조금 남겨두면 후방이 안정되지 못할 것입니다. 여포가 우리 빈틈을 노려 공격하면 민심이 흔들리고 비록 몇 개 성을 차지하더라도 나머지 지역이 다시 우리 것이 되지는 않을 것이니 장군은 어디에 의지하겠습니까? 일단 徐州를 먼저 토벌하여 위엄을 보이고 처벌할 경우 그 자제들은 부형이 당한 치욕을 생각하여 틀림없이 계속 방어할 것입니다. 그런 세력을 격파하더라도 안정적인 보유는 어렵습니다. 저들이 만약 우리를 두려워 서로 결합하여 서로 겉과 안(表裏)이 하나가 되어 튼튼한 성벽에 군량을 다 거두어들인 뒤 장군의 공격을 기다린다면 침략해도 차지할 것이 없어 열흘도 안 되어 10만 대군은 싸워보지도 못하고 스스로 곤경에 빠지게 됩니다. 그러니 요체는 저들을 일단 버려두고 우리 것을 확보한 뒤에 형편을 보아 대처해야 할 것이니 장군께서 숙고하십시오."

조조는 이에 보리를 수확한 뒤에 다시 여포와 싸웠다. 여포는 패주했고 여러 현을 안정시켜 마침내 연주 일대를 확보하였다.

原文

建安元年, 獻帝自河東還洛陽, 操議欲奉迎車駕, 徙都於許. 衆多以山東未定, 韓暹,楊奉負功恣睢, 未可卒制. 或乃勸操曰,

"昔晉文公納周襄王, 而諸侯景從, 漢高祖爲義帝縞素, 而天下歸心. 自天子蒙塵, 將軍首唱義兵, 徒以山東擾亂, 未遑遠赴, 雖御難於外, 乃心無不在王室. 今鑾駕旋軫, 東京榛蕪, 義士有存本之思, 兆人懷感舊之哀. 誠因此時奉主上以從人望, 大順也, 秉至公以服天下, 大略也, 扶弘義以致英俊, 大德也. 四方雖有逆節, 其何能爲? 韓暹,楊奉, 安足恤哉! 若不時定, 使豪桀生心, 後雖爲慮, 亦無及矣."

操從之.

| 註釋 | ○韓暹(한섬, ?-197년) - 暹은 해 돋을 섬. 헌제를 호위하여 河東 安邑縣에 머물다가 낙양에 들어왔다. 낙양에서 大將軍이 되어 董承(동승)과 함께 낙양을 지켰다. ○負功恣睢 - 恣睢(자휴)는 건방지고 성질을 부리다(肆怒貌). 남의 말을 듣지 않고 고집부리다. ○天子蒙塵 - 蒙은 입을 몽, 덮어쓸 몽(冒也). 蒙塵(몽진)은 피난하다. 낙양으로 돌아온 일. ○乃心無~ - 乃는 너(汝也). 조조를 지칭. ○鑾駕旋軫 - 鑾駕(난가)는 황제의 어

가. 軨은 수레 뒤턱나무 진. 수레를 지칭. ○東京榛蕪 - 東京은 낙양. 榛蕪 (진무)는 황폐해지다.

[國譯]

建安 원년(서기 196), 獻帝가 (長安에서) 河東을 거쳐 洛陽(낙양)에 돌아오자, 조조는 어가를 영접하여 許縣(허현)으로 천도할 논의를 하였다. 많은 사람들이 山東이 아직 안정되지 않았고 韓暹(한섬), 楊奉(양봉) 등이 (헌제 호위의) 공을 믿고 방자하니 쉽게 제어할 수 없다고 말했다. 그러나 순욱은 조조에게 권했다.

"옛날 晉 文公이 周 襄王(양왕)을 받들어 모시자 제후가 그림자처럼 따랐고, 漢 高祖는 (楚) 義帝가 죽자 상복을 입어 천하 민심을 얻었습니다. 지금 천자께서 蒙塵(몽진)하셨으니, 장군께서 먼저 義兵을 제창해야 하나 山東이 아직 소란하기에 멀리 나갈 수 없었지만 그래도 지방을 평정하면서 장군의 심려는 한시도 황실을 떠난 적이 없었습니다. 지금 어가가 돌아온 東京은 황폐해졌고, 義士는 황실을 보존해야 하는 생각을, 백성은 옛날에 돌아가려는 애틋한 마음을 갖고 있습니다. 정말로 이런 시기에 황제를 모시면서 人望을 따른다면 이는 大順이고, 지극히 공평한 마음으로 천하를 복종케 할 수 있으니, 이는 大略이며 대의의 실천을 내세우며 영웅과 준걸을 모을 수 있으니, 이는 大德을 베푸는 것입니다. 지금 四方에 반역자가 가득하나 누가 이를 해낼 수 있겠습니까? 韓暹(한섬)과 楊奉(양봉) 같은 자들을 어찌 걱정하십니까! 만약 이때를 이용하지 않으면 호걸들의 욕심이 발동할 것이니 나중에 걱정한들 아무 것도 할 수 없습니다."

조조는 순욱의 의견을 따랐다.

原文

及帝都許, 以或爲侍中, 守尙書令. 操每征伐在外, 其軍國之事, 皆與或籌焉. 或又進操計謀之士從子攸, 及鐘繇,郭嘉,陳群,杜襲,司馬懿,戲志才等, 皆稱其擧. 唯嚴象爲楊州, 韋康爲涼州, 後並負敗焉.

| 註釋 | ○皆與或籌焉 - 籌는 산가지 주. 셈하다. 기획하다. ○荀攸(순유, 157 - 214) - 字 公達(공달). 曹操의 謀士. 曹操가 魏王일 때 尙書令 역임. ○郭嘉(곽가) - 字 奉孝, 潁川人. ○杜襲(두습) - 字 子緒(자서), 潁川人. ○司馬懿(사마의) - 字 仲達, 晉의 宣帝(追尊). ○戲志才(희지재) - 조조가 크게 인정했으나 早卒.

[國譯]

헌제가 許都(今 許昌市)에 정도하면서 순욱은 侍中이 되어 尙書令 업무를 대행하였다. 조조는 늘 지방 정벌에 나섰기에 軍國의 업무는 모두 순욱이 처리하였다. 순욱은 조조의 모사로 조카인 荀攸(순유)를 천거하였고, 鐘繇(종요), 郭嘉(곽가), 陳群(진군), 杜襲(두습), 司馬懿(사마의), 戲志才(희지재) 등이 모두 순욱의 천거를 받았고 제 역할을 다 했다. 다만 楊州刺史 嚴象(엄상)과 涼州刺史 韋康(위강)은 뒷날 모두 戰死하였다.

原文

袁紹旣兼河朔之地, 有驕氣. 而操敗於張繡, 紹與操書甚

倨. 操大怒, 欲先攻之, 而患力不敵, 以謀於彧. 彧量紹雖强,
終爲操所制, 乃說先取呂布, 然後圖紹, 操從之.

三年, 遂擒呂布, 定徐州.

五年, 袁紹率大衆以攻許, 操與相距. 紹甲兵甚盛, 議者
咸懷惶懼. 少府孔融謂彧曰,

“袁紹地廣兵强, 田豐,許攸智計之士爲其謀, 審配,逢紀盡
忠之臣任其事, 顏良,文醜勇冠三軍, 統其兵, 殆難克乎?”
彧曰, “紹兵雖多而法不整, 田豐剛而犯上, 許攸貪而不正,
審配專而無謀, 逢紀果而自用, 顏良,文醜匹夫之勇, 可一戰
而擒也.”

後皆如彧之籌, 事在〈袁紹傳〉.

| 註釋 | ○張繡(장수, ?-207년) - 南陽에서 조조에 투항했다가 반역하자
조조가 토벌했으나 패전하였다. ○紹與操書甚倨 - 원소의 막료 陳琳(진림)
이 지었는데 조조의 조부와 부친의 가계를 들먹여 조조를 화나게 하였다.
○遂擒呂布, 定徐州 - 徐州 城이 함락되고 여포가 조조에게 잡혀 죽을 때
끝까지 당당했던 사람은 여포의 謀士인 陳宮이었다. 목숨을 구걸하는 여포,
당당한 진궁, 진궁을 살려주고 싶어 눈물을 뿌리는 조조, 그 옆에 선 유비,
여포가 죽는 마당은 《三國演義》의 명장면이었다. 졸저 《三國志 人物評論》
의 〈실패한 인물들의 초상〉 참고. ○田豐(전풍) - 字는 符皓, 鉅鹿人. ○許
攸(허유) - 字 子遠. 원소에게 방략을 건의했으나 받아들이지 않자 나중에
조조에 귀부하였다. ○審配(심배) - 字 正南, 魏郡人. ○逢紀(봉기) - 字 符
圖. ○顏良(안량, ?-200년) - 袁紹의 武將. 관우에게 패전 피살. ○文醜(문
추) - 《三國演義》에서는 顏良의 원수를 갚는다고 나왔다가 관우에게 斬殺

된다. ○〈袁紹傳〉－74권, 〈袁紹劉表列傳〉(上)에 立傳.

[國譯]

원소가 河朔(河北)의 땅을 차지한 뒤로는 교만이 넘쳤다. 조조가 張繡(장수)에게 패전하자 원소는 조조에게 서신을 보냈는데 매우 거만하였다. 조조는 대노하면서 원소를 먼저 공격하려 해도 상대할 수가 없어 순욱의 의견을 물었다. 순욱은 원소의 군사가 지금 강하다 하더라도 곧 제압될 것이니 먼저 呂布를 잡은 다음에 원소를 도모하라고 하였고, 조조는 순욱의 방책을 따랐다.

(建安) 3년(서기 198), 呂布를 생포하였고 徐州를 평정했다.

5년, 원소는 대군을 거느리고 許都를 공격하였고 조조는 원소와 상대하였다. 원소의 甲兵은 매우 막강했고 논자들은 두려움에 떨었다. 少府인 孔融이 순욱에게 말했다.

"원소는 광대한 땅에 강한 군사를 보유했고, 田豐(전풍)과 許攸(허유)의 책사가 원소의 전략을 짜고, 審配(심배)와 逢紀(봉기) 같은 충성을 다하는 장수가 있으며, 顔良(안량)과 文醜(문추)의 용기는 三軍에서 제일인데 그들이 거느린 군사를 막기가 어렵지 않겠는가?"

이에 순욱이 말했다. "원소의 군사가 많다지만 군법이 엄정하지 않고, 전풍은 강직하나 윗사람에게 잘 대들며, 허유는 탐욕에 부정이 많고, 심배는 고집에 무모하며, 逢紀(봉기)는 과감하나 자신만을 내세우고, 안량과 문추는 필부지용이니 一戰으로 사로잡을 수 있습니다."

뒷날 모두가 순욱의 계략대로 이루어졌으니, 이는 〈袁紹傳〉에 있다.

操保官度, 與紹連戰, 雖勝而軍糧方盡, 書與彧議, 欲還許
以致紹師. 彧報曰,

「今穀食雖少, 未若楚漢在滎陽, 成皐閒也. 是時劉項莫肯
先退者, 以爲先退則勢屈也. 公以十分居一之衆, 畫地而守
之, 搤其喉而不得進, 已半年矣. 情見勢竭, 必將有變, 此用
奇之時, 不可失也.」

操從之, 乃堅壁持之. 遂以奇兵破紹, 紹退走. 封彧萬歲
亭侯, 邑一千戶.

| 註釋 | ○操保官度 － 官度(官渡)는 옛 楚漢戰의 鴻溝(홍구), 楚漢의 경
계선, 今 河南省 鄭州市 관할 中牟縣. 中國 역사상 以少勝多의 유명한 전
투. 獻帝 建安 5년(서기 200), 曹操軍은 원소의 군량과 馬草를 태워 원소군
의 사기를 떨어트린 뒤 원소의 본군을 격파하여 화북통일의 기반을 다졌
다. 원소는 202년 病死. ○欲還許以致紹師 － 致는 至也. 불러들이다. 兵
法에 '善戰者, 致人不致於人' 이란 말이 있다. 홈그라운드에서 전투가 유
리하다는 뜻. ○搤其喉而不得進 － 搤은 잡을 액. 목을 조르다. 喉는 목구
멍 후. 군사적 요지.

[國譯]

조조는 官度(官渡)를 확보하고 원소와 연속 싸웠는데 비록 전투
에서 이겼지만 군량이 떨어지려 하자 서신을 순욱에게 보내 논의하
여 군사를 허도로 회군한 뒤에 원소를 맞아 싸우려 했다. 이에 순욱
이 답신을 보냈다.

「지금 군량이 비록 적다고는 하지만 옛날 楚漢이 滎陽(형양)과 成皐(성고) 사이에서 싸울 때보다는 낫습니다. 그때 유방과 항우 누구도 먼저 물러나려 하지 않았으니 먼저 후퇴한다면 사기가 꺾이기 때문이었습니다. 公께서는 원소 군사의 10분의 1병력으로 땅을 나눠 방어하시면서 그 목구멍을 막아 진격하지 못하게 막은 것이 이미 반년이 지났습니다. 정황으로 볼 때 끝날 상황이 가까워 틀림없이 변화가 있을 것이니, 지금이야 말로 기습 공격을 감행할 때이니 기회를 놓치지 마십시오.」

조조는 순욱의 방책에 따라 굳게 방어하며 대치하였다. 나중에 기습공격으로 원소를 격파하자 원소는 후퇴하였다. 조조는 순욱을 萬歲亭侯에 봉했고, 식읍은 1천 호였다.

原文

六年, 操以紹新破, 未能爲患, 但欲留兵衛之, 自欲南征劉表, 以計問彧. 彧對曰,

"紹旣新敗, 衆懼人擾, 今不因而定之, 而欲遠兵江漢, 若紹收離糾散, 乘虛以出, 則公之事去矣." 操乃止.

九年, 操拔鄴, 自領冀州牧. 有說操宜復置九州者, 以爲冀部所統旣廣, 則天下易服. 操將從之. 彧言曰,

"今若依古制, 是爲冀州所統, 悉有河東,馮翊,扶風,西河,幽,幷之地也. 公前屠鄴城, 海內震駭, 各懼不得保其土宇, 守其兵衆. 今若一處被侵, 必謂以次見奪, 人心易動, 若一

旦生變, 天下未可圖也. 願公先定河北, 然後修復舊京, 南臨楚郢, 責王貢之不入. 天下咸知公意, 則人人自安. 須海內大定, 乃議古制, 此社稷長久之利也."

操報曰, "微足下之相難, 所失多矣!" 遂寢九州議.

| 註釋 | ○江漢 – 長江과 漢水. 漢水는 長江의 최대 지류. 陝西省 秦嶺에서 발원, 武漢市에서 長江에 합류. 漢族, 漢王, 국호 漢도 모두 漢水와 연관된다. ○收離糾散 – 糾는 끌어 모을 규(合也). 실을 꼬다. ○南臨楚郢 – 楚郢은 楚. 郢은 춘추시대 楚의 도읍 영. 今 湖北省 서부 荊州市 荊州區 북쪽에 해당. 楚는 도읍을 여러 번 옮겼다. ○相難 – 難은 꾸짖을 난, 책망할 난. ○遂寢九州議 – 寢은 잠잘 침. 寢과 동. 寢은 잠자다. 그만두다. 멈추다.

[國譯]

(建安) 6년(서기 201), 조조는 패전한 원소는 걱정거리가 아니라 생각하여 군사를 남겨 방비만 하고 자신이 직접 남쪽의 劉表(유표)를 원정하려고 순욱에게 물었다. 이에 순욱이 말했다.

"원소가 최근 패전하여 저들 민심이 크게 동요하였지만, 이번에 완전히 평정하지 않고 長江과 漢水 일대를 원정할 경우 원소가 흩어진 무리를 모아 빈틈을 노려 출병한다면 公의 대업은 실패합니다."

이에 조조는 바로 그만두었다.

(건안) 9년, 조조는 (원소의) 鄴縣(업현)을 토벌한 뒤, 스스로 冀州牧이 되었다. 어떤 사람이 조조에게 다시 九州 제도를 실행하면 冀州의 관할 지역이 넓으니 천하가 쉽게 복속할 것이라고 말했다. 조

조가 그 말을 따르려 하자 순욱이 말했다.

"지금 만약 옛 제도에 따른다면 冀州의 관할 지역은 河東, 馮翊(풍익), 扶風(부풍), 西河, 幽州(유주), 幷州(병주) 지역을 다 포합합니다. 公께서 앞서 鄴城(업성)을 함락시킬 때 천하가 자신의 기반과 백성을 지키지 못할까 걱정하고 두려워했습니다. 지금도 만약 한 곳이 침략을 받으면 틀림없이 그 다음 땅도 빼앗길 것이라 생각하여 인심이 쉽게 동요하는데, 일단 변란이 발생하며 그 수습이 쉽지 않습니다. 제 생각은 公께서 먼저 河北을 안정시킨 다음에 옛 長安 지역을 수복하고 남쪽으로 楚 지역에 출정하여 入貢하지 않은 책임을 물어야 합니다. 그렇게 되면 천하가 公의 뜻을 알아 모든 백성이 안정될 것입니다. 그리하여 천하가 모두 안정된 뒤에 옛 제도를 논의하는 것이 사직에 오래도록 이로울 것입니다."

이에 조조가 대답했다. "足下가 바로잡아주지 않았다면 잃은 것이 많았을 것이요."

9州에 대한 논의는 그만두었다.

原文

十二年, 操上書表或曰,

「昔袁紹作逆, 連兵官度, 時衆寡糧單, 圖欲還許. 尙書令荀或深建宜住之便, 遠恢進討之略, 起發臣心, 革易愚慮, 堅營固守, 徹其軍實, 遂摧撲大寇, 濟危以安. 紹旣破敗, 臣糧亦盡, 將舍河北之規, 改就荆南之策. 或復備陳得失, 用移臣議, 故得反旆冀土, 克平四州. 向使臣退軍官度, 紹必鼓行而前, 敵人懷利以自百, 臣衆怯沮以喪氣, 有必敗之形, 無一捷之勢. 復若南征劉表, 委弃兗,豫, 饑軍深入, 蹂越江,沔, 利旣難要, 將失本據. 而或建二策, 以亡爲存, 以禍爲福, 謀殊功異, 臣所不及. 是故先帝貴指縱之功, 薄搏獲之賞, 古人尙帷幄之規, 下攻拔之力. 原其績効, 足享高爵. 而海內未喩其狀, 所受不侔其功, 臣誠惜之. 乞重平議, 增疇戶邑.」

或深辭讓. 操譬之曰, "昔介子推有言, '竊人之財, 猶謂之盜.' 況君奇謨拔出, 興亡所繫, 可專有之邪? 雖慕魯連冲高之多, 將爲聖人達節之義乎!"

於是增封千戶, 並前二千戶. 又欲授以正司, 或使荀攸深自陳讓, 至於十數, 乃止. 操將伐劉表, 問或所策.

或曰, "今華夏以平, 荊,漢知亡矣, 可聲出宛,葉而間行輕進, 以掩其不意."

操從之. 會表病死.

|**註釋**| ○遠恢進討之略 − 恢는 넓을 회. 넓히다. 넓고 크다(大也). ○徼其軍實 − 徼는 구할 요. 순찰하다(邀也). ○得反旆冀土 − 旆는 깃발 패(軍門前大旗). ○克平四州 − 冀, 靑, 幽, 幷州. ○鼓行 − 북을 치며 행군하다. 두려워할 것이 없다. ○敵人懷利以自百 − 懷利는 規利. 規는 가지다. 領有하다. 自百은 각자 용기백배하다. ○怯沮以喪氣 − 沮는 막을 저. 그만두다(止也). ○一捷之勢 − 捷은 이길 첩(勝也). ○蹂越江,沔 − 蹂는 넘을 유. 沔은 물 흐를 면. 沔水는 漢水. ○貴指縱之功, 薄搏獲之賞 − 高祖는 논

공행상에서 蕭何(소하)의 공적을 가장 높게 평가하였는데, 野戰 장수들이 불만을 갖자 전쟁을 사냥에 비유하여 소하는 사냥을 기획하고 사냥개를 풀어 놓은 사냥꾼이며, 攻城한 야전의 장수는 사냥개의 공적과 같다고 하였다. 搏은 잡을 박. 공격하다(擊也). ○攻拔之力 ─ 張良이 전투의 공적은 없지만 高帝는 "帷幄(유악)에서 運策하여 천리 밖에서 승리를 쟁취할 수 있었던 것은 모두 子房의 功이다."라고 말했다. ○原其績効 ─ 績効은 공적. 効는 效와 同. ○不侔其功 ─ 侔는 가지런할 모(等也). ○增疇戶邑 ─ 식읍을 늘려 先人의 대우와 같게 해야 한다는 뜻. 疇는 밭두둑 주. 짝하다. 같다(等也). ○介子推(개자추) ─ 晉 文公의 臣. ○可專有之邪 ─ 조조가 공을 독점할 수 없으니 당연히 나눠 가져야 한다는 뜻. ○欲授以正司 ─ 순욱은 尙書令 대행이었는데 정식으로 제수하다. ○會表病死 ─ 조조는 순욱의 방책을 따랐고, 유표 아들 劉琮(유종)은 형주를 들어 투항했다.

[國譯]

(建安) 12년, 曹操는 表文을 상주하여 荀彧(순욱)의 공적을 칭송했다.

「전에 원소가 반역하여 官度(관도)에 대군을 집결했을 때, 우리는 군사도 적고 군량도 모자라서 許都로 회군하려고 했습니다. 상서령인 순욱은 관도에 주둔해야 할 이점과 원대한 작전 방략을 적극 진술하여 臣의 결심을 촉구하였고, 臣의 부족을 보완케 하고 진영을 고수하며 적의 허실을 살피게 하여 마침내 적의 대군을 박살내어 위기에서 벗어나 안정을 성취하였습니다. 원소를 물리쳤지만 臣의 군량도 다하여 河北 평정을 그만두고 다시 荊南으로 진출하려 하였습니다. 그러자 순욱은 다시 득실을 상론하여 臣의 계획을 바꾸게 하여 冀州를 비롯한 4개 州를 안정시킨 다음에 회군할 수 있었습니다.

만약 앞서 臣의 군사가 官度에서 회군했다면 원소는 틀림없이 북을 치며 진격했을 것이며 적들은 실리를 차지하고 용기백배했을 것이며, 臣의 군사는 겁먹고 사기도 잃어 필패의 상황에서 유리한 것은 하나도 없었을 것입니다. 또 만약 臣이 남쪽으로 劉表(유표)를 원정하려고 兗州(연주)와 豫州를 버리고 군량도 부족한 상황에서 깊이 진격하여 長江과 沔水(면수, 漢水)를 건넜다면 유리한 기반과 본거지마저 잃었을 것입니다. 이처럼 순욱은 이 두 가지 방책을 건의하여 패망을 승리로 禍를 福으로 돌려놓았으니 그 특별한 방책과 공적은 臣이 따라갈 수 없습니다. 이 때문에 故 先帝(高祖)께서는 사냥을 지휘하고 사냥개를 풀어놓은 사람의 공적을 높이 평가하고 사냥감을 잡은 공적은 낮게 평가하셨으며, 古人은 帷幄(유악)에서 運籌(운주)한 공을 높이, 그리고 공격과 점령의 공을 그보다 낮게 평가하였습니다. 이처럼 순욱의 공적을 따져보면 높은 작위를 받을 만합니다. 천하가 아직 순욱의 이런 공을 몰라서 받은 작록이 공적과 같지 않은 것을 臣은 애석히 여깁니다. 거듭 새로운 의논으로 그의 식읍을 늘려주기를 원합니다.」

순욱은 여러 번 사양하였다. 그러자 조조가 비유하며 말했다.

"옛날 介子推(개자추)는 '남의 재물을 훔친다면 도둑이라고 해야 한다.'고 말했소. 君의 기발한 지모는 나라의 흥망과 연계되는데 그 공로를 나 혼자 차지해야 하는가? 비록 魯連(魯仲連)의 고상한 덕을 따르기보다는 聖人도 時務를 따르는 것이 좋지 않겠는가!"

이에 식읍 1천 호를 추가하여 전에 받은 것과 합하여 2천 호가 되었다. 그리고 정식 상서령을 제수하려 하자 순욱은 荀攸(순유)를 시켜 진심으로 사양하기를 10여 차례 하다가 그만두었다. 조조는 유표를 원정할 계획을 순욱에게 물었다.

　순욱은 "지금 중화의 땅이 평정되어 荊州와 漢中도 곧 망할 것이라 예상할 것이니, 宛縣(완현, 南陽郡)과 葉縣(섭현)을 지나간다고 소문을 내면서 지름길로 진격하여 불의에 급습하는 것이 좋습니다."라고 말했다.

　조조는 순욱의 건의를 따랐다. 마침 유표는 병사하였다.

　十七年, 董昭等欲共進操爵國公, 九錫備物, 密以訪彧. 彧曰 "曹公本興義兵, 以匡振漢朝, 雖勳庸崇著, 猶秉忠貞之節. 君子愛人以德, 不宜如此." 事遂寢. 操心不能平. 會南征孫權, 表請彧勞軍於譙, 因表留彧曰,

　「臣聞古之遣將, 上設監督之重, 下建副二之任, 所以尊嚴國命, 謀而鮮過者也. 臣今當濟江, 奉辭伐罪, 宜有大使肅將王命. 文武並用, 自古有之. 使持節侍中守尙書令萬歲亭侯彧, 國之重臣, 德洽華夏, 旣停軍所次, 便宜與臣俱進, 宣示國命, 威懷醜虜. 軍禮尙速, 不及先請, 臣輒留彧, 依以爲重.」

　書奏, 帝從之, 遂以彧爲侍中, 光祿大夫, 持節, 參丞相軍事. 至濡須, 彧病留壽春, 操饋之食, 發視, 乃空器也, 於是飲藥而卒. 時年五十. 帝哀惜之, 祖日爲之廢燕樂. 謚曰敬

侯. 明年, 操遂稱魏公云.

| 註釋 | ○董昭(동소) – 字 公仁(공인), 濟陰人. ○九錫 – 원로 대신에게
내리는 최고의 영예, 車馬(말 여덟 필이 끄는 큰 수레 2종류), 衣服(王者의 옷과
신발), 樂器(王者之樂), 朱戶(대문에 붉은 칠을 할 수 있음), 納陞(납승, 거처에 계단
설치), 虎賁(호분, 수문군사 1백인 배치), 斧鉞(부월, 살생의 권한을 상징하는 도끼),
弓矢(붉은색과 검은색의 활과 화살), 秬鬯圭瓚(거창규찬, 각종 제기)을 九錫이라
한다. 錫은 하사하다(與也). 九錫을 받았다면 신하로서는 최고의 영광이며
이보다 더 나은 대우가 없었다. ○譙縣(초현) – 沛國 譙縣(초현)은 今 安徽
省 북부의 亳州市(박주시). 조조의 本籍地. ○濡須 – 水名. ○壽春 – 九江
郡의 縣名. 今 安徽省 중부 淮南市 관할 壽縣. ○祖日 – 祖神에게 제사하
는 날. 여행자를 보호하는 祖神에게 午日에 제사하며 宴樂을 했지만 순욱
의 장례 중에는 祖日에도 宴樂을 하지 않았다는 뜻. ○明年, 操遂稱魏公
云 – 조조는 건안 18년(서기 213)에 9석과 魏公의 칭호를 받았다. (建安)
21년(서기 216)에, 魏王 칭호를 받았다.

[國譯]

(建安) 17년(서기 212), 董昭(동소) 등은 여러 사람이 함께 건의하
여 조조에게 國公의 작위를 올리고 九錫(구석)을 하사받아야 한다며
은밀히 순욱을 찾아갔다. 이에 순욱이 말했다.

"曹公은 본디 義兵을 일으켜 漢朝를 진흥시키려 했고, 그런 공적
이 탁월하지만 忠貞의 지조를 갖고 있습니다. 君子는 덕으로 백성을
위하니 이렇게 하지 않아도 좋을 것입니다."

그래서 일단 그만두었다 그러나 조조의 마음은 평온치 않았다.
마침 남으로 孫權(손권)을 원정하면서 조조는 표문을 올려 순욱이

(沛國) 譙縣(초현)에 나와서 勞軍하고 원정에 함께 종사해야 한다고
말했다.

「臣이 알기로, 옛날에 장수를 파견할 적에는 위로는 감독의 중책
을 가진 관리를 두고 아래로는 副職을 두었는데, 이는 國命을 받들
고 책모에서 과오를 적게 하려는 뜻이었습니다. 이번에 臣이 長江을
건너 명을 받들어 죄인을 응징하여야 하니 응당 존귀한 관원이 장중
하게 왕명을 봉행하여야 할 것입니다. 文武 병용은 예로부터 있었습
니다. 그러하오니 侍中, 守尙書令인 萬歲亭侯인 重臣 순욱에게 부절
을 내주고, 순욱의 은덕이 中華에 널리 알려졌으니 군사와 함께 머
물고 臣과 함께 進軍하며 國命을 널리 펴면서 적을 진무해야 할 것
입니다. 軍禮는 신속해야 하기에 논의 전에 먼저 주청하오며 臣은
군영에서 순욱과 함께 重任을 수행할 것입니다.」

표문이 상주되자 헌제가 수락하였다. 그래서 순욱은 侍中 겸 光
祿大夫로 부절을 받아 승상의 軍事 업무에 참여하였다. 濡須(유수)
라는 江에 이르러 순욱은 병이 나서 壽春(수춘)에 머물렀고, 조조가
음식을 보내서 순욱이 받아 열어보니 아무것도 없는 빈 그릇이라서
순욱은 곧 약을 마시고 자살하였다. 나이는 50세였다.

헌제는 순욱의 죽음을 애석히 여겨 祖日(조일)에도 燕樂을 폐하였
다. 시호는 敬侯(경후)였다. 다음 해에 조조는 魏公이라 칭했다.

原文

論曰, 自遷帝西京, 山東騰沸, 天下之命倒縣矣. 荀君乃
越河, 冀, 閉關以從曹氏. 察其定擧措, 立言策, 崇明王略, 以

急國艱, 豈云因亂假義, 以就違正之謀乎? 誠仁爲己任, 期紓民於倉卒也. 及阻<u>董昭</u>之議, 以致非命, 豈數也夫! 世言<u>荀君</u>者, 通塞或過矣. 常以爲中賢以下, 道無求備, 智筭有所硏疎, 原始未必要末, 斯理之不可全詰者也. 夫以<u>衛賜</u>之賢, 一說而斃兩國. 彼非薄於仁而欲之, 蓋有全必有喪也, 斯又功之不兼者也. 方時運之屯邅, 非雄才無以濟其溺, 功高勢强, 則皇器自移矣. 此又時之不可並也. 蓋取其歸正而已, 亦殺身以成仁之義也.

| 註釋 | ○騰沸 - 沸騰(비등). 물이 끓는 듯하다. 극도로 혼란하다. ○倒縣 - 거꾸로 매달리다. 아주 困苦하다. ○以就違正之謀乎 - 순욱은 背漢하지 않았다는 뜻. ○期紓民於倉卒也 - 紓는 느슨할 서. 풀어 완화시키다(緩也). ○夫以衛賜之賢 - 衛賜(위사)는 衛나라 출신의 端木賜(단목사), 곧 子貢(자공). ○一說而斃兩國 - 兩國은 齊와 吳. 端木賜(字 子貢)의 외교적 활약을 두고 '子貢이 一出하자 魯를 지키고(存魯), 齊를 혼란에 빠트렸고(亂齊), 吳을 격파하고(破吳), 晉을 강하게 하였으며(强晉), 越은 霸者가 되었다(霸越)' 라는 말이 있다. ○斯又功之不兼者也 - 子貢이 仁義을 어긴 것이 아닌 것처럼 순욱도 조조의 세력을 키워 漢을 찬탈하게 하려는 의도는 전혀 없었다는 말. 결과적으로 부득이 그런 결과가 되었다는 뜻. ○時運之屯邅 - 시운이 험난하다. 屯은 진칠 둔. 험난하다. 邅은 머뭇거릴 전. ○皇器自移矣 - 魏太祖(曹操)의 功業이 크고, 그래서 神器가 저절로 간 것이다.

[國譯]

范曄(범엽)의 史論:獻帝가 長安으로 강제로 옮겨간 뒤에 山東 지역은 크게 혼란하여 마치 천하의 운명이 마치 거꾸로 매달린 것 같았다. 荀彧(순욱)은 황하를 건너 冀州(袁紹)로 갔다가 틈을 보아 曹操를 찾아갔다. 순욱의 여러 치적이나 기획한 책략을 살펴보면, 모두 王道를 받들고 국난의 구제에 힘썼으니 어찌 혼란을 틈탄 거짓 仁義를 내세워 간사한 음모에 영합했다고 말할 수 있겠는가? 순욱은 진심으로 仁義를 所任으로 생각하며 혼란기에 백성의 고통을 완화시키려고 노력하였다. 董昭(동소)의 아부적 제의를 거절하여 자신의 목숨을 잃었으니 어찌 운명이라 하겠는가! 세상에서는 순욱이 융통성이 없거나 아니면 지나치다고 평한다. 나는 보통 중간 이하의 賢人이라면 立身과 처세에 완벽을 추구하지 못하고, 智略에서도 소홀한 부분이 있거나 시작은 있지만 끝을 맺지 못하니, 이런 결과를 가지고 사람을 비난할 수는 없다고 생각한다. 현명한 衛賜(子貢)의 말 한마디에 兩國(齊와 吳)이 피폐하였다. 이처럼 순욱은 仁義가 없어 그렇게 한 것은 아니지만(조조의 세력을 키워준 것이 아니며) 전체를 거두려다가 잃은 것이 있을 뿐이며 그 공적을 다 성취하지도 않았다. 당시의 時運이 매우 험난하였으니 雄才가 아니면 그 혼란을 구제할 수 없었을 것이며, (조조의) 공적이 크고 세력이 강하여 皇器(국가의 神器)가 그렇게 옮겨간 것이다. 또 시운이 그때는 그러했고 지금은 지금이니 같이 논할 수도 없는 것이다. 아마도 갈 데로 간 것이라 할 수 있으니 순욱의 자살도 결국 殺身成仁의 뜻일 것이다.

原文

贊曰, 公業稱豪, 駿聲升騰. 權詭時偪, 揮金僚朋. 北海天逸, 音情頓挫. 越俗易驚, 孤音少和. 直轡安歸, 高謀誰佐?
或之有弼, 誠感國疾. 功申運改, 多疑心一.

|註釋| ㅇ公業(공업) ─ 鄭太(鄭泰)의 字. ㅇ權詭時偪 ─ 董卓의 협박에
거짓으로 추켜올렸다는 뜻. 偪은 닥칠 핍. 핍박. ㅇ揮金 ─ 揮는 휘두를 휘.
뿌리다(散也). ㅇ音情頓挫 ─ 문학과 정서. 頓挫(돈좌)는 抑揚(억양). 부침하
다. ㅇ直轡安歸 ─ 直轡(직비)는 直道. 순욱의 곧은 뜻. 安歸는 어디로 가겠
는가? 갈 데가 없다.

[國譯]

贊曰,

公業(鄭泰)은 호걸이라 세상에 美名이 널리 알려졌다.

董卓에 거짓으로 응대하고 재산을 풀어 동료를 도왔다.

孔北海(孔融)는 천재였지만 속세에서 부침이 무상했다.

時俗을 초월해 놀라게 했지만 그의 뜻에 응답이 없었다.

直道는 어디로 가고, 高謀는 누구를 도울 수 있겠는가?

荀彧(순욱)의 曹操 보좌는 실로 國難을 극복하려는 뜻이었다.

공적을 쌓고 時運이 바뀌어도 一心으로 正道를 지켰다.

71 皇甫嵩朱儁列傳
〔황보숭, 주준열전〕

❶ 皇甫嵩

原文

　皇甫嵩字義眞, 安定朝那人, 度遼將軍規之兄子也. 父節, 鴈門太守. 嵩少有文武志介, 好《詩書》, 習弓馬. 初擧孝廉, 茂才. 太尉陳蕃, 大將軍竇武連辟, 並不到. 靈帝公車徵爲議郞, 遷北地太守.

註釋

○皇甫嵩(? – 195年) – 皇甫는 복성. 嵩은 높을 숭. ○安定朝那 – 安定은 군명. 治所는 臨涇縣, 今 甘肅省 동부 慶陽市 관할 鎭原縣. 朝那는 현명. 今 寧夏回族自治區 남부 固原市 관할 彭陽縣(팽양현).

皇甫嵩(황보숭)의 字는 義眞(의진)이고, 安定郡 朝那縣 사람이며, 度遼將軍인 皇甫規(황보규)의 조카이다. 부친 皇甫節(황보절)은 鴈門(안문, 雁門) 태수였다. 황보숭은 젊어 文武兼全의 큰 뜻을 품고《詩書》를 공부하고 궁술과 말 타기를 익혔다. 처음에 孝廉과 茂才로 천거 받았다. 太尉 陳蕃(진번), 大將軍 竇武(두무)가 연이어 불렀어도 모두 응하지 않았다. 靈帝가 公車令을 통해 徵召하자 議郎이 되었고 나중에 北地郡 太守가 되었다.

原文

初, 鉅鹿張角自稱 '大賢良師', 奉事黃老道, 畜養弟子, 跪拜首過, 符水呪說以療病, 病者頗愈, 百姓信向之. 角因遣弟子八人使於四方, 以善道敎化天下, 轉相誑惑. 十餘年間, 衆徒數十萬, 連結郡國, 自靑,徐,幽,冀,荊,楊,兗,豫八州之人, 莫不畢應. 遂置三十六方. 方猶將軍號也. 大方萬餘人, 小方六七千, 各立渠帥. 訛言 '蒼天已死, 黃天當立, 歲在甲子, 天下大吉.' 以白土書京城寺門及州郡官府, 皆作 '甲子'字.

中平元年, 大方馬元義等先收荊,楊數萬人, 期會發於鄴. 元義數往來京師, 以中常侍封諝,徐奉等爲內應, 約以三月五日內外俱起. 未及作亂, 而張角弟子濟南唐周上書告之, 於是車裂元義於洛陽. 靈帝以周章下三公司隷, 使鉤盾令周斌將三府掾屬, 案驗宮省直衛及百姓有事角道者, 誅殺千餘人, 推考冀州, 逐捕角等.

角等知事已露, 晨夜馳勅諸方, 一時俱起. 皆著黃巾爲摽幟, 時人謂之'黃巾', 亦名爲'蛾賊.' 殺人以祠天. 角稱'天公將軍', 角弟寶稱'地公將軍', 寶弟梁稱'人公將軍', 所在燔燒官府, 劫略聚邑, 州郡失據, 長吏多逃亡. 旬日之閒, 天下向應, 京師震動.

| 註釋 | ○張角(장각, ?-184년) - 太平道의 종교지도자. 張角은 본래 낙방한 秀才였는데 入山採藥다가 南華老仙이라는 老人을 만나 동굴 안에 들어가 天書 3권을 받았고 그를 읽어 도통했다고 하였다. ○跪拜首過 - 跪는 꿇어앉을 궤. 首過는 참회하다. ○鄴 - 鄴縣, 魏郡의 치소, 今 河北省 邯鄲市 관할 臨漳縣. ○鉤盾令(구순령) - 鉤盾(구순, 鉤楯)은 궁중 주변 苑囿(원유)를 관리하는 少府의 하급 관서, 환관이 근무. 鉤楯令(질록 6백석)이 책임자. ○摽幟 - 標識(표지), 摽는 손짓할 표. 끝. 標와 通. 幟는 기 치. 標識. ○蛾賊(아적) - 蛾는 나방 아. 蟻(개미 의)와 通. 그들이 숫자가 많다는 의미.

[國譯]

그전에 鉅鹿郡(거록군)의 張角(장각)은 大賢良師라 자칭하며, 黃帝와 老子의 道를 받들며 제자들을 양성하였는데, 꿇어앉아 절을 하고 잘못을 참회케 하며, 부적을 태운 잿물(符水)과 呪文(주문)으로 병자를 치유케 하니 제법 낫는 자가 있어 백성이 믿고 따랐다. 장각은 제자 8인을 사방에 파견하여 善道로 천하를 교화한다면서 각지를 돌며 현혹케 하였다. 10여 년간에 무리 수십 만이 되어 각 郡國에 모두 연결되었으니 靑州, 徐州, 幽州, 冀州, 荊州, 楊州, 兗州, 豫州 등 八州에 호응하지 않는 백성이 없었다. 장각은 36方을 두었다. 方은 將軍이란 뜻이다. 大方은 무리가 1萬여 명, 小方은 6, 7천 명이었고 각각 渠帥(거수)를 두었다. 그리고 '蒼天은 이미 죽었고, 黃天의 세상이 오며, 甲子年에는 天下가 大吉하리라.'는 訛言(와언)을 퍼트리며, 경성의 각 관아의 문이나 지방 관청의 문에 흰색으로 '甲子'라고 써놓았다.

中平 元年(서기 184), 大方인 馬元義(마원의) 등이 먼저 荊州와 楊州에서 수만 명을 동원하여 (魏郡) 鄴縣(업현)에서 모여 거사하기로 약정하였다. 마원의는 그동안 자주 낙양에 왕래하면서 中常侍 封諝(봉서), 徐奉(서봉) 등과 내응하여 대략 3월 5일 전후에 함께 봉기하기로 약조하였다. 그러나 반란을 일으키기 전에 장각의 제자인 濟南郡의 唐周(당주)가 이를 상서 밀고하여 마원의는 낙양에서 車裂刑(거열형)으로 처형되었다. 靈帝는 그 상서를 三公과 사예교위에게 회람시켰고, 鉤盾令(구순령) 周斌(주빈)으로 하여금 三府의 掾屬을 동원하여 각 宮이나 관청, 호위 군사 또는 백성으로 장각의 신도를 색출케 하여 1천여 명을 처형하였으며 冀州 등을 검문 조사하며 장각을 체포하게 하였다.

장각 등은 이에 계획이 탄로 난 것을 알고 밤을 새워가며 각 方에 일시에 봉기하기로 지시하였다. 이들은 모두 黃巾을 머리에 둘러 표지로 삼았기에 時人이 그들을 '黃巾'이라 불렀고, 또는 蛾賊(아적)이라고 불렀다. 그들은 사람을 죽여 하늘에 제사도 지냈다. 장각은 '天公將軍' 장각의 동생 張寶(장보)는 '地公將軍' 장보의 동생 張梁

(장량)은 '人公將軍'이라 불리면서 각지에서 관청을 불태우고 마을을 노략질하였는데, 여러 주군은 관청을 빼앗기고 많은 관장이나 관리가 도주하였다. 열흘도 되지 않아 온 나라 안에서 호응하여 京師가 진동하였다.

原文

詔勑州郡修理攻守, 簡練器械, 自函谷,大谷,廣城,伊闕,轘轅,旋門,孟津,小平津諸關, 並置都尉. 召群臣會議. 嵩以爲宜解黨禁, 益出中藏錢,西園廐馬, 以班軍士. 帝從之. 於是發天下精兵, 博選將帥, 以嵩爲左中郎將, 持節, 與右中郎將朱儁, 共發五校,三河騎士及募精勇, 合四萬餘人, 嵩,儁各統一軍, 共討穎川黃巾.

| 註釋 | ○大谷關, 轘轅關 – 洛陽의 동남의 관문. 旋門關은 汜水(사수)의 서쪽에 있다. ○朱儁(주준) – 황건적 토벌에 공훈, 나중에 太尉 역임.

[國譯]

조서를 내려 각 州郡에서 공격과 방어 시설을 보수하고 여러 기구와 병기를 정비하였으며 函谷關, 大谷關, 廣城關, 伊闕, 轘轅關(환원관), 旋門關(선문관), 孟津關, 小平津 등 여러 관문에 모두 都尉를 배치하였다. 群臣會議를 소집하였다. 황보숭은 黨錮의 禁을 사면하고 궁중의 금전이나 西園의 말을 군용으로 전환하고 군사에게 분배해야한다고 주장하였다. 영제는 이를 수락하였다. 이에 천하의 정병을 동원하고 장수를 널리 선발하였는데, 황보숭은 左中郎將으로 부절을 받았고, 右中郎將인 朱儁(주준)과 함께 (北軍) 五校와 三河(河東, 河內, 河南郡)의 騎士를 동원하고 또 정병을 모집하여 총 4만 명을 황보숭과 주준이 통솔하여 먼저 穎川郡(영천군)의 黃巾賊을 토벌하였다.

原文

　儁前與賊波才戰, 戰敗, 嵩因進保長社. 波才引大衆圍城, 嵩兵少, 軍人皆恐, 乃召軍吏謂曰, "兵有奇變, 不在衆寡. 今賊依草結營, 易爲風火. 若因夜縱燒, 必大驚亂. 吾出兵擊之, 四面俱合, 田單之功可成也." 其夕遂大風, 嵩乃約勑軍士皆束苣乘城, 使銳士間出圍外, 縱火大呼, 城上擧燎應之, 嵩因鼓而奔其陳, 賊驚亂奔走. 會帝遣騎都尉曹操將兵適至, 嵩,操與朱儁合兵更戰, 大破之, 斬首數萬級. 封嵩都鄉侯. 嵩,儁乘勝進討汝南,陳國黃巾, 追波才於陽翟, 擊彭脫於西華, 並破之. 餘賊降散, 三郡悉平.

│註釋│ ○長社 - 穎川郡의 현명. 今 河南省 중부 許昌市 관할 長葛市. ○田單(전단) - 齊將, 卽墨城을 지켰는데 燕의 군사가 공격해왔다. 田單은 소 1천 마리의 뿔에 칼과 창을 매놓고, 꼬리에 풀을 묶어 불을 붙여 적진에 돌진시켜 대승을 거두었다. ○束苣乘城 - 苣는 횃불 거. 갈대를 묶어 만든 횃불. ○陽翟(양책) - 穎川郡(영천군)의 치소, 현명. 今 河南省 중부 許昌市 관할 禹州市. ○西華 - 汝南郡의 현명.

朱儁(주준)은 앞서 황건적의 波才(파재)와 싸워 패전했었는데, 황보숭은 진격하여 長社縣을 확보하였다. 그러자 波才가 대군으로 성을 포위하였고, 황보숭의 군사는 많지 않아 군졸과 백성이 모두 두려워하자 황보숭은 軍吏를 모아놓고 말했다.

"군사작전은 奇變(기변, 奇謀)에 있지 多少가 아니다. 지금 적은 풀과 나무로 군영을 지었으니 바람과 불로 쉽게 이길 수 있다. 만약 밤에 불을 지르면 적들이 놀라 혼란할 것이다. 그때 우리가 공격하고 사방을 치면 田單(전단)처럼 대승할 수 있을 것이다."

그날 저녁 바람이 세게 불어오자 황보숭은 군졸에게 갈대를 묶어가지고 성에 올라 준비하고 정예 군사를 뽑아 적을 외부에서 포위한 뒤에 불을 지르며 고함을 치고 성위에서도 호응하며, 황보숭은 북을 치며 적진을 공격하자 적은 놀라 도주하였다. 마침 황제가 파견한 騎都尉 曹操(조조)가 군사를 거느리고 도착하여 황보숭, 조조 및 주준이 연합하여 다시 공격하여 대파하며 적도 수 만 명을 죽였다. 이에 황보숭은 都鄕侯가 되었다. 황보숭과 주준은 승세를 몰아 汝南郡과 陳國의 황건적을 격파하고 파재를 陽翟(양책)현에서 격파하였고, 또 彭脫(팽탈)을 西華縣(서화현)에서 모두 격파하였다. 적의 잔당은 투항하거나 흩어졌고 3군은 모두 평정되었다.

原文

又進擊東郡黃巾卜己於倉亭, 生禽卜己, 斬首七千餘級. 時北中郎將盧植及東中郎將董卓討張角, 並無功而還, 乃詔嵩進兵討之. 嵩與角弟梁戰於廣宗. 梁衆精勇, 嵩不能克.
明日, 乃閉營休士, 以觀其變. 知賊意稍懈, 乃潛夜勒兵, 雞
鳴馳赴其陳, 戰至晡時, 大破之, 斬梁, 獲首三萬級, 赴河死
者五萬許人, 焚燒車重三萬餘兩, 悉虜其婦子, 繫獲甚衆.
角先已病死, 乃剖棺戮屍, 傳首京師.

| 註釋 | ○盧植(노식, ?-192) - 涿郡 涿縣사람. 後漢 末 政治家, 장군, 經
學者. 公孫瓚, 劉備 등이 노식의 문하생이었다. 64권, 〈吳延史盧趙列傳〉에
立傳. ○廣宗 - 冀州 鉅鹿郡의 현명. 今 河北省 邢台市 관할 威縣. ○戰至
晡時 - 晡는 申時 포. 오후 4시 전후.

[國譯]

황보숭은 또 진격하여 東郡의 黃巾賊인 卜己(복기)의 군사를 倉亭
(창정)이란 곳에서 격파하고, 卜己(복기)를 생포하였으며 7천여 명의
목을 베었다. 그때 北中郞將인 盧植(노식) 및 東中郞將 董卓(동탁)도
장각 토벌에 나섰으나 아무 성과도 없이 귀환하자, 영제는 황보숭에
게 군사를 거느리고 토벌케 하였다. 황보숭은 장각의 동생 張梁(장
량)과 廣宗(광종)현에서 싸웠다. 장량의 무리는 정예병이라서 황보숭
이 이길 수 없었다. 다음 날 황보숭은 군영을 닫고 군사를 쉬게 하면
서 상황 변화를 기다렸다. 적군의 경계가 풀어지자 한밤에 몰래 군
사를 동원하여 닭이 울 무렵에 적진으로 돌격하여 오후 申時까지 싸
워 적을 대파하였고 장량의 목을 베었으며, 3만여 명을 죽였고 강물
에 빠져 죽은 자도 5만 명 정도였으며, 수레 등 3만여 량을 불태웠고
부녀자와 생포한 자가 매우 많았다. 장각은 이에 앞서 병사하였는데

그 관을 꺼내 시신을 다시 잘라 머리를 낙양으로 보냈다.

原文

嵩復與鉅鹿太守馮翊郭典攻角弟寶於下曲陽, 又斬之. 首
獲十餘萬人, 築京觀於城南. 卽拜嵩爲左車騎將車, 領冀州
牧, 封槐里侯, 食槐里,美陽兩縣, 合八千戶.

以黃巾旣平, 故改年爲中平. 嵩奏請冀州一年田租, 以贍
饑民, 帝從之. 百姓歌曰, '天下大亂兮市爲墟, 母不保子兮
妻失夫, 賴得皇甫兮復安居.'

嵩溫恤士卒, 甚得衆情, 每軍行頓止, 須營幔修立, 然後就
舍帳. 軍士皆食, 己乃嘗飯. 吏有因事受賂者, 嵩更以錢物
賜之, 吏懷慙, 或至自殺.

| 註釋 | ○築京觀於城南 - 시신을 쌓아놓고 흙을 덮어 京觀이라고 했
다. 京은 人工 언덕. ○槐里, 美陽 - 右扶風의 현명. 槐里는 우부풍의 치소,
今 陝西省 咸陽市 관할 興平市. 美陽縣은 今 陝西省 咸陽市 관할 武功縣.

[國譯]

황보숭은 다시 鉅鹿郡 태수인 좌풍익 출신의 郭典(곽전)과 함께
장각의 동생 張寶(장보)를 下曲陽에서 싸워 장보를 죽였다. 10여 만
명을 죽이거나 생포하여 성남에 그 시신을 쌓아 흙을 덮으니 작은
산이 되었다. 황보숭은 곧 左車騎將車이 되어 冀州牧을 겸직하였으

며 槐里侯(괴리후)에 봉해졌는데 槐里와 美陽 2현의 8천 호를 식읍으로 받았다.

황건적이 모두 평정되자 연호를 中平으로 개원하였다. 황보숭은 冀州의 1년 田租로 굶주린 백성을 구제하겠다고 청원하자 영제가 수락하였다. 이에 백성이 노래를 지어 불렀다. '천하 대란에 마을이 폐허가 되었으니, 어미는 자식을 잃고 아내는 남편을 잃었다. 황보숭의 덕분에 다시 평안해졌네.'

황보숭은 사졸을 온정으로 보살펴 민심을 크게 얻었는데 행군이 끝나고 야영하면서 사졸의 군영이 세워지면 자신의 군막에 들어가 쉬었다. 군사들 식사가 끝나면 그때서야 밥을 먹었다. 관리가 업무 관계로 뇌물을 받았다면 황보숭이 다시 금전을 하사하자, 관리가 부끄러워 자살한 사람도 있었다.

原文

嵩旣破黃巾, 威震天下, 而朝政日亂, 海內虛困. 故信都令漢陽閻忠干說嵩曰,

"難得而易失者, 時也, 時至不旋踵者, 幾也. 故聖人順時以動, 智者因幾以發. 今將軍遭難得之運, 蹈易駭之機, 而踐運不撫, 臨機不發, 將何以保大名乎?"

嵩曰, "何謂也?" 忠曰,

"天道無親, 百姓與能. 今將軍受鉞於暮春, 收功於末冬. 兵動若神, 謀不再計, 摧强易於折枯, 消堅甚於湯雪, 旬月之

閭, 神兵電埽, 封屍刻石, 南向以報, 威德震本朝, 風聲馳海
外, 雖湯武之擧, 未有高將軍者也. 今身建不賞之功, 體兼
高人之德, 而北面庸主, 何以求安乎?"

嵩曰, "夙夜在公, 心不忘忠, 何故不安?"

| 註釋 | ○信都 – 安平國의 治所. 今 河北省 衡水市 관할 冀州市. ○干
說 – 부르지도 않았지만 제 마음대로 찾아와 이야기하다. 干은 멋대로 들
어오다(冒進). ○幾也 – 여기서는 機會, 幾運(기회와 운수)의 뜻. 幾는 기
미 기. 낌새. ○天道無親 – 「天道無親, 常與善人.」《老子道德經》79장.

[國譯]

황보숭이 황건적을 격파한 뒤에 그 위명은 천하에 진동했지만 朝
政은 날로 혼란하였고 나라는 피폐하였다. 전에 信都 縣令이었던 漢
陽郡 출신 閻忠(염충)이 황보숭을 찾아와 말했다.

"얻기도 어렵지만 쉽게 놓칠 수 있는 것이 때이고, 때가 되었지만
따라오지 않는 것은 기회입니다. 그래서 聖人은 때에 순응하여 움직
이고 智者는 기회를 보아 시작합니다. 지금 장군께서는 정말 얻기
어려운 기회를 만났으나 時運을 무시하고 짓밟으면서 운을 잡으려
하지도 않고 기회에도 움직이지 않으니 앞으로 大名을 어찌 보전하
시겠습니까?"

이에 황보숭이 물었다. "무슨 말을 하는 거요?"

그러자 염충이 말했다.

"天道는 無親하다지만 백성은 함께할 수 있습니다. 지금 장군께
서는 늦봄에 병권을 잡아 겨울이 오기 전에 공을 세웠습니다. 군사

작전은 마치 귀신과 같았고 책모는 모두 성공하였으며, 마른 나뭇가지를 꺾어버리듯 강적을 이겼고, 끓는 물에 눈이 녹듯 굳센 적을 소탕하였으니, 한 달 사이에 神兵은 마치 번개 치듯 적을 쓸어버려 시신은 산처럼 쌓였고 공적은 돌에 새겼으며, 낙양에 보고하자 위세와 德望은 조정을 흔들었고 바람을 탄 명성은 천하에 두루 알려졌으니, 湯王이나 武王의 거사도 장군에 미치지 못했습니다. 지금 장군은 최고의 공을 세웠고 성인과 같은 덕을 베풀고도 어리석은 군주를 받드시지만 어찌 안전할 수 있겠습니까?"

그러자 황보숭이 말했다.

"자나 깨나 나라 생각이고 마음에 충성을 잊어본 적이 없는데 왜 불안하겠습니까?"

■原文

忠曰, "不然. 昔韓信不忍一餐之遇, 而弃三分之業, 利劍已揣其喉, 方發悔毒之歎者, 機失而謀乖也. 今主上勢弱於劉,項, 將軍權重於淮陰, 指撝足以振風雲, 叱咤可以興雷電. 赫然奮發, 因危抵穎, 崇恩以綏先附, 振武以臨後服, 徵冀方之士, 動七州之衆, 羽檄先馳於前, 大軍響振於後, 蹈流漳河, 飲馬孟津, 誅閹官之罪, 除群凶之積, 雖僮兒可使奮拳以致力, 女子可使褰裳以用命, 況厲熊羆之卒, 因迅風之勢哉! 功業已就, 天下已順, 然後請呼上帝, 示以天命, 混齊六合, 南面稱制, 移寶器於將興, 推亡漢於已墜, 實神機之至會, 風發之良時也.

夫旣朽不雕, 衰世難佐. 若欲輔難佐之朝, 雕朽敗之木,
是猶逆坂走丸, 迎風縱棹, 豈云易哉? 且今豎宦群居, 同惡
如市, 上命不行, 權歸近習, 昏主之下, 難以久居, 不賞之功,
讒人側目, 如不早圖, 後悔無及."

嵩懼曰, "非常之謀, 不施於有常之勢. 創圖大功, 豈庸才
所致. 黃巾細孽, 敵非秦, 項, 新結易散, 難以濟業. 且人未
忘主, 天不佑逆. 若虛造不冀之功, 以速朝夕之禍, 孰與委
忠本朝, 守其臣節. 雖云多讒, 不過放廢, 猶有令名, 死且不
朽. 反常之論, 所不敢聞."

忠知計不用, 因亡去.

| 註釋 | ○機失而謀乖也 - 《漢書》에는 項羽가 武涉(무섭)을 보내 한신
을 설득했고, 또 蒯通(괴통)이 한신에게 三分天下를 유세할 때도 한신은
"漢王이 나를 후하게 대우하는데 어찌 나를 버리겠느냐?"고 말했다. 한신
이 呂后에게 잡혀 죽기 전에 "내가 괴통의 말을 따르지 않아 아녀자의 손
에 죽으니 이 어찌 하늘 뜻이 아니겠느냐?"라고 탄식하였다. ○指撝足以
振風雲 - 撝는 찢을 휘. 麾(휘두를 휘)와 通用. ○叱咤可以興雷電 - 叱咤(질
타)는 큰 소리로 꾸짖다(怒聲也). 叱은 꾸짖을 질. 咤는 꾸짖을 타. ○因危
抵頹 - 抵는 손뼉 칠 지. 쳐부수다(擊也). 頹는 무너트릴 퇴. ○蹈流漳河
- 漳河(장하)는 山西省 동남부 산지에서 발원하는 淸漳河와 濁漳河 합쳐진
다음에 동류하여 館陶(관도, 山東省과 河北省의 접경)란 곳에서 衛河(위하)에
합류하는 전장 460여 km의 강. ○寶器 - 神器. 天位. 天子의 자리. ○同
惡如市 - 同惡이 서로 이득을 취하는 것이 마치 시장의 장사꾼과 같다는

뜻. ○難以久居 - 大名之下에서는 오래 견디기가 어렵다.

[國譯]

염충이 말했다.

"그렇지 않습니다. 옛날에 韓信(한신)은 밥 한 끼의 은덕을 잊지 못하여 三分天下의 대업을 버렸고 날카로운 칼이 목을 찌르려 하자, 그때서야 뼈저린 후회로 탄식한 것은 기회도 잃었고 책략도 어긋났기 때문입니다. 지금 주상의 세력은 劉邦과 項羽보다 약하고 장군의 권세는 淮陰侯(韓信)보다 강하니, 손을 휘저어 풍운을 일으킬 수 있고 怒聲 한마디로 천둥을 칠 수도 있습니다. 무섭게 神威를 떨치고 위기를 격파하며 먼저 귀부하는 자에게 은덕을 베풀고 늦게 따라오는 자에게 무력을 과시하면서 冀州 일대의 인재를 먼저 모은 다음에 다른 七州의 군사를 동원하고, 羽檄(우격, 긴급 격문)을 먼저 날린 뒤에 大軍이 후방에서 우렛소리를 내며 진격하여 漳河(장하)를 건너가서 (황하의) 孟津(맹진)에서 말에게 물을 먹이고, 환관의 죄를 따져 묻고 탐관오리를 제거한다면 어린아이라도 주먹을 휘두르며 힘을 쓸 것이고 여자라도 옷을 여미고 명을 따를 것이니, 하물며 사나운 곰과 같은 군졸을 마치 돌풍처럼 쓸어가듯 힘을 쓸 것입니다.

이러한 功業이 성취되면 천하는 순종할 것이고 上帝에 빌어 天命을 받아 六合을 통합한 뒤에 南面하여 稱制하고 천자의 자리를 넘겨받으려 한다면, 漢은 이미 쇠퇴한 세력이라서 하늘의 주신 기회가 찾아오고 적절한 시기에 바람처럼 불어올 것입니다. 대체로 썩은 나무에 무늬를 새길 수 없고 쇠퇴한 조정은 보좌할 수도 없습니다. 만약 보좌할 수도 없는 조정을 받들고 썩은 나무에 조각하려는 것은 마치 기울어진 비탈의 아래에서 위로 구슬을 굴리려는 것과 같으니 이런 것과 순풍을 타고 노를 젓지 않는 것 어느 쪽이 쉽겠습니까? 또 환관들이 무리를 지었고 악인들이 시장 바닥처럼 얽혀 있어 황제의 명령이 먹히지도 않고 권력은 가까운 최측근이 장악했으니, 우매한 군주 아래서는 오래 버틸 수도 없으며 더 이상 어떤 상을 받을 수도 없는 큰 공을 세웠지만 아첨하는 자들이 곁눈질로 노려보고 있으니 빨리 어떤 조치를 취하지 않으신다면 후회막급일 것입니다."

황보숭이 두려워하며 말했다.

"非常한 策謀는 일상적 상황에서는 쓰지 않는 것입니다. 대업을 새로 세우는 일을 보통 사람이 어찌할 수 있겠습니까? 黃巾의 졸개들은 秦이나 項羽의 군사와 같지 않으며 금방 모였다가도 쉽게 흩어지니 무슨 일을 성공할 수도 없는 세력이었습니다. 人臣이라면 주군을 잊어서는 안 되며 하늘은 반역자를 돕지 않습니다. 만약 바랄 수도 없는 큰일을 함부로 도모한다면 재앙이 조석으로 닥쳐올 것이며 누가 나라에 충성을 바치고 신하의 지조를 지킬 수 있겠습니까? 비록 참언이 많다지만 방출 아니면 파직이며, 만약 美名을 얻을 수 있다면 죽더라도 사라지지 않을 것입니다. 인륜에 어긋나는 의논을 더 이상 들을 수 없습니다."

염충은 자신의 계책이 먹히지 않는 것을 알고 그대로 도주하였다.

原文

會邊章,韓遂作亂隴右, 明年春, 詔嵩回鎭長安, 以衛園陵. 章等遂復入寇三輔, 使嵩因討之. 初, 嵩討張角, 路由鄴, 見中常侍趙忠舍宅踰制, 乃奏沒入之. 又中常侍張讓私求錢五千萬, 嵩不與, 二人由此爲憾, 奏嵩連戰無功, 所費者多. 其秋徵還, 收左車騎將軍印綬, 削戶六千, 更封都鄕侯, 二千戶.

[國譯]

　그때 邊章(변장)과 韓遂(한수)는 隴右(농우, 隴西郡)에서 반란을 일으켰다. 다음 해 봄, 조서로 황보숭을 長安에 보내 (황제의) 園陵을 수비하게 하였다. 변장 등은 다시 三輔 지역을 노략질하자 황보숭을 시켜 토벌하게 하였다. 그전에 황보숭이 張角을 토벌하고 귀로에 鄴縣(업현)을 지나오면서 中常侍 趙忠(조충)의 집이 법제를 초과한 것을 보고 상주하여 이를 몰수하게 하였다. 또 中常侍 張讓(장양)이 사적으로 50만전을 요구하자 황보숭이 주지 않았는데, 이에 두 사람은 악감정을 갖고서 황보숭이 연속 싸우면서도 아무런 공도 없이 비용만 많이 지출한다고 상주하였다. 결국 그 가을에 낙양에 불려왔고 左車騎將軍의 인수를 몰수하고 6천 호를 삭감하며 都鄕侯에 격하되었고 식읍은 2천 호가 되었다.

原文

　五年, 涼州賊王國圍陳倉, 復拜嵩爲左將軍, 督前將軍董卓, 各率二萬人拒之. 卓欲速進赴陳倉, 嵩不聽. 卓曰, "智者不後時, 勇者不留決. 速救則城全, 不救則城滅, 全滅之勢, 在於此也."

嵩曰, "不然. 百戰百勝, 不如不戰而屈人之兵. 是以先爲不可勝, 以待敵之可勝. 不可勝在我, 可勝在彼. 彼守不足, 我攻有餘. 有餘者動於九天之上, 不足者陷於九地之下. 今陳倉雖小, 城守固備, 非九地之陷也. 王國雖强, 而攻我之所不救, 非九天之勢也. 夫勢非九天, 攻者受害, 陷非九地, 守者不拔. 國今已陷受害之地, 而陳倉保不拔之城, 我可不煩兵動衆, 而取全勝之功, 將何救焉!" 遂不聽. 王國圍陳倉, 自冬迄春, 八十餘日, 城堅守固, 竟不能拔. 賊衆疲敝, 果自解去. 嵩進兵擊之.

卓曰, "不可. 兵法, 窮寇勿追, 歸衆勿迫. 今我追國, 是追歸衆, 追窮寇也. 困獸猶鬪, 蜂蠆有毒, 況大衆乎!"

嵩曰, "不然. 前吾不擊, 避其銳也. 今而擊之, 待其衰也. 所擊疲師, 非歸衆也. 國衆且走, 莫有鬪志. 以整擊亂, 非窮寇也."

遂獨進擊之, 使卓爲後拒. 連戰大破之, 斬首萬餘級, 國走而死. 卓大慇恨, 由是忌嵩.

| 註釋 | ○陳倉 - 右扶風의 縣名. 今 陝西省 서부의 寶鷄市 陳倉區. 渭水 북안. ○窮寇勿追, 歸衆勿迫 - 司馬兵法에 나오는 말이다. ○蜂蠆有毒 - 蠆는 전갈 채.

(中平) 5년(서기 188), 涼州(양주)의 도적 王國(왕국)이 陳倉(진창)을 포위하자, 다시 황보숭을 左將軍에 임명하여 前將軍 董卓(동탁)을 거느리고 각각 2만의 군사로 방어하게 하였다. 동탁은 서둘러 진창성에 들어가자고 하였지만 황보숭을 따르지 않았다. 이에 동탁이 말했다.

"智者는 때를 놓치지 않고 勇者는 결정을 유예하지 않습니다. 지금 구원하지 않는다면 城이 함락되니 사느냐 죽느냐가 달린 문제입니다."

그러자 황보숭이 말했다.

"그렇지 않소. 百戰百勝은 싸우지 않고 적병을 굴복시키는 것만 못합니다. 이 때문에 싸우지 않고 이길 수 있는 기회를 잡지 못했다면 적을 이길만한 때를 기다려야 합니다. 승리가 나에게 있지 않다면 상대방에게 있는 것입니다. 적이 수비가 약하다면 우리의 공격은 여유가 있을 것입니다. 여유가 있다면 높은 하늘이라도 오를 수 있다지만 여유가 없다면 깊은 땅속에 처박힐 것이요. 지금 陳倉이 비록 적은 성이지만 성이 튼튼하니 결코 깊은 땅속에 처박히지는 않을 것입니다. 王國(왕국)이 아무리 강하다 하여도 내가 구원하지 않는 곳을 공격하지 않는 것은 적이 하늘에 오를 정도로 강하지 않다는 뜻입니다. 적의 세력이 그토록 강하지 않다면 공격자가 손해를 보게 되고, 깊은 타격을 입지 않았다면 수비가 무너지지 않을 것이요. 왕국의 무리는 지금 손해를 당하는 처지이고 진창은 수비하면 함락되지 않을 성이니, 나는 군사를 크게 동원하지 않더라도 이길 수 있는 방책을 찾으려는 것이니 왜 구원을 서두르겠는가?"

그러면서 끝까지 동탁의 의견에 따르지 않았다. 王國(왕국)은 진창성을 포위하였고 겨울부터 다음 봄이 될 때까지 80여 일을 공격하였지만 성이 견고하고 수비가 강하여 끝내 함락시키지 못하였다. 적의 무리는 지치고 피폐하여 저절로 포위를 풀었다. 그러자 황보숭은 군사를 진격시켜 적을 공격하였다. 그러자 동탁이 말했다.

"불가합니다. 병법에도 궁지에 몰린 적을 추격하지 말고 퇴각하는 군사를 압박하지 말라고 하였습니다. 지금 우리가 왕국을 추격한다면, 이는 철수하는 군사를 압박하는 것이며 궁지의 적을 추격하는 것과 같습니다. 궁지에 몰린 짐승도 싸우려 대들고 벌이나 전갈을 독침을 쏘는데, 하물며 적의 대군이 어떠하겠습니까!"

그러자 황보숭이 말했다.

"그렇지 않소. 전에 우리가 적을 공격하지 않은 것은 그 예봉을 피한 것이요. 지금의 공격은 그들이 지치기를 기다린 것이요. 우리가 공격하는 대상은 피로에 지친 군사이지 철수하는 군사가 아니요. 왕국의 무리는 도주하느라고 싸울 투지도 없소. 정돈된 군사로 흩어진 군사를 공격하는 것이지, 궁지에 몰린 적이 아니요."

그리고는 황보숭의 군사만 진격하고 동탁의 후방을 방어하게 하였다. 황보숭은 연전하며 적을 대파하고 1만여 명을 참수하였으며 왕국은 도주하다가 피살되었다. 동탁은 부끄러웠지만 한을 품었고 이로부터 황보숭을 꺼려하였다.

原文

明年, 卓拜爲幷州牧, 詔使以兵委嵩, 卓不從. 嵩從子酈時在軍中, 說嵩曰, "本朝失政, 天下倒懸, 能安危定傾者, 唯大人與董卓耳. 今怨隙已結, 勢不俱存. 卓被詔委兵, 而上書自請, 此逆命也. 又以京師昏亂, 躊躇不進, 此懷奸也. 且其凶戾無親, 將士不附. 大人今爲元帥, 杖國威以討之, 上顯忠義, 下除凶害, 此桓文之事也."

嵩曰, "專命雖罪, 專誅亦有責也. 不如顯奏其事, 使朝廷裁之." 於是上書以聞. 帝讓卓, 卓又增怨於嵩. 及後秉政, 初平元年, 乃徵嵩爲城門校尉, 因欲殺之. 嵩將行, 長史梁衍說曰, "漢室微弱, 閹豎亂朝, 董卓雖誅之, 而不能盡忠於國, 遂復寇掠京邑, 廢立從意. 今徵將軍, 大則危禍, 小則困辱. 今卓在洛陽, 天子來西, 以將軍之衆, 精兵三萬, 迎接至尊, 奉令討逆, 發命海內, 徵兵群帥, 袁氏逼其東, 將軍迫其西, 此成禽也." 嵩不從, 遂就徵. 有司承旨, 奏嵩下吏, 將遂誅之.

| 註釋 | ○閹豎亂朝 - 閹豎는 환관. 閹은 내시 엄. 豎는 더벅머리 수.

[國譯]

다음 해에, 동탁은 幷州牧이 되었는데 조서로 동탁 휘하의 군사를 황보숭에게 위임하라고 명령하였지만 동탁은 따르지 않았다. 황보숭의 조카인 皇甫酈(황보력)은 그때 군중에 있으면서 황보숭에게 말했다.

"本朝가 失政하여 천하가 거꾸로 매달린 것 같은데 지금 안위를 결정할 수 있는 사람은 오직 大人과 동탁뿐입니다. 지금 원한의 틈은 이미 벌어졌기에 양립할 수도 없습니다. 동탁이 군사를 넘기라는 조서를 받고도 상서하여 자신이 지휘하겠다는 것은 황제의 명을 거역하는 것입니다. 또 지금 경사가 혼란하다는 이유로 주저하며 들어가지 않는 것은 간악한 뜻을 품었기 때문입니다. 또 흉악하고 선행이 없어 장졸이 따르지도 않습니다. 大人께서는 지금 元帥이시니 국위를 바탕으로 동탁을 토벌하여 위로는 충성을 다하고 아래로는 흉악한 자를 제거한다면, 이는 (齊) 桓公이나 (晉) 文公의 일을 하는 것입니다."

이에 황보숭이 말했다.

"왕명을 따르지 않는 것이 비록 죄이지만 마음대로 토벌하는 것도 문책을 받아야 한다. 이를 조정에 분명히 보고하여 조정에서 결정토록 해야 한다."

그리고서는 즉시 상서하여 보고하였다. 황제가 동탁을 문책하자 동탁은 황보숭을 더욱 증오하였다. 뒤에 동탁이 권력을 잡으면서 (獻帝) 初平 원년에, 곧 황보숭을 중앙으로 불러 城門校尉에 임명한 뒤에 황보숭을 죽일 계획이었다. 황보숭이 출발하려 하자 長史인 梁衍(양연)이 말했다.

"漢室이 미약하고 환관이 조정을 어지럽혀 동탁이 환관을 제거하였다지만 나라에 충성을 다하지 않았고 또 낙양을 노략질하였으며 마음대로 황제를 폐위하고 옹립하였습니다. 지금 장군을 조정으로 부르는 것은 크게는 죽이거나 작게는 곤욕을 치르게 하려는 뜻입니다. 지금 동탁은 장안에 있고 천자는 장안으로 행차하고 있으니, 장군의 정병 3만으로 천자를 영접한 뒤에 명을 받아 역적을 토벌하고

천하며 널리 군사와 장수를 모집하며 袁氏(袁紹)는 동쪽에서, 장군
께서 서쪽에서 공격한다면 동탁을 사로잡을 수 있습니다."

　그러나 황보숭은 따르지 않고 부름에 응했다. 담당관리가 동탁의
뜻에 따라 상주하여 황보숭을 옥리에게 넘겨 곧 처형할 계획이었다.

┃原文┃

　嵩子堅壽與卓素善, 自長安亡走洛陽, 歸投於卓. 卓方置
酒歡會, 堅壽直前質讓, 責以大義, 叩頭流涕. 坐者感動, 皆
離席請之. 卓乃起, 牽與共坐. 使免嵩囚, 復拜嵩議郞, 遷御
史中丞. 及卓還長安, 公卿百官迎謁道次. 卓風令御史中丞
已下皆拜以屈嵩, 旣而抵手言曰, "義眞犕未乎?" 嵩笑而謝
之, 卓乃解釋.

┃註釋┃ ○質讓 - 質은 따져 묻다. 바로잡다 讓은 꾸짖다. 질책하다.
○犕未乎 - 옛날에 犕는 服과 通. 소 부릴 복. 말안장 꾸밀 비.

[國譯]

　황보숭의 아들 皇甫堅壽(황보견수)는 평소에 동탁과 잘지냈는데
장안에서 낙양으로 급히 달려와 동탁을 찾아왔다. 동탁은 한창 술잔
치를 벌리고 있었는데 황보견수는 곧바로 앞에 나아가 동탁에게 바
로 따지며 大義를 말하면서 머리를 찧으며 눈물을 흘렸다. 참석했던
사람 모두가 감동하여 자리를 물러앉으며 관용을 호소하였다. 동탁
은 일어나 황보견수를 이끌어 나란히 앉았다. 동탁은 황보숭을 옥에

서 풀어주고 다시 의랑을 제수했다가 곧 어사중승으로 승진시켰다. 동탁이 長安으로 돌아갈 때 公卿百官이 길가에 나와 맞이하며 인사하였다. 동탁은 은근히 암시를 주어 御史中丞 이하 모두 엎드려 절을 하게 하여 황보숭을 욕보였는데 곧 손바닥을 치며 말했다.

"義眞(황보숭의 字)은 절을 했나 안 했나?"

그러자 황보숭은 웃으며 사례했고 동탁도 감정을 풀었다.

原文

及卓被誅, 以嵩爲征西將軍, 又遷車騎將軍. 其年秋, 拜太尉, 冬, 以流星策免. 復拜光祿大夫, 遷太常. 尋李傕作亂, 嵩亦病卒, 贈驃騎將軍印綬, 拜家一人爲郞.

嵩爲人愛愼盡勤, 前後上表陳諫有補益者五百餘事, 皆手書毀草, 不宣於外. 又折節下士, 門無留客. 時人皆稱而附之. 堅壽亦顯名, 後爲侍中, 辭不拜, 病卒.

| 註釋 | ○門無留客 – 손님을 기다리지 않게 하다.

[國譯]

동탁이 주살되자, 황보숭은 征西將軍이 되었고 다시 車騎將軍으로 승진하였다. 그해 가을 太尉가 되었으나 겨울에 流星이 나타나자 책서에 의거 면직되었다. 다시 광록대부를 제수 받고 太常으로 승진했다. 얼마 안 있어 李傕(이각)의 난이 일어났는데 황보숭도 병으로 죽었는데 驃騎將軍의 印綬를 추증하고 가족 1인에게 郎官을 제수하였다.

황보숭은 사람이 공경 근신하며 성실하게 직무를 수행하였는데 재직 중에 표문을 올려 국정에 도움이 되는 건의가 5백여 건이나 되었는데 모두 직접 쓴 다음에 초안을 잡은 글을 모두 없애어 밖에서는 알지 못했다. 또 자신을 낮춰가면서 아랫사람을 대하였기에 대문에는 기다리는 빈객이 없었다. 그때 사람 모두가 황보숭을 칭송하며 따랐다.

아들 皇甫堅壽(황보견수) 또한 유명하였는데 뒷날 侍中이 되었으나 사양하여 재직하지는 않았으며 병으로 죽었다.

❷ 朱儁

|原文

朱儁字公偉, 會稽上虞人也. 少孤, 母嘗販繒爲業. 儁以孝養致名, 爲縣門下書佐, 好義輕財, 鄕閭敬之. 時同郡周規辟公府, 當行, 假郡庫錢百萬, 以爲冠幘費, 而後倉卒督責, 規家貧無以備, 儁乃竊母繒帛, 爲規解對. 母旣失産業, 深恚責之. 儁曰, "小損當大益, 初貧後富, 必然理也."

本縣長山陽度尙見而奇之, 薦於太守韋毅, 稍歷郡職. 後太守尹端以儁爲主簿. 熹平二年, 端坐討賊許昭失利, 爲州所奏, 罪應弃市. 儁乃羸服閒行, 輕齎數百金到京師, 賂主

章吏, 遂得刊定州奏, 故端得輸作左校. 端喜於降免而不知
其由, 儁亦終無所言.

| 註釋 | ○朱儁(주준, ?-195년) - 儁은 준걸 준. ○會稽上虞 - 今 浙江
省 북동부 紹興市 上虞區. ○爲規解對 - 周規의 곤경을 해결해 주다.

[國譯]

朱儁(주준)의 字는 公偉(공위)로, 會稽郡 上虞縣(상우현) 사람이다.
어려서 부친을 잃었고, 모친은 일찍부터 비단 장사를 했다. 주준은
효성으로 봉양하여 이름이 났고 현의 書佐가 되었는데 의리를 따르
고 재물을 경시하여 고향 사람의 존경을 받았다. 그때 회계군 사람
周規(주규)가 삼공부의 부름을 받아 출발에 앞서 郡의 공금 1백만 전
을 차용하여 의관 구입 비용으로 썼는데 그 뒤에 갑자기 상환을 독
촉 받았고 주규의 집은 가난하여 마련할 수 없자, 주준이 모친의 비
단을 몰래 팔아 주규의 채무를 상환해 주었다. 모친이 본전을 잃어
아들을 심하게 원망하며 꾸짖자, 주준이 말했다.

"작은 손해로 큰 이익을 얻고, 가난했다가 나중에 부자가 되는 것
은 당연한 이치입니다."

本縣의 縣長인 山陽郡 출신 度尙(도상)이 주준을 만나보고 특별하
다고 여겨 태수 韋毅(위의)에게 천거하였고 군의 여러 업무를 담당
하였다. 후임 태수 尹端(윤단)은 주준을 主簿(주부)로 임명하였다.
(靈帝) 熹平 2년(서기 173년), 태수 윤단은 도적 무리 許昭(허소)를
토벌하면서 失利한 죄에 연관되어 州 자사의 탄핵을 받았고 棄市(기
시)형에 해당되었다. 이에 주준은 허름한 옷으로 갈아입고 수백 金

을 싸가지고 지름길로 낙양에 가서 담당 관리에게 뇌물을 주어 자사부의 보고 공문을 수정케 했고, 윤단은 (장작대장의) 左校에 보내져 노역형을 받았다. 윤단은 죽음을 면하게 되어 기뻐했지만 그런 사유를 알지 못했고, 주준도 끝내 아무 말도 하지 않았다.

原文

後太守徐珪擧儁孝廉, 再遷除蘭陵令, 政有異能, 爲東海相所表. 會交阯部群賊並起, 牧守輭弱不能禁. 又交阯賊梁龍等萬餘人, 與南海太守孔芝反叛, 攻破郡縣.

光和元年, 卽拜儁交阯刺史, 令過本郡簡募家兵及所調, 合五千人, 分從兩道而入. 旣到州界, 按甲不前, 先遣使詣郡, 觀賊虛實, 宣揚威德, 以震動其心. 旣而與七郡兵俱進逼之, 遂斬梁龍, 降者數萬人, 旬月盡定. 以功封都亭侯, 千五百戶, 賜黃金五十斤, 徵爲諫議大夫.

| 註釋 | ㅇ蘭陵(난릉) − 東海郡(國)의 縣名. 今 山東省 남부 臨沂市(임기시) 蘭陵縣. ㅇ牧守 − 州의 牧과 郡의 太守. 州牧은 州의 통치 책임자. 武帝 때 질록 6백석의 자사를 두어 13자사부 관내 군현의 행정을 감독케 하였다. 成帝 때는 자사를 폐하고 질록 2천석의 州牧을 두었다. 후한에서는 다시 자사라고 부르다가 靈帝 中平 5년(서기 188)부터는 다시 卿級의 州牧을 보내 軍과 政의 대권을 쥐고 州의 군현을 통치하였다. ㅇ交阯 − 交阯(교지, 交趾)는 郡名. 겸 자사부의 명칭. 치소는 龍編縣, 今 越南國 하노이(河內)시 동쪽. 交趾(交州)刺史部는 漢朝 13州刺史部의 하나. 後漢에서는 南

海郡, 蒼梧郡, 合浦郡, 鬱林郡, 交趾郡, 九眞郡, 日南郡 등 7개 郡을 관할했는데, 그 영역은 대략 금일의 廣東省, 廣西壯族自治區 및 越南의 북부와 중부 일대에 해당. ○輭弱(연약) – 軟弱(연약). 輭은 연할 연. 보드랍다. ○南海 – 治所 番禺縣(반우현), 今 廣東省 중남부 廣州市. 香港의 서북. ○家兵 – 지원병, 僮僕(동복, 하인)을 포함한 군사. 調는 調發하다. 모집하다.

[國譯]

뒷날 太守 徐珪(서규)는 주준을 孝廉으로 천거하였고 주준은 두 번 승진하여 蘭陵 현령이 되었는데 그 치적이 특별하여 동해국 相이 칭송하는 표문을 올렸다. 그때 交趾刺史部 지역에서 도적떼가 곳곳에서 일어났지만 자사나 태수가 연약하여 진압하지 못했다. 또 교지의 도적떼인 梁龍(양용) 등 수만 명은 南海太守 孔芝(공지)와 함께 반란을 일으켜 여러 군현을 공격하고 있었다.

(靈帝) 光和 원년(서기 178)에, 즉시 주준을 교지자사에 임명하여 본 고향 군에서 家兵을 선발 모집케 하였는데, 주준은 모두 5천 명을 모아 양쪽으로 나눠 교지로 진격하였다. 주준은 교지 지역에 들어가 먼저 군사를 정비하면서 사자를 군에 들여보내 적의 허실을 알아본 뒤 武威를 크게 선전하여 적의 심리를 동요케 하였다. 이어서 다른 7개 군의 군사와 함께 진격하여 도적떼를 압박하여 결국 梁龍(양용)을 죽이니 투항자가 수만 명이었고 한 달 내에 모두 평정하였다. 주준은 그 공적으로 都亭侯가 되었고 식읍은 1천5백 호였고 황금 50근을 받았으며 조정에 들어가 諫議大夫가 되었다.

及黃巾起, 公卿多薦儁有才略, 拜爲右中郎將, 持節, 與左
中郎將皇甫嵩討穎川, 汝南, 陳國諸賊, 悉破平之. 嵩乃上言
其狀, 而以功歸儁, 於是進封西鄕侯, 遷鎭賊中郎將.

時南陽黃巾張曼成起兵, 稱'神上使', 衆數萬, 殺郡守褚
貢, 屯宛下百餘日. 後太守秦頡擊殺曼成, 賊更以趙弘爲帥,
衆浸盛, 遂十餘萬, 據宛城. 儁與荊州刺史徐璆及秦頡合兵
萬八千人圍弘, 自六月至八月不拔. 有司奏欲徵儁. 司空張
溫上疏曰,

「昔秦用白起, 燕任樂毅, 皆曠年歷載, 乃能克敵. 儁討穎
川, 以有功效, 引師南指, 方略已設, 臨軍易將, 兵家所忌,
宜假日月, 責其成功.」

| 註釋 | ○白起 − 秦의 명장. 魏, 趙, 楚 등을 차례로 원정하였다. ○樂
毅(악의) − 趙나라 출신. 賢而好兵하여 燕 昭王(소왕)의 上將軍이 되어 齊를
원정하여 도성 臨淄(임치)를 점령했으며 齊의 70여 성을 점령하였다.

황건적이 봉기하자, 여러 公卿이 재능과 방략을 갖춘 주준을 천
거하여 주준은 右中郎將이 되어 부절을 받고 左中郎將인 황보숭과
함께 穎川(영천), 汝南, 陳國의 황건적을 모두 평정하였다. 황보숭은
그 전과를 보고하면서 공을 주준에게 돌렸는데 주준은 西鄕侯에 봉
해졌고 鎭賊中郎將으로 승진하였다.

그때 南陽郡의 황건적인 張曼成(장만성)의 무리가 起兵하여 '神上使'를 칭하면서 무리 수만 명이 남양태수 褚貢(저공)을 죽이고 宛縣(완현) 일대에 1백여 일을 주둔하였다. 후임 태수인 秦頡(진힐)이 적을 격파하고 장만성을 죽이자, 적은 다시 趙弘(조홍)을 우두머리로 삼았고, 그 무리는 점차 강성하여 마침내 10여만 명이 宛城을 점거하였다. 주준은 荊州刺史 徐璆(서구) 및 秦頡(진힐)과 함께 군사 1만 8천여 명으로 조홍을 포위하고 6월부터 공격하였으나 8월까지 점령하지 못했다. 이에 담당 관리는 주준을 소환해야 한다고 상주하였다. 이에 司空인 張溫(장손)이 상소하였다.

「옛날 秦이 白起(백기)를 등용했고, 燕에서는 樂毅(악의)에게 맡겼는데, 해를 넘기고 몇 달이 지나서야 적을 이길 수 있었습니다. 주준이 영천의 황건적을 토벌하고 군사를 이끌고 남으로 갈 때 이미 그 방략을 마련했을 것인데 적을 앞에 두고 장수를 교체하는 것은 兵家의 금기이니 응당 더 기다렸다가 그 성공 여부를 따져보아야 합니다.」

原文

靈帝乃止. 儁因急擊弘, 斬之. 賊餘帥韓忠復據宛拒儁. 儁兵少不敵, 乃張圍結壘, 起土山以臨城內, 因鳴鼓攻其西南, 賊悉衆赴之. 儁自將精卒五千, 掩其東北, 乘城而入. 忠乃退保小城, 惶懼乞降. 司馬張超及徐璆, 秦頡皆欲聽之. 儁曰, "兵有形同而勢異者. 昔秦項之際, 民無定主, 故賞附以

勸來耳. 今海內一統, 唯黃巾造寇, 納降無以勸善, 討之足
以懲惡. 今若受之, 更開逆意, 賊利則進戰, 鈍則乞降, 縱敵
長寇, 非良計也."

因急攻, 連戰不克. 儁登土山望之, 顧謂張超曰, "吾知之
矣. 賊今外圍周固, 內營逼急, 乞降不受, 欲出不得, 所以死
戰也. 萬人一心, 猶不可當, 況十萬乎! 其害甚矣. 不如徹圍,
並兵入城. 忠見圍解, 勢必自出, 出則意散, 易破之道也."

旣而解圍, 忠果出戰, 儁因擊, 大破之. 乘勝逐北數十里,
斬首萬餘級. 忠等遂降. 而秦頡積忿忠, 遂殺之. 餘衆懼不
自安, 復以孫夏爲帥, 還屯宛中. 儁急攻之. 夏走, 追至西鄂
精山, 又破之. 復斬萬餘級, 賊遂解散. 明年春, 遣使者持節
拜儁右車騎將軍, 振旅還京師, 以爲光祿大夫, 增邑五千, 更
封錢塘侯, 加位特進. 以母喪去官, 起家, 復爲將作大匠, 轉
少府,太僕.

| 註釋 | ○西鄂(서악) - 南陽郡의 현명. 今 河南省 南陽市 서북. ○錢塘
- 현명. 今 浙江省 杭州市 서쪽.

[國譯]

靈帝는 주준의 소환을 중지했다. 주준은 서둘러 趙弘(조홍)을 공
격하여 참수하였다. 그러나 잔당은 다시 韓忠(한충)을 우두머리로
삼아 宛城에서 주준에 항거하였다. 주준은 병력이 적어 맞싸울 수가
없어 포위를 강화하고 보루를 설치하였으며 土山을 쌓아 성안을 내

려다보면서 서남쪽에서 공격하자 적의 무리가 서남쪽으로 이동하여 막아내었다. 주준은 정병 1만 5천을 거느리고 그 동북쪽을 엄습하여 성을 타고 넘어 성에 들어갔다. 그러자 한충은 작은 성으로 퇴각한 뒤에 두려워 떨며 투항하려고 했다. 이에 司馬인 張超(장초)와 徐璆(서구), 秦頡(진힐) 등이 모두 투항을 받아들이자고 하였다. 이에 주준이 말했다.

"용병은 언제나 상황은 비슷하더라도 그 형세는 다르다. 옛날 秦과 項羽(항우)의 경우에는 백성에게 정해진 주군이 없었기에 상을 베풀어가면서 투항을 권유하였다. 그러나 지금은 천하가 통일되었는데 황건적이 반역하였으니 투항을 받아주어도 勸善하는 것이 아니라서 토벌해야만 악행을 징벌할 수 있다. 지금 저들 투항을 받아줘도 다시 반역할 것이고, 적세가 유리하면 공격해 오고 약하면 투항할 것이니 적을 풀어 키워준다고 良策은 아니다."

그러면서 강하게 공격하였지만 이기지 못했다. 주준이 토산에 올라 적진을 살펴본 뒤에 장초를 돌아보며 말했다.

"이제 알겠다. 적은 지금 밖으로는 엄중히 포위되었고, 안으로도 급박하며 투항도 도주도 할 수 없기에 죽자고 싸우는 것이다. 萬人이 一心이면 이길 수 없다고 하였는데 하물며 10만 무리이니 어찌하겠는가! 손해가 실로 클 것이다. 포위를 풀어주고 우리가 성안에 들어가는 것이 나을 것이다. 한충은 포위가 풀린 것을 알고 밖으로 나올 것이고 그러면 마음도 느슨해질 것이니 쉽게 격파할 수 있다."

포위를 풀어주자 한충은 예상대로 성 밖으로 나와 싸웠고 주준은 적을 타격하여 대파하였다. 그리고 승세를 타고 북쪽으로 수십 리 추격하며 1만여 명을 죽였다. 한충 등은 투항하였다. 그러나 진힐이

분을 참지 못하고 한충을 죽여버렸다. 나머지 무리는 두려워 떨며 다시 孫夏(손하)를 우두머리로 삼아 다시 宛縣에 주둔하였다. 주준은 적을 맹공하였다. 손하가 도주하자 西鄂(서악)의 精山(정산)까지 추격하여 대파하였다. 다시 1만여 명을 죽이자 적은 해산하였다. 다음 해 봄, 조정에서는 부절을 가진 사자를 보내 주준을 右車騎將軍에 임명하며 군사를 정돈하여 낙양에 개선케 하였고, 주준은 光祿大夫가 되었으며 식읍은 5천 호를 더 받았고, 다시 錢塘侯(전당후)에 봉해졌으며 特進의 지위에 올랐다. 모친상으로 사직하였고, 집에 있으며 관직을 받아 將作大匠이 되었다가 少府와 太僕을 역임하였다.

原文

自黃巾賊後, 復有黑山,黃龍,白波,左校,郭大賢,于氐根,靑牛角,張白騎,劉石,左髭丈八,平漢,大計,司隷,掾哉,雷公,浮雲,飛燕,白雀,楊鳳,于毒,五鹿,李大目,白繞,畦固,苦蝤之徒, 並起山谷間, 不可勝數. 其大聲者稱雷公, 騎白馬者爲張白騎, 輕便者言飛燕, 多髭者號于氐根, 大眼者爲大目, 如此稱號, 各有所因. 大者二三萬, 小者六七千.

| 註釋 | ○黑山賊 − 黑山은 황건 무리의 이름. 우두머리는 張牛角. 장우각이 죽은 뒤에도 다른 지도자가 장씨 성을 이어받으며 싸웠다. ○左髭丈八(좌자장팔) − 髭는 코밑수염 자. ○畦固(휴고) − 畦는 밭두둑 휴. ○苦蝤(고추) − 蝤는 나무굼벵이 추. ○多髭者號于髭根 − 于는 클 우, 어조사 우.

黃巾賊이 봉기한 이래로 그 잔당이 黑山, 黃龍, 白波, 左校, 郭大賢, 于氐根(우저근), 靑牛角, 張白騎, 劉石, 左髭丈八(좌자장팔), 平漢, 大計, 司隷, 掾哉(연재), 雷公, 浮雲, 飛燕, 白雀, 楊鳳, 于毒, 五鹿, 李大目, 白繞(백요), 畦固(휴고), 苦哂(고주)의 무리가 있었으니, 모두 산이나 계곡에서 봉기한 자들이니 이루 다 셀 수가 없었다. 그 목소리가 큰 자는 雷公(뇌공)이고, 장씨가 백마를 탔으면 張白騎이며, 몸이 날렵한 자는 飛燕(비연)이며, 콧수염이 많은 자는 于氐根(우저근)이라 하였고, 大眼이면 大目이 되었으니 이런 칭호는 모두 이유가 있었다. 큰 무리는 2, 3만, 작은 무리는 6, 7천이었다.

賊帥常山人張燕, 輕勇趫捷, 故軍中號曰飛燕. 善得士卒心, 乃與中山,常山,趙郡,上黨,河內諸山谷寇賊更相交通, 衆至百萬, 號曰黑山賊. 河北諸郡縣並被其害, 朝廷不能討. 燕乃遣使至京師, 奏書乞降, 遂拜燕平難中郎將, 使領河北諸山谷事,歲得擧孝廉,計吏.

燕後漸寇河內, 逼近京師, 於是出儁爲河內太守, 將家兵擊却之. 其後諸賊多爲袁紹所定, 事在〈紹傳〉. 復拜儁爲光祿大夫, 轉屯騎, 尋拜城門校尉,河南尹.

│ 註釋 │　○常山 – 국명. 治所는 元氏縣, 今 河北省 石家莊市 관할 元氏

縣. 前漢의 眞定國. 明帝 永平 15년 이후 常山國. ○輕勇趫捷 - 趫는 재빠를교. 捷은 빠를 첩, 이길 첩. ○〈袁紹傳〉 - 4권, 〈袁紹劉表列傳〉.

[國譯]

황건적 무리 중 常山 사람 張燕(장연)은 용맹하고 날렵하여 무리들은 飛燕(비연)이라고 불렀다. 사졸의 신임도 얻었고, 中山國, 常山國, 趙郡, 上黨郡, 河內郡의 산 계곡의 도적 무리들은 서로 상통하여 무리가 백만에 이르자, 이를 黑山賊(흑산적)이라고 불렀다. 河北의 여러 군현이 모두 폐해를 입었는데도 조정에서는 토벌하지 못하고 있었다. 이때 장연은 스스로 사자를 낙양에 보내 상서하여 투항을 애걸하였는데, 마침내 장연에게 平難中郞將을 제수하고 河北 여러 산적을 평정케 하였는데, 장연은 해마다 효렴의 인재를 천거하고 計吏를 보내 치적을 보고하였다.

장연 이후에도 도적은 계속 늘어 河內郡을 노략질하고 낙양 가까이 접근하자, 조정에서는 주준을 河內太守로 임명하여 家兵을 거느리고 이들을 격파하게 하였다. 그 뒤로 적들은 원소에게 거의 평정되었는데, 이는 〈袁紹傳〉에 기록했다. 다시 주준은 光祿大夫가 되었다가 屯騎校尉, 곧이어 城門校尉와 河南尹을 역임하였다.

原文

時董卓擅政, 以儁宿將, 外甚親納而心實忌之. 及關東兵盛, 卓懼, 數請公卿會議, 徙都長安, 儁輒止之. 卓雖惡儁異己, 然貪其名重, 乃表遷太僕, 以爲己副. 使者拜, 儁辭不肯受.

因曰, “國家西遷, 必孤天下之望, 以成山東之釁, 臣不見其可也.” 使者詰曰, “召君受拜而君拒之, 不問徙事而君陳之, 其故何也?” 儁曰, “副相國, 非臣所堪也. 遷都計, 非事所急也. 辭所不堪, 言所非急, 臣之宜也.” 使者曰, “遷都之事, 不聞其計, 就有未露, 何所承受?” 儁曰, “相國董卓具爲臣說, 所以知耳.” 使人不能屈, 由是止不爲副.

| **註釋** | ○宿將 – 老將. ○太僕 – 僕(태복)은 황제의 御駕와 나라의 馬政을 관할, 9卿의 하나. 질록 中二千石. 屬官으로 大廐令, 未央令, 家馬令을 두었고, 그 아래 각각 5丞과 1尉를 두었다. 또 龍馬監 등 5監 이외에 다수의 속관을 두었다.

[國譯]

당시 董卓(동탁)이 조정의 권력을 장악했는데 주준은 나라의 宿將(老將)이라서 겉으로는 매우 친하게 받아들였지만 마음속으로는 크게 경계를 하였다. 특히 관동의 군사가 강성해지면서 동탁은 이를 두려워했고, 公卿 회의에서 長安 천도를 주장하였으나 주준은 그때마다 저지하였다. 동탁과 자신과 의견을 달리하는 주준을 증오하였으나 그 위명을 이용하려고 표문을 올려 주준을 太僕으로 천거하여 자신의 副職으로 삼으려 했다. 使者가 주준을 찾아와 관직을 제수하자 주준은 사양하며 받지 않았다. 그러면서 말했다.

“國家가 서쪽으로 천도하는 것은 천하의 소망을 등지면서 山東과 틈을 벌리려는 것이며, 나는 이를 그냥 두고 볼 수는 없소이다.”

그러자 사자가 따져 물었다. "공을 불러 제수하는 관직을 공은 거부하면서 묻지도 않는 말을 하는 이유가 무엇입니까?"

이에 주준이 말했다. "相國(董卓)의 副職은 내가 감당할 수 없으며 천도 계획은 시급한 일이 아니요, 감당할 수 없어 사양하는 것이며 시급하지 않은 일을 말한 것은 응당 신하가 할 일이기 때문이요."

그러자 사자가 말했다. "遷都는 그 계획을 듣지 못했으니 공표된 일이 아니거늘 어떻게 알았습니까?" 이에 주준이 대답하였다. "相國 董卓이 나에게 다 말해 주었기에 알고 있을 뿐이요."

사자는 끝내 주준의 주장을 꺾지 못했고 이에 副相國은 그만두었다.

原文

卓後入關, 留儁守洛陽, 而儁與山東諸將通謀爲內應. 旣而懼爲卓所襲, 乃弃官奔荊州. 卓以弘農楊懿爲河南尹, 守洛陽. 儁聞, 復進兵還洛, 懿走. 儁以河南殘破無所資, 乃東屯中牟, 移書州郡, 請師討卓. 徐州刺史陶謙遣精兵三千, 餘州郡稍有所給, 謙乃上儁行車騎將軍. 董卓聞之, 使其將李傕, 郭汜等數萬人屯河南拒儁. 儁逆擊, 爲傕, 汜所破. 儁自知不敵, 留關下不敢復前.

| 註釋 | ○陶謙(도겸) − 字는 恭祖(공조). 徐州刺史. 73권, 〈劉虞公孫瓚陶謙列傳〉에 立傳.

　동탁은 뒤에 관중에 들어가면서 주준을 남겨 낙양을 지키게 하였
으나 주준은 산동의 여러 장수와 함께 모의하며 내응하였다. 얼마
뒤에 동탁의 기습 공격이 두려워 관직을 버리고 荊州로 피신하였다.
동탁은 弘農郡 사람 楊懿(양의)를 河南尹으로 삼아 낙양을 지키게
하였다. 주준은 이를 알고 다시 군사를 몰아 낙양으로 돌아가자 양
의는 도주하였다. 주준은 河南 일대가 완전히 파괴되어 군량을 얻을
수 없자, 동쪽으로 나와 中牟縣(중모현)에 주둔하면서 각 주군에 문
서를 보내 동탁을 토벌한 군사를 요청하였다.

　徐州刺史인 陶謙(도겸)은 정병 3천을 파견하였고 다른 주군에서
도 점차 약간씩 군사를 지원하였으며 도겸은 조정에 상서하여 주준
을 車騎將軍 대행으로 임명케 하였다. 동탁이 이를 알고서 그의 부
장인 李傕(이각)과 郭汜(곽사) 등에게 수만 명의 군사를 주어 하남에
주둔하여 주준을 막게 하였다. 주준이 이를 맞아 공격하였지만 이각
과 곽사에게 격파되었다. 주준은 대적할 수 없음을 알고 관문 부근
에 머무르며 진격하지 않았다.

原文

　及董卓被誅, 傕,汜作亂, 儁時猶在中牟. 陶謙以儁名臣,
數有戰功, 可委以大事, 乃與諸豪桀共推儁爲太師, 因移檄
牧伯,同討李傕等, 奉迎天子. 乃奏記於儁曰,

　「徐州刺史陶謙,前楊州刺史周乾,琅邪相陰德,東海相劉

馗,彭城相汲廉,北海相孔融,沛相袁忠,太山太守應劭,汝南
太守徐璆,前九江太守服虔,博士鄭玄等,敢言之行車騎將軍
河南尹莫府,國家旣遭董卓,重以李傕,郭汜之禍,幼主劫
執,忠良殘斃,長安隔絶,不知吉凶. 是以臨官尹人,搢紳有
識,莫不憂懼,以爲自非明哲雄霸之士,曷能克濟禍亂! 自
起兵已來,於茲三年,州郡轉相顧望,未有奮擊之功,而互
爭私變,更相疑惑. 謙等並共諮諏,議消國難. 僉曰,'將軍
君侯,旣文且武,應運而出,凡百君子,靡不顒顒.' 故相率
屬,簡選精悍,堪能深入,直指咸陽,多持資糧,足支半歲,
謹同心腹,委之元帥.」

　會李傕用太尉周忠,尙書賈詡策,徵儁入朝. 軍吏皆憚入
關,欲應陶謙等.

　儁曰,"以君召臣,義不俟駕,況天子詔乎! 且傕,汜小豎,
樊稠庸兒,無他遠略,又勢力相敵,變難必作. 吾乘其間,大
事可濟."

　遂辭謙議而就傕徵,復爲太僕,謙等遂罷.

| 註釋 |　○董卓被誅 − 初平 3년(서기 192). 誅董卓, 夷三族. 司徒 王允
이 朝政을 총괄.　○劉馗(유규) − 馗는 광대뼈 규, 사람 이름 규(鐘馗).　○敢
言之行車騎將軍河南尹莫府 − 자사 등이 郡 이상 卿의 부서에 올리는 글에
는 '敢言之'라고 써야 했다. 行車騎將軍河南尹은 주준의 직함. 莫府는 幕
府.　○謙等並共諮諏 − 諮諏는 함께 의논하다. 諮는 물을 자. 諏는 꾀할
추. 묻다.　○僉曰 − 僉은 다 첨. 모두. 大衆.　○靡不顒顒 − 靡는 없을 미.

顒은 공경할 옹. 우러러보다. 顒顒(옹옹)은 喁喁(옹옹). 윗사람의 덕을 기리
고 우러러 따르는 모양, 입을 위로 쳐들고 몹시 바라는 모양. 喁은 숨 쉴
옹. 우러러 따르다. ○義不俟駕 — 俟는 기다릴 사(待也). 駕는 수레. 「君命
召, 不俟駕行矣.」《論語 鄕黨》.

[國譯]

董卓(동탁)이 주살되고, 李傕(이각)과 郭氾(곽사)가 作亂할 때, 주준
은 그때도 中牟縣(중모현)에 주둔하고 있었다. 陶謙(도겸)은 주준이
名臣이고 많은 전공을 세웠기에 큰일을 맡을 수 있다고 생각하여 여
러 호걸과 함께 주준을 太師로 추대하려고 지방관들에게 격문을 보
내 함께 이각 등을 토벌하고 천자를 영입할 계획이었다. 이에 글을
지어 주준에게 보냈다.

「徐州刺史 陶謙(도겸), 前 楊州刺史 周乾(주건), 琅邪國(낭야국) 相
인 陰德(음덕), 東海相 劉馗(유규), 彭城相 汲廉(급렴), 北海相 孔融(공
융), 沛相 袁忠(원충), 泰山太守 應劭(응소), 汝南太守 徐璆(서구), 전 九
江太守 服虔(복건), 博士 鄭玄(정현) 등은 行車騎將軍 河南尹께 감히
말씀드리오니, 나라가 동탁의 환난을 당했으며 또 이각과 곽사의 난
리까지 겹쳐서 幼主게서 협박을 당하시고 충량한 신하들이 곤욕을
겪었으며 長安과 단절되어 그 안부조차 알 수 없습니다. 관원은 물
론 학식을 갖춘 士人들 모두가 두려워하며 '明哲하고 雄覇한 분이
아니면 어찌 이런 환란을 건질 수 있겠는가!' 라고 생각하였습니다.
(反 董卓) 의병이 일어난 지 어언 3년에 州郡에서는 서로를 돌아보
면서 동탁을 격파할 사람이 없었으며 서로 마음이 다르다고 의혹을
갖고 있고 있습니다. 이 도겸 등은 국난을 해소할 방법을 함께 의논

하였습니다. 이에 모두가 '將軍께서는 君侯의 존엄을 갖추셨으며, 文武를 겸전하시고 시운에 따라 거동하시어 모든 君子들의 공경과 기대를 받고 계십니다.'라고 말했습니다. 이에 서로 격려하며 정예한 군사를 모아 적의 배후 咸陽(함양)까지 곧바로 깊이 진격하되, 반년을 견딜 군량을 각각 준비키로 하였기에 삼가 한마음으로 총 지휘를 맡기려 합니다.」

그대 이각은 太尉 周忠(주충), 尙書 賈詡(가후) 등의 책략을 받아들여 주준을 불러 입조하게 하였다. 많은 장교들이 주준이 관중에 들어가는 것을 꺼리면서 도겸 등과 함께할 것이라 생각하였다. 그러나 주준이 말했다.

"주군이 신하를 부른다면 수레를 기다리지도 않고 바로 응해야 하거늘, 하물며 천자의 詔命인데! 그리고 이각이나 곽사는 풋내기이고, 樊稠(번조)는 그저 어린아이라서 원대한 계획도 없을 것이며, 그들끼리도 서로 다투고 있으니 틀림없이 변란이 일어날 것이다. 내가 그런 틈을 이용한다면 큰일을 해낼 수 있을 것이다."

그리고는 도겸과는 의논하지 않고 이각의 부름에 응하여 (長安에 가서) 다시 태복이 되었고, 도겸 등은 저절로 해산하였다.

原文

初平四年, 代周忠爲太尉, 錄尙書事. 明年秋, 以日食免, 復行驃騎將軍事, 持節鎭關東. 未發, 會李傕殺樊稠, 而郭汜又自疑, 與傕相攻, 長安中亂, 故儁止不出, 留拜大司農.

獻帝詔儁與太尉楊彪等十餘人譬郭汜, 令與李傕和. 汜不肯, 遂留質儁等. 儁素剛, 卽日發病卒.

子晧, 亦有才行, 官至豫章太守.

| 註釋 | ○樊稠(번조) – 董卓의 부장. 王允을 죽여 동탁의 원수를 갚아주었다. ○豫章 – 군명. 治所는 南昌縣, 今 江西省 북부 南昌市(江西省의 省都).

[國譯]

(獻帝) 初平 4년(서기 193), 周忠(주충)의 후임으로 太尉가 되어 尙書事를 감독하였다. 다음 해 가을 日食이 일어나 면직되었다가 다시 驃騎將軍 직무를 대행하다가 부절을 받아 關東 지역 진무를 받았다. 출발하기 전에 마침 이각이 樊稠(번조)를 죽였고, 곽사는 자기들끼리 의심하며 이각과 싸우자 장안이 혼란에 빠졌기에 주준은 장안에 머물며 출발하지 않았는데, 주준은 大司農이 되었다. 헌제는 조서로 주준에게 太尉 楊彪(양표) 등 10여 명이 함께 곽사를 찾아가 이각과 화해를 권유하라고 시켰다. 그러나 곽사가 화해를 거부하며 주준 등을 인질로 잡았다. 주준은 평소 성격이 剛烈했는데 그날 바로 병으로 죽었다.

주준의 아들 朱晧(주호)도 才行이 뛰어났고 豫章 태수를 역임했다.

原文

論曰, 皇甫嵩,朱儁並以上將之略, 受脤倉卒之時. 及其功

成師克, 威聲滿天下. 値弱主蒙塵, 獷賊放命, 斯誠葉公投
袂之幾, 翟義鞠旅之日, 故梁衍獻規, 山東連盟, 而舍格天之
大業, 蹈匹夫之小諒, 卒狼狽虎口, 爲智士笑. 豈天之長斯亂
也? 何智勇之不終甚乎!

前史晉平原華嶠, 稱其父光祿大夫表, 每言其祖魏太尉歆
稱'時人說皇甫嵩之不伐, 汝豫之戰, 歸功朱儁, 張角之捷,
本之於盧植, 收名斂策, 而己不有焉.

蓋功名者, 世之所甚重也. 誠能不爭天下之所甚重, 則怨
禍不深矣.'如皇甫公之赴履危亂, 而能終以歸全者, 其致不
亦貴乎! 故顏子願不伐善爲先, 斯亦行身之要與!

| 註釋 | ○受脤倉卒之時 - 脤은 제사에 쓰는 생고기 신. 종묘에 제사를
지내고 出兵했다. 倉卒(창졸)은 갑작스레. ○獷賊放命 - 獷는 사나울 광.
獷賊은 董卓. 放命은 抗命하다. 放은 버릴 방, 멋대로 할 방. ○葉公投袂之
幾 - 楚의 白公勝(백공승)이 반역하며 王子閭(왕자려)를 죽이자, 葉公子高
(섭공자고)는 군사를 이끌고 백공승을 죽이고 惠王을 세웠다. 投袂(투메)는
奮袂(분메). 분연히 일어나다. 袂는 옷소매 메. ○翟義鞠旅 - 翟義(적의)는
翟方進의 아들 왕망 토벌을 내세우고 최초로 반기를 들었다. 鞠은 고할 국
(告也). 알리다. 기를 국. 旅는 군사 여(려). ○梁衍獻規 - 梁衍(양연)은 황
보숭의 長史. 동탁 토벌을 주장. ○卒狼狽虎口 - 狼狽(낭패)는 실패하다.
허겁지겁하다. 거꾸러지다. ○晉平原華嶠 - 西晉 平原郡 사람 華嶠(화교,
?-353). 화교의 부친은 華表(화표, 204-275), 화표의 字는 偉容. 華歆(화흠)
의 아들. 20세에 散騎常侍가 되었다고 한다. 華歆(화흠)의 字는 子魚로 曹
操의 忠僕이 되어 漢의 멸망에 일조했다. ○不伐善爲先 - 顏淵季路侍. 子

曰, "盍各言爾志?" 子路曰, ~ 顏淵曰, "願無伐善, 無施勞." ~ 子曰, "老者安之, 朋友信之, 少者懷之."《論語 公冶長》.

[國譯]

范曄(범엽)의 史論 : 皇甫嵩과 朱儁(주준) 두 사람은 모두 上將의 지략이 있어 위기에 명을 받아 군사를 지휘했다. 두 사람은 군사적 성공을 거두었고 威名을 천하에 날렸다. 어린 황제가 蒙塵(몽진, 피난)하고 奸賊이 국정을 농단하였으니 이런 때야말로 (楚의) 葉公(섭공)이 奮起하고 (前漢의) 翟義(적의)가 군사를 일으킬 때였으며, (황보숭의 長史) 梁衍(양연)이 동탁 토벌과 山東 세력과 連盟을 건의하였지만, 황보숭은 천지를 감동시킬만한 대업을 포기하고 匹夫의 신의를 따르다가 끝내 戶口에 들어가 낭패를 당했고 智士의 웃음거리가 되었다. 이 어찌 하늘이 혼란을 도운 것이 아니겠는가? 어찌하여 그들의 지혜와 용기가 그렇게 끝이 나야 했는가!

前史(《漢書》)에서, 晉 땅 平原郡 사람 華嶠(화교)의 기록에 의하면, 그의 부친 光祿大夫 華表(화표)는 그의 할아버지인 魏 太尉 華歆(화흠)이 늘 말한 것을 기록했다. '그때 사람들이 황보숭은 자신의 공을 자랑하지 않았으니, 汝豫(여예)의 싸움에서는 전공을 주준에게 돌렸고, 張角을 토벌한 공은 盧植(노식)의 공으로 인정하면서 논공행상에서 자랑하지 않았다. 사실 공명은 세상 사람이 아주 소중히 여기는 것이다. 천하 누구나 소중히 여기는 이런 공명을 두고 다투지 않았으니 그가 겪은 재앙이 크지 않았다.'

여기 황보숭처럼 혼란한 세상의 한 가운데를 살아가면서 끝내 자신을 지킬 수 있었다는 것은 매우 중요한 일이다. 그래서 顏子(顏

回)도 자신의 善을 자랑하지 않기를 원했던 것이니, 이런 처신은 세
상을 살아가는 데 역시 아주 중요할 것이다.

原文

　賛曰, 黃妖沖發, 嵩乃奮鉞. 孰是振旅, 不居不伐. 儁捷陳,
穎, 亦弭於越. 言肅王命, 並遘屯蹶.

　| 註釋 | ○黃妖沖發 - 黃妖는 黃巾賊. 沖發은 돌발하다. ○不居不伐 -
「~萬物作而弗始, 生而弗有, 爲而弗恃, 功成而不居. 夫唯弗居, 是以不去.」
《老子道德經》2장. ○亦弭於越 - 弭는 중지시키다. 활고자 미. 여기서는
평정하다. 越은 交阯郡 梁龍(양용) 반란. ○並遘屯蹶 - 遘는 만날 구. 조우
하다. 屯蹶(준궐)은 屯困(준곤). 逆境. 屯은 괘 이름 준(屯), 水(☵) 雷(☳)
屯(준). 蹶은 쓰러질 궐.

[國譯]

　賛曰,
　黃巾亂이 돌발하자 皇甫嵩은 분기하여 적도를 진압했다.
　군공을 세우고도 자랑하고 뽐내지 않았던 이 누구였나?
　朱儁(주준)은 陳郡과 穎川을, 交阯(교지)까지 평정하였다.
　王命(朝廷)의 권위를 지켰으나 둘 다 역경에 처했었다.

72 董卓列傳
〔동탁열전〕

❶ 董卓

|原文|

董卓字仲穎, 隴西臨洮人也. 性麤猛有謀. 少嘗游羌中, 盡與豪帥相結. 後歸耕於野, 諸豪帥有來從之者, 卓爲殺耕牛, 與共宴樂, 豪帥感其意, 歸相斂得雜畜千餘頭以遺之, 由是以健俠知名. 爲州兵馬掾, 常徼守塞下. 卓膂力過人, 雙帶兩鞬, 左右馳射, 爲羌胡所畏.

桓帝末, 以六郡良家子爲羽林郎, 從中郎將張奐爲軍司馬, 共擊漢陽叛羌, 破之, 拜郎中, 賜縑九千匹. 卓曰, "爲者則己, 有者則士." 乃悉分與吏兵, 無所留. 稍遷西域戊己校尉, 坐事免. 後爲幷州刺史, 河東太守.

| **註釋** | ○仲穎 - 仲은 보통 둘째 아들을 지칭한다. 동탁의 동생 董旻 (동민)은 字가 叔穎. 穎은 이삭 영. ○隴西臨洮 - 隴西는 군명, 臨洮(임조) 는 현명. 今 甘肅省 定西市 관할 岷縣(민현). ○麤猛有謀 - 麤는 거칠 추. 성질이 과격하다. ○徼守塞下 - 徼守는 순찰하다. 徼는 구할 요. 순찰하 다(巡也). ○膂力過人 - 膂力은 힘. 膂는 등골뼈 여(려). ○雙帶兩鞬 - 鞬 은 동개 건. 활과 화살을 넣어 등에 지는 통. ○爲者則己, 有者則士 - 공을 세운 사람이 나(己)이지만 (功을) 같이할 사람은 士卒이다. ○戊己校尉 - 戊己(무기)는 十干의 중앙. 중앙은 土, 곧 황색. 이는 漢을 상징하고 흉노 (北)를 제압한다는 뜻으로 택한 이름. 무기교위는 屯田校尉의 개칭. 서역 도호의 속관으로 둔전을 관장했다.

[國譯]

董卓(동탁)의 字는 仲穎(중영)으로 隴西郡 臨洮縣(임조현) 사람이 다. 성격이 거칠고 지모가 있었다. 젊어 羌族의 땅에서 좀 놀면서 그 쪽 우두머리들과 친교를 맺었다. 뒤에 돌아와 농사를 지었다. 강족 의 우두머리 몇 사람이 동탁을 찾아와 의지하자, 동탁은 농사짓는 소를 잡아 함께 즐겼는데 그 우두머리들이 감격하여 자기들 땅에서 여러 가축 1천여 마리를 몰아다가 동탁에게 주었고, 이후 동탁의 용 맹성과 호탕한 기질이 알려졌다. 涼州의 兵馬掾(병마연)이 되어 국경 지역을 늘 순찰하였다. 동탁은 남들보다 힘이 세었고 활 통 두 개를 어깨에 메고 좌우 어느 쪽으로도 활을 쏠 수 있어 강족이 두려워하 였다.

桓帝 말에 六郡의 良家 자제로 羽林郎에 뽑혀 中郞將 張奐(장환) 을 수행하여 軍司馬가 되었고 漢陽郡에서 반란을 일으킨 강족을 격 파하여 郞中이 되어 비단 9천 필을 상으로 받았다. 이에 동탁이 말

했다. "내가 공을 세웠다지만 같이 나눌 사람은 士卒들이다." 그리고 모든 상을 남김없이 군리와 병졸에게 나눠주었다. 점차 승진하여 西域都護의 戊己校尉가 되었지만 업무 관계로 면직되었다. 나중에 幷州刺史와 河東太守를 역임했다.

原文

中平元年, 拜東中郎將, 持節, 代盧植擊張角於下曲陽, 軍敗抵罪. 其冬, 北地先零羌及枹罕河關群盜反叛, 遂共立湟中義從胡北宮伯玉,李文侯爲將軍, 殺護羌校尉泠徵. 伯玉等乃劫致金城人邊章,韓遂, 使專任軍政, 共殺金城太守陳懿, 攻燒州郡.

明年春, 將數萬騎入寇三輔, 侵逼園陵, 托誅宦官爲名. 詔以卓爲中郎將, 副左車騎將軍皇甫嵩征之. 嵩以無功免歸, 而邊章,韓遂等大盛. 朝廷復以司空張溫爲車騎將軍, 假節, 執金吾袁滂爲副. 拜卓破虜將軍, 與蕩寇將軍周慎並統於溫. 並諸郡兵步騎合十餘萬, 屯美陽, 以衛園陵. 章,遂亦進兵美陽. 溫,卓與戰, 輒不利.

十一月, 夜有流星如火, 光長十餘丈, 照章,遂營中, 驢馬盡鳴. 賊以爲不祥, 欲歸金城. 卓聞之喜, 明日, 乃與右扶風鮑鴻等並兵俱攻, 大破之, 斬首數千級. 章,遂敗走楡中, 溫乃遣周慎將三萬人追討之. 溫參軍事孫堅說慎曰, "賊城中無

穀, 當外轉糧食. 堅願得萬人斷其運道, 將軍以大兵繼後, 賊
必困乏而不敢戰. 若走入羌中, 並力討之, 則涼州可定也."

　愼不從, 引軍圍楡中城. 而章, 遂分屯葵園狹, 反斷愼運
道. 愼懼, 乃弃車重而退. 溫時亦使卓將兵三萬討先零羌,
卓於望垣北爲羌胡所圍, 糧食乏絶, 進退逼急. 乃於所度水
中僞立堰, 以爲捕魚, 而潛從堰下過軍. 比賊追之, 決水已
深, 不得度. 時衆軍敗退, 唯卓全師而還, 屯於扶風, 封斄鄕
侯, 邑千戶.

　|註釋| ○袁滂(원방) – 字는 公熙. 욕심을 내지 않고 사람이 매우 원만
하였다. ○美陽 – 美陽縣은 右扶風의 縣名. 今 陝西省 咸陽市 관할 武功
縣. ○楡中 – 金城郡의 현명. 今 甘肅省 남부 蘭州市 동쪽. ○孫堅(손견) –
字 文臺(문대), 吳郡 富春縣人, 孫權之父. ○堰 – 堰은 방죽 언. 제방.

[國譯]

　(靈帝) 中平 원년(서기 184), 동탁은 東中郎將이 되어 부절을 받
고 盧植(노식)의 후임으로 張角(장각)을 (鉅鹿郡) 下曲陽縣에서 공격
하였으나 패전하여 형벌을 받았다. 그해 겨울 北地郡의 先零羌族(선
련강족)족과 (隴西郡의) 枹罕縣(포한현)과 河關縣(하관현)의 群盜가 반
란을 일으켜 함께 湟中(황중) 지역의 귀순한 흉노 北宮伯玉(북궁백옥)
과 李文侯(이문후)를 將軍으로 삼아, 護羌校尉인 泠徵(영징)을 살해하
였다. 북궁백옥 등은 이어 金城郡사람 邊章(변장)과 韓遂(한수)를 납
치하고 협박하여 군정을 담당케 하면서 함께 金城太守 陳懿(진의)를
살해하고 州郡의 관청을 공격하고 불태웠다.

다음 해 봄, 이들은 수만 기병으로 三輔 지역을 노략질하면서 황제의 園陵 가까이 쳐들어와서 환관을 주살하겠다는 명분을 내세웠다. 이에 조서로 동탁을 中郞將에 임명하여 左車騎將軍 황보숭의 副職으로 강족을 정벌케 하였다. 그러나 황보숭은 아무런 戰果가 없어 면직되어 귀향하였고 邊章(변장)과 韓遂(한수) 등은 더욱 강성해졌다. 조정에서는 다시 司空인 張溫(장온)을 車騎將軍에 임명하여 부절을 하사하고 執金吾인 袁滂(원방)을 副職에 임명하였다. 동탁은 破虜(파로) 장군으로 蕩寇(탕구) 장군인 周愼(주신)과 함께 장온의 통제 하에 있었다. 여러 군의 보병과 기병 총 10여만 명이 (우부풍의) 미양현에 주둔하여 황제의 園陵을 수비하였다. 변장과 한수는 미양현을 침공하였다. 장온과 동탁은 반적과 싸웠으나 매번 전투에 패했다.

11월, 어느 날 밤 流星이 그 길이가 10여 丈(장)이나 되고 마치 횃불처럼 변장과 한수의 군영을 밝혔고 말들이 놀라 울부짖었다. 반적들은 크게 불길한 징조라 생각하며 金城郡으로 돌아가려 했다. 동탁은 이를 알고 좋아하면서 다음 날 바로 右扶風의 鮑鴻(포홍)의 군사와 함께 공격하여 반적을 대파하고 1천여 명을 참수하였다. 변장과 한수가 (金城郡의) 楡中縣(유중현)으로 패주하자, 장온은 주신을 보내 3만 군사를 거느리고 추격하여 토벌하게 하였다. 장온의 參軍事였던 孫堅(손견)이 주신에게 말했다.

"賊의 성중에 군량이 없어 밖에서 군량을 운반해옵니다. 제가 1만 군사를 데리고 운반 도로를 차단하고, 장군께서는 대 병력으로 저들 배후를 공격하면 적은 지치고 굶주려 싸우지 못할 것입니다. 만약 적이 羌族의 땅으로 들어갈 경우에는 전력을 다하여 토벌하여 涼州를 평정할 수 있을 것입니다."

주신은 손견의 의견을 따르지 않고 군사를 거느리고 楡中城을 포
위하였다. 변장과 한수는 군사를 나누어 葵園狹(규원협)이란 곳에 주
둔하면서 도리어 주신의 군량 통로를 단절하였다. 주신을 겁을 먹고
치중물자를 버리고 퇴각하였다. 장온은 그때 동탁을 시켜 군사 3만
을 거느리고 先零羌族(선련강족)을 토벌케 하였는데, 동탁은 (天水郡
의) 望垣縣(망원현) 북쪽에서 강족에게 포위되어 군량이 떨어지고 진
퇴가 매우 위태로웠다. 그러자 동탁은 건너갈 만한 곳에 거짓으로
제방을 쌓아 물고기를 잡겠다면서 은밀히 제방 아래로 군사를 건너
게 하였다. 이어 적군이 추격해오자 제방을 터트리자 물이 깊어 적
은 건널 수 없었다. 그때 다른 군사들도 모두 패퇴했는데 오직 동탁
의 군사만 전부 귀환하여 우부풍에 주둔하였고 동탁은 이 공로로 斄
鄕侯(태향후)에 봉해졌는데 식읍은 1천 호였다.

原文

三年春, 遣使者持節就長安拜張溫爲太尉. 三公在外, 始
之於溫. 其冬, 徵溫還京師, 韓遂乃殺邊章及伯玉,文侯, 擁
兵十餘萬, 進圍隴西. 太守李相如反, 與遂連和, 共殺涼州
刺史耿鄙. 而鄙司馬扶風馬騰, 亦擁兵反叛, 又漢陽王國,
自號'合衆將軍', 皆與韓遂合. 共推王國爲主, 悉令領其衆,
寇掠三輔.

五年, 圍陳倉. 乃拜卓前將軍, 與左將軍皇甫嵩擊破之.
韓遂等復共廢王國, 而劫故信都令漢陽閻忠, 使督統諸部.

忠恥爲衆所脅, 感恚病死. 遂等稍爭權利, 更相殺害, 其諸
部曲並各分乖.

| 註釋 | ○馬騰(마등) – 字는 壽成(수성), 右扶風 茂陵縣人, 馬援(마원)의
후손. 八尺이 넘는 신장에 신체가 매우 장대하였고 천성이 현명 온후하여
많은 사람의 존경을 받았다. ○王國(왕국) – 인명. 王이 성씨. ○三輔 – 사
예교위부의 京兆尹, 右扶風, 左馮翊을 지칭. 행정구역인 동시에 관직명.
○陳倉 – 右扶風의 陳倉縣, 今 陝西省 寶鷄市 陳倉區. 당시 關中과 漢中을
연결하는 요충지. ○分乖 – 분리하다. 乖離(괴리)하다. 乖는 어그러질 괴.

[國譯]

(靈帝 中平) 3년 봄, 부절을 가진 사자를 長安으로 보내 張溫(장온)
에게 太尉를 제수하였다. 三公이 경사의 밖에 근무하기는 장온이 처
음이었다. 그해 겨울 장온을 조정으로 돌아오게 하였고, 반적 韓遂
(한수)는 邊章(변장), 北宮伯玉(북궁백옥), 李文侯 등을 살해하고 그 병
력 10여 만을 차지한 뒤에 진격하여 隴西郡을 포위하였다. 太守인
李相如(이상여)는 반역하여 한수와 연합한 뒤에 함께 涼州刺史인 耿
鄙(경비)를 살해하였다. 경비의 司馬이던 右扶風 사람 馬騰(마등)도
군사를 거느리고 반기를 들었으며, 또 漢陽郡의 王國(왕국)도 자칭
合衆將軍(합중장군)이라면서 모두 韓遂와 연합하였다. 모두가 王國
을 대표로 모셨지만 각자 자기 군사를 거느리고 삼보 일대를 노략질
하였다.

(中平) 5년, 陳倉縣(진창현)이 반적들에게 포위되었다. 조정에서
는 이에 동탁에게 前將軍을 제수하여 左將軍인 황보숭과 함께 왕국

을 격파하였다. 한수 등은 여럿이 왕국을 축출하고, 전에 信都 현령이던 漢陽郡의 閻忠(염충)을 협박하여 여러 부대를 통합 감독하게 하였다. 그러나 염충은 무리에게 협박당하는 것을 치욕으로 여겨 울분으로 병사하였다. 한수 등은 이권을 다투면서 서로 살해하자 여러 부대들은 각각 분리되었다.

原文

六年, 徵卓爲少府, 不肯就, 上書言, 「所將湟中義從及秦胡兵皆詣臣曰, '牢直不畢, 稟賜斷絶, 妻子饑凍.' 牽挽臣車, 使不得行. 羌胡敝腸狗態, 臣不能禁止, 輒將順安慰. 增異復上..」

朝廷不能制, 頗以爲慮. 及靈帝寢疾, 璽書拜卓爲幷州牧, 令以兵屬皇甫嵩. 卓復上書言曰, 「臣旣無老謀, 又無壯事, 天恩誤加, 掌戎十年. 士卒大小相狎彌久, 戀臣畜養之恩, 爲臣奮一旦之命. 乞將之北州, 效力邊垂.」 於是駐兵河東, 以觀時變.

| 註釋 | ○秦胡兵 – 옛 秦地에 거주하는 흉노족. 漢에 살고 있는 흉노족. ○牢直不畢, 稟賜斷絶 – 牢는 품삯[稟食(품식)], 희생, 우리, 감옥. 畢은 마칠 필. 稟은 줄 품. 녹, 녹미. 받다. 곳집(倉庫) 름. ○敝腸狗態 – 나쁜 속내와 개 같은 짓거리. 敝腸(폐장)은 나쁜 마음(狼心). 心腸이 敝惡하고 情態가 狗와 같다는 뜻. 敝는 무너질 폐, 버릴 폐. 弊(나쁠 폐), 憋(악할 별)과

通. ○幷州牧 — 漢의 西北쪽 여러 군의 군정을 장악. 본래 치소는 太原郡 晋陽縣(今 山西省 太原市 서남)이었지만 여러 번 옮겼다. 牧은 州牧의 간칭. 刺史의 개칭. 후한에서는 광무제 건무 18년에 13주 자사를 설치했다가, 靈帝 中平 5년(서기 188년)에 卿級 관리 중에서 선임하여 州牧을 설치. 州의 軍과 政의 대권을 장악, 州의 최고 통치자.

[國譯]

(中平) 6년, 동탁을 少府에 임명하려고 소환하였으나 동탁은 들어오지 않으면서 상서하였다.

「臣이 거느린 湟中(황중) 땅의 귀순한 강족과 秦地 胡兵이 모두 臣에게 와서 '급여도 없고 나라의 하사도 모두 없어져서 처자가 굶고 있습니다.' 라고 하면서 수레를 막아 출발할 수가 없습니다. 강족의 나쁜 심보와 개 같은 짓은 臣도 어쩔 수가 없지만 일단은 그들을 달래야 합니다. 그들이 반역의 마음을 품게 되면 다시 보고하겠습니다.」

朝廷에서는 제어할 수가 없어 걱정할 뿐이었다. 靈帝가 병석에 눕자 국서를 내려 동탁을 幷州牧(병주목)에 임명하였다. 그러면서 그 군사를 황보숭에게 예속시켰다. 그러자 동탁이 다시 상서하였다.

「臣은 深謀遠慮(심모원려)도 없고, 또 특별한 치적도 없이 폐하의 은덕을 받아 10여 년간 변방 군사를 지휘하였습니다. 사졸이나 많은 군리들과 오랫동안 친근했기에 臣에게 받은 은덕에 연연하며 신을 위해 목숨이라도 바치려 합니다. 이곳 북쪽의 군사를 지휘하여 변방을 끝까지 지키고자 합니다.」

그러면서 부대를 河東郡에 주둔하면서 상황의 변화를 기다렸다.

及帝崩, 大將軍何進,司隸校尉袁紹謀誅閹宦, 而太后不
許, 乃私呼卓將兵入朝, 以脅太后. 卓得召, 實時就道. 並上
書曰,

「中常侍張讓等竊幸承寵, 濁亂海內. 臣聞揚湯止沸, 莫若
去薪, 潰癰雖痛, 勝於內食. 昔趙鞅興晉陽之甲, 以逐君側
之惡人. 今臣輒鳴鐘鼓如洛陽, 請收讓等, 以淸姦穢.」

卓未至而何進敗, 虎賁中郎將袁術乃燒南宮, 欲討宦官,
而中常侍段珪等劫少帝及陳留王夜走小平津. 卓遠見火起,
引兵急進, 未明到城西, 聞少帝在北芒, 因往奉迎. 帝見卓
將兵卒至, 恐怖涕泣. 卓與言, 不能辭對, 與陳留王語, 遂及
禍亂之事. 卓以王爲賢, 且爲董太后所養, 卓自以與太后同
族, 有廢立意.

| 註釋 | ○聞揚湯止沸, 莫若去薪 – 끓는 물을 식히려고 물을 떠서 입으
로 부는 것은 아궁이의 장작을 꺼내는 것만 못하다는 말. 揚은 퍼 올리다.
湯은 끓는 물. 沸는 끓을 비. 薪은 땔나무 신. 장작. ○潰癰雖痛 – 潰는 무
너질 궤. 종기를 짜다. 癰은 악창 옹. ○趙鞅興晉陽之甲 – 晉 趙鞅(조앙)은
晉陽(진양)에서 군사를 동원하여 주군의 측근인 荀寅(순인)과 士吉射(사길
사)를 제거하였다. ○鳴鐘鼓如洛陽 – 鳴鐘鼓는 죄를 성토하다. 如는 가다.

[國譯]

靈帝가 붕어하자(서기 189), 大將軍 何進(하진)과 司隸校尉 袁紹

(원소)는 환관을 주살하려 했지만 太后가 불허하자, 곧 동탁의 군사를 불러 태후를 협박하려 했다. 동탁은 명을 받자마자 바로 출발하였다. 그러면서 상서하였다.

「中常侍 張讓(장양) 등은 황제의 총애를 믿고 천하를 어지럽혔습니다. 臣이 알기로, 끓는 물을 식히려면 타고 있는 장작을 제거해야 하며, 악성 종기를 짜는 것이 아프더라도 약을 먹는 것보다 낫다고 하였습니다. 옛날 趙鞅(조앙)은 晉陽의 군사를 동원하여 측근의 악인을 제거하였습니다. 지금 臣은 악인을 징벌하러 낙양으로 가면서 장양 등을 잡아 더러운 세력을 깨끗이 제거하겠습니다.」

동탁이 낙양에 도착하기 전에 하진은 환관에게 피살되었고, 虎賁中郎將 袁術(원술)은 南宮에 불을 지르며 환관을 죽이자 中常侍 段珪(단규) 등은 少帝와 陳留王(뒷날 헌제)를 협박하여 북궁을 나가 小平津(소평진)이란 곳으로 피난하였다. 동탁은 멀리서 불길이 솟는 것을 보고 급히 진격하여 날이 밝을 무렵에 낙양성 서쪽에 도착했는데 황제가 北芒山(북망산)으로 나갔다 하여 바로 가서 영접하였다. 少帝는 동탁의 군사가 갑자기 들이닥치자 겁에 질려 울음을 터트렸다. 동탁이 소제에게 말을 했으나 소제는 우느라 대답을 못했지만 진류왕이 설명하여 경과를 들을 수 있었다. 동탁은 진류왕이 현명하다 생각하였고, 또 董太后(동태후) 소생이기에 동탁은 동태후와 동족이라 생각하면서 황제를 폐하고 진류왕을 옹립하겠다고 생각하였다.

原文

初, 卓之入也, 步騎不過三千, 自嫌兵少, 恐不爲遠近所服, 率四五日輒夜潛出軍近營, 明旦乃大陳旌鼓而還, 以爲西兵復至, 洛中無知者. 尋而何進及弟苗先所領部曲皆歸於卓, 卓又使呂布殺執金吾丁原而並其衆, 卓兵士大盛. 乃諷朝廷策免司空劉弘而自代之. 因集議廢立. 百僚大會, 卓乃奮首而言曰, "大者天地, 其次君臣, 所以爲政. 皇帝闇弱, 不可以奉宗廟, 爲天下主. 今欲依伊尹, 霍光故事, 更立陳留王, 何如?" 公卿以下莫敢對.

卓又抗言曰, "昔霍光定策, 延年案劍. 有敢沮大議, 皆以軍法從之." 坐者震動. 尙書盧植獨曰, "昔太甲旣立不明, 昌邑罪過千餘, 故有廢立之事. 今上富於春秋, 行無失德, 非前事之比也." 卓大怒, 罷坐. 明日復集群僚於崇德前殿, 遂脅太后, 策廢少帝. 曰,

「皇帝在喪, 無人子之心, 威儀不類人君, 今廢爲弘農王.」

乃立陳留王, 是爲獻帝. 又議太后蹙迫永樂太后, 至令憂死, 逆婦姑之禮, 無孝順之節, 遷於永安宮, 遂以弒崩.

| 註釋 | ○執金吾丁原 – 丁原의 字는 建陽(건양). 거칠지만 용기가 뛰어났고 활을 잘 쏘았다. 秦의 中尉를 武帝 때 執金吾로 개칭. 吾는 禦(막을 어)의 뜻. 兵器를 들고 非常에 대비한다는 뜻. 질록 中二千石. 궁성 외곽 경계, 수재나 화재 등 돌발 사태 대비. 또 황제 행차 시 집금오 병력(緹騎 2백 인)이 의장대 역할. 집금오의 副職은 丞 一人, 比千石. ○抗言 – 高言. ○霍光(곽광) – 昭帝가 붕어한 뒤에 곽광이 昌邑王 劉賀를 옹립했지만 재위 27일에 음란하다 하여 폐위했는데 그때 아무도 말을 하지 않자 田延年(전연

년)이 일어나 칼을 빼들고 앞으로 나가 말했다. "만약 뒷날 다른 말을 하는 자가 있다면 斬하겠습니다." ○太甲 - 商 湯王(탕왕)의 손자. 太甲이 旣立했지만 난폭하여 伊尹(이윤)은 태갑을 桐宮(동궁)에 3년간 폐위했다가 복위시켰다. ○又議太后 - 靈帝의 何皇后. ○蹙迫永樂太后 - 蹙迫은 핍박하다. 蹙은 대지를 축. 쭈그리다. 내쫓다. 永樂太后는 孝仁董皇后, 靈帝之母.

[國譯]

처음에 동탁이 낙양에 들어올 때, 보병과 기병 등 3천 명에 불과했는데, 동탁은 병력이 적어 원근에서 불복할 수 있다고 걱정하여 4, 5일간에 걸쳐 밤에 몰래 성 밖에 나가 군영을 만들고 날이 밝으면 깃발에 북을 치며 돌아와 서쪽에서 군사가 더 증강되었다고 말하였는데 낙양에서는 이를 아는 사람이 없었다. 얼마 뒤에 하진과 그 동생 何苗(하묘)가 거느렸던 부대가 모두 동탁의 편이 되었으며, 동탁이 呂布를 시켜 執金吾 丁原(정원)을 살해한 뒤에 그 병력을 차지하여 동탁의 군사가 아주 강했다. 이에 조정에 암시를 주어 司空 劉弘(유홍)을 책서로 면직시킨 뒤에 동탁이 스스로 司空이 되었다. 그런 뒤에 동탁은 황제의 폐립을 논의하였다. 동탁은 백관을 다 모아놓고 고개를 들고 말했다.

"가장 중대한 관계는 天地이고 다음이 君臣 관계인데, 이는 정사를 담당하기 때문입니다. 황제가 우매하고 나약하여 종묘제사를 받들며 천하의 주군이 될 수 없다고 생각합니다. 이번에 伊尹(이윤)과 霍光(곽광)의 전례에 의거 陳留王을 옹립하는 것이 어떻겠습니까?"

공경 이하 아무도 대답하는 사람이 없었다. 그러자 동탁이 더 큰 소리로 말했다.

"옛날에 곽광이 (昌邑王 폐위를) 결정할 때 田延年(전연년)은 칼을 빼들었습니다. 이번에 감히 大議를 저해하는 자가 있다면 모두 군법으로 처단할 것입니다."

참석자들은 모두 놀라 떨었다. 이에 상서 盧植(노식)이 말했다.

"옛날 (商의) 太甲은 즉위 후에 난폭하였고 昌邑王은 그 허물이 1천 가지가 넘었기에 폐위되었습니다. 지금 황상은 춘추도 어리고 失德도 없으니 옛일과 같을 수 없습니다."

동탁은 대노하면서 회의를 파했다. 다음 날 다시 모든 신료를 崇德前殿에 모아 놓고 태후를 협박하여 책서를 내려 少帝를 폐위시켰다.

「皇帝는 喪中이나 人子의 마음도 없고, 위엄이 주군 같지 않아 이에 폐위하여 弘農王에 봉한다.」

그리고 陳留王을 책립하니, 이가 獻帝이다. 또 何太后(靈帝의 何황후)는 (靈帝의 모후) 永樂太后를 핍박하여 근심 끝에 죽게 하였는데, 이는 婦姑의 禮를 어기고 孝順의 지조를 따르지도 않은 죄를 저질렀다 하여 (何태후를) 永安宮으로 옮긴 뒤에 (동탁이 부하를 시켜) 독약으로 살해하였다.

原文

卓遷太尉, 領前將軍事, 加節傳斧鉞虎賁, 更封郿侯. 卓乃與司徒黃琬,司空楊彪, 俱帶鈇鑕詣闕上書, 追理陳蕃,竇武及諸黨人, 以從人望. 於是悉復蕃等爵位, 擢用子孫.

尋進卓爲相國, 入朝不趨, 劍履上殿. 封母爲池陽君, 置

令丞. 是時洛中貴戚室第相望, 金帛財産, 家家殷積. 卓縱
放兵士, 突其廬舍, 淫略婦女, 剽虜資物, 謂之'搜牢.' 人情
崩恐, 不保朝夕. 及何后葬, 開文陵, 卓悉取藏中珍物. 又姦
亂公主, 妻略宮人, 虐刑濫罰, 睚眦必死, 群僚內外莫能自
固. 卓嘗遣軍至陽城, 時人會於社下, 悉令就斬之, 駕其車
重, 載其婦女, 以頭繫車轅, 歌呼而還. 又壞五銖錢, 更鑄小
錢, 悉取洛陽及長安銅人,鐘虡,飛廉,銅馬之屬, 以充鑄焉.
故貨賤物貴, 穀石數萬. 又錢無輪郭文章, 不便人用. 時人
以爲秦始皇見長人於臨洮, 乃鑄銅人. 卓, 臨洮人也, 而今
毁之. 雖成毁不同, 凶暴相類焉.

| **註釋** | ○郿侯 – 郿(미)는 右扶風의 郿縣, 今 陝西省 서남부 寶雞市 관
할 郿縣. ○鈇鑕 – 鈇는 도끼 부. 鑕은 창 돌. 방패. ○尋進卓爲相國 – 尋
은 얼마 되지 아니하여. 보통. 찾을 심. ○搜牢 – 搜는 찾을 수. 뒤지다. 牢
는 짐승을 가두는 우리 뇌(뢰). 搜索하여 取하다.   ○陽城 – 穎川郡(영천군)
의 현명. 今 河南省 登封市 동남 告成鎭. ○鐘虡 – 종을 매다는 큰 틀. 虡는
쇠북걸이 틀 기둥 거. '鹿頭龍身의 神獸 형상' 이라는 설명이 있다. ○飛廉
(비렴) – 神禽(신금), 明帝 때 장안의 비렴과 銅馬를 갔다가 西門 밖에 설치
했다.

[國譯]

  동탁은 太尉로 승진하여 前將軍 직무를 대행하며, 부절을 받아 驛
站 車馬를 이용하고 斧鉞(부월, 도끼)을 받았으며, 虎賁衛 衛士를 두었
고 郿侯(미후)로 追封되었다. 동탁은 司徒 黃琬(황완), 司空인 楊彪(양

표)와 함께 도끼와 창을 갖고 입궐하여 陳蕃(진번)과 竇武(두무) 및 모든 黨人의 죄를 다시 심리하여 백성의 여망을 따라야 한다고 건의하였다. 이에 진번 등의 작위를 회복시켰고 그 자손을 등용하였다.

얼마 안 있어 동탁은 相國으로 승진하였고, 조정에서는 종종걸음으로 걷지 않고, 칼을 차고 전각에 오를 수 있게 허용하였다. 동탁의 모친을 池陽君으로 봉하고 관리로 令과 丞(승)을 임명하였다. 이때 낙양 貴戚들의 저택은 서로 연접했으며 金帛 등 재산은 집집마다 쌓여 있었다. 동탁은 병사를 풀어 백성의 집을 급습하여 부녀자와 물자 약탈을 허용하면서, 이를 '우리(牢)를 수색한다(搜牢).'고 하였는데, 민심이 공포로 붕괴되었고 아침에 저녁 일을 짐작할 수도 없었다. 何太后를 장례하면서 동탁은 文陵(靈帝陵)을 개봉하여 珍物 부장품을 가져갔다. 또 公主를 희롱 겁탈하고 궁인을 약탈하였으며, 함부로 백성을 죽이고 사소한 감정만 있어도 기어이 죽였기에 경사 내외의 모든 신하들이 자신의 목숨을 보전할 수가 없었다. 그전에 동탁은 군사를 (영천군) 陽城縣(양성현)에 파견했었는데 마침 백성들이 土地 神社에 모여 있자 그들을 모두 죽인 뒤에 수레에 납치한 부녀자를 태우고 죽은 자의 목을 수레 끌채에 매달고 노래를 부르며 돌아왔다. 또 五銖錢(오수전)를 폐지하고 새로 小錢을 주조하면서 洛陽과 長安의 銅人과 鐘廬(종거, 종을 매다는 걸이), 飛廉(비렴) 銅馬(동마) 등을 징발하여 鑄錢 재료로 충당하였다. 그래서 돈의 가치가 떨어지고 물가가 폭등하여 곡식 1석이 수만전이나 되었다. 또 새로 주전한 돈에는 윤곽과 文章이 없어 쓰기에 불편하였다. 그때 사람들은 秦始皇은 長人(巨人)을 臨洮(임조)에서 본 뒤에 銅人을 주조했는데, 동탁은 본래 임조현 사람으로 銅人을 훼손했으니 만들고 부순 것이 같지는 않으나 흉포한 것은 서로 닮았다고 생각하였다.

卓素聞天下同疾閹官誅殺忠良, 及其在事, 雖行無道, 而
猶忍性矯情, 擢用群士. 乃任吏部尙書漢陽周珌, 侍中汝南
伍瓊, 尙書鄭公業, 長史何顒等. 以處士荀爽爲司空. 其染黨
錮者陳紀, 韓融之徒, 皆爲列卿. 幽滯之士, 多所顯拔. 以尙
書韓馥爲冀州刺史, 侍中劉岱爲兗州刺史, 陳留孔伷爲豫州
刺史, 潁川張咨爲南陽太守. 卓所親愛, 並不處顯職, 但將
校而已.

初平元年, 馥等到官, 與袁紹之徒十餘人, 各興義兵, 同盟
討卓, 而伍瓊, 周珌陰爲內主.

| 註釋 | ○鄭公業 – 鄭泰, 公業은 字. 다른 사람은 名을 썼으나 여기만
字를 쓴 것은 范曄(범엽)의 父名 泰(태)를 避諱(피휘)한 것이다. 70권, 〈鄭孔
荀列傳〉에 立傳. ○何顒(하옹) – 67권, 〈黨錮列傳〉에 立傳. ○處士 荀爽
(순상) – 爽(순상)은 은거하며 저술에 전념하다가 부름을 받고 나가 1백일도
안 돼 삼공의 지위에 올랐는데, 이는 동탁을 제거하려는 큰 뜻이었다. 62
권, 〈荀韓鐘陳列傳〉에 立傳. ○韓馥(한복) – 字는 文節, 潁川人.

[國譯]

동탁은 평소에 환관이 선량한 사람을 죽였기에 세상 사람들이 모
두 환관을 미워한다고 생각했는데, 동탁은 정사를 처리하며 無道하

였지만 본성을 참아가며 거짓이나마 많은 士人을 등용하였다. 곧 吏部 담당하는 尚書에 漢陽郡 사람 周珌(주필), 侍中에 汝南의 伍瓊(오경), 尚書에 鄭公業(鄭泰), 長史에 何顒(하옹) 등이 그들이다. 處士인 荀爽(순상)은 司空이 되었다. 그리고 黨錮의 피해자인 陳紀(진기)와 韓融(한융) 같은 무리는 모두 列卿에 올랐으니 그동안 유폐되었던 많은 사인들이 높이 발탁되었다. 尚書인 韓馥(한복)은 冀州刺史, 侍中 劉岱(유대)는 兗州刺史, 陳留郡의 孔伷(공주)는 豫州刺史, 潁川人 張咨(장자)는 南陽太守에 발탁되었다. 동탁이 친애한 사람들은 顯職에 등용되지 못하고 軍의 將校뿐이었다. (獻帝) 初平 원년에, 한복 등은 부임한 뒤에 10여 명의 袁紹(원소) 사람과 함께 각각 義兵을 일으켜 동탁 토벌을 맹세하였고 오경과 주필은 내부에서 은밀히 호응하였다.

║原文

初, 靈帝末, 黃巾餘黨郭太等復起西河白波谷, 轉寇太原, 遂破河東, 百姓流轉三輔, 號爲 '白波賊', 衆十餘萬. 卓遣中郎將牛輔擊之, 不能却. 及聞東方兵起, 懼, 乃鴆殺弘農王, 欲徙都長安. 會公卿議, 太尉黃琬,司徒楊彪廷爭不能得, 而伍瓊,周珌又固諫之.

卓因大怒曰, "卓初入朝, 二子勸用善士, 故相從, 而諸君到官, 擧兵相圖. 此二君賣卓, 卓何用相負!" 遂斬瓊,珌. 而彪,琬恐懼, 詣卓謝曰, "小人戀舊, 非欲沮國事也, 請以不及爲罪."

卓旣殺瓊,珌, 旋亦悔之, 故表彪,琬爲光祿大夫. 於是遷
天子西都.

| 註釋 | ○鴆殺弘農王 – 홍농왕의 죽음은 〈皇后本紀〉의 〈靈思何皇后〉
기록 참고.

【國譯】

그전에 靈帝 말기에, 黃巾의 잔당인 郭太(곽태) 등이 다시 西河郡
의 白波谷(백파곡)에서 봉기하여 太原郡을 노략질하고, 이어 河東郡
을 침략하자 백성들이 三輔 지역으로 흘러들어왔는데 그 잔당을
'白波賊'이라 하였고 10여만 정도였다. 동탁은 中郎將 牛輔(우보)를
보내 토벌했지만 물리칠 수가 없었다. 거기에 關東에서 반 동탁군이
일어나자 두려워서 弘農王을 독살했고 이어 장안으로 천도하려 했
다. 공경을 모아놓고 이를 의논하는데, 太尉인 黃琬(황완)과 司徒 楊
彪(양표)가 극력 반대하여 합의를 이룰 수 없었고, 또 伍瓊(오경)과 周
珌(주필)도 강하게 간언을 말했다. 이에 동탁은 화를 내며 말했다.

"나 동탁이 처음 입조할 때 이 두 사람이 善士를 등용할 것을 권
했고, 나도 그 말에 따랐지만 여러 사람이 임지에 부임해서는 거병
하고 나를 공격하였다. 이 두 사람이 나를 팔아먹었으니 나는 왜 이
사람들을 버리지 못하겠는가!"

그리고서는 오경과 주필을 죽여버렸다. 그러자 황완과 양표가 겁
을 먹고 동탁을 찾아와 사과하며 말했다.

"小人들이 옛 버릇 때문이지 國事를 방해할 뜻은 아니었으니 우

리까지 따르지 않은 죄로 처벌하지는 마십시오."

동탁은 오경과 주필을 죽인 뒤 바로 후회하면서 표문을 올려 황
완과 양표를 光祿大夫로 강등시켰다. 그리고 천자는 데리고 西都
(長安)으로 천도하였다.

原文

初, 長安遭赤眉之亂, 宮室營寺焚滅無餘, 是時唯有高廟,
京兆府舍, 遂便時幸焉. 後移未央宮. 於是盡徙洛陽人數百
萬口於長安, 步騎驅蹙, 更相蹈藉, 飢餓寇掠, 積屍盈路. 卓
自屯留畢圭苑中, 悉燒宮廟官府居家, 二百里內無復孑遺.

又使呂布發諸帝陵, 及公卿已下冢墓, 收其珍寶. 時長沙
太守孫堅亦率豫州諸郡兵討卓. 卓先遣將徐榮,李蒙四出虜
掠. 榮遇堅於梁, 與戰, 破堅, 生禽潁川太守李旻, 亨之. 卓
所得義兵士卒, 皆以布纏裹, 倒立於地, 熱膏灌殺之.

| 註釋 | ○便時 – 길하고 좋은 날. ○長沙太守 – 治所는 臨湘縣, 今 湖
南省 동북부 長沙市(湖南省 省會). ○亨之 – 烹之. 亨은 형통할 형, 드릴
향. 삶을 팽(烹 同). ○熱膏 – 뜨거운 기름. 膏는 살찔 고. 기름. 고약.

[國譯]

그전에 長安은 赤眉의 亂을 당하며 궁궐과 관청 등이 모두 불에
타 남은 것이 없었는데 이때도 高廟(고묘)와 京兆府 건물은 남아있

어 길일을 골라 행차하였다. 뒤에 未央宮을 옮겨왔다. 이에 낙양 인구 수백만 명이 장안으로 이주하였으며 보병과 기병으로 몰아가는 바람에 서로 밟혀 죽고 기아와 노략질로 시신이 길에 널려있었다. 동탁은 畢圭苑(필규원)에 주둔하면서 궁궐과 관부, 민가 등을 모두 소각하여 2백 리 내에 살아남은 사람이 없었다.

또 여포를 시켜 여러 황제의 능과 공경 이하 무덤까지 파내어 그 보물을 모두 거둬들였다. 그때 長沙太守 孫堅(손견) 역시 豫州 여러 군의 군사와 함께 동탁 토벌에 나섰다. 동탁은 먼저 장수 徐榮(서영)과 李蒙(이몽) 등을 사방에 보내 노략질을 시켰다. 서영은 손견을 梁城(양성)에서 만나 교전했는데 손견을 격파하고 潁川太守 李旻(이민)을 생포하여 삶아 죽였다. 동탁은 의병을 士卒을 생포하면 그들을 천으로 둘둘 말은 다음에 땅 위에 거꾸로 세운 뒤에 뜨거운 기름을 부어 죽였다.

時河內太守王匡屯兵河陽津, 將以圖卓. 卓遣疑兵挑戰, 而潛使銳卒從小平津過津北, 破之, 死者略盡. 明年, 孫堅收合散卒, 進屯梁縣之陽人. 卓遣將胡軫,呂布攻之, 布與軫不相能, 軍中自驚恐, 士卒散亂. 堅追擊之, 軫,布敗走.

卓遣將李傕詣堅求和, 堅拒絶不受, 進軍大谷, 距洛九十里. 卓自出與堅戰於諸陵墓閒, 卓敗走, 却屯黽池, 聚兵於陝. 堅進洛陽宣陽城門, 更擊呂布, 布復破走.

堅乃埽除宗廟, 平塞諸陵, 分兵出函谷關, 至新安, 黽池閒, 以截卓後. 卓謂長史劉艾曰, "關東諸將數敗矣, 無能爲也. 唯孫堅小戇, 諸將軍宜愼之." 乃使東中郎將董越屯黽池, 中郎將段煨屯華陰, 中郎將牛輔屯安邑, 其餘中郎將, 校尉布在諸縣, 以禦山東.

| 註釋 | ㅇ王匡(왕광) - 字는 公節, 泰山人. 輕財好施하는 의협으로 유명했다. ㅇ梁縣之陽人 - 河南郡 梁縣의 陽人(양인) 마을(聚落 이름). 陽人聚, 今 河南省 平頂山市 汝州市의 臨汝鎭. ㅇ胡軫(호진) - 東郡太守. ㅇ黽池(민지) - 弘農郡의 현명. 今 河南省 서북부, 黃河 남안, 三門峽市 관할 黽池縣. ㅇ宣陽 城門 - 낙양 南面의 四門 중 東쪽에서 第三門. ㅇ以截卓後 - 截은 끊을 절. ㅇ唯孫堅小戇 - 戇은 어리석을 당(愚也). 외고집. ㅇ段煨(단외) - 煨는 불씨 외. ㅇ安邑 - 河東郡의 현명. 治所, 今 山西省 서남단 運城市 관할 夏縣.

[國譯]

그때 河內 태수 王匡(왕광)은 河陽津(하양진)에 주둔하고 있으면서 동탁을 공격하였다. 동탁은 먼저 疑兵을 보내 도전하면서 몰래 정예병을 小平津(소평진)에서 강을 건너 하양진 북쪽을 공격하여 격파하고 왕광의 군사를 거의 다 몰살시켰다. 다음 해에 손견은 흩어진 패잔병을 모아 (河南郡) 梁縣의 陽人(양인) 마을에 주둔하였다. 동탁은 장수 胡軫(호진)과 呂布(여포)를 보내 공격하였으나 여포와 호진은 서로 협조가 안 되었고 내부에서 손견을 두려워하여 사졸이 흩어져 버렸다. 손견이 패잔병을 추격하자 호진과 여포는 패주하였다.

이에 동탁은 부장 李傕(이각)을 손견에게 보내 강화를 요청하였으나 손견은 거절하면서 군사를 낙양에서 90리 떨어진 大谷까지 진격하였다. 동탁은 직접 출전하여 손견과 여러 황릉 사이에서 싸웠는데, 동탁은 패주하여 黽池(민지)에 주둔하면서 陜縣(섬현)에 병마를 집결시켰다. 손견은 낙양 宣陽 城門으로 진격하여 여포의 부대를 공격하자 여포는 다시 도주하였다.

손견은 곧 宗廟를 청소하고, 능묘의 파진 곳을 메운 뒤에 병력을 나누어 函谷關(함곡관)으로 출병하여 新安縣과 민지현 사이에서 동탁의 후방을 끊어버렸다. 이에 동탁이 長史인 劉艾(유예)에게 말했다. "關東의 여러 장수들은 모두 여러 번 패전하여 할 말이 없을 것이다. 다만 손견만은 외고집이니 여러 장군은 조심해야 한다."

그리고서는 東中郎將인 董越(동월)을 민지에 주둔시키고, 中郎將 段煨(단외)는 華陰縣(화음현)에, 中郎將 牛輔(우보)는 安邑縣에 배치한 뒤 나머지 中郎將, 校尉들은 여러 현에 배치하여 山東의 군사를 방어케 하였다.

原文

卓諷朝廷使光祿勳宣璠持節拜卓爲太師, 位在諸侯王上. 乃引還長安. 百官迎路拜揖, 卓逐僭擬車服, 乘金華靑蓋, 爪畫兩轓, 時人號'竿摩車', 言其服飾近天子也.

以弟旻爲左將軍, 封鄠侯, 兄子璜爲侍中,中軍校尉, 皆典兵事. 於是宗族內外, 並居列位. 其子孫雖在髫齔, 男皆封侯, 女爲邑君.

| 註釋 | ㅇ太師 - 太師, 太傅, 太保를 上公이라 한다. 三公보다 상위직
이나 상설직은 아니다. 後漢에서는 三公 위에 太傅만 있었다. 동탁이 처음
으로 太師란 칭호를 받은 셈이다.   ㅇ金華 - 금색으로 장식한 수레. 爪者
는 덮개의 앞부분이 爪形(조형, 爪는 손톱 조)인 수레 차양 막. ㅇ竿摩車 - 竿
摩(간마)는 매우 가깝다. 바싹 붙다. 황제의 수레와 아주 비슷하다는 뜻.
ㅇ雖在髫齔 - 髫는 다박머리 초. 齔은 이를 갈 친. 유치에서 영구치로 갈
나이. 7,8세. ㅇ邑君 - 公主의 식읍과 湯沐(탕목)을 위한 봉지는 邑이라 하
는데, 縣과 함께 郡國의 하부 행정단위이다.

[國譯]

　　동탁은 朝廷에 은근히 암시하여 光祿勳 宣璠(선번)을 시켜 부절을
가지고 와서 동탁을 太師를 제수하게 하였는데 태사는 諸侯王보다
상위였다. 동탁은 곧 군사를 거느리고 長安에 돌아왔다. 百官이 길
에 나와 배례하며 영접하였는데, 동탁은 車服이 분수를 넘어 금빛과
푸른색의 일산과 수레 덮개에 爪牙(조아)가 그려졌고 양 옆으로 가
리개가 있었는데, 당시 사람들은 이를 '竿摩車(간마거)'라고 부르면
서 복식이 天子와 비슷하다고 말하였다.
　　동탁의 동생 董旻(동민)은 左將軍에 鄠侯(호후)에 봉해졌으며, 조
카인 董璜(동황)은 侍中에 中軍校尉로 모두 군사업무를 장악하였다.
그리고 宗族 內外 모두가 관직에 올랐다. 동탁의 자손으로 비록 어
린아이일지라도 모두 사내는 제후에 여자는 邑君이 되었다.

數與百官置酒宴會, 淫樂縱恣. 乃結壘於長安城東以自居. 又築塢於郿, 高厚七丈, 號曰 '萬歲塢.' 積穀爲三十年儲. 自云, "事成, 雄據天下, 不成, 守此足以畢老." 嘗至郿行塢, 公卿已下祖道於橫門外. 卓施帳幔飲設, 誘降北地反者數百人, 於坐中殺之. 先斷其舌, 次斬手足, 次鑿其眼目, 以鑊煮之. 未及得死, 偃轉杯案閒. 會者戰慄, 亡失匕箸, 而卓飲食自若. 諸將有言語蹉跌, 便戮於前. 又稍誅關中舊族, 陷以叛逆.

|註釋| ○萬歲塢 – 塢는 작은 둑 오. 낮은 성. 돈대 오, 마을 오. 여기서는 군사적 방어시설. 보통의 塢는 높이가 1丈(사람 키 높이이니 쉽게 오를 수 없다), 둘레가 1里(400m)정도라 하였으니 직경이 100m 정도일 것이다. 그런데 만세오는 높이가 7장이라니 그 크기와 넓이, 시설을 짐작할 수 있다. ○橫門 – 橫은 가로 횡. 문 이름 광, 왕성한 기운이 가득 찰 광. ○言語蹉跌 – 蹉跌(차질)은 넘어지다. 실수하다.

[國譯]

동탁은 백관과 함께 자주 주연을 열어 방자하게 실컷 즐겼다. 동탁은 장안성의 동쪽에 보루를 짓고 거처하였다 또 고향 郿縣(미현)에 높이 7丈의 성채를 짓고 '萬歲塢(만세오)' 라고 불렀다. 동탁은 거기에 곡식 30년 치를 저장하였다. 동탁은 스스로 "일이 잘 되면 천하에 웅거할 것이나, 실패하면 여기서 늙도록 살 수 있을 것이다." 라고 말했다. 동탁이 미현의 만세오로 행차할 때는 공경 이하 모두가 나와 橫門(횡문, 광문) 밖에서 祖祭를 지내며 무사 여행을 빌었다. 동탁은 휘장을 둘러치고 술자리를 마련하여 北地郡에서 반역했던 수백 명을 유인한 뒤에 앉은 자리에서 그들을 살해하였다. 동탁은 먼저 그들 혀를 자르고 다음에 수족을 잘랐으며 이어 눈을 파내어 솥에 넣고 삶았다. 그래도 죽지 않는 자는 앉은 자리에서 짓이겨 죽였다. 모인 사람들이 전율하며 젓가락을 잡지도 못했지만 동탁은 태연하게 술을 마셨다. 모든 장수들이 말을 잘못하면 그 앞에서 잔인하게 죽였는데 점차 關中의 명문대족도 반역으로 몰아 죽였다.

時太史望氣, 言當有大臣戮死者. 卓乃使人誣衛尉張溫與袁術交通, 遂笞溫於市, 殺之, 以塞天變. 前溫出屯美陽, 令卓與邊章等戰無功, 溫召又不時應命, 旣到而辭對不遜. 時孫堅爲溫參軍, 勸溫陳兵斬之. 溫曰, "卓有威名, 方倚以西行." 堅曰, "明公親帥王師, 威振天下, 何恃於卓而賴之乎? 堅聞古之名將, 杖鉞臨衆, 未有不斷斬以示威武者也. 故穰苴斬莊賈, 魏絳戮楊干. 今若縱之, 自虧威重, 後悔何及!" 溫不能從, 而卓猶懷忌恨, 故及於難.

溫字伯愼, 少有名譽, 累登公卿, 亦陰與司徒王允共謀誅卓, 事未及發而見害. 越騎校尉汝南伍孚忿卓凶毒, 志手刃之, 乃朝服懷佩刀以見卓. 孚語畢辭去, 卓起送至合, 以手撫其背, 孚因出刀刺之, 不中. 卓自奮得免, 急呼左右執殺

之, 而大詬曰, "虜欲反耶!" 孚大言曰, "恨不得磔裂姦賊於
都市, 以謝天地!" 言未畢而斃.

| 註釋 | ○穰苴斬莊賈 – 齊 景公 때, 晉과 燕이 침입하자 司馬穰苴(사마
양저)는 장군이 되었고 寵臣 莊賈(장가)는 監軍이었다. 장가가 시간을 지키
지 못하자 사마양저는 장가를 죽여 3군에 고시하였다. ○魏絳(위강) – 晉
의 大夫. 楊干(양간)은 晉公의 아우. 楊干의 난행에 위강은 그 侍僕을 죽여
징계하였다. ○大詬 – 詬는 꾸짖을 후. 욕하다(罵也). ○磔裂姦賊於都市
– 磔裂(책렬)은 車裂(거열). 磔은 책형 책. 찢어죽이다.

[國譯]

그때 太史가 雲氣를 관측하더니 처형될 大臣이 있을 것이라고 말
했다. 동탁은 다른 사람을 시켜 衛尉인 張溫(장온)이 袁術(원술)과 왕
래를 한다고 무고하게 만들었고, 장온을 거리에서 때려 죽여서 天變
을 예방했다고 하였다. 전에 장온은 美陽에 주둔하면서 동탁과 邊章
(변장)이 전투에 공이 없다고 말하였으며, 장온이 동탁을 소환하였는
데도 즉시 명을 따르지 않았으며 도착해서는 대답이 매우 불손하였
다. 그때 孫堅(손견)은 장온의 參軍이었는데, 장온에게 군사를 배치
하여 동탁을 죽여버리라고 건의하였다. 그러나 장온은 "동탁은 威
名이 있고 지금 동탁의 도움으로 서쪽으로 진격하고 있다."고 말했
다. 그러자 손견이 말했다. "明公께서는 王師를 통솔하시며 위세가
천하에 떨치는데 어찌 동탁을 믿고 의지하십니까? 제가 알기로, 옛
날의 명장은 도끼를 들고 군진에 임하여 항명 자를 참수하여 권위를
세우지 않은 경우가 없었습니다. 그래서 司馬穰苴(사마양저)는 莊賈

(강가)를 참수하였고, 魏絳(위강)은 (晉公의) 아우 楊干(양간)을 죽였습니다. 지금 동탁을 그냥 버려둔다면 장군의 권위를 스스로 훼손하는 것이라서 후회막급일 것입니다."

장온은 끝내 따르지 않았지만 동탁은 이미 원한을 품고 있었기에 이번에 변란을 당했다.

張溫의 字는 伯愼(백신)으로 젊어서도 유명하였고 여러 번 승진하여 공경의 지위에 올랐는데, 그간 은밀히 司徒 王允(왕윤)과 동탁 살해를 모의했지만 착수하기 전에 살해되었다.

越騎校尉인 汝南人 伍孚(오부)는 동탁의 흉악한 짓에 분노하면서 직접 질러 죽이려고 朝服에 佩刀(패도)를 숨기고 동탁을 만났다. 오부가 이야기를 마치고 나가려 하자 동탁도 일어나 문에 나와 전송하며 손으로 오부의 등을 두드리자, 오부는 패도를 꺼내 동탁을 찔렀지만 맞추지 못했다. 동탁은 달아나 피하면서 측근에게 오부를 죽이라면서 큰소리로 욕을 하였다. "이놈이 반역하는가!" 그러자 오부도 소리를 질렀다. "저 奸賊을 거리에서 찢어 죽여 천지에 고하지 못한 것이 한이로다!"

오부는 말을 다 마치지 못하고 죽었다.

原文

時王允與呂布及僕射士孫瑞謀誅卓. 有人書'呂'字於布上, 負而行於市, 歌曰, "布乎!" 有告卓者, 卓不悟. 三年四月, 帝疾新愈, 大會未央殿. 卓朝服升車, 旣而馬驚墮泥, 還入更衣. 其少妻止之, 卓不從, 遂行. 乃陳兵夾道, 自壘及宮, 左步右騎, 屯衛周帀, 令呂布等扞衛前後.

王允乃與士孫瑞密表其事, 使瑞自書詔以授布, 令騎都尉李肅與布同心勇士十餘人, 僞著衛士服於北掖門內以待卓. 卓將至, 馬驚不行, 怪懼欲還. 呂布勸令進, 遂入門. 肅以戟刺之, 卓衷甲不入, 傷臂墮車, 顧大呼曰, "呂布何在?" 布曰, "有詔討賊臣." 卓大罵曰, "庸狗敢如是邪!" 布應聲持矛刺卓, 趣兵斬之. 主簿田儀及卓倉頭前赴其屍, 布又殺之. 馳齎赦書, 以令宮陛內外. 士卒皆稱萬歲, 百姓歌舞於道.

長安中士女賣其珠玉衣裝市酒肉相慶者, 塡滿街肆. 使皇甫嵩攻卓弟旻於郿塢, 殺其母妻男女, 盡滅其族. 乃尸卓於市. 天時始熱, 卓素充肥, 脂流於地. 守屍吏然火置卓臍中, 光明達曙, 如是積日. 諸袁門生又聚董氏之屍, 焚灰揚之於路. 塢中珍藏有金二三萬斤, 銀八九萬斤, 錦綺繢縠紈素奇玩, 積如丘山.

| 註釋 | ○僕射士孫瑞 − 僕射(복야)는 본래 秦의 관제로(僕, 主也) 弓射 관련 업무 담당자였는데, 복야는 주 담당자, 곧 우두머리란 뜻으로 각 분야 별로 복야가 있었다. 侍中僕射, 尙書僕射, 謁者僕射 등이 그 예이다. 射 벼슬 이름 야. ○士孫瑞 − 字 君榮, 扶風人, 나중에 獻帝를 모시고 許都로 천도했다. ○騎都尉 李肅 − 李肅(이숙)은 呂布와 同郡人. ○盡滅其族 − 동탁의 모친은 그때 90세였는데 塢(오)의 문을 나와서 "나 좀 살려 달라!(乞脫我死)"고 말했지만 바로 죽였다. ○錦綺繢縠紈素奇玩 − 錦는 비단 금. 綺

는 비단 기. 繢는 수놓을 궤. 채색하다. 縠은 주름 비단 곡. 紈은 흰 비단
환. 素는 흴 소. 奇玩은 보배. 패옥, 노리개.

[國譯]

그때 왕윤과 여포, 그리고 僕射(복야)인 士孫瑞(사손서)는 동탁 살
해를 모의했었다. 그때 어떤 사람이 옷감(布) 위에 '呂' 字를 가지고
등에 뒤고 거리를 다니며 팔면서 "布입니다!"라고 노래했다. 어떤
사람이 동탁에게 알렸지만 동탁은 무슨 뜻인지 알지 못했다.

(初平) 3년(서기 192) 4월, 헌제의 병이 나아 未央殿(미앙전)에 백
관이 모여 하례하였다. 동탁이 朝服을 입고 수레에 올라탈 때, 말이
놀라 뛰는 바람에 진흙이 옷에 튀어 들어가서 옷을 바꿔 입었다. 젊
은 후처가 동탁을 가지 말라고 하였지만 동탁을 듣지 않고 출발하였
다. 시위 군사가 늘어선 夾道(협도)를 지나 그의 營壘(영루)에서 궁궐
까지 한편에는 보병이 다른 쪽에는 기병을 줄지었고 호위병이 동탁
을 에워쌌고, 여포 등이 앞뒤에서 호위하였다.

왕윤과 사손서는 비밀리에 이를 헌제에게 보고한 뒤 자신이 직접
작성한 조서를 여포에게 건네주었고, 騎都尉 李肅(이숙)과 여포와 뜻
을 같이하는 용사 10여 명이 衛士의 복장으로 北掖門(북액문) 안에
서 동탁을 기다렸다. 동탁의 수레가 궁문 앞에 오자 말이 놀랐는지
움직이지 않고 뒷걸음질 쳤다.

이에 여포가 다가가 들어가라고 안내하여 문안에 들어섰다. 그러
자 이숙이 창으로 동탁을 찔렀으나 동탁의 갑옷에 부딪쳤고, 이어
어깨를 찌르자 동탁은 수레에서 떨어지며 "여포는 어디 있는가?"라
고 소리쳤다. 그러자 여포는 "賊臣을 죽이라는 조서가 여기 있다."

라고 응답했다. 동탁이 큰소리로 욕을 했다. "강아지를 키워주었더니 감히 이런 짓을!" 말이 끝나기도 전에 여포는 동탁을 창으로 찔렀고 병사들도 서둘러 동탁을 찔렀다. 主簿인 田儀(전의)와 동탁의 倉頭(下人)가 동탁의 시신을 감싸자 여포는 그들도 죽였다. 사면의 조서를 궁내 외에 서둘러 내보내자 사졸은 모두 만세를 불렀고 백성은 길에서 춤을 추었다.

장안 성내의 士女들은 구슬이나 衣裝을 팔아 술과 고기를 사마시며 즐겼고, 사람들은 거리와 점포를 메웠다. 황보숭을 보내 郿塢(미오)에 있는 동탁의 아우 董旻(동민)을 공격했고 그 모친과 아내와 아들딸을 죽이고 모두 멸족시켰다.

동탁의 시신은 거리에 버려졌다. 그때 날이 더울 때였고 동탁은 평소 뚱뚱하여 기름이 흘러내렸다. 시신을 지키는 관리가 심지에 불을 붙여 배꼽에 꽂았는데 날이 밝을 때까지 불이 꺼지지 않고 며칠 동안 계속 탔다. 袁氏의 여러 門生들이 동탁의 시신을 태워 그 재를 거리에 뿌렸다. 동탁의 郿縣(미현) 塢(오)에는 황금이 2, 3만근, 은이 8, 9만근, 각종 비단과 여러 보배들이 산처럼 쌓여 있었다.

原文

初, 卓以牛輔子壻, 素所親信, 使以兵屯陝. 輔分遣其校尉李催, 郭汜, 張濟將步騎數萬, 擊破河南尹朱儁於中牟. 因掠陳留, 潁川諸縣, 殺略男女, 所過無復遺類. 呂布乃使李肅以詔命至陝討輔等, 輔等逆與肅戰, 肅敗走弘農, 布誅殺之.

其後牛輔營中無故大驚, 輔懼, 乃齎金寶踰城走. 左右利其
貨, 斬輔, 送首長安.

| 註釋 | ○陝縣(섬현) − 弘農郡의 縣名. 今 河南省 서쪽 끝 三門峽市 陝
州區. ○李傕(이각) − 傕은 성 각. 北地郡人. 字 稚然(치연). ○郭汜(곽사) −
汜는 물웅덩이 사. 張掖郡人.

[國譯]

그전에 동탁은 牛輔(우보)를 사위로 삼았는데 평소에 신임하면서
우보를 (弘農郡) 陝縣(섬현)에 주둔시켰다. 우보는 부대의 校尉인 李
傕(이각), 郭汜(곽사), 張濟(장제) 등을 보내 보병과 기병 수만 명으로
河南尹 朱儁(주준)을 中牟縣(중모현)에서 격파하였다. 그러면서 陳留
郡(진류군), 潁川郡(영천군)의 여러 현을 노략질하며 남녀를 죽이거나
사로잡아 지나간 곳에 남은 사람이 없었다. 呂布는 詔命을 받아 李
肅을 섬현에 보내 우보 등을 토벌케 하였는데 우보는 이숙을 맞아
싸웠고, 이숙이 패전하여 弘農郡으로 도주해오자 여포는 이숙을 죽
여버렸다. 그 뒤에 우보의 군영 내에 까닭 없이 소동이 일어나자, 우
보는 두려워하며 금은보화를 싸서 성을 넘어 도주하였다. 그러나 측
근이 우보의 재물을 탐내어 우보를 죽인 뒤 그 수급을 장안으로 보
냈다.

❷ 李傕 郭汜 外

原文

傕,汜等以王允,呂布殺董卓, 故忿怒幷州人, 幷州人其在軍者男女數百人, 皆誅殺也. 牛輔旣敗, 衆無所依, 欲各散去. 傕等恐, 乃先遣使詣長安, 求乞赦免. 王允以爲一歲不可再赦, 不許之. 傕等益懷憂懼, 不知所爲.

武威人賈詡時在傕軍, 說之曰, "聞長安中議欲盡誅涼州人, 諸君若弃軍單行, 則一亭長能束君矣. 不如相率而西, 以攻長安, 爲董公報仇. 事濟, 奉國家以正天下, 若其不合, 走未後也." 傕等然之, 各相謂曰, "京師不赦我, 我當以死決之. 若攻長安克, 則得天下矣. 不克, 則鈔三輔婦女財物, 西歸鄉里, 尚可延命." 衆以爲然, 於是共結盟, 率軍數千, 晨夜西行.

王允聞之, 乃遣卓故將胡軫,徐榮擊之於新豐. 榮戰死, 軫以衆降. 傕隨道收兵, 比至長安, 已十餘萬, 與卓故部曲樊稠,李蒙等合, 圍長安. 城峻不可攻, 守之八日, 呂布軍有叟兵內反, 引傕衆得入. 城潰, 放兵虜掠, 死者萬餘人. 殺衛尉種拂等.

呂布戰敗出奔. 王允奉天子保宣平城門樓上. 於是大赦天下. 李傕,郭汜,樊稠等皆爲將軍. 遂圍門樓, 共表請司徒王允出, 問 "太師何罪?" 允窮蹙乃下, 後數日見殺.

催等葬董卓於郿, 並收董氏所焚屍之灰, 合斂一棺而葬
之. 葬日, 大風雨, 霆震卓墓, 流水入藏, 漂其棺木.

| 註釋 | ○幷州人~皆誅殺也 − 王允은 幷州 太原郡 祁縣(기현) 사람이고,
呂布(字 奉先)은 幷州 五原郡 九原縣(今 內蒙古 黃河 북안 包頭市 九原區)
출신이었다. ○賈詡(가후, 147 − 223) − 이각의 참모. 이각은 郭汜(곽사), 張濟
(장제) 등과 합작, 長安에 진출하여 獻帝를 협박하여 4년간 정치를 독단했
다. 이각 일당은 내분으로 약해진 뒤에 조조에게 패망했다. 뒷날 가후는 張
良, 陳平(진평)만한 재능을 발휘하며 曹操 제일의 참모로 활약했다. ○胡軫
(호진)과 徐榮(서영) − 본래 동탁의 부장이었지만 그간 왕윤에게 푸대접과
멸시를 받았다. 이각을 물리치러 나갔지만 실은 이각 등을 안내하여 장안
을 급습하게 하였다는 다른 기록도 있다. 결과적으로 이각의 난은 王允의
옹졸한 처사가 자초한 불행이었다. ○新豐 − 京兆尹의 縣名. 고조의 고향
인 豐沛의 거리를 본떠 새로 조성한 마을. 今 陝西省 西安市 霸橋區(패교구)
舊劉家村 일대. ○李蒙(이몽) − 뒷날 이각에게 살해되었다. ○叟兵內反 −
叟兵(수병)은 蜀兵, 매우 용맹하였다. 漢代에는 蜀을 叟라고도 불렀다. 叟는
늙은이 수. 종족 이름. 蜀의 별칭.

[國譯]

李催(이각)과 郭汜(곽사) 등은 왕윤과 여포 등이 동탁을 살해하자
幷州(병주) 사람들을 증오했는데 그때 軍內에는 있는 남녀 수백 명
병주 사람들을 모두 다 죽였다. (동탁의 사위) 牛輔(우보)도 패망한
뒤라서 의지할 데가 없어 각자 흩어지려고 했다. 그러나 이각 등은
두려워하며 먼저 사자를 장안에 보내 사면을 애걸하였다. 그러나 왕
윤은 일 년에 두 번이나 사면을 할 수 없다며 수락하지 않았다. 이각

등은 더욱 두려워하며 어찌할 줄을 몰랐다. 그때 武威郡 출신인 賈
詡(가후)는 이각의 군영에 있었는데 이각을 설득하였다.

"소문에 장안에서는 涼州 출신을 다 죽이려 한다는데, 여러분이
만약 군사를 버리고 혼자 떠나간다면 亭長 혼자서라도 장군들을 체
포할 수 있습니다. 그러니 모든 군사를 거느리고 함께 장안 성을 공
격하여 董公의 원수를 갚아야 합니다. 일이 잘 풀리면 나라를 위하
고 천하를 바로잡을 수 있으나 만약 그렇지 못하면 그때 도주하여도
늦지 않습니다."

이각 등도 그렇게 생각하여 서로에게 말했다.

"京師에서 우리를 사면하지 않는다니 우리는 죽기로 싸워야 한
다. 만약 장안을 차지한다면 천하를 얻는 것이다. 이기지 못하다면
三輔 지역의 재물과 부녀자를 노략질하여 서쪽 고향으로 돌아가 연
명할 수 있을 것이다."

모든 장수가 그렇게 생각하여 함께 맹서를 하고 군사 수천을 거
느리고 밤낮으로 장안으로 이동하였다. 왕윤은 소식을 듣고 동탁의
옛 장수이던 胡軫(호진)과 徐榮(서영)을 보내 新豐縣(신풍현)에서 공
격케 하였다. 서영은 전사하였지만 호진은 군사와 함께 투항하였
다. 이각은 장안까지 들어오면서 도망병을 모아 장안에 도착할 때는
이미 10여만 명이나 되었고 동탁의 옛 부대인 樊稠(번조), 李蒙(이몽)
등과 함께 장안성을 포위하였다. 장안 성벽이 높아 공격하지 못하고
8일을 견디었는데, 여포의 군사 중 蜀軍이 내부에서 반역하여 이각
의 군사는 입성하였다. 성이 함락되자 이각은 군사를 풀어 노략질을
허용하였는데 죽은 자가 1만여 명이나 되었다. 衛尉인 種拂(종불) 등
도 살해되었다.

呂布는 패전하고 도주하였다. 왕윤은 천자를 모시고 宣平 城門 누각에서 버티었다. 헌제는 천하에 대 사면령을 내렸다. 이각, 곽사, 번조 등은 모두 장군이 되었다. 이각 등은 성문을 포위하고 왕윤을 내려 보내 달라는 표문을 올리며 "太師(董卓)이 무슨 죄입니까?"라고 물었다. 왕윤은 할 수 없이 누각을 내려갔고 며칠 뒤 살해되었다.

이각 등은 동탁의 시신을 찾아 郿縣(미현)에 장례하면서 동탁 일족의 시신이나 불탄 재를 모두 하나의 관에 넣어 장례를 치렀다. 장례하는 날 큰 바람과 함께 비가 내리고 번개가 동탁의 묘에 떨어지며 물이 흘러들어 관이 떠다녔다.

原文

催又遷車騎將軍, 開府, 領司隷校尉, 假節. 汜後將軍, 稠右將軍, 張濟爲鎭東將軍, 並封列侯. 催,汜,稠共秉朝政. 濟出屯弘農. 以賈詡爲左馮翊, 欲侯之. 詡曰, "此救命之計, 何功之有!" 固辭乃止. 更以爲尙書典選.

明年夏, 大雨晝夜二十餘日, 漂沒人庶, 又風如冬時. 帝使御史裴茂訊詔獄, 原繫者二百餘人. 其中有爲催所枉繫者, 催恐茂赦之, 乃表奏茂擅出囚徒, 疑有姦故, 請收之. 詔曰,

「災異屢降, 陰雨爲害, 使者銜命宣佈恩澤, 原解輕微, 庶合天心. 欲釋冤結而復罪之乎! 一切勿問.」

| 註釋 | ○尙書典選 – 尙書로 人選을 담당하다. ○原繫者~ – 原은 용

서할 원, 다시 원, 살필 원. 繫者는 갇힌 자. 체포된 자.

[國譯]

이각은 다시 車騎將軍으로 승진하여 將軍府을 개설하였고 司隸校尉를 겸임하며 부절을 받았다. 곽사는 後將軍, 번조는 右將軍, 장제는 鎭東將軍이 되었으며 모두 제후에 봉해졌다. 이각, 곽사, 번조는 함께 朝政을 장악했다. 장제는 弘農郡에 주둔하였다. 賈詡(가후)는 좌풍익에 임명하고 가후를 제후로 봉하려 했다. 그러나 가후는 "이는 救命을 위한 계책이었을 뿐, 무슨 공적이라 하겠는가!"라고 말하면서 고사하였다. 가후는 상서로 전근하여 관리 인선을 전담하였다.

다음 해 여름 큰 비가 밤낮 20여 일이나 내려 백성을 물에 떠내려가 죽었고, 바람이 겨울처럼 불었다. 헌제는 御史인 裵茂(배무)를 보내 詔獄의 죄수를 재심하여 갇힌 자 2백여 명을 사면하였다. 조옥에는 이각에 의해 억울하게 갇힌 자가 있었는데, 이각은 배무가 사면할까 걱정하여 배무가 멋대로 죄수를 풀어주어 부정이 있을 것이니 배무를 조사해야 한다고 표문을 올렸다. 이에 헌제가 조서를 내렸다.

「재해와 이변이 이어지며 수해가 계속되는데, 사자는 어명을 받아 은택을 널리 베풀고 경미한 죄를 사면하여 천심에 부합하려는 뜻이다. 억울한 죄수를 풀어주니 또 무슨 죄가 되겠는가! 일체 묻지 말라.」

原文

初, 卓之入關, 要韓遂,馬騰共謀山東. 遂,騰見天下方亂,亦欲倚卓起兵. 興平元年, 馬騰從隴右來朝, 進屯霸橋. 時騰私有求於傕, 不獲而怒, 遂與侍中馬宇,右中郎將劉范,前涼州刺史種劭,中郎將杜稟合兵攻傕, 連日不決. 韓遂聞之, 乃率衆來欲和騰,傕, 旣而復與騰合. 傕使兄子利共郭汜,樊稠與騰等戰於長平觀下. 遂,騰敗, 斬首萬餘級, 種劭,劉范等皆死. 遂,騰走還涼州, 稠等又追之. 韓遂使人語稠曰, "天下反覆未可知, 相與州里, 今雖小違, 要當大同, 欲共一言." 乃騈馬交臂相加, 笑語良久. 軍還, 利告傕曰, "樊,韓騈馬笑語, 不知其辭, 而意愛甚密." 於是傕,稠始相猜疑. 猶加稠及郭汜開府, 與三公合爲六府, 皆參選擧.

| 註釋 | ○韓遂(한수, ?- 215년) – 一名 韓約, 字 文約. 후한 말 涼州 출신 군벌의 한 사람. ○馬騰(마등, ?- 212) – 字 壽成, 馬援의 후손, 蜀漢 武將 馬超(마초)의 부친. ○騈馬交臂 – 騈은 나란히 할 변(병, 並也). 臂는 팔 비.

[國譯]

그전에 동탁이 (洛陽에서) 關中으로 들어올 때, 韓遂(한수), 馬騰(마등)을 맞이하여 함께 山東의 군사를 꺾으려 했었다. 한수와 마등도 천하가 한창 어지러운 것을 보고 동탁에 의지하여 기병하려고 했었다. (獻帝) 興平 원년(서기 194), 마등은 隴右(농우)에서 入朝하여 (長安의) 霸橋(패교)에 주둔하였다. 이때 마등은 사적으로 이각에게 관직을 부탁하였지만 얻지도 못하고 분노만 촉발시켰는데, 결국 마등은 侍中인 馬宇(마우), 右中郎將 劉范(유범), 前 涼州刺史 種劭(종소), 中郎將 杜稟(두품) 등과 합세하여 이각을 공격하였지만 며칠을 싸워도 결판이 나지 않았다. 한수가 이를 알고서 군사를 거느리고 들어와 마등과 이각을 화해시키려 했고, 얼마 뒤에 한수와 마등은 세력을 합쳤다. 이각은 조카인 李利(이리)를 시켜 곽사, 번조와 함께 마등과 (長安城 근처) 長平觀에서 싸우게 하였다. 결국 한수와 마등을 패퇴시키면서 1만여 명을 죽였으며, 종소와 유범도 모두 전사하였다. 이에 한수와 마등은 다시 涼州로 되돌아갔고 번조 등은 마등을 추격하였다. 이에 한수가 사람을 보내 번조에게 말했다.

"천하가 반복무상하여 앞날을 알 수 없는데, 같은 고향 사람끼리는 조금 서운한 일이 있어도 대동단결해야 하니, 함께 이야기 좀 해봅시다."

이에 한수와 번조는 나란히 말을 타고 가면서 손을 맞잡으며 한참 동안 환담을 나누었다. 번조가 진영으로 돌아오자 李利(이리)는 이를 이각에게 말했다.

"번조와 한수가 말을 나란히 타고 가며 환담을 나누었는데 무슨 말인가는 모르지만 그 뜻은 매우 가까운 것 같았습니다."

이로부터 이각과 번조는 서로 의심하였다. 이각과 번조 및 곽사까지 각각 將軍府를 개설하면서 三公府와 함께 모두 6府에서 관리를 뽑았다.

原文

時長安中盜賊不禁, 白日虜掠, 催, 氾, 稠乃參分城內, 各備其界, 猶不能制, 而其子弟縱橫, 侵暴百姓. 是時穀一斛五

十萬, 豆麥二十萬, 人相食啖, 白骨委積, 臭穢滿路. 帝使侍
御史侯汶出太倉米豆爲饑人作糜, 經日而死者無降. 帝疑賦
恤有虛, 乃親於御前自加臨檢. 旣知不實, 使侍中劉艾出讓
有司. 於是尙書令以下皆詣省閣謝, 奏收侯汶考實. 詔曰,
"未忍致汶於理, 可杖五十." 自是後多得全濟.

| 註釋 | ㅇ一斛 – 斛은 10말 들이 곡(10斗). 당시 1斗는 2,000cc 정도.
지금 우리나라 생수 1병이 1800cc, 또는 2,000cc이다. ㅇ人相食啖 – 啖은
먹을 담. ㅇ賦恤有虛 – 賦恤는 救恤(구휼). 賦有는 베풀다(布也). 恤은 구
휼할 휼. 동정하다(憂也).

[國譯]

　그때 長安에는 도적을 금할 수 없어 도적이 대낮에도 노략질을
하여 이각, 곽사, 번조가 성안을 삼분하여 담당 지역을 경비해도 제
압할 수 없었고 그 자제들이 횡행하며 백성을 침탈하였다. 그때 一
斛이 50만전, 콩이나 보리는 20만전이었으며 사람이 서로 잡아먹어
백골이 쌓였고 썩는 냄새가 거리에 진동하였다. 헌제는 侍御史 侯汶
(후문)을 시켜 나라 창고의 쌀과 콩으로 굶는 백성을 위해 죽을 쑤어
구제하게 하였지만 날이 갈수록 죽는 자가 줄어들지 않았다. 헌제는
救恤(구휼)에 허점이 있다고 생각하여 친히 거리에 나가 확인을 하
였다. 헌제는 그 부실한 것을 확인하고 侍中 劉艾(유애)를 시켜 관련
자를 문책하였다. 이에 尙書令 이하 모두가 궁궐 문 앞에 나와 사죄
하면서 후문을 잡아 조사하겠다고 주청하였다. 헌제는 "후문을 차
마 法吏에게 조사시킬 수 없으니 丈 50대를 때리라."고 명하였다.

이후로 많은 백성의 생명을 건질 수 있었다.

■ 原文

明年春, 傕因會刺殺樊稠於坐, 由是諸將各相疑異, 傕, 汜遂復理兵相攻. 安西將軍楊定者, 故卓部曲將也. 懼傕忍害, 乃與汜合謀迎天子幸其營. 傕知其計, 卽使兄子暹將數千人圍宮. 以車三乘迎天子, 皇后. 太尉楊彪謂暹曰, "古今帝王, 無在人臣家者. 諸君舉事, 當上順天心, 奈何如是!" 暹曰, "將軍計決矣." 帝於是遂幸傕營, 彪等皆徒從. 亂兵入殿, 掠宮人什物, 傕又徙御府金帛乘輿器服, 而放火燒宮殿官府居人悉盡.

帝使楊彪與司空張喜等十餘人和傕, 汜, 汜不從, 遂質留公卿. 彪謂汜曰, "將軍達人間事, 奈何君臣分爭, 一人劫天子, 一人質公卿, 此可行邪?" 汜怒, 欲手刃彪. 彪曰, "卿尙不奉國家, 吾豈求生邪!" 左右多諫, 汜乃止. 遂引兵攻傕, 矢及帝前, 又貫傕耳. 傕將楊奉本白波賊帥, 乃將兵救傕, 於是汜衆乃退.

| 註釋 | ○部曲 – 군대 편제상의 단위부대.

[國譯]

다음 해 봄, 이각은 술자리에서 번조를 찔렀고 번조는 즉사하였

72. 董卓列傳 *601*

다. 이 때문에 여러 장수는 서로 의심을 품었고, 이각과 곽사는 결국 군사를 동원하여 서로를 공격하였다. 安西將軍 楊定(양정)이란 자는 옛날 동탁의 단위 부대장이었다. 이각의 잔인한 가해가 두려워 곽사와 함께 천자를 그 군영으로 영입하자고 미리 모의하였다. 그러나 이각이 그 음모를 알고 즉시 조카인 李暹(이섬)을 시켜 수천 명을 동원하여 황궁을 포위하였다. 그리고 3대의 수레에 황제와 황후를 강제로 태웠다. 太尉인 楊彪(양표)가 이섬에게 말했다.

"고금의 帝王은 신하의 집에서 잠을 자지 않는 법이요. 여러분이 거사한 것은 위로는 천심에 순응하기 위한 것이거늘 어찌 이럴 수가 있는가!"

그러자 이섬이 말했다. "將軍의 방책은 이미 결정 났습니다."

헌제는 이에 이각의 군영에 행차하였고 양표 등은 모두 걸어서 수행하였다. 亂兵은 전각에 들어가 궁인과 집기를 노략질하였고, 이각은 또 궁궐 창고의 비단과 수레와 기물 복장 등을 옮기고 궁궐과 관청과 백성의 거처까지 모두 불태웠다.

헌제는 양표와 司空 張喜(장희) 등 10여 명을 이각과 곽사를 화해시키려 보냈는데 곽사는 따르지 않으면서 공경을 인질로 억류하였다. 이에 양표가 곽사에게 말했다.

"장군도 인간사를 잘 알겠지만 어찌 君臣을 놓고, 한쪽에서는 천자를 겁박하고 다른 한쪽에서는 공경을 인질로 잡으니 정말 이래도 되는가?"

곽사는 화를 내며 양표를 찌르려 하였다. 양표가 말했다. "장군이 조정을 받들지 않는데 내가 어찌 살기를 바라겠는가!"

곽사의 여러 측근이 말리자 곽사는 그만두었다. 곽사는 군사로 이각을 공격하였는데 화살이 헌제 앞에도 떨어졌고 또 이각의 귀를 맞추었다. 이각의 장수 楊奉은 본래 (홍건적) 白波賊의 우두머리였는데 군사를 거느리고 이각을 구원하자 곽사의 군사는 퇴각하였다.

原文

是日, 傕復移帝幸其北塢, 唯皇后, 宋貴人俱. 傕使校尉監門, 隔絶內外. 尋復欲徙帝於池陽黃白城, 君臣惶懼. 司徒趙溫深解譬之, 乃止. 詔遣謁者僕射皇甫酈和傕, 汜. 酈先譬汜, 汜卽從命. 又詣傕, 傕不聽. 曰, "郭多, 盜馬虜耳, 何敢欲與我同邪! 必誅之. 君觀我方略士衆, 足辦郭多不? 多又劫質公卿. 所爲如是, 而君苟欲左右之邪!" 汜一名多. 酈曰, "今汜質公卿, 而將軍脅主, 誰輕重乎?" 傕怒, 呵遣酈, 因令虎賁王昌追殺之. 昌僞不及, 酈得以免. 傕乃自爲大司馬. 與郭汜相攻連月, 死者以萬數.

| 註釋 | ○池陽縣 黃白城 − 左馮翊의 池陽縣은 今 陝西省 咸陽市 관할 涇陽縣(경양현). ○郭多 − 郭汜의 또 다른 이름. ○君苟欲左右之邪 − 君은 일반적인 존칭. 左右는 돕다(助也). ○大司馬 − 三公보다 상위직.

[國譯]

이날 이각은 다시 황제를 그의 북쪽 작은 성채(北塢)로 옮겨 모셨는데 皇后와 宋貴人만 함께 갔다. 이각은 校尉를 시켜 監門하며 내외를 완전히 차단하였다. 얼마 뒤에 또 황제를 池陽縣 黃白城으로 옮기려 하자 군신이 모두 두려워 떨었다. 司徒 趙溫(조온)이 한참을 설득하여 겨우 그치게 했다. 조서로 謁者僕射인 皇甫酈(황보력)을 보내 이각과 곽사를 화해시키게 하였다. 황보력이 먼저 곽사를 설득하자 곽사는 즉시 명을 따랐다. 다음에 이각을 설득했으나 이각은 따르지 않았다. 그러면서 말했다.

"郭多(곽다, 郭汜)는 말 도둑놈이었는데, 어찌 나와 맞상대를 하려는가! 기어이 죽여버릴 것이다. 당신은 나의 방략과 많은 군사가 곽다만 못하다고 생각하시오? 곽다는 공경을 인질로 잡아놓았소. 하는 짓이 이와 같거늘, 당신은 어째서 굳이 그 자를 도우려 하시는가!"

곽사의 다른 이름은 郭多였다. 이에 황보력이 말했다.

"지금 곽사는 공경을 인질로 잡았고 장군은 황제를 협박하고 있으니 누구의 죄가 더 무겁겠소?"

이각은 화를 내며 황보력을 질책하여 쫓아내면서 虎賁(호분)인 王昌에게 따라가 죽이라고 하였다. 왕창은 일부러 따라잡지 않았기에 황보력은 죽음을 면했다. 이각은 곧 大司馬가 되었다. 곽사와 달을 넘기면서 싸웠고 죽은 자가 수만 명이었다.

原文

張濟自陜來和解二人, 仍欲遷帝權幸弘農. 帝亦思舊京, 因遣使敦請催求東歸, 十反乃許. 車駕即日發邁. 李催出屯曹陽. 以張濟爲驃騎將軍, 復還屯陜. 遷郭汜車騎將軍, 楊定後將軍, 楊奉興義將軍. 又以故牛輔部曲董承爲安集將軍. 汜等並侍送乘輿.

汜遂復欲脅帝幸郿, 定,奉,承不聽. 汜恐變生, 乃弃軍還
就李傕. 車駕進至華陰. 寧輯將軍段煨乃具服御及公卿以
下資儲, 請帝幸其營. 初, 楊定與煨有隙, 遂誣煨欲反, 乃攻
其營, 十餘日不下. 而煨猶奉給御膳, 稟贍百官, 終無二意.

| 註釋 | ○弘農 – 郡名. 치소 弘農縣. 今 河南省 서쪽 三門峽市 관할 靈
寶市. ○十反乃許 – 反은 되풀이 하다. 반복하다. 되돌아오다. ○卽日發
邁 – 邁는 갈 매. 빨리 가다. ○曹陽 – 지명. 今 河南省 서쪽 三門峽市 부
근. ○董承(동승) – 獻帝의 외숙. ○華陰(화음) – 西嶽인 華山의 북쪽, 今
陝西省 동부, 渭河 하류, 渭南市 관할 華陰市.

[國譯]

張濟(장제)는 (弘農郡) 陝縣(섬현)에서 들어와 이각과 곽사 두 사람
을 화해시키면서 황제를 임시로 弘農郡에 모시기로 하였다. 헌제도
舊京(낙양)이 그리워서 사자를 이각에게 보내 동쪽으로 돌아가게 해
달라고 간청하였고 사자가 10번째 가서야 이각은 수락하였다. 車駕
는 당일 바로 출발하였다. 이각은 군사를 거느리고 曹陽(조양)에 주
둔하였다. 장제는 驃騎將軍이 되어 다시 섬현에 주둔하였다. 곽사
는 車騎將軍으로 승진했고, 楊定(양정)은 後將軍, 楊奉은 興義將軍이
되었다. 또 옛 牛輔(우보)의 부대장이던 董承(동승)은 安集將軍이 되
었다. 곽사 등은 함께 어가를 호송하였다.

그러다가 곽사가 다시 어가를 협박하여 郿縣(미현)으로 모시려 했
으나 양정, 양봉, 동승 등이 따르지 않았다. 곽사는 변란이 일어날까

걱정하며 군사를 버리고 이각에게 돌아갔다. 황제가 (弘農郡) 華陰
縣(화음현)에 당도하였다(興平 2년 서기 195년 10월). 寧輯將軍인 段
煨(단외)가 황제의 의복과 공경의 여러 물자를 공급하였고 황제에게
그 병영에 행차해달라고 요청하였다. 그전에 양정과 단외는 사이가
나빴기에 양정은 단외가 반역하려 한다고 무고하며 단외의 병영을
공격하였으나 10여 일이 지나도 함락시키지 못했다. 단외는 그 동
안에서 황제의 식사와 백관을 공양하며 끝내 두 마음이 없었다.

李傕,郭汜旣悔令天子東, 乃來救段煨, 因欲劫帝而西, 楊
定爲汜所遮, 亡奔荊州. 而張濟與楊奉,董承不相平, 乃反合
傕,汜, 共追乘輿, 大戰於弘農東澗. 承,奉軍敗, 百官士卒死
者不可勝數, 皆弃其婦女輜重, 御物符策典籍, 略無所遺.
射聲校尉沮儁被創墜馬.

李傕謂左右曰, "尙可活不?" 儁罵之曰, "汝等凶逆, 逼迫
天子, 亂臣賊子, 未有如汝者!" 傕使殺之. 天子遂露次曹陽.
承,奉乃譎傕等與連和, 而密遣閒使至河東, 招故白波帥李
樂,韓暹,胡才及南匈奴右賢王去卑, 並率其衆數千騎來, 與
承,奉共擊傕等, 大破之, 斬首數千級, 乘輿乃得進.

董承,李樂擁衛左右, 胡才,楊奉,韓暹,去卑爲後距. 傕等
復來戰, 奉等大敗, 死者甚於東澗. 自東澗兵相連綴四十里
中, 方得至陝, 乃結營自守. 時殘破之餘, 虎賁羽林不滿百

人, 皆有離心. 承,奉等夜乃潛議過河, 使李樂先度具舟舡,
舉火爲應. 帝步出營, 臨河欲濟, 岸高十餘丈, 乃以絹縋而
下. 餘人或匍匐岸側, 或從上自投, 死亡傷殘, 不復相知. 爭
赴舡者, 不可禁制, 董承以戈擊披之, 斷手指於舟中者可掬.
同濟唯皇后,宋貴人,楊彪,董承及后父執金吾伏完等數十人.
其宮女皆爲催兵所掠奪, 凍溺死者甚衆. 旣到大陽, 止於人
家, 然後幸李樂營.

百官飢餓, 河內太守張楊使數千人負米貢餉. 帝乃御牛
車, 因都安邑. 河東太守王邑奉獻綿帛, 悉賦公卿以下. 封
邑爲列侯, 拜胡才征東將軍, 張楊爲安國將軍, 皆假節,開
府. 其壘壁群豎, 競求拜職, 刻印不給, 至乃以錐畫之. 或齎
酒肉就天子燕飲. 又遣太僕韓融至弘農, 與催,氾等連和. 催
乃放遣公卿百官, 頗歸宮人婦女, 及乘輿器服.

| 註釋 | ○東澗(동간) – 弘農郡의 地名. 今 河南省 三門峽市 靈寶市 근
처. ○露次曹陽 – 露는 露天, 노숙하다. 次는 묵다. 유숙하다. 鎭營. 나아
가지 못할 차. 曹陽(조양)은 지명. 今 河南省 서쪽 三門峽市 부근. ○甚於
東澗 – 甚은 심하다. 두텁다. 무엇(의문사). ○先度具舟舡 – 度는 渡. 舟
舡(주선)은 배. 舡은 배(船) 선. 船의 俗字. 吳나라 배 강. ○匍匐岸側 – 匍
匐(포복)은 기어가다. 匍는 기어갈 포. 匐은 기어갈 복. ○可掬 – 掬은 움켜
쥘 국. 손바닥. ○皇后,宋貴人 – 伏皇后는 興平 2년 여름 4월 甲午日, 貴人
에서 皇后로 책립되었다. 宋貴人의 名은 都(도), 常山太守 宋泓(송홍)의 딸.
○大陽 – 河東郡의 현명. 大河의 북쪽이라는 뜻. 今 山西省 남서부 運城市
관할 平陸縣. ○張楊(장양) – 字 稚叔, 雲中郡人. ○安邑 – 河東郡의 治所

인 安邑縣, 今 山西省 서남 運城市 관할 夏縣. ○王邑 - 字 文都, 北地郡
涇陽縣人.

[國譯]

이각과 곽사는 天子를 동쪽으로 보낸 것을 후회하며 단외를 도와
준다는 구실로 와서는 獻帝를 겁박하여 서쪽으로 돌아가려 했다. 楊
定(양정)은 곽사에게 밀려나 荊州(형주) 지역으로 도주하였다. 그리
고 장제는 양봉, 동승과 사이가 안 좋았는데 장제는 이각과 곽사 편
이 되어서 어가를 추격하여 弘農郡 東澗(동간)이란 곳에서 크게 싸
웠다. 동승과 양봉의 군사가 이각, 곽사의 군에 패하였고 百官과 사
졸로 죽은 자는 이루 다 셀 수가 없었으며 모두가 부녀자와 수레, 각
종 문서와 전적 등도 거의 다 버렸다. 射聲校尉인 沮儁(저준)은 창에
찔려 말에서 떨어졌다.

그러자 이각이 측근에게 물었다. "살아나겠나? 아니면 죽겠나?"
그러자 저준이 이각에게 욕을 했다. "너희 흉악한 놈들은 천자를 협
박했으니 亂臣賊子라도 너희들 같은 놈은 없었다!'

이각은 저준을 죽이라고 했다.

헌제는 曹陽(조양)이란 곳에서 노숙했다. 동승과 양봉은 거짓으로
이각 등과 화해를 하자면서 비밀리에 사자를 河東郡에 보내 옛 白波
賊의 우두머리였던 李樂(이악), 韓暹(한섬), 胡才(호재) 및 南匈奴의 右
賢王인 去卑(거비) 등에게 연락하자, 그들이 수천 기병을 거느리고
와서 동승 양봉과 함께 이각 등을 공격하여 대파하며 수천 명을 죽
이자 황제의 어가가 출발할 수 있었다.

동승과 이악은 황제의 어가를 좌우에서 호위하였고, 호재, 양봉,

한섬, 거비 등은 후방을 막았다. 그러나 이각 등이 다시 추격해서 양봉 등은 대패하였고 죽은 자가 앞서 東澗(동간)보다 더 많았다. 東澗에서부터 죽은 병사의 시신이 40리에 걸쳐 이어졌는데, 겨우 陝縣(섬현)에 도착하여 군영을 만들어 지킬 수 있었다. 그때 조난을 당한 이후, 남은 虎賁과 羽林의 군사는 1백 명이 안 되었고, 모두 도망치려는 생각뿐이었다. 동승과 양봉은 밤에 몰래 황하를 건널 계획을 논의하고서 이악을 먼저 건너보내 배를 준비하게 한 뒤, 횃불로 신호하기로 약정했다. 헌제는 군영을 나와 황하를 건너려 했는데 강 언덕이 10여 길이나 되어 비단으로 묶어 밑으로 내려 보냈다. 나머지 사람들은 강가 벼랑을 기어내려 가거나 위에서 뛰어내려 죽거나 부상을 당하였으나 서로 어떻게 된 지도 몰랐다. 배를 먼저 디려고 다투어도 제압할 수가 없자, 동승이 창으로 마구 찍어대어 손가락이 배 안에 떨어져도 뱃전을 움켜쥐려고 했다. 겨우 伏皇后(복황후)와 宋貴人, 양표, 동승 및 황후의 부친인 執金吾 伏完(복완) 등 수십 명만 건널 수 있었다. 宮女들은 모두 이각의 군사에게 약탈당했고, 동사자나 익사자도 매우 많았다. 大陽縣(대양현)에 이르러 민가에 묵었고, 다음 날에야 李樂(이악)의 군영에 들어갔다.

百官이 모두 굶주렸는데 河內太守 張楊(장양)이 수천 명을 동원하여 곡식을 날라 밥을 지어 먹게 하였다. 헌제는 소가 끄는 수레를 타고 安邑에 도읍하였다. 河東 태수인 王邑은 비단을 바쳐 공경 이하 모두에게 나눠주었다. 왕읍을 列侯에 봉했으며, 胡才(호재)를 征東將軍, 장양을 安國將軍으로 봉하여 모두에게 부절을 내렸고 將軍府를 개설케 하였다. 그 밖에 무기를 들고 싸운 여러 사람들이 관직 하사를 바랬기에 정식 인장을 새겨줄 수가 없어 송곳으로 그려서 주었다. 그중에는 酒肉을 가져다가 황제에 드린 사람도 있었다. 그간에 太僕인 韓融(한융)이 弘農郡에 가서 이각, 곽사 등과 강화하였다. 이 각은 이에 公卿과 百官을 풀어주었고, 宮人과 婦女子, 수레와 기물 과 의복도 돌려보냈다.

原文

初, 帝入關, 三輔戶口尙數十萬, 自催,汜相攻, 天子東歸 後, 長安城空四十餘日, 强者四散, 羸者相食, 二三年閒, 關 中無復人跡. 建安元年春, 諸將爭權, 韓暹遂攻董承, 承奔 張楊, 楊乃使承先繕修洛宮.

七月, 帝還至洛陽, 幸楊安殿. 張楊以爲己功, 故因以 '楊' 名殿. 乃謂諸將曰, "天子當與天下共之, 朝廷自有公卿大 臣, 楊當出扞外難, 何事京師?" 遂還野王. 楊奉亦出屯梁. 乃以張楊爲大司馬, 楊奉爲車騎將軍, 韓暹爲大將軍, 領司 隸校尉, 皆假節鉞. 暹與董承並留宿衛.

| 註釋 | ○楊安殿(양안전) -《獻帝起居注》에 의하면, 옛 궁궐의 기와나 재목을 모아 되는 대로 지었기에 法度에 맞지 않았다고 하였다. ○野王 - 河內郡 野王縣, 今 河南省 焦作市 관할 沁陽市.

[國譯]
전에 獻帝가 關中에 들어갈 때도 三輔의 호구가 수십 만이었는데

이각과 곽사가 서로 공격하고 천자가 낙양으로 돌아간 뒤에 長安城은 40여 일간 주인이 없었는데, 강자는 사방으로 흩어지고 약자는 서로 잡아먹어 2, 3년간에 관중 땅에는 인적이 끊겼었다.

建安 원년(서기 196) 봄, 여러 장수들이 세력을 다투면서 韓暹(한섬)이 董承(동승)을 공격하자, 동승은 張楊(장양)에게 가서 의탁했는데, 장양은 동승을 낙양에 보내 우선 낙양의 궁궐을 수리하게 하였다.

(건안 원년) 7월에, 헌제는 낙양에 도착하여 楊安殿(양안전)에 머물렀다. 장양은 이 모두가 자신의 공적이라 생각하여 '楊'으로 전각의 이름을 지었다. 이에 장양은 여러 장수들에게 말했다. "天子는 천하와 함께 해야 하니, 朝廷은 본래 公卿大臣이 있어야 하고, 나 장양은 응당 외난을 막아야 하니, 내가 경사에서 무슨 일을 하겠는가?" 그러면서 (河內郡) 野王縣으로 돌아갔다. 양봉 역시 梁縣에 주둔하였다. 헌제는 장양을 大司馬에 임명하였고, 양봉은 車騎將軍, 한섬은 大將軍으로 司隷校尉를 겸하였으며 모두 부절을 받았고 한섬과 동승은 함께 황제를 宿衛하였다.

原文

暹矜功恣睢, 干亂政事, 董承患之, 潛召兗州牧曹操. 操乃詣闕貢獻, 稟公卿以下, 因奏韓暹,張楊之罪. 暹懼誅, 單騎奔楊奉. 帝以暹,楊有翼車駕之功, 詔一切勿問. 於是封衛將軍董承,輔國將軍伏完等十餘人爲列侯, 贈沮儁爲弘農太守.

曹操以洛陽殘荒, 遂移帝幸許. 楊奉,韓暹欲要遮車駕, 不

及, 曹操擊之, 奉,暹奔袁術, 遂縱暴揚,徐閒. 明年, 左將軍
劉備誘奉斬之. 暹懼, 走還幷州, 道爲人所殺. 胡才,李樂留
河東, 才爲怨家所害, 樂自病死. 張濟飢餓, 出至南陽, 攻穰,
戰死. 郭汜爲其將伍習所殺.

| 註釋 | ○恣睢(자휴) – 멋대로 행동하다. 제 멋에 방자한 모양(自任用
之貌). ○道爲人所殺 – 한섬은 병줄주로 돌아가다가 도중에 張宣(장선)이
란 사람에게 살해되었다.

[國譯]

한섬은 제 공을 자랑하며 멋대로 놀며 정사를 어지럽히자 동승이
나쁘게 생각하여 비밀리에 兗州牧인 曹操(조조)를 불렀다. 조조는
궁궐에 들어가 예물을 바치고 공경 이하 모두에게 재물을 나누어 주
었으며 동시에 한섬과 장양의 죄를 상주하였다. 이에 한섬은 죽을까
두려워 單騎로 양봉을 찾아가 의지했다. 헌제는 한섬과 장양이 황제
를 호위한 공적이 있다며 조서를 내려 일체 불문에 붙였다. 그리고
衛將軍 동승, 輔國將軍 伏完(복완) 등 10여 명을 열후에 봉했고 沮儁
(저준)을 弘農太守로 삼았다.

조조는 낙양이 황폐하여 황제를 許縣으로 모시려 했다. 양봉과
한섬은 황제의 거가를 막으려 했지만 따라오지 못했고 조조가 이들
을 격파하자 양봉과 한섬은 달아나 袁術(원술)에 의지하였고, 원술을
따라 揚州와 徐州 일대에서 행패를 부렸다. 다음 해 左將軍 劉備(유
비)가 양봉을 유인하여 참수하였다. 이에 한섬은 幷州로 도망갔는데
길에서 살해되었다. 胡才(호재)와 李樂(이악)은 河東郡에 남았는데

호재는 원수에게 살해되었고 이악은 병사했다. 張濟(장제)는 굶주리다가 南陽郡에 진출하여 穰縣(양현)을 공략하다가 전사하였다. 곽사는 그의 부장 伍習(오습)에게 살해당했다.

■原文

三年, 使謁者僕射裴茂詔關中諸將段煨等討李傕, 夷三族. 以段煨爲安南將軍, 封閿鄕侯. 四年, 張楊爲其將楊醜所殺. 以董承爲車騎將軍, 開府.

自都許之後, 權歸曹氏, 天子總己, 百官備員而已. 帝忌操專偪, 乃密詔董承, 使結天下義士共誅之. 承遂與劉備同謀, 未發, 會備出征, 承更與偏將軍王服,長水校尉種輯,議郞吳碩結謀. 事洩, 承,服,輯,碩皆爲操所誅.

| 註釋 | ○夷三族 – 夷는 멸하다. 평평하게 하다. 상처. 죽음. ○閿鄕 – 지명. 閿은 문을 내리깔고 볼 문. ○總己 – 자신만을 챙기다. 總은 다스리다. 거느리다.

[國譯]

(獻帝 建安) 3년(서기 198), 謁者僕射(알자복야) 裴茂(배무)를 보내 조서로 段煨(단외) 등 여러 장수에게 李傕(이각)을 토벌케 하였고 그 삼족을 멸했다. 단외를 安南將軍으로 삼았고 閿鄕侯(문향후)에 봉했다. 4년, 張楊(장양)은 그 부장 楊醜(양추)에게 살해되었다. 董承(동승)은 車騎將軍이 되어 將軍府를 개설했다.

許(허)에 도읍한 뒤로 권력은 曹氏에게 돌아갔다. 天子는 자리 지키기에 급급했고 百官은 자리나 차지할 뿐이었다. 헌제는 조조가 마음대로 전권을 갖고 핍박하는 것이 싫어 동승에게 천하의 義士를 모아 함께 조조를 토벌하라는 密詔(밀조)를 내렸다. 동승은 유비 등과 함께 모의했지만 착수 전에 유비는 出征하였고 동승과 偏將軍 王服(왕복), 長水校尉 種輯(종집), 議郞 吳碩(오석) 등과 모의하였다. 그러나 일이 누설되어 동승, 왕복, 종집, 오석 등은 모두 조조에게 피살되었다.

原文

韓遂與馬騰自還涼州, 更相戰爭, 乃下隴據關中. 操方事河北, 慮其乘閒爲亂. 七年, 乃拜騰征南將軍, 遂征西將軍, 並開府. 後徵段熲爲大鴻臚, 病卒. 復徵馬騰爲衛尉, 封槐里侯. 騰乃應召, 而留子超領其部曲.

十六年, 超與韓遂擧關中背曹操, 操擊破之, 遂,超敗走, 騰坐夷三族. 超攻殺涼州刺史韋康, 復據隴右.

十九年, 天水人楊阜破超, 超奔漢中, 降劉備. 韓遂走金城羌中, 爲其帳下所殺. 初, 隴西人宗建在枹罕, 自稱'河首平漢王', 署置百官三十許年. 曹操因遣夏侯淵擊建, 斬之, 涼州悉平.

| 註釋 | ㅇ隴右 - 지역 명칭. 隴山의 서쪽 지역이란 뜻. 고대에는 西를

右라고 하였다. 今 甘肅省 서남부 일대, 곧 六盤山 서쪽에서 黃河의 동쪽을 지칭. 후한에서 隴縣은 天水郡(漢陽郡)의 현명. 涼州刺史府의 치소. 今 甘肅省 天水市 관할 張家川 回族自治縣. 후한의 행정구역으로서 隴西郡의 치소는 狄道, 今 甘肅省 남부 定西市 관할 臨洮縣. ○楊阜(양부) - 字는 義山, 天水 冀縣人. ○馬超 - 字 孟起(맹기). ○宗建在枹罕 - 宗建(종건)은 인명. 枹罕(포한)은 隴西郡의 현명. 今 甘肅省 서남부 臨夏回族自治州(市) 관할 臨夏縣. ○夏侯淵(하후연, ? - 219년) - 沛國 譙縣〔초현, 今 安徽省 북부 亳州市(박주시)〕출신. 조조의 용장이나 지모는 부족했고, 뒷날 劉備 부장 黃忠에게 죽는다.

[國譯]

韓遂(한수)와 馬騰(마등)이 涼州(양주)로 돌아온 이후 서로 싸웠고 隴西에서 관중 땅으로 진출하였다. 이때 조조는 한창 河北을 평정 중이라서 그런 틈을 보아 관중에 진출하였다. (建安) 7년에, 마등에게 征南將軍을, 한수에게 征西將軍을 제수하면서 장군부를 개설케 하였다. 뒷날 단외를 조정으로 불러 大鴻臚에 임용하였으나 단외는 병사하였다. 다시 마등을 불러 衛尉에 임명하고 槐里侯(괴리후)에 봉했다. 이에 마등은 부름에 응하면서 아들 馬超(마초)를 남겨 부대를 지휘케 하였다.

(建安)16년(서기 211), 마초와 한수는 관중 땅을 들어 조조에 반역하자 조조는 이들을 격파했고, 한수와 마초는 패주했으며, 마등은 이에 연좌되어 삼족이 멸족되었다. 마초는 涼州刺史 韋康(위강)을 공격 살해한 뒤에 다시 隴右 일대를 차지하였다.

(建安) 19년, 天水郡 사람 楊阜(양부)가 마초를 격파하자, 마초는 漢中郡으로 달아났다가 유비에게 투항하였다. 한수는 金城郡의 강

족 거주지로 달아났다가 그 부하에게 살해되었다. 그전에 隴西人 宗建(종건)은 (隴西郡의) 枹罕縣(포한현)에서 '河首平漢王(하수평한왕)'을 자칭하면서 30여 년간 백관을 임명하며 다스리고 있었다. 曹操는 이에 夏侯淵(하후연)을 보내 종건을 공격하여 죽여버리자 양주 일대는 모두 평정되었다.

原文

論曰, 董卓初以虓闞爲情, 因遭崩剝之勢, 故得蹈藉彝倫, 毁裂畿服. 夫以剖肝斮趾之性, 則群生不足以厭其快, 然猶折意縉紳, 遲疑陵奪, 尚有盜竊之道焉. 及殘寇乘之, 倒山傾海, 昆岡之火, 自茲而焚, 〈版蕩〉之篇, 於焉而極. 嗚呼, 人之生也難矣! 天地之不仁甚矣!

| 註釋 | ○虓闞爲情 - 虓闞(효감)은 화가 난 호랑이 같은 마음. 虓는 울부짖을 효. 호랑이가 분노하다(虎怒之貌也). 闞은 바라볼 감. ○崩剝之勢 - 崩은 무너질 붕. 剝은 벗길 박. 혼란(亂也). ○蹈藉彝倫 - 蹈藉(도자)는 짓밟다. 蹈는 밟을 도. 藉는 깔개 자. 彝倫(이륜)은 常理. 彝는 떳떳할 이, 常也. 倫은 理也. ○毁裂畿服 - 毁裂(훼열)은 찢어놓다. 畿服은 중앙과 지방. 王畿(왕기)는 수도. 服은 九服. 전국. 수도 이외의 지역에 대한 총칭. ○剖肝斮趾 - 肝을 꺼내고 다리를 자르다. 선한 사람에게 혹형을 내리다. 剖는 가를 고(剖也). 斮은 벨 착(斬也). 紂王은 임산부의 배를 가르고, 겨울에 옷을 걷고 찬 물을 건너가는 사람의 다리를 잘랐다. ○尚有盜竊之道焉 - 盜跖(도척)의 무리가 도척에게 도적에게도 도의가 있느냐고 물었을 때 도척

은 "남이 감춘 물건도 잊지 않으니 聖이고, 먼저 들어가니 勇이요, 나중에 나오니 義이며, 홈칠 수 있을지 가부를 아니 이는 智이며, 균등하게 분배하니 仁이라고 대답하였다. ○殘寇 – 도적 무리의 잔당. 이각과 곽사. ○昆岡之火 – 崑崗(곤강). 玉이 나오는 산. 곤강이 불타다. 玉石이 모두 타버리다. 선인악인을 구분 없이 모두 죽이다. ○〈版蕩〉之篇 –《詩 大雅》의 편명. ○天地不仁甚矣 – 「天地不仁, 以萬物爲芻狗. 聖人不仁, 以百姓爲芻狗. ~.」《老子道德經》5장.

[國譯]

范曄(범엽)의 史論 : 董卓(동탁)은 화난 호랑이처럼 흉포한 심정으로 혼란한 시대에 인간의 常理를 짓밟았으며 수도와 전국을 찢어놓았다. 사람의 간을 꺼내보고 다리를 잘라보는 잔인한 性情이었기에 천하 백성을 다 죽여도 그 마음이 흡족하지 못했겠지만 그래도 자신의 뜻을 꺾고 縉紳(진신) 士大夫를 등용했으나 황실을 무시하고 침탈하려는 마음을 버리지 못하였으니, 이는 마치 도적에게 道義가 있다는 말과 같았다. 동탁의 잔당도 산을 뒤집고 바다를 기울이듯 포악한 짓에, 昆岡(곤강, 崑崗)에 불을 질러 (玉石具焚) 모두 태워 버리니, 〈版蕩〉의 잔인한 난리가 이보다 더할 수가 없었다. 嗚呼(오호)라! 사람이 태어나 사는 것이 이처럼 힘들 수가 있겠는가? 天地의 不仁은 이처럼 심한 것인가!

原文

贊曰, 百六有會, 〈過〉, 〈剝〉成災. 董卓滔天, 干逆三才.

方夏崩沸, 皇京烟埃. 無禮雖及, 餘祲遂廣. 矢延王輅, 兵纏魏象. 區服傾回, 人神波蕩.

| 註釋 | ○百六有會 - 4500년을 一元이라고 부른다. 거기에 陽厄(양액)과 陰厄이 총 9번 들었는데, 1元이 시작하여 106년이 되는 해의 액운을 양액이라고 한다는 주석이 있다. ○〈過〉,〈剝〉成災 - 〈過〉는 〈大過〉, 괘 이름. 澤(☱)風(☴)大過. 〈剝〉은 괘 이름 박. 山(☶)地(☷)剝(박). 剝(박)은 벗길 박. 〈大過〉는 '本末이 약하여 기둥이 부러지다.'는 뜻. 〈剝〉에는 '不利하니 떠나가고, 小人이 득세한다.'는 뜻이 있다. ○方夏崩沸 - 方은 四方. 夏는 中國. 崩沸(붕비)는 무너지고 들끓다. ○餘祲遂廣 - 祲은 요상한 기운 침. 遂廣은 널리 퍼지다. ○兵纏魏象 - 兵은 兵器. 무기. 纏은 얽힐 전. 에워싸다(澆也). 魏象(위상)은 궁궐. 魏는 높을 위. 궁궐(闕也). ○區服傾回 - 區는 區夏, 중국 본토. 服은 五服의 荒地.

[國譯]

贊曰,

106 陽厄(양액)에, 〈大過卦〉, 〈剝卦〉의 小人이 득세했다.

董卓의 죄는 하늘에 넘쳤고, 天地人은 모두가 분노하였다.

中夏의 사방이 무너져 들끓었고, 國都는 잿더미가 되었다.

無禮가 백성의 몸에 닥치고, 요상한 기운이 널리 퍼졌다.

流矢가 황제 가까이 떨어지고, 兵器가 궁궐을 에워쌌다.

中原과 변방 모두가 뒤집혔고, 사람과 귀신도 편치 못했다.

73 劉虞公孫瓚陶謙列傳
〔유우,공손찬,도겸열전〕

❶ 劉虞

原文

劉虞字伯安, 東海郯人也. 祖父嘉, 光祿勳. 虞初舉孝廉, 稍遷幽州刺史, 民夷感其德化, 自鮮卑,烏桓,夫餘,穢貊之輩, 皆隨時朝貢, 無敢擾邊者, 百姓歌悅之. 公事去官. 中平初, 黃巾作亂, 攻破冀州諸郡, 拜虞甘陵相, 綏撫荒餘, 以蔬儉率下. 遷宗正.

| 註釋 | ○劉虞(유우) − 東海 恭王의 후손. ○郯縣 − 東海郡의 治所, 今 山東省 남부 臨沂市(임기시) 관할 郯城縣(담성현). ○遷宗正 − 宗正은 九卿 의 하나. 황족 관리 책임자, 劉氏로 임명. 諸王의 嫡庶와 序列. 宗親의 遠近 관계, 종실 후손의 호적 관리, 질록, 中二千石. 종실로 髡刑(곤형, 머리를 깎

는 형벌) 이상을 받은 자는 종정에게 보고되었다. 속관 丞 1인, 질록 比千石. 여러 公主家의 家令(질록 6백석)도 宗正 소속이었다.

[國譯]

劉虞(유우)의 字는 伯安(백안)으로 東海郡 郯縣(담현) 사람이다. 조부 劉嘉(유가)는 光祿勳이었다. 유우는 처음에 孝廉으로 천거되었고 점차 승진하여 幽州刺史가 되었는데 백성과 東夷들이 그의 德化에 감화되어 鮮卑(선비), 烏桓(오환), 夫餘(부여), 穢貊(예맥)의 무리까지 모두가 수시로 朝貢(조공)하며 변경을 소란하게 하지 않아 백성은 유우를 칭송하며 좋아하였다. 업무상 과오로 관직을 떠났다. (靈帝) 中平 초년(서기 184)에, 黃巾賊이 반란하며 冀州의 여러 군을 공격 파괴하자, 유우는 甘陵國 相이 되었는데 난리를 겪은 백성을 위무하며 검소한 생활로 모범을 보였다. 유우는 宗正으로 승진했다.

原文

後車騎將軍張溫討賊邊章等, 發幽州烏桓三千突騎, 而牟稟逋懸, 皆畔還本國. 前中山相張純私謂前太山太守張舉曰, "今烏桓旣畔, 皆願爲亂, 涼州賊起, 朝廷不能禁. 又洛陽人妻生子兩頭, 此漢祚衰盡, 天下有兩主之徵也. 子若與吾共率烏桓之衆以起兵, 庶幾可定大業." 舉因然之.

四年, 純等遂與烏桓大人共連盟, 攻薊下, 燔燒城郭, 虜略百姓, 殺護烏桓校尉箕稠,右北平太守劉政,遼東太守陽終

等, 衆至十餘萬, 屯肥如. 擧稱'天子', 純稱'彌天將軍安定
王', 移書州郡, 云擧當代漢, 告天子避位, 勅公卿奉迎. 純又
使烏桓峭王等步騎五萬, 入靑冀二州, 攻破淸河,平原, 殺害
吏民. 朝廷以虞威信素著, 恩積北方, 明年, 復拜幽州牧. 虞
到薊, 罷省屯兵, 務廣恩信. 遣使告峭王等以朝恩寬弘, 開
許善路. 又設賞購擧,純. 擧,純走出塞, 餘皆降散. 純爲其客
王政所殺, 送首詣虞. 靈帝遣使者就拜太尉, 封容丘侯.

| 註釋 | ○牟稟逋懸 – 牟는 日當, 품삯(賈直也). 牟는 우리 뇌. 稟은 식
량(食也). 稟은 줄 품. 祿米. 逋懸(포현)은 軍糧 공급이 되지 않다. 逋는 달
아날 포. 체납하다. 지급이 늦다. 懸은 매달 현. 미뤄지다.   ○攻薊下 – 薊
는 현명. 廣陽郡의 치소이며 幽州刺史部 治所, 今 天津市 북부 薊州區(계주
구, 薊縣). 薊는 삽주 계, 풀이름.   ○右北平 – 幽州 관할 군명. 治所는 土垠
縣(토은현), 今 河北省 동부 唐山市 豊潤區.   ○肥如縣 – 遼西郡의 현명. 今
河北省 동쪽 秦皇島市 盧龍縣.   ○容丘侯 – 容丘는 東海郡의 현명.

[國譯]

그 뒤에 車騎將軍 張溫(장온)이 황건적 邊章(변장) 등을 토벌하며
幽州(유주)의 烏桓人 돌격 기병 3천 명을 징발하였는데, 일당과 군량
이 제대로 공급되지 않자 오환족 기병은 모두 본국으로 돌아갔다.
前에 中山相이었던 張純(장순)은 예전 太山太守였던 張擧(장거)에게
말했다.

"지금 오환족도 배반하면서 모두가 혼란을 부추기는데, 조정에
서는 涼州의 도적도 제압하지 못하고 있습니다. 또 洛陽의 여인이

머리가 두 개인 아이를 출산했는데, 이는 漢(한)의 천운이 쇠퇴하고 끝나 천하에 주인이 둘이 될 것이라는 징조입니다. 당신이 만약 나와 함께 오환의 군사를 동원하여 기병한다면 거의 대업을 이룰 수 있을 것입니다."

장거도 그렇게 생각하였다.

(中平) 4년, 장순 등은 烏桓族 大人(族長)과 함께 連盟하여 (廣陽郡) 薊縣(계현)을 공격, 함락시키면서 성곽을 불사르고 백성을 노략질하였으며, 護烏桓校尉인 箕稠(기조), 右北平 太守인 劉政(유정), 遼東太守인 陽終(종양) 등을 죽이고 10여 만의 무리를 거느리고 (遼西郡) 肥如縣에 주둔하였다. 張擧(장거)는 '天子'를 칭했고 張純(장순)은 '彌天將軍安定王'을 칭하면서, 각 주군에 문서를 보내 장거가 漢을 대신할 것이며, 漢 天子도 避位(피위)할 것이니 공경은 장거를 맞이하라고 하였다. 장순은 또 烏桓 峭王(초왕) 등에게 사자를 보내 그들 步騎 5만을 빌려 거느리고 靑州와 冀州 지역에 침입하여 淸河, 平原郡 지역을 공격, 격파하며 백성을 죽이고 다치게 하였다. 이에 조정에서는 유우가 평소에 신임을 받았으며 북방 이민족에게도 은혜를 베풀었다면서 그 다음 해에 다시 幽州牧을 제수하였다.

유우는 (廣陽郡) 薊縣(계현)에 부임하여 둔병을 줄이면서 은덕과 신의를 널리 베풀었다 그러면서 사자를 보내 (오환족의) 초왕 등에게 조정의 너그러운 조치와 광명한 앞날을 보장해 주었다. 또 장거와 장순의 체포에 현상금을 내걸자, 장거와 장순은 국경 너머로 도주하였고 잔당은 모두 투항하고 흩어졌다. 장순은 그의 빈객인 王政(왕정)에게 살해되었는데 그 수급을 유우에게 보내왔다. 靈帝는 사자를 보내 유우에게 太尉를 제수하였고 容丘侯(용구후)로 봉했다.

及董卓秉政, 遣使者授虞大司馬, 進封襄賁侯. 初平元年, 復徵代袁隗爲太傅. 道路隔塞, 王命竟不得達. 舊幽部應接荒外, 資費甚廣, 歲常割靑,冀賦調二億有餘, 以給足之. 時處處斷絶, 委輸不至. 而虞務存寬政, 勸督農植, 開上谷胡市之利, 通漁陽鹽鐵之饒, 民悅年登, 穀石三十. 靑,徐士庶避黃巾之難歸虞者百餘萬口, 皆收視溫恤, 爲安立生業, 流民皆忘其遷徙. 虞雖爲上公, 天性節約, 敝衣繩履, 食無兼肉,遠近豪俊夙僭奢者,莫不改操而歸心焉.

| 註釋 | ○上谷胡市 – 上谷郡의 치소는 沮陽縣, 今 河北省 북부 張家口市 관할 懷來縣인데, 지금의 北京市 서북쪽이 그 관할 지역이었다. 胡市는 북방 유목민족과의 국경무역시장. ○漁陽鹽鐵 – 漁陽郡의 治所는 漁陽縣, 今 北京市 동북부 密雲區. 당시 漁陽郡은 今 天津市의 해변 지역을 포함. ○夙僭奢者 – 夙은 일찍 숙. 예전부터(舊也).

[國譯]

董卓(동탁)이 권력을 잡자 사자를 보내 劉虞(유우)에게 大司馬를 제수하고 襄賁侯로 봉했다. (獻帝) 初平 원년(서기 190), 다시 유우를 袁隗(원외)의 후임으로 太傅에 임명하였다. 그러나 길이 막혀 조정의 임명이 전달되지 못했다.

이전부터 幽州部는 국경의 변방이기에 지출되는 비용이 매우 많아 해마다 靑州와 冀州의 賦稅 2억여 전을 조달받아 군사비에 충당했었다. 그때 교통이 곳곳에서 단절되어 지원을 받을 수가 없었다.

유우는 관용으로 다스리며 농사를 권장하였고, 上谷郡의 胡市에서 얻는 이익에 漁陽郡의 소금과 鐵이 있어 풍요로웠고, 해마다 풍년이 들어 곡식 1곡이 30전이라서 백성들이 좋아하였다. 靑州와 徐州의 백성들이 황건의 난을 피하여 1백여만 명이 유우에게 의탁하였고, 유우의 보살핌으로 생업의 안정을 찾아 다시 본향으로 돌아갈 마음이 없었다. 유우는 上公인데도 천성적으로 질박하여 검소한 옷에 짚신을 신었고 식사에 고기 반찬 두 가지를 올리지 못하게 하였는데, 원근의 사치에 익숙한 호족들도 뜻을 바꿔 유우를 따르지 않는 자가 없었다.

原文

初, 詔令公孫瓚討烏桓, 受虞節度. 瓚但務會徒衆以自强大, 而縱任部曲, 頗侵擾百姓, 而虞爲政仁愛, 念利民物, 由是與瓚漸不相平.

二年, 冀州刺史韓馥,勃海太守袁紹及山東諸將議, 以朝廷幼沖, 逼於董卓, 遠隔關塞, 不知存否, 以虞宗室長者, 欲立爲主. 乃遣故樂浪太守張岐等繼議, 上虞尊號. 虞見岐等, 厲色叱之曰, "今天下崩亂, 主上蒙塵. 吾被重恩, 未能淸雪國恥. 諸君各據州郡, 宜共戮力, 盡心王室, 而反造逆謀, 以相垢誤邪!" 固拒之. 馥等又請虞領尙書事, 承制封拜, 復不聽. 遂收斬使人. 於是選掾右北平田疇,從事鮮于銀蒙險閒行, 奉使長安.

獻帝旣思東歸, 見疇等大悅. 時虞子和爲侍中, 因此遣和
潛從武關出, 告虞將兵來迎. 道由南陽, 後將軍袁術聞其狀,
遂質和, 使報虞遣兵俱西. 虞乃使數千騎就和奉迎天子, 而
術竟不遣之.

| 註釋 | ○朝廷幼沖 – 朝廷은 황제. 幼沖(유충)은 어리다. 獻帝는 9살에
즉위하였으니 당시 겨우 10살이 지났다. ○主上蒙塵 – 蒙塵은 피난하다.
蒙은 입을 몽. 덮어쓰다. ○宜共戮力 – 戮力은 힘을 모으다(並力也). 戮은
죽일 륙. 다하다. ○田疇 – 田疇(전주)의 字 子春. 나중에 조조의 오환 원정
에도 참여.

[國譯]

앞서 조정에서는 公孫瓚(공손찬)에게 烏桓(오환) 토벌을 지시하면
서 유우의 통제를 받도록 하였다. 공손찬은 군사를 모아 자신의 세
력 강화에만 힘쓸 뿐, 부대를 방임하였기에 백성을 많이 침탈하였는
데, 이는 유우의 仁愛로 다스리고 백성을 돌보려는 뜻과 다르기에
공손찬과 사이가 점차 나빠졌다.

(初平) 2년, 冀州 자사인 韓馥(한복), 勃海(발해) 太守 袁紹(원소) 및
山東의 여러 장수들은 나이 어린 황제가 동탁의 핍박을 받고 있는데
도 멀리 떨어진 곳이고, 길도 막혀 황제의 안녕 여부도 알 수 없다면
서 유우가 종실의 어른이니 유우를 옹립해야 한다고 논의하였다. 그
러면서 전임 樂浪太守 張岐(장기) 등을 보내 논의 내용을 보고하며
유우에게 존호를 올리려 했다. 유우는 장기를 만나보고 낯빛을 붉히
며 질책하였다.

"지금 천하가 붕괴되고 혼란하며 황제께서는 蒙塵(몽진)하였소. 우리는 황제의 큰 은혜를 입고도 國恥(국치)를 설욕 못하고 있소. 諸君이 각자 州郡에서 서로 협력하면서 황실 옹위에 진력을 다해야 하는데 오히려 역모를 꾀하면서 나까지 더럽히려 하는가!'

그러면서 완강히 거절하였다. 이에 한복 등은 다시 유우에게 尚書事를 대행하면서 황제 명의로 관작을 제수하거나 封해야 한다고 요청하였으나 역시 따르지 않았다. 그러면서 유우는 使人을 죽여 버렸다. 유우는 右北平의 屬吏인 田疇(전주)와 從事인 鮮于銀(선우은)을 위험한데도 샛길로 長安에 사자로 보냈다.

獻帝는 낙양으로 돌아가고픈 생각이었기에 전주를 만나 크게 기뻐하였다. 그때 유우의 아들 劉和(유화)는 侍中이었는데, (헌제는 유화를 보내) 전주를 따라 비밀리에 武關을 나가 유우에게 군사를 거느리고 헌제를 영입하도록 전달케 하였다. 유화가 도중에 南陽郡을 통과하는데, 後將軍인 袁術(원술)이 소식을 듣고 유화를 억류하면서 유우와 함께 군사를 거느리고 서쪽으로 향하자고 제의하였다. 유우는 수천 기병을 거느리고 유화와 함께 헌제를 영입하러 출발하였지만, 원술은 끝내 군사를 보내지 않았다.

原文

初, 公孫瓚知術詐, 固止虞遣兵, 虞不從, 瓚乃陰勸術執和, 使奪其兵, 自是與瓚仇怨益深. 和尋得逃術還北, 復爲袁紹所留. 瓚旣累爲紹所敗, 而猶攻之不已, 虞患其黷武, 且慮得志不可復制, 固不許行, 而稍節其稟假. 瓚怒, 屢違節度, 又復侵犯百姓. <u>虞</u>所賚賞典當胡夷, <u>瓚</u>數抄奪之. 積不能禁, 乃遣驛使奉章陳其暴掠之罪, <u>瓚</u>亦上<u>虞</u>稟糧不周, 二奏交馳, 互相非毀, 朝廷依違而已. <u>瓚</u>乃築京於<u>薊城</u>以備<u>虞</u>. <u>虞</u>數請<u>瓚</u>, 輒稱病不應. <u>虞</u>乃密謀討之, 以告東曹掾<u>右北平魏攸</u>. <u>攸</u>曰, "今天下引領, 以公爲歸, 謀臣爪牙, 不可無也. <u>瓚</u>文武才力足恃, 雖有小惡, 固宜容忍."

<u>虞</u>乃止.

| 註釋 | ○<u>虞患其黷武</u> - 黷武는 무력을 낭비하다. 黷은 더럽힐 독. 함부로 쓰다(慢也). 여러 번, 자주(數也). ○<u>築京於~</u> - 京은 언덕 경. '인력으로 쌓아 올린 언덕(高丘也)'이란 뜻이 있다. 人工이 아닌 언덕은 丘이다.

[國譯]

그전에 공손찬은 원술의 거짓을 알아채고 유우에게 (獻帝를 영입할) 군사를 보내지 말라고 말렸지만 유우가 따르지 않자, 공손찬은 몰래 원술에게 유화를 체포하고 그 군사를 탈취하라고 권유하였는데, 이 때문에 공손찬과 유우는 원한이 거 깊어졌다. 劉和(유화)는 얼마 뒤 원술에서 도망쳐 북으로 올라오다가 이번에는 원소에게 억류되었다. 그동안 공손찬은 여러 번 원소에게 패전했으면서도 원소에 대한 공격을 그치지 않자, 유우는 공손찬이 군사력을 함부로 쓴다고 걱정하면서 공손찬을 통제할 수 없다고 생각하여 출병을 허락지 않고 공손찬에 대한 군량 지원을 점차 줄여나갔다. 이에 공손찬은 화를 내면서 여러 번 통제를 어기면서 다시 백성을 침탈하였다. 유우가 흉노인에게 내리는 재물을 공손찬이 중간에서 여러 번 탈취하였다. 유우는 공손찬을 제어할 수가 없다고 생각하여 역참을 통해 공손찬이 노략질한 죄상을 보고하였는데, 공손찬 역시 유우가 군량을 제대로 공급하지 않는다고 보고하여 양쪽의 상소가 서로 이어지며 비난하자 조정에서는 화해를 시키려 하였다. 공손찬은 薊城(계성)에 높은 언덕을 쌓아 유우를 대비하였다. 유우가 공손찬을 여러 번 불렀지만 공손찬은 병을 핑계로 응하지 않았다. 이에 유우는 비밀리에 공손찬을 토벌할 계획을 세우고 東曹掾인 右北平 사람 魏攸(위유)에게 말해주었다. 그러자 위유가 말했다. "지금 천하가 목을 빼어 公에게 기대를 갖고 있으며, 謀臣과 武臣이 없어서는 안 될 시기입니다. 공손찬은 무력과 재능이 뛰어나니 비록 작은 잘못이 있더라도 참으며 포용해야 합니다."

이에 유우는 공손찬을 제거하지 않았다.

頃之攸卒, 而積忿不已. 四年冬, 遂自率諸屯兵衆合十萬人以攻瓚. 將行, 從事代郡程緒免冑而前曰, "公孫瓚雖有過惡, 而罪名未正. 明公不先告曉使得改行, 而兵起蕭牆, 非國之利. 加勝敗難保, 不如駐兵, 以武臨之, 瓚必悔禍謝罪, 所謂不戰而服人者也."

虞以緒臨事沮議, 遂斬之以徇. 戒軍士曰, "無傷餘人, 殺一伯珪而已." 時州從事公孫紀者, 瓚以同姓厚待遇之. 紀知虞謀而夜告瓚. 瓚時部曲放散在外, 倉卒自懼不免, 乃掘

東城欲走. 虞兵不習戰, 又愛人廬舍, 勅不聽焚燒, 急攻圍
不下. 瓚乃簡募銳士數百人, 因風縱火, 直衝突之. 虞遂大
敗, 與官屬北奔居庸縣. 瓚追攻之, 三日城陷, 遂執虞並妻
子還薊, 猶使領州文書. 會天子遣使者段訓增虞封邑, 督六
州事. 拜瓚前將軍, 封易侯, 假節督幽,幷,靑,冀. 瓚乃誣虞前
與袁紹等欲稱尊號, 脅訓斬虞於薊市. 先坐而呪曰, "若虞應
爲天子者, 天當風雨以相救." 時旱勢炎盛, 遂斬焉. 傳首京
師, 故吏尾敦於路劫虞首歸葬之. 瓚乃上訓爲幽州刺史. 虞
以恩厚得衆, 懷被北州, 百姓流舊, 莫不痛惜焉. 初, 虞以儉
素爲操, 冠敝不改, 乃就補其穿. 及遇害, 瓚兵搜其內, 而妻
妾服羅紈, 盛綺飾, 時人以此疑之. 和後從袁紹報瓚云.

| 註釋 | ○兵起蕭牆 - 蕭牆은 집안 내부의 담. 집안. ○居庸縣(거용현)
- 上谷郡의 현명. 이곳에 居庸關이 있다. 居庸關은 유명한 長城의 關門.
부근 八達嶺 長城과 함께 北京 서북방의 중요한 방어시설. ○尾敦(미돈) -
인명. 尾가 姓氏.

[國譯]

　얼마 뒤에 魏攸(위유)가 죽자 유우는 쌓인 감정을 억제할 수 없었
다. (初平) 4년 겨울, 마침내 유우는 10여 만 군사로 공손찬을 공격
하였다. 출발할 때 從事인 代郡 사람 程緒(정서)가 투구를 벗고 앞에
나서서 말했다.

　"공손찬이 그간 잘못을 저질렀지만 그 죄명이 정당하지 않습니

다. 明公께서 먼저 공손찬에게 엄히 훈계하여 고치게 하지도 않고 직접 집안에서 거병한다면 이는 나라에 이득이 되지 않습니다. 거기다가 승패를 보장할 수도 없으니 출정을 멈추고 위력을 과시한다면 공손찬도 필히 후회하며 사죄할 것이니, 이것이 바로 싸우지 않고 굴복시키는 것입니다."

유우는 정서가 출병에 앞서 의론을 분열시키는 것이라 생각하여 정서를 참수하여 군영 내에 돌려 보게 하였다. 그리고 군사를 훈계하였다. "다른 사람들은 다치게 하지도 말라! 오직 伯珪(公孫瓚) 하나뿐이다."

그때 幽州 자사의 從事인 公孫紀(공손기)란 자는 공손찬이 자신과 동성이라고 심히 우대했었다. 공손기는 유우의 모의를 알고 밤에 몰래 공손찬에게 통고하였다. 공손찬은 그때 외부 여러 곳에 부대를 나눠 주둔하고 있었는데, 창졸 간에 피할 수 없다며 두려워서 (廣陽郡 薊縣) 城의 동쪽을 뚫고 도주하려고 하였다. 그러나 유우의 군사들은 전투에 익숙지 않고 또 백성이 사는 민가에 불을 지를 수 없어 태워버리라는 명령을 따르지 못하고 성을 포위 공격하였으나 함락시키지 못했다. 이에 공손찬은 정예 군사 수백 명을 뽑아 바람을 타고 불을 지르면서 직접 유우의 군진으로 돌격하였다.

유우의 군사는 대패하였고, 유우는 관속과 함께 북쪽 居庸縣(거용현)으로 달아났다. 공손찬은 거용현을 공격하여 3일 만에 성을 함락시켜 유우와 처자를 잡아 薊縣(계현)으로 돌아왔고, 유우에게 유주부의 문서를 처리하게 시켰다. 그때 헌제는 사자 段訓(단훈)을 보내 유우의 封邑을 늘려주고 六州의 제반 업무를 감독케 하였고 공손찬에게는 前將軍을 제수하면서 易侯(역후)에 봉하고 부절을 내려 幽州,

幷州, 靑州, 冀州의 군사를 지휘케 하였다. 공손찬이 이에 유우가 전부터 원소 등과 내통하며 尊號를 사칭하려 했다고 무고하면서 단훈이 유우를 계현의 시장에서 참수하도록 협박하였다. 단훈은 이에 하늘에 "만약 유우가 천자가 되어야 할 사람이라면 하늘이 풍우를 내려 구원해 주십시오."라고 주문을 외웠다.

그러나 그때는 한창 가물고 뜨거운 여름이라서 결국 유우를 참수하였다. 유우의 수급이 京師로 보내질 때 유우의 옛 관리이던 尾敦(미돈)은 길에서 유우의 수급을 탈취하여 돌아와 장례를 치렀다. 공손찬은 곧바로 단훈을 유주자사로 천거하였다. 유우는 은혜와 후덕으로 北州 일대에서 인심을 얻었기에 유민이나 본 지 주민이나 모두가 유우의 죽음을 애석하게 여겼다. 그전에 유우는 검소한 지조를 갖고 관이 낡아도 바꾸지 않았고 떨어진 옷도 꿰매 입었다. 유우가 시해를 당한 뒤에 공손찬이 그 집안을 수색해보니 처첩은 모두 비단옷에 온갖 장식이 화려하여 당시 사람이 유우의 검소한 지조를 의심했다. (유우 아들) 劉和는 원소를 추종하여 공손찬에게 복수하였다.

❷ 公孫瓚

▌原文

公孫瓚字伯珪, 遼西令支人也. 家世二千石. 瓚以母賤, 遂爲郡小吏. 爲人美姿貌, 大音聲, 言事辯慧. 太守奇其才, 以女妻之. 後從涿郡盧植學於緱氏山中, 略見書傳. 擧上計吏. 太守劉君坐事檻車徵, 官法不聽吏下親近, 瓚乃改容服, 詐稱侍卒, 身執徒養, 御車到洛陽. 太守當徙日南, 瓚具豚酒於北芒上, 祭辭先人, 酹觴祝曰, "昔爲人子, 今爲人臣, 當詣日南. 日南多瘴氣, 恐或不還, 便當長辭墳塋." 慷慨悲泣, 再拜而去, 觀者莫不歎息. 既行, 於道得赦.

| 註釋 | ○公孫瓚(공손찬, ? - 199년) - 字 伯珪. 劉備와 함께 盧植에게 사사. 袁紹와 北方 패권을 놓고 交戰. 建安 4년(서기 199)에 원소에 패배, 여동생과 처자를 먼저 목매어 죽이고 스스로 불타 죽었다. ○遼西令支 - 今 河北省 唐山市 동북부의 遷安市 서남. ○緱氏縣(구씨현) - 緱氏(구씨)는 河南郡의 현명. 今 河南省 洛陽市 관할 偃師市(언사시)의 緱氏鎭(구씨진). 緱는 칼자루 감을 구. 성씨. ○上計吏 - 각 郡國에서는 1년에 한번 씩 재정, 물가, 죄수 현황 등 치적을 통계로 작성하여 司徒府에 보고하고 심사를 받았다. 郡國의 재정 등 치적을 보고하러 장안에 보내는 관리를 上計吏라 하였고 군국에서 천거하는 인재도 동행 上京하게 하였다. ○當徙日南 - 交州 刺史部 관할 최남단 郡名. 治所는 西卷縣. 今 越南國 중부 廣治省 廣治市. ○酹觴祝曰 - 酹는 술 부을 뢰. 觴 술잔 상.

[國譯]

公孫瓚(공손찬)의 字는 伯珪(백규)로 遼西郡 令支縣(영지현) 사람이다. 집안이 대대로 태수를 역임하였다. 공손찬은 모친이 천하여 나중에 郡의 小吏가 되었다. 사람됨이 외모가 훌륭하고 목소리가 굵었으며 능변에 똑똑하였다. 요서태수가 그 재능을 기특하게 여겨 딸을 아내로 주었다. 공손찬은 나중에 涿郡(탁군)의 盧植(노식)을 따라 緱

氏縣(구씨현)의 산중에서 경전을 수학하였다. 나중에 上計吏로 천거되었다. 太守 劉君(유군)이 업무에 관련하여 檻車에 실려 낙양에 불려갈 때, 官法에 관리가 동행할 수 없기에, 공손찬은 용모와 복색을 바꿔 侍卒을 사칭하며 직접 봉양하며 낙양에 따라갔다. 태수가 日南郡 유배로 판결이 나자, 공손찬은 돼지고기와 술을 준비하고 北芒山에 올라 조상에 제사하면서 술을 따라 부으며 축원하였다.

"옛날 선조의 아들로 태어나 나라의 신하가 되었다가 日南郡에 가게 되었습니다. 일남군은 열대 瘴氣(장기)가 심한 곳이라 돌아오지 못할 수도 있기에 선영에 하직 인사를 드립니다."

그러면서 복받쳐 슬피 울고 재배하고 떠나니 바라보며 탄식하지 않는 사람이 없었다. 태수와 공손찬은 출발 후, 도중에 사면을 받았다.

原文

瓚還郡, 擧孝廉, 除遼東屬國長史. 嘗從數十騎出行塞下, 卒逢鮮卑數百騎. 瓚乃退入空亭, 約其從者曰, "今不奔之, 則死盡矣." 乃自持兩刃矛, 馳出沖賊, 殺傷數十人, 瓚左右亦亡其半, 遂得免.

中平中, 以瓚督烏桓突騎, 車騎將軍張溫討涼州賊. 會烏桓反畔, 與賊張純等攻擊薊中, 瓚率所領追討純等有功, 遷騎都尉. 張純復與畔胡丘力居等寇漁陽,河間,勃海, 入平原, 多所殺略. 瓚追擊戰於屬國石門, 虜遂大敗, 弃妻子踰塞走,悉得其所略男女. 瓚深入無繼, 反爲丘力居等所圍於遼西管子城, 二百餘日, 糧盡食馬, 馬盡煮弩楯, 力戰不敵, 乃與士卒辭訣, 各分散還.

時多雨雪, 隊坑死者十五六, 虜亦饑困, 遠走柳城. 詔拜瓚降虜校尉, 封都亭侯, 復兼領屬國長史. 職統戎馬, 連接邊寇. 每聞有警, 瓚輒厲色憤怒, 如赴讎敵, 望塵奔逐, 或繼之以夜戰. 虜識瓚聲, 憚其勇, 莫敢抗犯.

|註釋| ○遼東屬國－屬國은 漢에 투항하여 부족 고유의 습속이나 명칭을 유지하며 거주하는 이민족 집단. 前漢에서는 安定, 上郡, 天水, 五原, 西河郡 등 5군에 설치, 속국도위가 행정을 담당. 이들을 관리하는 국가 업무는 典屬國이 담당했다. 後漢에서는 張掖屬國, 張掖居延屬國, 蜀郡屬國(漢嘉郡). 犍爲屬國(朱提郡), 遼東屬國 등이 있었다. ○長史－丞相, 太尉, 公, 將軍, 太守의 속관, 태수의 속관은 군사에 관한 일 담당. 질록 6백석～1천석. ○討涼州賊－邊章(변장). ○石門－山名. 今 遼寧省 서부 朝陽市 소재, 내몽고와 접경.

[國譯]

公孫瓚은 본 郡으로 돌아와 孝廉(효렴)으로 천거되었고 나중에 遼東屬國의 長史가 되었다. 언젠가는 기병 수십 명을 거느리고 국경을 순찰하다가 수백 명의 선비족 기병을 만났다. 공손찬은 비어있는 亭(정)으로 일단 숨었다가 부하들에게 말했다. "이번에 저들을 죽이지 않으면 우리가 모두 죽게 된다." 그리고는 손에 양날의 창을 쥐고 적의 무리 속으로 돌진하여 적 수십 명을 죽였지만 공손찬도 부하

절반을 잃고 탈출할 수 있었다.

(靈帝) 中平 연간에, 공손찬은 烏桓族 突騎(돌기, 돌격 기병)를 거느리고 車騎將軍 張溫(장온)을 따라 涼州의 도적인 邊章(변장)을 토벌하였다. 마침 烏桓族이 반란을 일으켜 反賊 張純(장순)과 함께 (廣陽郡) 薊縣(계현)을 공격하자, 공손찬은 군사를 거느리고 장순 등을 토벌하면서 공을 세워 騎都尉로 승진하였다. 장순의 무리가 다시 북흉노 丘力居(구력거) 등과 함께 漁陽郡, 河間國, 勃海郡 등을 노략질하고 平原郡까지 내려와 많은 사람을 죽이고 약탈하였다. 공손찬은 이들을 추격하여 요동속국의 石門山에서 싸웠고 대패한 적들은 처자를 버리고 국경 너머로 도주하자 공손찬은 피랍된 남녀를 모두 구출하였다. 그러나 공손찬은 후속 부대도 없이 깊숙이 진격했기에 도리어 丘力居(구력거) 등에게 遼西郡의 管子城(관자성)에서 2백여 일이나 포위되었는데, 군량이 떨어지자 말을 잡아먹었고 말이 없어지자 활과 방패의 가죽을 삶아 먹으며 힘껏 싸웠지만 이길 수 없어 사졸과 헤어지며 모두 흩어져 각자 돌아가기로 했다.

그때 눈이 많이 내렸고 구덩이에 빠져 죽은 자가 10에 5, 6이나 되었지만 적도 역시 기아에 지쳐 柳城(유성, 管子城)을 버리고 도주하였다. 조정에서는 공손찬에게 降虜校尉를 제수하고 都亭侯에 봉했으며 다시 屬國長史를 겸임케 하였다. 공손찬은 군사를 지휘하며 변방의 외적과 싸웠다. 비상을 알리는 경보가 들리면 공손찬은 분노로 얼굴이 달아오르며 마치 원수를 대하듯 싸우면서 먼지를 따라 적을 추격하였고 때로는 한밤까지 계속 싸웠다. 적도 공손찬의 음성을 알고 그 용기를 두려워하며 감히 함부로 맞서지 못했다.

瓚常與善射之士數十人, 皆乘白馬, 以爲左右翼, 自號
'白馬義從.' 烏桓更相告語, 避白馬長史. 乃畫作瓚形, 馳
騎射之, 中者咸稱萬歲. 虜自此之後, 遂遠竄塞外. 瓚志埽
滅烏桓, 而劉虞欲以恩信招降, 由是與虞相忤. 初平二年,
靑,徐黃巾三十萬衆入勃海界, 欲與黑山合. 瓚率步騎二萬
人, 逆擊於東光南, 大破之, 斬首三萬餘級. 賊弃其車重數
萬兩, 奔走度河. 瓚因其半濟薄之, 賊復大破, 死者數萬, 流
血丹水, 收得生口七萬餘人, 車甲財物不可勝筭, 威名大震.
拜奮武將軍, 封薊侯.

| 註釋 | ○東光 – 渤海(勃海)郡의 현명.

[國譯]

　공손찬은 활을 잘 쏘는 수십 명의 군사를 늘 거느렸는데 모두 백
마를 타고 좌우에서 호위하면서 스스로 '白馬義從'이라고 불렀다.
그래서 오환족은 서로에게 白馬長史를 피하라고 하였다. 또 공손찬
의 형상을 그려놓고 말을 달리며 쏘아 형상에 명중하면 모두가 만세
를 불렀다. 오환족은 이후 국경 밖으로 멀리 사라졌다.
　공손찬은 오환족을 소멸시키려 했지만, 劉虞(유우)는 은덕을 베풀
어 그들을 투항시키려 했기에 서로 뜻이 달랐다. (獻帝) 初平 2년,
靑州와 徐州 일대의 황건 30여만이 발해군 지역으로 몰려들어 黑山
賊과 합세하려고 했다. 공손찬은 2만 기병을 거느리고 황건적을 東

光縣 남쪽에서 대파하였고 3만여 명을 참수하였다. 황건 무리는 車重(輜重) 수만 량을 버리고 황하를 건너 달아났다. 공손찬을 그들이 절반 쯤 건넜을 때 공격하여 적을 다시 대파하여 수만 명을 죽이자, 피가 붉은 강처럼 흘렀으며 7만여 명을 사로잡았으며 노획한 수레나 장비, 재물은 셀 수도 없었으며 큰 명성을 얻어 奮武將軍이 되었고 薊侯(계후)에 봉해졌다.

原文

瓚旣諫劉虞遣兵就袁術, 而懼術知怨之, 乃使從弟越將千餘騎詣術自結. 術遣越隨其將孫堅, 擊袁紹將周昕, 越爲流矢所中死. 瓚因此怒紹, 遂出軍屯槃河, 將以報紹. 乃上疏曰,

「臣聞皇義已來, 君臣道著, 張禮以導人, 設刑以禁暴. 今車騎將軍袁紹, 托承先軌, 爵任崇厚, 而性本淫亂, 情行浮薄. 昔爲司隸, 値國多難, 太后承攝, 何氏輔朝.

紹不能擧直措枉, 而專爲邪媚, 招來不軌, 疑誤社稷, 至令丁原焚燒孟津, 董卓造爲亂始. 紹罪一也. 卓旣無禮, 帝主見質. 紹不能開設權謀, 以濟君父, 而弃置節傳, 迸竄逃亡. 忝辱爵命, 背違人主, 紹罪二也. 紹爲勃海, 當攻董卓, 而默選戎馬, 不告父兄, 至使太傅一門, 累然同斃. 不仁不孝, 紹罪三也. 紹旣興兵, 涉歷二載, 不恤國難, 廣自封植. 乃多引資糧, 專爲不急, 割刻無方, 考責百姓, 其爲痛怨, 莫不咨嗟.

紹罪四也. 逼迫韓馥, 竊奪其州, 矯刻金玉, 以爲印璽, 每有
所下, 輒卑囊施檢, 文稱詔書. 昔亡新僭侈, 漸以卽眞. 觀紹
所擬, 將必階亂. 紹罪五也.」

| 註釋 | ○何氏輔朝 - 何氏는 何進(하진). ○丁原焚燒孟津 - 何進이 中
常侍 趙忠(조충) 등을 제거할 때 하진은 武猛都尉 丁原(정원)의 군사 수천
명을 동원한 뒤에 孟津에 방화하게 시킨 뒤에 하진은 흑산적이 낙양 가까
이에 쳐들어왔다며 태후에게 거짓 보고를 하였다. 하진의 명을 받고 낙양
에 접근하던 동탁은 맹진의 화염을 보고 서둘러 낙양에 들어왔다. ○亡新
僭侈 - 亡新은 王莽.

[國譯]

공손찬은 앞서 劉虞(유우)가 袁術(원술)에게 보내려는 군사를 보내
지 못하게 저지하였는데, 이를 원술이 알고 원망할까 걱정하여 곧
從弟인 公孫越(공손월)에게 1천여 기병을 보내 원술과 연맹하였다.
원술은 공손월을 자신의 부장인 孫堅(손견)과 함께 袁紹(원소)의 부
장인 周昕(주혼)을 공격하게 했는데 공손월은 流矢(유시)에 맞아 죽
었다. 이 때문에 공손찬은 원소를 증오하면서 복수하려고 槃河(반
하)란 곳에 군사를 주둔시켰다. 그러면서 공손찬은 상소하였다.

「臣이 알기로, 伏羲(복희) 이래로 君臣의 道를 분명히 밝혀 예로
백성을 이끌고 형벌을 제정하여 흉포한 자를 제지하였습니다. 지금
車騎將軍 원소는 그 선조 덕분에 작위를 이어받고 후한 녹봉을 누리
지만 본성이 음란하고 행실은 경박합니다. 예전에 원소가 司隷校尉
였을 때 국난을 당하여 태후가 섭정하고 何進(하진)이 정사를 담당

했었습니다.

　원소는 바른 인재를 천거하여 잘못을 바로잡지는 못할망정 오히려 사악에 아부하면서 불량자를 끌어들여 사직을 망치려 했으니, 丁原(정원)으로 하여금 孟津에서 방화하게 하였고, 이 때문에 董卓(동탁)을 끌어들여 혼란을 불러일으켰으니, 이것은 원소의 첫 번째 죄입니다. 동탁의 무례한 폭정에 황제는 인질이 되었습니다. 원소는 방책을 강구하여 황제를 구출하지 않고 부절을 분실한 뒤에 도주하였습니다. 이는 자신의 직분을 망각하고 주군을 배신한 것이니, 이것이 바로 원소의 두 번째 죄입니다. 원소가 勃海太守가 되었으면 응당 동탁을 토벌해야 했지만 말없이 군사를 늘리면서도 자신의 父兄에게는 통보도 하지 않아 숙부인 太傅 袁隗(원외)도 살해되었습니다. 이처럼 不仁, 不孝하였으니, 이것이 원소의 세 번째 죄입니다. 원소가 (關東에서) 기병한 지 2년이 지났지만 국난을 돌보지 않고 자기 세력만을 키웠습니다. 그러면서 군량을 모으고 급하지도 않은 일에 매달리며 수단을 가리지 않고 백성의 재물을 거둬들여 그 해악에 모두가 비통해 하니, 이것이 원소의 네 번째 죄악입니다. 원소는 韓馥(한복)을 핍박하여 그의 州郡을 탈취하였으며 金玉으로 불법 인장을 새겨 마치 국새처럼 사용하면서 공문서를 보낼 때마다 흑색 주머니에 보관하며 문서를 詔書라 사칭하였습니다. 옛날 멸망한 왕망의 新은 조금씩 발전하여 나중에 황제가 되었습니다. 원소가 하는 짓을 보면 나중에 큰 반역으로 나갈 것이니, 이것이 원소의 다섯 번째 죄악입니다.」

「紹令星工伺望祥妖, 賂遺財貨, 與共飮食, 克會期日, 攻
鈔郡縣. 此豈大臣所當施爲? 紹罪六也. 紹與故虎牙都尉劉
勳, 首共造兵, 勳降服張楊, 累有功勅, 而以小忿枉加酷害.
信用讒慝, 濟其無道, 紹罪七也. 故上谷太守高焉, 故甘陵
相姚貢, 紹以貪惏, 橫責其錢, 錢不備畢, 二人並命. 紹罪八
也.《春秋》之義, 子以母貴. 紹母親爲傅婢, 地實微賤, 據職
高重, 享福豐隆. 有苟進之志, 無虛退之心, 紹罪九也. 又長
沙太守孫堅, 前領豫州刺史, 逐能驅走董卓, 埽除陵廟, 忠勤
王室, 其功莫大. 紹遣小將盜居其位, 斷絶堅糧, 不得深入,
使董卓久不服誅. 紹罪十也.

昔姬周政弱, 王道陵遲, 天子遷徙, 諸侯背畔, 故齊桓立柯
亭之盟, 晉文爲踐土之會, 伐荊楚以致菁茅, 誅曹,衛以章無
禮. 臣雖闒茸, 名非先賢, 蒙被朝恩, 負荷重任, 職在鈇鉞,
奉辭伐罪, 輒與諸將州郡共討紹等. 若大事克捷, 罪人斯得,
庶續桓文忠誠之效.」

逐擧兵攻紹, 於是冀州諸城悉畔從瓚.

| 註釋 | ○星工 − 善星者. 천문에 밝은 사람. ○紹以貪惏 − 貪惏(탐람)은
탐욕. 惏은 탐낼 람, 차가울 림. ○子以母貴 − 子以母貴, 母以子貴. ○姬周
政弱 − 姬周는 周, 姬는 周의 國姓. ○齊桓立柯亭之盟 − 盟은 제후를 모아
충성을 서약하게 하는 모임. 제후의 회맹을 주도한 사람이 바로 霸者(패자)
이고 春秋시대 첫 패자가 齊 桓公이다. ○踐土(천토) − 鄭나라의 지명. 이때

周 襄王이 鄭에 머물렀고, 晉 文公 重耳(중이)는 제후를 인솔하여 天子를 조회하고 패자가 되었다. ○伐荊楚以致菁茅 − 菁茅(청모)는 靈茅, 제사에 바치는 띠 풀. 잔디의 일종. 楚王이 이를 周室에 바치지 않은 것을 징벌하였다. ○誅曹,衛以章無禮 − 魯 僖公 28년, 晉侯가 曹(조)를 정벌하려고 衛에 假道를 요구했으나 衛에서 불허하자 晉에서 曹와 衛를 정벌하였다. ○臣雖闒茸 − 闒茸(탑용)은 비천하다. 용렬하다. 闒은 다락문 탑. 용렬하다(下也). 茸은 무성할 용. 어리석다. 천하다. ○鈇鉞 − 鈇는 작은 도끼. 鉞은 큰 도끼 월. 황제가 부여하는 생살권의 상징.

[國譯]

「원소는 천문을 잘 보는 사람을 시켜 길흉을 관찰케 한 뒤에 재물을 나눠주며, 함께 먹고 마시면서 군현을 노략질할 날을 기약하였습니다. 이런 일이 어찌 대신이 할 짓이겠습니까? 원소의 6번째 죄입니다. 원소는 옛 虎牙都尉인 劉勳(유훈)과 함께 기병하였고, 유훈은 張楊을 항복시키는 등 여러 공을 세웠지만 작은 잘못에 화를 내며 잔혹하게 죽여버렸습니다. 아첨하고 사특한 무리를 등용하고 무도한 자를 도와주었으니 이것이 원소의 7번째 죄입니다. 원소는 故 上谷 태수인 高焉(고언), 故 甘陵國 相인 姚貢(요공)에게 탐욕으로 금전을 요구하였고, 요구한 돈이 들어오지 않자 두 사람을 죽였습니다. 이것이 원소의 8번째 죄입니다.《春秋》의 大義에도 아들은 모친을 따라 貴賤이 정해집니다. 원소의 모친은 시중드는 婢女였으니 그 바탕이 미천하였어도 높은 중책에 풍성한 복을 누렸습니다. 요행 따라 올라가려는 뜻은 있지만 겸손으로 물러날 마음이 없는 것이 원소의 9번째 죄입니다. 또 長沙太守인 孫堅은 전에 豫州刺史 대행으로 동탁의 군사를 몰아내고 (낙양의) 능묘를 청소하는 등 황실에 충성한 공적이 매우 큽니다. 원소는 어린 장수를 보내 손견의 직분을 대행케 하면서 손견의 糧道를 끊어 손견의 전진을 막아서 동탁 정벌을 늦추었습니다. 이것이 원소의 열 번째 죄입니다.

옛날 周의 국정이 미약하고 王道가 붕괴되며 天子가 천도하고 제후들이 반역하자, 齊의 桓公은 柯亭(가정)에서 會盟하였고, 晉 文公은 踐土(천토)에서 會盟하면서 楚에서 菁茅(청모)를 바치지 않을 것을 징벌하였으며, 曹(조)와 衛(위) 나라의 무례를 천하에 공개하였습니다. 臣이 비록 용렬하고 어리석어 선현에 비할 바는 못 되지만 조정의 은덕을 입고 막중한 책무를 받았으며 군사를 지휘하는 직분에서 명을 받아 죄인을 응징할 책무가 있어 여러 장수와 함께 원소를 토벌하겠습니다. 큰일이지만 성공을 거두어 죄인을 응진하고 桓公이나 文公과 같은 충성의 업적을 거둘 것입니다.」

공손찬이 거병하여 원소를 공격하자 冀州의 여러 城이 원소를 버리고 공손찬을 따랐다.

原文

紹懼, 乃以所佩勃海太守印綬授瓚從弟範, 遣之郡, 欲以相結. 而範遂背紹, 領勃海兵以助瓚. 瓚乃自署其將帥爲靑, 冀,兗三州刺史, 又悉置郡縣守令, 與紹大戰於界橋. 瓚軍敗還薊. 紹遣將崔巨業將兵數萬攻圍故安不下, 退軍南還. 瓚將步騎三萬人追擊於巨馬水, 大破其衆, 死者七八千人. 乘勝而南, 攻下郡縣, 遂至平原, 乃遣其靑州刺史田揩據有齊

地. 紹復遣兵數萬與瓚連戰二年, 糧食並盡, 士卒疲睏, 互掠
百姓, 野無靑草. 紹乃遣子譚爲靑州刺史, 瓚與戰, 敗退還.

　是歲, 瓚破禽劉虞, 盡有幽州之地, 猛志益盛. 前此有童
謠曰, '燕南垂, 趙北際, 中央不合大如礪, 唯有此中可避
世.' 瓚自以爲易地當之, 遂徙鎭焉. 乃盛修營壘, 樓觀數十,
臨易河, 通遼海.

| 註釋 | ○勃海 – 발해군 영역은 今 河北省 동남부 滄州市 일대. 天津市
와 山東省 중간. 바다를 말할 때는 渤海로 표기하지만 통용되었다. ○界
橋(계교) – 鉅鹿郡 廣宗縣 界城橋, 今 河北省 남부 邢台市 관할 威縣 북쪽.
袁紹와 公孫瓚 冀州의 패권을 다툰 전투. 이때가 (獻帝) 初平 3년, 서기
192년이었다. ○易河(易水) – 今 河北省 保定市 관할 易縣을 흐르는 강.

[國譯]

　원소는 공손찬의 세력이 두려워서 자신이 차고 있던 勃海(발해)
태수의 인수를 공손찬의 사촌 동생인 公孫範(공손범)에게 넘겨주며
발해군에 부임케 하며 서로 결합하려고 했다. 그러나 공손범은 원소
를 배신하고 발해군의 병력을 가지고 공손찬을 도왔다. 공손찬은 그
의 부장들을 靑州, 冀州, 兗州의 자사로 임명하고, 모든 군현에 태수
와 현령을 임명한 뒤에 界橋(계교)에서 원소와 크게 싸웠다. 그러나
공손찬의 군사는 패전하여 薊縣(계현)으로 퇴각하였다. 원소는 장수
崔巨業(최거업)을 보내 수만 병력을 거느리고 故安城(고안성)을 포위
하였으나 함락시키지 못하자 군사를 물려 남으로 내려갔다. 공손찬
은 보병과 기병 3만 명을 거느리고 巨馬水(거마수)까지 추격하며 원

소의 군사를 대파하였고 7, 8천 명을 죽였다. 공손찬은 승세를 타고 남하하여 여러 군현을 함락시키면서 平原郡에 이르렀으며 靑州 자사인 田揩(전개)를 보내 齊地를 차지하였다. 그러나 원소도 다시 수만 명을 보내 전해와 2년을 연속 싸웠는데 군량이 다하고 사졸이 모두 지칠 대로 지쳐 백성의 재물을 약탈하니 들판에 푸른 풀이 없을 지경이었다. 원소는 아들 袁譚(원담)을 靑州刺史로 임명하여 전해와 싸우게 했지만 원담은 패전하고 물러났다.

이 해에 공손찬은 劉虞(유우)를 사로잡아 幽州 지역을 다 차지하였고 투지는 최고로 왕성하였다. 전부터 '燕의 남쪽과 趙의 북쪽, 가운데는 싸우지 않는 큰 숫돌 같은 땅, 거기가 피난할 곳이네.' 라는 동요가 있었다. 그러나 이제 공손찬이 이곳을 진압하였다. 공손찬은 곧 많은 보루를 만들었고 높은 누각을 수십 개를 세우며 易河(역하)를 거쳐 요동의 바다와 통할 수 있었다.

▌原文

劉虞從事漁陽鮮于輔等, 合率州兵, 欲共報瓚. 輔以燕國閻柔素有恩信, 推爲烏桓司馬. 柔招誘胡漢數萬人, 與瓚所置漁陽太守鄒丹戰於潞北, 斬丹等四千餘級. 烏桓峭王感虞恩德, 率種人及鮮卑七千餘騎, 共輔南迎虞子和, 與袁紹將鞠義合兵十萬, 共攻瓚.

興平二年, 破瓚於鮑丘, 斬首二萬餘級. 瓚遂保易京, 開置屯田, 稍得自支. 相持歲餘, 鞠義軍糧盡, 士卒饑困, 餘衆數千人退走. 瓚徼破之, 盡得其車重.

| 註釋 | ○潞縣(노현) – 潞(강 이름 로)는 漁陽郡의 縣名. 今 河北省 중부
廊坊市 관할 三河市 서남. (北京市 天津市 중간). ○鮑丘(포구) – 漁陽縣의
水名, 一名 路水.

[國譯]

劉虞(유우)의 從事였던 漁陽郡人 鮮于輔(선우보) 등은 幽州의 군사
와 함께 기병하여 공손찬에게 복수하려고 했다. 선우보는 燕(연) 출
신인 閻柔(염유)와 평소에 신의를 지켰는데 염유를 烏桓司馬로 천거
하였다. 염유는 흉노와 漢族 수만 명을 모아 공손찬이 임명 배치한
漁陽太守 鄒丹(추단)과 潞縣(노현) 북쪽에서 싸워 추단 등 4천여 명을
죽였다. 오환족 峭王(초왕)은 평소 유우의 恩德에 감복했었는데, 같
은 부족 및 선비족 7천여 기병을 거느리고 선우보와 함께 남쪽으로
가서 유우의 아들 劉和(유화)을 영입한 뒤에 袁紹의 부장 鞠義(국의)
등과 합세하여 총 10만 군사로 공손찬을 공격하였다.

(獻帝) 興平 2년(서기 195), 공손찬의 군사를 鮑丘(포구)에서 격파
하면서 2만여 명을 참수하였다. 공손찬은 易京(역경, 易縣의 언덕)을
지키면서 屯田(둔전)으로 점차 군량을 자급하였다. 1년여를 대치하
자 국의의 군사는 군량이 바닥나고 사졸은 기아 속에 지쳐서 남은
군사 수천 명이 도주하였다. 공손찬은 이 틈에 공격하여 적의 물자
를 모두 차지하였다.

是時旱蝗穀貴, 民相食. 瓚恃其才力, 不恤百姓, 記過忘
善, 睚眦必報, 州里善士名在其右者, 必以法害之. 常言'衣
冠皆自以職分富貴, 不謝人惠'. 故所寵愛, 類多商販庸兒.
所在侵暴, 百姓怨之.

於是代郡,廣陽,上谷,右北平各殺瓚所置長吏, 復與輔,和
兵合. 瓚慮有非常, 乃居於高京, 以鐵爲門. 斥去左右, 男人
七歲以上不得入易門. 專侍姬妾, 其文簿書記皆汲而上之.
令婦人習爲大言聲, 使聞數百步, 以傳宣敎令. 疏遠賓客,
無所親信, 故謀臣猛將, 稍有乖散. 自此之後, 希復攻戰. 或
問其故.

瓚曰, "我昔驅畔胡於塞表, 埽黃巾於孟津, 當此之時, 謂
天下指麾可定. 至於今日, 兵革方始, 觀此非我所決, 不如
休兵力耕, 以救凶年. 兵法百樓不攻. 今吾諸營樓櫓千里,
積穀三百萬斛, 食此足以待天下之變."

| 註釋 | ○天下指麾可定 – 천하의 군사가 기병하더라도 지휘하여 평정
할 수 있다. 자신감의 표출. ○樓櫓 – 樓는 망루. 누각. 櫓는 방패 로(櫓와
同字). 망루 로(지붕이 없는 망루).

[國譯]

이때 旱害와 황충 피해로 곡가가 크게 뛰어 사람이 사람을 먹었
다. 공손찬은 자신의 재주와 능력만을 믿고 백성을 돌보지 않았으

며, 잘못은 기억하고 선행은 잊어버렸으며, 조그만 미움도 틀림없이 보복하였으며, 州里의 善士나 유명한 사람은 죄명을 꾸며 죽여 버렸다. 그러면서 늘 '관직에 있는 자는 그럴 운명으로 부귀를 누리는 것이니 다른 사람의 은덕에 감사할 필요가 없다.'고 말했다. 그러면서 공손찬은 장사치 같은 보통 사람이 많았다. 공손찬이 가는 곳마다 포악한 처벌로 백성의 원망이 많았다.

이에 代郡, 廣陽郡, 上谷郡, 右北平郡 등에서는 공손찬이 임용한 官長이나 관리를 죽였으며 선우보와 유화의 군사가 다시 봉기하였다. 공손찬은 좋지 않은 일이 일어날 수도 있다고 생각하여 높은 언덕에 거처하면서 쇠로 철문을 만들었다. 좌우의 측근을 내보내고 7살이 넘은 남자 아이는 아예 易京의 門에 들어올 수도 없었다. 오로지 여인들의 시중만을 받으면서 여러 가지 장부는 모두 물을 긷듯 두레박에 담아 올렸다. 부인에게 큰 소리로 말하기를 연습시켜 공손찬의 명령을 전달케 하였는데 수백 보 떨어진 곳에서도 들을 수 있도록 명령을 선포하였다. 그러다보니 빈객들은 소원해졌고 믿을 사람도 없었으며 謀臣과 猛將도 점차 흩어져버렸다. 이후 공손찬은 거의 전투에 나서지 않았다. 어떤 사람이 그 까닭을 묻자 공손찬이 말했다.

"내가 옛날에 배반한 흉노족을 국경 밖으로 몰아내고, 孟津(맹진)에서 황건적을 소탕하였는데 그때는 천하를 내가 지휘하여 평정할 수 있다고 생각했었다. 그러나 지금은 겨우 시작하여 전투라 할 것도 없고 내가 결판할 정도가 아니니, 군사를 쉬게 하면서 농사를 지어 흉년을 구제하는 것이 더 나을 것이다. 병법에도 1백 개의 망루는 공격하지 말라고 하였다. 지금 나의 여러 군영과 망루가 1천 리에 걸쳐 있으니 비축된 군량 3백 만 斛(곡)이나 먹으면서 천하의 변화를 기다릴 것이다."

原文

建安三年, 袁紹復大攻瓚. 瓚遣子續請救於黑山諸帥, 而欲自將突騎直出, 傍西山以斷紹後. 長史關靖諫曰, "今將軍將士, 莫不懷瓦解之心, 所以猶能相守者, 顧戀其老小, 而恃將軍爲主故耳. 堅守曠日, 或可使紹自退. 若舍之而出, 後無鎭重, 易京之危, 可立待也." 瓚乃止. 紹漸相攻逼, 瓚衆日蹙, 乃却, 築三重營以自固.

| 註釋 | ○黑山 – 黑山은 黃巾賊 무리의 이름. 우두머리는 張牛角. 장우각이 죽은 뒤에도 다른 지도자가 장씨 성을 이어받으며 싸웠다. 中山國, 常山國, 趙郡, 上黨郡, 河內郡의 산 계곡의 무리들은 서로 상통하여 백만에 이르렀다. ○曠日 – 오랜 시일. 헛되이 날을 보내다. 曠은 밝을 광. 허송하다.

[國譯]

建安 3년, 원소는 다시 대규모로 공손찬을 공격하였다. 공손찬은 아들 公孫續(공손속)을 보내 黑山의 여러 장수에도 도움을 요청케 하면서 자신이 직접 돌기병과 함께 공격하여 西山의 측면에서 원소의 배후를 끊으려 했다. 그러자 長史인 關靖(관정)이 저지하였다. "지금 장군의 將士들은 모두 긴장이 瓦解(와해)되었으니, 차라리 여기만 방어만 하면서 저들의 부모나 자식을 돌보고자 하는데 이는 장군이 저들의 주군이기 때문입니다. 굳게 방어하면서 오랜 세월이 지나면 원소가 저절로 물러날 수도 있습니다. 만약 여기를 버려두고 출정하였어도 배후를 지킬 힘이 없으면 易京(역경)의 위기가 곧 닥칠 수도 있습니다."

이에 공손찬은 공격을 포기하였다. 원소의 군사는 점차 강하게 좁혀들었고, 공손찬의 군사는 날마다 위축되었고 마침내 퇴각하여 三重의 군영을 설치하고 방어하였다.

原文

四年春, 黑山賊帥張燕與續率兵十萬, 三道來救瓚. 未及至, 瓚乃密使行人繼書告續曰,

"昔周末喪亂, 殭屍蔽地, 以意而推, 猶爲否也. 不圖今日親當其鋒. 袁氏之攻, 狀若鬼神, 梯沖舞吾樓上, 鼓角鳴於地中, 日窮月急, 不遑啓處. 鳥戹歸人, 潙水陵高, 汝當碎首於張燕, 馳驟以告急. 父子天性, 不言而動. 且屬五千鐵騎於北隰之中, 起火爲應, 吾當自內出, 奮揚威武, 決命於斯. 不然, 吾亡之後, 天下雖廣, 不容汝足矣."

紹候得其書, 如期擧火, 瓚以爲救至, 遂便出戰. 紹設伏, 瓚遂大敗, 復還保中小城. 自計必無全, 乃悉縊其姊妹妻子, 然後引火自焚. 紹兵趣登臺斬之.

| 註釋 | ○鳥戹歸人, 潙水陵高 - 戹은 좁을 액. 막다른 길. 潙水는 막혀

고인 물. 潚은 물 모일 축. 막혔다가 터져서 급히 흐르는 물. ㅇ紹候得其書 – 원소 군사의 척후병이 이 서신을 압수했고, 원소는 文士 陳琳(진림)을 시켜 서신을 옮겨 적었다고 한다.

[國譯]

(建安) 4년 봄, 黑山賊의 우두머리 張燕(장연)은 공손속과 함께 10만 군사를 거느리고 공손찬을 구원하려 세 갈래로 진격하였다. 그들이 도착 전에 공손찬은 밀사를 통해 아들 公孫續(공손속)에게 서신을 보냈다.

"옛날 周나라 말에 나라가 혼란하여 죽은 시신이 땅을 덮었으니 이를 추측컨대 서로 믿지 못했기에 그렇게 되었을 것이다. 오늘 이런 상황을 나도 예상하지 못했었다. 원소의 공격은 마치 귀신과도 같아 사다리를 타고 나의 누각을 공격하고, 지상에서는 북과 호각이 진동하니, 하루하루가 다급하여 잠시라도 편히 쉴 틈이 없도다. 새도 막다른 골목에서는 사람의 품에 날아들고, 급류는 언덕을 넘기도 하나니, 너는 張燕에게 목숨을 내주더라도 달려가 나의 위급을 알리도록 하라. 父子는 天性이니 말을 하지 않아도 알리라. 우선 5천 鐵騎를 북쪽 저습지로 보내되 횃불을 신호로 알리면, 나도 응당 성에서 출전할 것이니 우리의 위세를 떨쳐 여기서 결사전을 펼 것이다. 그리 하지 않는다면, 내가 죽은 뒤에 세상이 아무리 넓다한들 네가 머물 곳이 없을 것이다."

원소의 척후병이 이 서신을 가로채었고 약속대로 횃불로 신호를 보내자, 공손찬은 구원병이 도착했다고 생각하여 곧 출전하였다. 원소는 군사를 매복시켰고 공손찬은 대패한 뒤에 易縣의 작은 성으로 돌아가 지켰다. 공손찬은 살아날 수 없다고 생각하여 자매와 처자를 전부 목 졸라 죽인 뒤 제 몸에 불을 질렀다. 그러나 원소의 군사가 서둘러 누대에 올라 공손찬의 머리를 잘랐다.

原文

關靖見瓚敗, 歎恨曰, "前若不止將軍自行, 未必不濟. 吾聞君子陷人於危, 必同其難, 豈可以獨生乎!" 乃策馬赴<u>紹</u>軍而死. <u>續</u>爲<u>屠各</u>所殺. <u>田楷</u>與<u>袁紹</u>戰死. <u>鮮于輔</u>將其衆歸<u>曹操</u>, 操以<u>輔</u>爲度遼將軍, 封都亭侯. <u>閻柔</u>將部曲曹操擊烏桓, 拜護烏桓校尉, 封關內侯. <u>張燕</u>旣爲<u>紹</u>所敗, 人衆稍散. <u>曹操</u>將定<u>冀州</u>, 乃率衆詣<u>鄴</u>降, 拜平北將軍, 封<u>安國</u>亭侯.

| 註釋 | ○屠各(도각) – 흉노족 인명. ○度遼將軍 – 요동과 요서 북방의 외적을 방어할 목적으로 설치. ○鄴(업) – 현명. 魏郡의 치소, 후한 말기에는 기주자사부의 치소, 원소의 근거지. 今 河北省 邯鄲市 관할 臨漳縣.

[國譯]

關靖(관정)은 공손찬의 패망을 보고 한탄하였다.

"앞서 장군의 출전을 만약 내가 막지 않았더라면 혹 성공할 수도 있었을 것이다. 君子는 다른 사람을 위험에 처하게 했다면 그 어려움을 같이 나눠야 한다고 나는 들었는데, 나만 어찌 살 수 있겠는가!'

그리고서는 원소 군진으로 돌진하여 전사하였다. 公孫續은 흉노인 屠各(도각)에게 살해되었다. 田楷(전개)는 袁紹와 싸우다가 戰死

했다. 선우보는 그 무리를 거느리고 曹操에게 투항하였다. 조조는
선우보를 度遼將軍에 임명하고 都亭侯에 봉했다. 閻柔(염유)는 군사
를 거느리고 조조를 따라 오환족을 토벌하고 護烏桓校尉가 되었으
며 關內侯에 봉해졌다. 張燕(장연)은 원소에게 패배한 뒤에 그 무리
는 해산하였다. 조조가 冀州 일대를 평정한 뒤에 무리를 거느리고
鄴縣에 가서 조조에게 투항하였고 平北將軍을 제수 받고 安國亭侯
에 봉해졌다.

| 原文

論曰, 自帝室王公之冑, 皆生長脂腴, 不知稼穡, 其能屬行
飭身, 卓然不群者, 或未聞焉. 劉虞守道慕名, 以忠厚自牧.
美哉乎, 季漢之名宗子也! 若虞,瓚無間, 同情共力, 糾人完
聚, 穡保燕,薊之饒, 繕兵昭武, 以臨群雄之隙, 舍諸天運, 徵
乎人文, 則古之休烈, 何遠之有!

| 註釋 | ○生長脂腴 − 脂腴(지유)는 잘 먹고 지내다. 脂는 기름 지. 맛있
는 음식. 腴는 아랫배 살찔 유. 기름지다. ○忠厚自牧 − 牧은 기르다(養
也). 배양하다. 수양을 쌓다. ○糾人完聚 − 糾는 모을 규. 규합하다(收也).
○繕兵昭武 − 繕은 기울 선. 고치다. 수리하다(修也). ○舍諸天運 − 천운
에만 의지하지 않다. 天運은 天命. ○人文 − 人事.

[國譯]
范曄(범엽)의 史論 : 帝室과 王公의 후손은 좋은 음식을 먹고 농사

의 어려움도 모르기에 힘써 실천하고 애써 노력하여 우뚝 솟아난 자가 있다는 말을 듣지 못했다. 劉虞(유우)는 정도를 지키고 명성을 중히 여기면서 忠直과 厚德으로 자신을 지켰다. 훌륭하도다. 漢末의 명망 있는 宗室이었다! 만약 유우와 공손찬이 틈이 벌어지지 않고 한 뜻으로 협력하여 인재를 모으며 성곽을 수리하고 군량을 비축하면서 燕(연)과 薊縣(계현)의 풍요의 바탕 위에 병기를 수리하고 군사를 조련하여 群雄의 사이에서 겨루면서 천운에만 의지하지 않고 人事를 수행했다면 옛날과 같은 빛나는 성공이 어찌 멀기만 했겠는가!

❸ 陶謙

| 原文

陶謙字恭祖, 丹陽人也. 少爲諸生, 仕州郡, 四遷爲車騎將軍張溫司馬, 西討邊章. 會徐州黃巾起, 以謙爲徐州刺史, 擊黃巾, 大破走之, 境內晏然.

時董卓雖誅, 而李傕,郭汜作亂關中. 是時四方斷絶, 謙每遣使間行, 奉貢西京. 詔遷爲徐州牧, 加安東將軍, 封溧陽侯. 是時徐方百姓殷盛, 穀實甚豐, 流民多歸之. 而謙信用非所, 刑政不理. 別駕從事趙昱, 知名士也, 而以忠直見疎, 出爲廣陵太守. 曹宏等讒慝小人, 謙甚親任之, 良善多被其害. 由斯漸亂. 下邳闕宣自稱天子, 謙始與合從, 後遂殺之而並其衆.

| 註釋 | ○丹陽 - 郡名이며 치소인 丹陽縣, 今 安徽省 동남부 馬鞍山市 博望區. 長江 남안, 江蘇省과 접경. ○溧陽(율양) - 丹陽郡의 현명. ○別駕從事 - 자사의 속리 명칭. 衆事(庶務)를 총괄.

[國譯]

陶謙(도겸, 132 - 194)의 字는 恭祖(공조)로 丹陽縣 사람이다. 젊어 太學의 유생으로 州郡에 출사하였고, 여러 번 승진하여 車騎將軍 張溫(장온)의 司馬가 되어 서쪽(涼州)의 반적 邊章(변장)을 토벌하였다. 마침 徐州에서도 黃巾賊이 봉기하자 도겸은 徐州刺史가 되었고, 황건적을 공격하여 대파하자 황건적이 도주하여 경내가 평온하였다.

그때 동탁은 주살되었지만 그 부장인 李催(이각)과 郭汜(곽사)가 關中에서 난동하였는데 사방의 교통이 두절되었지만 그래도 도겸은 매번 샛길로 사자를 보내 西京(長安)에 공물을 보냈다. 도겸은 徐州牧으로 승진하였고 安東將軍으로 溧陽侯(율양후)에 봉해졌다.

그 무렵 서주는 백성들이 부유했고 곡물도 풍족하며 많은 유민들이 모여들었다. 그러나 도겸이 신임하고 등용하는 자는 비적임자가 많았고, 刑政이 제대로 집행되지 못했다. 別駕從事인 趙昱(조욱)은 잘 알려진 名士로 충직했는데도 배척을 당해 (나중에) 廣陵太守가 되었다. 도겸은 曹宏(조굉) 등 아첨하는 소인들을 매우 신임하였기에 선량한 관리들이 많은 피해를 당했다. 이 때문에 점차 혼란해졌다. 下邳郡(하비군)의 闕宣(궐선)은 천자를 자칭하였는데 도겸은 처음에 그와 연합했다가 나중에 궐선을 죽이고 그 군사를 병합하였다.

初, 曹操父嵩避難琅邪, 時謙別將守陰平, 士卒利嵩財寶,
遂襲殺之. 初平四年, 曹操擊謙, 破彭城傅陽. 謙退保郯, 操
攻之不能克, 乃還. 過拔取慮, 雎陵, 夏丘, 皆屠之. 凡殺男女
數十萬人, 雞犬無餘, 泗水爲之不流, 自是五縣城保, 無復行
多. 初三輔遭李催亂, 百姓流移依謙者皆殲.

| 註釋 | ○琅邪 – 琅邪郡(國), 徐州 관할 군명. 治所는 開陽縣, 今 山東
省 남부의 臨沂市. ○陰平縣 – 東海國의 현명. ○彭城 傅陽 – 彭城國의 현
명. ○郯縣 – 東海郡의 치소. 今 山東省 臨沂市 관할 郯城縣(담성현). ○泗
水(사수) – 泗水는 山東省 중부와 江蘇省 북부를 지나는 淮水의 지류. 대운
하의 일부. ○皆殲 – 殲은 다 죽일 섬(滅盡也).

[國譯]

전에, 曹操의 부친 曹嵩(조숭)은 (황건적을 피해) 琅邪(낭야)로 피
난했었고, 당시 도겸의 別將이 陰平縣을 지키고 있었는데, 그 사졸
이 조숭의 재물을 탐내 습격하여 조숭을 죽였다. (獻帝) 初平 4년(서
기 193)에, 조조는 도겸을 공격하여 彭城國 傅陽縣에서 격파하였다.
도겸은 물러나 郯縣을 지켰는데, 조조가 공격했지만 이기지 못하고
물러갔다. 조조는 돌아가면서 (下邳郡의) 取慮(취려)와 雎陵縣(저릉
현), (沛郡의) 夏丘縣(하구현)의 백성을 모두 도륙하였다. 총 수십 만
남녀를 죽였고 雞犬조차 남은 것이 없었으며, 泗水(사수)가 막혀 흐
르지 못했으며 이후로 이 5개 현에는 오랫동안 사람의 자취가 없었
다. 그전에 이각의 난을 피해 도겸에게 의탁했던 백성들은 모두 다

죽었다.

興平元年, 曹操復擊謙, 略定琅邪,東海諸縣, 謙懼不免,
欲走歸丹陽. 會張邈迎呂布據兗州, 操還擊布. 是歲, 謙病
死.

初, 同郡人笮融, 聚衆數百, 往依於謙, 謙使督廣陵,下邳,
彭城運糧. 遂斷三郡委輸, 大起浮屠寺. 上累金盤, 下爲重
樓, 又堂閣周回, 可容三千許人, 作黃金塗像, 衣以錦彩. 每
浴佛, 輒多設飮飯, 布席於路, 其有就食及觀者且萬餘人.
及曹操擊謙, 徐方不安, 融乃將男女萬口,馬三千匹走廣陵.
廣陵太守趙昱待以賓禮. 融利廣陵資貨, 遂乘酒酣殺昱, 放
兵大掠, 因以過江, 南奔豫章, 殺郡守朱皓, 入據其城. 後爲
楊州刺史劉繇所破, 走入山中, 爲人所殺.

昱字符達, 琅邪人. 淸己疾惡, 潛志好學, 雖親友希得見
之. 爲人耳不邪聽, 目不妄視. 太僕種拂擧爲方正.

| 註釋 | ○張邈(장막) − 曹操, 袁紹와 모두 교제하였다. 八廚(팔주, 能以財
救人者)의 한 사람. 度尙, 張邈, 王考, 劉儒, 胡母班, 秦周, 蕃向, 王章 등 8인.
67권, 〈黨錮列傳〉 참고. ○笮融 − 인명. 笮은 좁을 책. 성씨. ○浮屠寺 −
浮屠는 부처. 浮圖, 梵文 'Buddha' 의 音譯. 직역은 보통 '佛' 로 표기. 佛
陀, 浮陀, 浮圖, 佛圖 等으로도 표기. 87권, 〈西羌傳〉 참고. ○廣陵郡 − 治

所는 廣陵縣, 今 江蘇省 서남부 揚州市. ㅇ豫章郡 – 治所는 南昌縣, 今 江西省 북부 南昌市.

[國譯]

(獻帝) 興平 원년(서기 194), 조조는 다시 도겸을 공격하면서 琅邪(낭야)와 東海郡의 여러 현을 대략 평정하자 도겸은 두려워 피할 데가 없다고 생각하며 丹陽郡으로 피할 계획이었다. 그때 張邈(장막)은 呂布를 영입하여 兗州(연주)에 웅거하였는데 조조는 돌아가면서 여포를 격파하였다. 이 해에 도겸은 병사했다.

그전에 도겸과 같은 郡人인 筰融(책융)은 무리 수백 명을 모아 도겸을 찾아가 의지했는데, 도겸은 책융을 시켜 廣陵, 下邳, 彭城의 運糧을 감독하게 하였다. 나중에 3군의 운량이 불가능하자 (그 곡식으로) 불교의 절을 크게 지었다. 위로는 金盤(承露盤)을 쌓아 올렸고 아래로는 층층 누각을 지었으며, 건물과 누각을 이어 지었는데 3천 명을 앉힐 수 있었으며 황금 칠을 한 불상을 만들고 채색 비단옷을 입혔다. 부처를 목욕시키는 날(사월 초팔일)에는 마시고 먹을 것을 준비하였는데, 길에 자리를 깔았고 음식을 먹거나 구경하는 사람이 1만여 명이 넘었다. 조조가 도겸을 공격하자 서주 일대가 불안하였는데 책융은 남녀 1만여 명과 말 3천 필을 가지고 廣陵郡으로 이동하였다. 廣陵太守인 趙昱(조욱)은 손님의 예를 갖춰 접대하였다. 책융은 광릉의 풍부한 재물을 탐내어 술김에 조욱을 죽이고 무리를 풀어 크게 노략질을 한 다음에 長江을 건너 남쪽 豫章郡으로 도주하여 거기서 태수 朱皓(주호)를 죽이고 그 성을 차지하였다. 책융은 뒷날 楊州刺史인 劉繇(유요)에게 격파된 뒤에 산중으로 달아났으나 다른 사람에게 살해되었다.

趙昱(조욱)의 字는 符達(부달)로 琅邪郡(낭야군) 사람이다. 청렴하였으며 악을 미워하며 온 마음을 다하여 好學하였는데 가까운 친우라도 자주 만나지 못했다. 조욱은 사람됨이 엿듣지 않고 아무것이나 보려 하지 않았다. 太僕인 種拂(종불)이 方正한 인재로 천거했었다.

■原文

贊曰, 襄賁勵德, 維城燕北. 仁能洽下, 忠以衛國. 伯珪疏獷, 武才趫猛. 虞好無終, 紹勢難並. 徐方殲耗, 實謙爲梗.

| 註釋 | ○襄賁勵德 - 襄賁侯(양분후) 劉虞(유우). 勵는 힘쓸 려(여). 애쓰다. ○疏獷 - 疏는 트일 소. 거칠다. 獷은 사나울 광. ○趫猛 - 趫는 재빠를 교. ○實謙爲梗 - 梗은 가시나무 경. 막히다〔梗塞(경색)〕. 굳세다.

[國譯]

贊曰,
襄賁侯(劉虞)는 仁德을 닦아 燕의 북쪽에 성을 쌓았다.
仁德을 백성에 베풀었고 충성으로 나라를 지켰다.
伯珪(公孫瓚)는 거칠고 사나웠고 무예는 뛰어났었다.
仁愛한 劉虞는 善終치 못했고 袁紹와는 달랐다.
徐州의 잔혹한 파괴는 사실 陶謙의 무능 때문이었다.

저자 약력

陶硯 진기환陳起煥

서울 대동세무고등학교 교장을 역임하였고 개인 문집으로《陶硯集》출간.

주요 저서로는 중국 고전소설《儒林外史》국내 최초 번역,《史記講讀》,《史記 人物評》,《中國의 土俗神과 그 神話》,《中國의 신선이야기》,《上洞八仙傳》,《三國志 故事成語 辭典》,《三國志 故事名言 三百選》,《三國志의 지혜》,《三國志 人物評論》,《精選 三國演義 原文 註解》,《中國人의 俗談》,《水滸傳 評說》,《金甁梅 評說》,《논술로 읽는 論語》,《十八史略 中(下)·下(上)·下(下)》,《唐詩三百首 上·中·下》共譯,《唐詩逸話》,《唐詩絶句》,《王維》,《漢書》全 10권,《後漢書 (一)·(二)·(三)·(四)·(五)·(六)·(七)권》,《論語名言三百選》외

E-mail : jin47dd@hanmail.net

原文 譯註

後漢書(八)
후 한 서

초판 인쇄 2018년 12월 15일
초판 발행 2018년 12월 20일

역   주 | 진기환
발행자 | 김동구
디자인 | 이명숙·양철민
발행처 | 명문당(1923. 10. 1 창립)
주   소 | 서울시 종로구 윤보선길 61(안국동)
         우체국 010579-01-000682
전   화 | 02)733-3039, 734-4798(영), 733-4748(편)
팩   스 | 02)734-9209
Homepage | www.myungmundang.net
E-mail | mmdbook1@hanmail.net
등   록 | 1977. 11. 19. 제1~148호

ISBN 979-11-88020-83-6 (04910)
ISBN 979-11-88020-43-0 (세트)
30,000원